Internationale Bibliothek

Band 105

Thomas Meyer

Bernsteins konstruktiver Sozialismus

Eduard Bernsteins Beitrag
zur Theorie des Sozialismus

Verlag J. H. W. Dietz Nachf. GmbH
Berlin · Bonn-Bad Godesberg

CIP-Kurztitelaufnahme der Deutschen Bibliothek

Meyer, Thomas
Bernsteins konstruktiver Sozialismus: Eduard Bernsteins
Beitrag zur Theorie des Sozialismus. —
1. Aufl. — Berlin, Bonn-Bad Godesberg: Dietz, 1977.

(Internationale Bibliothek; Bd. 105)
ISBN 3-8012-1105-3

ISBN 3-8012-1105-3

© 1977 bei Verlag J. H. W. Dietz Nachf. GmbH
Berlin · Bonn-Bad Godesberg
Kölner Straße 143, D-5300 Bonn-Bad Godesberg 1

Umschlag: Die Arbeitsgemeinschaft Uwe Loesch, Düsseldorf

Herstellung: Göttinger Druckerei- und Verlagsgesellschaft mbH
Printed in Germany 1977

Meiner Tochter Nadia

Geleitwort

„... the necessity for cautious and gradual change must be obvious to everyone here, and could be made obvious to everyone elsewhere if only the
catastrophists were courageously and sensibly dealt with in discussion."
(G. B. Shaw 1888)

„Eine Diskussion unter Sozialisten hatte ich einleiten wollen, bestimmt, die
Sozialdemokratie im Fortschreiten auf dem Weg, den sie schon eingeschlagen
hatte, zu bestärken. Gegen meinen Wunsch war es ein Kampf in der Partei
um ihr Wesen geworden und ich in seinen Mittelpunkt gedrängt."
(Bernstein 1924)

„Der Sieg des Geistes geht oft den Weg des äußeren Unterliegens."
(F. A. Lange)

„... die in vieler Hinsicht bemerkenswerte Modernität des Bernsteinschen
Werkes..."
(Willy Brandt 1977)

Vorbemerkung

In einem entscheidenden Sinne ist Eduard Bernstein bis in die jüngste Gegenwart hinein ein vergessener Theoretiker des Sozialismus geblieben. Rosa Luxemburgs vernichtendes Urteil, Bernsteins theoretisches Schaffen sei nur ein Schutthaufen aus den Trümmern fast aller bürgerlicher Ideologien[1], ist selbst noch für die Mehrzahl derjenigen Betrachter maßgeblich geblieben, die Bernsteins politischer Haltung mit Sympathie gegenübertreten. Obgleich in den letzten Jahren einige wichtige Studien über ihn erschienen sind, kann noch immer nicht davon ausgegangen werden, daß eine kritische Aneignung des theoretischen Lebenswerkes von Eduard Bernstein in Angriff genommen worden ist[1a]. Es ist ein tiefsitzendes Vorurteil der Bernsteinforschung geblieben, daß auf theoriegeschichtlicher Ebene Bernstein kein ergiebiges Forschungsobjekt ist. Infolgedessen sind befriedigende Versuche, seine Gedanken als zusammenhängende Theorie des Sozialismus zu rekonstruieren, ausgeblieben. Aus diesem Grunde liegt auch noch immer keine kritischen Anforderungen genügende Bernsteinbiographie vor. Es ist noch nicht einmal ein Schritt zu einer systematischen Erfassung des außerordentlich zerstreuten Werks getan.

Selbstverständlich kann die vorliegende Untersuchung keine dieser drei spürbaren Lücken füllen. Sie stellt aber insofern den Versuch eines Schrittes in diese Richtung dar, als sie durch die systematische Rekonstruktion der Bernsteinschen Gedanken auf einer breiten Basis von Originaltexten zeigen will, daß es sich dabei um eine in sich zusammenhängende Alternative sozialistischer Theoriebildung handelt, mit der näher zu beschäftigen sich lohnen kann.

Viele Fragen, die zwar für eine Biographie Bernsteins von großer Bedeutung sein können, den Zweck dieser politologischen Untersuchung Bernsteins als

---

1 Rosa Luxemburg, Sozialreform oder Revolution (1899) in: dies., Gesammelte Werke, Hrsg. Institut für Marxismus-Leninismus beim ZK der SED, Berlin (Ost) 1974, Band 1, Erster Halbband, S. 438.
1a Mit der Ausnahme der Arbeiten von Horst Heimann. Vgl. ders., Einleitung zu E. Bernstein, Texte zum Revisionismus, Bonn-Bad Godesberg 1977 und ders., Die Theoriediskussion in der SPD, Köln 1975.

Theoretiker des Sozialismus aber nicht direkt betreffen, werden deshalb nur gestreift oder ganz ausgespart. Das gilt z. B. für Bernsteins politische Wirksamkeit als Reichstagsabgeordneter, für seine Stellungnahmen zu politischen Tagesfragen, für seine Haltung gegenüber weltpolitischen Problemen und anderes mehr. Die Entscheidung darüber, was für die Betrachtung der Theorie unerläßlich ist, kann dabei nur durch den Inhalt der Studie selbst gerechtfertigt werden. Im Hintergrund blieben auch Fragen, über die befriedigende Untersuchungen vorliegen, auf die verwiesen werden konnte[2]. Das gleiche gilt für die Beiträge anderer revisionistischer Autoren und für die Positionen der Gegner Bernsteins in der Revisionismusdebatte um die Jahrhundertwende.

Geboten schien zunächst einmal eine Konzentration auf den Zusammenhang der Bernsteinschen Theorien.

Der Verfasser dankt dem Internationalen Institut für Sozialgeschichte in Amsterdam für die Erlaubnis, den Nachlaß Bernsteins zu benutzen, sowie der Bibliothek der Friedrich-Ebert-Stiftung, besonders Herrn Ziska und Frau Mester, für bereitwillige Hilfe. Sein besonderer Dank gilt Herrn Prof. Dr. Hans-Josef Steinberg, Bremen, der auf großzügige Weise die Benutzung der von ihm zur Veröffentlichung vorbereiteten Transkripte des Briefwechsels zwischen Karl Kautsky und Eduard Bernstein ermöglichte.

Für kritische Lektüre des Manuskripts oder von Teilen des Manuskripts dankt der Verfasser sehr herzlich Frau Dr. Susanne Miller, Bonn; den Herren Dr. Horst Heimann, Berlin; Dr. Gerhard Himmelmann, Volkmarode; Dr. Hans Kremendahl, Berlin; Dr. Heinrich Potthoff, Bonn; Dr. Johano Strasser, Berlin. Für die Endfassung des Textes trägt der Verfasser selbstverständlich allein die Verantwortung.

Siegen-Niederschelden, Juni 1977

---

2 Dies gilt für die internationalen Voraussetzungen und Verzweigungen der revisionistischen Theorie, über die die ausgezeichnete Studie von Bo Gustafsson vorliegt, Marxismus und Revisionismus. Eduard Bernsteins Kritik des Marxismus und ihre ideengeschichtlichen Voraussetzungen, Frankfurt 1972, 2 Bände; es gilt für das Verhältnis Bernsteins zu den übrigen Mitgliedern der Gruppe der Revisionisten, zu dem in der Arbeit Erika Riklis Materialien vorgelegt wurden (Der Revisionismus. Ein Revisionsversuch der deutschen marxistischen Theorie [1890—1914], Zürich 1936); das gilt auch für die Details der gesellschaftlichen und politischen Bedingungszusammenhänge der Zeit, in der der Revisionismus in der deutschen Sozialdemokratie herausgebildet wurde, vgl. dazu Gerhard A. Ritter, Die Arbeiterbewegung im Wilhelminischen Reich, Berlin 1959 und Dieter Groh, Negative Integration und revolutionärer Attentismus. Die deutsche Sozialdemokratie am Vorabend des ersten Weltkrieges, Frankfurt, Berlin, Wien 1973; es gilt schließlich für eine umfassende Darstellung der theoretischen Vorstellungswelt der deutschen Vorkriegssozialdemokratie und ihrer Entwicklung, die vorgeführt wird von Susanne Miller, Das Problem der Freiheit im Sozialismus. Freiheit, Staat und Revolution in der Programmatik der Sozialdemokratie von Lassalle bis zum Revisionismusstreit, Frankfurt 1964.

Inhalt

1. Die Herausbildung des Revisionismus bei Eduard Bernstein

Auch heute noch, mehr als ein dreiviertel Jahrhundert nach dem Höhepunkt seines theoretischen Schaffens, gehört Bernstein neben Lenin zu denjenigen sozialistischen Theoretikern, an denen sich die Geister der Bekenner sozialistischer Ziele am heftigsten scheiden. Für die einen gilt er als das „trojanische Pferd" der Bourgeoisie in der deutschen Arbeiterbewegung, das deren verheißungsvolle revolutionäre Entwicklung aus der Bahn geworfen hat[1]. Für andere ist er der überragende Denker, von dem sich im Hinblick auf die Entwicklung der Arbeiterbewegung heute sagen läßt: „Bernstein hat auf der ganzen Linie gesiegt[2]." Ein solches Schicksal widerfährt nicht wenigen von denen, die im politischen Kampf Stellung beziehen. Es ist auch nicht ungewöhnlich, daß die Gegensätzlichkeit dieses Urteils Gruppen voneinander trennt, die sich auf einen gemeinsamen theoretischen Ursprung berufen. Es gibt wenige große Theorien, über deren Deutung und Anwendung die Nachfolger sich nicht bis zur Feindschaft zerstritten hätten.

Ungewöhnlich am Bild Bernsteins in der sozialistischen Tradition ist vielmehr die Tatsache, daß auch unter jenen, die seine Prinzipien praktizieren und seine Ziele verfolgen, leidenschaftliche Gegner seines Namens zu finden sind. Es kann einem heute begegnen, daß die Ablehnung des Bernsteinschen „Revisionismus" mit Argumenten betrieben wird, um deren Verbreitung sich gerade Bernstein selbst am meisten bemüht hat. Wenn es auch kein gutes Zeichen für den Stellenwert ist, der kritischer Besinnung eingeräumt wird, scheint selbst bei vielen, die die Gegenposition im Ernst gar nicht vertreten,

---

1 So Hans-Jörg Sandkühler in der Einleitung zu dem vom ihm herausgegebenen Sammelband (gemeinsam mit Rafael de la Vega) Marxismus und Ethik, Texte zum Neukantianischen Sozialismus, Frankfurt 1970, S. 33.
2 Carlo Schmid in seiner Festrede zum einhundertjährigen Bestehen der Sozialistischen Internationale am 5. September 1964 in Amsterdam, zitiert in: H. Hirsch (Hrsg.), Ein revisionistisches Sozialismusbild. Drei Vorträge von Eduard Bernstein, Berlin, Bonn-Bad Godesberg 1976[2], S. 13. Dieses Urteil teilt auch Pierre Angel, Eduard Bernstein et l'Evolution du Socialisme Allemand, Paris 1961, S. 7. „Die Entwicklung des deutschen Sozialismus ist markiert durch die unaufhörlichen Fortschritte des Revisionismus, der, von Sieg zu Sieg, schließlich seine Orientierung in der Arbeiterbewegung jenseits des Rheins völlig durchsetzte." (Die Übertragung dieses und der folgenden Zitate von Angel besorgte Horst Heimann.)

das Wort „Revisionismus" einen schlechten Klang behalten zu haben. Dabei müßte es doch bei allen, für die Kritik ein Leitprinzip ist, als selbstbewußter Kampfruf Respekt finden. Schon Bernstein selbst hat indessen dieses Wort nicht geschätzt[3] und so hat es auch bei denen keine positive Umwertung erfahren, welche die mit ihm verbundenen theoretischen Inhalte ohne Einschränkungen vertreten. Insofern hat die „anti-revisionistische" Gegenposition einen vollen Sieg errungen. Dieser Sieg ist um so vernichtender, als er eine Sperre gegen die Beschäftigung mit der Sache selbst errichtet hat, die bis in die Gegenwart wirksam ist. Darum ist es möglich, Kritikern zu begegnen, die den „Revisionismus" mit dessen eigenen Argumenten schlagen möchten. Das gilt bis weit in die Gruppe derer hinein, für die die Theoriediskussion zur politischen Hauptbeschäftigung geworden ist. In diesem Sinne kann man Bernstein einen *verdrängten Theoretiker des Sozialismus* nennen. Die Frage allerdings, ob Bernstein ein eigenständiges theoretisches Erbe hinterlassen habe, ist auch dort umstritten geblieben, wo man sich auf eine nähere Beschäftigung mit seinem Werk eingelassen hat. Fast ohne Ausnahme wird sie — je nach eigenem politischen Standort — entweder mit einem polemisch strikten oder mit einem wohlwollend verstehenden Nein beantwortet. Bernstein erscheint im günstigen Falle als der Auslöser begründeten Zweifels und im ungünstigen als der Ketzer an einer vollendeten Theorie. Zwar habe seine Kritik am bis dahin unangefochten gültigen Marxismus in der deutschen Sozialdemokratie nach und nach einen politischen Wellenschlag ausgelöst, der viele überschwengliche Verheißungen und Erwartungen hinweggespült habe, aber Bernstein selbst habe doch keinen ebenbürtigen Ersatz schaffen können. Seine Kraft habe ausgereicht, das Denkmal vom Podest zu stoßen, aber nicht, den leeren Platz auszufüllen. So erscheint sein theoretisches Schaffen überwiegend negativ[4].
Bernstein selbst hat zur Verfestigung dieses Urteils direkt und indirekt bei-

---

3 Bernstein, Der Marx-Cultus und das Recht der Revision, in: Sozialistische Monatshefte, 9. Jg., 1, (1903), S. 255.
4 So urteilt selbst Peter Gay, der eine äußerst positive Bewertung der Persönlichkeit Bernsteins vornimmt über dessen theoretisches Werk: „Es muß jedoch gesagt werden, daß der theoretische Beitrag seiner Lehre zum allgemeinen sozialistischen Gedankengut nur von nebensächlichem Wert ist" (Das Dilemma der demokratischen Sozialismus. Eduard Bernsteins Auseinandersetzung mit Marx, Nürnberg 1954, S. 366/7). Gerhard A. Ritter sieht in Bernsteins Theorie nur eine „feuilletonistische Popularisierung der bürgerlichen Kritik am Marxismus" (a. a. O., S. 197). Für Vernon L. Lidtke ist es eine ausgemachte Sache, daß Bernstein in theoretischen Fragen nie „über eine bruchstückhafte, eklektische Betrachtung" hinausgelangte (Artikel „Revisionismus" in: Sowjetsystem und demokratische Gesellschaft, Freiburg i. Brsg. 1972, Band V, S. 676). Ein günstigeres Urteil fällt Erika Rikli, derzufolge die Revisionisten trotz einiger Mängel „sehr Wesentliches zum Neuaufbau des Sozialismus geschaffen" haben (a. a. O., S. 115). Pierre Angel (a. a. O.,) vertritt zwar die Auffassung, Bernstein habe ein „kohärentes System" entwickelt, er unterläßt jedoch dessen Rekonstruktion (vgl. S. 259).

getragen[5]. Seine klassische Formulierung fand es in Rosa Luxemburgs Verdikt:

„Aus dem stolzen, symmetrischen, wunderbaren Bau des Marxschen Systems ist bei ihm nunmehr ein großer Schutthaufen geworden, in dem Scherben aller Systeme, Gedankensplitter aller großen und kleinen Geister eine gemeinsame Gruft gefunden haben. Marx und Proudhon, Leo von Buch und Franz Oppenheimer, Friedrich Albert Lange und Kant, Herr Prokopowitsch und Dr. Ritter von Neupauer, Herkner und Schulze-Gävernitz, Lassalle und Professor Julius Wolf — alle haben ihr Scherflein zu dem Bernsteinschen System beigetragen, bei allen ist er in die Lehre gegangen[6]."

Wer dieses Urteil voraussetzt, kann sich nurmehr mit einem historischen oder politischen Interesse dem Lebenswerk dieses Mannes zuwenden, denn auch der Zweifel an einer großen Theorie, der selbst nichts schafft, hat ja politisch unter Umständen große Wirkung. In der Konsequenz dieses Vorverständnisses ist es möglich geworden, daß die überaus gehaltvolle und gründliche Arbeit von Bo Gustafsson[7] überwiegend nur der Fragestellung folgt, wie der Bernsteinsche Revisionismus möglich wurde und inwieweit er von der Marxschen Originaltheorie abweicht, statt zu untersuchen, wie er argumentiert und ob seine Argumente gelten können[8]. Andere bedeutende Bernstein-Kenner, wie Gerhard A. Ritter erblicken allenfalls darin ein Verdienst des theoretischen Schaffens von Bernstein, daß es fällige Zweifel an der vorherrschenden marxistischen Theorie ausgelöst habe[9]. Das beste, was Bernstein noch passieren konnte, war die Auffassung, er habe sich durch die Zurückführung überhöhter theoretischer Ansprüche auf das mit der Reformarbeit seiner Partei verträgliche Maß verdient gemacht, die eben nun einmal nicht aus einem Guß sein kann, sondern lediglich jeweils auf das bezogen war, was der Tag verlangte[10].

Eine solche Zurückstufung des theoretischen Werkes von Eduard Bernstein resultiert in der Regel daraus, daß dieses nicht allein an der Größe, am Umfang und am theoretischen Tiefgang des Werkes von Karl Marx gemessen

---

5 Indirekt durch die unsystematische Form der Präsentation seiner Theorie und direkt durch seine Selbstbeurteilung: „Ich war ganz wesentlich ein analytischer Kopf, sogar recht einseitig analytisch. Das synthetische Denken und Folgern fiel mir schwer." (Entwicklungsgang eines Sozialisten [1924], Leipzig 1930, S. 7).

6 Rosa Luxemburg, a. a. O., S. 438.

7 Vgl. Anm. 2.

8 So auch Horst Heimann in der Einleitung zu seiner Quellenedition, Eduard Bernstein, Texte zum Revisionismus, Bonn-Bad Godesberg 1977, S. 30 f.

9 Vgl. Ritter, a. a. O., S. 197/8, wobei das besondere darin besteht, daß die Zweifel des geachteten Parteitheoretikers Bernstein nicht ebenso leicht von der Hand zu weisen waren wie die anderer Kritiker.

10 Darauf läuft die Einschätzung von Christian Gneuss hinaus (Um den Einklang von Theorie und Praxis. Eduard Bernstein und der Revisionismus, in: Marxismusstudien. Zweite Folge, Tübingen 1957, S. 199.)

wird, sondern auch an dessen Verständnis des Sinnes und der Möglichkeiten einer umfassenden historischen und weltanschaulich geschlossenen Theorie des Sozialismus als *Wissenschaft*. Es wäre in der Tat vermessen, Bernstein an wissenschaftlicher Schöpferkraft, an Kenntnissen, an theoretischer Phantasie, an begrifflicher Schärfe und an enzyklopädischer Bildung Marx gleichstellen zu wollen. Dies ist aber kein Hindernis dafür gewesen, daß er in einigen grundlegenden Fragen wie der des Verhältnisses von Sozialismus und Wissenschaft sowie insbesondere in der Frage der Voraussetzungen des Sozialismus unter den Bedingungen der Fortgeltung einiger elementarer soziohistorischer Erkenntnisse von Marx selbst *die Theoriebestandteile des Sozialismus auf eine neue Ebene gehoben hat,* die sowohl in logischer wie auch in empirischer Hinsicht kritischen Ansprüchen besser standhält als bestimmte Struktur-elemente des Marxschen Werkes selbst[11]. *In der Konstruktion einer neuen Grundstruktur der sozialistischen Theorie war Bernstein wegweisend, wenn er auch in vielen ihrer Details und der Ausfüllung manches ihrer Elemente wenig mehr vorzutragen hat, als sein gesunder Menschenverstand ihm eingab.*

Es hat sich gezeigt, daß die Partei des demokratischen Sozialismus in Deutschland, die Bernsteins Thesen aus Sorge um ihre Geschlossenheit und Überzeugungskraft in einer Zeit der Isolation und Unterdrückung anfänglich intransigent zurückgewiesen hat, sie angesichts unabweislicher Erfahrungen später Schritt um Schritt ratifizieren mußte. Die Grundstruktur des Bernsteinschen Sozialismusverständnisses ist heute bewußt oder nicht Grundlage der Programme der meisten Parteien der westeuropäischen Sozialdemokratie geworden. Für diesen Teil der Arbeiterbewegung ist das eingangs zitierte Urteil von Carlo Schmid: „Eduard Bernstein hat auf der ganzen Linie gesiegt" eine zutreffende Beschreibung.

Es enthält indessen nur die halbe Wahrheit. Die parteioffizielle Ratifikation der grundlegenden Elemente von Bernsteins Theorie erfolgte nämlich nicht über eine lebendige Tradition der kritischen Auseinandersetzung mit seinem Werk, sondern mußte in jeder gegebenen Lage jeweils für sich neu begründet und gefunden werden, wenn es am Ende auch die von ihm vorgeschlagenen Positionen waren, zu denen die Diskussionen führten[12]. Nur in diesem allzu objektiven Sinne hat Bernstein gesiegt. In dem viel entscheidenderen Sinne der Begründung einer eigenen Tradition der offensiven und reflektierten Begründung des Reformismus und einer veränderten Rolle von

---

11 So etwa hat Bernstein selbst das Verhältnis auch gesehen. Vgl. Die Voraussetzungen des Sozialismus, S. 242.

12 So spielte beispielsweise in den Beratungen der Kommission für das Godesberger Programm, das in entscheidenden Strukturelementen die Desiderate Bernsteins aufnimmt, dessen Werk keine direkte Rolle. Vergl. dazu Thomas Meyer, Wissenschaft und Grundwerte im demokratischen Sozialismus (erscheint 1977 in Bonn-Bad Godesberg). Eine solche Parallele hält Lidtke für „naiv" und „wenig kritisch", a. a. O., S. 689.

Wissenschaft im sozialistischen Programm hat er bis heute keinen Sieg errungen, allenfalls den wenig ergiebigen, daß der Marxismus nicht länger offizielle Parteitheorie ist.

Die Ursache dafür, daß Bernsteins Revisionsbestrebung keine eigenständige Theorietradition begründet hat, in der an seinen Ansätzen kritisch weitergebaut worden wäre, liegt nun freilich zu einem großen Teil in der Eigenart seines Werkes und seines Wirkens selbst beschlossen. Vor allem drei Gründe sind hierfür zu nennen:

1. Daß Bernstein nicht in demselben Sinne Theorie schuf, wie die es war, zu deren Kritiker er wurde, daß er nicht an die Stelle der alten geschlossenen und umfassenden Weltanschauung eine neue, gleichermaßen ehrgeizige und anspruchsvolle Theorie gesetzt hat, ließ viele die Bausteine und das Gerüst für ein neues Sozialismusverständnis, die er geschaffen hatte, gering achten oder in ihrem theoretischen Anspruch übersehen.

2. Wie Bernstein selber in einem autobiografischen Text hervorgehoben hat, maß er seinen analytisch-kritischen Fähigkeiten einen weit höheren Rang zu als dem, was er dort „synthetische" Fähigkeiten nennt, nämlich der Kraft zum Entwurf eines zusammenhängenden Systems[13]. Aufgrund dieses Selbstverständnisses hat er außer dem einen Mal, wo er dazu geradezu genötigt wurde (1899, „Die Voraussetzungen des Sozialismus und die Aufgaben der Sozialdemokratie") und einem zweiten Mal, wo er in seinen theoretischen Ansprüchen schon wieder weit zurückgesteckt hatte (1921, „Der Sozialismus einst und jetzt") zusammenhängende, die wichtigsten Problembereiche auf dem klassischen Feld der sozialistischen Theoriebildung systematisch integrierende Arbeiten nicht vorgelegt. Da er sich dennoch zu allen theoretischen Streitfragen in Aufsätzen und kleinen Publikationen mehrfach geäußert hat, *besteht seine theoretische Hinterlassenschaft aus geradezu unübersichtlich vielen Mosaiksteinen, deren systematischer Zusammenhang vom Autor nicht selbstbewußt präsentiert, sondern vom Leser erst mühsam ermittelt werden muß*[14]. Diese Mühe haben sich die wenigsten Betrachter gemacht.

3. Ein weiterer Grund ist in dem überraschenden Abbrechen der theoretischen Spitze zu sehen, das sich in Bernsteins Werk bald nach seiner Rückkehr nach Deutschland 1901 bemerkbar machte. Die Periode, in der Bernstein selbstbewußt und offensiv eine theoretische Alternative zum Parteimarxismus in ihren wichtigsten Dimensionen entworfen hat, war äußerst kurz. Die wichtigsten eigenständigen Lösungsvorschläge Bernsteins zu den Problemen einer Theorie des Sozialismus datieren fast ausnahmslos aus den wenigen Jahren zwischen dem Tode von Friedrich Engels (1895) und seiner Wiedereingliederung in die sozialdemokratische Partei in Deutsch-

---

13 Vgl. Anm. 7.
14 Vgl. Rikli, a. a. O., S. V.

land (1901). Der Umriß einer Theorie, den er in diesen kurzen Jahren gezeichnet hat, ist von ihm später kaum ergänzt oder fortgesetzt worden[15]. *Zurück in Deutschland hat er sich vielmehr um eine Betonung der Elemente der Kontinuität seines Konzepts zum Marxismus bemüht und in theoretischen Fragen allzu häufig aus politischen Gründen mit reduziertem theoretischen Tiefgang und zurückgenommener Konturierung argumentiert.* Weil viele der verheißungsvollen theoretischen Ansätze aus der ersten Periode nicht fortentwickelt worden sind, entsteht in bezug auf Bernsteins theoretisches Lebenswerk zum Teil der Eindruck, daß sich das, was mit großem Ernst und Eifer begonnen worden war, am Ende im Sande verlaufen hat.

Es kommt hinzu, daß Bernstein selbst in seinem persönlichen Auftreten und Wirken so wenig charismatisch war, daß nur die vorweg Überzeugten ihm folgen mochten. Die politische Vermittlung der Wirkmöglichkeiten seiner Einsichten hat er so wenig beherrscht, daß auch viele Sympathisanten in der Theorie auf politischer Ebene Distanz hielten[16]. So hat er für seinen theoretischen Ansatz nicht die Basis politischer Gefolgschaft finden können, die deren Fortentwicklung und selbstbewußte Verankerung in der Partei ermöglicht hätte. Da Bernstein aber kein Mann der akademischen Wissenschaft war, sondern sein theoretisches Schaffen Ursprung und Resonanzboden allein in der Sozialdemokratie hatte, hat er für sich auch nicht die Alternative sehen können, ungeachtet seiner Resonanz in der Partei unbeirrt die wissenschaftlichen Konsequenzen aus seinem Neubeginn zu ziehen. Er blieb seiner Partei verhaftet und versuchte aufs neue Tritt zu fassen, nachdem er gewahr wurde, wie weit er ihr tatsächlich vorausgeeilt war. Dies hatte er von England aus unterschätzt. Selbst Bernsteins Hauptkontrahent während des gesamten Verlaufs der eigentlichen Revisionismusdebatte, Karl Kautsky, hat dessen Wandlung nach seiner Wiedereingliederung in die deutsche Partei später mit einer gewissen Genugtuung festgestellt. Hinsichtlich des Unterschieds in Bernsteins theoretischem Auftreten vor und nach seiner Rückkehr nach Deutschland schreibt er: „Er kam dahin, sich über den Geist zu täuschen, der im deutschen Proletariat herrschte, und ihn mißfällig zu vergleichen mit dem des englischen Sozialismus. Er begann zu fürchten, die deutsche Sozialdemokratie befinde sich auf dem Irrweg. Nach Engels Tod erhielt diese Befürchtung bei ihm die Oberhand. Später, als er wieder in Deutschland war,

---

15 Auch Angel geht davon aus, daß Bernsteins Konzept gegen 1900 vollendet war. Vgl. a. a. O., S. 287.
16 Typisch dafür ist die Enttäuschung Lily Brauns, nachdem sie 1901 Bernsteins Vortrag über wissenschaftlichen Sozialismus in Berlin gehört hatte, vgl. Gay, a. a. O., S. 187. Vor allem das Verhalten von Vollmars und Auers ist in dieser Hinsicht bezeichnend, beide schätzten Bernsteins Position, hielten die Art seines Vorgehens aber für politisch ungeschickt und unwirksam. Vgl. H.-J. Steinberg, Sozialismus und deutsche Sozialdemokratie, Hannover 1967, S. 110.

seit 1901, bekannte er selbst, daß er die deutsche Partei verkannt habe. Er fand sich, auf dem Mutterboden lebend, wieder in die Partei ein[17]." Eingebettet in die englische Atmosphäre der sozialistischen Argumentation und der politischen Auseinandersetzung zwischen den Parteien hatte er eine Reihe von Ansichten nach und nach für derart selbstverständlich erachtet, daß er sich in der Wirkung beträchtlich verschätzte, die ihre Publikation in der deutschen Sozialdemokratie damals nach sich zog. Besonders folgenreich erwies sich, daß er von seinem Londoner Exil aus nicht ausreichend verfolgen konnte, in welchem Maße seine Kritik von der bürgerlichen Presse und von bürgerlichen Politikern als Kronzeugenaussagen gegen die Grundlagen und die Politik der deutschen Sozialdemokratie mißbraucht wurden. Nun schien auf einmal einer der angesehensten Vertreter ihres besonderen theoretischen Selbstverständnisses all die Einwände zu bestätigen, die von außerhalb der Partei in der Absicht einer Schwächung ihrer Politik schon seit längerem vorgetragen worden waren[18]. Noch weniger freilich hatte Bernstein von vornherein in Rechnung stellen können, wie hilflos und verletzlich seine deutschen Parteigenossen auf diesen Mißbrauch seiner innersozialistischen Klärungsversuche reagieren würden. In dem Maße wie er dann, zurück in Deutschland, erkennen mußte, daß die Partei seine Revisionsbestrebung nicht als Stärkung empfinden konnte, hat er seine öffentlichen Äußerungen auch in dieser Hinsicht vorgeprüft[18a].

Diese scheinbare Begünstigung der antisozialistischen Polemik und die Art, wie Bernstein ohne taktische Rücksichtnahme seine kritischen Bedenken vortrug, verfestigte die Minderheitsposition, in der er sich innerhalb der Sozialdemokratie befand. Er mußte erkennen, daß nicht nur der Boden seiner politischen Tätigkeit, sondern auch das Klima für die Aufnahme seiner Bedenken auf diese Weise nicht gefördert werden konnten. Dem rückblickenden Betrachter erscheint es daher wenig zweifelhaft, daß Bernstein selbst in wachsendem Maße jenen Bedenken Rechnung zu tragen begann, mit denen frühe Sympathisanten seiner Zwecke die Art seines Auftretens kommentiert hatten. Nun bildete er die „Hypertrophie seines Gewissens" zurück und begann bei der Vorbereitung öffentlicher Argumentation „den Magen seiner

---

17 Friedrich Engels' Briefwechsel mit Karl Kautsky, S. 451, zitiert nach Gustafsson, a. a. O., S. 133.

18 Bernstein erinnert sich 1924, daß er in seinem Londoner Exil zur Zeit der Ausarbeitung seines revisionistischen Ansatzes nichts davon erfuhr, daß er von Gegnern des Marxismus „als dessen ‚Vernichter' auf das Schild gehoben" wurde, (Entwicklungsgang, S. 30). Auch Kautsky beklagte sich in seinem Briefwechsel mit Bernstein erst im Februar 1898 darüber, das dessen kritische Artikel den Wahlkampf der Partei erschwerten und den Gegnern „Wasser auf die Mühlen" lenkten (Kautsky an Bernstein vom 18. 2. 1898, IISG K, C 180).

18a Vgl. dazu Bernstein, Voraussetzungen, S. 259—261 und Parteidisziplin und Überzeugungstreue, in: SM, 7. Jg., 2 (1901), S. 853, wo er konstatiert, daß die Geister für seine Revisionsbestrebungen noch nicht genügend vorbereitet seien.

Gäste" in Rechnung zu stellen wie G. v. Vollmar es einst von ihm vergeblich verlangt hatte[19].

Auch die Umstände der Rückkehr Bernsteins aus seinem Londoner Exil sind auf seine Publikationsstrategie schwerlich ohne Auswirkungen geblieben. Liberale hatten sich in der Hoffnung für seine Rückkehr nach Deutschland eingesetzt, daß er der geeignete Mann sein würde, die SPD bis hin zur Bündnisreife mit den Liberalen zu verwandeln, während Reichskanzler Bülow in der Hoffnung den Haftbefehl gegen Bernstein aufhob, eine Spaltung der Sozialdemokratie könnte die Folge seines Wirkens in Deutschland sein oder doch zumindest eine rapide Beschleunigung des reformistischen „Mauserungsprozesses" dieser Partei. Zwar hätte Bernstein selbst, der zu diesem Zeitpunkt vor allem aus Gründen der Wiederherstellung einer vertrauensvollen Kommunikation mit seiner Partei großen Wert auf die Rückkehr nach Deutschland legte, am liebsten die in Aussicht stehende Haftstrafe zunächst abgesessen, um damit einen sinnfälligeren Beweis für seine fortwirkende Überzeugungstreue hinsichtlich der sozialdemokratischen Prinzipien vor der gesamten Parteiöffentlichkeit abzulegen, aber er mußte schließlich doch als gleichsam „Begnadigter" einreisen, nachdem seine Bedingung, daß auch der auf dem gleichen Haftbefehl gesuchte „parteiorthodoxe" Motteler einreisen dürfe, erfüllt worden war[20]. Um das etwas zweifelhafte Licht, in das er durch die Voraussetzungen dieser Rückkehr gerückt worden war, zu neutralisieren, mochte er sich in einer Art Beweisnot seiner Parteiloyalität gefühlt haben. Verstärkt wurde dieses engere Anrücken an die Partei außer durch die vielfältigen Einflüsse, denen er nun wieder viel unmittelbarer als zuvor ausgesetzt war, insbesondere auch durch das viel rauhere politische Klima, dem die Sozialdemokratie im Vergleich zur englischen Arbeiterbewegung ausgesetzt war und die fast beispiellose Intransigenz und Isolation, der die Sozialdemokratie in der deutschen Gesellschaft und im kaiserlichen politischen System ausgeliefert war. Auch die Verschärfung der politischen Lage in Deutschland und die Verlangsamung des wirtschaftlichen Aufschwungs der Arbeiterklasse nach der Jahrhundertwende mögen dabei ihre Rolle gespielt haben.

Noch im Jahre seiner Rückkehr selbst wurden all diese Einflüsse schlaglichtartig erkennbar, nachdem Bernstein seinen berühmten Vortrag „Wie ist wissenschaftlicher Sozialismus möglich?" im Frühjahr 1901 in Berlin gehalten hatte. Dieser Versuch einer wissenschaftskritischen Untersuchung der Grundlagen der sozialistischen Theorie trug ihm auch die Kritik derjenigen Parteitheoretiker ein, die seine marxismuskritischen und reformistischen Positionen

19 Vollmar an Bernstein vom 28. 10. 1899, zitiert nach H.-J. Steinberg, a. a. O., S. 110.
20 Vgl. dazu ausführlich, Dieter Fricke, Zur Rückkehr Eduard Bernsteins in das Deutsche Reich 1901, in: Zeitschrift für Geschichtswissenschaft, XXII. Jahrgang, 1974, Heft 12, S. 1341—1347 und Eduard Bernstein, Entwicklungsgang, S. 36.

teilten. Selbst die Neukantianer, die in fast allen anderen Hinsichten als seine treuesten Bündnisgenossen gelten konnten, gingen im wissenschaftstheoretischen Bereich und zunehmend auch in Fragen der Diskussionstaktik auf Distanz[21]. Nun wurde er von allen Seiten angegriffen. Das Maß wurde voll, als auf dem im gleichen Jahr abgehaltenen Lübecker Parteitag sein Verhalten wiederum auf die Tagesordnung gesetzt wurde und Anlaß zu einer scharfen Resolution gab, in der ihn die Partei mit überwältigender Mehrheit dazu aufforderte, seine kritischen Fähigkeiten künftig weniger auf Probleme innerhalb der Partei als vielmehr im Parteiinteresse gegen die anderen Parteien und die kapitalistische Gesellschaft zu wenden[22]. Bernsteins Rede auf diesem Parteitag und ein nachfolgender Aufsatz zum gleichen Thema lassen erkennen, wie tief diese Vorgänge ihn berührten. Den tragisch empfundenen Konflikt zwischen „Überzeugungstreue und Parteidisziplin", wie er ihn nannte[23], hat er in seinen späteren Publikationen durch einen wesentlich gedämpften Ton, aber auch Anspruch zu lösen versucht. Seine Selbstverpflichtung auf dem Lübecker Parteitag zu mehr Selbstprüfung hinsichtlich der Grenzen der der Partei zumutbaren Kritik hat er ernst genommen.

Bernstein hat auch später als andere erkannt, daß der Parteimarxismus nicht allein aufgrund seines tatsächlichen Erkenntnisgehaltes innerhalb der Partei in Geltung war, sondern eine Reihe anderer Funktionen erfüllte, auf die sich eine Theorie, die ihn hätte ablösen können, ebenfalls beziehen mußte. Das hohe Maß an Siegeszuversicht, Erwähltheitsglaube und Wissenschaftsverbundenheit, das der Partei aus dem Marxismus, wie sie ihn verstand, zugewachsen war, war ja eine der Voraussetzungen für dessen umfassende Übernahme durch die Partei während des Sozialistengesetzes gewesen[24]. Diese

---

21 Das gilt für Kurt Eisner, Wolfgang Heine und Karl Vorländer selbst, vgl. Vorländer, Die neukantianische Bewegung im Sozialismus, Berlin 1902, S. 47, dort auch die Quellennachweise für Eisner und Heine.

22 Die mit 203 gegen 31 Stimmen bei 4 Enthaltungen angenommene Resolution lautete: „Der Parteitag erkennt rückhaltlos die Notwendigkeit der Selbstkritik für die geistige Fortentwicklung unserer Partei an. Aber die durchaus einseitige Art, wie der Genosse Bernstein diese Kritik in den letzten Jahren betrieb, unter Außerachtlassung der Kritik an der bürgerlichen Gesellschaft und ihren Trägern, hat ihn in eine zweideutige Position gebracht und die Mißstimmung eines großen Teils der Parteigenossen erregt. In der Erwartung, daß der Genosse Bernstein sich dieser Erkenntnis nicht verschließt, geht der Parteitag über die Resolutionen Nr. 52, 91, 92 und 93 zur Tagesordnung über" (Protokoll über die Verhandlungen des Parteitages der Sozialdemokratischen Partei Deutschlands. Abgehalten zu Lübeck vom 22. bis 28. September 1901, Berlin 1901, S. 99). Bernstein gelobte trotz der Tatsache, daß die Resolution ihm seiner Meinung nach Unrecht tat und er seine Überzeugung nicht von Kongreßbeschlüssen abhängig machen wollte, „daß ich dem Votum der Majorität des Parteitages diejenige Achtung und Beachtung entgegenbringen werde, die einem solchen Kongreßbeschluß gebührt" (S. 188).

23 So der Titel seines Aufsatzes in den SM, 7. Jg., 2 (1901), S. 846—853, wo er nochmals bekräftigte, daß er entschlossen sei, der Resolution Folge zu leisten (S. 847).

24 Vgl. dazu Helga Grebing, Geschichte der deutschen Arbeiterbewegung, München 1972³, S. 92.

gewaltige psychologische Stützungsfunktion ließ sich nicht einfach durch kognitive Qualitäten theoretischer Alternativen wie größere Klarheit, Bewährtheit oder bessere logische Konsistenz aufweigen. *Mit dem beständigen Hinweis auf diese psychologischen Lücken, die eine Theorie vom Bernsteinschen Typ lassen würde, haben seine marxistischen Kontrahenten die darauf eingespielte Partei auf ihrer Seite gehalten*[25]. Erst später hat Bernstein das begriffen und offenbar auch in Rechnung zu stellen versucht[26].

Auf diesen Sachverhalt bezieht sich seine bittere Rückschau: „Eine Diskussion unter Sozialisten hatte ich einleiten wollen, bestimmt, die Sozialdemokratie im Fortschreiten auf dem Weg, den sie schon eingeschlagen hatte, zu bestärken. Gegen meinen Wunsch war es ein Kampf in der Partei um ihr Wesen geworden und ich in seinen Mittelpunkt gedrängt[27]." Beides war ihm gleichermaßen ungelegen und hat zu Korrekturen seines Vorgehens geführt.

Für Bernsteins spätere Scheu, seine Ansätze konsequent zu entfalten, mag auch eine Rolle gespielt haben, daß er nicht über eine solche formale wissenschaftlich-akademische Qualifikation verfügte, die ihm selbst die „letzte Sicherheit" und seinem Publikum die ehrfürchtige Geneigtheit vermitteln konnte, wie sie bei anderen Theoretikern vorhanden war. Bernstein war Autodidakt. Das waren aber beispielsweise Friedrich Engels und in ökonomischen Fragen Marx selbst ebenfalls. Erst recht war es August Bebel. Dieser Hinweis darf daher in bezug auf die theoretischen Leistungen Bernsteins nicht überstrapaziert werden. Der Mangel einer einschlägigen formal-akademischen Bildung hat Bernstein so wenig wie andere daran gehindert, sich in ein Problem einzuarbeiten und dann seine Stellung zu beziehen.

Da die vorliegende Arbeit der Versuch ist, die Grundstruktur der sozialistischen Theoriealternative im Zusammenhang herauszuarbeiten, die Bernstein vorgelegt hat, können seine Biographie und seine Entwicklung dabei nur in dem Maße in die Betrachtung einbezogen werden, wie dies für den begrenzten Zweck erforderlich ist. Aus diesem Grunde werden insbesondere auch der frühe und der marxistische Bernstein nur knapp behandelt. Näher eingegangen werden muß jedoch auf den Entstehungszusammenhang und die Ursachen seiner Hinwendung zu einem neuen Sozialismusverständnis, weil in ihnen zugleich dessen *generative Idee* vorgebildet ist[28].

---

25 Besonders virtuos hat Bebel dieses Argument gehandhabt, vergl. seine Rede auf dem Parteitag in Hannover 1899, Protokoll über die Verhandlungen des Parteitags der Sozialdemokratischen Partei Deutschlands. Abgehalten zu Hannover vom 9. bis 14. Oktober 1899, Berlin 1899, S. 220 und passim.

26 Bernstein, Entwicklungsgang, wo er hinsichtlich seiner Forderung nach einer „demokratisch-sozialistischen Reformpartei" aus seinen Voraussetzungen schreibt: „. . . es war mit ihr nicht eine Sache des Verstandes, es war eine Sache des Fühlens in Frage gestellt. Das hatte ich mir nicht überlegt gehabt, als ich den Satz niederschrieb . . .", S. 33 und S. 37.

27 a. a. O., S. 37.

28 Zum Begriff der „generativen Idee" eines Theorieansatzes vergl. Robert C. Tucker,

Aus der Perspektive seiner späteren revisionistischen Wendung lassen sich verschiedene Äußerungen und Ereignisse aus Bernsteins vorrevisionistischer Entwicklungsphase als Vorzeichen der späteren Entwicklung deuten. Auch Bernstein selbst hat sich verschiedentlich über die Voraussetzungen seiner Abwendung vom Parteimarxismus geäußert und besonderen Wert auf die Feststellung gelegt, daß er bereits vor dem Tod von Friedrich Engels am 5. August 1895 die Prinzipien seiner Kritik entwickelt und geäußert habe[29]. Andererseits war er bereits ab 1892 von Friedrich Engels und August Bebel verdächtigt worden, in wachsendem Maße Sympathien für die von marxistischer Seite scharf kritisierten Theoretiker der „Fabian Society" und eine zunehmende Neigung zum Liberalismus an den Tag zu legen[30].

Der Nachweis weiter zurückreichender Wurzeln der Bernsteinschen Umorientierung könnte zu dem Urteil Anlaß geben, Bernstein sei im eigentlichen Sinne nie Marxist gewesen. Zugleich gewinnt damit die Frühgeschichte seiner theoretischen Entwicklung Interesse. Nach eigenem Zeugnis war er unmittelbar nach seinem Anschluß an die Sozialdemokratie 1872 zunächst begeisterter Anhänger der Lehre von Eugen Dühring gewesen[31]. An dessen Ende 1872 erschienenem Werk „Kursus der Nationalökonomie und des Sozialismus", für das er damals auch bei Bebel erfolgreich um Sympathie warb[32], hebt er im Rückblick weniger die rationalistisch-voluntaristischen Aspekte des Sozialismusverständnisses hervor als vielmehr dessen ausgeprägten Liberalismus. Darunter verstand Bernstein die Skepsis gegenüber der eigenartigen, damals in der Sozialdemokratie verbreiteten Haltung, vom sozialistischen Staat wahre Wunder der Organisations- und Steuerungsfähigkeit zu erwarten und dem Individuum alle Selbstverantwortung abzunehmen. Bernstein schloß sich der Dühringschen Reserve in dieser Frage an und bezweifelte sowohl die Möglichkeit als auch die Wünschbarkeit derart unbegrenzter staatlicher Handlungsfähigkeit. „Mir kam es darauf an, die Arbeiter davor zu warnen, von dem zu erobernden Staat zu erwarten, er werde das ganze Wirtschaftsgetriebe des modernen Staates von oben herab durch Gesetze, Verordnungen und Zentralkörper in Kürze zur höchsten Wirtschaftlichkeit entwickeln[33]." Wissenschaftstheoretische oder weltanschauliche Fragen scheinen bei seiner Zuneigung zu Dühring keine Rolle gespielt zu haben. In Anbetracht der

Karl Marx. Die Entwicklung seines Denkens von der Philosophie zum Mythos, München 1963. Im vorliegenden Zusammenhang wird dieser Begriff genau wie bei Tucker für die ursprüngliche Idee eines Gedankensystems verwendet, aus der heraus die anderen Systemelemente generiert werden und ihren spezifischen Sinn beziehen.

29 Bernstein an Kautsky vom 9. 11. 1898, IISG K. DV 465, wo Bernstein einschränkend hinzufügt, daß die Verhältnisse in Engels' Haus ein „volles Aussprechen" der Probleme verhindert haben.

30 Bebel an Engels vom 17. 8. 1892 und Engels an Bebel vom 20. 8. 1892.

31 Bernstein, Entwicklungsgang, S. 9 ff.

32 a. a. O., S. 10 und Bernstein, Sozialdemokratische Lehrjahre, Berlin 1928, S. 52.

33 Bernstein, Entwicklungsgang, S. 11 f.

gemeinsamen Prinzipien und Zielsetzungen hielt er die Gegensätze, die zwischen Dühring und Marx in anderer Hinsicht bestanden, für nicht ausschlaggebend. Die Begeisterung für Dühring sollte nach seiner Auffassung nicht zu Lasten von Marx gehen. Er sah zwischen dem „Kapital" und dem Werk Dührings vielmehr ein Ergänzungsverhältnis und wollte für die damalige Sozialdemokratie die Ansätze beider aufnehmen. „Man mag es Eklektizismus oder was sonst nennen, mir schien die sozialistische Bewegung umfassend genug, um einen Marx und einen Dühring zu gleicher Zeit zu vertragen[34]." Wenn Bernsteins Erinnerungen in diesem Punkte zutreffen, so wußte er in jenen Jahren nicht nur Marx und Dühring für die sozialistischen Konzeptionen zu verbinden, sondern er behielt sich zum Marxverständnis und zur Persönlichkeit Dührings ein kritisches Verhältnis vor[35]. Bernstein verstand daher das liberale Element im Denken Dührings nicht so sehr als Gegensatz zu Marx, sondern vielmehr als Betonung eines Gedankens, der sich auch bei Marx selbst finden lasse, der aber im sozialdemokratischen Alltagsverständnis der sozialistischen Zukunft beiseite gedrängt worden war. Er hob daher hervor, daß so richtig Dührings Kritik in dieser Hinsicht auch sei, so ungerechtfertigt sei sie als Kritik an Marx selbst[35].

Dies wurde ihm endgültig klar, als er nach seiner Umsiedlung in die Schweiz im Dienste des Parteigönners und ethischen Sozialisten Karl Höchberg im Winter 1878/79 das kurz zuvor erschienene Buch von Engels „Herrn Eugen Dührings Umwälzung der Wissenschaft" las[36]. Wie so vielen anderen Sozialisten dieser Generation war auch Eduard Bernstein dieses Buch Identifikationserlebnis und interpretatorischer Einstieg in den Marxismus[37].

Im Rückblick schildert Bernstein diesen Vorgang: „Dort las ich unter anderem im Zusammenhang die von Engels an Dühring geübte Kritik und ward durch sie belehrt, wie grundfalsch Letzterer die Marx-Engelssche Geschichts- und Gesellschaftsauffassung dargestellt hatte. Sie erschien mir in allen wesentlichen Punkten unanfechtbar und ward so zu meinem sozialistischen Credo[38]." Daß dieses Credo kein oberflächliches Bekenntnis war, sondern eine auf der Basis sorgfältiger Textrezeption und eigener schriftstellerischer Tätigkeit ruhende theoretische Haltung, die fast zwei Jahrzehnte lang den kategorialen und intentionalen Bezugsrahmen für Bernsteins umfangreiche Publikationsarbeit geliefert hat, wird auch durch das Zeugnis von Friedrich Engels selbst belegt[39].

---

34 a. a. O.
35 a. a. O., S. 12.
36 Bernstein, Sozialdemokratische Lehrjahre, S. 72.
37 H.-J. Steinberg, a. a. O., S. 43 ff.
38 Bernstein, Entwicklungsgang, S. 12 f.
39 Neben anerkennenden Einzeläußerungen spricht dafür vor allem die Tatsache, daß er Bernstein im Falle einer eigenen Verhinderung mit der Herausgabe des 3. Bandes Das Kapital betrauen wollte (Brief an Kautsky vom 28. 1. 1889) und neben Bebel zum Verwalter seines Nachlasses bestellte.

Dies wird auch nicht durch jenen berühmt- berüchtigten Vorgang relativiert, der sich gleich zu Beginn von Bernsteins Aufenthalt in der Schweiz ereignete und ihm zunächst den scharfen Unwillen von Marx und Engels eingetragen hat. Es handelt sich um Bernsteins Mitverfasserschaft an dem anonymen „Dreisterne-Artikel", der in dem von Höchberg herausgegebenen „Jahrbuch für Sozialwissenschaft" 1879 erschienen war, und bereits kurz nach Erlaß der Bismarckschen Ausnahmegesetze gegen die Sozialdemokratie einen Teil der Schuld für Isolation und Verbot der Partei im Verhalten von Teilen der Partei selbst erblicken wollte[40]. Inhalt wie Zeitpunkt der Veröffentlichung erregten in der Sozialdemokratie scharfe Ablehnung. In der Tat stimmt der Artikel einige der Themen an, die später auch in der Revisionismusdebatte eine Rolle spielten, so unter anderem die Kritik an einer in der Partei verbreiteten „Revolutionsschwärmerei", die Fixierung auf den Zukunftsstaat auf Kosten der Erfüllung der nächsten Aufgaben und die Überschätzung der gegebenen Fähigkeit der Arbeiter für eine sozialdemokratische Politik in Verbindung mit einer unangebrachten Liebedienerei ihnen gegenüber. Marx und Engels verbanden aufgrund einer Mitteilung Höchbergs Bernstein als Mitverfasser des Aufsatzes mit dieser Position[41] und wandten sich aus diesem Grunde gegen seine Mitarbeit als Redakteur des „Sozialdemokrat", als diese sich einzuspielen begann. Erst nachdem Bernstein gemeinsam mit Bebel die beiden „Alten" in London aufgesucht und klärende Gespräche geführt hatte, war das Vertrauen wiederhergestellt[42]. Dieses Vertrauen blieb erhalten. Engels hat Bernstein für dessen Leistungen als Redakteur stets höchstes Lob gezollt und ihn schließlich zum Mitverwalter seines Nachlasses bestellt[43].
Bei dem bekannten Mißtrauen und ihrer in theoretischen und politischen Fragen sprichwörtlichen Intransigenz wären Marx und Engels schwerlich mit Bernsteins neuer Aufgabe einverstanden gewesen, wenn sie nicht glaubhaft davon hätten überzeugt werden können, daß Gesamtinhalt und politische Zielrichtung des Dreisterneartikels zu diesem Zeitpunkt keineswegs das politische Credo Bernsteins darstellten. Dieser selbst hat denn in der Tat eine volle Mitverfasserschaft an dem Artikel später bestritten[44]. Nach eigenem

---

40 Rückblicke auf die sozialistische Bewegung in Deutschland. Kritische Aphorismen von ✳✳✳, in: Jahrbuch für Sozialwissenschaft und Sozialpolitik, hrsg. von Dr. Ludwig Richter (d. i. Höchberg), 1. Jg., 1. Hälfte, Zürich 1879, S. 75—96.

41 Zirkularbrief von Marx und Engels vom 17./18. 9. 1879.

42 Vgl. MEW, 35, S. 216 und S. 220, vgl. auch Bernstein, Sozialdemokratische Lehrjahre, S. 114. Bebel schreibt in seinen Memoiren, daß im Verlaufe der Gespräche zwischen Bernstein einerseits und Marx und Engels andererseits, die im Jahre 1880 in London geführt wurden, „Bernstein sichtlich an Vertrauen bei den beiden gewann" (Bebel, Aus meinem Leben, Berlin 1930⁹, Dritter Teil, S. 166).

43 MEW, 35, S. 220.

44 Brief an Bebel vom 20. 10. 1898, abgedruckt in: Adler, Viktor, Briefwechsel mit August Bebel und Karl Kautsky, gesammelt und erläutert von Friedrich Adler, Wien 1954 und Bernstein, Lehrjahre, S. 79.

Bekunden hat er lediglich eine sehr kurze Passage hinzugefügt, während der Artikel selbst von Karl Flesch verfaßt und von Karl Schramm und Karl Höchberg redigiert worden sei. Wenn es auch nicht von Konsequenz und politischem Urteil zeugt, zu einem Artikel einen Beitrag zu leisten, an dessen Zweckmäßigkeit er gezweifelt haben will und dessen Inhalt er zumindest teilweise für „recht anfechtbar" hielt[45], so hat er sich doch nach eigener Darstellung auf Drängen hin dazu bringen lassen, „in einigen 20 Zeilen"[46] ein in Teilen der Parteiführung zu beobachtendes „Kriechen vor der Masse" zu geißeln[47]. Wenn sich sein Beitrag zu dem Artikel tatsächlich auf die entsprechende Passage beschränkt, so handelt es sich lediglich um eine Stilfrage ohne jegliche theoretische oder strategische Dimension. Was dort kritisiert wird, ist eine Praxis, die meint, dem Sozialismus sei damit gedient, wenn alle gegenwärtigen Eigenarten der Arbeiter in den Rang geweihter Attribute erhoben und damit auch für jene zum Stilvorbild gemacht werden, die selbst nicht proletarischer Herkunft sind[48].

Selbst für den Fall jedoch, daß Bernstein später seinen Anteil in der Erinnerung geringfügiger eingeschätzt haben sollte, als er tatsächlich war, könnte dies die Tatsache nicht aus der Welt schaffen, daß Bernstein in der im Winter 1878/79 begonnenen und publizistisch bis 1895 durchgehaltenen marxistischen Phase seiner Entwicklung theoretisch und strategisch die Linie des Parteimarxismus ohne nennenswerte Abstriche mitgetragen hat und gegen jene reformistischen Argumente gerade polemisierte, die im Dreisterneartikel zum Teil tatsächlich in inhaltlicher Parallele zu seinen späteren Ein-

---

45 Lehrjahre, S. 80.
46 Bernstein an Bebel vom 20. 10. 1898.
47 Lehrjahre, S. 79, diese Kritik sei vor allem auf Hasselmann bezogen gewesen.
48 Die entsprechende Passage lautet: „Aus dem berechtigten Streben, dem Arbeiterstand Bewußtsein und Kraft seiner Würde einzuprägen, entwickelte sich hie und da ein — wie sollen wir es nennen? — Kriechen vor den Arbeitern, ein in den Himmel Erheben aller — auch der schlechten — Eigenschaften derselben. Es trat ein, was Lassalle in seinem „Arbeiterprogramm" so treffend kennzeichnete: „Damals steigerte sich das entgegengesetzte Dogma sogar so weit, daß fast jeder, der einen ganzen Rock hatte, eben dadurch verderbt und verdächtig erschien, und Tugend, Reinheit und patriotische Sittlichkeit nur solchen innezuwohnen schienen, die keinen guten Rock besaßen. Es war die Periode des ‚Sansculottismus'. So kam es, daß viele Arbeiter an Stelle ihres berechtigten Klassenbewußtseins eine Überhebung zur Schau trugen, die abstoßend wirken mußte. Ja ein sonst nicht unbedeutender Redakteur ging einmal so weit, als Argument gegen die direkte Gesetzgebung geltend zu machen, das Volk könne doch einmal ein schlechtes Gesetz annehmen, und da dürfe man dann nichts dagegen einwenden! — Doch das nur nebenbei." Rückblicke, a. a. O., S. 86. Damit war, wie der angeführte Brief an Bebel zeigt, Hasselmann gemeint. Zwar hat das hier von Bernstein angeführte Argument kein theoretisches Gewicht, es weist aber dennoch einen gemeinsamen Ansatz mit seinem späteren zentralen Bedenken gegen eine Überschätzung der gegenwärtigen politisch-sozialen Handlungskompetenz des Proletariats auf, die die von ihm bekämpfte blanquistische Strategie begünstige. Das Motiv selbst gehört zu den grundlegenden Elementen seines Neuansatzes. Vgl. Kapitel 3. dieser Studie.

wänden vorgetragen worden waren[49]. Immer wieder hat er in der „Neuen Zeit" Autoren rezensiert, die in ihren Büchern ähnliche Argumente verfochten. Stets hat er den offiziellen Standpunkt des Parteimarxismus dagegengesetzt, auch wenn ihm gerade bei solchen Anlässen relativ früh Zweifel daran gekommen sind, ob diese Argumente wirklich ausreichen[50]. Diese Bedenken haben ihn indessen vor 1895 niemals dazu gebracht, den Rahmen des Parteimarxismus *öffentlich* in Zweifel zu ziehen[51].

In engster Zusammenarbeit mit dem in die Schweiz übergesiedelten Karl Kautsky hat sich Bernstein in diesen Jahren vielmehr um eine gründliche Rezeption und kompromißlose Weitergabe des Marxismus bemüht. Sowohl durch seine Redaktionspolitik als Redakteur des Sozialdemokrat, der ja als Organ einer illegalen Partei stärker noch als es sonst Zeitungen vermögen, ein Medium der politischen und theoretischen Sozialisation der Mitglieder war, wie auch durch die Schriften und Artikel, die er in jenen Jahren in großer Zahl verfaßt hat, hatte Bernstein einen wesentlichen Anteil — neben Kautsky und Bebel — an der Aufnahme und Verbreitung des Marxismus in der Sozialdemokratie[52]. Die Intentionen seiner Zusammenarbeit mit Karl Kautsky in diesen Jahren hat Bernstein selbst im Nachhinein so skizziert: „Ihm und mir kam es darauf an, erstens uns selbst in der Theorie zu festigen, dann aber insbesondere das Verständnis der Marx-Engelsschen Lehre und der aus dieser sich ergebenden Folgerungen für den Kampf in der Partei zu fördern. Wir hatten die Lehre gegen damals in der Partei noch stark vertretene Reste utopistischer und naturrechtlicher Ableitungen des Sozialismus, sowie gegen die geistige Konfusion zu verfechten, die sich aus der Verbrämung solcher Ableitungen mit marxistisch lautenden Schlagworten ergab, wie sie in der Partei überhand zu nehmen schien[53]."

---

49 Dazu gehören vor allem das Thema Endziel und Tagesarbeit (S. 79—81); die Frage der gezielten Heranbildung persönlicher Qualifikationen für Aufbau und Ausfüllung des Sozialismus durch schrittweise Ausdehnung der Partizipationsmöglichkeiten (S. 82); die Kritik am Revolutionsgerede und das Thema Gemeindesozialismus (S. 83); sogar der Ausdruck „Revision" der Partei taucht in dem Artikel auf (S. 75).

50 Das gilt vor allem für die Rezensionen von F. A. Lange (in NZ, 10, 2, 1891/92) S. 68—78, 101—109, 132—141), G. v. Schulze-Gävernitz (in NZ, 9, 1, S. 665—673, 693—701, 729—736) und Julius Wolff (in NZ, 11, 1, S. 502—508 und 534—539). Diese Autoren, vor allem die beiden zuletzt genannten, hatten in ihren von Bernstein besprochenen Büchern empirisch begründete Zweifel an der marxistischen Entwicklungsprognose des Kapitalismus mit sozialreformerischen Appellen verbunden. Wie sehr ihn die offen bleibenden Fragen, die von diesen Autoren gestellt worden waren, beschäftigten, skizziert Bernstein in: Entwicklungsgang, S. 20 f.

51 Allerdings kommen in seinem Briefwechsel mit Kautsky ernsthafte Bedenken an der Parteitheorie schon Jahre früher zum Ausdruck. Vgl. weiter unten.

52 Dies hat selbst Kautsky zu einer Zeit noch anerkannt, als seine Auseinandersetzung mit Bernstein ihren polemischen Höhepunkt erreicht hatte, vgl. Kautsky, Bernstein und das sozialdemokratische Programm (1899), Bonn-Bad Godesberg 1976², S. VII.

53 Bernstein, Entwicklungsgang, S. 15.

So übersetzte Bernstein u. a. gemeinsam mit Kautsky Marx' Buch „Das Elend der Philosophie" und wirkte bei der Abfassung der Schrift „Karl Marx' ökonomische Lehren" mit, die unter Kautskys Namen erschien und ein Standardwerk der Marxrezeption für die Sozialdemokratie geworden ist[54]. Auch wenn seit Beginn der 90er Jahre, also nach Bernsteins Übersiedlung nach England, gelegentlich eigene Akzente zu finden sind, hat er doch bis 1895 den kategorialen Bezugsrahmen des Parteimarxismus nicht verlassen oder dessen Korrekturbedürftigkeit publizistisch vertreten. Seine 1891 erschienene Schrift „Gesellschaftliches und Privateigentum" endet beispielsweise mit dem für diese Phase kennzeichnenden Satz:

„Im Schoße der bürgerlich-kapitalistischen Gesellschaft haben sich die Keime zu einer neuen, zur sozialistischen Gesellschaft, heranentwickelt. Immer näher rückt die Stunde, da die reif gewordene Frucht die kapitalistische Hülle zu sprengen drängt, um Luft und Licht für eine gesunde, kräftige Weiterentwicklung zu erlangen. Der geburtshelferische Akt aber, der dazu erforderlich ist, heißt: Die Expropriation der Expropriateurs"[55].

Wie diese Expropriation zu verstehen sei, hatte Bernstein schon zuvor und unmißverständlich zum Ausdruck gebracht. Zugleich zeigt die folgende Passage, wie wenig auch theoretische Kategorien des Parteimarxismus für ihn irgendwelche Zweifel offenließen:

„In der Auffassung des Sozialismus als theoretischem Ausdruck des Klassenkampfes der modernen Proletarier gegen die Ausbeuterklasse, in der Auffassung des Sozialismus und seiner Ziele als Ergebnis der historischen Entwicklung, und in der praktischen Anwendung dieser Erkenntnis beruht der revolutionäre Charakter der Sozialdemokratie[56] ..."

Im Sommer 1888 hatte Bernstein nach seiner Ausweisung aus der Schweiz nach London übersiedeln müssen, zu einem Zeitpunkt, als dort die „Fabian Society" mit ihrer alle wichtigen theoretischen Probleme des Sozialismus behandelnden Vortragsreihe begann, die im folgenden Jahr unter dem Titel „Fabian Essays" veröffentlicht wurde. Bernstein hat diese Vortragsreihe gehört und die Schrift gut gekannt[57]. Die hier dargelegte Theorie und Strategie war von dem Kreis um das Ehepaar Webb und G. B. Shaw in sorgfältiger Auseinandersetzung mit den Schriften von Karl Marx entwickelt worden[58]. Wenngleich Bernstein später immer wieder bestritten hat, unter dem Einfluß der Fabier zu seiner revisionistischen Wendung veranlaßt worden zu sein, sprechen doch alle verfügbaren Zeugnisse für das Gegenteil. Wie

54 a. a. O.
55 Bernstein, Gesellschaftliches und Privateigentum. Ein Beitrag zur Erläuterung des sozialistischen Programms, Berlin 1891, S. 31.
56 Bernstein, Über „prinzipielle Fragen", in: Der Sozialdemokrat Nr. 6, 1885 (Pseudonym „Leo").
57 Bernstein, Aus den Jahren meines Exils (1917), Berlin 1918³, S. 242.
58 Vgl. Edward R. Pease, The History of the Fabian Society, London 1925², S. 64 f.

16

in einem späteren Kapitel der vorliegenden Arbeit im einzelnen gezeigt werden soll, entspricht die generative Idee des Bernsteinschen Revisionismus in unübersehbarem Ausmaß dem Sinnzentrum des fabischen Sozialismusbegriffs. Darüber hinaus gibt es eine Reihe von Zeugnissen von fabischer Seite, die eine grundsätzliche Identität der beiden Ansätze für selbstverständlich erachten[59]. So bekannte G. B. Shaw als einer der theoretischen Hauptinspiratoren des Fabismus unmittelbar nach der ersten parteioffiziellen Verurteilung Bernsteins auf dem Hannoveraner Parteitag von 1899: „Der Bericht der Fabian Society an den Internationalen Sozialistenkongreß vom Jahre 1896 zeigt Ihnen, das der Kampf, welchen Bernstein jetzt für die Reform der sozialdemokratischen Partei in Deutschland beginnt, in England von der Fabian Society bereits durchgefochten und glücklich beendet ist. Ich bin natürlich durch und durch Bernsteinianer[60]."

Die auch späterhin beharrliche und unaufgeforderte Bekennerschaft Bernsteins, er habe den Fabiern theoretisch nichts zu verdanken, ist schwer zu verstehen. Sie hat zu Recht den Kommentar von Pierre Angel herausgefordert, sie sei „allzu eifrig und allzu häufig, um nicht zu verwundern"[61]. Verständlich wird dieser vergebliche Distanzierungsversuch Bernsteins vom Fabismus vor der deutschen Parteiöffentlichkeit, wenn man sich des Beitrags erinnert, den er selbst noch im September 1893 zur Identifizierung dieser Richtung mit einer Form spleeniger englischer Engstirnigkeit geleistet hatte. In seinem Aufsatz in der Neuen Zeit „Eine artige Brentaniade" setzt er das Ehepaar Webb und den Fabismus mit der Haltung der Dickensschen allzu englischen Spottfigur des Mr. Podsnap gleich und sieht den Fabismus in diesem spöttischen Sinne als einen Sozialismus mit „heimischer Ursprungsmarke"[62]. Vor einem solchen Etikett, an dessen Prägung er selber mitgewirkt hatte, hat er sich stets gefürchtet. Nachdem trotz der gegenteiligen Beteuerungen Bernsteins nahezu alle Betrachter seines Werkes dennoch von einer direkten und bedeutungsvollen Beeinflussung Bernsteins durch die fabische

---

59 So schreibt der Mitbegründer und langjährige Sekretär der Fabian Society Edward Pease mit Bezugnahme auf den Revisionismus in Deutschland: „The revolt came from England in the Person of Edward Bernstein, who, exiled by Bismarck, took refuge in London, and was for years intimately acquainted with the Fabian Society and its leaders. Soon after his return to Germany he published in 1899 a volume criticising Marxism, and thence grew up the Revisionist movement for free thought in Socialism which has attracted all the younger men, and before the war had virtually, if not actually, obtained control over the Social Democratic Party. In England, and in Germany through Bernstein, I think the Fabian Society may claim to have led the revolt." a. a. O., S. 239. Abgesehen von den Fehleinschätzungen und Fehlinformationen in dieser Passage, die sich auf Deutschland und Bernsteins Rückkehr nach Deutschland beziehen (1901), hat Pease seine Ansicht über Bernstein aus jahrelanger persönlicher Bekanntschaft bezogen.
60 In SM, 5. Jg. (1899), S. 615.
61 Angel, a. a. O., S. 281.
62 In: NZ, 11, 2 (1892/93), S. 741 und 744.

Lehre ausgegangen sind[63], hat nunmehr der schwedische Autor Bo Gustafsson auf mehreren Ebenen den Nachweis erbracht, daß Bernstein zutiefst unter dem theoretischen und politischen Einfluß der Fabier gestanden hat[64]. Dies gilt sowohl für die persönlichen Kontakte zwischen Bernstein und wichtigen Vertretern der Fabian Society als auch für deren Einschätzung des Bernsteinschen Schaffens wie schließlich insbesondere für eine augenfällige Ideenverwandtschaft.

Einen Schein von Berechtigung erhielte Bernsteins vergebliche Leugnung nur dann, wenn er damit hätte andeuten wollen, daß wesentliche Elemente des strategischen Ansatzes der Fabier tatsächlich bereits von F. A. Lange 1874 ausgearbeitet worden waren[65] und von einem Kenner Langes wie Bernstein daher auch direkt von dort hätten bezogen werden können.

Dies gilt indessen nur mit Einschränkungen, und den Anstoß hätten dann noch immer die Fabier gegeben. Bernsteins Distanzierung gewinnt nur durch die Vermutung einen gewissen politischen Sinn, daß er das von Rosa Luxemburg[66] und anderen geschickt verwendete Argument, er sehe die Dinge durch die „englische Brille", die für deutsche Verhältnisse keine scharfen Bilder liefere, auf diesem Wege unterlaufen wollte. An der Abwehr einer solchen Identifikation mit der „englischen Brille" mußte Bernstein um so mehr gelegen sein, als beispielsweise Kautsky ihn in wohlmeinender Absicht immer wieder aufgefordert hatte, aus dem englischen Milieu auf den Kontinent überzu-

---

63 Erika Rikli schreibt, daß der Einfluß der Fabian Society auf Bernsteins Werk „unverkennbar" sei (a. a. O., S. 16) und diese dem Revisionismus „vorgegriffen" habe (S. 124). Peter Gay sagt mit Bezugnahme auf Bernsteins Abwehrhaltung zwar „seine Dementis klingen überzeugend" (a. a. O., S. 125) und begründet es damit, daß Bernstein aus einer anderen Tradition kam. Das klingt seinerseits wenig überzeugend, weil Bernstein in England sich von dieser anderen Tradition ja gerade abwandte. Dennoch kommt auch Gay ohne nähere Begründung zu dem Urteil, Fabismus und Revisionismus seien „Brüder, wenn nicht gar Zwillinge" (a. a. O., S. 124). Ritter erkennt in der Bernsteinschen Transformationsstrategie den fabischen Einfluß (a. a. O., S. 200). Helmut Hirsch macht Mehrings Urteil über den entscheidenden Einfluß des englischen Exils auf Bernsteins „beklagenswerte" Wendung zum Motto seines Essays (a. a. O., S. 13). Zu einem angesichts der tatsächlichen Bedingungsverhältnisse nicht ganz verständlichen Urteil kommt Vernon Lidtke: „Die betont reformistische Fabian Society nahm revisionistische Anregungen auf, wie umgekehrt Bernstein durch sie stark beeinflußt worden ist." (a. a. O., S. 674).
64 Gustafsson, a. a. O., S. 127—180. Dem gleichen Zweck dient die Studie von Helmut Hirsch, Der Fabier Eduard Bernstein, die im gleichen Verlag 1977 erscheint.
65 Seit der dritten Auflage seiner Arbeiterfrage von 1874. Für die Begründung vgl. weiter unten.
66 Rosa Luxemburg, Die englische Brille, (1899), in: Gesammelte Werke, 1/1, S. 471—482. Dieses Argument wurde auch von Bebel, Kautsky, Mehring und anderen gerne gebraucht. Bebel schrieb am 16. 10. 1898 an Bernstein: „Aber seit seinen (Engels') Tod haben sich dann wieder Deine Ansichten in der englischen Luft, unter den englischen Zuständen und unter Deinem dortigen Umgang in einer Weise geändert, daß die allermeisten unter uns mit Kopfschütteln und Bedauern es sehen." (In: Adler, a. a. O., S. 256).

wechseln, so lange er dessen Neubesinnung noch für integrierbar gehalten hatte[67] und als er den Gegensatz für unüberbrückbar hielt, Bernstein den Rat gab, sich als „freier Journalist" in England zu verdingen[68]. Unter diesen Umständen wäre eine Identifikation mit dem Fabismus einer freiwilligen Inkompetenzerklärung für die deutsche sozialistische Diskussion gleichgekommen. Darüber hinaus dürften natürlich auch die repressionsärmeren Verhältnisse im politischen Klima in England Bernsteins Urteile beeinflußt haben.

Es steht fest, daß Bernstein die Struktur des fabischen Sozialismusverständnisses seit 1888 gekannt hat und es steht außer Zweifel, daß seine seit 1895 entwickelte Kritik am Parteimarxismus sowie die von ihm vorgelegte Alternative hierzu in entscheidenden Fragen den fabischen Ansatz aufnehmen[69].

Dennoch lassen sich für die Zwischenzeit nur, wenn auch deutlich, Aspekte und Spuren beginnenden Zweifels an der Parteilehre in Bernsteins Schriften nachweisen. Erst nach dem Tode von Friedrich Engels hat er die publizistischen Konsequenzen gezogen.

Aus den Briefen von Friedrich Engels an verschiedene Empfänger geht unzweideutig hervor, daß Bernstein spätestens ab 1892 ernsthafte Sympathien mit den Fabiern Engels gegenüber zum Ausdruck gebracht haben muß[70]. Dieses Zeugnis ist von ganz besonderer Bedeutung, da Engels aus nächster Nähe sowohl die Fabier als auch Bernstein und seine Reaktionen auf sie beobachten konnte. Engels hatte für die Fabier wenig übrig und sah diese Neigungen Bernsteins sehr ungern. Tatsächlich scheint Bernstein in jenen Jahren von einer unentschieden schwankenden Haltung gegenüber den Fabiern geprägt gewesen zu sein. In Engels' Briefen wechseln die Klagen über Bernsteins „Fabianschwärmerei" mit Hoffnungen oder Überzeugungen, daß sie nunmehr überwunden scheinen, einige Male ab. Obgleich Bernstein auch leugnet, daß seine öffentliche Neuorientierung mit dem Tode von Friedrich Engels etwas zu tun gehabt haben könnte[70a], wird hieran doch deutlich, daß er sich offensichtlich unter dem gegensätzlichen Einfluß der Fabier, denen er innerlich immer näher rückte, und dem Einfluß Friedrich Engels' befand, gegenüber dem ihn Loyalitäts- und Respektgefühle an einer direkten Konfrontation gehindert haben mögen. Dieses Schwanken ist ebenso bezeichnend wie die Tatsache, daß die erste Publikation aus seiner Feder, die seine Neuorientierung in zusammenhängenden Konturen sichtbar macht, erst unmittelbar nach dem Tode von Engels erschienen ist[71]. Es handelt sich um das Nachwort zu dem Buch von Sidney und Beatrice Webb über die englische Gewerkschaftsbewegung von 1895. In direkter Konfrontation mit Marx

67 Kautsky an Bernstein vom 28. 1. 1898, IISG K, C 178.
68 Kautsky an Bernstein vom 23. 10. 1898, IISG K, C 209.
69 Dazu im Einzelnen Kap. 3. dieser Arbeit.
70 Vgl. Engels an Bebel vom 14. 8. 1892; 20. 8. 1892; 19. 11. 1892 und Engels an Kautsky v. 4. 9. 1892.
70a Bernstein an Kautsky vom 9. 11. 1898.

wurde dieser neue Ansatz dann zum ersten Mal im folgenden Jahr der Öffentlichkeit vorgestellt.

Für die Geltung der Bernsteinschen Theorie ist die Frage freilich ohne Belang, in welchem Verhältnis diese beiden Ereignisse zueinander stehen.

Es soll später gezeigt werden, wie die Schriften Bernsteins, die den Auftakt zu seiner revisionistischen Wende bildeten[71a], außer dem genannten Nachwort zu Webb das 1896 verfaßte Nachwort zu Lous Héritier, „Geschichte der französischen Revolution von 1848 und der zweiten Republik"[72] und die Aufsätze aus seiner Artikelserie „Probleme des Sozialismus" ab Oktober 1896, in wesentlichen Fragen nichts anderes darstellen, als die deutsche Probe auf jenes von G. B. Shaw 1888 statuierte Exempel, „daß die Notwendigkeit eines behutsamen und schrittweisen Wandels hierzulande jedem offensichtlich sein muß, und jedermann an anderen Orten als offensichtlich erwiesen werden kann, wenn man sich mit den Katastrophentheoretikern nur mutig und einfühlsam in Diskussionen beschäftigt"[73].

Es gibt Zeugnisse von Fabiern, die sich so lesen, als sei Bernstein geradezu im Auftrag und nach Absprache mit der Fabian Society in der deutschen Sozialdemokratie kritisch tätig geworden. Dazu gehört vor allem die Äußerung des langjährigen Sekretärs der Fabian Society Edward Pease. Dieser bedankt sich in einem Brief unmittelbar nach Bernsteins Rückkehr nach Deutschland für dessen Bericht über den Münchner Parteitag mit den Worten: „Er zeigt sicher einen befriedigenden Zustand der Angelegenheiten in Deutschland und wir sind Ihnen sehr verpflichtet für die Mühe, die sie sich

---

71 So auch Angel, a. a. O., S. 102: „Durch den Tod von Engels kann Bernstein offen zugeben. daß sein Glaube ebenfalls gestorben ist."

71a Für diese Einschätzung vergl. auch Bo Gustafsson, a. a. O., S. 89 f., der das Nachwort zu Héritier als publizistischen Wendepunkt ansieht, weil dort zum ersten Male eine direkte Kritik an Marx und dessen Revolutionsverständnis vorgetragen wird. Gustafsson ist unsicher, ob das Nachwort 1895 oder 1896 verfaßt wurde. Aus dem Bernsteinschen Briefwechsel mit Kautsky ergibt sich, daß Bernstein während des ganzen Jahres 1896 an diesem Buch gearbeitet hat, und erst im Dezember 1896 teilt er Kautsky mit, daß er manche Einzelheiten anders sieht als Marx (Bernstein an Kautsky vom 7. 12. 1896, IISG K. DV 396); am 24. 2. 1896 hatte Bernstein in einem Brief an Kautsky zum ersten Mal die Arbeit am Héritier-Manuskript erwähnt. Zu diesem Zeitpunkt stand er kurz vor der Fertigstellung des ersten Abschnitts. Da er noch am 5. 12. 1896 über Héritier „schwitzte" (Bernstein an Kautsky, IISG, K. DV 395), kann das Buch selbst, das undatiert ist, erst Anfang 1897 erschienen sein. Pierre Angel gibt als Erscheinungsdatum 1897—98 an (a. a. O., S. 437).

72 Geschichte der Französischen Revolution von 1848 und der zweiten Republik in volksthümlicher Darstellung von Louis Héritier. Herausgegeben und erweitert von W. Eichhoff und Ed. Bernstein. Mit einem Nachtrag Vom zweiten Kaiserreich bis zur dritten Republik von Ed. Bernstein, Stuttgart o. J.

73 G. B. Shaw, Transition, in: Fabian Essays, G. B. Shaw u. a., London 1962⁶, S. 218 (diese und die folgenden Übersetzungen aus den Fabian Essays sind meine eigenen, Th. M.).

damit gemacht haben[74]." Ein anderer führender Fabier unterschreibt seinen
Brief an Bernstein mit der Formel „Ihr Glaubensbruder"[75]. Und es gibt in
der Tat keinen Grund mehr zu Zweifeln an der Richtigkeit der Einschätzung
Shaws, daß Bernstein in Deutschland unternahm, was die Fabier in England
vollbracht hatten[76].

Der Gedanke einer Absage an alle Hoffnungen auf schlagartige gesellschaftliche Veränderungen, den Bernstein zuerst 1895 und dann in scharfer Absetzung von Marx' Studie zum gleichen Thema in dem angegebenen Nachwort
zu Héritier 1896 erstmalig formuliert hat, ist sowohl der eigentliche Auftakt
seines Revisionismus als auch die *generative Idee, in deren Konsequenz sich
die anderen Fragestellungen dann nach und nach ergaben*[77]. *Insbesondere
wurden erst daraufhin die empirischen Stützen der Revolutionstheorie, wie
sie in der Zusammenbruchserwartung enthalten zu sein schienen, der detaillierten Kritik unterzogen. Diese um die Idee eines „konstruktiven Sozialismus"*[77a] *zentrierte Konzeption hatte aber den innersten Kern des fabischen*

74 Pease an Bernstein vom 31. 10. 1902 IISG D 528 (meine Übersetzung, Th. M.).
75 Der Brief Graham Wallas' an Bernstein vom 4. Juni 1915 ist unterschrieben „Your
   ‚unchanged co-religionist' Graham Wallas" (IISG D 809), wobei sich das „Unchanged"
   vermutlich auf den inzwischen erfolgten Ausbruch des Kriegszustandes zwischen Deutschland und England bezieht. Wallas gehörte zu den Verfassern der Fabian Essays.
76 Vgl. dazu und für weitere Dokumente Gustafsson, a. a. O., S. 135 f.
77 So auch Gustafsson, a. a. O., S. 89 ff. aber mit völlig anderer Interpretation. Da für
   Gustafsson, wie für die meisten anderen Bernstein-Interpreten dessen Abwendung von
   der Vorstellung einer revolutionären Transformation der Gesellschaft als legalistisches und
   nicht als organisationssoziologisches Problem gesehen wird, was es aber für Bernstein
   tatsächlich ist, kommt er zu ganz anderen Schlußfolgerungen und Einschätzungen.
77a Der Begriff „konstruktiver" Sozialismus wird von Bernstein selbst für die Kennzeichnung seines Sozialismusverständnisses nicht direkt benutzt. Er hat aber *eine Vorgeschichte, die sich mit Bernsteins Position verbindet*. In den „Voraussetzungen" zitiert
   Bernstein die Schrift des Mitglieds der Social Democratic Federation John Richardson
   mit großer Zustimmung, die den Titel „How it can be done, or Constructive Socialism"
   trägt. Aus den „durchaus vernünftigen Grundsätzen" dieser Schrift zitiert Bernstein
   zustimmend folgende Passage: „Soll eine soziale Reform erfolgreich ausfallen, so muß
   sie folgenden Bedingungen nachkommen: Erstens muß sie möglich sein, das heißt sie
   muß mit der menschlichen Natur rechnen wie sie ist und nicht wie sie sein sollte;
   zweitens darf sie keine gewaltsame und plötzliche Veränderung in der Verfassung der
   Gesellschaft versuchen; drittens muß, während die Anwendung schrittweise erfolgt, die
   Wirkung jedesmal eine unmittelbare und sichere sein; viertens muß sie, wenn erst
   eingeleitet in ihrer Wirkung dauernd sein und automatisch funktionieren; fünftens muß
   ihr Wirken den Anforderungen der Gerechtigkeit, ihre Verwirklichung denen der Billigkeit entsprechen, und sechstens muß sie elastisch sein, das heißt beständige Erweiterung,
   Modifizierung und Vervollkommnung zulassen" (a. a. O., S. 213). Im wesentlichen sind
   es in der Tat diese Grundsätze, die die Eigenart der von Bernstein begründeten Transformationsstrategie kennzeichnen. Der Begriff „konstruktiver" Sozialismus wird dann
   nach der Jahrhundertwende von dem Fabier H. G. Wells verwendet. Vergl. Edgar
   Reichel, Der Sozialismus der Fabier, Heidelberg 1947, S. 118. Reichel selbst verwendet
   „konstruktiver Evolutionismus" als Kapitelüberschrift (a. a. O., S. 125), benutzt dies
   aber in einem zu speziellen Sinne nur für die „Erfindung" neuer gesellschaftlicher Insti-

Sozialismusverständnisses gebildet, der ja seinerseits aus einer intensiven Auseinandersetzung mit der Marx zugeschriebenen Zusammenbruchstheorie des Kapitalismus und der revolutionären Errichtung des Sozialismus hervorgegangen war. Gegenüber dieser generativen Idee erweisen sich die empirischen Aspekte der Zusammenbruchstheorie als zweitrangig.

Das Bild, das Bernstein selbst hinsichtlich des Übergangs vom Kapitalismus zum Sozialismus in seiner marxistischen Phase verwendet hatte, wonach die neue Frucht innerhalb der alten Hülle erst reifen und diese dann mit einem Mal sprengen würde, gilt für den äußeren Vorgang der Ablösung des Marxismus durch einen neuen Ansatz in seiner eigenen schriftstellerischen Tätigkeit. Dieser Übergang vollzog sich nicht nach dem Muster der schrittweisen Ersetzung bezweifelter Theorieelemente durch bewährte.

Deutlich lassen sich in der Retrospektive in den Schriften Bernsteins aus den 90er Jahren aber Spuren des Wandels wahrnehmen. Einige Wegmarken des inneren Wandlungsprozesses hat er später selbst skizziert.

Zunächst muß, um das gröbste Mißverständnis auszuschließen, darauf hingewiesen werden, daß Bernstein selbst ein gewisser Zusammenhang zwischen seiner Abwendung vom Parteimarxismus und der 1895 wieder einsetzenden Prosperitätsperiode klar gewesen ist. Dies gilt allerdings nicht in dem trivialen Sinne, daß der Revisionismus ein Reflex der kapitalistischen Konjunkturperiode gewesen sei, sondern in der vermittelten Weise, daß das Erlebnis des Gründungsschwindels nach 1871 sowie die Erfahrung der 1873/74 folgenden Krise in Bernsteins Augen zunächst eine empirische Bestätigung für die marxistischen Untergangserwartungen des Kapitalismus zu sein schienen[78]. In dem Maße, wie sich nun immer deutlicher zu zeigen schien, daß der Kapitalismus doch nicht in seine Endkrise eingetreten war, sondern von dieser Theorie nicht erwartete neue und weitere Entwicklungsmöglichkeiten sichtbar wurden, mußte *dieses Motiv als Plausibilitätskriterium der marxistischen Theorie entfallen. In diesem Sinne* hat die neue Prosperitätsperiode Einfluß auf seine Marxismuskritik gehabt. Da Bernstein aber zu

---

tutionen. Hier hingegen wird der Begriff in dem breiteren Sinne der Einführung von Teillieferungen des Sozialismus in die vorhandenen gesellschaftlichen Strukturen verwendet, die nach Bernsteins Verständnis gerade in ausschlaggebender Weise durch den Entwicklungsstand und die Gesetzmäßigkeiten der bestehenden gesellschaftlichen Verhältnisse bedingt sind.

Später bezeichnete dann Paul Kampffmeyer in seinem Aufsatz „Die Lebensarbeit Eduard Bernsteins" aus dem Jahre 1930 in den Sozialistischen Monatsheften das von Bernstein in den „Voraussetzungen" entfaltete Verständnis der gesellschaftlichen Transformation als „das sozialistische Aufbauprogramm" (36. Jg., 1, S. 8)

In dieser Arbeit wird der Begriff „konstruktiver Sozialismus" (oder die Theorie dazu: „Konstruktivistisches Paradigma) ohne irgend eine Anlehnung an die als „Konstruktivismus" bekannte Wissenschaftstheorie der Erlanger Schule verwendet.

78 Entwicklungsgang, S. 16.

keinem Zeitpunkt den Zweifel an der Zusammenbruchstheorie mit der Behauptung verbunden hat, der Kapitalismus sei als System deswegen wünschenswert oder unüberwindlich, entbehrt jeder Versuch der Grundlage, den Revisionismus als Konjunkturritter des Kapitalismus erscheinen zu lassen. Bernstein selbst hebt als Marksteine seiner sich verstärkenden Zweifel am Parteimarxismus vor allem hervor:

(1) Seine Beschäftigung mit der Marxschen Lohntheorie im Zusammenhang mit der Abfassung seines Artikels für die Neue Zeit 1890/91[79], wo ihm klar wurde, „daß Marx' Beschäftigung mit der Frage wirtschaftsgeschichtlich nicht weit genug reichte, um über ihre Gestaltung unter dem Einfluß der vorgeschrittenen Gewerkschaftsorganisation und sozialpolitischen Gesetzgebung erschöpfend Auskunft geben zu können"[80].

(2) Seine Rezensionen der Bücher von Schultze-Gävernitz und Julius Wolf 1891 und 1893 in der Neuen Zeit[81], deren Kritik an zentralen Lehren des Marxismus, insbesondere was die Fassung der Konzentrationstheorie und die Verelendungstheorie anbetrifft, zwar von ihm nach außen im Sinne der Orthodoxie zurückgewiesen wurde, für sein inneres Verhältnis zu dieser Lehre doch zu ganz anderen Ergebnissen führte. Es „zogen Zweifel bei mir ein an Sätzen, die ich bis dahin für unwiderleglich gehalten hatte"[82].

(3) Gegenüber dem führenden neukantianischen Sozialisten Karl Vorländer hebt Bernstein hervor, daß ihn insbesondere das Studium der Schriften von F. A. Lange vom Parteimarxismus entfernt habe und wie Vorländer Bernsteins Formulierung wiedergibt „dem Kantianismus zuführten"[83]. Zwar kann von einer Hinwendung Bernsteins zu Kant nur in einem sehr eingeschränkten Sinne die Rede sein, daß aber insbesondere F. A. Lange Argumente für die Abwendung vom Parteimarxismus geliefert hat, ist offenkundig[84]. In für den späteren Revisionismus wichtigen Fragen argumentiert Lange parallel zu den Fabiern. Das Überschneiden der beiden Ansätze hat Bernstein sicherlich zu einer Bestärkung seiner einschlägigen Überlegungen veranlaßt. Besonders hinsichtlich der Begründung und der Triebkräfte für den Sozialismus haben ihn dann das berühmte Nachwort Cohens, das den Beginn des Brückenschlags

79 Bernstein, Zur Frage des ehernen Lohngesetzes, wieder abgedruckt in: Bernstein, Zur Geschichte und Theorie des Sozialismus. Gesammelte Abhandlungen, Berlin, Bern 1901.
80 Bernstein, Entwicklungsgang, S. 18.
81 Vgl. Anm. 50.
82 Entwicklungsgang, S. 21.
83 Karl Vorländer, Kant und der Sozialismus, Berlin 1900, S. 47.
84 Das unterstreicht vor allem Rikli, a. a. O., S. 9, die aber allzu umstandslos Lange als „Nicht-Sozialisten" bezeichnet. Ebenso B. Gustafsson, a. a. O., S. 114 u. 126.

zwischen Neukantianismus und Sozialismus darstellte[85] 1896 und ein Aufsatz von Conrad Schmidt im Vorwärts beeinflußt[86]. Dabei ist jedoch zu unterscheiden zwischen dem Einfluß Langes und dem durch die späteren Neukantianer vermittelten Einflüssen. Bei F. A. Lange liegt neben der idealistischen Begründung für den Sozialismus das Hauptschwergewicht der Argumentation auf Ansätzen zu einer reflektierten Reformismustheorie, die in ihren Grundzügen vieles von dem vorwegnimmt, was Bernstein später vertreten hat und die in zentralen Aspekten sich mit den Motiven und Argumenten deckt, die Bernsteins Paradigmawechsel bei der Abwendung vom Parteimarxismus 1895 geprägt haben. Diese Einflüsse zielen in genau die gleiche Richtung wie das Fabische Sozialismusmodell. Die Ansätze von Cohen und die Einflüsse weiterer Neukantianer wie Schmidt und insbesondere Woltmann beziehen sich auf die Konsequenzen, die in erkenntnistheoretischer Hinsicht unvermeidlich schienen, nachdem der Paradigmawechsel bereits vollzogen war[87].

(4) Die ab 1894 in der Partei einsetzenden Debatten über die Agrarfrage, bei denen es darum ging, ob auch die Bauern in die Prognose des Untergangs der selbständigen Mittelschichten einbezogen seien, die das Erfurter Programm gestellt hatte, begründeten bei ihm Zweifel, ob davon angesichts der Fakten noch die Rede sein könne. Diese Zweifel schienen durch die 1895 veröffentlichte Gewerbezählung bestätigt zu werden[88].

(5) Schließlich wirkte die Lösung, die Marx im 1894 veröffentlichten dritten Band des „Kapital" für die Frage der Vereinbarkeit von Wertgesetz und empirischer Gleichheit der Durchschnittsprofitraten unabhängig von der organischen Zusammensetzung des Kapitals in den einzelnen Wirtschaftszweigen gefunden hatte, „überaus ernüchternd" auf Bernstein[89]. Sie leitete eine Distanzierung vom innersten Kern des marxistischen Sozialismusverständnisses ein.

---

85 Das Nachwort zu F. A. Lange, Geschichte des Materialismus von 1896 ist wiederabgedruckt in Sandkühler und de la Vega, a. a. O., S. 45—106. Das Buch wurde Bernstein Mitte 1897 zur Rezension übersandt (Brief Kautskys an Bernstein vom 3. 5. 1897, IISG K. C 167).

86 Conrad Schmidt, Zurück auf Kant, 3. Beilage zum Vorwärts vom 17. 10. 1897. Vergl. Bernstein, Das realistische und das ideologische Moment im Sozialismus (1898), in: Zur Geschichte, S. 263.

87 Die Bedeutung von Bernsteins Beschäftigung mit Lange für seinen Neuansatz hebt auch Steinberg hervor, a. a. O., S. 90.

88 Entwicklungsgang, S. 21/22. Schon in seinem Brief an Kautsky vom 21. 10. 1895 (IISG K. DV 342) brachte Bernstein diese Kritik zum Ausdruck. Zu den Einzelheiten vgl. Gay, a. a. O., S. 238—246.

89 Entwicklungsgang, S. 22. In einem Brief an Kautsky vom 1. 9. 1897 (IISG K. DV 419) schreibt er sogar, die Lektüre des dritten Bandes des Kapital habe ihm „den Rest gegeben".

(6) Auch Bernstein selbst hat später bekannt, daß es *die Reflexion auf die Notwendigkeit einer reformistischen Strategie in komplexen Gesellschaften war, die das Sinnzentrum seiner revisionistischen Wendung darstellt.* Daher war die intensive Beschäftigung mit der französischen Revolution von 1848 und der unterschiedlichen Strategie der sozialistischen Gruppierungen in ihr für ihn der eigentliche Wendepunkt. Da er auch hier in fast allen wichtigen Fragen nunmehr zu anderen Ergebnissen kam als Karl Marx, ließ sich der Bruch nicht länger hinausschieben. 1921 schreibt Bernstein im Hinblick auf seine „Voraussetzungen" dazu: „... der Begriff des Revisionismus ist sehr verschiedenartig ausgelegt worden. Richtig ist nur, daß sie die theoretische Begründung für die Notwendigkeit und Möglichkeit einer grundsätzlich reformistischen Politik in allgemeinen Umrissen zu kennzeichnen suchte. In dieser Hinsicht nun war sie das Ergebnis meines Studiums der Geschichte der Februarrevolution von 1848[90]." Dieses Ergebnis stellt aber nichts anderes dar als die endgültige Favorisierung der fabischen gegenüber der in der Sozialdemokratie damals geltenden, auf Marx zurückgeführten Variante sozialistischer Strategie.

In den Schriften Bernsteins lassen sich bereits seit Beginn der 90er Jahre verschiedene Spuren eines Abrückens vom orthodoxen Marxismusverständnis nachweisen[91].

Zunächst ist festzustellen, daß Bernstein auch in seiner marxistischen Phase den Sinn für die Möglichkeiten einer gradualistischen Strategie sozialistischer Politik nicht gänzlich verloren hatte. Wie Marx selbst und die sozialdemokratische Parteitheorie versuchte auch Bernstein in nicht endgültig geklärter Weise die Katastrophenperspektive mit dem ihr zwangsläufig verbundenen Eklatverständnis der Revolution zu vertreten, ohne eine völlige Absage an Reformarbeit auszusprechen. Wie bei der um Bebel und Kautsky konzentrierten Variante des Marxismusverständnisses und nicht zuletzt bei Engels selbst war auch in der Argumentation Bernsteins die Chance reformistischer Gesellschaftsveränderung offengehalten worden, ohne daß eine endgültige Klärung ihrer Möglichkeiten und Grenzen erfolgt wäre. Selbst in der im revolutionären Tonfall abgefaßten Schrift von 1891 „Gesellschaftliches und Privateigentum" finden sich neben dem Schlachtruf von der Expropriation der Expropriateure, die ganz offensichtlich nach dem Modell der Eklattheorie gedacht ist, reformistische Sequenzen[92]. Sie lassen allerdings auch eine Deutung von Reform als Palliativmittel zu. Selbst noch in den Zurückweisungen des sozialliberalen Reformismus in den Schriften von Schultze-Gävernitz

---

90 Bernstein, Wie eine Revolution zugrunde ging. Eine Schilderung und eine Nutzanwendung, Stuttgart 1921, S. 9. (Bei dieser Schrift handelt es sich um den mit einem neuen Vorwort versehenen Wiederabdruck eines Teils des Nachtrags zu Héritier).
91 Vgl. dazu vor allem Steinberg, a. a. O., S. 89 ff.
92 Bernstein, Gesellschaftliches und Privateigentum, S. 30.

und Wolf konzedierte Bernstein immer die Möglichkeit von Fortschritten für die Lage der Arbeiterklasse im Rahmen der Gesetzgebungsarbeit[93]. Immanente Vorprägungen „wesentlicher Gedanken des späteren Revisionismus"[94] finden sich, wie H. J. Steinberg herausgearbeitet hat, auch noch in anderer Hinsicht in den Aufsätzen Bernsteins aus den 90er Jahren. So betont er bereits 1892, daß auch die Ergebnisse der marxistischen Theorie keinen Absolutheitsanspruch erheben können, sondern als Wissenschaft nur so lange Geltung beanspruchen dürfen, „als sie nicht durch neuere wissenschaftliche Untersuchungen widerlegt werden können"[95]. Die Möglichkeit der Widerlegung des Marxismus überhaupt in Betracht zu ziehen, statt ihn für ein unüberholbares Paradigma jeden weiteren Erkenntnisfortschritts zu halten, wie es wohl dem Parteimarxismus entsprach, verweist bereits auf den empirischen Ernst, der in Bernsteins Wissenschaftsverständnis enthalten war und später tatsächlich zu den angedeuteten Konsequenzen geführt hat. Gerade auf diesem Gebiet liegt ja später eine der Hauptabweichungen des Revisionismus von der Parteiorthodoxie[96].

---

93 Vgl. die in Anm. 50 angegebenen Texte.
94 Steinberg a. a. O., S. 89. Vgl. dessen Ausführungen auch zum Folgenden.
95 Zum zehnjährigen Bestand der „Neuen Zeit", in NZ, 11, 1, (1892/93), S. 10.
96 Der Begriff des „orthodoxen Marxismus", wie er von Georg Lukács definiert worden ist, bezieht sich hierzu gerade auf die Unwiderleglichkeit des Kerns der marxistischen Theorie, wie immer die Tatsachenerfahrung auch aussehen mag: „Denn angenommen — wenn auch nicht zugegeben — die neuere Forschung hätte die sachliche Unrichtigkeit sämtlicher einzelnen Aussagen von Marx einwandfrei nachgewiesen, so könnte jeder ernsthafte „orthodoxe" Marxist alle diese neuen Resultate bedingungslos anerkennen, sämtliche einzelnen Thesen von Marx verwerfen — ohne für eine Minute seine marxistische Orthodoxie aufgeben zu müssen" (Geschichte und Klassenbewußtsein, Berlin 1923, S. 13). Da bei diesem Verfahren alle wichtigen inhaltlichen Aussagen des Marxismus zur „Methode" gerechnet werden, die niemals revidiert werden kann, kommt das einer völligen Immunisierung des Erkenntnisanspruches dieser Theorie gleich. Ähnlich verfährt dann Kautsky, der in seiner Schrift gegen Bernstein (Bernstein und das sozialdemokratische Programm, Stuttgart 1899) sowohl die materialistische Geschichtsauffassung wie die Dialektik als auch die Werttheorie zur „Methode" zählt und sie damit der Kritik entziehen möchte (S. 7—41).
Auch Bernstein bezeichnete in einem Brief an Labriola die Marxsche Theorie als „kein System, sondern eine Anschauungsweise" (IISG, C 20). Der wesentliche Unterschied zwischen dieser und der von Lukács bezogenen Position liegt aber darin, daß für Lukács diese „Orthodoxie" sowohl den Vorstellungskomplex der Notwendigkeit einer „proletarischen Revolution" einschließt als auch viel mehr inhaltliche Festlegungen umschließt, während Bernstein vor allem zwei Dinge im Auge hat, wenn er den Marxismus als „Anschauungsweise" bezeichnet: 1) daß die Annahmen des historischen Materialismus als Heuristik zu handhaben sind und 2) daß ohne wissenschaftliche Realerkenntnis keine angemessene sozialistische Konzeption erarbeitet werden kann. Damit ist die strategische Perspektive offen und die Geltung auch der Grundthesen des historischen Materialismus der empirischen Erfahrung untergeordnet. Ausdrücklich als „heuristisches Prinzip" bezeichnet Bernstein den historischen Materialismus in: Der theoretische Gehalt der neuesten Marxpublikation, in: Dokumente des Sozialismus, Band V, 1905, S. 35.

Die Theorie der zunehmenden Verelendung der Arbeiterklasse hatte Bernstein im Anschluß an Engels bereits unmittelbar nach Verabschiedung des Erfurter Programms kritisiert[97]. Die Zuspitzung der sozioökonomischen Entwicklung im Sinne einer wachsenden Reduktion der Gesellschaft auf die beiden Klassen der Lohnarbeiter und der Großkapitalisten, wie sie ebenfalls im Erfurter Programm festgeschrieben war, hat er 1895 ernsthaft in Zweifel gezogen, als er den Neuen Mittelstand als eigenständiges sozioökonomisches Phänomen zur Kenntnis nahm[98]. Beide Argumente spielen in seiner späteren Theorie eine wichtige Rolle.

Bernsteins autobiografischen Bekenntnissen, denen zufolge die Herausbildung seines neuen Sozialismusverständnisses ein seit Beginn der 90er Jahre währender langfristiger Prozeß der Bestärkung früher Zweifel gewesen ist, die längst vor dem Tode Engels' eingesetzt hatten, entspricht genau der Inhalt seines privaten Briefwechsels mit Karl Kautsky, der ihn ja bis in den Sommer 1898 hinein in dem Glauben gelassen hatte, im Grunde teile er all seine Einwände, wenn er auch eine diplomatischere Form der Formulierung vorgezogen hätte[99]. Anders als in seinen publizierten Schriften, die einen abrupten Wandel in den Anschauungen ab 1895 erkennen lassen, wo insbesondere auch niemals eine Kritik an Marx vor dem Tode von Friedrich Engels zu finden ist, weist Bernsteins private Korrespondenz ein Bild auf, das von einer relativ kontinuierlichen Richtungsänderung ab 1890 zu sprechen erlaubt. Dies bedeutet, daß der Einfluß der Fabier, dem Bernstein ja seit 1888 ausgesetzt war und dem sein Neuansatz von 1895 die entscheidenden Impulse verdankt, in der Tat kontinuierlich seit seiner Übersiedlung nach England Wirkung gezeigt hat. Obgleich bis 1895 die Beteuerungen der marxistischen Überzeugungstreue alle Neuansätze, wie sie in den Briefen zu

---

97 Bernstein an Kautsky vom 26. 6. 1891 (IISG K. DV 163).
98 Rezension von A. Labriola, Saggi itorno alla Concezione Materialistica della storia, in: NZ, 14, 1, (1895/96) S. 729.
99 Kautsky vermittelte in seinen Briefen Bernstein ständig den Eindruck eines gemeinsamen Vorbehalts gegen die Parteiorthodoxie von Bebel und Liebknecht. So war seine unmittelbare Reaktion auf den später inkriminierten Artikel Bernsteins mit dessen Absage an das Endziel, daß er selbst für die Partei nach seiner Meinung akzeptable Deutungen dieser These entwickelte und versicherte, es fiele ihm nicht im Traume ein, Bernstein etwa um eine Einstellung seiner Kritik an der Parteitradition zu bitten (28. 1. 1898, IISG K, C 178). Noch Anfang Januar 1898 konstatiert Kautsky, daß ihn „nicht der Standpunkt und die Resultate, sondern der Ton, in dem wir sie mitteilen" von Bernstein trenne (a. a. O.).
Erst am 10. 6. 1898, nachdem die Kritik von Parvus u. a. sich auch gegen Kautskys weiche Haltung gegenüber Bernstein zu richten beginnt, erkennt Kautsky wesentliche Differenzen zu Bernstein (K, C 193). Für Quellenangaben der Antikritiken gegen Bernstein und deren Chronologie interessant ist der Aufsatz von Horst Bartel, Zur Auseinandersetzung zwischen Marxismus und Revisionismus in der deutschen Arbeiterbewegung am Ende des 19. Jahrhunderts, in: Beiträge zur Geschichte der Arbeiterbewegung, 19. Jg. 1977, 2, S. 199—218.

lesen sind, zu relativieren scheinen, ergibt sich aus den Briefen doch genau jenes Bild der sich bestärkenden Zweifel seit 1890, das auch Bernstein selbst in seinen Erinnerungen zu zeichnen versuchte.

So war es Bernstein, der Kautskys Programmvorschlag für das spätere Erfurter Programm dahingehend konkretisieren wollte, daß nicht lediglich allgemeine Resolutionen enthalten sein sollten, sondern konkrete Forderungen an den heutigen Staat, die er im Einvernehmen mit Kautsky dann ja auch selbst formuliert hat. Freilich trug er damals den theoretischen Teil dieses Programms ohne Einschränkungen mit[100]. Bereits im folgenden Jahr läßt er angesichts der abfälligen Urteile von Engels bemerkenswerte Sympathien für die Fabier erkennen, mit denen es nach seiner Meinung keiner der englischen Marxisten aufnehmen könne[101]. Das Erfurter Programm selbst kritisiert er ähnlich wie Friedrich Engels, daß es nämlich einen Mangel an Hinweisen auf die erstrebte republikanisch-demokratische Staatsform enthalte[102]. Eines der Schlüsselargumente seiner späteren Kritik, daß die negative Entwicklung des Kapitalismus von den führenden Parteitheoretikern und selbst von Marx und Engels entscheidend viel schneller erwartet wurde als sie sich tatsächlich vollzieht, mit allen strategischen Fehleinschätzungen, die sich daraus zwangsläufig ergeben, bezieht er schon 1891 auf Kautskys Kommentar zum Erfurter Programm, der eines der am meisten gelesenen Bücher der deutschen Sozialdemokratie gewesen ist[103].

Ein kritisches Stadium, das unter anderen Voraussetzungen zu einer öffentlichen Umorientierung hätte führen können, erreichte seine Abkehr von der parteioffiziellen Lehre im Jahre 1893. Die Reaktionen, die sein wohlgemeinter Artikel in der Neuen Zeit hervorgerufen hatte, die Partei solle sich trotz aller Bedenken an den preußischen Landtagswahlen beteiligen und Wahlbündnisse mit den Liberalen nicht scheuen[104], verdichteten momentan seine Befürchtung, die Partei entwickele sich immer mehr in die falsche Richtung. „Die Reden und Artikel unserer Führer" sieht er „in schreiendem Gegensatz oft zu der Art unseres praktischen Verhaltens"[105]. Mit der Einschränkung, daß er ja nicht alles offen sagen dürfe, wehrt er die Hoffnung auf die bevorstehende Katastrophe der kapitalistischen Gesellschaft in der Form ab, daß er das verfügbare Wissen nicht für ausreichend hält, sie als „sehr nahe vorzustellen"[106]. Die Engelsschen Berechnungen, wonach aus den vergangenen

---

100 Bernstein an Kautsky vom 24. 10. 1890, IISG K. DV 134.
101 Bernstein an Kautsky vom 30. 4. 1891, IISG K. DV 156.
102 Bernstein an Kautsky vom 26. 6. 1891, IISG K. DV 163. Dies dürfte aus Gesprächen mit Engels erwachsen sein.
103 Bernstein an Kautsky vom 15. 12. 1891, IISG K. DV 185.
104 Bernstein, Die preußischen Landtagswahlen und die Sozialdemokratie, in: NZ, 11, 2, (1892/93), S. 772—778 und ders., Mein Vorschlag und das Resultat der Diskussion darüber, in: NZ, 12, 1, (1893/94), S. 72—80.
105 Bernstein an Kautsky vom 15. 10. 1893, IISG K. DV 256.
106 a. a. O.

Wahlerfolgen der Sozialdemokratie deren endgültiger Sieg vorauszuberechnen sei, erklärt er ausdrücklich für unhaltbar. Er beklagt sich darüber, daß die Auffassung vom Klassenkampf jetzt in der deutschen Sozialdemokratie „schrecklich versimpelt" werde[107], und insbesondere Bebel mit seinen bekannten Erwartungen des großen „Kladderadatsch" der bürgerlichen Gesellschaft lasse sich auf Grund seines überzeichneten Untergangsoptimismus „in eine Taktik hineintreiben, die ich für bedenklich halte"[108]. Diese Taktik wäre nur richtig, wenn die gesellschaftliche Entwicklung unmittelbar vor dem großen Krach stünde, gerade daran zweifelt Bernstein nun aber entschieden. Auf theoretischer Ebene kontasiert er, „wie furchtbar wenig mit den Schlagworten unserer Partei für das Verständnis der Geschichte getan ist"[109]. Gleichzeitig gibt er deutlich zu erkennen, daß eine offene Aussprache mit Engels für ihn nicht mehr möglich ist wegen dessen großer Einseitigkeit in Parteifragen. Diese Schwierigkeit zusammen mit der Erfahrung, wie wenig Kritik innerhalb der eigenen Partei erwünscht ist, war ein Erlebnis, das haften bleiben sollte.

Sein „Büffeln" über Fragen des Determinismus dürfte ebenso wie sein Kommentar, nur von „einzelnen Partieen" des Band III von Marx „Das Kapital" „entzückt" zu sein, 1894 als Anzeichen tiefgehender theoretischer Irritation zu werten sein, waren es doch gerade diese beiden Problembereiche, in denen er die erheblichsten theoretischen Defizite des überkommenen Marxismus wahrnahm[110].

Die Gestalt einer ernstlichen politisch-existentiellen Identitätskrise nahmen seine Zweifel an der parteioffiziellen Theorie vom Frühjahr 1895 bis zum Sommer 1896 an, einer Zeit, in der zugleich die öffentliche Formulierung dieser Zweifel begann.

Im April des Jahres 1895 berichtet er davon, daß ihn sein Verhältnis zu Engels und die Beschäftigung mit Parteifragen in eine „sehr deprimierende Stimmung" versetzt haben[111]. Diese sei insbesondere bedingt durch bestimmte „Seiten" der Entwicklung der sozialdemokratischen Bewegung und gehe zur Zeit so weit, „daß ich an mir selbst zu zweifeln beginne"[112]. Gleichzeitig gibt er deutlich zu erkennen, in welcher Richtung er Möglichkeiten zur Lösung des Konflikts sieht. „Je länger ich hier bin, um so mehr verstehe ich — die Fabian Society und die alten Trade Unions[113]." Dieses Urteil stellt gegenüber seiner und Engels' Einschätzung der Fabier, wie sie nur drei Jahre zuvor

107 Bernstein an Kautsky vom 14. 11. 1893, IISG K. DV 260.
108 Bernstein an Kautsky vom 23. 11. 1893, IISG K. DV 261.
109 Bernstein an Kautsky vom 23. 12. 1893, IISG K. DV 267.
110 Bernstein an Kautsky vom 27. 2. 1894, IISG K. DV 278.
111 Bernstein an Kautsky vom 13. 4. 1895, IISG K. DV 319.
112 a. a. O.
113 a. a. O.

formuliert worden waren[114], eine grundlegende Umorientierung dar, die nun immerhin so weit gediehen ist, daß er sie Kautsky zu erkennen gibt. Er leidet unter der Art und Weise, wie im Hause von Engels über alle nicht zum eigenen Kreise Gehörenden der Stab gebrochen wird und läßt durchblicken, daß eine gründliche Aussprache mit Engels über das, was ihn bewegt, nicht mehr möglich ist[115]. Er führt das zwar in erster Linie darauf zurück, daß Kautskys ehemalige Frau und deren Mann zu großen Einfluß auf Engels ausüben, die Äußerung steht aber in einer langen Tradition Bernsteinscher Klagen über die Intransigenz von Engels in politischen Fragen und bringt zu diesem Zeitpunkt letztlich nur Bernsteins Gewißheit zum Ausdruck, daß eine offene Aussprache bei seinem derzeitigen Überzeugungsstand die Wahrscheinlichkeit des Bruches groß erscheinen läßt. Es ist dies die Zeit, wo er an der Übersetzung und am Nachwort zum Buche der Webbs über die Geschichte der englischen Gewerkschaftsbewegung arbeitet, der Text, in dem er seine neue Sicht der sozialistischen Transformation erstmalig klar skizziert. Nun erst beginnt eine fast phasengleiche Entsprechung der Einführung neuer kritischer Motive in der privaten Korrespondenz und in seinen Veröffentlichungen. Dazu gehört die äußerst pessimistisch werdende Einschätzung der gegenwärtigen politisch-sozialen Handlungskompetenz des Proletariats, die er im Juli 1895 öffentlich und im September im Briefwechsel stark heraushebt[116], die Klage über eine Verengung und Dogmatisierung des Klassenkampfbegriffs und ein sich verstärkender Zweifel an der Erwartung, daß sich die kapitalistische Gesellschaft in Richtung auf eine große Vereinfachung ihrer Strukturen entwickeln wird[117]. Das Motiv, das im Mittelpunkt seiner kommenden Revisionsbestrebungen stehen sollte, daß die Sozialdemokratie eine radikale Reformpartei mit einer falschen revolutionären Sprache sei, wird bereits im Juli 1895 in einem Aufsatz und im Oktober in einem Brief an Kautsky deutlich formuliert. „Praktisch sind wir eigentlich doch nur eine radikale Partei, d. h. wir tun nicht mehr als was anderwärts bürgerlich radikale Parteien tun. Es ist das auch gar nicht anders möglich, nur daß wir es uns meist verheimlichen und eine Sprache führen, die außer Verhältnis zu unsern Taten und zu unsern Machtmitteln steht[118]." Er kündigt an, daß er all

---

114 Bernstein an Kautsky vom 10. 11. 1892, IISG K. DV 225, wo er noch konstatiert, daß die beste Widerlegung der Strategie Vollmars die „bürgerlich philanthropische „Sozialreformerei" in England sei, die zur politischen Erfolgslosigkeit geführt habe. Gemeint sind die Fabier.

115 Bernstein an Kautsky vom 30. 5. 1895, K. DV 327.

116 Bernstein, Die Arbeiter und der Wahlkampf in England, in: NZ, 13, 2, (Juli 1895) und Bernstein an Kautsky vom 16. 9. 1895, K. DV 339.

117 Bernsteins Nachwort zu, Beatrice und Sidney Webb, Geschichte der englischen Gewerkschaftsbewegung, Stuttgart 1895, S. 444—455 (geschrieben im Oktober 1895) und Bernstein an Kautsky vom 16. 9. 1895.

118 Bernstein, Die Arbeiter und der Wahlkampf in England, a. a. O. und Bernstein an Kautsky vom 21. 10. 1895 K. DV 342. Das Zitat entstammt dem Brief.

seine Bedenken in Kürze in einem Aufsatz über den Klassenkampf zusammenfassend vortragen will[119].

Der erste Text, in dem er eine veränderte Sicht der sozialistischen Transformationsproblematik öffentlich und deutlich zu erkennen gibt, ist aber erst das Nachwort zum Buche der Webbs über die Gewerkschaftsbewegung, an dem er gerade in diesen Wochen die letzten Arbeiten vornahm. Da seine neue Sicht dieses Problems in der Übernahme der fabischen Argumente bestand, ist es nur konsequent, wenn er unmittelbar nach Engels' Tod im Oktober 1895 sowohl im Briefwechsel als auch in einem Aufsatz eine grundsätzliche Umwertung seines Urteils über die Fabier vornimmt. Ohne den Namen zu erwähnen, demonstriert er anhand fabischer Texte, daß Engels' Urteil, sie seien ein Anhängsel des Liberalismus, „sich als durchaus unbegründet erwiesen" hat[120]. Diese Zurückweisung verbindet er mit einer offen positiven Wertung der Politik der Fabier. In einem Brief an Kautsky aus derselben Zeit empfiehlt er einen Vortrag des Fabiers MacDonald zur selbstkritischen Lektüre für die deutsche Sozialdemokratie für den Abdruck in der Neuen Zeit und spricht den Fabiern genau die von ihm für erforderlich gehaltene Eigenschaft zu, an der es nach seiner Meinung der deutschen Sozialdemokratie gebricht: „Die Fabians haben eine gute Seite: sie hängen nicht an der Phrase, sondern gehen den Sachen auf den Grund. Dadurch kommen sie in der Praxis dem Marxismus sehr viel näher, als fast alle hiesigen Marxisten[121] . . ." Zugleich wird in dieser Formulierung ein Motiv sichtbar, das zu einem der Zentren des revisionistischen Selbstverständnisses geworden ist, daß nämlich der fabische Sozialismus im Grunde mit einem recht verstandenen historischen Materialismus besser verträglich ist als das in der damaligen marxistischen Welt verbreitete und bei Marx selbst angelegte Verständnis vom sozialistischen Übergang. Etwas mehr als ein Jahr später hat er dieses Verständnis auf die Formel gebracht, daß die Fabier die materialistische Geschichtsauffassung praktizieren, die in der deutschen Sozialdemokratie lediglich doziert wird[122].

Dieses Verständnis des Problems konnte nun ohne kritische Auseinandersetzung mit Marx selbst nicht länger auskommen. Bernstein leitete sie in seinem Nachwort zu Héritiers Geschichte der französischen Februarrevolution ein. Während des gesamten Jahres 1896 hat er an dieser Schrift gearbeitet[123]. Immer deutlicher sah er nun, daß die Vertretung des neuen Transformationsverständnisses nicht länger nur durch „Strecken" der Marxschen Theorie

119 Bernstein an Kautsky vom 16. 9. 1895.
120 Bernstein, Englische Parteientwicklungen, in: NZ, 14, 1 (Oktober 1895) S. 80.
121 Bernstein an Kautsky vom 26. 10. 1895, IISG K. DV 343.
122 Bernstein an Kautsky vom 7. 2. 1897, IISG K. DV 404.
123 Außer aus den angeführten Briefen geht das auch aus Bernsteins eigener Angabe hervor in: Wie eine Revolution zugrunde ging, S. 11.

gedeckt werden kann[124], sondern eine theoretische Auseinandersetzung mit bestimmten Argumenten im Fundament der Marxschen Theorie selber zur Voraussetzung hat.

Er beginnt mit einer Kritik von Anwendungen der Marxschen Theorie durch Marx selbst in seinem Briefwechsel mit Kautsky, der ihn ausdrücklich warnt, seine kritischen Bestrebungen, die er im übrigen billige, auf Marx selbst zu erstrecken[125]. Gleichzeitig vertritt er in seinem Aufsatz „Die deutsche Sozialdemokratie in englischer Beleuchtung" im Dezember 1896 die These, daß es bei Marx selbst Punkte gibt, „die eine Diskussion zu vertragen scheinen"[126] und weist in seinem Briefwechsel mit Kautsky erstmalig darauf hin, daß sein Studium der Februarrevolution „mich manche Einzelheiten in anderem Lichte sehen läßt als Marx sie darstellt"[127]. Zu dieser Kritik an Marx selbst entschließt sich Bernstein, nachdem seine politische Existenzkrise einen gewissen Höhepunkt überschritten hat, der ihn im Sommer desselben Jahres zu dem ernsten Entschluß veranlaßte, eine Berufstätigkeit in Südafrika zu akzeptieren[128], den er Kautsky gegenüber politisch so motivierte, daß er in der eben abgeschlossenen Debatte über die sächsische Wahlrechtskampagne, seinem zweiten Versuch, eigene Ansichten in die deutsche Parteidiskussion hineinzutragen, abermals erleben mußte, daß ihm von maßgeblichen Kreisen der deutschen Sozialdemokratie bestritten wird, „über deutsche Dinge ein Urteil zu haben"[129]. Nachdem er seine politische Identiätskrise durch die Flucht in die Ferne, von der er selbst den Fraktionsvorstand schon in Kenntnis gesetzt hatte[130], nicht lösen konnte, hat er sich demnach zur Flucht nach vorn innerhalb der Theorie selbst entschlossen, und Marx nicht länger unangetastet gelassen[131]. Dem entspricht eine spätere Schilderung Bernsteins, derzufolge er Mitte 1896 bei einem Vortrag im Verein der Fabier deren Argumente, die er längst teilte, mit der Theorie von Marx noch einmal in Einklang halten wollte:

„Ich habe das Manuskript des Vortrags noch, es ist ein abschreckendes Beispiel

124 Bernstein an Bebel vom 20. 10. 1898, in: Adler, a. a. O.
125 Kautsky an Bernstein vom 13. 3. 1897, Kautsky tut dies mit dem Argument, wer Marx widersprechen wolle, müsse schon „sehr tief graben".
126 Bernstein, Die deutsche Sozialdemokratie in englischer Beleuchtung, in: NZ, 15, 1, S. 434.
127 Bernstein an Kautsky vom 7. 12. 1896 (IISG K. DV 396). Er verknüpft diese Eröffnung einer kritischen Perspektive im Verhältnis zu Marx selbst allerdings mit der Beschwichtigung, daß Marx im ganzen unangefochten und „mustergültig" bleibe.
128 Bernstein an Kautsky vom 9. 6. 1896, K. DV 368.
129 a. a. O. Dies berührt zugleich noch einmal die Gründe für die Angst vor dem Etikett der „englischen Brille".
130 Bernstein an Kautsky vom 15. 6. 1896, IISG, K. DV 370.
131 Dieser Zusammenhang ist Bebel bewußt gewesen. In einem Brief an Adler erwähnt er die Bernsteinschen Übersiedlungsabsichten als Beleg für die Ernsthaftigkeit von dessen Umorientierung: „Er hat schon seit Jahren gekämpft" (4. 11. 1898, in: Adler, a. a. O.).

wohlmeinenden „Rettungsversuchs". Ich wollte Marx retten, wollte zeigen, daß alles so gekommen, was er gesagt, und daß alles, was nicht so gekommen, auch von ihm gesagt wurde. Aber als das Kunststück fertig war, als ich den Vortrag vorlas, da zuckte es mir durch den Kopf: Du tust Marx Unrecht, das ist nicht Marx, was Du vorführst... Im Stillen sagte ich mir: so geht das nicht weiter. Es ist müßig, das Unvereinbare vereinbaren zu wollen. Was nötig ist, ist vielmehr, sich darüber klar zu werden, worin Marx noch Recht hat und worin nicht. Wirft man das Letztere über Bord, so tut man dem Andenken von Marx einen besseren Dienst, als wenn man, wie ich es tat und wie es viele heute noch tun, seine Theorie zieht, bis sie alles beweist[132]."

Nachdem Bernstein seiner Kritik an Marx' Revolutionsstrategie im Brief an Kautsky und im Nachwort zu Héritier im März 1897 eine Kritik an dessen Einschätzung der Orientfrage hinzugefügt hatte[133], unternimmt er ab August eine kritische Generalrevision des theoretischen Ansatzes von Marx selbst. Er formuliert die Devise:

„Selbst als Schüler oder vielleicht gerade *weil* wir ihre Schüler sind, müssen wir uns zu M. & E. kritisch verhalten[134]."

Damit haben ab Mitte 1897 Bernsteins veröffentlichtes Theorieverständnis und seine privat geäußerten Bedenken in allen entscheidenden Hinsichten eine volle Synchronität erreicht. Schritt um Schritt zieht er nun die weiteren Konsequenzen.

Auch den letzten entscheidenden Schritt einer eigenständigen theoretischen Entwicklung vollzieht Bernstein bereits 1897. Diesmal geht die öffentliche Darstellung der brieflichen Formulierung bereits voraus. Schon in seinem wenig beachteten Aufsatz vom Juni 1897, „Zwei politische Programm-Symphonien", bestreitet er die Möglichkeit, daß die sozialistische Doktrin als ganze wissenschaftlichen Charakter haben könne mit denselben Argumenten, die er dann 1901 in seinem aufsehenerregenden Vortrag „Wie ist wissen-

132 Bernstein an Bebel vom 20. 10. 1898. Die Disposition dieses Vortrags und ein Zeitungsbericht über seinen Inhalt, der wahrscheinlich von G. B. Shaw stammt, sind in deutscher Übersetzung jetzt im Dokumentenanhang zu Helmut Hirsch, Der „Fabier" Eduard Bernstein, Bonn-Bad Godesberg 1977, erschienen.
Daraus geht hervor, daß der Vortrag erst im Januar 1897 gehalten wurde, also erst nachdem Bernstein ohnehin bereits Zweifel an der uneingeschränkten Geltung der Marxschen Theorie geäußert hatte. Das läßt die Verhältnisse in einem etwas anderen Licht erscheinen als Bernsteins Darstellung gegenüber Bebel. Soweit es sich aus diesen Fragmenten entnehmen läßt, hat Bernstein aber Marx ungefähr so dargestellt, wie er dies nach vollzogener revisionistischer Wendung in seinen späteren Schriften auch zu tun pflegte. Er läßt hinsichtlich der um 1848 von Marx favorisierten Revolutionsstrategie auch in diesem Text Kritik durchblicken. Daher ist anzunehmen, daß Bernstein die Bedeutung dieses Vortrages für seine Abkehr vom Marxismus als Gesamtsystem Bebel gegenüber zu hoch veranschlagt.
133 Bernstein an Kautsky vom 10. 3. 1897, K. DV 406.
134 Bernstein an Kautsky vom 26. 8. 1897, K. DV 418.

schaftlicher Sozialismus möglich?" breit entfalten sollte[135]. Er exponiert den Begriff einer „tendenzfreien Wissenschaft". Gegen Ende desselben Jahres betont er Kautsky gegenüber die Notwendigkeit einer Einschränkung der spekulativen Komponenten im vorherrschenden sozialistischen Wissenschaftsverständnis zugunsten einer stärkeren Berücksichtigung der „positivistischinduktiven" Methode. Er weiß, daß ein solches Wissenschaftsverständnis gegenüber der vorherrschenden Sicht eine „Umkehr" bedeutet[136]. Sie ist nun vollzogen[137].

Damit hatte Bernstein bis Ende 1897 alle wichtigen Alternativpositionen zum vorherrschenden parteimarxistischen Theorieverständnis bezogen. Daß er sie von da ab nur noch zu entfalten und zu ergänzen brauchte, liegt in erster Linie daran, daß er im wesentlichen einen Ansatz übernehmen konnte, der längst fertig ausgearbeitet vorlag. Es war der Ansatz des Sozialismus, wie ihn die Fabier verstanden.

Um die Wendung in ihren wichtigsten Dimensionen deutlich erkennen zu können, soll zunächst noch einmal das Charakteristische am Marxismus der deutschen Vorkriegssozialdemokratie in Erinnerung gerufen werden.

135 In: NZ, 15, 2, S. 338. Sowohl der Zeitpunkt als auch die Quelle seiner Argumentation (es handelt sich um die zustimmende Besprechung eines Aufsatzes von Shaw) zeigen, daß auch hinsichtlich des Problems Wissenschaft im Sozialismus die fabische, von Comte und Mill beeinflußte Tradition für ihn entscheidend wurde. Das übersieht Gay, a. a. O., S. 194.
136 Bernstein an Kautsky vom 23. 12. 1897, IISG K. DV 427.
137 Es ist daher nicht zutreffend, wenn entweder eine neue Phase des Bernsteinschen Revisionismus oder der endgültige Bruch mit dem Marxismus auf 1901 datiert wird, weil in diesem Jahr Bernstein in seinem Vortrag „Wie ist wissenschaftlicher Sozialismus möglich?" die Abkehr vom „wissenschaftlichen" Sozialismus im alten Sinne vollzog. Tatsächlich vertritt er diese Position schon 1897, ohne daß sie allerdings zu diesem Zeitpunkt in das Bewußtsein der Parteiöffentlichkeit eingedrungen wäre.

2. Ideologie und Strategieverständnis der Sozialdemokratie, vor dem ersten Weltkrieg

2.1 *Marxismus und Parteiideologie*

Seit den einflußreichen Studien von Karl Korsch[1] und Erich Matthias[2] gilt es weithin als eine ausgemachte Sache, daß nicht die Struktur des theoretischen Werkes von Karl Marx selbst, sondern dessen unzulängliche Interpretation durch Karl Kautsky Bestimmungsfaktor für die Ideologie der deutschen Sozialdemokratie vor dem ersten Weltkrieg und damit auch für deren häufig kritisierten „revolutionären Attentismus"[3] gewesen sei[4]. Diese Ideologie ist denn auch geradewegs „Kautskyanismus" genannt worden[5]. In aller Regel muß dann auch Friedrich Engels dieser Art des Marx-Mißverständnisses zugerechnet werden, denn er war es, der noch lange nach dem Tod von Karl Marx die Marxrezeption der deutschen Sozialdemokratie angeleitet und beraten hat. Dies kommt schlaglichtartig in seinem Kommentar über das Erfurter Programm von 1891 zum Ausdruck, wo er im Rückblick auf das Gothaer Programm von 1875 und die scharfe Kritik von Marx an ihm bemerken konnte: „Wir haben die Satisfaktion, daß die Marxsche Kritik komplett durchgeschlagen hat[6]." Damit hatte das Erfurter Programm, in seinem theoretischen Teil ohnehin nur eine Paraphrase des 24. Kapitels aus Marx' Hauptwerk „Das Kapital", Band 1, zumindest in seinen theoretischen Grundzügen vom Mitbegründer des Marxismus die Bestätigung als marxistisches Programm erhalten. Wenn es auch in manchen Nuancen Unterschiede zwischen der Sicht von Engels und der der führenden Vertreter der deutschen Partei gegeben hat, so etwa in der Beurteilung der „Verelendungstheorie"

---

1 Karl Korsch, Die materialistische Geschichtsauffassung (1929), Frankfurt 1974².
2 Erich Matthias, Kautsky und der Kautskyanismus. Die Funktion der Ideologie in der deutschen Sozialdemokratie vor dem ersten Weltkrieg, in: Marxismusstudien, II, 1957, S. 151—197.
3 Vgl. dazu Dieter Groh, Negative Integration und revolutionärer Attentismus, Frankfurt, Berlin, Wien 1973.
4 Trotz seiner kritischen Sicht des Einflusses von Kautsky stimmt damit letztlich auch Hans-Josef Steinberg überein. Vgl. Sozialismus und deutsche Sozialdemokratie. Zur Ideologie der Partei vor dem I. Weltkrieg, Bonn-Bad Godesberg 1976⁴.
5 Vgl. E. Matthias, a. a. O.
6 Engels an Sorge vom 24. 10. 1891.

und in der Revolutionsvorstellung[7], so muß doch hervorgehoben werden, daß gerade in jenen theoretischen Grundlagen, die den Kern der Ideologie der Partei ausmachten, das Werk von Friedrich Engels eine Hauptquelle der Parteitheoretiker gewesen ist. Es ist bekannt, daß Engels' Werk „Herrn Eugen Dührings Umwälzung der Wissenschaft", unmittelbar vor dem Erlaß des Sozialistengesetzes erschienen, sowohl für Bernstein als auch für Kautsky und Bebel zum Grunderlebnis und Interpretationsschlüssel der Marxistischen Theorie geworden ist[8]. Dabei handelte es sich um ein Buch, zu dem Marx selbst ein Kapitel beigesteuert hatte und das er genau gekannt hat, ohne daß ein Wort der Kritik oder Distanzierung von ihm überliefert ist.

Nun gibt es ohne jeden Zweifel in den bekannten Texten zumindest deutliche Akzentunterschiede im Werk von Marx und Engels[9], die insbesondere daraus resultieren, daß Engels ohne Vorbehalte Strukturen und Annahmen, die bei Marx auf die menschliche Geschichte bezogen blieben, auf die Natur insgesamt zu übertragen begann und damit einer Tendenz zur naturanalogen Gesellschaftsbetrachtung Vorschub leistete. Diese Betrachtungsweise ist es nämlich gewesen, die letzten Endes jenen „revolutionären Attentismus" zu verantworten hat, der nicht im aktiven Handeln und im Entwurf politischer Transformationsstrategien, sondern im Warten auf den Augenblick, da die Geschichte die Revolution bringt, die strategische Entsprechung zu einem sich als Wissenschaft verstehenden Sozialismus erblickte. Engels aber hatte seine Thesen gerade in engster Anlehnung an die Hegelsche Dialektik entwickelt, so daß es nicht ausreicht, die auf seinen Kategorien aufgebaute Theorie der Partei darum für eine Fehlinterpretation des Marxismus zu halten, weil in ihr eine „Hegel-Ignoranz" vorgeherrscht habe[10]. Zwar haben Georg Lukács[11] und Karl Korsch ihre Versuche einer kritischen Erneuerung des Marxismus gegen die in der Zeit der Zweiten Internationale vorherrschenden, hier zu betrachtenden Interpretationen vor allem durch erneute Rückgriffe auf die Hegelsche Dialektik zu fundieren versucht, es wäre gleichwohl unzureichend, hinsichtlich dieser Ideologie allgemein von einer „Hegel-Ignoranz" zu sprechen. Gerade Engels ist es gewesen, der Marx immer wieder zu einer stärkeren Einarbeitung der Hegelschen Dialektik in seine theoretischen Darstellungen angehalten hat[12], und diese steht kaum irgendwo sonst im Marx-Engelsschen Werk so eindeutig im Vordergrund der Betrachtungen, wie eben in Engels' „Anti-Dühring"[13]. Zwar ist es richtig, daß die führenden Theore-

---

7 Vgl. Hans-Josef Steinberg, a. a. O., S. 64 f.
8 Vgl. a. a. O., S. 43 ff.
9 Vgl. z. B. I. Fetscher, Karl Marx und der Marxismus, München 1967, S. 123 ff.
10 So Steinberg, a. a. O., S. 56 ff.
11 Georg Lukács, Geschichte und Klassenbewußtsein. Studien über die marxistische Dialektik, Berlin 1923.
12 Engels an Marx vom 9. 4. 1858 und vom 16. 6. 1867.
13 Daß es sich gleichwohl um eine falsche Anwendung oder ein falsches Verständnis der Hegelschen Dialektik handeln kann, stellt ein anderes Problem dar.

tiker der deutschen Sozialdemokratie keine eigene Hegelkenntnis hatten[14], sie folgten indessen in allen entscheidenden Fragen dem Kategoriensystem, das Engels erarbeitet hatte, in das stärker als jemals zuvor im gemeinsamen Schaffen von Marx und Engels Hegelsche Dialektik eingearbeitet worden war[15].

Sowohl aus diesem Grunde als auch wegen des Verhältnisses von Karl Marx zum theoretischen Schaffen von Friedrich Engels, das zu keinem Zeitpunkt das der Distanzierung gewesen ist, wie insbesondere wegen der Ergebnisse einer genaueren Analyse des Werkes von Marx selbst, kann bei kritischer Betrachtung die These vom Kautskyanismus als Fehlinterpretation des Marxismus allenfalls mit wesentlichen Einschränkungen aufrecht erhalten werden. Dieses Urteil erstreckt sich ausdrücklich nur auf den strategisch-politischen Bereich und seine Grundlagen, um den es sich ja bei den Kontroversen über die Parteiideologie fast gänzlich gehandelt hat. Im folgenden soll gezeigt werden, daß *die wichtigsten Denkfiguren, die die Eigenart des Parteimarxismus ausgemacht haben und an denen sich der Revisionismusstreit entzündet hat, im Werke von Karl Marx selbst ihren Ursprung haben und nicht erst von Friedrich Engels oder Karl Kautsky beigesteuert worden sind,* wenn auch einige ihrer problematischsten Formulierungen von jenen beiden herrühren. Damit soll keineswegs eine volle Identität der Konzepte von Engels, Kautsky und Marx behauptet werden, sondern lediglich, daß der kategoriale Rahmen, der das sozialdemokratische Strategieverständnis jener Zeit getragen hat, im Werke von Marx selbst seinen Ursprung hat, was immer im übrigen die nicht zu leugnenden Differenzen zwischen den genannten Theoretikern sein mögen[16].

Diese Klarstellung ist um der historischen Wahrheit willen erforderlich. Denn es ist auf die Dauer nicht haltbar, um der angeblichen Reinheit eines als unfehlbar verstandenen Marxismus willen, Kautsky zum Sündenbock für einen historisch-strategischen Ansatz zu machen, dessen getreuer Korrepetitor er im Grunde doch nur war. Im vorliegenden Zusammenhang, wo die Beziehungen zwischen den Ansätzen von Marx, Engels und Kautsky nicht im einzelnen untersucht werden können, dient diese Klarstellung vor allem zwei Zwecken. Zum einen soll die Aufmerksamkeit auf die Tatsache gelenkt werden, daß Bernstein seine Kritik am Parteimarxismus anhand eines Rekurses auf Texte von Karl Marx selber führen konnte und keineswegs nur

---

14 Das war ihnen unmittelbar bewußt. Vgl. Kautsky an Bernstein vom 5. 10. 1896 IISG K, C 150.

15 Zum Problem des Verhältnisses der Dialektik bei Hegel, Marx und Engels vgl. Thomas Meyer, Einleitung in: W. I. Lenin, Hefte zur Hegelschen Philosophie, München 1969.

16 Für einen philosophisch fundierten Nachweis dieser These in jüngerer Zeit vgl. Dieter Böhler, Metakritik der Marxschen Ideologiekritik, Frankfurt 1971.

unter Zugrundelegung sekundärer parteioffizieller Interpretationen[17]. Zwar hatte er in den Debatten vor allem Kautsky als Verteidiger des Marxismus zum Gegenspieler, es ging dabei aber in der Hauptsache um die Auslegung originär-marxistischer Denkfiguren. Dies bedeutet zum anderen, daß sich die von Bernstein vorgelegte theoretisch-strategische Alternative nicht lediglich auf das verfehlte Marxverständnis der damaligen Sozialdemokratie beziehen soll, sondern auf einen im Marxschen Werk selbst vertretenen Ansatz.

Daß Bernstein, wie er bis in seine letzten Jahre hinein immer wieder beteuert hat, diese Kritik in wesentlichen Punkten mit Argumenten bestreiten konnte, die ebenfalls im Werke von Karl Marx entfaltet sind, gründet in demselben eigentümlichen Sachverhalt, der auch zu Fehlurteilen über die Beziehungen zwischen Marx, Engels und Kautsky immer wieder Anlaß bietet. Es handelt sich um den tiefgehenden Zwiespalt in der Marxschen Emanzipationstheorie selbst[18]. Da Marx gerade seine Beschäftigung mit denjenigen Kategorien, die eine Emanzipationsstrategie theoretisch tragen, nicht zum Abschluß gebracht hat, sondern über vereinzelte Andeutungen in verschiedenen Diskussionskontexten und Erfahrungsabschnitten nicht hinausgelangt ist, konnte es geschehen, daß er selber nicht gezwungen war, sich Rechenschaft darüber abzulegen, den geschichtlichen Fortschritt zum Sozialismus letztlich nach zwei konträren Modellen konstruiert zu haben, die in seinem Werk nicht zur Versöhnung gebracht worden sind[19].

2.2 Der Zwiespalt in der Marxschen Emanzipationstheorie

Der ursprüngliche Ansatz der Marxschen Emanzipationstheorie bestand in dem Postulat der aktiven Verwirklichung der Philosophie. Damit war gemeint, daß die Einheit von Individuum und Gesellschaft, die in der Philosowie nur ideell konstruiert war, nunmehr durch praktisches Handeln gesellschaftliche Realität werden sollte.

Wenn Marx in seinen frühen Schriften die menschliche „Selbstentfremdung"[20]

---

17 Es gehört zu den wenigen starken Seiten des Buches von Gay, für die einzelnen Kontroverspunkte der Revisionismusdebatte jeweils anhand von originalen Marxtexten demonstriert zu haben, daß sich die von Bernstein angegriffenen Thesen zum großen Teil im Werke von Marx selber finden, vgl. a. a. O., S. 199—266.

18 Vgl. Thomas Meyer, Der Zwiespalt in der Marxschen Emanzipationstheorie, Kronberg 1973.

19 Eine ähnliche Interpretation, die den Zwiespalt aber auf Differenzen zwischen Marx' Formulierungen auf der Makroebene und der Mikroebene des historischen Materialismus zurückführt, vertritt Jürgen Habermas, Erkenntnis und Interesse, Frankfurt 1968, S. 58 ff.

20 MEW, 1, S. 372.

und die „Verkehrtheit"[21] der bürgerlichen Gesellschaft kritisiert und als Ziel der Veränderung dieser gesellschaftlichen Situation das Programm einer „menschlichen Emanzipation"[22] formuliert, so hat er eine Umwälzung der gesellschaftlichen Verhältnisse im Auge, die zugleich die Verhaltensstruktur der Menschen und die institutionellen Grundlagen ihres gesellschaftlichen Zusammenlebens verändern soll. Ziel ist eine Gesellschaft, in der die Menschen ihrem gesellschaftlichen Wesen entsprechend als „Gemeinwesen" leben können. Der Gegensatz von Staat und Gesellschaft, der es zuläßt, daß die Menschen in der einen Sphäre ihres Zusammenlebens einander bekämpfen und als bloßes Mittel für ihre individuellen Zwecke mißbrauchen, während sie in der anderen Sphäre als Gattungswesen gemeinsame Zwecke verfolgen, soll zugunsten einer auf alle gesellschaftlichen Sphären erstreckten gattungsbewußten Kooperation überwunden werden[23].

Dieser frühe Ansatz, der Einsicht, Zusammenarbeit und aktives Handeln zu den Schlüsselkategorien des Emanzipationsprozesses macht, war indessen schon bald im Marxschen Werk selbst durch ein Verständnis des Emanzipationsprozesses überlagert worden, bei dem der Erfolg in der Logik des objektiven Geschichtsprozesses selbst zu finden schien, wenn nur die Erkenntnis dieses Prozesses richtig vollzogen würde. Im Rückgriff auf Elemente des Hegelschen Geschichtsverständnisses legte Marx in späteren Schriften auf diese objektivistische Sicht des Emanzipationsprozesses wachsendes Gewicht, ohne indessen das Modell eines praktisch-aktivistischen Emanzipationsverständnisses gänzlich fallen zu lassen. Infolgedessen koexistieren im gesamten Marxschen Werk zwei unterschiedliche Strategiemodelle der Emanzipation auf theoretisch ungeklärte Weise[24]. Dieser Zwiespalt umfaßt die grundlegenden theoretischen Kategorien, in denen die Bedingungen der Emanzipation formuliert werden. Da diese Kategorien gleichzeitig das von Marx nicht in den Vordergrund gestellte Strategieproblem konstituieren und im wesentlichen jene Themen betreffen, auf die Marx zwar immer wieder zu sprechen kam, denen er aber keine grundlegende und zusammenhängende theoretische Untersuchung gewidmet hat, ist es ihm und lange Zeit auch seinen Nachfolgern verborgen geblieben, daß er in wechselnden Kontexten seine Argumente aus zwei verschiedenen Strategiemodellen bezieht, die nicht zu vereinbaren sind. Ein ungeklärtes Verständnis von Dialektik hat diese Sachlage im

---

21 a. a. O., S. 356.
22 a. a. O., S. 370.
23 a. a. O., S. 366.
24 So schon Alfred G. Meyer, Marxism. The Unity of Theory and Practice, Cambridge Mass. 1954, S. 45, und Karl R. Popper, The Open Society and its Enimies, London 1966, Band 2, S. 202.

unklaren gelassen. Bei diesen von Marx selbst zwiespältig interpretierten Kategorien handelt es sich vor allem um:
1. den Begriff des Proletariats,
2. den Ideologiebegriff,
3. den Wissenschaftsbegriff,
4. den Staatsbegriff,
5. das Emanzipationsmodell als ganzes.

2.2.1 Die Arbeiterexklusivismusthese und der Zwiespalt im Begriff des Proletariats

Nachdem Marx sein oben angedeutetes Programm einer menschlichen Emanzipation formuliert hatte, das ihn in wichtigen Fragen mit seinen junghegelianischen Gesinnungsgenossen verband, blieb es doch ihm vorbehalten, das Proletariat als exklusiven Adressaten und Garanten für die Verwirklichung dieses Ziels in seine Theorie aufzunehmen. In seinem Aufsatz „Zur Kritik der Hegelschen Rechtsphilosophie, Einleitung" von 1843, wo er diese Hinwendung zu einem arbeiterexklusiven Sozialismus erstmalig vollzieht, läßt Marx keinen Zweifel offen, daß er auch unter diesen Bedingungen die Emanzipation als Verwirklichung der Philosophie „auf der Höhe ihrer Prinzipien versteht[24a]. Denn aus den Erkenntnissen der fortgeschrittensten Philosophie gleichzeitig mit der Erkenntnis ihrer Ohnmacht als bloßer Philosophie sollte die menschliche Emanzipation gespeist werden. Die Philosophie sollte praktisch werden. Genau darum war es ihm bei der Einführung des Proletariats in seine Theorie auch zu tun. Statt der Wirklichkeit ein abstraktes und machtloses Sollen entgegenzusetzen, wollte er „an wirkliche Kämpfe anknüpfen und sich mit ihnen identifizieren"[25]. Diese im Grunde überraschende Verbindung von Emanzipation auf der Höhe philosophischer Prinzipien und Hinwendung zur modernen Arbeiterklasse kam nun keineswegs dadurch zustande, daß Marx das Proletariat im Zuge seiner theoretischen Arbeit „etwa auf die gleiche Weise entdeckt (hätte) wie Newton die Schwerkraft"[26]. Vielmehr haben ihn die Darstellungen des Proletariats in der damals vieldiskutierten Literatur über den französischen Sozialismus und Kommunismus sowie insbesondere seine persönlichen Eindrücke von theoretische Diskurse abhaltenden Arbeitergruppen in Frankreich, in erster Linie aber die klar zutage liegende lebensnotwendige Interessiertheit dieser Klasse an der Überwindung der bestehenden gesellschaftlichen Verhältnisse, die sich in

---

24a MEW, 1, S. 385.
25 a. a. O., S. 345.
26 Vgl. Robert Tucker, Karl Marx. Die Entwicklung seines Denkens von der Philosophie zum Mythos, München 1963, S. 144.

Protestbewegungen bereits tätig äußerte, dazu veranlaßt, im modernen Proletariat den Garanten der neuen Gesellschaft zu sehen. Es ist ihm bei dieser
Verbindung um eine Vermittlung von tätigem Interesse und wahrer Einsicht
zu tun.

Nachdem Marx in Paris erstmalig Kontakt mit kommunistischen Arbeitern
bekommen hatte, schrieb er in einem Brief vom 11. August 1844 an Ludwig
Feuerbach: „Sie müßten einer der Versammlungen der französischen ouvriers
beigewohnt haben, um an die jungfräuliche Frische, an den Adel, der unter
diesen abgearbeiteten Menschen hervorbricht, glauben zu können. Der
englische Proletarier macht auch Riesenfortschritte, aber es fehlt ihm der
Kulturcharakter der Franzosen. Ich darf aber nicht vergessen, die theoretischen Verdienste der deutschen Handwerker in der Schweiz, London und
Paris hervorzuheben. Nur ist der deutsche Handwerker noch zu viel Handwerker. Jedenfalls aber bereitet die Geschichte unter diesen ‚Barbaren‘ unserer zivilisierten Gesellschaft das praktische Elemente zur Emanzipation des
Menschen vor[27].“ Um zu unterstreichen, daß dieses Proletariat eben nicht
nur als von der Geschichte bewegtes Objekt, sondern als Subjekt der praktischen Verwirklichung der Philosophie anzusehen ist, ergänzt Marx: „Die
hiesigen deutschen Handwerker, d. h. der kommunistische Teil derselben,
mehrere Hunderte, haben diesen Sommer durch zweimal die Woche Vorlesungen über Ihr ‚Wesen des Christentums‘ von ihren geheimen Vorstehern
gehört und sich merkwürdig empfänglich gezeigt[28].“ Daraus erklärt sich
auch, wieso nach Marx die Mission des Proletariats dem Ziel nach der ganzen
Menschheit zugute kommen soll und doch arbeiterexklusiv, nämlich vom
Proletariat allein bewirkt werden kann. Auch diese arbeiterexklusive Verwirklichung der Philosophie geschieht nach Marx noch immer auf dem Wege
der Aneignung und Umsetzung der fortgeschrittensten Philosophie. Hier wo
sie auf ein gebieterisches Interesse trifft, erfüllen sich die Bedingungen der
menschlichen Emanzipation. Marx formuliert damit eine grundlegende Einsicht jeder Theorie-Praxis-Vermittlung: „Die Theorie wird in einem Volke
immer nur soweit verwirklicht, als sie die Verwirklichung seiner Bedürfnisse
ist[29].“ Wenn Marx im Satz davor dies die „materielle Grundlage“ möglicher
Revolution nennt, zeigt er unmißverständlich, daß zu diesem Zeitpunkt das
Materialistische seines Ansatzpunktes die *realistische*, nicht reduktionistische
Sicht der Voraussetzungen einer Theorie-Praxis-Vermittlung ist.

Nun treibt Marx aber schon hier den Beleg der Befähigung des Proletariats
als Praxispartner der Philosophie mit dialektischen Formeln auf die Spitze.
Aus der besonderen Eignung wird mittels problematischer „dialektischer“
Formeln eine exklusive Berechtigung. Diese Obertöne sind es, die Marx in

---

27 MEW, 27, S. 426.
28 a. a. O., S. 428.
29 MEW, I, S. 386.

dem Maße zum theoretischen Anspruch ausweiten kann, wie durch seine Fort-schritte in der nun verstärkt einsetzenden sozioökonomischen Theoriearbeit eine wachsende Lücke zwischen wichtigen Kategorien in seiner Theorie zu klaffen beginnt.

Zwei theoretische Vorbedingungen sind es, von denen im Marxschen Konzept eine arbeiterexklusive Verwirklichung der Philosophie nach praktischem Modell abhängt:

1. ein Reflexionsverhältnis wichtiger philosophisch-normativer Inhalte zur Realität und

2. die Möglichkeit und Wahrscheinlichkeit einer Verallgemeinerung der beobachteten Entwicklungsansätze im Proletariat für die Klasse als ganze.

Soweit hatten wir es mit der Emanzipationstheorie zu tun. Welches Bild vom proletarischen Subjekt resultiert nun aber aus Marx' sozio-ökonomischer Analyse, wie sie insbesondere seit 1846 vorangetrieben wird?

Bereits Friedrich Engels hatte in seiner berühmten Schrift „Die Lage der ar-beitenden Klasse in England" 1845 zugunsten einer stärkeren materialisti-schen Fundierung der sozialistischen Theorie eine empirische Untersuchung über den Zusammenhang von kapitalistischer Wirtschaftsweise und Lebens-lage der Klasse des Proletariats vorgelegt. Daran lehnte sich Marx an. Resultierte seine erste Einschätzung des Proletariats aus der Verbindung der praktischen Desiderate seiner Sozialphilosophie und selektiver Erfahrungen mit philosophisch diskutierenden Handwerkergruppen, so ändert sich auf soziologisch-analytischer Ebene das Bild zunächst völlig. Da nach Marx' sich nun konkretisierender Einschätzung die gesellschaftliche Umwandlung nur durch „das gesamte Proletariat"[30], also von einem „industriellen Prole-tariat auf nationaler Stufenleiter"[31] bewerkstelligt werden kann, analysiert er dessen Entwicklungserwartungen im Rahmen seiner allgemeinen Theorie der Entwicklung des sozioökonomischen Gesamtsystems des Kapitalismus genauer.

Die Ergebnisse dieser Analyse gewinnen deshalb Schlüsselcharakter, weil Marx seit 1845/46 in vollkommen eindeutiger Weise eine strikt milieu-theoretische Sicht des menschlichen Wesens favorisiert: „Das menschliche Wesen ist kein dem einzelnen Individuum innewohnendes Abstraktum, son-dern das Ensemble der gesellschaftlichen Verhältnisse[32]." Die gesellschaftlichen Menschen sind nach dieser Vorstellung so nachhaltig vom System ihrer Sozia-lisations- und Lebensbedingungen konstituiert — und nicht lediglich nur beein-flußt —, daß der Gedanke einer stets präsenten wohldefinierten menschlichen Substanz hinter diesen Lebensbedingungen keinerlei Sinn gewinnen kann.

30 MEW, 7, S. 276.
31 MEW, 14, S. 450.
32 MEW, 3, S. 6.

Als Menschen sind die Proletariar ein Produkt der Lebenslage unter dem Kapitalismus, die Marx ja auf Grund anderer Überlegungen für den Kapitalismus als System für notwendig erachtet und eben deshalb für innerhalb seiner Grenzen nicht prinzipiell zu verbessern. Diese beiden Bedingungen ergeben zusammen mit der milieutheoretischen These die Konsequenz, daß das so auf analytischer Ebene gefundene proletarische Subjekt denjenigen Partner kennzeichnet, mit dem die auf Praxis drängende Philosophie tatsächlich zu rechnen hat.

Die im Jahre 1880 in einem Fragebogenentwurf formulierte Frage hatte Marx Untersuchungen über das Proletariat im Grunde schon seit 1844/45 geleitet: „Wie ist der allgemeine körperliche, geistige und moralische Zustand der in ihrem Beruf beschäftigten Arbeiter und Arbeiterinnen[33]?" Als eigene allgemeine Antwort finden wir verstreut in verschiedenen Texten bei Marx ein analytisches Bild vom proletarischen Subjekt, das sich an einer repräsentativen Stelle so resümiert: „Verkrüppelung und Knechtung, ... durch die bestehenden Verhältnisse physisch, intellektuell und sozial...[34]."

Die von Kindesbeinen an in die Zwänge der kapitalistischen Produktion gegebenen Menschen leben daher unter „Bedingungen gebrochener Gesundheit, befleckter Moral und geistigen Ruins"[35]; sie sind, um die Zitate nicht zu vermehren, mit einem Wort, intellektuell, moralisch und sozial defiziente menschliche Subjekte[36].

Da für Marx nun „keine feststehendere Tatsache als die" existiert, „daß der Pauperismus im gleichen Maße wächst, wie der moderne Reichtum"[37], drängt sich die Frage auf, wie Marx angesichts dieses *Auseinanderklaffens von zugedachter Mission und analytisch gefundenem Zustand des Proletariats* seine Emanzipationshoffnungen retten will? *Im Prozeß seiner materialistischen Analyse der kapitalistischen Realität und ihrer Entwicklungsaussichten scheint Marx das ehedem erhoffte Subjekt abhanden gekommen, das seiner Praxisphilosophie Realismus hatte zuwachsen lassen. Dadurch wird diese nun selbst fragwürdig und korrekturbedürftig[38].'*

Erschwert wird das so entstandene Vermittlungsproblem zusätzlich dadurch, daß Marx seit der „Deutschen Ideologie" mit einem Ideologiebegriff zu arbeiten beginnt, der theoretische Inhalte in Verkürzung seiner ursprünglichen Analyse nurmehr als echoartige Reflexe der gesellschaftlichen Verhältnisse zu sehen vermag. Die gesellschaftlichen Verhältnisse können unter diesen Umständen nicht mehr auf dem Wege von Analyse, Kritik und Einstellungs-

---

33 MEW, 19, S. 237.
34 MEW, 3, S. 418.
35 MEW, 16, S. 7 f.
36 Vgl. Vernon Venable, Human Nature. The Marxian View, New York 1945, S. 129.
37 MEW, 12, S. 533.
38 Vgl. Thomas Meyer, a. a. O., S. 161—194.

wandel verändert werden, denn diese sind nach dieser Vorstellung ihrerseits erst als Reflex vorangegangener gesellschaftlicher Veränderungen wandelbar. So weitet sich das Problem zu einem *Vermittlungstrilemma aus: Wie kann die Verwirklichung der Philosophie von einem intellektuell, moralisch, körperlich defizienten Subjekt vollbracht werden, das zudem unter der „quasiphysischen" Einwirkung einer Ideologie steht, die den herrschenden gesellschaftlichen Institutionen naturwüchsig anhaftet und daher nicht vor deren Abschaffung zu beseitigen ist?*

Die Antwort, dies müsse man sich als „dialektischen Prozeß" vorstellen, bleibt so lange eine aus Verlegenheit geborene bloße Umformulierung des Problems, wie die Schritte und logischen Zusammenhänge der einzelnen Elemente dieses Prozesses nicht befriedigend geklärt werden.

Die Marxsche Theorie steht daher vor einem Dilemma hinsichtlich ihrer Vorstellung vom Emanzipationsprozeß:

A. Marx kann an seiner Zielvorstellung *und* den reduktionistisch gefaßten Kategorien seines Systems festhalten und den Mangel eines befähigten Subjekts der Emanzipation in der Theorie dadurch beheben, daß er den Begriff des Proletariats nicht der Erfahrung entnimmt, sondern nach den Bedürfnissen der Theorie konstruiert. Das Proletariat wird auf diesem Wege zu einer logischen Kategorie in der Dialektik der Geschichte, die sich als objektiver Prozeß vollzieht.

B. Marx kann aber auch von dem durch Analyse der kapitalistischen Wirklichkeit gefundenen Proletariat ausgehen. Wenn er dennoch daran festhalten will, daß die Emanzipation nicht eine beliebige gesellschaftliche Veränderung sein soll, sondern die Verwirklichung der Philosophie auf der Höhe ihrer Prinzipien, muß er die Möglichkeit einer schrittweisen Annäherung des Proletariats an diese Bedingungen durch schrittweise Verbesserung seiner Lebenslage einräumen.

Im folgenden soll skizzenhaft an Beispielen aus der Theorie des „reifen" Marx gezeigt werden, *daß Marx stets mit beiden Möglichkeiten kokettiert hat und beide, wenn auch mit ungleichem Gewicht und ungleicher Breite entwickelt* hat. Je nach Zusammenhang und Problemlage hat Marx diese beiden, empirisch und emanzipationstheoretisch so unterschiedlich zu bewertenden Auswege aus dem seiner Theorie entstandenen Vermittlungstrilemma gewählt. Daraus resultiert unvermeidlich jener *folgenreiche Zwiespalt in den für Marx' Emanzipationstheorie entscheidenden Kategorien*, der in den seit der „Heiligen Familie" vorgelegten Texten, mitunter im selben Text zu beobachten ist.

Erster Schritt zur Begründung des Zwiespalts in der gesamten Emanzipationstheorie ist Marx' immer wieder durchbrechende Neigung, in die Emanzipationstheorie ein Bild vom proletarischen Subjekt einzurücken, das nicht seiner sozioökonomischen Analyse entstammt, sondern das Proletariat abstrakt als gesellschaftlich-geschichtlichen Seinsort faßt, der rein als solcher mit jenen Attributen projektiv ausgestattet wird, die den historischen Emanzipationsakt sicher verbürgen können. Dann wird also nicht länger die emanzipatorische Mission des Proletariats von seinen realen Interessen *und* Möglichkeiten abgeleitet, sondern umgekehrt, das Bild vom proletarischen Subjekt aus der Prämisse der notwendigen Emanzipation deduziert: „Es handelt sich nicht darum, was dieser oder jener Proletarier oder selbst das ganze Proletariat als Ziel sich einstweilen *vorstellt*. Es handelt sich darum, *was es ist* und was es diesem *Sein* gemäß geschichtlich zu tun gezwungen sein wird. Sein Ziel und seine geschichtliche Aktion ist in seiner eigenen Lebenssituation wie in der ganzen Organisation der bürgerlichen Gesellschaft sinnfällig, unwiderruflich vorgezeichnet[39]." Nicht durch Interpretationen, Erkenntnisse, Interessen, Entscheidungen und Erfahrungen scheint nunmehr das Proletariat sein Emanzipationshandeln zu vollbringen, sondern gleichsam hinterrücks von der Geschichte gelenkt, auf Grund von Qualifikationen seiner bloßen historisch-sozialen Existenz. Das Proletariat wird zur geschichtsmetaphysischen Kategorie logisiert.

Immer wieder zieht Marx aber auch die andere angedeutete mögliche Konsequenz eines seine Lebensbedingungen und daher Emanzipationsvoraussetzungen schrittweise verbessernden Subjekts, das seinen Emanzipationsprozeß als kumulativen Lern- und Selbstveränderungsprozeß vollzieht. Dazu bedarf es dann freilich einer entsprechenden Anpassung jener Vorstellungen über Staat und Gesellschaft, die die Möglichkeit eines solchen schrittweisen Veränderungsprozesses allererst sinnvoll erscheinen lassen.

2.2.2 *Der Zwiespalt im Ideologiebegriff*

A. Der „quasiphysische" Ideologiebegriff

In der Folge und im Kontext seiner Polemik gegen die scheinbar allein auf Einstellungsänderung abzielenden junghegelianischen Publizisten lehnt Marx sich seit der „Deutschen Ideologie" in seiner Relativierung von Vorstellungen auf Interessen und Gegebenheiten so weit zurück, daß ein normatives Reflexionsverhältnis von Ideen gegenüber der Realität kaum noch denkbar scheint.

Damit werden Vorstellungen, Normen und Verhaltensweisen zu bloßen Folgen institutioneller gesellschaftlicher Arrangements: das Sein bestimmt das Bewußtsein[40]. Dieses Bedingungsverhältnis wird von Marx mitunter äußerst eng gefaßt, so daß kognitive und normative Vorstellungen über gesellschaftliche Lebensprozesse nurmehr als „ideologische Reflexe und Echos

---

39 Karl Marx, Frühe Schriften, Hrsg. v. H. J. Lieber und P. Furth, Stuttgart 1962, S. 705.
40 Vgl. MEW, 3, S. 27.

dieses Lebensprozesses erscheinen"[41]. Warum dieses reduktionistische Ideologie-
verständnis ein „quasiphysisches" genannt zu werden verdient, geht aus
Marx' eigener Dartellung des angenommenen Bedingungsmechanismus deutlich hervor: „Das Bewußtsein kann nie etwas anderes sein als das bewußte
Sein, und das Sein der Menschen ist ihr wirklicher Lebensprozeß. Wenn in
der ganzen Ideologie die Menschen und ihre Verhältnisse wie in einer
Camera obscura auf den Kopf gestellt erscheinen, so geht dieses Phänomen
ebensosehr aus ihrem historischen Lebensprozeß hervor, wie die Umdrehung
der Gegenstände auf der Netzhaut aus ihrem unmittelbar physischen[42]."
Dieses „quasiphysische" Vermittlungsverhältnis, bei dem die relative Expositionalität von Bewußtseinsinhalten gegenüber der Realität eingeebnet
scheint, bezieht sich nach Marx auf „Moral, Religion, Metaphysik und son-
stige Ideologie"[43]. Im Konzept des von der Warenproduktion unzertrenn-
lichen „Warenfetischismus", einer bestimmten Interpretation der kapitalistischen Gesellschaft also, hat diese Version des Ideologiebegriffs ihre aus-
gearbeitetste Form erhalten. Faßt man die Bedingungsverhältnisse auf diese
Weise, so kann der theoretisch-normative Bereich mit dem Verlust seiner
relativen Eigenständigkeit gegenüber der gesellschaftlichen Realität auch nicht
länger von konstitutiver Bedeutung für die Überwindung der kapitalistischen
Gesellschaft sein, vielmehr „erscheint (diese) nach wie vor jener Entdeckung
(Marx' eigener der wahren Zusammenhänge, Th. M.) den in den Verhältnissen der Warenproduktion Befangenen ebenso endgültig, als daß die
wissenschaftliche Zersetzung der Luft in die Elemente die Luftform als eine
physikalische Körperform fortbestehen läßt"[44].
Wenn die in der Warenproduktion Befangenen in dieser Ideologie notwendig
stehen, und zwar im Prinzip solange diese Produktionsform währt, dann
kann nur aus vorgängigen Veränderungen der gesellschaftlichen Institutionen
ein neues Bewußtsein entstehen. Diese Veränderung könnte ihrerseits nicht
wieder Resultat vorgängiger Einsicht und ihrer praktischen Folgen sein. *Diese
Variante des Ideologiebegriffs verträgt sich mit einem praktischen Emanzipationsmodell daher nicht.*

B. Der kritische Ideologiebegriff

Marx kennt indessen auch einen anderen Ideologiebegriff, wo bei aller Relativierung von Bewußtseinsinhalten auf gesellschaftliche Verhältnisse ihre prinzipielle Expositionalität mit in Rechnung gestellt wird. Es handelt sich um
einen Ideologiebegriff, demzufolge Ideologie hauptsächlich ein zur Herrschafts-

---

41 a. a. O., S. 26.
42 a. a. O.
43 a. a. O., S. 27.
44 MEW, 23, S. 88.

legitimation oder -verschleierung mißbrauchter, im übrigen aber legitim geltender normativer Interpretationszusammenhang ist. Angedeutet wird er schon in der „Deutschen Ideologie", wo ansonsten der andere Ideologiebegriff dominiert. „Die Gedanken der herrschenden Klasse sind in jeder Epoche die herrschenden Gedanken, d. h. die Klasse, welche die herrschende *materielle* Macht der Gesellschaft ist, ist zugleich die herrschende *,geistige'* Macht. Die Klasse, die die Mittel zur materiellen Produktion zu ihrer Verfügung hat, disponiert damit zugleich über die Mittel zur geistigen Produktion, so daß ihr damit zugleich im Durchschnitt die Gedanken derer, denen die Mittel zur geistigen Produktion abgehen, unterworfen sind. Die herrschenden Gedanken sind weiter nichts als der ideelle Ausdruck der herrschenden materiellen Verhältnisse[45]."

Die herrschende Ideologie ist damit nicht die alternativlos-unwillkürliche geistige Reproduktion der herrschenden Verhältnisse. Sie ist vielmehr diejenige Interpretation der Wirklichkeit, an der der ökonomisch herrschenden Klasse am meisten gelegen ist und die sie durch Einsatz ihrer Machtmittel monopolartig zu etablieren vermag. Andere Deutungen und Bewertungen der Wirklichkeit mit eigenständigem Geltungsanspruch bleiben prinzipiell möglich, ihre Ausarbeitung, Pflege und Verbreitung wird jedoch mit den besonderen Machtmitteln, über die die sich vor ihnen fürchtende Klasse verfügt, verhindert. Bei so verstandener Ideologie handelt es sich in der Regel um „Vorstellungen der Menschen von ihren bestimmten empirischen Verhältnissen, Vorstellungen, die sie später aus praktischen Gründen heuchlerisch festhalten"[46]. Ideologisch sind solche Vorstellungen daher nicht im Sinne eines unwillkürlichen geistigen Echos einer historisch zum Untergang verurteilten oder sonst schlechten Realität, sondern in dem voluntativ *und* machtförmig vermittelten Sinne, daß sie einen Universalitätsanspruch erheben und durch Monopolisierung durchsetzen, mit dessen normativem Element sich alle betroffenen Subjekte willentlich identifizieren, dessen Erfüllung unter den bestehenden Bedingungen aber Schein ist, weil er nur für wenige eingelöst wird. Solche Vorstellungen werden daher entgegen der wirklichen Situation zum Zwecke der Manipulation als triftige Deutung der Wirklichkeit erfolgreich ausgegeben. Das herrschende Bewußtsein ist in dieser Sicht „die verdrehte Form, worin die scheinheilige und heuchlerische Bourgeoisie ihre aparten Interessen als allgemeine Interessen ausspricht"[47].

Den im Argument gemachten Voraussetzungen zufolge kann so verstandene Ideologie prinzipiell auch unter Bedingungen des Fortbestandes der herrschenden Verhältnisse durch alternative Deutungen kritisiert und — falls die

---

45 MEW, 3, S. 46.
46 a. a. O., S. 217.
47 a. a. O., S. 163.

Monopolisierung der Mittel und Wege ihrer Verbreitung gebrochen werden kann — auch in ihrer massenhaften Geltung in Frage gestellt werden. *Diese Variante des Ideologiebegriffs ist mit praktisch verstandener Emanzipation sowie mit deren schrittweisem Vollzug voll verträglich.*

2.2.3 Der Zwiespalt im Wissenschaftsbegriff

Marx hat auch nicht annähernd eine geschlossene Wissenschaftstheorie hinterlassen. Die unterschiedlichen wissenschaftstheoretischen Ansätze, die sich heute als „marxistisch" deklarieren, sind entweder Hochinterpretationen von einzelnen Bemerkungen von Marx zur Wissenschaftstheorie oder Komplementärgebilde, die nach jeweiliger Meinung ihrer Verfasser zur Marxschen Objekttheorie passen. Unmittelbar vorfindlich sind im Marxschen Werk auch hinsichtlich der Kategorie Wissenschaft eine Reihe im Gesamtbild zwiespältiger Einzelbemerkungen.

A. Der historizistische Wissenschaftsbegriff

Hatte Marx schon seit den Pariser Manuskripten einen empirisch-nomologischen Wissenschaftsbegriff zunächst für die nationalökonomischen Zusammenhänge vorausgesetzt, so wendet er diesen seit der Deutschen Ideologie auch auf die Geschichte als Ganzes an: „Wir kennen nur eine einzige Wissenschaft, die Wissenschaft der Geschichte[48]." Im Vorwort zum „Kapital" (1. Auflage) zeigt Marx sich davon überzeugt, ein Entwicklungsgesetz gefunden zu haben, das den Verlauf der weiteren Entwicklung des Gesamtsystems Kapitalismus in allen relevanten Bereichen erfaßt: „es ist der letzte Endzweck dieses Werks, das ökonomische Bewegungsgesetz der modernen Gesellschaft zu enthüllen"[49]. Voraussetzung einer solchen Absicht ist die wissenschaftstheoretische Annahme, ein generatives Prinzip der werdenden Realität (ein einheitliches historisches Evolutionsgesetz) ermitteln zu können. Grundannahme ist, man könne „die Entwicklung der ökonomischen Gesellschaftsformation als einen naturgeschichtlichen Prozeß" fassen[50].

Marx meint mit solchen Formulierungen keineswegs ein platonisches Modell vom Kapitalismus[51], sondern eindeutig die empirische Realität in allen kapitalistischen Ländern. Er erhebt den Anspruch, das *eine* generative Prinzip der werdenden Geschichte so bloßzulegen, daß eine naturnotwendige Entwicklungslinie erkennbar wird. Häufig grenzt Marx sich in der vorliegenden

---

48 a. a. O., S. 18.
49 MEW, 23, S. 15 f.
50 a. a. O., S. 16.
51 Eine entgegengesetzte Deutung vertritt S. Avineri, The Social and Political Thought of Karl Marx, Cambridge 1968, S. 159 ff.

kategorialen Variante sowohl gegen praktische Erkenntnisbegriffe wie gegen konventionalistische und modellplatonische direkt ab[52]. Dann erkennt seine Wissenschaft im realistischen Sinne diejenigen Bewegungsgesetze der Geschichte, die selbst noch der proletarischen Emanzipationsbewegung als Ursache zugrunde liegen. Sowohl der Wissenschaftler selbst wie auch das Proletariat kann zu einem so gearteten Wissen nur das Verhältnis haben, zu erkennen, wohin die Entwicklung geht, um sich dann zum Organ derselben zu machen[53]. Wissenschaft in diesem Sinne läßt möglicherweise auf taktischer Ebene, nicht jedoch in der Zielbestimmung dem proletarischen Subjekt eine konstitutive Rolle zukommen.

Der Emanzipationsprozeß ist auf dieser Grundlage als ein praktischer und offener Vorgang nicht denkbar.

B. Der kritische Wissenschaftsbegriff

Hingegen operiert Marx in anderen Kontexten mit einem davon grundlegend verschiedenen Wissenschaftsbegriff. Das beginnt mit den Feuerbach-Thesen und nimmt in Marx' Auseinandersetzungen mit der „bürgerlichen" national-ökonomischen Theorie konkrete Gestalt an. Zwar sind Ökonomen wie Ricardo für Marx in einem zweifelsfreien Sinne „Wissenschaftler", nämlich weil sie alle Erscheinungen erklären können, selbst diejenigen, die ihren Theorien zunächst zu widersprechen scheinen[54]. Gleichwohl sind sie doch Repräsentanten der bürgerlichen Produktionsweise[55], nämlich weil sie die sozioökonomischen Gegebenheiten der kapitalistischen Gesellschaft zum unhinterfragbaren Maßstab der Geltung ihrer Theorien machen und die Geschichte sowohl dieser Produktionsweise als auch der Kategorien ihrer eigenen Wissenschaft vergessen[56]. Gegenüber einer solchen kritiklosen oder interessierten Übernahme der in der kapitalistischen Lebensrealität machtförmig durchgesetzten Handlungsprämissen als Maßstäbe nun auch der Geltung wissenschaftlicher Theorie versteht sich Marx' eigene Lehre als „soziale Wissenschaft"[57]. Sie ist zunächst Kritik der bürgerlichen unsozialen Wissenschaft und durch diese in dem Maße auch Kritik der Realität, wie die unmenschlichen Prämissen der national-ökonomischen Theorie in der kapitalistischen Produktionsweise als reale Faktoren anzutreffen sind[58]. Dadurch ist Marx' Wissenschaft bipolar: Kritik der bürgerlichen Nationalökonomie

---

52 Vgl. MEW, 23, S. 12.
53 Vgl. MEW, 4, S. 143, 357 und 475.
54 a. a. O., S. 81.
55 Vgl. a. a. O., S. 143.
56 Vgl. a. a. O., S. 139.
57 Vgl. a. a. O., S. 182.
58 W. S. Wygodski, Die Geschichte einer großen Entdeckung. Über die Entstehung des Werkes Das Kapital von Karl Marx, Berlin (Ost) 1967, S. 15.

und der bürgerlichen nationalökonomischen Realität. Beide sind unzertrennlich. Die Kritik an der bürgerlichen Nationalökonomie hat zwei Voraussetzungen:

1. Sie verpflichtet sich als „menschliche Wissenschaft"[59] neuen Prinzipien der Geltung und
2. sie verbindet sich als wissenschaftliche Kraft mit denen, die an diesen menschlichen Prinzipien ein Interesse nehmen.

„Die bürgerliche Nationalökonomie kennt den Arbeiter nur als Arbeitstier"[60], hingegen vollzieht die „menschliche Wissenschaft" eine beständige Rücksichtnahme auf die Interessen des Arbeiters als Menschen. In der „politischen Ökonomie der Arbeiterklasse" wird die „blinde Herrschaft von Nachfrage und Zufuhr" ersetzt durch die Prinzipien der „Kontrolle sozialer Produktion durch soziale Ein- und Vorsicht"[61]. Dies sind Prinzipien der menschlichen Emanzipation. Bei der Prüfung einer so konzipierten Theorie geht es in Anlehnung an die zweite Feuerbach-These nicht um den Test der faktischen Geltung im Sinne ihres nomologischen Gehalts, schon gar nicht um Voraussagen über den Gang der Geschichte, sondern darum, ob ihre Grundsätze und Konsequenzen in dieser Welt Bestand haben können, wenn sie durch Einsicht und Zustimmung der an ihr Interessierten ins Werk gesetzt worden sind. Sie enthält zwar immer auch Behauptungen über Beziehungen kovarianter Größen in der Realität, die aus Beobachtung der bestehenden Wirklichkeit gewonnen worden sind. Wesentlich ist dieser Wissenschaft aber das aus ihren Prinzipien resultierende Moment der Ideologie- und Realitätskritik.

Diesem Wissenschaftsverständnis entspricht es, wenn Marx die Kenntnis sozialistischer Ideen für eine unerläßliche Voraussetzung der Emanzipation erklärt, die Theorie aber nicht starr naturwissenschaftlich faßt, sondern „ihre theoretische Ausarbeitung dem durch die Bedürfnisse des praktischen Kampfes gegebenen Anstoß und dem Gedankenaustausch innerhalb der Sektionen (sc. der Internationale) überläßt"[62]. So verstandene Theorie „läßt sich aber weder nachbeten, noch gleich einer Patrontasche, zuschneiden", sondern nur im Gedankenaustausch in jeweils konkreter Lage auf der Basis erkannter Interessen gewinnen[63].

Wissenschaft in diesem Sinne kann geradezu nur im Kontext praktisch gedachter Emanzipation Verwendung finden.

---

59 Karl Marx, Frühe Schriften, a. a. O., S. 604.
60 a. a. O., S. 520.
61 MEW, 16, S. 11.
62 MEW, 18, S. 34.
63 MEW, 14, S. 449.

2.2.4 Der Zwiespalt im Staatsbegriff

Dem Zwiespalt im Staatsbegriff kommt entscheidendes Gewicht für den Zwiespalt der Marxschen Emanzipationstheorie zu, weil die Auffassung vom Staat für die Strategie der Emanzipation ausschlaggebend ist.

A. Die „Geschäftsführertheorie" des Staates

Spätestens seit dem „Kommunistischen Manifest" steht die „Geschäftsführertheorie" des Staates im Vordergrund der Marxschen Sozialphilosophie. Sie besagt, daß der Staat niemals etwas anderes sein kann als der politische Geschäftsführer der ökonomisch herrschenden Klasse. Ihre Ursprünge reichen jedoch zurück bis in die Zeit von Marx' Redakteurtätigkeit bei der „Rheinischen Zeitung" im Jahre 1842. Dort vertritt Marx auf kategorialer Ebene zwar noch einen Begriff vom Staat, dessen „Weise", wie Marx sich ausdrückt, sich von der „Weise des Privateigentums" darin unterscheidet, daß für sein Handeln der freie Wille, die Vernunft und die Sittlichkeit konstitutiv sind, während die Prinzipien des Privateigentums Eigennutz und Privatinteresse sind[64]. Am Beispiel des Gesetzgebungsverfahrens im Rheinischen Landtag konstatiert er aber bereits eine Tendenz des modernen Staates, zum Handlanger des ökonomischen Privateigentums zu werden. Diese Tendenz hält Marx dort nicht für allem staatlichen Handeln wesensnotwendig, sondern vielmehr gerade als abweichendes Verhalten für kritikwürdig. Den Waldeigentümern wirft er im Hinblick auf die von ihnen ins Auge gefaßten Gesetze vor, den Staat zum „Geschäftsführer"[65] ihrer privatökonomischen Interessen machen zu wollen, so daß die Gefahr droht, der Staat könnte zum Privateigentum der Privateigentümer werden. Gegenüber solchen realen Tendenzen verteidigt Marx die richtige Rolle des Staates: „Der Staat kann und muß sagen: ich garantiere das Recht gegen alle Zufälle[66]." Er kann und soll die „Unsterblichkeit des Rechts" gegen alle „endlichen Privatinteressen" behaupten[67]. Der Rheinische Landtag war nun eine von demokratischer Repräsentation weit entfernte Ständevertretung. Darauf ist Marx' Kritik zunächst bezogen.
Die Marxsche Kritik an der Trennung von Staat und Gesellschaft, die 1843 einsetzt, operiert mit einem Staatsbegriff, dem nicht so sehr die „Weise" (Rolle und Funktion) des Staates suspekt ist, sondern vielmehr gerade die gesamtgesellschaftliche Marginalität ihres Wirkungsbereiches. Im Staatsleben ist der Mensch ein von „Gattungsbewußtsein" geleitetes „Gemeinwesen".

---

64 MEW, 1, S. 126 und 142.
65 a. a. O., S. 136.
66 a. a. O., S. 141.
67 a. a. O., S. 142.

Aber der Staat ist die zwar „wahre", gleichwohl „unwirkliche" Existenz des Menschen, denn er ist von der primären und prägenden gesellschaftlich-ökonomischen Lebensrealität abgetrennt. Für eine Verwirklichung der Wahrheit, die der Staat ist, gilt es daher gerade, die Weise des Staates zur Weise allen gesellschaftlichen Verkehrs zu machen. Nicht das Prinzip des Staates, sondern seine Marginalität unterliegt der Kritik. Deswegen kann man bezüglich Marx' Programm der menschlichen Emanzipation zu Recht von einer Verstaatlichung oder Versittlichung der Gesellschaft sprechen[68].

Nach seiner Hinwendung zur Kritik der politischen Ökonomie proklamiert Marx im Sommer 1844 das Ende der Politik[69]. Mit Hinweis auf den Versuch des französischen Konvents, eine Politik der Gleichheit und Brüderlichkeit mit politischen Mitteln statt durch Aufhebung des Privateigentums zu bewirken, entwickelt Marx die Vorstellung, daß die wirklich maßgeblichen gesellschaftlichen Sachverhalte durch staatliches Handeln nicht beeinflußt werden können, denn „der Staat ist die Einrichtung der Gesellschaft"[70]. Durch dieses Bedingungsverhältnis ergeben sich „Schranken der Politik"[71]. Sie gründen hauptsächlich darin, daß das Prinzip der Politik „der Wille"[72] ist, der Gegensatz von Armut und Reichtum in der kapitalistischen Gesellschaft aber Resultat ökonomischer *Gesetze* ist, denen mit den Mitteln des entschlossenen Willens vom Staat her nicht beizukommen ist. Daher kann die menschliche Emanzipation auch nicht auf der Ebene politischen Handelns herbeigeführt werden; nicht wegen einer einseitigen Interessengebundenheit des Staates, wie das von Marx herangezogene Beispiel der Herrschaft Robespierres zeigt, sondern weil der moderne Staat als solcher das „Sklaventum der bürgerlichen Gesellschaft" zur Voraussetzung hat[73]. Das Prinzip der Trennung und Entgegensetzung der Interessen als Grundlage der bürgerlichen Gesellschaft bedingt die Existenz eines von dieser Sphäre abgespaltenen Staates, der sich deshalb selbst aufheben müßte, würde er diese Trennung auf politischer Ebene überwinden wollen. Dies kann der Staat als Staat nicht vollbringen. Das ist der Sinn von Marx' Proklamation des Endes der Politik.

Bezüglich undemokratischer staatlicher Organisation hat dieses Argument eine gewisse Berechtigung. Warum aber die Handlungsmöglichkeiten eines demokratisch verfaßten Staates auf gleiche Weise prinzipiell limitiert sein müßten, kann durch die Illustration am Beispiel des Konvents nicht hinreichend plausibel gemacht werden, da dieser ja, wie Marx selbst hervorhebt,

68 Manfred Friedrich, Philosophie und Ökonomie beim jungen Marx, Frankfurt 1960, S. 80.
69 Vgl. MEW, I, S. 400.
70 a. a. O., S. 401.
71 a. a. O., S. 402.
72 a. a. O.
73 a. a. O., S. 401.

nicht grundlegende Strukturen der bürgerlichen Gesellschaft verändern wollte, sondern nur deren krasse Auswirkungen.

Diesen Einwand berücksichtigt Marx, wenn er in der „Heiligen Familie" die Begrenzung der möglichen Reichweite staatlichen Handelns keineswegs prinzipiell behauptet, sondern nur im Hinblick auf eine partikulare Interessengebundenheit des Staates: „In seiner Vollendung drückt (der Staat) sogar die Augen zu und erklärt wirkliche Gegensätze für unpolitische, ihn gar nicht genierende Gegensätze[74]." Der moderne Staat hat mit der Anerkennung der vom isolierten einzelnen Privateigentümer ausgehenden allgemeinen Menschenrechte die moderne „entfremdete" Gesellschaft der getrennt gegeneinander handelnden Einzelnen als seine „Naturbasis"[75] anerkannt und garantiert mit seinen Gesetzen und Maßnahmen nun lediglich noch „die Anarchie der bürgerlichen Gesellschaft"[76]. Anders als Marx es hier und an anderer Stelle vordergründig in Anspruch nehmen möchte, beruht die Logik seines Arguments letztlich darauf, daß es die bewußte Externalisierung des sozioökonomischen Bereiches aus der Sphäre staatlicher Kompetenz ist, die (1) seine gegenwärtige Ohnmacht gegenüber den Verhältnissen innerhalb seiner „Naturbasis" bedingt und (2) *eine* grundlegende Bedingung der Fortexistenz dieser Naturbasis in ihrer kritisierten Struktur und Wirkungsweise darstellt. Diese Externalisierung ist durch partikulare Interessen an der Erhaltung des Status quo bedingt.

Einerseits räumt Marx also implizite ein, daß die „Anarchie der bürgerlichen Gesellschaft" durch die Gesetze und Handlungen eines seinen Wirkungsbereich einengenden Staates bedingt ist, andererseits behauptet er aber generell, die ökonomischen Bedingungen seien vom Staate unabhängige Bedingungen[77].

Bei genauer Analyse zeigt sich, daß Marx für eine prinzipielle Depotenzierung politisch-staatlicher Handlungsmöglichkeiten nicht über eine ausreichende Argumentationsgrundlage verfügt. Insgeheim und oft auch explizit setzt er für diese Konsequenz nämlich ein bestimmtes Wahlrecht oder eine vom Staat willentlich vorgenommene Externalisierung bestimmter Probleme oder Strukturbereiche voraus.

Daß ein Wandel in der Staatsform allein kein ausreichender Schritt zur menschlichen Emanzipation sein kann, ist auf der Grundlage der Marxschen Argumentation einleuchtend. Die Annahme einer Handlungsgrenze des Staates gegenüber seiner Naturbasis „bürgerliche Gesellschaft" ist indessen auch in Marx' eigener Argumentationslogik von Prämissen abhängig, deren Geltung den *prinzipiellen Charakter* dieser Grenze gerade in Zweifel zieht.

---

74 Karl Marx, Frühe Schriften, a. a. O., S. 781.
75 a. a. O., S. 804.
76 a. a. O., S. 809.
77 Vgl. MEW, 18, S. 464 und 619.

Dies wird bei näherer Betrachtung deutlich, so bei einer der „klassischen" Formulierungen der „Geschäftsführertheorie" des Staates in der „Deutschen Ideologie": „Diesem modernen Pivateigentum entspricht der moderne Staat, der durch die Steuern allmählich von den Privateigentümern an sich gekauft, durch das Staatsschuldenwesen ihnen vollständig verfallen und dessen Existenz in dem Steigen und Fallen der Staatspapiere auf der Börse gänzlich von dem kommerziellen Kredit abhängig geworden ist, den ihm die Privateigentümer, die Bourgeois geben. Die Bourgeoisie ist schon, weil sie eine Klasse, nicht mehr ein Stand ist, dazu gezwungen, sich national, nicht mehr lokal zu organisieren und ihrem Durchschnittsinteresse eine allgemeine Form zu geben[78]."

Für den Einführungs- und Begründungszusammenhang der These vom Staat als politischem Geschäftsführer der ökonomisch herrschenden Klasse macht Marx jeweils ein einschränkendes Argument geltend:

1. im vorliegenden Falle das Staatskreditwesen,

2. früher die staatliche Externalisierung des sozioökonomischen Bereiches aus der eigenen Handlungskompetenz,

3. später des öfteren die Art des Wahlrechts und der Staatsorganisation

das dann aber in der apodiktischen Formulierung der These und ihrem Geltungsanspruch nicht mehr zum Ausdruck gebracht wird.

Dann heißt es ohne Einschränkung: „Die moderne Staatsgewalt ist nur ein Ausschuß, der die gemeinschaftlichen Geschäfte der ganzen Bourgeoisie verwaltet[79]."

Wenn die oben skizzierten empirisch kontingenten Bedingungen für die Grenze staatlichen Handlungsspielraums real nicht bestehen, dann entbehrt die „Geschäftsführertheorie" als prinzipielle Staatsdefinition auch nach der Logik von Marx' eigener Argumentation der Grundlage. Wenn Marx aber, wie an einigen zentralen Stellen, die relative Expositionalität staatlicher Politik gegenüber den gesellschaftlichen Strukturen, die ja nur im Falle des Vorliegens besonderer Bedingungen eingeebnet scheint, in einen linearen Bedingungszusammenhang staatlicher Politik und ökonomischer Herrschaft umdeutet, so verneint er den politischen Gestaltungsspielraum für gesellschaftliche Sachverhalte generell: „die politische Herrschaft der Bourgeoisieklasse geht aus diesen modernen, von den bürgerlichen Ökonomen als notwendige, ewige Gesetze proklamierten Produktionsverhältnissen hervor"[80].

Dieser *politische Reduktionismus* entspricht dem im „quasiphysischen" Ideologiemodell zum Ausdruck gebrachten theoretischen Reduktionismus. Die selbst nur wieder in genuin politischen Kategorien zu definierenden Bedingungen (wie z. B. Externalisierung von Entscheidungsbereichen, Wahlrecht,

---

78 MEW, 3, S. 62.
79 MEW, 4, S. 464.
80 a. a. O., S. 338.

Kontrolle staatl. Finanzen durch private Kreditgeber), die erfüllt sein müssen, damit die These vom Staat als bloßem Geschäftsführer der ökonomisch herrschenden Klassen gelten kann, werden bei Marx selbst nur in spezifischen Begründungs- und Analysekontexten mitgedacht, dann aber in den plakativen Theoriepostulaten zugunsten eines unvermittelt linearen Bedingungsverhältnisses von ökonomischer Grundlage und Staat aus der Betrachtung wieder entfernt: „In dem Maß, wie der Fortschritt der modernen Industrie den Klassengegensatz zwischen Kapital und Arbeit entwickelte, erweiterte, vertiefte, in demselben Maße erhielt die Staatsmacht mehr und mehr den Charakter einer öffentlichen Gewalt zur Unterdrückung der Arbeiterklasse, einer Maschine der Klassenherrschaft[81]."

Die Konsequenz dieser Einebnung politischer Handlungsmöglichkeit ist dann für das Proletariat die feste „Wahrheit, daß die geringste Verbesserung seiner Lage eine Utopie bleibt innerhalb der bürgerlichen Republik, eine Utopie, die zum Verbrechen wird, sobald sie sich verwirklichen will"[82]. Dieses Argument ist die Erklärung der Unmöglichkeit eines durch den schrittweisen Erwerb von Gegenmacht vermittelten kumulativen Lernprozesses für das Proletariat. Es ebnet die politische Dimension zu einer reflexartigen Begleiterscheinung der ökonomischen Bewegungsgesetze ein. Der hier entfaltete Staatsbegriff entspricht der These des historischen Materialismus, wonach alle Innovationsprozesse im Bereich der Produktivkräfte stattfinden. Interessanterweise ist Marx mit seinem politischen Reduktionismus zugunsten eines enggefaßten historischen Materialismus soweit gegangen, daß er eine „Reaktion seitens des Staates gegen die Gesellschaft" als „Konterrevolution"[83] definiert hat. Es entspricht tragenden Grundannahmen des historischen Materialismus und der Motivation des reduktionistischen Staatsbegriffes, daß aller historische Fortschritt nur aus vorgängigen Entwicklungen im gesellschaftlichen Elementarbereich der Produktivkräfte heraus erfolgen kann, denen der nicht gestaltungsmächtige Staat jeweils im nachhinein revolutionär angepaßt werden muß. Der Staat ist hier im wesentlichen das unflexible Gefäß der Entwicklung der Produktivkräfte, die sich allein im gesellschaftlichen Raum vollzieht, und muß daher von Zeit zu Zeit im Dienste weiteren Fortschritts zerschlagen werden. Diesen reduktionistischen Staatsbegriff verwendet Marx zumeist zu dem Zweck, den absoluten Vorrang des ökonomischen Entwicklungsgesetzes als naturnotwendigem, von aller Politik unabhängigem Prozeß theoretisch zu sichern[84].

Dieser Staatsbegriff und die These vom Ende der Politik sind als Kategorien in einer praktischen und gradualistischen Emanzipationstheorie nicht ver-

---

81 MEW, 17, S. 336.
82 MEW, 7, S. 33.
83 MEW, 8, S. 338.
84 MEW, 18, S. 619.

wendbar, sie fügen sich indessen konsequent in das Bild eines objektivistisch gedeuteten Geschichtsverlaufs.

B. Der Begriff des relativ autonomen Staates

Eine Resurrektion der politischen Handlungsebene und der relativen Autonomie des Staates hat Marx in anderen Diskussionskontexten selbst noch vorgenommen. Diese andere, von Avineri treffend „gradualistisch"[85] genannte Sichtweite des Verhältnisses von Staat und bürgerlicher Ökonomie liegt in der Konsequenz von Marx' eigener Argumentation gegen einen Staat als partikulärer Interessenvertretung der herrschenden Klasse. Wenn nämlich die eine solche einseitige Interessenvertretung sichernden politischen Voraussetzungen — wie Zensuswahlrecht und Externalisierung von Entscheidungsbereichen — zu beseitigen sind, dann muß auch das Verhältnis von Staat und Gesellschaft in einem veränderten Licht erscheinen.

Am Beispiel der Wiedereinführung der Republik in Frankreich 1848 und insbesondere im Zusammenhang seines Kampfes gegen die Proudhonisten in der Internationalen Arbeiterassoziation hat Marx in erstaunlichem Umfang eine Staatstheorie entfaltet, derzufolge

1. eine republikanische Verfassung mit demokratischem Wahlrecht für das Proletariat einen politischen Handlungsspielraum konstituiert, den Marx „Terrain für den Kampf um seine revolutionäre Emanzipation" nennt[86], der

2. darüber hinaus sogar die Möglichkeit schafft, bei günstiger Konstellation wesentliche Ziele der Arbeiterklasse noch unter im übrigen fortbestehenden kapitalistischen Randbedingungen zu realisieren.

Natürlich ist Marx dabei niemals soweit gegangen, Eroberung und Ausbau dieses politischen Handlungsspielraums für die Emanzipation des Proletariats selbst zu halten, immerhin hielt er ihn aber für weitreichend genug, um von hier aus selbst wichtige Bastionen der kapitalistischen Wirtschaftsstruktur zu erstürmen.

Das allgemeine Wahlrecht hat Marx nicht in jedem Fall für eine revolutionäre Errungenschaft gehalten, aber wenn „die Arbeiterklasse weit genug entwickelt und organisiert sei, um das allgemeine Wahlrecht zu eigenem Vorteil anzuwenden"[87], so kann es „eine Errungenschaft sozialistischen Inhalts" sein[88]. Dies ist dann der Fall, wenn

1. das Proletariat schon die große Majorität eines Volkes bildet und wenn es sich

85 S. Avineri, a. a. O., S. 217.
86 MEW, 7, S. 18.
87 MEW, 17, S. 433.
88 MEW, 8, S. 344.

2. bereits „zum klaren Bewußtsein seiner Klassenlage durchgerungen" hat[89]. *Ein von Mehrheiten interessenadäquat genutztes allgemeines Wahlrecht hat für Marx demnach revolutionäre Bedeutung*[90]. Ist erst ein mit Klassenbewußtsein genutztes Wahlrecht ein wirklich revolutionärer Schritt, so ist schon die Chance der Ausübung des allgemeinen Wahlrechts überhaupt mit all seinen politischen Voraussetzungen und Folgen immerhin optimales Terrain der Ausbildung dieses Klassenbewußtseins. Es ist nach Marx die „Mission" des allgemeinen Wahlrechts, in revolutionären Epochen für die „Majorität des Volkes" als „Entwicklungsschule" zu dienen[91]. Darüber hinaus ist jedoch auch bereits innerhalb der ansonsten fortbestehenden kapitalistischen Strukturen die Verwirklichung wichtiger Arbeiterinteressen auch gegen das Interesse der Kapitalistenklasse materiell möglich. So argumentiert Marx im Zusammenhang mit der Forderung nach Pflichtunterricht für Arbeiterkinder wie folgt: Es müßten „vor allem die Kinder und jugendlichen Arbeiter vor den verderblichen Folgen des gegenwärtigen Systems bewahrt werden ... Das kann nur erreicht werden durch die Verwandlung gesellschaftlicher Einsicht in gesellschaftliche Gewalt, und unter den gegebenen Umständen kann das nur durch allgemeine Gesetze geschehen, durchgesetzt durch die Staatsgewalt. Bei der Durchsetzung solcher Gesetze stärkt die Arbeiterklasse keineswegs die Macht der Regierung. Im Gegenteil, sie verwandelt jene Macht, die jetzt gegen sie gebraucht wird, in ihre eigenen Diener. Sie erreicht durch einen allgemeinen Gesetzesakt, was sie durch eine Vielzahl isolierter individueller Anstrengungen vergeblich erstreben würde[92]."

Mit einem demokratischen politischen Handlungsrahmen oder bei günstigen innenpolitischen Kräfteverhältnissen ist die stete Möglichkeit gegeben, von der politischen Ebene her selbst unter Bedingung des Fortbestands der kapitalistischen Produktionsverhältnisse revolutionäre gesellschaftliche Veränderungen in die Wege zu leiten. So konstatiert Marx für die französische Verfassung von 1848 konsequent: „der Klasse, deren alte gesellschaftliche Macht sie sanktioniert, der Bourgeoisie, entzieht sie die politischen Garantien dieser Macht. Sie zwängt ihre politische Herrschaft in demokratische Bedingungen, die jeden Augenblick den feindlichen Klassen zum Sieg verhelfen und die Grundlagen der bürgerlichen Gesellschaft selbst in Frage stellen[93]." Auf politischer Ebene stehen also bei demokratischen Voraussetzungen die ökonomischen Machtverhältnisse der Gesellschaft im einzelnen und im ganzen zur Disposition.

Dann ist — ausreichende Bewußtheit, die ja durch Ausübung des allgemeinen

---

89 a. a. O.
90 MEW, 7, S. 44 f.
91 a. a. O., S. 100.
92 MEW, 16, S. 194.
93 MEW, 7, S. 43.

Wahlrechts selbst gefördert wird, vorausgesetzt — „Arbeiter in die Parlamente (zu) bringen ... gleichbedeutend mit einem Sieg über die Regierungen"[94]. Das politisch organisierte Proletariat erreicht sogar elementare ökonomische Konzessionen in der Richtung seiner eigenen Interessenlage, denn nur „in seiner ökonomischen Aktion (ist) das Kapital der stärkere Teil"[95]. Auf politischer Ebene ist es indessen nach Erringung der Demokratie zu bezwingen. Es besteht die prinzipielle Chance, bei geeigneter Konstellation selbst die politische Ökonomie des Kapitals durch staatliche Maßnahmen in den Griff zu bekommen. Dafür nennt Marx empirische Beispiele. So ist es dem englischen Proletariat „durch legislative Einmischung" gelungen, mitten im tiefsten Kapitalismus ein Stück sozialistischer Zielsetzungen zu verwirklichen. Mit der Verabschiedung der Zehnstundenbill 1847 hat nämlich „die politische Ökonomie der Arbeiterklasse", welche die „soziale Ein- und Vorsicht" zum Prinzip hat, einen offenen Sieg errungen gegen das ökonomische Verwertungsinteresse des Kapitals[96].

Durch Maßnahmen wie die Einführung des 10stündigen Arbeitstages wird eine entscheidende Abmilderung jener sozioökonomischen Milieufaktoren möglich, welche die Arbeiterklasse geistig, moralisch und physisch niederhalten. „Die großen physischen, moralischen und geistigen Vorteile, die den Fabrikarbeitern aus diesen Maßregeln erwuchsen"[97], sind „der Sieg eines Prinzips", der auf politischer Ebene gegen das im übrigen gleichwohl fortbestehende ökonomische Bewegungsgesetz der kapitalistischen Gesellschaft errungen wurde[98].

Drei reale Fortschritte sind es also, die ein demokratischer Staat nach Marx möglich macht:

1. In Ausübung des Wahlrechts und der damit verbundenen politischen Auseinandersetzungen wächst die Bewußtheit der Arbeiterklasse.
2. Reale Interessenverwirklichung der Arbeiterklasse auf Kosten der Interessen der Kapitalistenklasse ist selbst innerhalb einer in den Grundlagen fortbestehenden kapitalistischen Gesellschaft möglich.
3. Dadurch hebt sich die moralische, geistige und physische Situation der Arbeiter, was seinerseits weitere Emanzipationsschritte begünstigt.

Im Rahmen eines so gesehenen Staatsbegriffs kann die letzte Konsequenz nur lauten: „Wir wissen, daß man die Institutionen, die Sitten und die Traditionen der verschiedensten Länder berücksichtigen muß, und wir leugnen nicht, daß es Länder gibt, wie Amerika, England, und wenn mir eure Institutionen besser bekannt wären, würde ich vielleicht noch Holland hinzu-

---

94 MEW, 17, S. 651.
95 MEW, 16, S. 11.
96 a. a. O.
97 a. a. O., S. 10.
98 a. a. O., S. 11.

fügen, wo die Arbeiter auf friedlichem Weg zu ihrem Ziel gelangen können[99]."

Dieses Staatsverständnis ist mit einer reformistischen Transformation der kapitalistischen Gesellschaft unter demokratischen Rahmenbedingungen ohne Einschränkungen vereinbar.

2.2.5 Der Zwiespalt im Emanzipationsmodell

Der Zwiespalt im Marxschen Emanzipationsmodell kristallisiert sich um Differenzen bei der Beantwortung der Schlüsselfrage, ob es sich bei der revolutionären Überwindung des Kapitalismus entweder
1. um eine von Entscheidung und Einsicht getragene Infragestellung einer Herrschaftsform handelt oder
2. ob es sich hierbei um die von objektiv wirkenden Systembedingungen erzwungene Anpassung dysfunktional gewordener Institutionen an die Bedingungen der Fortentwicklung der Produktivkräfte handelt[100].
In dieser Frage resümieren sich die Probleme im Verständnis der zuvor erörterten Kategorien, da sie den möglichen Handlungsrahmen abstecken, in dessen Grenzen der Emanzipationsprozeß selbst verlaufen kann. Karl Korsch hatte bereits gesehen, daß sich bei Marx sowohl die Konzeption einer „subjektiven Rebellion der Arbeiter" als auch die dem entgegengesetzte einer „objektiven Rebellion der Produktivkräfte" findet[101]. Er hatte die Geltung des jeweiligen Modells auf spezielle Zeitabschnitte der Marxschen Entwicklung beschränken wollen. Im folgenden soll wiederum gezeigt werden, daß beide Auffassungsweisen im gesamten Werk des reifen Marx auf unversöhnte Weise koexistieren.

A. Die Eklattheorie der Revolution

Kannte der ursprüngliche Marxsche Ansatz allein das Modell der praktischen Emanzipation, so wird dieses seit 1845/46 vom Modell der „objektiven" Rebellion, also eines objektivistisch verstandenen Umwälzungsprozesses überlagert.
Das Emanzipations- bzw. Revolutionsmodell der „objektiven Rebellion" beruht auf zwei Voraussetzungen. Es geht davon aus, daß
1. die Zuspitzung der sozioökonomischen Widersprüche Voraussetzung oder sogar hinreichende Bedingung revolutionären Handelns ist und daß
2. die Revolution weniger praktischen Zwecken dient als vielmehr einer

---

99 MEW, 18, S. 160.
100 Vgl. A. Wellmer, Kritische Gesellschaftstheorie und Positivismus, Frankfurt 1969, S. 100.
101 Karl Korsch, Karl Marx, Frankfurt 1967, S. 182.

Systemkorrektur nach Maßgabe der objektiven Entwicklungsbedingungen technischer Produktivkräfte.

In solchen Kontexten eines rigoristisch konzipierten historischen Materialismus erscheinen die technisch interpretierten Produktivkräfte selbst als ursächliche Instanzen revolutionären Handelns: „Dampf, Elektrizität und Spinnmaschine waren Revolutionäre von viel gefährlicherem Charakter als selbst die Bürger Barbès, Raspail und Blanqui[102]." Das revolutionäre Handeln des Proletariats wird zum bloßen Epiphänomen der Evolution der Produktivkräfte. „Soll die unterdrückte Klasse sich befreien können, so muß eine Stufe erreicht sein, auf der die bereits erworbenen Produktivkräfte und die geltenden gesellschaftlichen Einrichtungen nicht mehr nebeneinander bestehen können. Von allen Produktionsinstrumenten ist die größte Produktivkraft die revolutionäre Klasse selbst. Die Organisation der revolutionären Elemente als Klasse setzt die fertige Existenz aller Produktivkräfte voraus, die sich überhaupt im Schoß der alten Gesellschaft entfalten konnten[103]."

Das Proletariat handelt hier nicht als eine solche Produktivkraft, welche die gesellschaftlichen Einrichtungen nach Maßgabe ihrer menschlichen Interessen neu gestalten will, sondern als im technischen Sinne systemsprengende Potenz. Das revolutionäre Handeln des Proletariats, wenn es als konstitutiver Faktor des Umwälzungsprozesses überhaupt noch mitgedacht wird, erscheint als reflexartig hervorgerufene, objektiv determinierte Systemkorrektur. Einsichten, Einstellungen und Entwürfe spielen in diesem Revolutionsmodell keine konstitutive Rolle, weil vielmehr „eine in den Produktivkräften der Menschen eingetretene Veränderung notwendigerweise eine Veränderung in ihren Produktionsverhältnissen herbeiführt"[104]. Politische Aktivitäten des Proletariats werden ihrer praktischen Dimension beraubt, so daß Marx z. B. über die Tätigkeit kommunistischer Gruppen sagen kann: „Wenn eine solche konspiriert, so geschieht es nur in dem Sinn, wie Dampf und Elektrizität gegen den Status quo konspirieren[105]." Der Stand der Entwicklung der technischen Produktivkräfte auf der einen Seite und die damit innerhalb der kapitalistischen Verhältnisse notwendigerweise einhergehende dauernde Verschlechterung der proletarischen Lebenslage auf der anderen Seite erscheinen als die allein ausreichenden Bedingungen des revolutionären „Eklats"[106], der auf diese Weise einen stark punktuellen Akzent erhält. Ebenso wie 1847 im „Elend der Philosophie" oder 1879 im Briefentwurf an Carlo Cafiero formuliert Marx 1859 im „Vorwort zur Kritik der politischen Ökonomie" diese Lehre vom Primat der Entwicklung der Produktivkräfte und ihrer gleich-

---

102 MEW, 12, S. 3.
103 MEW, 4, S. 181.
104 a. a. O., S. 410.
105 MEW, 8, S. 461.
106 So K. Hartmann, Die Marxsche Theorie, Berlin 1970, S. 500.

sam subjektlosen revolutionären Potenz: „eine Gesellschaftsformation geht nie unter, bevor alle Produktivkräfte entwickelt sind, für die sie weit genug ist, und neue höhere Produktionsverhältnisse treten nie an ihre Stelle, bevor die materiellen Existenzbedingungen im Schoß der alten Gesellschaft selbst ausgebrütet worden sind[107]."
Wenn das revolutionäre Handeln des Proletariats als bloßer Ausdruck sich verschärfender objektiver Systemwidersprüche gesehen wird, so kommt es auf andere Handlungsvoraussetzungen als Einsicht und Entscheidung an. „Wir haben natürlich keine Ursache, mit den Meistern unzufrieden zu sein", schreibt Marx über schikanöse Betriebsmeister, „tun sie doch, was in ihren Kräften steht um die ohnedies breite Kluft zwischen Arbeit und Kapital noch zu erweitern und jenen konzentrierten bewußten Klassenhaß zu erzeugen, der die sicherste Bürgschaft für eine gesellschaftliche Umwälzung ist[108]. Im höheren Interesse der Revolution wäre dann auch der Staat als der beste anzusehen, der die sozialen Gegensätze und die proletarische Lebenslage gerade nicht mildert, sondern durch Verschärfung die Revolution unwillkürlich erzwingt[109].
Ökonomische Systemkrise und revolutionäres Handeln fallen in dieser Perspektive als Prozeß der Tendenz nach zusammen. Daher verhindern „kommerzielle und industrielle Prosperität . . . jeden Revolutionsversuch von seiten des Proletariats"[110]. Tritt die Krise aber auf, so erscheint sie für sich als zureichende Bedingung der Umwälzung. „Eine neue Revolution ist nur möglich im Gefolge einer neuen Krisis", schreibt Marx nach den enttäuschenden Erfahrungen mit dem Proletariat in der Revolution von 1848, „sie ist aber auch ebenso sicher wie diese"[111]. Das proletarische Subjekt erscheint nunmehr als geradezu bewußtloser Vollstrecker des in der Krise gesprochenen „Urteils der Geschichte" über die kapitalistische Gesellschaft[112]. „Das jetzige Geschlecht gleicht den Juden, die Moses durch die Wüste führt. Es hat nicht nur eine neue Welt zu erobern, es muß untergehen, um den Menschen Platz zu machen, die einer neuen Welt gewachsen sind[113]." Die Geschichte der Evolution der Produktivkräfte setzt sich im Rücken des Bewußtseins der proletarischen Subjekte durch. Emanzipation ist nicht ein Vorgriff *im* und eine Triebfeder *des* bewußten Handelns, sondern Resultat eines neuen Gesellschaftszustandes, in den das Proletariat bewußtlos hinübergleitet.
In einem Briefentwurf an Cafiero aus dem Jahre 1879 zieht Marx die letzte Konsequenz: „Wie Darwin beweist, daß das Tier sich bei einem bestimmten

---

107 MEW, 13, S. 9 und MEW, 19, S. 17.
108 a. a. O., S. 487 f.
109 Vgl. MEW, 5, S. 136.
110 MEW, 7, S. 100, z. B. auch MEW, 8, S. 391.
111 MEW, 7, S. 98.
112 MEW, 12, S. 4.
113 MEW, 7, S. 79.

historischen Entwicklungsgrad naturnotwendig in den Menschen verwandeln mußte, so müssen wir beweisen, daß die Gesellschaft..."[114]; obwohl das Fragment an dieser Stelle abbricht, ist klar daß Marx sagen will, „daß mit der Notwendigkeit der gegenwärtigen Ordnung zugleich die Notwendigkeit einer anderen Ordnung (gegeben ist) worin die erste unvermeidlich übergehen muß, ganz gleichgültig, ob die Menschen das glauben oder nicht glauben ob sie sich dessen bewußt oder nicht bewußt sind"[115]. Dem russischen Rezensenten des Kapitals, der seine Intention auf diese Weise ausformulierte, hat Marx jedenfalls vorbehaltlos zugestimmt[116].

B. Der kumulative Revolutionsbegriff

Gleichwohl hat Marx den ursprünglich praktischen Ansatz des Revolutionsverständnisses auch später an zahlreichen Stellen artikuliert. Dort geht er davon aus, daß die ökonomische Entwicklung des Kapitalismus nur eine der für eine revolutionäre Praxis des Proletariats auf der Höhe der theoretischen Prinzipien vorausgesetzten Handlungsbedingungen ist und nicht einmal die ausschlaggebende. In diesem Revolutionsmodell erläutert er dann auch die Binnenstruktur seines Praxisbegriffs in Entsprechung zum ursprünglichen Ansatz auf rationale Weise. Fundament dieses praktischen Emanzipationsmodells sind:

1. eine graduelle vorgängige Selbstveränderung des Proletariats noch innerhalb der fortbestehenden kapitalistischen Rahmenstrukturen,

2. die theoretische Einsicht des Proletariats in die historischen und sozioökonomischen Bedingungen seines Handelns (nicht indessen in den „objektiven Gang der Geschichte") und

3. Engagement und Selbstorganisation.

In der „Heiligen Familie" bereits hatte Marx dieses Modell in engem Anschluß an sein ursprüngliches Modell konkretisiert. Analytisch und der Zeitfolge nach lassen sich 6 Strukturelemente im Verlauf der revolutionären Praxis erkennen[117]:

1. Aus der *Konfrontation* der „menschlichen Natur" mit der kapitalistischen sozioökonomischen „Lebenssituation" entsteht

2. zuerst bloße „Empörung" im proletarischen Subjekt.

3. Es gewinnt dann ein „Bewußtsein dieses Verlusts" einer menschlichen Existenzchance und eine Einsicht in das eigene „geistige und physische Elend" zunächst ansatzweise.

4. Durch die Erfahrung gemeinsamen Arbeitens begünstigt engagieren die empörten Arbeiter sich

---

114 In: C. Cafiero, Einführung in das „Kapital" von Marx, Kronberg 1974, S. 106.
115 MEW, 23, S. 26.
116 a. a. O., S. 27.
117 Vgl. Karl Marx, Frühe Schriften, a. a. O., S. 704.

5. in organisierten Klassenkämpfen und gelangen durch die in ihnen gemachten Erfahrungen schließlich

6. zum vollen Bewußtsein ihrer Lebensbedingungen und der Voraussetzung zu ihrer Überwindung.

Elementare Bedingung einer solchen emanzipatorischen Praxis ist die Heranbildung auch subjektiv entsprechend befähigter proletarischer Subjekte, deren Existenz im Kapitalismus nicht schlicht vorausgesetzt werden kann: „Der aufgeklärte Teil der Arbeiterklasse begreift jedoch sehr gut, daß die Zukunft seiner Klasse und damit die Zukunft der Menschheit völlig von der Erziehung der heranwachsenden Arbeitergeneration abhängt[118].“ Das Proletariat erfüllt die Voraussetzungen für das Gelingen seiner Emanzipation nicht allein schon aufgrund seiner sozioökonomisch-historischen Systemposition. Vielmehr sind diese zunächst schrittweise durch ökonomische Systemkorrekturen zu ermöglichen: „Wir erklären die Beschränkung des Arbeitstages für eine Vorbedingung, ohne welche alle anderen Bestrebungen nach Verbesserung und Emanzipation scheitern müssen. Sie ist erheischt, um die Gesundheit und körperliche Energie der Arbeiterklasse, d. h. der großen Masse einer jeden Nation, wiederherzustellen und ihr die Möglichkeit geistiger Entwicklung, gesellschaftlichen Verkehrs und sozialer und politischer Tätigkeit zu sichern[119].“ Das Proletariat muß sich, um seine emanzipatorischen Ziele erreichen zu können, zur „Klasse für sich selbst“ heranbilden[120]. Dazu ist erforderlich, daß es dem einen Element des Erfolgs, das es besitzt, der großen Zahl, die beiden anderen notwendigen Elemente hinzufügt, „denn Zahlen fallen nur in die Waagschale, wenn Kombination sie vereint und Kenntnis sie leitet"[121]. Dieser Prozeß ist nur möglich, wenn eine schrittweise Verbesserung in den Rahmenbedingungen proletarischer Existenz erreicht werden kann.

Das Emanzipationshandeln der Proletarier muß selbst schon die Zielqualität an sich tragen, denn die erstrebte gesellschaftliche Veränderung kann letztlich „bloß aus ihrer *eigenen* Veränderung hervorgehen"[122].

Die Strukturen der sozialistischen Gesellschaft ergeben sich nicht von selbst aus der Abschaffung des Kapitalismus. Sie müssen von den veränderten Menschen bewußt ins Werk gesetzt werden. Funktionell wie zeitlich vorrangige Aufgabe emanzipatorischer Praxis in der Vorphase des institutionellen Wandels ist, daß „die zur Durchführung der Aneignung (sc. der Produktivkräfte, Th. M.) nötige Energie des Proletariats sich entwickelt, ferner das Proletariat alles abstreift, was ihm noch aus seiner bisherigen Gesellschaftsstellung geblieben ist"[123].

---

118 MEW, 16, S. 194.
119 a. a. O., S. 192.
120 MEW, 4, S. 181.
121 MEW, 16, S. 12.
122 MEW, 3, S. 465.
123 a. a. O., S. 68.

Wenn die Arbeiter nach vielen Schwierigkeiten beginnen, sich zunächst aus unmittelbar ökonomischem Interesse in Koalitionen und Assoziationen zusammenzuschließen, dann ist die organisatorische Vorbedingung für einen Vollzug beider Funktionen revolutionärer Praxis realisiert:

1. „das sich-Verändern" und
2. das „Verändern der Umstände"[124].

Beim Verändern der Umstände „setzen" die Proletarier in erster Linie „auf sich als die Neuen, auf ihre neue Lebensweise"[125]. Entscheidend dafür ist die Binnenstruktur der proletarischen Assoziationen. Dem entsprechen Marx' Schilderung des Vereinslebens im Bund der Kommunisten sowie seine Schilderung der Aufgaben der IAA. Ziel ist es nicht, „ihnen irgendein doktrinäres System zu diktieren oder aufzudrängen"[126], sondern durch Vereinigung und Verallgemeinerung der „spontanen Bewegung der Arbeiterklasse" auf dem Wege „theoretischer Aufklärung"[127] und „freier geschichtlicher Selbstbewegung"[128] Lern- und Selbstveränderungsprozesse zu ermöglichen.

Diese Selbstveränderung setzt einen politischen Handlungsspielraum und einen Verzicht auf dogmatisches Schulungsdenken ebenso voraus, wie sie mit der geschichtsmetaphysischen Vorstellung von einem autodynamisch sich vollziehenden Geschichtsprozeß unvereinbar ist. Erst recht unvereinbar ist sie mit den Vorstellungen einer Kaderpartei. Weil die Emanzipation des Proletariats eine neue Einstellung der Menschen zueinander und damit einen Wandel in den elementaren Interaktionsformen ebenso wie zum Inhalt so schon zur Voraussetzung hat, unterscheidet sie sich von den bloß politischen Machtkämpfen bürgerlicher Revolutionen um diese Dimension des Lernens: „Bürgerliche Revolutionen, wie die des achtzehnten Jahrhunderts, stürmen rascher von Erfolg zu Erfolg, ihre dramatischen Effekte überbieten sich, Menschen und Dinge scheinen in Feuerbrillanten gefaßt, die Ekstase ist der Geist jedes Tages; aber sie sind kurzlebig, bald haben sie ihren Höhepunkt erreicht und ein langer Katzenjammer erfaßt die Gesellschaft, ehe sie die Resultate ihrer Drang- und Sturmperiode nüchtern sich aneignen lernen. Proletarische Revolutionen dagegen, wie die des neunzehnten Jahrhunderts, kritisieren beständig sich selbst, unterbrechen ihren eigenen Lauf, kommen auf das scheinbar Vollbrachte zurück, um es wieder von neuem anzufangen, verhöhnen grausam gründlich die Halbheiten, Schwächen und Erbärmlichkeiten ihrer ersten Versuche[129]." Es handelt sich bei ihnen also nach dieser Erklärung um einen Prozeß der offenen Selbsterfahrung und -veränderung und der

124 a. a. O., S. 195.
125 a. a. O.
126 MEW, 16, S. 195.
127 MEW, 7, S. 274.
128 a. a. O., S. 89.
129 MEW, 8, S. 118.

gegenseitigen Aufklärung, im Wechselspiel mit der Veränderung der Verhältnisse.

Der Umsturz der alten Verhältnisse erfolgt nach diesem Modell daher „friedlich, wenn möglich, mit Waffen, wenn notwendig"[130]. Das hängt davon ab, welchen Weg die jeweiligen nationalen Institutionen gestatten. Mißlingt das revolutionäre Handeln nach außen — und es kann in diesem Verständnis mißlingen — so kann dies ein Zeichen ungenügend erfüllter Voraussetzungen auf seiten der Arbeiterklasse sein, die „durch intellektuelle Siege" wettzumachen sind[131].

2.2.6 Zusammenfassung

Es ergibt sich, daß in den die Emanzipationstheorie von Karl Marx tragenden Kategorien im gesamten Werk von Marx ein Zwiespalt zu beobachten ist. Die jeweils unter A. entfalteten Deutungen der betreffenden Kategorien fügen sich zu einem objektivistischen Verständnis der Erreichung der sozialistischen Gesellschaft zusammen und sind als Grundlagen für einen praktisch oder gradualistisch gedachten Emanzipationsprozeß nicht zu verwenden:
1. „Weltgeisttheorie" des Proletariats
2. „quasiphysischer" Ideologiebegriff
3. „historizistischer" Wissenschaftsbegriff
4. „Geschäftsführertheorie" des Staates und
5. „Eklattheorie" der Revolution.

Im Sinne eines als zuschauende Erkenntnis des notwendigen Geschichtsverlaufes gedeuteten „wissenschaftlichen" Sozialismus können sie allenfalls in der Funktion einer „edlen Lüge"[132] die Führungsrolle einer Avantgarde widerspruchsvoll legitimieren. Sowohl im Hinblick auf die sozialistische Zielsetzung als auch in ihrem theoretischen Anspruch sind sie zutiefst problematisch. Sie haben indessen der Ideologie in der deutschen Sozialdemokratie vor dem 1. Weltkrieg in den wesentlichen Fragen als verbindliche Vorlage gedient. Sie sind der eigentliche Ursprung dessen, verstärkt freilich durch einseitige Auslegungen durch Friedrich Engels, was in theoretischer Hinsicht als „Kautskyanismus" bezeichnet worden ist. In entsprechender Verwendung konnten sie zwanglos als Anknüpfungspunkt des Leninismus dienen.

Die jeweils unter B. entfalteten Deutungen der für den Emanzipationsprozeß zentralen Kategorien fügen sich indessen zu einem kategorialen Rah-

---

130 MEW, 17, S. 652.
131 MEW, 7, S. 62 in Verbindung mit S. 20.
132 Vgl. Lewis S. Feuer, From Ideology to Philosophy: Sidney Hook's Writings on Marxism, in: Sidney Hook and the Contemporary World, ed. by Paul Kurtz, New York 1968, S. 46.

men zusammen, der eine praktische und graduelle Emanzipationsbewegung widerspruchsfrei zu tragen vermag:

1. empirisches proletarisches Subjekt
2. kritischer Ideologiebegriff
3. kritischer Wissenschaftsbegriff
4. der Begriff des relativ autonomen Staates
5. kumulativer Revolutionsbegriff

Beide Argumentationssequenzen sind im gesamten Marxschen Werk auf schwer faßliche Weise ineinander verwoben. *Es dürfte kein rationaler Begriff von Dialektik zu finden sein, der die zwiespältige Ausprägung dieser Kategorien im Marxschen Werk in einer Art Überstruktur zur Versöhnung bringt.* Die bloße Bezeichnung dieses Zwiespalts als „dialektisch" leistet zur rationalen Auflösung der demonstrierten Widersprüche keinen Beitrag. Auch die Annahme der Geltung oder Nichtgeltung der wichtigsten theoretischen Erkenntnisse der Marxschen Kapitalismuskritik wie Werttheorie, Krisentheorie u. a. m. liefert zur Auflösung dieses Zwiespalts keine Handhabe, da sich ihre mögliche revolutionsstrategische Deutung selbst noch in jeweils eine der zwiespältigen Argumentationssequenzen einordnet.

Die Bezeichnung einer der beiden widerspruchsvollen Argumenationssequenzen als *eigentlich* marxistisch kann sich wohl darauf stützen, daß die objektivistische Variante der Emanzipationstheorie hauptsächlich in den ökonomiekritischen Hauptwerken von Marx zu finden ist, während sich die praktische Variante vornehmlich in den politischen Analysen und Programmschriften manifestiert. Da gleichwohl beide Strukturen bei Marx selbst auf ausgeprägte Weise koexistieren, die praktische darüber hinaus zur ältesten Schicht Marxschen Denkens rechnet, wäre die Eliminierung einer von beiden als unwesentlich oder nicht genuin marxistisch nur im Sinne einer willkürlichen Glättung des Marxschen Werkes möglich. Dazu besteht weder Anlaß noch Legitimation.

Es ist nicht leicht zu entscheiden, was Marx so überraschend zwiespältigen Gebrauch seiner Kategorien motiviert hat. Die recht unterschiedlichen Diskussionsgegner im Prozeß der Herausbildung einer neuen Theorie vom vulgären Materialisten bis zum steilen Idealisten, vom Blanquismus bis zum Anarchismus, gegen die sich Marx jeweils abzugrenzen hatte, sind ein Hinweis, doch keine letzte Erklärung, da der Zwiespalt öfter im selben Argumentationskontext zu beobachten ist. Den Ausschlag dürfte neben dem kategorialen Trilemma, in das er geraten war, das Gegenspiel von Marx' Realismus auf der einen Seite und seiner „Revolutionsgewißheit" auf der anderen Seite gegeben haben, die ihn zu recht unterschiedlichen Einschätzungen veranlaßten[132a]. Von Bedeutung ist auch, daß es sich durchweg um Kategorien

---

132a Dies ist auch die Einschätzung Bernsteins. Vgl. Voraussetzungen, S. 245.

handelt, zu denen Marx keine ausdrückliche theoretische Ausarbeitung vorgelegt hat, ganz im Gegensatz zum ökonomischen Hauptwerk.

2.3 Hauptmotive der Theorie der Vorkriegssozialdemokratie

Zentrale Denkfiguren, die das parteioffizielle Theorieverständnis prägten, waren somit in der Lehre von Marx selbst angelegt. Dies gilt für eine Auslegung des historischen Materialismus, wonach die Gesetze der Geschichte unabhängig von Willen und Bewußtsein der Menschen zum Zuge kommen sollen, es gilt für ein Verständnis des Proletariats, das die für dessen in der Theorie vorgesehene Mission entscheidenden Qualifikationen nicht aus seinen realen Erfahrungsmöglichkeiten, sondern aus seinem soziohistorischen Seinsort ableitet und es gilt für ein Dialektikverständnis, das die Vorstellungen von einem spontanen Umschlagen der gesellschaftlichen Gesamtstruktur in eine neue Qualität beinhaltet.

Besonders nachteilig hat sich das marxistische Bilderverbot ausgewirkt. Häufig haben Marx und Engels betont, daß sie sich nicht darauf einlassen könnten, eine Skizze der von ihnen erstrebten sozialistischen Gesellschaft zu zeichnen[133]. Die Hinweise, die zu geben sie sich bereit gefunden haben, sind von solch hohem Abstraktionsgrad, daß sie sehr unterschiedliche Konkretisierungen zulassen und in einigen Punkten ist sogar die Frage der Konkretisierbarkeit umstritten[134]. Ursprünglich war dieses Bilderverbot ein kritisches Argument gegen die Utopisten gewesen, die häufig genug abstrakte Modelle einer vollkommenen Gesellschaft entworfen hatten, ohne auf die subjektiven und objektiven Voraussetzungen der Gesellschaften einzugehen, für die solche Modelle entworfen worden waren. Die Rückbindung der jeweiligen Ziele und Methoden sozialistischer Politik an den Stand der ökonomischen, politischen und bewußtseinsmäßigen Entwicklung in den jeweiligen Gesellschaften war einer der Punkte gewesen, der dem neuen Sozialismus das Selbstverständnis eingebracht hatte, im Gegensatz zum Utopismus wissenschaftlich fundiert zu sein. Nun hat aber dieses Bilderverbot im Zusammenwirken mit der Metapher, die im Marxismus gewöhnlich das Gesetz des historischen Fortschritts versinnbildlichen sollte, Auswirkungen gehabt, die sich dem Utopismus von unerwarteter Seite her wieder annäherten. Bei dieser Metapher handelt es sich um das bekannte Bild, wonach die modernen Produktivkräfte im Fortgang ihrer Entwicklung ihre „kapitalistischen Hülle" sprengen würden[135].

---

133 Vgl. MEW, 17, S. 343 u. MEW, 4, S. 143.
134 Den Versuch einer Rekonstruktion der Einzeläußerungen von Marx und Engels über die zukünftige Gesellschaft unternimmt Thilo Ramm, Die künftige Gesellschaftsordnung nach der Theorie von Marx und Engels, in: Marxismusstudien, II (1957), S. 77—119.
135 Karl Marx, Das Kapital, Band 1 (MEW 23), S. 791.

Dem verwandt war auch die Formel, das Proletariat werde mit dem Übergang zum Sozialismus seine „Fesseln sprengen". Diese Metaphern sollten im Verständnis des historischen Materialismus einen Vorgang umschreiben, in dessen Verlauf nicht länger hinzunehmende Produktionsverhältnisse durch neue ersetzt werden, die zugleich den Erfordernissen der weiteren Entwicklung der Produktivkräfte und den Ansprüchen der Menschen besser gerecht werden. Es ist oft erwähnt worden, daß Marx und Engels die Struktur der bürgerlichen Revolution in Frankreich in hohem Maße zum Muster revolutionärer Umwälzungen überhaupt genommen haben, so daß in vielfacher Hinsicht auch die sozialistische Transformation der Gesellschaft von ihnen in Analogie zur französischen Revolution konzipiert worden ist[135a].

Dies kommt bei wenigen Fragen so offen zum Vorschein, wie bei der Interpretation der in Rede stehenden Metapher. Das Bild von einer bloßen Hülle, die es als Entwicklungshemmung lediglich zu sprengen gelte, um die bereits entfalteten und entwicklungsbereiten Produktivkräfte, die in ihren zu engen Rahmen eingezwängt sind, zur vollen Entfaltung gelangen zu lassen, bezog seine sinnbildliche Kraft fast vollständig aus der Erinnerung an eine Situation, wo die Kapitalakkumulation in Verbindung mit einer Welle produktivitätssteigernder technischer Erfindungen gegen Ende des 18. Jahrhunderts, getragen von einer Vielzahl von Privatleuten, die nur auf ihre Chance warteten, lediglich durch das System der überholten feudalen und zünftlerischen Bindungen und Hemmungen an einer gewaltigen Ausdehnung der Produktion gehindert waren. Die Einführung des kapitalistischen Wirtschaftssystems — und darin hatte auch Marx seinen vorübergehenden historischen Sinn gesehen — bestand im wesentlichen in der Freisetzung unkoordinierter privater Initiativen durch einfache Aufhebung der von den jeweiligen Zentralinstanzen durchgesetzten Regelungen, Auflagen und Verbote. *Es handelte sich gerade um die Aufhebung jeder koordinierten Wirtschaftstätigkeit durch Beseitigung der unzweckmäßig gewordenen Koordinationsmechanismen.* Wie immer diese Vorgänge in den einzelnen Ländern auch bei näherer Betrachtung ausgesehen haben mögen, dies jedenfalls war das Erklärungsschema, das sich in den Marxschen Schriften findet und das ein hohes Maß historischer Plausibilität beanspruchen kann[136].

Es ist vorstellbar, daß beim Sprengen der Hülle der überlebten Produktionsverhältnisse im soeben geschilderten Sinne die revolutionäre Gewalt eine konstitutive Rolle für das neue Gesellschaftssystem übernehmen konnte, weil der Akt seiner Einführung in der Tat in wenig mehr bestand, als der gewalt-

---

135a In jüngster Zeit z. B. von Hans-Jürgen Krahl, Konstitution und Klassenkampf. Zur historischen Dialektik von bürgerlicher Emanzipation und proletarischer Revolution, Frankfurt 1971, S. 384 ff.

136 Vgl. z. B. Karl Marx, Friedrich Engels, Manifest der Kommunistischen Partei (1848), in MEW, 4.

samen Beseitigung politisch erzwungener Regulierungen. Alles weitere konnte der Selbsttätigkeit hunderttausender interessierter Privatleute überlassen bleiben, *deren Koordinations- und Organisationsverzicht ja gerade Theorie und Praxis der neuen Produktionsverhältnisse bestimmte.*

Es ist im höchsten Maße problematisch, wenn Marx dieses Bild auch für den Übergang von der kapitalistischen zur sozialistischen Gesellschaft verwendet. Legt es doch die Erwartung nahe, daß der Prozeß der Auswechslung der alten gegen die neuen Produktionsverhältnisse auf ähnliche Weise als Akt der bloßen Destruktion einer überlebten äußeren Form vor sich gehen kann, wie im Falle des Übergangs vom Feudalismus zum Kapitalismus. So konnte der Eindruck entstehen, auch im Falle der Einführung der sozialistischen Produktionsverhältnisse komme es lediglich darauf an, eine im Schoße der alten Schale schon in ihrer Struktur herangereifte Frucht von diesem Hemmnis zu befreien, um ihr die Weiterentwicklung zur vollen Reife zu ermöglichen. In diesem Falle wäre die Vorstellung gerechtfertigt, daß der Akt der gesellschaftlichen Transformation äußerst kurzfristig sein könnte, im wesentlichen eine durch Anwendung politischer Gewalt zu lösende Destruktionsaufgabe sei und bei der an der Umwälzung interessierten Klasse nur die Kompetenz voraussetzt, die Überlebtheit der alten Produktionsverhältnisse durchschaut und sich mit den neuen identifiziert zu haben.

Betrachtet man indessen die sozioökonomischen Bestimmungen des Prozesses der Konstitution der sozialistischen Gesellschaft, so fällt sofort ins Auge, daß das *Muster des Übergangs zum Kapitalismus, das für die auf die gesamte Geschichte bezogene Metapher Pate gestanden hatte, in diesem Falle überhaupt nicht anwendbar war. Denn beim Übergang zum Sozialismus sollte es ja gerade um die Neueinführung einer doppelten Koordination gehen.* Zum einen sollten alle einzelnen Produktionseinheiten in ihren Produktionsentscheidungen aufeinander abgestimmt werden, was deren Übergang in gesellschaftliches Eigentum voraussetzen sollte. Zum anderen sollten die gesellschaftlichen Bedürfnisse nicht länger jeweils singulär an den Markt herangetragen, sondern so artikuliert, aggregiert und koordiniert werden, daß sie als Vorgaben für die gesellschaftlich gelenkten Produktionsentscheidungen dienen konnten. Schon diese beiden Aufgaben sind Konstruktionsaufgaben eigener Art, die innerhalb der alten Gesellschaft gerade nicht erfüllt werden konnten. Dies bedeutet zweierlei. Erstens konnte diese Art der Errichtung neuer Produktionsverhältnisse nur in geringem Maße an sozioökonomische Vorprägungen in der alten Gesellschaft anknüpfen, daher mußte die eigentliche Aufgabe im zu vollziehenden Umschwung erfüllt werden. Zweitens handelte es sich bei diesem Problem offensichtlich um eine relativ komplizierte Konstruktionsaufgabe der Operationalisierung einer Idee, die eine Fülle von Organisations- und Koordinationsproblemen aufwerfen würde, sowohl auf Seiten der Produktionssteuerung als auch auf Seiten der Entscheidungsfindung über Produktionszwecke. Hinzu kam, daß diese Transformation nach einem der Basisdesiderate von Marx auf eine solche Weise zu geschehen hatte, daß die Produzenten selbst gleichzeitig das höchstmögliche Maß an Selbstbestimmung erhalten sollten. Sie mußten nun die Produktions- und die Koordinationsentscheidungen selbst übernehmen. Ersichtlich macht die Lösung einer solchen Aufgabe ein hohes Maß an betriebs- und volkswirtschaftlicher, sowie sozialer Kompetenz erforderlich und nicht allein die Einsicht in die Erforderlichkeit einer neuen Gesellschaftsordnung. Es gehört zu den Folgen der verhängnisvollen Metapher der zu sprengenden Hülle, daß die Art der subjektiven Kompetenz für die Errichtung der sozialistischen Gesellschaft häufig nicht auf diese Weise gesehen wurde, sondern nach dem vereinfachten Muster des „Durchschauens" der veralteten Produktionsverhältnisse, eine Kompetenz, die vielleicht für den Akt der Niederwerfung der alten Herrschaftsverhältnisse in der Tat ausreichend sein könnte, nicht aber für die Konstitution einer im skizzierten Sinne sozialistischen Gesellschaft.

Die Metapher von der zu eng gewordenen Hülle hat in Verbindung mit dem gängigen Dialektikverständnis und dem als Kernpunkt der eigenen Wissenschaftlichkeit hochgehaltenen „Bilderverbot" zu einem absichtlich herbeigeführten „konzeptionellen Vakuum" hinsichtlich der Struktur des Transformationsprozesses geführt, weil der schwierige Konstruktionsvorgang einer sozialistischen Gesellschaft aufgrund der unzulässigen Parallelisierung zur Überwindung des Feudalismus ganz überwiegend nach dem Muster der gewaltsamen Destruktion von Entwicklungshindernissen gedacht war, deren Möglichkeit und genaue Gestalt der künftigen Entwicklung anheimgestellt bleiben sollten. *Die organisationssoziologisch vollständig konträren Aufgaben der Einführung des Kapitalismus und der Einführung des Sozialismus wurden mit ein und derselben Metapher bezeichnet, der allenfalls in einem sehr übertragenen Sinne Berechtigung zukam.* Sie aber hat als Denkfigur eine verhängnisvolle Rolle gespielt.

Begünstigt wurde dieses Fehlverständnis insbesondere durch eine überschwengliche Erwartung hinsichtlich der sozialen und ökonomischen Vereinfachungstendenzen, die Marx zufolge der kapitalistischen Entwicklung innewohnen sollten. Sie gaben eine Art empirischer Stütze für jene Metapher ab[137].

Diese Ansätze, die sämtlich in den Schriften von Marx selbst zu finden sind, waren von diesem mit großer Flexibilität beiseite geschoben worden, wenn es um Handeln in konkreten Situationen ging. Dafür legt Marx' theoretische und praktische Aktivität als Funktionär der Internationalen Arbeiterassoziation beredtes Zeugnis ab. *Das Problem der Führer der deutschen Sozialdemokratie seiner Zeit besteht nicht darin, daß sie Argumente in Marx hineingelesen hätten, die diesem fremd waren, sondern darin, daß sie sich*

---

137 Für Belege der Marxschen Erwartung einer zunehmenden Vereinfachung der gesellschaftlichen Strukturen im Kapitalismus, vgl. Kap. 4 dieser Arbeit.

für die Gebote und Möglichkeiten des praktischen Handelns von der Verbindlichkeit jener objektivistischen Vorstellungswelt nicht mit der gleichen Leichtigkeit freizumachen verstanden, wie Marx und Engels selbst.
Zwar lösten die deutschen sozialdemokratischen Theoretiker den Zwiespalt in der Marxschen Emanzipationstheorie keineswegs zugunsten einer Fixierung auf den objektivistischen Argumentationsstrang vollständig auf. Sowohl in ihrem Handeln als auch in den meisten Schriften von Bedeutung reproduzierten sie vielmehr das zwiespältige Emanzipationsverständnis. Dies gilt insbesondere auch für Karl Kautsky. Wie für Engels selbst war aber für die deutsche Sozialdemokratie der „wissenschaftliche" Anspruch ihres Sozialismusverständnisses so eng mit dessen objektivistischer Deutung verknüpft, daß diese das Zentrum ihrer Vorstellungswelt bildete. Dies gilt namentlich für jene Problemkreise, die für die Haltung des „revolutionären Attentismus" konstitutiv waren:
1. die Vorstellung von der naturnotwendigen Entwicklung zum Sozialismus,
2. ein Verständnis der Einführung des Sozialismus als eines Problems der Destruktion von Fesseln und nicht als Konstruktionsaufgabe und damit verbunden ein konzeptionelles Vakuum hinsichtlich der Transformationsstrategie,
3. die Verwendung des Revolutionsbegriffs,
4. der Stellenwert von Reformen,
5. die Erwartung einer im Kapitalismus beginnenden und im Sozialismus fortwirkenden drastischen Reduktion der gesellschaftlichen Komplexität und im Zusammenhang damit
6. die Erwartung, daß das Proletariat gleichsam aus dem Stand für die Selbstverwaltung in der sozialistischen Gesellschaft kompetent sei.
Diese Denkfiguren markierten die Erwartung eines unvermeidlichen Qualitätssprungs der kapitalistischen Gesellschaft in die sozialistische Zukunft. Wenn im folgenden jeweils hauptsächlich Beiträge von Bebel und Kautsky zur Verfestigung dieser Anschauungen betrachtet werden, so soll damit nicht gesagt sein, daß es zwischen diesen beiden Theoretikern nicht auch unterschiedliche Akzente gegeben hat.

2.3.1 *Geschichtlicher Objektivismus*

Die von Marx eingeführte und von Engels ontologisch untermauerte These von der naturnotwendigen Entwicklung der Geschichte in Richtung auf den Sozialismus hatte in der Vorkriegssozialdemokratie ebenso wie bei Engels selbst stets den Kern ihres wissenschaftlichen Anspruchs ausgemacht. Ausdrücklich hatte Engels in seinem Vorwort zur ersten deutschen Ausgabe von Marx' Elend der Philosophie bekräftigt, daß im wissenschaftlichen Sozialismus von Marx die kommunistischen Forderungen nicht aus normativen Annahmen abgeleitet würden, sondern aus dem „sich vor unseren Augen täglich mehr und mehr vollziehenden Zusammenbruch der kapitalistischen Produktionsweise"[138].

Dieser naturwüchsige Zusammenbruch wurde von Engels, als die sozialdemokratischen Wahlsiege sich zu häufen begannen, mit dem Wachstumsprozeß der sozialdemokratischen Anhängerschaft in Verbindung gebracht und erhielt daher aufgrund der Sinnfälligkeit jener Erfolge eine zusätzliche Plausibilität. „Ihr Wachstum geht so spontan, so stetig, so unaufhaltsam und gleichzeitig so ruhig vor sich wie ein Naturprozeß"[139], schrieb er 1895. Kurz zuvor hatte er aus dieser naturwüchsigen Qualität des Entwicklungsprozesses abgeleitet: „wir können den Zeitpunkt berechnen, zu dem wir die Mehrheit der Bevölkerung auf unserer Seite haben[140]." Diese Tendenz zur Interpretation der geschichtlichen Entwicklung als naturwüchsigem Gang zum Sozialismus war trotz aller Unterschiede ihrer jeweiligen Konkretisierung das ausschlaggebende theoretische Hintergrundmotiv im Selbstverständnis der Parteiideologie.

Für August Bebel war es eine feststehende Tatsache, daß die kapitalistische Gesellschaft mit den in ihrem Schoße erzeugten Produktivkräften nicht mehr fertig werden würde, und daher „an ihren inneren Widersprüchen mit Notwendigkeit zugrunde gehen" muß[141]. Sein Wort vom unvermeidlichen „Kladderadatsch" der dem Kapitalismus, wie er früher einmal erwähnt hatte, noch vor der Jahrhundertwende widerfahren sollte, war in der Partei ein geflügeltes Wort. Bebel, der die Engelsschen Zuspitzungen sozusagen noch einmal popularisiert hatte, war einer der am meisten gelesenen Autoren in der Sozialdemokratie. Seine Schriften, in denen er Argumente dieser Art vortrug, erlebten zweistellige Auflagen mit zum Teil fast 2 Millionen Exemplaren. Der Hintergrund seines Marxverständnisses wird sichtbar, wenn man die Argumente betrachtet, mit denen er auf den Parteitagen, auf denen gegen Bernsteins Revisionsversuche verhandelt wurde, die Debatte führte. Sie geben stärker noch als alle literarischen Abhandlungen die ideologische Atmosphäre in der Partei wieder, mit der Mehrheiten zu gewinnen waren und die das Selbstverständnis breiter Gruppen bestimmte. Im Zusammenhang der erneuten Unterstreichung des wissenschaftlichen Charakters des von der Partei vertretenen Sozialismus zieht er folgende aufschlußreiche Parallele: „Was Darwin für die Naturgeschichte, was Darwin feststellte in bezug auf die

138 MEW, 21, S. 178.
139 MEW, 22, S. 524.
140 MEW, 22, S. 542 und in einem Interview aus dem Jahre 1893 hat er eine Berechnung zum Besten gegeben: „Wenn unsere Partei weiterhin so anwächst wie bisher, werden wir zwischen 1900 und 1910 die Mehrheit haben." MEW 22, S. 548.
141 August Bebel, Zukunftsstaat und Sozialdemokratie, in: Helmut Hirsch (Hrsg.), August Bebel. Sein Leben in Dokumenten, Reden und Schriften, Köln—Berlin 1968, S. 185.

Gesetze, die die Entwicklung der Lebewesen beherrschen, das hat Marx für die menschliche Gesellschaft und ihre Entwicklungen geschaffen. Die Gesetze der gesellschaftlichen Entwicklung sind von ihm entdeckt worden. Das schließt aber aus, daß er von der Ansicht ausgehen konnte, es sei möglich, durch willkürliche Revolutionen irgendeine gesellschaftliche Entwicklungsphase überspringen zu können[142]."

Als in späteren Jahren seine Irrtümer bei der Festlegung des Zusammenbruchstermins auf Parteitagen zur Diskussion kamen, hat er zwar bezüglich des ehedem in Aussicht gestellten Zeitpunkts Korrekturen für unerläßlich erachtet, daß Zusammenbruchsargument selbst aber für fortwirkend gültig erklärt[143].

Auch für Karl Kautsky, den tonangebenden Theoretiker der Partei, gab es keine Bedenken hinsichtlich des naturwüchsigen Status der geschichtlichen Entwicklung in Richtung auf den Sozialismus. Für ihn war Marx „der erste, der die Ziele der jetzigen sozialen Bewegung als naturnotwendige Konsequenzen aus der bisherigen historischen Entwicklung ableitete, anstatt sie in seinem Kopfe als Forderungen irgendeiner ‚ewigen Gerechtigkeit‘ nach seinem Belieben zu konstruieren"[144].

Gerade in dieser Identität von Natur- und Gesellschaftsbetrachtung hat Kautsky die historische Leistung von Karl Marx gesehen[145]. Ebenso wie Bebel konnte er sich dabei auf die skizzierten Argumente von Marx und Engels selbst berufen. In seinem ebenfalls in zweistelligen Auflagen in der Partei verbreiteten Kommentar zum Erfurter Programm von 1891 hebt Kautsky das Wesen des wissenschaftlichen Sozialismus klar hervor: „Die kapitalistische Gesellschaft hat abgewirtschaftet; ihre Auflösung ist nur noch eine Frage der Zeit; die unaufhaltsame ökonomische Entwicklung führt den Bankrott der kapitalistischen Produktionsweise mit Naturnotwendigkeit herbei. Die Bildung einer neuen Gesellschaftsform an Stelle der bestehenden ist nicht mehr bloß etwas Wünschenswertes, sie ist etwas Unvermeidliches geworden[146]."

Nun war sich auch Kautsky darüber im klaren, daß Konzessionen an den besonderen Charakter der gesellschaftlichen Bedingungen und das Handeln der Menschen gemacht werden müssen. Er hat fast stets in den Kontexten, wo er die These von der Naturnotwendigkeit des Sozialismus vertreten hat, auf ähnlich ambivalente Weise, wie dies für Marx selbst gilt, doch wieder das zielbewußte Handeln der Menschen in sein Geschichtskonzept aufzunehmen

142 Bebel, Protokoll über die Verhandlungen des Parteitags der Sozialdemokratischen Partei Deutschlands. Abgehalten zu Hannover vom 9.—14. Oktober 1899, Berlin 1899, S. 97.
143 a. a. O., S. 228 f.
144 Karl Kautsky, Karl Marx' Ökonomische Lehren (1886), Stuttgart 1908[12], S. 267.
145 Karl Kautsky, Die historische Leistung von Karl Marx, Berlin 1908, S. 9 ff.
146 Karl Kautsky, Das Erfurter Programm. In seinem grundsätzlichen Teil erläutert (1892), Stuttgart 1922[17], S. 132.

versucht. Auch wenn die strategischen Konsequenzen, die er zieht, einseitig auf dem objektivistischen Argument basieren, so stellt er häufig in ungeklärter theoretischer Koexistenz dessen alternative Sicht daneben: „Wenn man von der Unwiderstehlichkeit und Naturnotwendigkeit der gesellschaftlichen Entwicklung spricht, so setzt man selbstverständlich dabei voraus, daß die Menschen Menschen sind und nicht tote Puppen; Menschen mit bestimmten Bedürfnissen und Leidenschaften, mit bestimmten körperlichen und geistigen Kräften, die sie zu ihrem besten zu verwenden suchen[147]."
Unverbunden bleiben solche Aussagen nebeneinander stehen, ohne daß ein Versuch der Klärung ihrer theoretischen Vereinbarkeit unternommen wird. Wie wenig jene einschränkenden Anmerkungen aber das eigentliche theoretische Selbstverständnis Kautskys und der Partei geleitet haben, wie ausschließlich in strategischer Hinsicht am Ende doch stets die Unvermeidlichkeitserwartung den Ausschlag gegeben hat, geht aus den Konsequenzen hervor, die für das Revolutions- und Sozialismusverständnis aus dieser zwiespältigen historischen Analyse gezogen worden sind.
Kautsky hat den Marxschen Zwiespalt reproduziert, wenn auch mit einem vielleicht noch schärferen Akzent auf der Naturanalogie als er bei Marx zu finden ist. Die aktivistische Komponente ist ihm auf verbaler Ebene deswegen nicht vollends fremd. Ein ausgeprägter Objektivismus, der durch die Erwähnung der subjektiven Handlungsbedingungen nicht aufgehoben, sondern abgesichert werden sollte, war der Stolz des wissenschaftlichen Sozialismusverständnisses. Er ist bei Marx selbst ebenso zu finden wie bei Engels, Bebel oder Kautsky. Aus diesem Grunde wäre es verfehlt, ihn einseitig einem Mangel an Dialektikverständnis oder einer undifferenzierten Übertragung des Darwinismus auf geschichtliche Sachverhalte zuzuschreiben, wenn damit ein Abfall der Nachfolger von Marx' eigener Konzeption begründet und erklärt werden soll. Marx selbst hatte längere Zeit ein undifferenziertes Verhältnis zum Darwinismus[148] und begrüßte dessen Thesen 1861 in einem Brief an Lassalle „als naturwissenschaftliche Unterlage des geschichtlichen Klassenkampfes"[149]. Und Engels ist es gewesen, der in seiner Grabrede für Marx jene Parallelisierung der historischen Leistung von Darwin und Marx vorgenommen hat, die in der Sozialdemokratie als Interpretationshilfe galt[150]. Anderseits hat auch Kautsky in seinen Schriften zum Teil deutlicher noch als selbst Marx[151] in seiner späteren Phase eine erhebliche Distanz zum

---

147 a. a. O., S. 102.
148 Vgl. dazu Dieter Groh, Marx, Engels und Darwin. Naturgesetzliche Entwicklung oder Revolution? in: PVS, 8. Jg., H. 4 (1967), S. 544—559.
149 Marx an F. Lassalle vom 16. 1. 1861.
150 MEW, 19, S. 333.
151 Noch 1879 nimmt Marx die Parallele zum Darwinismus ungebrochen in Anspruch. Vgl. Anm. 114.

Darwinismus gewahrt[152]. Es ist in diesem Zusammenhang auch von Interesse, daß derjenige sozialistische Theoretiker, der im deutschen Sprachbereich den direktesten Versuch unternahm, eine Übertragung der Darwinschen Evolutionsgesetze auf die menschliche Geschichte plausibel zu machen, Friedrich Albert Lange, ungeachtet dessen eine uneingeschränkt aktivistische Transformationsstrategie befürwortet hat, die den Fortschritt zum Sozialismus über die jeweils naturwüchsig gegebenen gesellschaftlichen Verhältnisse hinaus allein der bewußten Aufnahme und aktiven Umsetzung der Idee der Gleichheit zuschrieb[153], so daß die Nähe zum Darwinismus allein noch keine Festlegung auf einen historischen Objektivismus erzwingt. Freilich wirkte als Hintergrundmotiv in der gesamten erfahrungswissenschaftlichen Orientierung der zweiten Hälfte des neunzehnten Jahrhunderts mit, daß Darwin die unumstößliche Entdeckung gemacht zu haben schien, daß rein kausal wirkende Gesetze ohne Zutun eines bewußten Willens scheinbar im höchsten Maße sinnvolle und zielgerichtete Entwicklungsprozesse inaugurieren und steuern können. Dieses Hintergrundmotiv, das gleichzeitig ein Argument der Religionskritik und ein Paradigma für ein teleologisches Naturverständnis ohne Gott zu sein schien, hatte aber auf Marx selbst ebenso starken Eindruck gemacht, wie auf seine theoretischen Nachfolger in der deutschen Sozialdemokratie.

2.3.2 Das konzeptionelle Vakuum

Die problematischste Auswirkung dieses Geschichtsverständnisses lag nicht so sehr darin, daß es vom Handeln abgehalten hätte. Dies war ganz überwiegend nicht der Fall. Vorherrschend war vielmehr gerade eine synergistische Verbindung des objektivistischen Geschichtsglaubens mit einer beträchtlichen politischen Aktivität. Für diese paradoxe Verbindung hatte der Hegelianer August von Cieszkowski sogar eine besondere Philosophie als theoretische Grundlage ausgearbeitet[154]. Das eigentliche Problem bestand darin, daß *der Aufbau der geschichtlichen Zukunft nicht als ein konzeptionell und real erst noch zu lösendes Problem gesehen wurde, sondern als eine von der Geschichte immanent schon geklärte Angelegenheit, der man nur durch Erkennen und Zuwarten gerecht werden könnte und nicht durch den Entwurf eigener Konzeptionen und deren aktive Durchsetzung.* Die unmittelbarste Folge dieser Art von wissenschaftlichem Sozialismus bestand in einem strikten Verbot jeder Art von strategisch-konzeptionellem Denken. *Die Ausarbeitung*

---

152 Karl Kautsky, Darwinismus und Marxismus, in: Die Neue Zeit, 13, 1, (1895), S. 710. Für die verschiedenen Entwicklungsphasen Kautskys und sein Verhältnis zu Darwin vgl. Steinberg, a. a. O., S. 48 ff., der allerdings den Unterschied zu Marx in *dieser* Frage überbetont.
153 F. A. Lange, Die Arbeiterfrage (1865), 4. Auflage, 1879, Kap. 1—3.
154 August von Cieszkowski, Prolegomena zur Historiosophie, Berlin 1838.

von Handlungskonzepten galt als der eigentliche Beweis eines vorwissen-
schaftlichen Sozialismusverständnisses. Das strategisch-konzeptionelle Vakuum hingegen galt als Beleg für die gelungene Aufnahme der Erkenntnisse
des wissenschaftlichen Sozialismus. *Sowohl der Vollzug wie die Struktur des*
Transformationsprozesses und der Grundzüge der sozialistischen Gesellschaft
schienen außerhalb des Verantwortungsbereiches der Sozialdemokratie zu
liegen. An ihr war es nur, auf das, was sich geschichtlich zeigen würde,
angemessen zu reagieren.

Die paradoxe Verbindung dieses objektivistischen Geschichtsverständnisses mit
politischer Praxis führte dazu, daß die bloße konzeptionslose Vorbereitung
auf eine in ihrer Struktur unbekannte Situation verbunden wurde mit einer
nicht aus der Theorie abgeleiteten politischen Praxis der gesellschaftlichen
Reform. Marx und Engels selbst hatten sich immer wieder geweigert, Rezepte
für die Garküche der Zukunft zu liefern unter Hinweis darauf, daß nur aus
der geschichtlichen Situation selbst die jeweiligen Handlungsmöglichkeiten
hervorgehen könnten[155]. Dieses Argument ist nun prinzipiell auch der
Deutung zugänglich, daß Handlungskonzepte zu entwerfen und nach Maßgabe der aktuellen Entwicklung jeweils fortzuschreiben und zu aktualisieren
sind. Diese Schlußfolgerung wurde allerdings sowohl bei Engels als auch in
der deutschen Sozialdemokratie ausdrücklich nicht gezogen. Statt dessen ging
man davon aus, daß die bloße Bereitschaft in Verbindung mit der objektiven
geschichtlichen Entwicklung eine ausreichende Voraussetzung für die Transformation der kapitalistischen Gesellschaft darstellte[156].

In der strategischen Vorstellungswelt Friedrich Engels' wurde über den
Punkt der möglichen sozialdemokratischen Machtübernahme ebensowenig
hinausgedacht wie bei den übrigen sozialdemokratischen Theoretikern. Alle
Überlegungen kreisten lediglich um das Problem der politischen Machtergreifung und einigen sehr allgemeinen Kennzeichen einer sozialistischen Gesellschaft. Bei Engels war dies in den letzten Jahren verbunden mit der Erwartung eines stetigen Zuwachses der sozialdemokratischen Wählerstimmen,
während das Problem des genauen Hergangs der Transformation der gesellschaftlichen Strukturen aufgrund jenes Bildes vom Sprengen der Hülle als
implizit historisch immer schon gelöst galt. Dieser Vorgang wurde in der
Vorkriegssozialdemokratie durchaus mit dem Ausdruck „Revolution" charakterisiert[157].

Sowohl bei Bebel wie auch bei Kautsky herrschte ein ähnliches Revolutionsverständnis vor, wie es in den Überlegungen von Friedrich Engels formuliert

---

155 Vgl. z. B. MEW, 17, S. 343.
156 Diese Haltung wird zutreffend charakterisiert durch die Kapitelüberschrift bei Ritter:
  „Die Sozialdemokratie in der Erwartung des sozialistischen Zukunftsstaates" (a. a. O.,
  S. 79).
157 Bebel, Protokoll Hannover 1899, S. 225.

worden war. Die Revolution galt einmal als die Reaktion der Arbeiterklasse auf den im Falle eines bevorstehenden Wahlsieges der Sozialdemokratie als wahrscheinlich angenommenen antidemokratischen Staatsstreich der herrschenden Klasse[158]. Dieses Argument spielt in allen einschlägigen Reden und Texten der maßgeblichen Parteiführer eine entscheidende Rolle. Kehrseite dieser auf den Machtaspekt bezogenen Revolution als Reaktion auf die Eventualität des reaktionären Staatsstreiches war die Vorstellung einer davon begrifflich nicht deutlich abgegrenzten „großen Expropriation"[159]. *Es war nun verhängnisvoll, daß dieses Problem der strukturellen Transformation der Gesellschaft vom Problem der Art und Weise des politischen Machterwerbs nicht hinreichend unterschieden wurde, sondern zu ein und demselben Ereignis verschmolz. So konnte das im Hinblick auf den Machterwerb sinnvolle Argument von der geschichtlichen Offenheit der Bedingungen auf die Ebene des Konstruktionsproblems neuer gesellschaftlicher Strukturen verlagert werden, wo es kaum am Platze war.*

Bebel hat diese mit dem Anspruch auf die besondere Wissenschaftlichkeit eines solchen Sozialismusverständnisses verbundene Haltung in einer Reichstagsrede vorgetragen, wo er die Frage nach dem Aufbau der sozialistischen Gesellschaft so beantwortet: „Über die Organisation, die dann geschaffen wird, zu reden, ist ganz überflüssig, weil wir nicht wissen, wie die Verhältnisse dann beschaffen sein werden. In welcher Art diese Organisation ins Leben treten soll, das überlassen wir denen, die alsdann in dem Augenblick vorhanden sind, um diese neue Organisation ins Leben zu rufen. Ich habe die feste Überzeugung: Sie werden nicht eine Sekunde im Zweifel sein, wie sie dies am besten zu machen haben[160]."

Überlegungen über die Transformationsstrategie werden durch Hinweise auf die Naturnotwendigkeit der Entwicklung ersetzt. Zur Abwehr von Konkretisierungswünschen wird das Argument herangezogen, diese liefen stets auf den Utopismus hinaus. Gegen seine bürgerlichen Kritiker gewandt glaubte Bebel daher sagen zu können: „Sehen Sie meine Herren, darum arbeiten wir so, wie wir arbeiten, und gehen nicht dazu über, utopistische Kleinmalerei zu treiben und zu sagen: So und so muß die sozialistische Gesellschaft sein. Die kommt von selbst[161]."

Diese Argumentationsweise behält Bebel auch in der Debatte mit Bernstein ausdrücklich bei. Dabei gibt er deutlich zu erkennen, wie weit seine Vorstellungskraft über die Art der Verbindung der kapitalistischen Endkrise mit der sozialistischen Transformation reicht. In seiner großen Abrech-

---

158 a. a. O., S. 121.
159 a. a. O.
160 Bebel, Zukunftsstaat und Sozialdemokratie, a. a. O., S. 184, so auch ders., Die Frau und der Sozialismus (1879) Berlin (Ost), 1974, S. 408 f.
161 Ders., Zukunftsstaat, a. a. O., S. 180.

nung mit Bernstein auf dem Hannoverschen Parteitag 1899 kommt er auf diesen zentralen Kritikpunkt der Bernsteinschen Revisionsbestrebungen ausdrücklich zu sprechen: „Nun noch ein Wort über den ‚Kladderadatsch'. Auer sagt, er ist todt; ich will ihn für eine Weile wieder aufleben lassen. Es ist mir ein ehrliches Bedürfnis, mich darüber auszusprechen. Ich bin von der Ansicht ausgegangen, und habe dieselbe auch heute noch, daß wir einmal in eine Periode unserer Entwicklung gelangen werden, in eine Periode, welche ich irrtümlicherweise bereits mit der Krise, die mit 1890 einsetzte, beginnen [lasse], in welcher die Produktionsmittel der Gesellschaft einen solchen Grad von Vollkommenheit erreicht haben, daß für die enorme Entwicklung der Produktivität der Arbeit keine genügenden Absatzgebiete mehr vorhanden seien, so daß eine Periode chronischer Krisen eintritt, wo die kleinen und mittleren Betriebe schließlich zusammenbrechen und aus dieser Situation, in der sich nicht nur die Arbeiterklasse, sondern auch ein großer Teil der Unternehmer befinden, die allgemeine Überzeugung entsteht, so kann es nicht mehr weitergehen, die Grundlage der bürgerlichen Gesellschaft ist absolut unhaltbar, wir müssen zur Schaffung einer neuen Grundlage uns entschließen[162]."
Bebels beständige Beteuerung, er wüßte schon, was im Falle der Machtergreifung zu tun wäre[163], beschränkte sich bei genauer Betrachtung auf die Formel von der allgemeinen „Expropriation", mit der er keine näheren konzeptionellen Vorstellungen verband als eben die, daß sie das Sprengen einer unzulänglich gewordenen Hülle sein würde. „In welchen Formen sich dieser große gesellschaftliche Expropriationsprozeß vollziehen wird, und unter welchen Modalitäten, entzieht sich jeder Voraussage. Wer kann wissen, wie dann die Verhältnisse beschaffen sind[164]."
An diesem Argument wird die Art der Verbindung zwischen dem objektivistischen Geschichtsverständnis und dem strategisch-konzeptionellen Vakuum deutlich. Die gesellschaftliche Transformation konnte in diesem Geschichtsverständnis nicht als eine konzeptionell und politisch zu meisternde Aufgabe gesehen werden, deren Gelingen vom Handeln der Sozialdemokratie abhing, sondern sie wurde nach Art eines Vorgangs betrachtet, den es weniger zu schaffen als vielmehr zu prognostizieren galt. Sie erschien letztlich als ein objektiver Prozeß, der sich in letzter Instanz unabhängig vom Handeln der Menschen vollzieht und daher in seiner Struktur weniger zu konstituieren als vielmehr nur zu erkennen ist.
Kautsky vertrat dieses Argument mit einem gehobenen Anspruch, aber nicht weniger drastisch. Unmittelbar nachdem er in seinem Kommentar zum

162 Protokoll Hannover 1899, S. 228/9.
163 So z. B. Bebel, Protokoll über die Verhandlungen des Parteitags der Sozialdemokratischen Partei Deutschlands. Abgehalten zu Dresden vom 13.—20. September 1903, Berlin 1903, S. 319.
164 Bebel, Die Frau, S. 412.

Erfurter Programm die Naturnotwendigkeit der gesellschaftlichen Entwicklung zum Sozialismus hervorgehoben hat, führt er aus, was dies für einen konzeptionellen Anspruch gegenüber dem Transformationsprozeß bedeutet. Da er betont hat, daß genau in dieser Sicht der Dinge der wissenschaftliche Anspruch der sozialdemokratischen Theorie gründet, überträgt er dieses Wissenschaftsprestige unmittelbar auf die Weigerung einer Konkretisierung des Transformationsverständnisses. „Aber die Aufstellung eines Planes, wie der ‚Zukunftsstaat' eingerichtet werden solle, ist heute nicht nur zwecklos geworden, sie ist auch mit dem jetzigen Stand der Wissenschaft gar nicht mehr vereinbar[165]."

Damit ist die *Frage nach dem Transformationsprozeß nicht nur abgewiesen, sondern tabuisiert,* macht sich doch jeder, der länger auf ihr beharrt, verdächtig, nicht auf der Höhe des Standes der wissenschaftlichen Entwicklung zu sein. Kautsky ist sich dabei bewußt, Marx und Engels auf seiner Seite zu haben und er selbst konzediert an anderen Stellen durchaus die Bedeutung der aktiven Rolle des menschlichen Handelns. Dies kann aber im Rahmen des Gesamtkonzepts nur ein reaktives Handeln sein, das völlig von dem durchdrungen ist, was die geschichtliche Situation von sich aus jeweils geltend macht. Für die Konstruktion und Struktur der sozialistischen Gesellschaft jedenfalls sind auch die als handelnd gedachten Sozialdemokraten nicht konstitutiv. Gesellschaftliche Transformation kann innerhalb dieses Geschichtsverständnisses nicht in der Weise der Konstruktion eines neuen institutionellen Zusammenhangs gedacht werden. „Man sieht, Gesellschaftsformen kommen in anderer Weise zustande als Gebäude. Vorher angefertigte Pläne gelangen bei dem Aufbau der ersteren nicht zur Geltung. Heute, angesichts dieser Erkenntnis, noch ‚positive Vorschläge' zum Aufbau des Zukunftsstaates zu entwerfen, ist ungefähr ebenso nützlich und tiefsinnig, als etwa im vorhinein eine Geschichte des nächsten Krieges zu schreiben[166]."

Kautsky beschränkt sich aber nicht darauf, sondern brandmarkt jeden Versuch, selbst „Vorschläge für die Anbahnung und Organisation der sozialistischen Gesellschaft zu machen", ausdrücklich als „unnütz und schädlich", so daß das Denkverbot, das für diesen ausschlaggebenden Bereich zielbewußter sozialistischer Politik aus dem Verständnis der Wissenschaftlichkeit des Sozialismus abgeleitet wird, mit den schärfstmöglichen Sanktionen der Parteitheorie versehen wird[167].

Als Kautsky in seinem privaten Briefwechsel mit Bernstein in die Verlegenheit kam, dessen Skepsis hinsichtlich der Erfolgsaussichten einer solchen Politik widerlegen zu müssen, hat er den Grundgedanken eines von ihm damals geplanten Artikels „Am Tage nach der Revolution" in folgender Weise

165 Kautsky, Das Erfurter Programm, S. 133.
166 a. a. O., S. 135.
167 a. a. O., S. 138.

skizziert: Sobald die Sozialdemokratie einmal „am Ruder" sei, wird jede durch Lohnarbeiter betriebene Industrie unmöglich. Nachdem aber die großen Monopolindustrien in Staatshand übergegangen sind, hat es die Sozialdemokratie selbst nicht nötig, umfangreiche Expropriationen vorzunehmen, denn die Unternehmer werden „die revolutionäre Regierung bestürmen, ihnen ihre Etablissements zu räsonablen Bedingungen abzunehmen"[168]. Da die proletarische Regierung die großen Betriebe und die Verwaltung ohnehin in ihrer Hand hält, wird die gesamte private Produktion von ihr abhängig. So wird diese von der Staatsebene und von der ökonomischen Ebene her gedrängt, „die gesamte Produktion zu verstaatlichen"[169]. Obgleich diese Vorstellung sicherlich zu wenig konkret ist, um rational nachvollziehbar zu sein, stand es für Kautsky doch fest, daß auf die angedeutete Weise „aus der Diktatur des Proletariats, ohne (daß ein) Plan eines Zukunftsstaates in Aktion tritt, naturnotwendig die sozialistische Gesellschaft heranwachsen muß"[170].

So sehr war die Vorstellungswelt der Vorkriegssozialdemokratie auf die wissenschaftliche Gewißheit der Naturnotwendigkeit der sozialistischen Gesellschaft fixiert, daß sie die Erarbeitung eines Konzepts ihrer Verwirklichung mit dem Tabu der Vorwissenschaftlichkeit behaftete. Die Errichtung der sozialistischen Gesellschaft wurde als problemlose Nebenfolge der Ergreifung der Macht betrachtet, weil sie nach dem Muster der Niederreißung einer überlebten Hülle betrachtet wurde und als eigenständiges Konstruktionsproblem selbst dann nicht in den Blick kam, wenn man sich versuchsweise einmal, wie bei Kautsky, auf die Einzelheiten einließ.

2.3.3 Das Revolutionsverständnis

Es hat in der Vorkriegssozialdemokratie in offiziellen Kreisen niemals einen Zweifel daran gegeben, daß die Partei einen revolutionären Charakter hat. Dieser Begriff ist in nahezu allen wichtigen Aufsätzen und Reden, wo immer dies möglich war, verwendet worden. Und doch ist es gerade die Unklarheit über den damit verbundenen Sinn gewesen, die einen erheblichen Teil der späteren Revisionismusdebatte geprägt hat. Das hängt damit zusammen, daß dieser Ausdruck in sehr unterschiedlicher Weise verwendet worden ist, ohne daß es jemals zu ausreichenden Klärungsversuchen gekommen wäre[171]. Ursprünglich war mit Revolution in erster Linie der extralegale Gegenschlag gemeint, den das Proletariat gegen den erwarteten Staatsstreich zu unter-

---

168 Kautsky an Bernstein vom 24. 6. 1896 (IISG K, C 138), dasselbe Argument entfaltet er etwas später auch in: Bernstein und das sozialdemokratische Programm, S. 180 f.
169 Kautsky an Bernstein, a. a. O.
170 a. a. O.
171 Vgl. zum Folgenden Susanne Miller, Das Problem der Freiheit im Sozialismus, Frankfurt 1964, S. 259—290.

nehmen gezwungen sein würde, der seine legale Machtübernahme verhindern sollte. Dies war auch das Verständnis von Revolution, das in Friedrich Engels' Vorwort zur Neuausgabe von Marx' „Klassenkämpfe in Frankreich" von 1895 noch einmal ausdrücklich bekräftigt worden war[172]. Wenngleich bei Engels selbst diese Vorstellung einen näher konkretisierten Sinn hatte, der in den Überlegungen der führenden sozialdemokratischen Theoretiker keine deutliche Rolle mehr spielte[173], war es doch diese Erwartung, auf die Bezug genommen wurde, wenn Sozialdemokraten in den neunziger Jahren von Revolution sprachen. Daß die Sozialdemokratie eine „revolutionäre Partei" sei, ist niemals strittig gewesen, wenngleich ein solches Bekenntnis natürlich in kein Programm aufgenommen werden konnte[174]. *Das Bekenntnis zur Revolution war freilich passiv und abstrakt, es bezog sich letztlich lediglich auf die Bereitschaft, falls die Geschichte eine Revolution bringen sollte, sich in diese Notwendigkeit zu schicken.* Wenngleich in der Sozialdemokratie nicht die geringste Vorbereitung für einen solchen Fall getroffen wurde, spielte doch die Vorstellung seiner Wahrscheinlichkeit im theoretischen Selbstverständnis eine nicht unbeträchtliche Rolle.

August Bebel hat ihr in seiner Auseinandersetzung mit Bernstein präzisierend folgendermaßen Ausdruck verliehen: „Wie wir über die gewaltsame Revolution denken, darüber kann doch in der Partei niemand im Zweifel sein. Es ist Unsinn anzunehmen, daß auch nur ein einziger Mensch in unserer Partei ist, der Neigung hätte, eine Revolution zu machen, wenn er der Meinung ist, daß er seinen Zweck viel besser, leichter und einfacher erreichen kann. Nicht die Revolutionäre sind es, die die Revolutionen machen, sondern zu alle und jeder Zeit die Reaktionäre. Schon der große Goethe hat seinem Eckermann gesagt, es sind nur die Regierungen Schuld, wenn die Revolution kommt; und ich könnte ihnen so ein Dutzend Stellen aus Schriftstellern nennen bis auf den alten Mommsen, der in seiner römischen Geschichte so klassisch ausführt: wenn eine Regierung beweist, daß sie unfähig ist die Aufgaben zu lösen, die im Interesse der großen Mehrheit der Staatsbürger liegt, dann ist es ein Recht die Revolution zu machen, dann haben nicht die Schuld, die in Gewalt sich erheben, sondern diejenigen, die zur Gewalt provoziert haben"[175].

Es ist unzweideutig, daß Bebel den Revolutionsbegriff hier im Sinne einer gewaltsamen Erhebung verwendet. Die zugrundegelegte, eigenartig schil-

---

172 In: MEW, 22.

173 Vgl. Hans-Josef Steinberg, Die deutsche Sozialdemokratie nach dem Fall des Sozialistengesetzes. Ideologie und Taktik der Massenpartei im Wilhelminischen Reich, in: Hans Mommsen (Hrsg.), Sozialdemokratie zwischen Klassenbewegung und Volkspartei, Frankfurt 1974.

174 So z. B. Bebel auf dem Parteitag in Hannover 1899, Protokoll S. 125 und Kautsky, Ein sozialdemokratischer Katechismus, in: Die Neue Zeit, 12, 1, (1893/94), S. 365.

175 Bebel, Protokoll Hannover 1899, S. 121.

lernde Denkfigur erlaubte nun eine weite Bandbreite unterschiedlicher Deutungen. Denn ob zur revolutionären Erhebung des Proletariats die Außerkraftsetzung der demokratischen Errungenschaften durch die herrschende Klasse unabdingbare Voraussetzung war oder ob die für das Proletariat anerkanntermaßen unerträglichen Lebensverhältnisse unter dem Kapitalismus selbst schon die zureichende Legitimation für eine gewaltsame Erhebung darstellten, ging beispielsweise aus der oben zitierten Formulierung in keiner Weise hervor. Da nun alle strategisch-konzeptionellen Fragen tabuisiert waren, gewannen diese Aussichten gerade in ihrer Abstraktheit zugleich auch eine merkwürdige Konkretion, da es ja keinerlei Festlegungen gab, also jeder mögliche Weg unter Umständen in Frage zu kommen schien. Mit dem Akt der gewaltsamen politischen Machtergreifung als Gegenschlag gegen einen Staatsstreich oder wie immer sonst veranlaßt, verband sich die Vorstellung der gesellschaftlichen Umwälzung gleichsam nahtlos, so daß zwischen diesen beiden Aspekten keine erkennbare Trennungslinie gezogen wurde. So fährt Bebel im Anschluß an die zitierte Definition der Revolution mit dem Bekenntnis fort: „Den bürgerlichen Parteien stehen wir gegenüber als eine revolutionäre Partei, insofern als wir bestrebt sind, an Stelle der bestehenden Staats- und Gesellschaftsordnung eine von Grund aus anders gestaltete, eine sozialistische, zu setzen, die mit der bürgerlichen unvereinbar ist[176].“

Politische Machtergreifung und gesellschaftliche Transformation gehen in Bebels Vorstellungswelt ineinander über, so daß eine begriffliche Trennung oder eine Erwägung ihrer möglichen Unabhängigkeit voneinander nicht unternommen wird. Diese Verbindung entsprach genau jener Vorstellung, derzufolge die Errichtung der sozialistischen Gesellschaft, eben die soziale Revolution, letztlich nur der Akt der Sprengung einer zu eng gewordenen Hülle sein sollte. Nur wenn diese Vorstellung einmal vorausgesetzt ist, gewinnt der Verzicht auf Unterscheidungen Sinn[177].

Nun erlaubte aber dieser Sprachgebrauch eine mehrfache Ausdeutung: (1) Revolution konnte einmal eine gewaltsame politische Machtergreifung sein. (2) Sie konnte, wenn damit die sozialen Folgen als notwendig verbunden gedacht wurden, die mit welchen Mitteln auch immer erfolgte proletarische Machtergreifung meinen. (3) Sie konnte jede kurzfristige Transformation der gesellschaftlichen Strukturen sein und in diesem Sinne war sie auf das engste verbunden mit der dialektischen Denkfigur vom qualitativen Umschlag der gesellschaftlichen Verhältnisse[178], der Reformismus als Transformationsstrategie auszuschließen schien. (4) Schließlich konnte Revolution auch nur den grundlegenden Charakter der erstrebten gesellschaftlichen

---

176 a. a. O., S. 122.
177 Vgl. auch Die Frau und der Sozialismus, das Kapitel „Die soziale Revolution" (20).
178 Vgl. Susanne Miller, a. a. O., S. 280 ff.

Umwälzung bezeichnen, unabhängig sowohl von der Zeitdauer als auch von der Art dieses Prozesses. Dies alles war in Bebels Revolutionsbegriff enthalten und konnte je nach Diskussionszusammenhang herangezogen werden. Gleichzeitig legte aber das Wort „Revolution" selbst unabhängig von den jeweiligen Kontextdefinitionen die Deutung als schlagartige und gewaltsame Transformation der gesellschaftlichen Grundstrukturen nahe.

In der Handhabung dieses äußerst schillernden Begriffs ist Karl Kautsky der eigentliche Meister gewesen. In seinem bekannten Aufsatz „Ein sozialdemokratischer Katechismus" von 1893 läßt er all diese Dimensionen des Revolutionsbegriffs in verwirrender Weise aufscheinen. Nachdem er zunächst jene getadelt hat, die zu verleugnen suchen, daß die Sozialdemokratie eine „revolutionäre" Partei ist[179], gibt er einige Bestimmungen dieses Begriffs: „Wir sind Revolutionäre, und zwar nicht bloß in dem Sinne, in dem die Dampfmaschine ein Revolutionär ist. Die soziale Umwälzung, die wir anstreben, kann nur erreicht werden mittels einer politischen Revolution, mittels der Eroberung der politischen Macht durch das kämpfende Proletariat. . . . Die Sozialdemokratie ist eine revolutionäre, nicht aber Revolutionen machende Partei. Wir wissen, daß unsere Ziele nur durch eine Revolution erreicht werden können, wir wissen aber auch, daß es ebensowenig in unserer Macht steht, diese Revolution zu machen, als in der unserer Gegner, sie zu verhindern[180]."

Wenn Kautsky nun im gleichen Aufsatz noch ausdrücklich erklärt, daß es falsch wäre zu glauben, die proletarische Partei höre in der Demokratie auf, revolutionär zu sein, und es könne keine Rede davon sein, daß sie in einer solchen Staatsform „auf die politische und soziale Revolution verzichtet", denn auch in der Demokratie sei der „Umsturz dieser Gesellschaft" unvermeidlich, so verliert dieser Revolutionsbegriff jegliche Kontur[181]. In Verbindung mit der allgemeinen Vorstellungswelt der damaligen Sozialdemokratie schälte sich als *Kerngedanke die Erwartung einer gewaltsamen Umwälzung, die zugleich die Konstituierung der sozialistischen Gesellschaft bedeuten sollte, heraus.* Die stetig wiederholte Beschwichtigung, daß die Sozialdemokratie selbstverständlich den friedlichen Weg vorziehe, unterlag einer weiten Deutung. Sie konnte ebenso eine strategische Festlegung zum Ausdruck bringen wie ein Bedauern angesichts der Unmöglichkeit der gewünschten Wahl. Wie aber das angeführte Zitat von Kautsky zeigt, war der Revolutionsbegriff auch weit genug, eine gewaltsame Transformation der gesellschaftlichen Strukturen selbst innerhalb der demokratischen Republik noch abzudecken. *Dieser Begriff ließ auf theoretischer Ebene letztlich alles offen. Er wurde zur Chiffre für den ungeklärten Transformationsakt selbst.*

179 Kautsky, Ein sozialdemokratischer Katechismus, a. a. O., S. 365.
180 a. a. O., S. 368.
181 a. a. O., S. 402.

So ist es Kautsky nicht schwergefallen, im Verlaufe seiner Auseinandersetzung mit Bernstein Umdeutungen der alten Begriffsverwendung vorzunehmen, die mit dem Anspruch konsequenter Präzisierungen auftreten konnten.

Nachdem Bernstein seine Kritik am Sprachgebrauch des Wortes „Revolution" in der deutschen Sozialdemokratie bereits vorgetragen hatte, verdeutlichte Kautsky sein Verständnis auf bezeichnende Weise. Zunächst bestätigte er, daß Revolution für ihn die „gewaltsame politische Umwälzung" bedeute, um dann den für ihn eigentlich interessanten Begriff der „sozialen Revolution" damit in folgenden Zusammenhang zu bringen: „Die ‚soziale Revolution' ist entweder eine politische Revolution, die sozialistische Konsequenzen hat, oder sie ist ein leeres Schlagwort[182]."

Angesichts der vordemokratischen politischen Struktur des deutschen Reiches hält er eine politische Revolution in Deutschland für eine unerläßliche Vorbedingung für die Möglichkeit sozialistischer Politik. Das hatte ihm Bernstein in seinem Antwortbrief als berechtigt auch eingeräumt[183]. An diesem Gebrauch des Revolutionsbegriffs wird über diesen Aspekt hinaus aufs neue deutlich, in welcher Weise die gewaltsame Machtergreifung und die gesellschaftliche Transformation für Kautsky miteinander verschmelzen.

In einem späteren Stadium der Auseinandersetzung, wo Bernstein seine Kritik des Revolutionsbegriffs als unbegründet vorgehalten wurde, verwendet Kautsky die Begriffe dann in weiter abgeschwächter Weise. Nun ist „revolutionär" nur noch die Bezeichnung für alle auf den politischen Machterwerb gerichteten sozialdemokratischen Aktivitäten, während Reform in diesem Zusammenhang das ökonomische Vorgehen der Arbeiterbewegung heißt[184]. Noch immer identifiziert er den Akt der politischen Machtergreifung des Proletariats mit dem Vorgang der gesellschaftlichen Transformation, nun aber mit gewissen Ansätzen einer Differenzierung[185].

Kautsky beteuert, daß die Sozialdemokratie niemals etwas anderes als die „soziale Revolution" angestrebt habe, die nichts anderes darstelle, als die Ersetzung der kapitalistischen durch die sozialistische Produktion[186]. Der Hergang und die Umstände dieses Prozesses spielten für seine Benennung als „revolutionär" keinerlei Rolle. Die Unvordenklichkeit des Übergangs zum Sozialismus wird in den Revolutionsbegriff selbst hineingenommen. Dies geschieht wiederum indem erklärt wird, „kapitalistische Produktion und politische Herrschaft des Proletariats sind unvereinbar miteinander"[187], so daß die soziale Revolution notwendig mit der proletarischen Machtausübung verbunden ist. Wie diese selbst zustande kommt, wird völlig

182 Kautsky an Bernstein vom 18. 2. 1898, IISG K, C 180.
183 Bernstein an Kautsky vom 20. 2. 1898, IISG K, DV 432.
184 Kautsky, Bernstein und das sozialdemokratische Programm, S. 165.
185 a. a. O., S. 180.
186 a. a. O., S. 181.

offengelassen: „ob in einem großen Sturm oder in mehreren Katastrophen oder in allmäliger gradweiser Verwirklichung"[188]. Der Revolutionsbegriff bleibt schillernd, denn er enthält mit der Beteuerung, daß weder Gewalt noch abrupter Wandel unbedingt erforderlich seien, um das zu bewirken, worauf es der Sozialdemokratie ankommt, doch zugleich den unübersehbaren Hinweis, daß beides erforderlich sein könnte oder viel mehr noch wahrscheinlich sei. Wenn es auch zutrifft, daß die „Revolution im Polizeisinn", die „Revolution mit Heugabeln und Dreschflegeln"[189] niemals ein prinzipielles Ziel der Sozialdemokratie gewesen ist, sondern immer nur die soziale Revolution im vorbezeichneten Sinne, so wird doch zugleich deutlich, wie sehr der in der vorliegenden Definition nahezu sinnentleerte Begriff selbst in der Intention seiner Bekenner doch auch diese Variante mitumfaßt, und eben gerade aufgrund seiner völligen Entleerung alle denkbaren Eventualitäten bewußt mit deckt. Selbst die politische Revolution verliert in Kautskys Definition ihre Konturen: „Der nichtpolizeiliche Sprachgebrauch bezeichnet mit politischer Revolution jede große politische Erschütterung, die das politische Leben der Nation beschleunigt und aufs Kraftvollste pulsieren läßt, im Gegensatz zur Gegenrevolution, einer Erschütterung, die das politische Getriebe stillsetzt. Der Aufstand oder die „außergesetzliche Gewaltanwendung" kann eine Episode, eine sehr wichtige Episode in einer solchen Erschütterung bilden, aber er ist nie die Revolution selbst"[190]. Bei diesem Definitionsverfahren, wird einem zwiespältigen Begriffsgebrauch Tür und Tor geöffnet. Wenn der gewaltsame Aufstand zugleich als Wahrscheinlichkeitsbedingung in den Revolutionsbegriff hineingenommen und doch aus der förmlichen Definition auch wieder herausgehalten werden soll, ist eine eindeutige Verwendung geradezu ausgeschlossen. Was kann ein Revolutionsbegriff noch ausdrücken, wenn er auf sozialer Ebene auch die graduelle Umwandlung der Gesellschaft und auf politischer Ebene auch gewaltlose Erschütterungen bezeichnet? *Daß am Begriff selbst trotz aller förmlichen Entleerung bewußt festgehalten wurde*[191], *läßt sich nur dadurch erklären, daß jene eventualisierten Mitbedeutungen eben doch im Verständnis der offiziellen Sozialdemokratie unverzichtbare Bestimmungskriterien blieben.* Diese Uneindeutigkeiten werden verschärft durch Kautskys im selben Zusammenhang vorgenommene Relativierung der politischen Demokratie. Wenn er hier „Demokratie" und „Klassenherrschaft des Proletariats" dadurch in einen möglichen Gegensatz zueinander bringt, daß er die Frage stellt und unbeantwortet läßt, ob die Demokratie die Klassenherrschaft des Proletariats überflüssig macht oder welche alternative Ausprägung die letztere sonst fin-

187 a. a. O., S. 180.
188 a. a. O.
189 a. a. O., S. 181 und 182.
190 a. a. O., S. 183.
191 a. a. O.

den wird, so legt er den Gedanken an „Revolution im Polizeisinn" wider Willen mehr als nahe. Darüber tröstet auch nicht die Aussicht hinweg, daß auch diese Frage, wie fast alle anderen, „ganz ruhig der Zukunft überlassen" werden kann[192].

2.3.4 *Das Reformverständnis*

Auf das engste mit diesem Vorstellungskreis verbunden war das Verständnis der Reform. Obgleich sich aus einem ernst genommenen Erfurter Programm überhaupt keine Möglichkeit der widerspruchslosen Ableitung von Reformen ergab, hat die Sozialdemokratie vor dem ersten Weltkrieg keineswegs lediglich praktische Reformarbeit betrieben und dazu geschwiegen. Die Möglichkeit und Wünschbarkeit von Reformen wurde vielmehr von nahezu allen sozialdemokratischen Theoretikern einschließlich der radikalen Linken eingeräumt. Das Erfurter Programm selbst hat eine Prognose des künftigen Ablaufs der Entwicklung der kapitalistischen Gesellschaft gegeben, die eine beständige Verschlechterung der Lebenslage der Arbeiterklasse bis hin zum Zusammenbruch der kapitalistischen Gesellschaft erwarten ließ. Dort war von „wachsende(r) Zunahme der Unsicherheit ihrer Existenz, des Elends, des Drucks, der Knechtung, der Erniedrigung, der Ausbeutung" des Proletariats die Rede. Die im Wesen des Kapitalismus begründeten Krisen sollten „immer umfangreicher und verheerender werden, die allgemeine Unsicherheit zum Normalzustand der Gesellschaft". Die Folge einer solchen Entwicklung konnte konsequenterweise nur ein immer schrofferer Gegensatz zwischen Ausbeutern und Ausgebeuteten sowie ein immer erbitterterer Klassenkampf sein[193].

Diese Erwartung hat die Partei nicht daran gehindert, einen Katalog von Reformforderungen an den bestehenden Staat in das Programm aufzunehmen, die sämtlich auf eine beständige Verbesserung der politischen und sozioökonomischen Situation der Arbeiterklasse auf der Basis der gegebenen Verhältnisse abzielen. Dazu gehörten unter anderem: Allgemeines Wahlrecht, Selbstbestimmung und Selbstverwaltung des Volkes, Freiheit der Meinungsäußerung und der Versammlung, Gleichstellung der Frau, Trennung von Staat und Kirche, Weltlichkeit der Schule und Schulpflicht, Unentgeltlichkeit der Rechtspflege, Unentgeltlichkeit der ärztlichen Versorgung und der Totenbestattung, progressive Einkommens- und Vermögenssteuer sowie Abschaffung aller indirekten Steuern. Auf dem engeren Gebiet der

---

192 a. a. O., S. 171.
193 Programm der Sozialdemokratischen Partei Deutschlands, beschlossen auf dem Parteitag in Erfurt 1891, in: Dieter Dowe und Kurt Klotzbach (Hrsg.), Programmatische Dokumente der deutschen Sozialdemokratie, Bonn-Bad Godesberg 1973, S. 176, vgl. Anhang.

Sozialpolitik waren die geforderten Kernreformen: der achtstündige Normalarbeitstag, Verbot der Kinderarbeit, Verbot nichtnotwendiger Nachtarbeit, Verbot des Trucksystems, Inspektion der gewerblichen Betriebe, Regelung der Arbeitsverhältnisse durch öffentliche Ämter und Kammern, Betriebshygienegesetze, Koalitionsrecht und eine Reichsarbeiterversicherung unter maßgeblicher Mitwirkung der Arbeiter selbst[194].

Erstaunlich war zunächst, daß die Gewißheit der naturnotwendigen ständigen Verschlechterung der Lebenslage der Arbeiterklasse gleichwohl für vereinbar gehalten wurde mit einer Politik ihrer Verbesserung im Rahmen der bestehenden sozialökonomischen Ordnung[195]. *Diese Reformen wurden jedoch keineswegs als Elemente der erstrebten gesellschaftlichen Neuordnung verstanden, sondern stets lediglich als „Palliativmittel".* Damit war gemeint, daß sie die krassesten Auswirkungen des bestehenden Gesellschaftssystems möglichst mildern sollten, um die Ausgangssituation für die Erkämpfung der neuen Gesellschaftsordnung zu verbessern, daß sie aber lediglich Veränderungen an der Erscheinungsform der alten Gesellschaft seien, deren Wesen auf diesem Wege nicht verändert werden könne. *Einen Beitrag zur Erkämpfung der sozialistischen Gesellschaft stellten diese Reformen nur indirekt dar, indem sie die subjektiven Voraussetzungen für das kämpfende Proletariat verbessern.* Für die Einführung der sozialistischen Gesellschaft selbst war trotz aller Reformerfolge die Auswechselung des gesellschaftlichen Gesamtsystems unabdingbare Voraussetzung. Wenn auch die gewünschten Reformen selbst in Richtung auf das sozialistische Ziel wiesen, denn sie bestanden ja in einer partiellen Durchsetzung sozialistischer Grundsätze im Rahmen der fortbestehenden kapitalistischen Gesellschaftsordnung, so hatten sie doch mit dem Problem der Errichtung der sozialistischen Gesellschaft im Verständnis der offiziellen Vorkriegssozialdemokratie unmittelbar keinen Zusammenhang.

Es war diese eigentümliche Situation, die August Bebel je nach Diskussionszusammenhang das einemal sagen ließ, ein großer Teil der sozialdemokratischen Arbeit bestünde aus dem Kampf für schrittweise Verbesserungen für die Arbeiterklasse innerhalb der bestehenden Verhältnisse[196], während er sich ein andermal zum „Todfeind dieser bürgerlichen Gesellschaft und dieser Staatsordnung"[197] erklärte, in der die Sozialdemokratie doch nichts

---

194 a. a. O., S. 178 ff.
195 Vgl. Hansgeorg Conert, Die politischen Grundrichtungen innerhalb der Sozialdemokratie vor dem ersten Weltkrieg, Offenbach 1975³, S. 19 ff. und S. Miller, a. a. O., S. 205 ff.
196 In einer Reichstagsrede von 1893 nannte er sogar die Verwirklichung von Forderungen an den bestehenden Staat „ein Stückchen sozialdemokratischer Staat". In: Hirsch (Hrsg.), A. Bebel, S. 182.
197 Protokoll Dresden 1903, S. 313.

erreichen könne[198]. Wenn Bebel daher in Übereinstimmung mit dem sozialdemokratischen Programm wiederholt beteuerte, Reformarbeit sei sinnvoll,
so mußte er sich nach seinem Theorieverständnis keineswegs in einem Widerspruch mit seinem revolutionären Anspruch befinden, denn die von ihm
geforderten Reformen sollten ja die Revolution nicht überflüssig machen,
sondern nur vorbereiten. „Unser ganzes Bestreben ist ja darauf gerichtet, die
Lage der Arbeiterklasse so viel wie möglich zu heben und das Maß ihrer
politischen Rechte zu erweitern, um sie dadurch kampffähiger zu machen für
unsere großen Bestrebungen[199].“
Die großen Bestrebungen bestanden nach wie vor in der revolutionären
Umwälzung der kapitalistischen Gesellschaftsordnung. „Den bürgerlichen
Parteien stehen wir gegenüber als eine revolutionäre Partei, insofern als
wir bestrebt sind, an Stelle der bestehenden Staats- und Gesellschaftsordnung
eine von Grund aus anders gestaltete, eine sozialistische zu setzen, die mit
der bürgerlichen unvereinbar ist[200].“
Dieses Bekenntnis zum revolutionären Charakter der Partei, so beteuerte
Bebel wiederholt, „schließt nicht nur aus, das schließt ein, daß wir Reformen
nicht zurückweisen, wo wir sie bekommen können“[201].
Bei der Beurteilung des sozialdemokratischen Reformverständnisses jener
Zeit ist klar zu unterscheiden zwischen dem Verhältnis einer solchen Reformpolitik zur Theorie der permanenten Verschlechterung der Lebensverhältnisse im Kapitalismus bis hin zu dessen Zusammenbruch und ihrem Verhältnis zum Endziel einer Revolution der Gesellschaft. Wenngleich diese
letztere Vorstellung nach der Theorie gleichsam eine Nebenfolge des zuerst genannten Ereignisses sein sollte, so ist doch das Reformverständnis mit
einer letztlich revolutionären Perspektive sehr viel besser zu vereinbaren als
mit der Theorie der permanenten Verschlechterung der kapitalistischen
Lebensverhältnisse.
Auch Kautsky hat den Kampf für soziale Reformen für wichtig und gerechtfertigt gehalten und mit der auch bei ihm im Vordergrund stehenden Revo-
lutionserwartung verbunden. Nachdem er zunächst klarstellt, daß für die
Lösung der revolutionären Aufgabe der Sozialdemokratie alle Reformen
vergeblich bleiben müssen, wenn sie nicht das Privateigentum selbst aufheben,
warnt er ausdrücklich vor einer Sicht der Dinge, wonach der Sozialdemokratie angesichts der Naturnotwendigkeit der Entwicklung nichts zu tun ver-
bliebe. Sozialreformen sind möglich und nützlich[202].

---

198 Auf dem Jenaer Parteitag war Bebel der Ansicht, als Oppositionspartei könne die
Sozialdemokratie ohnehin keinen prägenden Einfluß auf die Gesellschaft ausüben. Vgl.
Hirsch, a. a. O., S. 401.
199 Protokoll Hannover 1899, S. 126.
200 a. a. O., S. 122.
201 a. a. O., S. 125.
202 Kautsky, Das Erfurter Programm, S. 101.

Wenn er in seinem Kommentar zum Erfurter Programm die Möglichkeiten von Reformpolitik eng begrenzt, so geschieht dies im Hinblick auf die eigentlichen Aufgaben der revolutionären Sozialdemokraten: „Wir wollen damit nur sagen, sie sollen die sozialen Reformen nicht überschätzen und nicht glauben, dadurch könnten die bestehenden Verhältnisse für sie befriedigend gestaltet werden[203]."

Aus diesem Grunde „wäre es doch verkehrt, zu glauben, daß solche Reformen die soziale Revolution aufhalten könnten; und ebenso verkehrt ist die Annahme, daß man die Nützlichkeit gewisser sozialer Reformen nicht anerkennen könne, ohne damit auch zuzugestehen, daß es möglich sei, die Gesellschaft auf ihren bisherigen Grundlagen zu erhalten. Man kann im Gegenteil für diese Reformen auch vom revolutionären Standpunkt eintreten, weil sie den Lauf der Dinge beschleunigen, wie wir gesehen und weil sie, weit entfernt, selbstmörderische Tendenzen der kapitalistischen Produktionsweise aufzuheben, die wir in den vorhergehenden Kapiteln geschildert, diese vielmehr verstärken"[204].

Auch Rosa Luxemburg hat der Reformpolitik nicht jeden Wert abgesprochen. In gewisser Weise ist das von ihr geprägte Bild des Zusammenhangs der Sozialreformen mit der Revolution der bezeichnendste Ausdruck für die Einschätzung der Reformen in der offiziellen Vorkriegssozialdemokratie. Sie sah letzlich eine Wand zwischen dem Kapitalismus und dem Sozialismus, die durch alle Reformarbeit nicht abgetragen werden könne, sondern allenfalls noch höher werde[205]. Wenn es auch unter den sozialdemokratischen Theoretikern strittig gewesen sein mag, ob die Wand durch soziale Reformen tatsächlich noch erhöht werde, so stimmten sie doch darin überein, daß sie bestand und durch Reformen nicht beseitigt werden konnte. Diesem Sachverhalt hat Rosa Luxemburg die klassische Formulierung verliehen: „Es ist grundfalsch und ganz ungeschichtlich, sich die gesetzliche Reformarbeit bloß als die ins Breite gezogene Revolution und die Revolution als die kondensierte Reform vorzustellen. Eine soziale Umwälzung und eine gesetzliche Reform sind nicht durch die Zeitdauer, sondern durch das Wesen verschiedene Momente[206]."

Das eigentliche Ziel der sozialistischen Bewegung, so war die allgemeine Auffassung, kann durch Reformen deswegen nicht erreicht werden, weil diese Veränderungen an einer ihrem Wesen nach vorgegebenen Substanz der Gesellschaft darstellen, für die Sozialdemokratie es aber gerade auf die Ersetzung dieses Wesens durch eine wesentlich andere Gesellschaft ankomme. Hinsichtlich der objektiven gesellschaftlichen Strukturveränderungen könnten daher alle Reformen weder etwas Bleibendes noch etwas Zielgerechtes schaf-

203 a. a. O., S. 103.
204 a. a. O., S. 106.
205 Vgl. Rosa Luxemburg, Gesammelte Werke, Band 1/1, S. 400.
206 a. a. O., S. 428.

fen. *Für die Erreichung der von der sozialistischen Politik für erforderlich gehaltenen objektiven gesellschaftlichen Struktur stellen die Reformen daher keinen konstruktiven Beitrag dar. Sie sind lediglich in dem Sinne ein nützlicher strategischer Zwischenschritt, daß die durch sie bewirkte Zurückdämmung der negativsten Folgewirkungen des kapitalistischen Systems innerhalb seiner fortbestehenden Rahmenbedingungen einen günstigen Einfluß auf die subjektive Kampffähigkeit des Proletariats ausübt.* Dies ist im Verständnis der Vorkriegssozialdemokratie der einzige Sinn, in dem Reformen eine positive Rolle innerhalb einer sozialistischen Transformationsstrategie spielen können.

2.3.5 Die Vorstellung einer drastischen Abnahme der gesellschaftlichen Komplexität

Für die Erwartung der spontanen Ersetzung der kapitalistischen Produktionsstruktur durch eine umfassende neue Organisationsform sowie insbesondere für die Vorstellung, daß sich alle Antworten auf die damit gestellten Fragen in gegebener Lage leicht finden würden, gab es eine empirische Stütztheorie, welche die Verbindung zwischen den Annahmen der Parteiideologie und der Alltagserfahrung herstellen sollte. Es handelt sich um die bereits von Marx selbst zum Ausdruck gebrachte Auffassung, daß im Zuge der weiteren Entwicklung der Produktivkräfte im Kapitalismus sowohl in objektiver wie in subjektiver Hinsicht mit einer drastischen Reduktion der gesellschaftlichen Komplexität gerechnet werden müsse. Diese Annahme folgte vor allem aus der Konzentrations- und aus der Klassentheorie. Im theoretischen Teil des Erfurter Programms, bei dem es sich ja um eine Paraphrase des Kapitels über „Die geschichtliche Tendenz der kapitalistischen Akkumulation" aus dem 1. Band „Das Kapital" handelt, wurden die diesbezüglichen Marxschen Hinweise aufgegriffen.

Aus der These von der Enteignung der auf individuellen Eigentum basierenden Produktion in Verbindung mit der Theorie von der wachsenden Konzentration der Produktionsmittel im Zuge der gesetzmäßigen Akkumulation des Kapitals ergab sich für Marx die Gewißheit, daß der Akt der gesellschaftlichen Expropriation der Produktionsmitteln weitgehend bereits innerhalb der kapitalistischen Produktionsverhältnisse selbst stattfinden werde, indem der Konkurrenzkampf der Kapitale zur beständigen Enteignung kleiner und mittlerer Kapitalisten zugunsten einer ständig geringer werdenden Zahl von Großkapitalisten führt: „Diese Expropriation vollzieht sich durch das Spiel der immanenten Gesetze der kapitalistischen Produktion selbst, durch die Zentralisation der Kapitale. Je ein Kapitalist schlägt viele tot[207]."

---

207 Karl Marx, Das Kapital, MEW, 23, S. 790.

Diese Entwicklung sollte nach Auffassung des Erfurter Programms hinsichtlich der objektiven Produktionsstrukturen zu einer Verdrängung der Kleinbetriebe durch „kolossale Großbetriebe" führen und hinsichtlich der Sozialstruktur zu einer zunehmenden Reduzierung der Sozialklassen auf die wachsende Klasse der Lohnarbeiter und die schrumpfende Klasse der großen Kapitaleigner.

Mit der Verdrängung, bzw. sogar dem Untergang der gesamten Struktur der kleinen gewerblichen und landwirtschaftlichen Produktionseinheiten sollte das Absinken der Mittelschichten, die in ihnen ihre ökonomische Basis haben, in das Proletariat erfolgen. So entstand das Bild einer Gesellschaft, die nurmehr von zwei sich feindlich gegenüberstehenden, in sich selbst weitgehend einheitlichen Klassen gekennzeichnet war und einer Produktionsorganisation, die sich auf immer weniger immer größere Produktionseinheiten konzentrierte[208].

Falls diese Erwartungen im erhofften Ausmaß zugetroffen hätten, wäre die Annahme realistisch erschienen, daß sich die politischen Fronten zunehmend klären und vereinfachen würden zusammen mit einer wachsenden Überlegenheit des Arbeiterlagers. Gleichzeitig wäre die Hoffnung auf eine große Expropriation dann eine realitätsnahe Annahme gewesen, wenn es sich dereinst um nichts anderes als die Übernahme einer überschaubaren Zahl gigantischer Großbetriebe in gesellschaftliche Kontrolle gehandelt hätte, während die Klein- und Mittelbetriebe bereits im Zuge der kapitalistischen Konzentrationsbewegung ökonomisch überflüssig geworden und schließlich verdrängt worden wären. Dieses Argument spielte im Verständnis der Sozialdemokratie denn auch als Hintergrundmotiv eine erhebliche Rolle[209]. Das begründet den Schlüsselcharakter, den die Anführung von Konzentrationsstatistiken in der sozialdemokratischen Argumentation beanspruchte[210]. Es herrschte die Neigung vor, eine lineare Projektion der Konzentrationstendenzen in die Zukunft vorzunehmen, so daß ähnlich wie im Falle der Engelsschen Errechnung des Zeitpunktes des Sieges des Proletariats der Zeitpunkt zu berechnen schien, wo der Konzentrationsprozeß seinem logischen Ende zusteuerte.

„Fassen wir alles das zusammen: Das Anwachsen der Größe der Betriebe, das rasche Anschwellen der großen Vermögen, die Verminderung der Zahl der Betriebe, die zunehmende Zusammenfassung mehrerer Betriebe in einer Hand, dann wird es klar, daß die Tendenz der kapitalistischen Produktionsweise dahin geht, die Produktionsmittel, welche das Monopol der Kapitalistenklasse geworden sind, in immer weniger und weniger Hände zu vereinigen. Diese Entwicklung läuft schließlich darauf hinaus, daß die gesamten Produktionsmittel einer Nation, ja der ganzen Weltwirtschaft das Privat-

---

208 Erfurter Programm, vgl. Anhang.
209 Für Bebel vgl. Anm. 162.
210 Vgl. z. B. Bebel, Die Frau . . ., Kapitel 17.

eigentum einer einzelnen Person oder Aktiengesellschaft werden, die darüber nach Willkür verfügt; daß das ganze wirtschaftliche Getriebe zu einem einzigen ungeheuren Betrieb zusammengefaßt wird, in dem alles einen einzigen Herrn zu dienen hat, einem einzigen Herrn gehört. Das Privateigentum an den Produktionsmitteln führt in der kapitalistischen Gesellschaft dahin, daß alle besitzlos sind, einen einzigen ausgenommen. Es führt also zu seiner eigenen Aufhebung[211]."

Zwar schränkt Kautsky diese Aussage zur Erläuterung des Erfurter Programms sogleich dahingehend ein, daß es aufgrund der gesellschaftlichen Widersprüche, die im Zuge einer solchen Entwicklung auftreten, zur Erreichung dieses logischen Endpunktes des kapitalistischen Konzentrationsprozesses niemals kommen kann, er unterstellt aber immerhin die „Annäherung" an diesen Endpunkt[212]. Wäre diese Annahme realistisch, so würden sich tatsächlich drei Schlüsselprobleme der sozialistischen Transformation wie von selbst lösen und einige der problematischsten Vorstellungen der damaligen sozialdemokratischen Ideologie würden erheblich an Rationalität gewinnen:

1. Sowohl die Frage der Steuerbarkeit einer in einem Zuge vollsozialisierten Produktionsstruktur als auch
2. die Frage der ökonomischen Kontrollkompetenz des Proletariats im Zeitpunkt der Machtübernahme wie schließlich
3. Einsicht und Willen einer großen Bevölkerungsmehrheit in die Erforderlichkeit der sozialistischen Transformation erscheinen im Lichte dieser Erwartung einer drastischen Komplexitätsreduktion als durch die objektive Entwicklung implizit gelöste Probleme.

Wendet man das Kautskysche Bild auf die Transformationsproblematik an, so wäre eben am logischen Endpunkt der kapitalistischen Entwicklung ein einziger kompetenter Vertreter des Proletariats in der Lage, den gesellschaftlichen Produktionsprozeß zu steuern[213] und der gesamte Rest der Bevölkerung fungierte als engagierter Unterstützter dieser Veränderung. Zwar würde eine solche Perspektive die Frage nach der gesellschaftlichen Selbstbestimmung aufwerfen, nicht aber Fragen nach der Möglichkeit einer produktivitätsgerechten Sofortrealisierung zentraler Steuerung, nach den Kenntnissen und Erfahrungen des Proletariats zur Übernahme der gesellschaftlichen Produktion und nach der Notwendigkeit, sozialistische Politik über lange Fristen hinweg mit zielbewußten Minderheiten oder schwachen Mehrheiten machen zu müssen[214]. Nur unter diesen Voraussetzungen gewinnen

---

211 Kautsky, Das Erfurter Programm, S. 80.
212 a. a. O., S. 85.
213 Vgl. dazu Kautskys These, für den Aufbau des Sozialismus genüge zunächst eine Elite, ders., Bernstein und das sozialdemokratische Programm, S. 194.
214 Kautsky hielt denn auch in der Tat die Demokratie nicht für auf die Wirtschaft übertragbar, vgl. Kautsky an Bernstein vom 8. 9. 1896, IISG K, C 145.

auch die von Bebel im Anschluß an Engels verbreiteten Hoffnungen einen
gewissen Sinn, daß mit der Errichtung der sozialistischen Gesellschaft auch
der Staat mit all seinen Verwaltungs- und Entscheidungsstrukturen, Gefäng-
nissen, Gesetzen und Verordnungen zugunsten sehr einfacher gesellschaftlicher Entscheidungsmechanismen verschwinden werde[215].
Die unbegrenzte lineare Verlängerung der kapitalistischen Konzentrationstendenzen in die Zukunft verlieh auf diese Weise einer Reihe sonst äußerst
problematischer Vorstellungen den Schein einer empirischen Rechtfertigung
und eine Begründung für das im übrigen verabschiedete Alltagsbewußtsein.
Selbst der Gedanke eines theoretisch nicht antizipierbaren Sprunges in die
sozialistische Gesellschaft und die Hoffnung auf eine spontane Ersetzung
kapitalistischer Strukturen durch sozialistische schienen im Lichte der Annahme
der drastischen Komplexitätsverringerung einen gewissen Sinn zu erlangen.
Diese theoretische Schlüsselfunktion der Konzentrationserwartung ist auch
der Grund, weswegen selbst um kleine Auslegungsdifferenzen hinsichtlich der
Konzentrationsstatistiken in der Revisionismusdebatte erbittert gekämpft
wurde.

2.3.6 *Die Kompetenz des Proletariats*

Es entsprach dieser Denkweise, daß die Art von Bewußtseinsveränderung,
die auf Seiten des Proletariats als Voraussetzung der sozialistischen Gesellschaft in Betracht gezogen wurde, weniger am Modell des Erwerbs von sozialer und ökonomischer Handlungskompetenz orientiert war, als vielmehr
am Modell der Einsicht in die Notwendigkeit der Einführung einer neuen
Produktionsweise. Beide Lernziele müssen sich nicht notwendigerweise ausschließen, es ist aber bezeichnend, wie wenig die zuerst genannte Komponente in den Argumentationen und Strategieüberlegungen in Rechnung gestellt wurde. Das Problem selbst stand ohnehin niemals im Mittelpunkt der
Aufmerksamkeit. Dort, wo es in Betracht gezogen wurde, geschah dies regelmäßig im Sinne der Vermittlung der Einsicht in die Notwendigkeit der
Ablösung der kapitalistischen Gesellschaftsordnung durch die sozialistische,
ohne daß die neuartigen Kompetenzen, die das Proletariat in der neuen
Gesellschaft wohl haben müßte, als eigenständige Aufgabe angesehen wurden.
Nachdem beispielsweise Bebel in seinem Buch „Die Frau und der Sozialismus" ausgeführt hat, daß sich die herrschende Klasse nicht durch Gründe,
sondern nur durch die Gewalt der Umstände zum Nachgeben veranlassen
läßt, kommt er auf das Problem der Bewußtseinsveränderung in folgender
Weise zu sprechen: „Die Gewalt der Umstände liegt aber in dem steigenden

---

215 Bebel, Die Frau, S. 481—484.

Maße von Einsicht, das bei den Unterdrückten durch die Entwicklung unserer Verhältnisse erzeugt wird. Die Klassengegensätze werden immer schärfer, sichtbarer und fühlbarer. Es kommt den unterdrückten und ausgebeuteten Klassen die Erkenntnis von der Unhaltbarkeit des Bestehenden; ihre Empörung wächst und mit ihr das gebieterische Verlangen nach Umgestaltung und Vermenschlichung der Zustände. Indem diese Erkenntnis immer weitere Kreise ergreift, erobert sie schließlich die ungeheure Mehrheit der Gesellschaft, die bei dieser Umgestaltung auf das direkteste interessiert ist. In demselben Maße aber, wie bei der Masse die Einsicht von der Unhaltbarkeit des Bestehenden und die Erkenntnis von der Notwendigkeit seiner Umgestaltung von Grund aus steigt, sinkt die Widerstandsfähigkeit der herrschenden Klasse, deren Macht auf der Unwissenheit und Einsichtslosigkeit der unterdrückten und ausgebeuteten Klassen beruht[216]."

Diese Auswirkung der objektivistischen Geschichtsbetrachtung läßt den Gesichtspunkt in den Hintergrund treten, daß es letztendlich die realen menschlichen Fähigkeiten und Möglichkeiten sind, von denen sowohl die Transformation zur sozialistischen Gesellschaft als auch ihre Funktionsfähigkeit als einer zugleich selbstverwalteten und hochproduktiven Ökonomie abhängen. Stattdessen scheint allein schon die Einsicht in die Notwendigkeit der sozialistischen Gesellschaft für ihre Errichtung auszureichen. Diese Vorstellung ist die Kehrseite einer Theorie, für die der Sozialismus als Konstruktions- und Organisationsproblem gar nicht in den Blick kommt. Daß dieses Bewußtsein von der Notwendigkeit einer neuen Gesellschaft nach Kautskys Ansicht von außen in die Arbeiterklasse hineingetragen werden muß, ist solange kein Schlüsselproblem für diese Konzeption, wie Kautsky im Gegensatz zu Lenin keine organisatorischen Sanktionsmechanismen für die Durchsetzung dieses „richtigen" Bewußtseins vorsieht[217]. Für Kautsky reicht es als Bewußtseinsvoraussetzung des Proletariats für die Errichtung einer sozialistischen Gesellschaft infolge seines eigentümlichen Transformationsverständnisses im Grunde aus, wenn die Arbeiterklasse als Wähler für die sozialdemokratische Partei gewonnen ist. Ebenso wie auf den anderen diskutierten Ebenen weigert er sich, wenn es um das Detail geht, die subjektiven Voraussetzungen des Proletariats für den Aufbau einer sozialistischen Gesellschaft im Einzelnen zu erörtern. Wenngleich er die Auffassung vertritt, die Arbeiterklasse sei in Deutschland in der Lage, gegebenenfalls „morgen schon"[218] die Herrschaft zu übernehmen, lehnt er eine kritische Betrachtung ihrer gegenwärtigen Kompetenz mit dem Hinweis ab, es könne nicht darauf

216 Ders., a. a. O., S. 408, so auch Protokoll Hannover 1899, S. 229, der vernachlässigte Aspekt wird kurz gestreift, a. a. O., S. 236.
217 Kautsky, Das Erfurter Programm, S. 193, wenngleich er auch zur Parteidemokratie ein gespanntes Verhältnis hat, vgl. den in Anm. 214 zitierten Text.
218 Kautsky, Bernstein, S. 194.

ankommen, „die einzelnen Klassen einer politischen Maturitätsprüfung zu unterwerfen", sondern man möge auf „die Praxis, die Erfahrung" vertrauen[219].

Diese Antwort wird zunächst wieder durch den Hinweis darauf untermauert, daß die Arbeiterklasse in ihrer Entwicklung ja durch die ökonomischen Gesetze unterstützt werde. Sein Vergleich der Arbeiterklasse mit den anderen Klassen, der einzige den er für sinnvoll hält, da ideale Maßstäbe nicht in Frage kommen können, fällt äußerst günstig aus. Den anderen demokratischen Schichten der Gesellschaft, den Kleinbürgern und Kleinbauern, sei das Proletariat schon heute „an politischer Reife überlegen"[220]. Selbst gegenüber der Bourgeoisie müsse zumindest von einer Gleichrangigkeit der „politischen Fähigkeiten" des Proletariats gesprochen werden[221].

Das Argument läuft darauf hinaus, die Diskussion selbst über den Stand der proletarischen Handlungskompetenz zu tabuisieren, weil jedes Anzweifeln ihres zureichenden Grades nicht nur die Forderung nach Demokratie in Deutschland gefährden könnte, sondern vielmehr das Proletariat selbst „mitten im Kampfe" entmutigen und zu einer „Verkleinerung seiner Fähigkeiten" führen müßte[222].

Der Stand der proletarischen Kompetenz zur Selbstverwaltung in den verschiedenen gesellschaftlichen, wirtschaftlichen und politischen Bereichen wird zwar von Kautsky gestreift, aber er rückt nicht in den Mittelpunkt seines Interesses. Der Maßstab, den er letztendlich bei seiner Bewertung verwendet, ist die Folgebereitschaft der Arbeiterklasse gegenüber der sozialdemokratischen Führung. Sie allein wird zugrundegelegt, wenn Kautsky schon für die Gegenwart eine proletarische Machtübernahme für aussichtsreich hält.

Nun zeigt freilich die nähere Analyse der Kautskyschen Denkweise, daß sein Urteil aus vier recht heterogenen Elementen besteht:

1. Wie Marx selbst in weiten Bereichen seiner Argumentation neigt auch Kautsky dazu, dem Proletariat jene Handlungskompetenz projektiv zuzusprechen, die es nach Maßgabe seiner von der Theorie ermittelten historischen Mission haben sollte. Dieser Hintergrund wird insbesondere bei seinem Vergleich mit den anderen Klassen deutlich. In anderen Zusammenhängen spricht er sogar von einem „Klasseninstinkt" des Proletariats[223]. Mit dieser Vorstellung untrennbar verwoben ist in seinem Denken die Annahme, daß „die Erhebung des Proletariats aus seiner Erniedrigung ... ein unvermeidlicher, naturnotwendiger Prozeß" ist[224], so daß weniger das Proletariat in Gestalt der empirischen Subjekte, aus

219 a. a. O., S. 191.
220 a. a. O., S. 192.
221 a. a. O., S. 193.
222 a. a. O., S. 195.
223 Kautsky, Das Erfurter Programm, S. 225.
224 a. a. O., S. 190.

denen es besteht, als vielmehr die geschichtlichen Gesetze, die in seinem Rücken wirken, die Bürgschaft für das Gelingen der sozialistischen Transformation darstellen.

2. Außerdem reduziert Kautsky die infragekommende proletarische Kompetenz einseitig auf die *Bereitschaft* zur politischen Umwälzung. Dies korrespondiert mit der Auffassung, derzufolge die Errichtung der sozialistischen Gesellschaft im Wesentlichen mit dem Akt der politisch gewaltsamen Destruktion der kapitalistischen Fesseln der modernen Produktion identisch ist. Dann erscheint der Akt der Legitimationsgabe für diesen Destruktionsprozeß als ausreichende subjektive Voraussetzung für die Überwindung der kapitalistischen Produktionsweise. Die „Einsicht" in deren Notwendigkeit ist in dieser Sicht die im Prinzip zulängliche Qualifikation des Proletariats.

3. Aufgrund der Unvordenklichkeit des Hergangs und der Umstände des Transformationsprozesses sowie aufgrund der Vorstellung von den sich drastisch vereinfachenden gesellschaftlichen Verhältnissen, konnte der Eindruck aufkommen, daß die genauen subjektiven Voraussetzungen für die sozialistische Transformation ihrerseits nicht antizipiert werden und insofern auch nicht in konkreten Lernzielen einen Niederschlag finden können. Im Hinblick auf die sich vereinfachenden Verhältnisse wurde diese Annahme dahingehend abgestützt, daß für besondere Qualifikationen im Zuge der weiteren Entwicklung immer weniger Anlaß bestehen werde.

4. Schließlich gibt Kautsky selbst den Kern seiner Vorstellungen preis, wenn er die These aufstellt, „daß an dem Klassenkampf keiner Klasse die Gesamtheit der Klassenmitglieder mitkämpft. Überall finden wir bloß eine Elite im Vorkampf, deren politische Fähigkeiten für die Reife der Klasse entscheidend sind. Die Masse folgt in jeder Klasse teils der Elite, ohne eigene Initiative, teils hält sie sich ganz vom Kampfe fern. Die politische Herrschaft des Proletariats bedeutet also zunächst tatsächlich nur die Herrschaft seiner Elite — wie wir dies bei der Bourgeoisie, beim Junkertum, bei jeder herrschenden Klasse finden"[225].

Abgesehen davon, daß diese Einschätzung mit der grundlegenden sozialistischen Prämisse kollidiert, daß die Befreiung der Arbeiterklasse nur das Werk der Arbeiter selbst sein kann, ist ein solches Elitemodell der sozialistischen Transformation nur unter der Bedingung sinnvoll, daß es sich um eine im wesentlichen politische Aufgabe handelt und daß die ökonomische Struktur eine solche Vereinfachung und Zentralisierung erreicht hat, daß der Produktionsprozeß von Eliten gesteuert werden kann. Es ist zumindest eine offene Frage, ob die zentralen Desiderate sozialistischer Politik, wie sie

---

225 a. a. O., S. 194.

sich in der Tradition herausgebildet hatten, in einer solchen Strategie noch Berücksichtigung finden können. Diese Vorstellungswelt des „wissenschaftlichen Sozialismus" in der Vorkriegssozialdemokratie mit ihrem im Vertrauen auf die Gesetze der Geschichte bewußt geschaffenen „konzeptionellen Vakuum" hing in ihrem Geltungsanspruch nun gerade in jenen Teilen, die aller Alltagserfahrung widersprachen, vollständig davon ab, ob die zugrunde gelegte marxistische Geschichts- und Gesellschaftstheorie ihre Kraft und ihre Glaubwürdigkeit bewahren konnte. Denn auf sie wurde als auf die immanente Lösung aller sich stellenden Rätsel stets verwiesen.

2.4 Theoretische Anomalien in der Marxschen Lehre

Es kennzeichnet die theoretische Situation der Partei in jener Zeit, in der der Revisionismusstreit ausbrach, daß seit Beginn der neunziger Jahre vier ernsthafte Anomalien der marxistischen Theorie wachsende Aufmerksamkeit auf sich zogen. Diese Anomalien führten zu Interpretationsproblemen und -divergenzen der Theorie sowie zu einer zunehmenden Uneindeutigkeit zentraler Begriffe. Da sie den innersten Bereich der marxistischen Theorie des wissenschaftlichen Sozialismus berührten, stand die Fähigkeit dieser Theorie und ihre Glaubwürdigkeit hinsichtlich der Lösung der strategischen Rätsel auf dem Spiel. Bei diesen Anomalien handelt es sich
1. um das Problem der empirischen Stützung der Arbeitswertlehre.
2. Um die Frage nach dem Verhältnis von Basis und Überbau in der materialistischen Geschichtsauffassung.
3. Um die Frage der sozialistischen Strategie und des Stellenwerts der Revolution in ihr und
4. um das Ausbleiben wesentlicher von der Theorie angenommener Entwicklungen der kapitalistischen Gesellschaft, insbesondere hinsichtlich des Grades der gesellschaftlichen Komplexität[226].

Zumindest die drei zuerst genannten theoretischen Anomalien bestanden nun selbst bis zu einem gewissen Grade im Bewußtsein der loyalsten Anhänger der Marxschen Theorie und stellten Kristallisationszentren der innermarxistischen Diskussion jener Zeit dar.

---

226 Für eine informative Skizze des Standes der Diskussion der ersten drei der hier genannten Probleme vgl. Bo Gustafsson, a. a. O., Kapitel III.

2.4.1 *Die Arbeitswertlehre*

Bekanntlich bildete in dem einzigen Band seines ökonomischen Hauptwerks „Das Kapital", der zu Lebzeiten von Marx selbst veröffentlicht wurde, die Arbeitswerttheorie die Grundlage der gesamten theoretischen Konstruktion. Alle zentralen Argumente und Ableitungen basieren auf der Geltung und Anwendung dieser aus der Ricardoschen Ökonomie übernommenen Werttheorie. Die in diesem Band dargelegte Mehrwerttheorie ist ebensosehr allein auf der Grundlage der Arbeitswertlehre sinnvoll wie das im posthum veröffentlichten dritten Band des Kapital entfaltete Gesetz vom tendentiellen Fall der Profitrate. Die Marxsche Konzentrations- und Krisentheorie basieren ebenfalls auf den Annahmen der Arbeitswertlehre. Letztlich sind innerhalb der Marxschen politischen Ökonomie daher alle grundlegenden Aussagen, die sich auf die Entwicklungsmöglichkeiten und Widersprüche der kapitalistischen Warenproduktion beziehen, von der Arbeitswertlehre abhängig. Bedenkt man nun, daß die theoretisch fundierte Entwicklungsprognose des kapitalistischen Systems für Marx die Gegenwartsprobe auf das allgemeine historische Exempel der materialistischen Geschichtsauffassung darstellt, so wird deutlich, in wie hohem Maße das wissenschaftliche Prestige dieses Sozialismusverständnisses und die Verläßlichkeit der von ihm genährten Hoffnungen gerade von der Unversehrtheit dieses theoretischen Kernstücks abhingen[227].

Im ersten Band des Kapital hatte Marx durchgängig unterstellt, daß der Wert aller Waren unter kapitalistischen Produktionsverhältnissen „bestimmt ist durch das Quantum der in ihrem Gebrauchswert materialisierten Arbeit, durch die zu ihrer Produktion gesellschaftlich notwendige Arbeitszeit"[228].

Nach Marx' Annahme sollte sich der Wert der „Produktionsmittel, d. h. Rohstoffe, Hilfsstoffe und Arbeitsmittel", die in jeden Produktionsprozeß eingehen, im Verlaufe dieses Prozesses nicht verändern. Aus ihrem Einsatz kann kein zusätzlicher Wert auf die produzierten Waren übertragen werden, der den übersteigt, den sie selbst schon vor Beginn des Produktionsprozesses repräsentierten[229]. Der einzige Bestandteil der kapitalistischen Produktion, der die Eigenschaft hat, im Verlaufe der Warenproduktion mehr Wert auf die produzierten Gegenstände zu übertragen als er selbst repräsentiert, war Marx zufolge die menschliche Arbeitskraft durch ihre Anwendung für die Dauer eines längeren Arbeitstages als dem Wert entsprach, den sie selber darstellte. Aus der Aneignung der Arbeit aus dieser Zeit-

---

227 Aus diesem Grunde rechnet Kautsky die Marxsche Werttheorie zur „Methode", die den innersten, unmittelbarer Kritik entrückten Kern des Marxismus ausmacht, Bernstein . . ., S. 7—41.

228 Karl Marx, Das Kapital, I, a. a. O., S. 201.

229 a. a. O., S. 223.

differenz zwischen dem Eigenwert der Arbeitskraft und der tatsächlichen Länge des Arbeitstages allein resultiert der Mehrwert, jener Wertüberschuß zwischen den Werten die in die kapitalistische Produktion eingehen und für die der Kapitalist den Gegenwert zu entrichten hat und dem Wert, den die erzeugten Waren nach vollendetem Produktionsprozeß repräsentieren. Der Mehrwert ist nach Marx die Triebfeder der kapitalistischen Produktion.

Wegen der skizzierten unterschiedlichen Eigenschaften nannte Marx die Produktionsmittel „konstantes Kapital" und die Arbeitskraft „variables Kapital"[230]. Aller Tauschwert ging nach dieser Vorstellung letztlich auf gesellschaftlich notwendige Quanten vergegenständlichter menschlicher Arbeitskraft zurück. Die Werte sollten zudem die Grundlage des realen Warentauschs sein. Trotz einiger Einschränkungen ging Marx im ersten Band des Kapital von einer prinzipiellen Identität von Preis und Wert aus, die sich trotz aller Schwankungen und Abweichungen doch letztendlich durchsetzt[231].

Da nun nur aus dem variablen Kapitalanteil Mehrwert gezogen werden kann, müßte dieser Annahme zufolge die Profitrate, also das Verhältnis von verauslagtem Gesamtkapital und Mehrwert um so geringer werden, je geringer der Anteil des variablen Kapitals am Gesamtkapital ist. Dies schien eine unausweichliche Folge der Arbeitswerttheorie selbst zu sein.

Nun war es aber eine allgemein anerkannte ökonomische Tatsache, die weder von Marx noch von Engels geleugnet wurde, daß die durchschnittlichen Profitraten in den entwickelten kapitalistischen Ländern in allen Industriezweigen ungeachtet der erheblichen Abweichungen hinsichtlich des Anteils des variablen Kapitals am Gesamtkapital in etwa die gleichen waren. Diesen Widerspruch zwischen einer theoretischen Basisannahme und der empirischen Realität galt es zu lösen. Er schien auf der Grundlage der Arbeitswerttheorie kaum lösbar.

Marx selbst hatte die von ihm für zureichend gehaltene Lösung des Problems bereits vor der Veröffentlichung des ersten Bandes seines Hauptwerks gefunden. Im Bewußtsein der Schwierigkeit des Problems warteten die marxistischen Theoretiker auf die Veröffentlichung des dritten Bandes des Hauptwerkes von Marx, das die Lösung enthalten sollte. Bevor dieses Werk 1894 von Engels veröffentlicht wurde, hatte dieser bereits im Vorwort zu dem ebenfalls von ihm herausgegebenen zweiten Band 1885 das Problem noch einmal bezeichnet und zu einer Art Wettbewerb zu seiner Lösung auf der Grundlage der Arbeitswerttheorie noch vor der Veröffentlichung der Marxschen Antwort aufgerufen[232].

---

230 a. a. O., S. 223 f.
231 a. a. O., S. 117.
232 Friedrich Engels, Vorwort zu Das Kapital, II, MEW, 24, S. 26, vgl. auch Bo Gustafsson, a. a. O., S. 53. Eine gute Exposition des Problems gibt auch Gay, a. a. O., S. 210—213.

Als die Marxsche Lösung dieses grundlegenden theoretischen Rätsels seiner politischen Ökonomie schließlich erfolgte, war sie für viele, einschließlich Bernsteins, eine herbe Enttäuschung[233]. Sie schien ihnen bei Licht besehen eine Revision des Kerns der Arbeitswertlehre selbst zu enthalten, die aufgrund ihrer Rolle im Marxschen Gesamtsystem dessen Autorität erheblich erschütterte.

Im Dritten Band des Kapital modifiziert Marx seine Argumentation aus dem ersten Band dahingehend, daß nicht mehr der in einzelnen Waren repräsentierte Arbeitswert Bestimmungsgröße für die Tauschrelation ist. Für die Preis- und Profitbildung nimmt Marx nunmehr in Anspruch, daß nicht mehr die in einzelnen Warenarten verkörperte gesellschaftlich notwendige Arbeitszeit den Ausschlag gibt, sondern der Aufschlag einer gesellschaftlichen Durchschnittsprofitrate auf die Produktionskosten. Durch den Austausch der Kapitalinvestitionen auf die jeweils profitstärksten Branchen vollziehe sich eine Angleichung aller Produktionszweige mit dem Ergebnis, daß schließlich unabhängig von dem Anteil des variablen Kapitals auf die tatsächlichen Produktionskosten ein Aufschlag in Höhe der Durchschnittprofitrate vorgenommen wird, der den gesamten gesellschaftlich verfügbaren Mehrwert auf alle Branchen gleichmäßig verteilt[234]. Dadurch büßte die Arbeitswerttheorie die Funktion ein, die Tauschrelation zwischen einzelnen Warengruppen erklären zu können. Diese Funktion übernahmen nunmehr die Produktionspreise, die als empirische Größe von der Geltung der Arbeitswertlehre unabhängig wurden. Die Arbeitswertlehre behielt lediglich die Aufgabe, die Annahme eines festen Quantums gesamtgesellschaftlich produzierten Mehrwerts zu stützen und dessen Zustandekommen zu erklären, der für die Verteilung der Profite auf die einzelnen Branchen den Rahmen bildete. Auch die Preisentwicklung wurde dadurch nur noch auf äußerst gebrochene Weise mit dem Arbeitswert in Zusammenhang gebracht. *Die beiden empirischen Brücken, die mit der Erklärungskraft zugleich auch die Erfahrungsbestätigung für die Arbeitswertlehre enthalten hatten, Preis und Profit, schienen durch die korrigierte Fassung dieser Theorie im dritten Band des „Kapital" abgebrochen.* Es war fraglich geworden, ob die Arbeitswertlehre im ursprünglichen Sinne überhaupt noch in Geltung war und welches der wissenschaftliche Status der korrigierten Fassung sein konnte.

---

233 Bernstein an Kautsky vom 1. 9. 1897, IISG K, DV 419, so auch Gay, a. a. O., S. 213, der einige Beispiele anführt.
234 Vgl. Das Kapital, III, MEW, 25, Zweiter Abschnitt.

2.4.2 *Die materialistische Geschichtsauffassung*

Die materialistische Geschichtsauffassung hatte im Verständnis der Vorkriegssozialdemokratie den Anspruch auf Wissenschaftlichkeit des eigenen Sozialismusverständnisses vornehmlich begründet. Wie sehr die Interpretationen dieser Theorie auch variieren mochten, die grundlegende These von der Determiniertheit des gesellschaftlichen Geschehens durch die Gesetze der jeweiligen ökonomischen Grundstruktur galten doch als unerschütterte Erkenntnis. Auf dieser Annahme, die für die Gegenwart in den naturnotwendigen Bewegungsgesetzen der kapitalistischen Gesellschaft ihre Konkretisierung und Anwendung finden sollte, basierte die Gewißheit der Unvermeidlichkeit der geschichtlichen Entwicklung in Richtung auf die Herausbildung der sozialistischen Gesellschaft.

Anläßlich grundlegender wissenschaftlicher Kritik[235] an den Konsequenzen einer solchen Sicht der Dinge sowie als Reaktion auf allzu schematische und enge Anwendungen der Kernthesen dieser Theorie durch jüngere Marxisten[236], hatte sich Friedrich Engels genötigt gesehen, den Inhalt der Hauptthesen des historischen Materialismus auf eine Weise zu präzisieren, die einerseits einer Umwertung gleichkam, andererseits aber eine Reihe neuer Fragen aufwarf. Zwar waren die Briefe aus der privaten Korrespondenz von Friedrich Engels, in denen diese Korrekturen vorgenommen wurden, nicht der gesamten Partei bekannt, aber u. a. Bernstein, der ja den Engelsschen Nachlaß zu betreuen hatte, kannte sie genau[237]. Engels selbst schätzte die von ihm vorgenommenen Korrekturen als grundsätzliche Selbstkritik an den klassischen Formulierungen des historischen Materialismus durch Marx und ihn selbst aus den früheren Jahren ein. Ausdrücklich bekannte Engels: „Daß von den Jüngeren zuweilen mehr Gewicht auf die ökonomische Seite gelegt wird, als ihr zukommt, haben Marx und ich teilweise selbst verschulden müssen. Wir hatten den Gegnern gegenüber das von diesen geleugnete Hauptprinzip zu betonen, und da war nicht immer Zeit, Ort und Gelegenheit, die übrigen an der Wechselwirkung beteiligten Momente zu ihrem Recht kommen zu lassen[238].“

Daraus entstand nun die Frage, welches Gewicht denn genau der ökonomischen Seite zukam und welche Argumentationszusammenhänge aus dem

---

235 Gemeint ist vor allem das Buch von Paul Barth, Die Geschichtsphilosophie Hegels und der Hegelianer bis auf Marx und Hartmann, Leipzig 1890, vgl. dazu Bo Gustafsson, a. a. O., S. 36 f.

236 Gemeint sind hier Franz Mehring und Paul Ernst, vgl. Gustafsson a. a. O., S. 39 ff. Letzterer hatte ein enges Verständnis der ökonomischen Determination selbst vertreten und erst nach Engels Korrektur dessen Argumente zur Kritik Mehrings benutzt.

237 Bernstein, der ja über den Engelsschen Nachlaß mitverfügte, kannte die Engelsschen Briefe über den historischen Materialismus genau. Er veröffentlichte einige davon in seiner Zeitschrift, Dokumente des Sozialismus nach 1902.

238 Engels an J. Bloch vom 21./22. 9. 1890.

Werk von Marx und Engels überprüft und korrigiert werden müßten. Mit der Relativierung der Rolle der ökonomischen Seite und der stärkeren Gewichtung der politischen, ideologischen und rechtlichen Elemente von Gesellschaftssystemen wurde zudem das Problem aufgeworfen, ob in diesem Falle von einer streng gesetzmäßigen Entwicklung der gesellschaftlichen Prozesse noch die Rede sein konnte.

Gegenüber den apodiktischen Formulierungen, die von Marx selbst und ihm in den früheren Jahren gebraucht worden waren, um das Verhältnis der ökonomischen Basis zum gesellschaftlichen Überbau zu kennzeichnen, die stets von einem Bedingtsein des Überbaus durch die ökonomische Basis ausgegangen waren, spricht Engels nun von einer „Wechselwirkung" zwischen beiden Bereichen[239].

Dem Überbau räumt er nun eine in gewissen Grenzen eigenständige Wirkmächtigkeit ein. Die politische Macht einer gegebenen Gesellschaftsformation sei nicht lediglich Reflex der ökonomischen Grundlagen, sondern „mit einer Eigenbewegung" begabt, die Rückwirkungen auf die ökonomischen Zusammenhänge ausüben kann[240]. Eine ähnliche Einwirkungsmöglichkeit auf die ökonomische Basis spricht er der jeweiligen Rechtsanschauung zu. Innerhalb gewisser Grenzen könne sie die ökonomischen Gegebenheiten „modifizieren"[241]. Er weist den Gedanken zurück, daß „die ökonomische Lage Ursache, allein aktiv ist und alles andere nur passive Wirkung"[242]. Vielmehr müsse davon ausgegangen werden, daß „die politische, rechtliche, philosophische, religiöse, literarische, künstlerische etc. Entwicklung" auf die ökonomische Basis ihrerseits einwirken[243].

Nun legt aber Engels bei all diesen Einschränkungen zugleich den größten Wert darauf zu betonen, daß innerhalb des so konzipierten Wechselverhältnisses es doch die ökonomische Basis bleibt, die „das in letzter Instanz die geschichtliche Entwicklung Bedingende" ist[244]. Innerhalb des Wechselverhältnisses sei sie die stärkere Kraft, deren „schließliche Suprematie" für ihn feststand[245].

Für diesen Gedanken bietet er einige Illustrationen an. So vergleicht er die Durchsetzung der ökonomischen Basis mit der Resultante in einem Kräfteparallelogramm, dessen Einzelkräfte die durch die ideologisch-politischen Elemente mitbedingten Einzelwillen der handelnden Menschen sind. Dabei setzt er das so entstandene Resultat, „das keiner gewollt hat", mit der

---

239 a. a. O., und Engels an C. Schmidt vom 27. 10. 1890 sowie ders. an H. Starkenburg vom 25. 1. 1894.
240 Engels an C. Schmidt vom 27. 10. 1890.
241 a. a. O.
242 Engels an H. Starkenburg vom 25. 1. 1894.
243 a. a. O.
244 a. a. O.
245 Engels an C. Schmidt vom 27. 10. 1890.

Linie der ökonomischen Bewegung der gesellschaftlichen Entwicklung gleich[246]. Die Wechselwirkung finde also innerhalb einer gesicherten Präponderanz der ökonomischen Basis selber statt, zwar auf solche Weise, daß Rückwirkungen des Überbaus auf die Basis stattfinden, aber doch nicht so weitgehende, daß langfristig betrachtet es nicht immer wieder die Basis wäre, die sich in diesem Prozeß durchsetzt[247]. Er vergleicht die Wirkungen der an der wechselseitigen Einflußnahme beteiligten Überbau- und Basisfaktoren mit den Ausschlägen einer Kurve, deren Durchschnittsachse stets, und zwar umso deutlicher je länger der betrachtete Zeitraum ist, der ökonomischen Entwicklung „annähernd parallel" verläuft[248].

All diese Illustrationen waren wohl geeignet, das Ergebnis der Wechselwirkung zu *kennzeichnen*, wie Engels es sich erhoffte, kaum aber, die Art und Weise zu *erklären*, in der ein solcher Ausgang der Wechselwirkung zustande kommen könnte.

Damit blieben die wichtigsten Fragen auf diesem Gebiet sowohl an die Marxsche Theorie selbst als auch hinsichtlich der Grenzen und Möglichkeiten einer materialistischen Geschichtsbetrachtung mit ihren Wissenschaftsansprüchen letztendlich ungeklärt.

2.4.3 Theorie und Erfahrung

Eine Reihe der aus den Marxschen ökonomischen Theorien abgeleiteten Entwicklungsprognosen für die kapitalistische Gesellschaft war im theoretischen Teil des Erfurter Programms in konzentrierter, theoretische Einschränkungen und Bedenken beiseitelassender Form zum Ausdruck gebracht worden. Es konnte zwar zweifelhaft sein, ob mit all diesen Formulierungen die Intentionen der Marxschen Theorie authentisch wiedergegeben wurden, kein Zweifel konnte aber hinsichtlich der allgemeinen Zielrichtung der Marxschen Erwartungen bestehen. An zahlreichen Stellen hatte er zwei Haupttendenzen der kapitalistischen Entwicklung mit dem Erklärungsanspruch seiner ökonomischen Theorie verbunden. Zum einen handelt es sich um die Annahme einer beständigen Verschlechterung der proletarischen Lebenslage innerhalb des Kapitalismus, einhergehend mit einer Beschleunigung und Steigerung der dem System innewohnenden zyklischen Krisen[249]. Zum anderen handelte es sich um die Erwartung einer drastischen Vereinfachung der makroökonomischen und klassensoziologischen Struktur der kapitalisti-

---

246 Engels an J. Bloch vom 21./22. 9. 1890.
247 Engels an Schmidt, a. a. O.
248 Engels an Starkenburg, a. a. O.
249 Vgl. Anm. 7, Kapitel 4.

schen Gesellschaft, die durch eine starke Konzentration der Produktion erfolgen sollte[250].

Wie immer die tatsächliche Entwicklung im einzelnen gedeutet werden mag, seit der Veröffentlichung von statistischem Material, das sich auf die wichtigsten von der Theorie angesprochenen Fragen bezog, wurde es für die Parteitheoretiker immer schwieriger, die reale Entwicklung mit den alten Kategorien in Einklang zu bringen, ohne deren ursprünglichen Sinn einer erheblichen Uminterpretation zu unterwerfen. Ohne Zweifel machten sich fast alle z. B. im Erfurter Programm zum Ausdruck gebrachten Entwicklungstendenzen in der Wirklichkeit bemerkbar. Die Konzentration der Produktion, die Verdrängung der Kleinbetriebe, die Krisenhaftigkeit der kapitalistischen Produktion, der Rückgang des Anteils der alten Mittelschichten an der erwerbstätigen Bevölkerung[251]. Nicht um diese Tendenzen war es indessen bei der Beschreibung der kapitalistischen Entwicklung gegangen, sondern um die Gewißheit, daß es sich hierbei um einen umfassenden und kurzfristig wirkenden Prozeß handeln würde, der das Gesicht der bestehenden Gesellschaft tiefgreifend verändert und eine Tendenz zur beständigen Verschlechterung der Lebenslage beinhaltet. Dafür aber lieferten die gerade in der Mitte der neunziger Jahre veröffentlichten sozialökonomischen Statistiken keinerlei handgreifliche Belege[252].

Die empirische Erklärungskraft und Autorität der marxistischen Entwicklungserwartungen wurden aus diesem Grunde problematisch.

2.4.4 Transformationsstrategie

In seinem Vorwort zu Marx' Klassenkämpfe in Frankreich, das 1895 veröffentlicht worden war, unternahm noch Friedrich Engels selbst kurz vor seinem Tod den Versuch, den von Marx und ihm selbst in früheren Jahren verwendeten Revolutionsbegriff für die gegenwärtigen Kampfbedingungen der Sozialdemokratie zu präzisieren[253]. Wenn er auch keineswegs auf die Position eines Nurlegalismus überging, so deutete er doch an, daß auch auf diesem Gebiete die älteren Anschauungen einer Überprüfung bedürftig seien. Hinsichtlich der Einschätzung der Revolution von 1848, insbesondere der französischen Februarrevolution, die in wichtigen Marxschen Schriften eine

---

250 Vgl. Anm. 32 und 54, Kapitel 4.
251 Vgl. Erfurter Programm, Anhang.
252 Für England hatte Arthur Bowley, Changes in Average Wages, in: Journal of the Ryoal Statistical Society, Vol. 58, S. 223—285 (1895) eine Lohnniveauverdopplung für die Zeit zwischen 1860 und 1891 nachgewiesen. Vgl. Bo Gustafsson, a. a. O., S. 340. Für Deutschland war für 1895 eine neue Gewerbestatistik erschienen, die einen Vergleich mit den zuletzt für 1882 bekannt gemachten Zahlen zuließ. Vgl. Kap. 4.
253 In: MEW, 22.

Interpretation erfahren hatte, die für das sozialdemokratische Revolutionsverständnis von Bedeutung geworden war, bekannte Engels nunmehr, daß
„die Geschichte" Marx und ihm „unrecht" gegeben habe[254]. Er deklarierte
den Parlamentarismus zu einer fortgeschritteneren Kampfesweise des Proletariats gegenüber der Taktik der revolutionären Erhebungen[255] und begründete dies unter anderem auch mit den neueren Entwicklungen in der Waffentechnik, die einer Erhebung nur dann Chancen gibt, wenn große Teile des
Militärs aufgrund erfolgreicher Aufklärungsarbeit zu den Aufständischen
überlaufen. Aber selbst diese eingeschränkte Befürwortung revolutionärer
Auseinandersetzungen war auf die Eventualität eines Bruchs der parlamentarischen Legalität durch einen antidemokratischen Staatsstreich von oben
beschränkt[256].
Engels übertrug in diesem Zusammenhang die gleichwohl festgehaltene Vorstellung von der Naturnotwendigkeit des endgültigen Siegs des Proletariats
auf den unaufhaltsamen Stimmenzuwachs der Sozialdemokratischen Partei[257], der so oder so — durch eine, wenn auch wenig wahrscheinliche legale
Machtübernahme oder durch die revolutionäre Antwort auf den reaktionären Staatsstreich — zum Sieg des Sozialismus führen würde.
Auch für diesen strategischen Schlüsselbereich war daher die Überprüfungs-
bedürftigkeit zentraler marxistischer Theorieelemente von Engels selbst
konzediert worden[258].

2.4.5 Theoretische Probleme

Die marxistische Theorie zur Zeit des beginnenden Revisionismusstreits war
aus all diesen Gründen mit drei gravierenden Problemen behaftet:
a) der Zwiespältigkeit des marxistischen Kategorienapparates gerade in
   jenem Schlüsselbereich, der für die Transformationsstrategie ausschlaggebend war;
b) das unter Hinweis auf die Erkenntnisse des wissenschaftlichen Sozialismus bewußt geschaffene konzeptionelle Vakuum in allen Fragen der
   Transformationsproblematik, das zu dem Dilemma führte, daß die tatsächlich ausgeübte Praxis von der Theorie nicht angeleitet und gedeckt
   werden konnte, während die erklärtermaßen der Theorie eigentlich entsprechende Praxis nicht gedacht werden durfte;

---

254 a. a. O., S. 513.
255 a. a. O., S. 518 f.
256 a. a. O., S. 526, vgl. dazu Hans-Josef Steinberg, Die deutsche Sozialdemokratie ...,
    a. a. O.
257 MEW, 22, S. 524.
258 Dies wird ausführlich im folgenden Kapitel dieser Arbeit erörtert.

c) das Sichtbarwerden von vier immanenten Anomalien der Theorie des wissenschaftlichen Sozialismus selbst, die sich auf deren Binnenstruktur und auf ihr Verhältnis zur empirischen Realität bezogen. Sie ließen für kritische Betrachter den Zwiespalt der Theorie selbst ins Blickfeld treten und erschütterten die Glaubwürdigkeit der Theorie ernsthaft, für alle offenen strategischen Fragen implizite Antworten gegeben zu haben.

Das war die Situation, als Bernstein begann, seine kritischen Argumente zu formulieren und in die Parteiöffentlichkeit zu tragen.

3. Die generative Idee des Revisionismus

„Wichtiger aber als die Korrektur, welche die sozialistische Geschichtsschreibung der Neuzeit nach dem Engelsschen Vorwort vorzunehmen hat, ist die Korrektur, welche sich aus ihm für die ganze Auffassung vom Kampfe und den Aufgaben der Sozialdemokratie ergibt. Und dies führt uns zunächst auf einen bisher wenig erörterten Punkt, nämlich den ursprünglichen inneren Zusammenhang des Marxismus mit dem Blanquismus und die Aufhebung dieser Verbindung[1]."

„Nicht die Frage der *Macht*, auch nicht die Frage der Ökonomie nach der Seite des *Eigentums* hin bezeichnet das Problem einer zukünftigen sozialistischen Gesellschaft, sondern das Problem der Ökonomie als *Verwaltungsproblem*[1a]."

3.1 *Das Problem der Revolution bei Marx und Engels*

Das Neuerscheinen des Marxschen Buches „Klassenkämpfe in Frankreich", das 1850 verfaßt worden war, im Jahre 1895, versehen mit einem ausführlichen Vorwort von Friedrich Engels, hatte den Zwiespalt in der Marxschen Emanzipationstheorie für nüchterne Betrachter derart augenfällig werden lassen, daß eine Überprüfung der Verhältnisse innerhalb dieser Theorie unausweichlich wurde.

Hatte Marx in seiner Schrift pointierter als an den meisten anderen Stellen zugunsten einer proletarischen Revolutionsstrategie als einzig geeignetem Weg zur Emanzipation der Arbeiterklasse argumentiert, so stellte Friedrich Engels in seinem Vorwort gerade die günstigen Entwicklungsmöglichkeiten der Arbeiterklasse innerhalb des politischen Parlamentarismus heraus, wo Revolution allenfalls noch als Defensivwaffe gegenüber einer von oben inszenierten Konterrevolution zur Abschaffung der politischen Rechte der Arbeiterklasse sinnvoll erschien[2].

---

1 Bernstein, Die Voraussetzungen des Sozialismus und die Aufgaben der Sozialdemokratie (1899), Bonn-Bad Godesberg 1973[5], S. 60.

1a Bernstein, Die neueste Prognose der sozialen Revolution, in: SM, 8. Jg., 2, (1902), S. 597.

2 In: MEW, Band 7 und 22.

Es ist das Verdienst Bernsteins, die erheblichen Differenzen in der Argumentationsweise von Marx und Engels nicht lediglich auf einen Unterschied zwischen Marx auf der einen Seite und Engels auf der anderen Seite zurückgeführt, sondern erkannt zu haben, daß es sich hierbei in genauer Analyse um einen Dualismus innerhalb des Marxschen Theorieansatzes selber handelt[3]. Erst aus dieser Erkenntnis ergab sich die Notwendigkeit zur Überprüfung der Argumentationsstrukturen innerhalb des Marxismus selbst und zur Klärung des Verhältnisses der Elemente dieser Theorie zueinander.

Das Sinnzentrum der Marxschen Argumentation in diesem Buch wird in seiner These erkennbar, für das Proletariat sei es eine „Wahrheit, daß die geringste Verbesserung seiner Lage eine *Utopie* bleibt *innerhalb* der bürgerlichen Republik, eine Utopie, die zum Verbrechen wird, sobald sie sich verwirklichen will"[4]. Als realistische Alternative bleibe dem Proletariat nur „die kühne revolutionäre Kampfparole: Sturz der Bourgeoisie! Diktatur des Proletariats"[5].

Nun hatte Marx im vorliegenden Zusammenhang keine Zweifel gelassen, wie diese Begriffe gemeint waren. Der Revolutionsbegriff bezog sich hier nicht, wie mitunter in anderen Kontexten, auf die gewaltsame Beseitigung einer Form undemokratischer politischer Herrschaftsausübung, die es der sozialistischen Arbeiterklasse verwehrt hätte, ihre Politik „der ungeheuren Mehrzahl im Interesse der ungeheuren Mehrzahl", wie Marx 1848 den Sozialismus definiert hatte, in gesellschaftliche Praxis umzusetzen[6].

Vielmehr bezog sich die Revolutionsforderung gerade auf eine *sozialistische Strategie innerhalb der demokratischen Republik selbst*, in deren Repräsentativorganen die Arbeiterpartei im Frankreich nach der Februarrevolution 1848 eine hoffnungslose Minderheit war. Marx beschränkte sich aber nicht darauf, unter Hinweis etwa auf eine tatsächlich arbeiterfeindliche oder sonst unzulängliche Politik der demokratisch verantwortlichen Regierung einer „Diktatur des Proletariats" den Vorrang einzuräumen und den Wert der politischen Demokratie an den inhaltlichen Erfolg zu binden, sondern er verknüpft in seiner allgemein formulierten These die Unmöglichkeit einer Politik zur Verbesserung der Lage der Arbeiter mit der prinzipiellen Unmöglichkeit sozialistischer Umgestaltung im Rahmen der demokratischen Republik selbst. Unter diesen Umständen stellt sich die Frage nach der Organisationsform der „Diktatur des Proletariats" im Unterschied zur demokratischen Republik. Ebenso folgenreich ist die eigentümliche Färbung, die der Begriff der Revolution in diesem Zusammenhang annimmt.

Revolution bedeutet in dieser Verwendung in erster Linie die eklatartige

---

3 Bernstein, Voraussetzungen, S. 64.
4 MEW, 7, S. 33.
5 a. a. O.
6 Manifest der Kommunistischen Partei, in: MEW, 4, S. 472.

Umwandlung nicht nur der politischen Strukturen, sondern vor allem der Gesellschaftsstruktur selbst, die sofortige „Vernichtung der bürgerlichen Ordnung"[7] und ihre ebenso unmittelbare Ersetzung durch eine gesellschaftliche Alternative: die sozialistische Gesellschaftsordnung. *Nur in diesem Falle ist es sinnvoll, den Revolutionsbegriff als Alternative zur schrittweisen gesellschaftlichen Veränderung innerhalb der demokratischen Republik zu konstruieren.* Im anderen Falle hätte sich die Kritik auf die Reichweite oder den Ansatz der Veränderungsschritte beziehen müssen. Dies ist ausdrücklich nicht der Fall. So ist es denn auch nicht verwunderlich, daß Marx die so konzipierte *soziale Revolution als Akt der sofortigen Ersetzung einer ganzen Gesellschaftsorganisation durch eine vollständige Alternative* mit dem Attribut der „Zeugungskraft"[8] schmückt, ist sie doch nicht allein als gewaltsames Niederreißen der politischen Sperren für einen Aufbau des Sozialismus konzipiert, sondern als der Akt seiner spontanen Errichtung selbst.

Friedrich Engels hatte in seinem Vorwort zur Ausgabe dieses Textes von 1895 dem Marxschen Revolutionskonzept die politische Aktualität ausdrücklich abgesprochen. Er hat zwar keineswegs, wie mitunter behauptet wird, der Revolution selbst abgeschworen[9], weicht aber in zwei anderen Hinsichten von der Marxschen Konstruktion erkennbar ab. Zum einen sieht er selbst innerhalb des reduzierten Parlamentarismus im deutschen Kaiserreich *günstigere* Voraussetzungen für die Emanzipationskämpfe des Proletariats als in einem revolutionären Umschwung. Er erklärt dies teilweise mit der veränderten Waffentechnik, welche das Ungleichgewicht in der Bewaffnung zwischen Aufständischen und regulären Armeeinheiten vergrößert und daher die Siegeschancen revolutionärer Erhebung drastisch verringert hat[10]. Nur im Falle eines Raubs der demokratisch-politischen Entwicklungsvoraussetzungen des Proletariats sieht er daher die Notwendigkeit, und unter bestimmten Voraussetzungen auch eine Chance des revolutionären Siegs in der Gegenwart. Der Schwerpunkt der proletarischen Emanzipation liegt ihm zufolge jedoch auf den demokratischen Entwicklungsmöglichkeiten. Damit dokumentiert er eine von Marx' folgender Argumentation abweichende Verwendung des Revolutionsbegriffs. Revolution als letztes Mittel der Verteidigung der demokratischen Entwicklungsgrundlagen der Arbeiterklasse ist nämlich nicht dasselbe wie der Akt der revolutionären Konstruktion einer neuen Gesellschaft unter Bruch der demokratischen Legalität, son-

---

7 MEW, 7, S. 31.
8 a. a. O., S. 23.
9 Vgl. dazu H.-J. Steinberg, Die deutsche Sozialdemokratie nach dem Fall des Sozialistengesetzes. Ideologie und Taktik der sozialistischen Massenpartei im Wilhelminischen Reich, in: H. Mommsen (Hrsg.). Sozialdemokratie zwischen Klassenbewegung und Volkspartei, Frankfurt 1974.
10 MEW, 22, S. 521 f.

dern umgekehrt vielmehr gerade der Akt der Wiederherstellung der demokratischen Republik als notwendigem Rahmen zur Veränderung der Gesellschaft. Dem entspricht es, daß Engels in seiner „Kritik des Erfurter Programms" wenige Jahre zuvor die demokratische Republik als die politische
Zentralforderung der Arbeiterklasse angesprochen hatte[11].

Daß Engels mit dieser Argumentation an eine in anderen Kontexten von
Marx selbst entfaltete These anknüpfen kann, war Bernstein bewußt. Aus
diesem Grunde versucht er auch nicht, Engels gegen Marx auszuspielen,
sondern er sieht den Zwiespalt zwischen beiden Konzepten der gesellschaftlichen Transformation als dem Marxismus selbst innewohnend und will ihn
unter der Devise „mit Marx gegen Marx" auflösen[12]. Der Ansatzpunkt,
von dem aus er dessen Problematisierung beginnt, ist daher auch nicht die
Berufung auf einen vermeintlichen Quietismus bei Engels, sondern die *Frage
nach den realen subjektiven und objektiven Konstitutionsbedingungen einer
sozialistischen Gesellschaft*. Mit dem Hinweis auf eine ungeklärte „revolutionäre Praxis" kann die Frage nach den Vorgängen bei der Transformation
der Gesellschaft angesichts der innerhalb des Marxismus selbst zutagetreten-
den Widersprüche nicht länger als beantwortet gelten.

*Es handelt sich also bei dieser Fragestellung keineswegs um das Problem der
Revolution überhaupt, sondern um das Problem der empirischen Konstitutionsbedingungen der sozialistischen Gesellschaft.* Betrachtet man die Partei-
literatur in dieser Hinsicht mit ihrer in Bebels klassischer Antwort auf die
Frage nach den Umständen der Errichtung des Zukunftsstaates angedeuteten
Lösung, daß der Übergang zum Sozialismus sosehr in die historischen Entwicklungsgesetze eingebettet sei, daß über die empirischen Vorgänge dieser
Transformation vorweg überhaupt nichts ausgesagt werden kann, so ist dies
zugleich die *Frage nach der rationalen Antizipierbarkeit der Struktur des
Umwandlungsprozesses*. Ihre Beantwortung erscheint zugleich als die theore-
tische Voraussetzung für eine aktive Handhabung und Steuerung dieses
Prozesses. Sich in diesem Punkt nicht länger mit dem Hinweis auf die Wissenschaftlichkeit vertrösten zu lassen, die jene Antizipation verbiete, ist die
Ausgangsentscheidung, die Bernstein nun vollzog[12a].

---

11 MEW, 22, S. 233 ff.
12 Bernstein, Voraussetzungen, S. 51.
12a Bei dieser Frage muß unterschieden werden zwischen der prinzipiellen rationalen
   Antizipierbarkeit einer für sinnvoll gehaltenen Konzeption der sozialistischen Transformation und einer Politik, die ihre besondere Antizipation mit Gewalt durchsetzen will,
   auch wenn diese in konkreter Lage von Mehrheiten nicht gebilligt wird. Beim zuerst
   genannten Sachverhalt handelt es sich allein darum, daß die gewünschte Transformation
   nach allem, was wir wissen können, überhaupt eine reale Möglichkeit sein kann. Ein
   Mangel an Vorstellungen dieser Art würde den Versuch, komplexe Gesellschaften grundlegend zu verändern, zu einer ziellosen Experimentiererei ausarten lassen. Der zuletzt
   genannte Sachverhalt bezieht sich im Gegensatz hierzu darauf, daß es prinzipiell das
   Recht demokratischer Mehrheiten ist, in konkreter Lage Verfahrensalternativen zu ver-

Es war aber genau diese Frage, deren Beantwortung sich Friedrich Albert
Lange und die Theoretiker der Fabian Society in Auseinandersetzung mit
ebendenselben Problemen der Marxschen Theorie ausführlich gewidmet hatten. Friedrich Albert Lange war 1864 in den Geschäftsführenden Ausschuß
des Vereinstages der deutschen Arbeitervereine neben Bebel gewählt worden
und hatte im darauffolgenden Jahr zum Zwecke der Überbrückung der
theoretischen Gegensätze zwischen den Lassalleanern und den Anhängern
des Vereinstags sein Buch „Die Arbeiterfrage" vorgelegt[13]. Zwei Jahre danach (1866) veröffentlichte er seine berühmte „Geschichte des Materialismus".
Diese Schriften sind es, mit denen sich Bernstein intensiv beschäftigte, als er
seine 1892 in der „Neuen Zeit" erschienenen Artikel über F. A. Lange vorbereitete. Auch wenn Bernstein selbst diesen Autor in seiner marxistischen
Phase eher in die Nähe bürgerlicher Sozialreformer rückt, gehörte er doch
nach dem Urteil von Franz Mehring „immer zur Parteiliteratur"[14].
Die Theoretiker der Fabian Society, mit denen Bernstein persönlich ver-
kehrte und deren Vorträge, Diskussionen und Publikationen er seit seiner
Übersiedlung nach London im Sommer 1888 auf das intensivste verfolgt
hatte[15], hatten in jahrelanger Auseinandersetzung insbesondere mit dem
Revolutionsproblem bei Marx eine Position herausgearbeitet, die als geschlossene alternative Beantwortung der Frage nach den Konstitutionsbedingungen des Sozialismus gelten konnte[16]. Erst im Laufe langer Diskus-
sionsprozesse, in denen über Jahre hinweg auch die Theorie von Marx

---

werfen, anzunehmen oder zu verändern. Die Ausübung dieses Rechts setzt in aller
Regel das Vorhandensein — gegebenenfalls alternativer — Konzeptionen voraus. Es ist
ein traditionsreiches anarchistisches Mißverständnis, daß mit der Erarbeitung von
Konzeptionen der Transformation die Freiheit der künftig handelnden Menschen eingeschränkt werde, ebenso wie es eine Anmaßung der Leninschen Tradition ist, aus dem
Vorhandensein einer Konzeption das Recht ihrer unbedingten Durchsetzung abzuleiten.
(Insofern hat Rosa Luxemburg mit ihrer berühmten Kritik der Einschränkung der
Demokratie in der russischen Revolution als Behinderung einer schöpferischen Entwicklung der Gesellschaft sicherlich Recht, wenngleich sie selbst dazu neigte, den zuerst
genannten Fehler zu machen. Vgl. diess., Gesammelte Werke, Band 4, S. 359).
13 Vgl. für den Zusammenhang Gustav Mayer, Die Trennung der proletarischen von der
bürgerlichen Demokratie in Deutschland 1863—1870 (1912), in: ders., Radikalismus,
Sozialismus und bürgerliche Demokratie, Frankfurt 1969; Langes Buch erhielt erst mit
der 3. Auflage von 1875 die Fassung, an die Bernstein anknüpfen konnte (Vgl. Rikli,
a. a. O., S. 115). Zitiert wird im folgenden aus: F. A. Lange, Die Arbeiterfrage. Ihre
Bedeutung für Gegenwart und Zukunft (1865), Winterthur 1879⁴. Das Vorwort zur
3. Auflage datiert von 1874.
14 Franz Mehring, Einleitung zu F. A. Lange, Die Arbeiterfrage, Berlin 1910, S. 26.
Bernstein selbst nennt Lange erstaunlicherweise noch 1905 einen „Kathedersozialisten",
vgl. Die heutige Sozialdemokratie in Theorie und Praxis, S. 8.
15 Vgl. Kap. 1 der vorliegenden Arbeit.
16 Vgl. dazu vor allem die grundlegende Arbeit von Edgar Reichel, Der Sozialismus der
Fabier. Ein Beitrag zur Ideengeschichte des modernen Sozialismus in England, Heidelberg 1947.

ernsthafte Proponenten gehabt hat, arbeiteten sie diese sozialistische Alternative aus, die sich auf fast alle Gebiete erstreckt, die Marx selbst für eine wissenschaftliche Theorie des Sozialismus für unerläßlich betrachtet hatte. Sie kamen gerade in den für Bernstein zentralen Aspekten zu Ergebnissen, die denen Langes sehr weitgehend ähnelten[17].

Friedrich Engels hat die Theorie und Politik der Fabian Society abfällig kritisiert. Auf dessen Charakterisierung stützt sich auch Gustafssons Urteil, sie seien im Grunde nur eine „bürgerliche Reformbewegung ohne Anknüpfung, sei es an die Arbeiterklasse, die Arbeiterbewegung oder den Sozialismus" gewesen[18]. Ein solches Urteil ist jedoch nur möglich, wenn die spezifische Form der marxistischen sozialistischen Theorie mit Sozialismus überhaupt identifiziert wird, so daß alle konkurrierenden Ansätze schon von daher die Attribute „bürgerlich" oder auch „kleinbürgerlich" verdienen. Tatsächlich fällt denn auch Gustafsson selbst wenige Seiten vorher ein anderes Urteil: „Der Fabianismus war tatsächlich die erste systematisch ausgearbeitete Version des reformistischen Sozialismus in der Zweiten Internationale"[19]. In diese Richtung zielt letztlich auch Friedrich Engels' Beurteilung. Eine theoretische Auseinandersetzung mit dem Fabismus war von marxistischer Seite nicht geleistet worden. Engels' Ablehnung ihres Ansatzes, wie er in seinen Briefen zwischen 1890 und 1895 zum Ausdruck kommt, kreiste um folgende, stets nur angedeutete Differenzpunkte:

1. Aus bloßer Angst, die sie als Bürgerliche vor der proletarischen Revolution hätten, polemisierten sie gegen diese[20].

2. Da sie aber zugleich die Unvermeidlichkeit sozialer Veränderung einsehen, plädierten sie ersatzweise für Reformen[21].

3. Ihre Distanz zur Arbeiterklasse sei im wesentlichen auf einen Bildungsdünkel mit entsprechender Verachtung des Ungebildeten zurückzuführen[22]. Die Bezeichnung ihrer Konzeption als einer bürgerlichen leitet Engels aus zwei Gründen ab:

4. Einmal seien sie ihrer sozialen Stellung nach Bourgeois, die sich zu den Arbeitern herabließen[23]. Diese Anspielung fehlt bei fast keiner Erwähnung ihres Namens.

---

17 Die Tatsache, daß sowohl F. A. Lange wie auch die Fabier in intensiver Auseinandersetzung mit Marx zur Formulierung ihrer eigenen Positionen gekommen waren, wird von Gustafsson unterbewertet.

18 Gustafsson, a. a. O., S. 147.

19 a. a. O., S. 144. Dieses Urteil stimmt bei entgegengesetzter Einschätzung des Sachverhalts mit dem Ergebnis der Arbeit von Reichel überein.

20 Engels an F. A. Sorge vom 18. 1. 1893.

21 a. a. O.

22 Diese Bemerkung läßt Engels so gut wie immer einfließen, wenn er die Fabier erwähnt. Vgl. vor allem die Briefe an F. A. Sorge vom 18. 3. 1893 und an P. Lafargue vom 11. 10. 1887.

23 Engels an F. A. Sorge vom 19. 4. 1890.

5. Zum anderen seien sie auf einen friedlichen und konstitutionellen Weg zum Sozialismus eingeschworen. Daran zeige sich der bürgerliche Charakter ihres „Sozialismus", der gleichsam von Bürgern für Bürger gemacht sei[24].
6. Besonders übel nimmt er ihnen, daß sie sich von der Marxschen Werttheorie distanzieren. Ironisch und im Bewußtsein der Undenkbarkeit einer solchen Möglichkeit merkt er an, sie fühlten sich über Marx erhaben[25]. Nur zwei der bei Engels herausgestellten Differenzpunkte können einen gewissen Anspruch auf theoretisches Niveau erheben:
7. Die enge Anlehnung der Fabier an die Liberalen und ihr ursprünglicher Verzicht auf eine eigene Arbeiterpartei führten am Ende nicht so sehr zu einer Beeinflussung der Liberalen durch sozialistische Prinzipien als vielmehr zum Scheitern und zur Verfälschung des Sozialismus selbst[26].
8. Schließlich sei in ihrer Vorstellung der Träger der Sozialisierung nicht die Nation, sondern die Kommune und aus diesem Grunde sei ihre Konzeption als sozialistische unzureichend[27].

Diese beiden Einwände sind indessen nicht stichhaltig. Die Fabier haben stets herausgestellt, daß ein Zusammengehen mit den Liberalen von den Erfolgsaussichten einer sozialistischen Einflußnahme auf deren Politik abhängt. Als diese nicht mehr gewährleistet schien, haben sie bereits zu Engels Lebzeiten zugunsten der Gründung einer eigenständigen sozialistischen Arbeiterpartei gewirkt und agitiert[28].

Die Kommune sollte zwar im Sozialismus der Fabier eine große Rolle spielen, aber nicht im Gegensatz, sondern in Abstimmung mit der Nation. Eine zweckentsprechende Verteilung der Entscheidungskompetenzen auf beide Ebenen stellte vielmehr gerade ein zentrales Diskussionsthema innerhalb ihrer Konzeption dar[29].

Engels hat gleichwohl an mehreren Stellen eine relativ wohlwollende Beurteilung der Fabier abgegeben. Kautsky gegenüber hob er z. B. hervor, daß sie nicht als Feinde behandelt werden sollten[30] und ihre kommunalpolitischen Leistungen hat er ausdrücklich gelobt[31]. Schließlich hat er sie als Sozialisten anerkannt und die Eigenarten ihres Sozialismus auf die Verhältnisse in

---

24 Engels an F. A. Sorge vom 8. 2. 1890.
25 Engels an Conrad Schmidt vom 12. 9. 1892.
26 Engels an F. A. Sorge vom 18. 3. 1893.
27 Engels an F. A. Sorge vom 18. 1. 1893.
28 Dies geschah bereits 1893 mit dem Aufruf an die Arbeiter, sich von den Liberalen loszusagen und auf die Gründung einer eigenen Partei hinzuwirken, vgl. Bernstein, Englische Parteientwicklung, in: NZ, 14, 1, (1895/96), S. 81 und Reichel, a. a. O., S. 88 f. (der irrtümlich das Jahr 1894 angibt).
29 Vgl. z. B. Sidney Webb, Socialism true and false, (1894) London 1899, S. 9.
30 Engels an Kautsky vom 4. 9. 1892.
31 Engels an L. Lafargue vom 28. 3. 1895.

England zurückgeführt. Bezeichnenderweise hob er dabei besonders hervor, daß der Eindruck der französischen Revolution, unter dem die kontinentalen Sozialisten in hohem Maße stünden, nicht in gleicher Weise die englische politische Atmosphäre geprägt habe. Auf diesen Mangel führte er die fabische antirevolutionäre Grundhaltung zurück, die er als ihren Hauptfehler und als wichtigsten Differenzpunkt zum wissenschaftlichen Sozialismus ansah[32].

Die Herstellung dieses Zusammenhangs ist deshalb außerordentlich bezeichnend, weil in der Tat gerade die Skepsis gegenüber der sozialen Schöpferkraft der Revolution derjenige Aspekt am Fabismus war, der Bernstein schließlich zu dessen Übernahme veranlaßte, zusammen mit einer ausführlichen Kritik des Marx-Engelsschen Revolutionsbegriffs, dem er ein nicht länger zeitgemäßes Verhaftetsein des gesellschaftlichen Fortschrittsdenkens an das Muster der französischen Revolution vorwarf[33].

F. A. Lange und mehr noch die Fabier haben sich zu den meisten Themen sozialistischer Theoriediskussion geäußert. Im vorliegenden Zusammenhang soll eine Beschränkung auf die Argumente zum Kernthema der obengestellten Frage stattfinden, in denen die Vorbereitung für Bernsteins eigene generative Idee zu suchen ist[34].

3.2 Das alternative Transformationsmodell F. A. Langes und der Fabier

3.2.1 F. A. Lange

Der Ansatz von F. A. Lange hat Bernsteins Wendung auf zwei Ebenen beeinflußt. Einmal war es Langes Theorie eines strategisch reflektierten Reformismus, der in wichtigen Hinsichten mit dem Konzept der Fabier übereinstimmt, welcher sich auf die generative Idee des Bernsteinschen Revisionismus unmittelbar ausgewirkt hat. Sodann hatte Lange den Sozialismus in Anknüpfung an Kant auf eine konsequentere Anwendung der Idee der Gleichheit zurückgeführt und dieser gegenüber den materiellen geschichtlichen Wirkfaktoren eine eigenständige ideelle Kraft zugesprochen. Auf den zuletzt genannten Zusammenhang, den Bernstein erst in einer späteren Phase seiner Theorieentwicklung aufgegriffen hat, wird an anderer Stelle eingegangen[35].

---

32 Engels an F. A. Sorge vom 19. 4. 1890.
33 Bernstein, Die Voraussetzungen, S. 70.
34 Diese Auffassung findet sich in ähnlicher Form bei Rikli, S. 115.
35 Vgl. Kap. 5 dieser Arbeit.

Zu unterscheiden sind Langes geschichtsphilosophische Analysen und seine reformstrategischen Überlegungen. Seine Geschichtsphilosophie ist eine eigentümliche Synthese der analogen Anwendung darwinistischer Ideen auf die gesellschaftliche Entwicklung und der Inanspruchnahme idealistischer Motive und Triebkräfte für den gesellschaftlichen Fortschritt. Diese Synthese ist von Unglätten und Inkonsistenzen nicht frei. Im vorliegenden Zusammenhang sind jedoch die Handlungsvorschläge von Interesse, die sich Lange zufolge aus der Absicht einer aktiven Durchsetzung der Idee der Gleichheit auf die gegebenen industriekapitalistischen Verhältnisse ergeben. Die Idee der Gleichheit bedarf zu ihrer Verwirklichung politökonomischer Umwälzungen in der Gesellschaft und keineswegs lediglich peripherer Nachtragskorrekturen am bestehenden System. Für eine bessere Ordnung, in der der Einzelne die dieser Idee entsprechende Schranke der eigenen Ansprüche an den Ansprüchen der anderen finden kann, muß man sich das im Kapitalismus in wenigen Händen konzentrierte Kapital „in viele Hände, sei es als gemeinsamen Besitz, sei es in der Form des Privatbesitzes, verteilt" denken[36]. Es ist nun sein nüchterner Realismus, der Lange dazu bringt, die am besten geeignete Organisation für diese Beteiligung aller am gesellschaftlichen Reichtum und den gesellschaftlichen Verfügungsprozessen weitgehend künftiger Erfahrung zu überlassen und seine eigenen Überlegungen auf die Grundsätze und Prinzipien einer solchen Veränderung zu konzentrieren. Weil er erkennt, daß nicht ein einzelnes Ziel, sondern ein zu findendes Gleichgewicht mehrerer wichtiger Ziele zu erreichen ist, stellt er die Verwirklichung dieser Ziele auch nicht einer einzelnen Maßnahme, sondern einem erfahrungsoffenen Prozeß zielgerichteter gesellschaftlicher Umwandlung anheim. Was er als Strategie entwirft, sind daher Prinzipien einer *systemverändernden Reformpolitik als einem offenen Zieloptimierungsprozeß*. Dessen Aufgabe ist das *Ausloten derjenigen Veränderungsschritte, welche die Gleichheit vermehren ohne dabei die Freiheit zu zerstören*.

Im Sinne dieser Konzeption „müssen wir wünschen, daß die Verschiedenheit der Mittel unter den Menschen so weit gemildert werde, als es durch langsam und stetig wirkende Einflüsse ohne moralisch drückende Fesseln der freien Bewegung geschehen kann"[37].

Lange bezieht sich bei der Entfaltung dieses Gedankengangs in ähnlicher Weise kritisch auf Marx, wie später die Fabier und Bernstein.

Die Marxsche Erwartung, daß die Einführung des Sozialismus eine in revolutionärer Aktion zu vollziehende kurzfristige Angelegenheit ist, widerspreche Marx' eigener Erkenntnis über das langsame Herauswachsen neuer Gesellschaften aus den alten, wie er sie für alle rückwärtsgewandten Geschichtsbetrachtungen hervorgehoben hat. Sie widerspricht gleichzeitig den

---

36 F. A. Lange, a. a. O., S. 102.
37 a. a. O., S. 132.

Durchsetzungsbedingungen für die Veränderung der Gesellschaft, wie sie sich gegenwärtig aus der Natur der Sache ergeben: „Für die Zukunft aber denkt Marx sich die Sache anders. Hier scheint ihm ein weniger langwieriger Kampf bevorzustehen, weil die ‚Expropriation weniger Usurpatoren durch die Volksmasse' leichter sei, als die ‚Expropriation der Volksmassen durch wenige Usurpatoren'. Wir gestehen, daß wir uns dieser Ansicht nicht anzuschließen vermögen, denn diese größere Leichtigkeit ist nur eine formelle und äußerliche. In Wahrheit gehört wohl ein nicht minder großer Kampf dazu um das gesellschaftliche Eigentum, und wie wir uns die Sache vorstellen, die *republikanisch organisierte Fabrik* zur herrschenden Produktionsweise zu erheben, als es zur Verdrängung der mittelalterlichen Produktion durch die moderne bedurft hat. Der Mensch ist ein viel zu dressurfähiges Wesen und die Gewohnheit des einseitigen Gehorchens und Befehlens graben sich viel zu tief und leider bis zu einem gewissen Grade auch erblich in die Gemüter ein, als daß der bezeichnete Übergang so ohne Weiteres durch einen revolutionären Akt könnte vollzogen werden. Rückfälle und Abwege aller Art würden unausbleiblich sein; womit jedoch keineswegs gesagt sein soll, daß eine in jener Absicht unternommene Revolution nicht schließlich, wenn auch auf mancherlei Umwegen, die Menschheit ihrem Ziele näher brächte. Vielmehr müssen sich die Gemüter im Kampf gegen die Unterdrückung erst stählen und vorbereiten, bevor jene Selbständigkeit, welche zur erfolgreichen Durchführung der freien, gesellschaftsweisen Produktion erforderlich ist, sich in genügendem Maße ausbildet[38]."

Langes Zielsetzung einer republikanischen Fabrik ist ohne Zweifel eine im engeren Sinne sozialistische. Hier liegt für ihn kein Differenzpunkt zu Marx. Seine Einschätzung der *sozialpsychologischen* Voraussetzungen einer Verwirklichung der vernünftigen Gleichheitsforderung veranlassen Lange dazu, von Marx selbst entwickelte analytische Argumente gegen dessen politisch-strategische Ableitungen zu kehren. Interessant ist hierbei, daß er die soziale Revolution nicht für unmöglich und auch nicht für in jeder Hinsicht destruktiv hält, aber für einen Umweg angesichts dessen, was an Lern- und Aufbauschritten in der richtigen Zielrichtung tatsächlich erforderlich scheint: „Hieraus schließen wir zunächst, daß die große, von Marx vorausgesehene Sozialrevolution, in der Nähe betrachtet, sich ganz wohl als eine Folge sehr vieler kleiner Schritte und als das Resultat eines bald in friedlichen Formen, bald stürmisch geführten Kampfes während einer längeren Periode herausstellen könnte. In diesen Kämpfen könnten aber sehr viele vermeintliche Lösungen der Arbeiterfrage, welche alle für sich betrachtet weit hinter dem großen Ziele zurückbleiben, doch in ihrer Gesamtheit eine sehr wesentliche Rolle spielen.

---

38 a. a. O., S. 249 f.

Daraus ergibt sich nun aber eine ganz neue Anschauung von der Arbeiter-frage und ihrer Lösung. Die Arbeiterfrage im Großen und Ganzen steigt allerdings weit über das Maß dessen hinaus, was ein Individuum, und wäre es der tiefste Philosoph und der klügste Staatsmann in einer Person, über-sehen und leiten kann, und in diesem Sinne gibt es in der Tat keine Lösung der Arbeiterfrage, als diejenige, welche die Geschichte bringen wird[39]."

Dieser Prozeß ist hinsichtlich der Bewährung möglicher Vorschläge und Mit-tel offen, hinsichtlich seiner Voraussetzungen, der Durchsetzungsweise der vorgeschlagenen Maßnahmen und der Prinzipien ihrer Überprüfung und Beurteilung beruht er indessen auf inhaltlichen Entscheidungen und Erkennt-nissen, die konkreterer Natur sind, als das meiste, was aus der Feder von Marx und Engels über die neue Gesellschaft geflossen ist.

„Die Befreiung der Arbeiter von der Herrschaft des Kapitals" muß mit dem Faktor *Zeit* rechnen, denn die Befähigung des Arbeiters zur gesellschaftlichen Selbstverwaltung ist ein Lernprozeß, bei dem auf der Basis jeweils schon er-kämpfter Teilhaberechte diejenigen Kenntnisse und Fähigkeiten erworben und eingeübt werden, welche die Voraussetzung dafür sind, daß der nächst-folgende Schritt darüberhinausgehender Teilhaberechte gewollt, real be-schritten und ausgefüllt werden kann. Die Teilhabepraxis, die hier ins Auge gefaßt ist, bezieht sich sowohl auf den Arbeitsbereich wie auf den politischen Rahmen. In diesem Sinne erscheinen politische und Unternehmensmitbe-stimmung als eine *strategisch reflektierte Vorstufe* zu möglicher Selbstbestim-mung. Es besteht eine politisch-strategische Interdependenz zwischen dem demokratischen Entwicklungsstand des politischen Systems, der solidarischen und kompetenten Aktionsfähigkeit der Arbeiterklasse und den Entwick-lungsmöglichkeiten der wirtschaftlichen Mitbestimmung, weil die Erfahrun-gen und Entwicklungsschritte auf jedem dieser Gebiete jeweils Voraussetzun-gen für einen weiteren Schritt auf den anderen Gebieten darstellen: „Bei einer verständigen Betrachtung der Dinge wird man einsehen, daß der weit näherliegende Schritt, den Fabriken zunächst nicht die republikanische, sondern die *konstitutionelle* Form zu geben, seine bedeutenden Vorzüge hat. Und diese konstitutionelle Form der Fabrik ist es im Grunde, was die *Ge-werkschaften* anstreben, die durch den natürlichen Takt der Arbeiter einst-weilen bei weitem den Produktivgenossenschaften vorgezogen werden. Wir werden bald sehen, daß diese Unternehmungen noch den besonderen Vor-teil haben, daß sie eine *allmähliche Steigerung* in der wirtschaftlichen Frei-heit der Arbeiter zulassen; daß diese, in demselben Maße, in welchem ihr Verständnis für den Gang des Geschäfts, ihre Einigkeit und Gewöhnung an Organisation, ihre Festigkeit und Selbstbeherrschung zunehmen, auch ihre Anforderungen steigern und einen immer größeren Einfluß auf die Leitung des Geschäfts gewinnen können[40]."

---

39 a. a. O., S. 349.
40 a. a. O., S. 370 f.

Gerade wenn die traditionelle Forderung ernst genommen wird, daß die Arbeiter ihre Befreiung selbst in die Hand nehmen müssen, empfiehlt sich dieses gradualistische Konzept, weil nur in diesem Falle die je weitergehenden Forderungen aus den jeweils jetzt gemachten Erfahrungen und gegebenen Chancen heraus entwachsen. Nur dann ist gewährleistet, daß die Arbeiter bei jedem Schritt der Entwicklung souveräner Träger ihrer Rechte sind. Im Sinne dieses Lernprozesses ist die „konstitutionelle Fabrik" die Voraussetzung für die „republikanische Fabrik". Ersichtlich handelt es sich bei diesen Überlegungen nicht darum, sich aus politischer Opportunität auf das jetzt Mögliche zu beschränken, sondern dieser Gradualismus ist reflektiert als strategisches Mittel eingesetzt, ohne das die beiden Desiderate einer wirklichen Arbeiterselbstverwaltung und einer Identifizierung der Arbeiter mit dieser Möglichkeit gar nicht realisiert werden könnten. Der Vorwurf, dies sei eine bürgerliche oder opportunistische Argumentation geht deshalb ins Leere.

Für das Vorantreiben dieses gesellschaftlichen Veränderungsprozesses mit dem Ziel einer Beseitigung der Herrschaft des Kapitals über die Arbeiter bzw. der Verwirklichung der gegenüber dem Freiheitsziel richtig gewichteten Gleichheit bedarf es dreier Voraussetzungen:

1. Eine neue demokratische Staatsform muß an die Stelle der alten treten, denn nur dann ist die Chance zur Durchsetzung der Veränderungsschritte gegeben. Gegenüber demokratisch nichtlegitimierter politischer Herrschaft besteht ein Recht auf Revolution[41].
2. Der Weg der Durchsetzung gradueller Veränderungen ist ein „bewußter Kampf für die gemeinsamen Interessen"[42] und nicht etwa der Glaube, „daß die Kapitalisten und Unternehmer sich zuletzt überreden ließen"[43].
3. Klare Prinzipien der Beurteilung der Zwischenergebnisse für den im Prinzip offenen Veränderungsprozeß müssen zur Verfügung stehen. Alle Ergebnisse und Mittelvorschläge brauchen „das Licht fester Prinzipien"[44].

Lange formuliert fünf solcher Prinzipien, die in ihrer Gesamtheit einen theoretischen Rahmen für systemverändernde Reformen konstituieren:

1. „Das erste Prinzip ist die *Anerkennung der Arbeiterfrage* in dem großen und umfassenden Sinne, in welchem wir sie hier dargelegt haben..." „Die Versuche wohlmeinender Fabrikanten, Gutsherren und anderer Unternehmer, durch ‚gute Behandlung' der Arbeiter und allerlei kleine Hausmittelchen den sozialen Frieden wieder herzustellen" wie insbesondere der Versuch etwa „den Arbeitern das Bewußtsein von der Angemessenheit ihrer Lebenslage wieder einzuflößen", sind von vornherein verfehlt[45].

---

41 a. a. O., S. 277.
42 a. a. O., S. 189.
43 a. a. O., S. 157.
44 a. a. O., S. 350.
45 a. a. O., S. 378 f.

2. „Das zweite Prinzip ist, daß jede einzelne Maßregel auf den Zweck einer *wirklichen und vollständigen Emanzipation der Arbeiter* aus ihrer unwürdigen Abhängigkeit von den Unternehmern gerichtet sei; man möge sich nun das Ziel selbst in größerer oder geringerer Ferne vorstellen. Dies kann nur dadurch geschehen, daß die *republikanisch oder konstitutionell verwaltete Fabrik* herrschend wird oder doch wenigstens so stark vertreten, daß sie im Stande ist, den Ton anzugeben. Daß hierzu *Erziehung* und *Selbsterziehung* der Arbeiter notwendig ist, haben wir gezeigt. Gerade deshalb ist es aber so ungemein wichtig, *in welchem Sinne* ein Konsumverein, ein Arbeiterbildungsverein, eine Gewerkgenossenschaft usw. begründet wird. Mit diesen Schöpfungen an sich ist nichts getan, außer insofern auch hier wieder selbst die verfehltesten und unnützesten Unternehmungen dazu dienen, die allgemeine Bewegung für Sozialreform in Gang zu halten. Ebenso wird jede politische Maßregel zu verwerfen sein, welche die Tendenz hat, etwa gegen kleine materielle Verbesserungen in der Lage der Arbeiter, die alte Abhängigkeit derselben und ihre moralische Unterordnung unter die Arbeitgeber oder unter die höheren Klassen überhaupt zu erhalten und zu befestigen[46].“

3. „Das dritte Prinzip ist, daß man *die materielle Hebung der Arbeiter nicht von der intellektuellen und moralischen trenne.* Auch dies Prinzip ist nicht ewa so zu verstehen, daß jede bloß auf materielle Verbesserungen in der Lage der Arbeiter gerichtete Unternehmung schlechthin verwerflich wäre. Unbedingt verwerflich ist eine solche Unternehmung nur dann, wenn sie darauf berechnet ist, durch materielle Vorteile den Arbeiter wieder mit seinem bisherigen Zustande der Unwissenheit und Unterwürfigkeit auszusöhnen.“ „Stoff und Methode des Unterrichts, namentlich auch in den für die reifere Jugend bestimmten Fortbildungsschulen müssen den klaren Zweck verfolgen, den Einzelnen in der Natur, in der Gesellschaft und im Staatsleben zu orientieren und ihm die zukünftige selbständige Wahrnehmung seiner Interessen, sowohl für sich allein, als auch im Verein mit anderen, möglich zu machen[47].“

4. „Das vierte Prinzip endlich ist dies, daß die *Arbeiterfrage stets im Zusammenhang mit der allgemeinen sozialen Frage erfaßt werde,* von der sie nur eine Erscheinungsform, wenn auch in unserem Zeitalter die dominierende Erscheinungsform ist“. „Es handelt sich darum, die ganze Periode fortschreitender Differenzierung in der Vermögenslage der Individuen durch den stillen aber stetigen Einfluß der Gesetze in eine Periode zunehmender Ausgleichung zu verwandeln.“ „Endlich dürfen wir nicht verschweigen, daß auch die Forderung der politischen Dezen-

---

46 a. a. O., S. 379 f.
47 a. a. O., S. 381.

tralisation mit möglichst demokratischer Einrichtung der lokalen und der Kreis- und Bezirksverwaltungen hier eine erhöhte Bedeutung gewinnt[48]."

5. „Als fünftes und letztes Hauptprinzip können wir endlich noch die Gewährung möglichster *Freiheit der Bewegung* für alle diejenigen Schritte fordern, durch welche sich die Arbeiter selbst aus ihrer bisherigen Ohnmacht und Erniedrigung zu erheben suchen. Wir zählen dahin nicht nur die Unternehmungen der sozialen Selbsthilfe im engeren Sinne des Wortes, sondern namentlich auch die nationalen und internationalen Verbindungen der Arbeiter zum Widerstande gegen die Kapitalmacht, ihre Vereine aller Art, ihre Presse usw.[49]."

Mit diesen Prinzipien soll nicht nur eine hinsichtlich des eigentlichen sozialistischen Ziels der umfassenden Selbstbestimmung unproduktive gesellschaftliche Katastrophe verhindert werden, sie sollen vielmehr „die glückliche Hinüberführung der Errungenschaften unserer Kultur auf den Boden einer neuen Gesellschaft" gewährleisten[50]. Bei dieser Konzeption handelt es sich daher um einen konstruktiven Sozialismus, der die Vorstellung aufgegeben hat, seine Ziele ließen sich „durch irgendein denkbares Mittel am Morgen nach einer Revolution"[51] verwirklichen, denn die Fähigkeiten und die Bereitschaft, sowie der zielgerichtete informierte Wille für die Organisation einer sozialistischen Gesellschaft der wirklichen Selbstverwaltung werden sich nicht automatisch aus institutionellen Veränderungen oder dem Zerstören der alten Herrschaft ergeben. Tatsächlich muß sich der Arbeiter „zur geistigen Freiheit und Selbständigkeit erheben..., bevor er diesen Sieg erringen und benutzen kann"[52]. Die Betonung liegt in diesem Argument auf dem „Benutzen können".

Lange geht davon aus, daß in der bestehenden Gesellschaftsstruktur in unterschiedlichem Grade die als Organisations*prinzipien* verstandenen Modelle „*Kapitalismus*" und „*Kommunismus*" in einer Mischung vorhanden sind und daß sie niemals als reine Modelle wirklich oder wünschenswert sein können: „Man darf aber nur auf die strenge Bedeutung der Worte zurückgehen und die Verhältnisse prüfen, wie sie sind, so wird man sich alsbald überzeugen müssen, daß wir im Staat, in der Gemeinde, Familie, in Vereinen, Behörden und Genossenschaften aller Art so unendlich viel Kommunismus haben, daß man die Welt, wie sie ein einseitiger Individualist haben möchte, ebensowohl für eine Utopie erklären darf, als die Welt, wie der Kommunist sie sich ausdenkt[53]."

---

48 a. a. O., S. 382 und 383.
49 a. a. O., S. 387.
50 a. a. O.
51 a. a. O., S. 388.
52 a. a. O., S. 390.
53 a. a. O., S. 280.

Die Gesellschaftsmodelle des Kapitalismus und des Kommunismus (im Sinne realisierter Gleichheit) werden also nicht als autark-kristallförmige Gebilde verstanden, die jeweils ganz rein oder gar nicht bestehen, sondern als Organisationsprinzipien und -strukturen, die in gegebenen Gesellschaften jeweils in Teilbereichen und in verschiedenen Graden realisiert sein können. Die Prinzipien der Reformpolitik, die nicht selbst ein Programm, sondern Maßstab für jedes konkrete Programm sein wollen, gewinnen von daher ihren grundlegenden Sinn. Sie konstituieren eine gesellschaftliche Veränderung, bei der die „kommunistischen" Strukturen der gesellschaftlichen Verantwortung und Kontrolle in wachsendem Maße auf unterschiedlichen Ebenen zugleich ausgebaut werden.

Der Ansatz dieser Strategie ergibt sich also aus folgenden analytischen und normativen Voraussetzungen:

1. Aus dem skizzierten Verständnis des Sozialismus als Organisationsprinzip;

2. aus dem Erfordernis vorgängiger und zur gesellschaftlichen Veränderung simultaner Lernprozesse für die Arbeiterklasse;

3. aus der Einsicht, daß solche Lernprozesse nur über die Erkämpfung und Ausübung realer Teilhaberechte erworben werden;

4. aus der Annahme, daß ein demokratisierter (und weiter zu demokratisierender) Staat zur Beförderung dieses graduellen Emanzipationsprozesses in der Lage ist;

5. aus der Erkenntnis, daß nur die Arbeiter selbst den Weg ihrer Emanzipation gehen können, weil sie auch als noch nicht zureichend kompetente in jedem Augenblick sittlich autonome Subjekte sind[54], d. h. die ihnen zustehenden Selbstbestimmungsrechte auch selbst wahrnehmen müssen, weil sie nur durch eigene Erfahrungen lernen und weil nur durch eigene Erfahrungen bedingte weitergehende Forderungen wirklich angenommen und ausgefüllt werden;

6. aus der Überzeugung, daß das Gesamt und der Zusammenhang der gesellschaftlichen Organisationsstrukturen, die ein optimales Verhältnis von Freiheit und Gleichheit verbürgen, nicht vorweg zu erfinden, sondern in der praktischen Entwicklung erst zu erfahren ist (dasselbe gilt für das Verhältnis von Zentralismus und Dezentralisierung).

Es braucht hier nicht erörtert zu werden, welche Mittel Lange zunächst für angemessen hält (Öffentliche Unternehmungen, Aufhebung des Erbrechts, konstitutionelle Fabrik, verändertes Bildungssystem, Demokratisierung und Dezentralisierung des politischen Systems, Genossenschaften, Gewerkschaftskämpfe, Aufteilung des Bodeneigentums in Nutzungs- und Verfügungseigentum u. a. m.). Es kann keinem Zweifel unterliegen, daß diese auf eine Vielfalt der Mittel abstellende gradualistische Strategie sich aus Gründen

---

54 a. a. O., S. 359.

der adäquaten Zielerreichung selbst ergibt und keineswegs nur als „realpolitischer" Kompromiß mit den bestehenden Machtverhältnissen. *Das ausschlaggebende Moment für die Zug-um-Zug-Strategie ist die Notwendigkeit der sozialen und technischen Lernprozesse der Arbeiterklasse als Voraussetzung umfassender Gleichheit und Selbstbestimmung.*

3.2.2 Die Fabier

Das Ergebnis der jahrelangen theoretischen Auseinandersetzung der Gesellschaft der Fabier mit der Theorie von Marx und anderen Ansätzen sozialistischer Politik waren die 1888 öffentlich gehaltenen Vorträge, die im folgenden Jahr unter dem Titel „Fabian Essays in Socialism" veröffentlicht wurden und größtes Aufsehen und weiteste Verbreitung zur Folge hatten. „Zu dieser Zeit kam Bernstein nach London und ließ sich dort nieder. Hier wurde er mit einem konsequenten Bernsteinianismus — vor Bernstein konfrontiert. Der einzige Unterschied war, daß Bernstein seine Doktrin in einer detaillierten Polemik mit dem Marxismus ausarbeiten mußte. Die Fabier konnten ihre Lehre unmittelbar in positiver Form vorlegen, denn sie hatte nichts zu revidieren[55]." So richtig sich bei eingehender Analyse der erste Teil dieser Darstellung Gustafssons erweist, so ungerechtfertigt ist indessen der zweite, wenn er den Eindruck entstehen läßt, die Fabier hätten sich gleichsam an Marx vorbei entwickelt. Das Gegenteil ist der Fall. Sowohl in strategischen und taktischen Fragen des politischen Vorgehens[56] als auch in der für das marxistische Selbstverständnis als Scheidungskriterium von Engels bis zum heutigen Marxismus für ausschlaggebend gehaltenen Frage der Arbeitswertlehre befand sich zumindest ein Teil der Fabier ursprünglich durchaus auf marxistischen Positionen[57]. Erst als Resultat einer gründlichen, organisierten und über mehrere Jahre hinweg geführten theoretischen Auseinandersetzung mit dessen Positionen bildeten sie die Konzeptionen heraus, die in den Fabian Essays zum Ausdruck kommen und dem Fabismus sein spezifisches Gepräge verleihen.

Im Zentrum aller Überlegungen des Fabismus steht die Frage nach den Bedingungen des Übergangs zum Sozialismus. Seine eigene Stellung bezieht er in kritischer Auseinandersetzung mit den Hoffnungen oder Drohungen eines katastrophenartigen plötzlichen Zusammenbruchs des Kapitalismus mit ebenso unvermittelter Errichtung einer sozialistischen Gesellschaft. Völlig

---

55 Gustafsson, a. a. O., S. 150.
56 Vgl. S. Webb, Socialism true and false, S. 3 und Reichel, a. a. O., S. 60 ff.
57 Vgl. die Appendices v. G. B. Shaw zu den Fabian Essays, London 1962⁶, S. 257 ff. und ders., On the History of Fabian Economics, in: Pease. The History of the Fabian Society, London 1925, S. 273 ff. und R. W. Ellis (Hrsg.), Bernard Shaw & Karl Marx. A Symposium 1884—1889, New York 1930.

grundlos ist daher Bernsteins später wiederholt vorgebrachtes Schutzargument gegen die Entwertung seines Ansatzes als einer Sicht der deutschen Verhältnisse durch die unpassende englische Brille, die Fabier hätten sich mit der ihn in erster Linie interessierenden Katastrophentheorie in jenen Jahren gar nicht beschäftigt[58]. Gerade sie bildete vielmehr den negativen Bezugspunkt der gesamten fabischen Konzeption. Bernstein hat lediglich in dem mit dem Wortlaut seiner Formulierung übereinstimmenden listigen Sinne Recht, daß zu dem Zeitpunkt, als er selbst seine Kritik an der Katastrophentheorie formulierte, die Fabier die abstrakt theoretischen Klärungen bereits weitgehend für abgeschlossen erachteten und ihr Hauptaugenmerk verschiedenen konkreten Projekten zugewandt hatten[59]. Sein Hinweis auf die Distanz, die er gegenüber der auch später von ihm für spezifisch englisch gehaltenen Agitationsweise der Fabier bei allem Respekt ihnen gegenüber beibehalten habe, stimmt ebenfalls im Sinne der Formulierung, verfehlt indessen wiederum den Kern der Sache[60].

Da die selbst von Friedrich Engels kritisierte orthodox-marxistische Partei Englands, die Social Democratic Federation all jene auf die gesellschaftliche Katastrophe zugespitzten Erwartungen für den Sozialismus in viel einseitigerer und daher auch eindeutigerer Weise verkörperte als die führenden Persönlichkeiten innerhalb der deutschen Sozialdemokratie, und da die Fabier die Theorien von Marx genau kannten, haben sie vielmehr die Auseinandersetzungen, die Bernstein später führen sollte, in den meisten wichtigen Fragen vorweggenommen und damit den Bernsteinschen Problemeinstieg ganz entscheidend vorgeprägt. Der einzige Unterschied war der, daß sie mit einer Beachtung findenden geschlossenen Konzeption erst hervortraten, nachdem sie ihre internen theoretischen Auseinandersetzungen zu einem einvernehmlichen Abschluß gebracht hatten, während Bernstein gegen eine fest etablierte alternative Position in schwierigen Gefechten jahrelang ankämpfen mußte.

Die spezifische Differenz des Fabismus zum marxistischen Transformationsmodell besteht darin, daß er ein „konstruktiver Evolutionismus" ist[61]. Er ist um den wissenschaftlichen Nachweis bemüht, daß der gleichwohl radikal verstandene Sozialismus anders als auf dem Wege seiner graduellen Konstruktion in Teilelementen und Teilstrukturen nicht verwirklicht werden kann. Es wäre ein völliges Mißverständnis, den Konstitutionalismus der Fabier so zu interpretieren, als resultierte er aus einem unreflektierten und unbedingten Legalismus. Sie sind im Gegenteil der Auffassung, daß sich gerade ein radikaler gesellschaftlicher Wandel, soll er sich nicht auf das Aus-

---

58 Bernstein, Entwicklungsgang, S. 23.
59 Vgl. Reichel, a. a. O., S. 65.
60 Bernstein, a. a. O.
61 Vgl. Anm. 77a, Kap. 1.

wechseln von Führungspersonen beschränken, unter den spezifischen Bedingungen der kapitalistischen Industriegesellschaft anders als durch schrittweise Einführung von Organisationselementen, die seinen Normen genügen, nicht bewirken läßt. Als radikale Sozialisten, die zugleich wissenschaftliche Realisten sind, sind sie zu der Überzeugung gekommen, daß ein schlagartiger Wandel der Gesellschaft in Richtung auf die sozialistischen Ziele prinzipiell nicht möglich ist. Shaw selbst hat ausdrücklich erklärt, daß die Fabier einem revolutionären gesellschaftlichen Umschwung nicht unbedingt ablehnend gegenüberstehen würden, wenn dessen Möglichkeit rational dargetan werden könnte[62].

Als Grundlagen und Konsequenzen dieser konstruktivistischen Position sind die meisten der fabischen Theorien zu verstehen. Das gilt in besonderer Weise für die Fabian Essays, die den Entwurf ihrer zusammenhängenden Grundlegung darstellen. Trotz der Form ihrer Gliederung in acht Aufsätze von sieben Verfassern stellen sie ein in sich geschlossenes Konzept der theoretischen Begründung und der Entfaltung einer strategischen Perspektive für diesen Ansatz dar. Dieses Programm enthält eine logische Gliederung in

1. wissenschaftlich-analytische Voraussetzungen,
2. normative Grundlagen sowie
3. Zielperspektiven und strategische Maximen[63].

Die wissenschaftlich-analytischen Grundlagen werden in den ersten drei Kapiteln der Abhandlung auf „ökonomischer", „historischer" und „industrieller" Ebene entfaltet. Im vierten Kapitel werden Inhalt und Grundlagen der moralischen Normenbasis dargestellt, aus deren Anwendung auf die zuvor entfalteten Erkenntnisse sich der sozialistische Zielumriß sowie die grundlegenden strategischen Maximen ergeben. Der Zielumriß wird in den Kapiteln 5 und 6 vorgeführt, während die strategischen Maximen den Inhalt der beiden folgenden Kapitel bilden.

Es kann keinerlei Zweifel daran bestehen, daß die Fabian Society als unerläßliches Organisationsmittel für die Verwirklichung ihrer moralischen Ziele die Vergesellschaftung sowohl des Grundeigentums als auch des Kapitaleigentums angestrebt hat. Dies ist nicht nur durch unzählige autorisierte Formulierungen in den Essays sowie den zahlreichen Fabian Tracts belegt, sondern Bestandteil der „Grundsätze der Gesellschaft der Fabier", denen jedes Mitglied durch Unterschrift zustimmen mußte. Dort heißt es: „Die Gesellschaft der Fabier besteht aus Sozialisten. Sie erstrebt daher die Neuorganisation der Gesellschaft durch die Befreiung des Bodens und des In-

---

62 In: Fabian Essays, S. 218.
63 Darin wird implizit das Wissenschaftsverständnis der Fabier deutlich. Reichel nennt den Fabismus im Hinblick darauf einen im eigentlichen Sinne wissenschaftlichen Sozialismus, a. a. O., S. 228. Auch auf dieser Ebene ist Bernstein vom Fabismus stark beeinflußt.

dustriekapitals vom individuellen und Klasseneigentum und seine Übergabe an die Gemeinschaft zum gemeinsamen Nutzen. Nur auf diesem Wege können die natürlichen und erworbenen Vorzüge des Landes vom ganzen Volke gleich geteilt werden[64]." Das Ziel, das damit erreicht werden soll, ist die „praktische Chancengleichheit" für jedermann, die zugleich die größtmögliche individuelle Freiheit sichern soll[65]. Es entbehrt daher jeder Rechtfertigung, wenn Bo Gustafsson die Ziele der Fabian Society mit dem Satz charakterisieren möchte, daß „die Grundlagen der bestehenden Gesellschaft erhalten bleiben sollten"[66]. Diese Grundlagen sollten vielmehr vollständig umgewandelt werden zugunsten einer kollektiven Verfügung über die Produktionsmittel. In dieser Hinsicht unterscheiden sich die Fabier von marxistischen Zielsetzungen, soweit sie in den Werken von Marx und Engels ausformuliert wurden, nicht. Die Hauptdifferenzen zum Marxismus, teils nur, wie er in den Parteien der II. Internationale verstanden wurde, teils aber auch, wie er im Werk von Marx selbst, wenn auch mitunter neben anderen Ansätzen, vertreten wurde, bestehen in folgenden Punkten:

1. Die Arbeitswertlehre wird aus theoretischen Gründen zugunsten der Grenznutzentheorie abgelehnt. Die Tatsache des „Mehrwerts", dessen private Aneignung als Ungerechtigkeit gebrandmarkt wird[67], wird konstatiert und für ein Kennzeichen des Kapitalismus und Hauptgrund seiner Unakzeptierbarkeit deklariert. Das Zustandekommen dieses „unverdienten Mehrwerts" wird indessen nach einem anderen theoretischen Modell erklärt, bei dem die monopolistische Verfügung über Boden und Kapital eine ausschlaggebende Rolle spielt. Weil der „unverdiente Mehrwert" Resultat der gesellschaftlichen Arbeit ist, muß nach Ansicht der Fabier die Gesellschaft gemeinsam darüber verfügen können[68]. Schon der analytische Ansatz läßt erkennen, was Hauptinhalt der nachfolgenden Thesen ist, daß sowohl die monopolistische Verfügung über Boden und Kapital als auch die individuelle Aneignung des unverdienten Mehrwerts in einer gradualistischen Strategie zugunsten gesellschaftlicher Kontrolle eingeschränkt werden kann. Die Übertragung der Rente und der Verfügungsgewalt auf die Organe der Gesellschaft kann dieser Analyse zufolge Zug um Zug geschehen, ohne das Ziel ihrer vollständigen Überführung preiszugeben, wenn diese wünschenswert erscheint.

2. Allein schon durch die Auszeichnung einer eigenständigen moralisch-normativen Basis in den Fabian Essays, mehr noch durch ausdrückliche Bekräftigungen an zahlreichen Textstellen, haben die Fabier klargemacht,

64 Abgedruckt in: Reichel, a. a. O., S. 238.
65 Vgl. a. a. O., S. 105—114.
66 Gustafsson, a. a. O., S. 146. Damit soll zugleich Bernstein, der ja am Fabismus anknüpft, in ein entsprechendes Licht gerückt werden.
67 Z. B. Shaw, in: Fabian Essays, S. 56.
68 a. a. O., S. 59.

daß sie den Fortschritt zum Sozialismus nicht von autodynamischen geschichtlichen Evolutionsgesetzen erwarten[69], sondern nur in dem Maße für möglich erachten, wie aktives und zielgerichtetes menschliches Handeln ihn herbeiführt[70]. Die Zielrichtung von Webbs Beitrag über die historischen Grundlagen des Sozialismus, in dem er eine Vielzahl von Belegen für eine schon in Gang befindliche Entwicklung in Richtung auf den Sozialismus zusammenträgt, besteht nicht darin, einen historischen Entwicklungsautomatismus für den Sozialismus in Anspruch zu nehmen, sondern in der Schaffung wissenschaftlicher Grundlagen für die sozialistische Zielsetzung und Strategie.

a) Zunächst möchte er durch einen Rückblick auf die bekannten historischen Wandlungsprozesse verdeutlichen, daß es kein historisches Beispiel für die Annahme gibt, bestehende Gesellschaftsstrukturen könnten plötzlich in utopische Alternativen verwandelt werden oder durch revolutionäre Aktionen könnten gesellschaftliche Strukturen plötzlich vollständig umgewandelt werden.

b) Dann demonstriert er, wie die Entwicklung der gesellschaftlichen und wirtschaftlichen Strukturen selbst und insbesondere die Lösungen, die sogar die nichtsozialistischen Regierungen für die politischen Probleme der modernen Gesellschaften akzeptieren mußten, in einem erheblichen Maße das Gepräge des sozialistischen Organisationsprinzips der Gesellschaft an sich tragen. Wenn die Entwicklungstendenzen der Gesellschaft und die spontan erzwungenen Lösungen für die von ihr hervorgebrachten Probleme in dieselbe Richtung zielen wie die Normen der sozialistischen Gesellschaftsorganisation, dann ist der Nachweis ihrer Möglichkeit und Tunlichkeit erbracht. Insofern können die vorgetragenen Tatsachen als wissenschaftliche Stützen des sozialistischen Programms dienen. Dieses sozialistische Prinzip, das aus dem Versuch, demokratisch bewirkte Lösungen für die aus der industriellen Revolution entstandenen sozialen Probleme zu finden, „unvermeidlich" schon hervorgetreten ist, gilt es nunmehr bewußt herauszuarbeiten und aktiv anzuwenden.

Webb führt eine lange Liste von Gesetzen an, die ihrer Zielrichtung nach die Durchsetzung gesellschaftlicher Kontrolle und Verantwortung gegen individuelle Willkür und privaten Machtmißbrauch darstellen und die entgegen der vorherrschenden politischen Ökonomie des laisser-faire-Liberalismus und trotz aller entgegengerichteten Anstrengungen der liberalen Fabrikanten erlassen werden mußten, um mit den entstandenen gesellschaftlichen Problemen angesichts des wachsenden Einflusses des Volkes auf die Gesetzgebung überhaupt noch fertig werden zu können. Gesetze, die Mindestquali-

---

69 Die entsprechende Behauptung Gustafssons entbehrt der Grundlage, vgl. a. a. O., S. 151.
70 Vgl. auch Reichel, a. a. O., S. 115 f.

täten bestimmter Warengruppen festlegen, Fabrikgesetze, Gesetze über die öffentliche Gesundheit, Handelsgesetze, Gesetze über Sicherheitsbestimmungen in Bergwerken u. a. m. sind Beispiele für die Durchsetzung gesellschaftlicher (kollektivistischer) Organisationsprinzipien gegen die in der Ideologie nach wie vor herrschenden individualistischen Grundsätze.

Darüber hinaus hat der Staat, wie Webb demonstriert, im Verlaufe der letzten Jahrhunderte eine wachsende Zahl von gesellschaftlichen Funktionen in seine eigene Regie übernommen, die zuvor von Privaten betrieben worden sind.

Diese Beispiele gelten Webb zugleich als Beweis dafür, daß der Fortschritt in der Durchdringung der Gesellschaft mit dem sozialistischen Prinzip nicht begründeterweise in der Form erwartet werden kann, daß das alte Organisationsprinzip mit einem Mal und gänzlich abgelöst und durch das neue ersetzt wird. Stattdessen erweist sie die Gesellschaft als ein Strukturkomplex, in dem unterschiedliche Organisationsprinzipien in verschiedenen Funktionsbereichen in wechselndem Grade und in unterschiedlichen Formen realisiert sein können. Deren Durchsetzung läßt sich im wesentlichen nur graduell bewirken.

In diesem Sinne spricht Webb von einem „unbewußten Sozialismus" als der „schrittweisen Evolution der neuen Ordnung aus der alten, ohne Bruch der Kontinuität oder abruptem Wandel des ganzen gesellschaftlichen Gewebes an irgend einem Punkt während des Prozesses"[71].

3. Schließlich ist Webb um den Nachweis bemüht, daß von einer graduellen Verwirklichung des Sozialismus sinnvollerweise gesprochen werden kann. Er stellt zu diesem Zwecke eine Analyse an, die aufweist, daß die sozioökonomischen Strukturen der Industriegesellschaft aus einer Reihe von Funktionszusammenhängen bestehen. Die einzelnen Funktionen können nun entweder in privater Disposition oder in gesellschaftlicher Disposition mit teilprivaten und teilöffentlichen Befugnissen sein. In der Konsequenz dieses Ansatzes entfaltet er eine *frühe Form der Theorie des funktionalen Sozialismus*[72]. Betrachtet man nämlich die Folgen der Eingriffe des Staates in die privatwirtschaftliche Sphäre, so entdeckt man, daß all die im Interesse der Gesamtgesellschaft erlassenen Gesetze zur Regelung sozioökonomischer Zusammenhänge ebensoviele Verlagerungen privater Dispositionsbefugnisse in die Hand von Organen der Gesellschaft sind. Die rein private Dispositionsbefugnis des Kapitalbesitzers, die ja allein dem Prinzip des Besitzliberalismus entsprach, wurde auf diese Weise teils aufgelöst und teils eingeschränkt durch unterschiedliche Formen gesellschaftlicher Kontrolle: „Die Freiheit der Eigentümer, den Eigentumslosen den Tribut der Rente und des Zinses abzu-

---

71 In: Fabian Essays, S. 82 und S. 63.
72 Vgl. dazu G. Adler-Karlsson, Funktionaler Sozialismus, Zug-Düsseldorf 1973.

pressen, wurde eingegrenzt, völlig beschnitten, verhindert und verboten in unterschiedlicher Richtung. Scheibe um Scheibe ist schrittweise vom Profit des Kapitals und damit auch von seinem Verkaufswert abgeschnitten worden durch gesellschaftlich nützliche Restriktionen gegenüber der Freiheit des Kapitalbesitzers, sein Kapital nach freiem Willen zu benutzen[73]."

Ergänzend zu den Ausführungen Webbs hat Shaw in einem der folgenden Kapitel in den Fabian Essays dargelegt, wie nach der Vorstellung der Fabian Society Zug um Zug in aufeinander abgestimmten Schritten die Verfügungsgewalt über das Kapital und die Verwendung des Mehrprodukts aus den Händen der privaten Kapitalbesitzer in die Hände der Gesellschaft verlagert werden sollten. Als gesellschaftlicher Träger der Sozialisierung wurde in erster Linie die Kommune gesehen, die aber der Nation verantwortlich bleiben sollte. Dieser funktionalsozialistische Ansatz, der eine Gesellschaftsformation nicht als einen Kristall betrachtet, der zerschlagen und im ganzen ersetzt werden muß, sondern als einen Organismus unterschiedlicher Funktionszusammenhänge, ist nicht nur die wissenschaftlich-analytische Grundlage für eine Strategie der graduellen Einführung sozialistischer Organisationsprinzipien, sondern er legt auch die Erwägung unterschiedlicher Formen der sozialen Kontrolle nahe, je nach gesellschaftlicher Bedeutung und operativer Gestaltung der einzelnen Funktionen. Insofern enthält er auch eine Hinwendung zu einer „multimedialen", ihre Mittel differenzierenden Transformationsstrategie[73a]. Die private, nicht der Gesellschaft verantwortliche Verfügungsgewalt über Produktionsprozesse, Produkte und die Verwendung des Mehrproduktes soll durch unterschiedliche Formen der Übernahme oder Eingrenzung der Kontrolle durch jeweils zu bestimmende und zu erprobende gesellschaftliche Verfahren nach und nach gänzlich sozialisiert werden. Die Sozialisierung der Funktionen erfolgt z. B. über die Steuergesetzgebung, durch Vorschriften über Arbeitsplatzgestaltung, über die Länge des Arbeitstages, über Warenqualitäten, durch Fabrikinspektionen oder aber durch direkte Übernahme von Betrieben oder Leistungen in die Hand des Staates selbst u. a. m.[74].

Es leuchtet ein, daß ein solch erfahrungsoffener Zielverwirklichungsprozeß der Wissenschaft eine veränderte Rolle zumessen muß. Hier gilt es nämlich, durch empirische Untersuchungen der jeweiligen Funktion und dem jeweiligen Zeitpunkt der gesellschaftlichen Entwicklung angemessene Formen der sozialen Kontrolle zu ermitteln, statt nur allgemein Untersuchungen

---

73 In: Fabian Essays, S. 78 f.
73a In der gegenwärtigen Diskussion hat Fritz Vilmar einen ganz ähnlichen Ansatz entfaltet, der mit dem Stichwort „multifrontale" Reformstrategie gekennzeichnet ist. Vgl. ders., Strategien der Demokratisierung, 2 Bände, Darmstadt und Neuwied 1973.
74 Vgl. Fabian Essays, S. 81 f.

darüber anzustellen, daß die gesellschaftlichen Gesetze dereinst den Sozialismus herbeibringen werden. Für dieses Verständnis des Verhältnisses von Wissenschaft und Sozialismus ist die Rolle der Wissenschaft für die Ausarbeitung jeder einzelnen Maßnahme von entscheidender Bedeutung. Wissenschaft erfüllt diese Funktion aber nur als empirisch orientierte Untersuchung des Zusammenhangs gesellschaftlicher Teilstrukturen[75]. Setzt man die Forderungen Webbs nach Bewußtmachen des unbewußten Sozialismus und einer aktiven Anwendung seiner Prinzipien bei der gesellschaftlichen Gestaltung voraus, sowie die große Bedeutung, die die Fabier ihrer Agitation beigemessen haben, so ist seine Formel, daß der Sozialismus unvermeidlich sei, solange die Demokratie bestehen bleibt, vor objektivistischen Mißverständnissen geschützt. Diese Unvermeidlichkeit ergibt sich für ihn aus dem Widerspruch zwischen der politischen Demokratie, die den Arbeiter als gesellschaftliche Mehrheit zum Regenten des Landes macht und dem kapitalistischen Wirtschaftssystem, das ihn zum Schicksal eines eigentumslosen Fremden im eigenen Lande verdammt[76]. Dieser Widerspruch kann keinen Bestand haben. Seine Auflösung ist aber allein von zielbewußtem Handeln zu erwarten: „Es darf keineswegs angenommen werden, daß diese Anfänge gesellschaftlicher Erneuerung bewirkt wurden, ohne daß die Vorschläge für ihre bewußte Ausbreitung eingesetzt worden sind, ohne die bewußte Anstrengung einzelner Reformer. Der ‚Zeitgeist‘ ist mächtig, aber er kann ohne Gesetzgeber keine Gesetze erlassen ... Es liegt immer noch beim Individuum, der gesellschaftlichen Entwicklung entgegenzutreten oder sie zu fördern, bewußt oder unbewußt, entsprechend seinem Charakter und seiner Information ...[77].“

War es das Ziel der Argumentation von Sidney Webb, den historischen und gesellschaftsanalytischen Nachweis zu erbringen, daß sich die Einführung eines als umfassende gesellschaftliche Kompetenz und Kontrolle verstandenen Sozialismus tatsächlich graduell und in unterschiedlichen Formen vollzieht, so arbeitet Shaw in seinem zweiten Beitrag das Kernthema des fabischen Sozialismus noch schärfer und mit veränderter Argumentation heraus. Dieses Kapitel läßt schon durch seine Überschrift „Der Übergang (zur sozialen Demokratie)“ deutlich werden, daß es hier um den innersten Kern des fabischen Sozialismusverständnisses geht. Hier liegt der entschiedenste Gegensatz zum Marxismus. Denn gerade den Übergang zum Sozialismus, den der Marxismus mit Hinweis auf seinen wissenschaftlichen Charakter konzeptionell fast vollständig der Zukunft überlassen wollte, ist das zentrale Gebiet der theoretischen Anstrengungen der Fabian Society.

---

75 Vgl. den Beitrag von Annie Besant, a. a. O., S. 184 ff. und den Aufsatz von Shaw, Illusionen des Sozialismus, in: Forecasts of the Coming century by a decade of writers, Manchester.
76 In: Fabian Essays, S. 72.
77 a. a. O., S. 82.

Shaw arbeitet vor allem zwei Aspekte, die bei Webb angedeutet waren, schärfer heraus.

a) Eine andere Form des Übergangs zum Sozialismus als die schrittweise Realisierung seiner Prinzipien ist in komplexen Industriegesellschaften rational nicht vorstellbar und praktisch mit Sicherheit zum Scheitern verurteilt.

b) Jede Veränderung am Funktionszusammenhang komplexer Gesellschaften ist vor der Realisierung theoretisch zu prüfen. So sind sozialistische Reformen nicht lediglich Ausbesserungen, die das bestehende System erträglicher machen sollen, sondern Bausteine der sozialistischen Gesellschaft selbst.

Die Argumente Shaws für die rationale Alternativlosigkeit der gradualistischen Strategie sind deshalb von besonderem Interesse, weil sie unter Beweis stellen, daß die fabische Bindung an eine demokratisch-reformistische Strategie nicht der legalistischen Erwägung entspringt, bestehende Gesetze seien als solche unantastbar und infolgedessen gesellschaftliche Veränderungen immer nur in den von ihnen gezogenen Grenzen zulässig. Der Grundsatz des konstruktiven Gradualismus entspringt vielmehr der Erkenntnis, daß nur abgestimmte längerfristige Wandlungsprozesse in komplexen Gesellschaften zielgerechte Veränderungen herbeiführen können. Deren Kontinuität und Zielgerechtigkeit wird aber in der Demokratie darum am besten garantiert, weil hier die am Sozialismus interessierte gesellschaftliche Mehrheit beides gewaltlos erzwingen kann. Wenn eine spontane zielgerechte Transformation komplexer gesellschaftlicher Strukturen nicht denkbar ist, so gewinnt die Demokratie als Einflußsicherung der an sozialistischer Politik interessierten gesellschaftlichen Mehrheiten über ihren Eigenwert hinaus die strategische Funktion der Absicherung des Tempos und der Richtung dieses längerfristigen Wandlungsprozesses. Das war es, was Webb meinte, als er davon sprach, daß der Sozialismus nur die ökonomische Kehrseite der Demokratie sei. Vom *Ansatzpunkt der organisationssoziologischen Notwendigkeiten einer komplexen gesellschaftlichen Struktur* her kommt Shaw zu dem gleichen Ergebnis: „Wir haben den besonderen Begriff Sozialdemokrat, der den Mann oder die Frau bezeichnet, die durch die Demokratie das gesamte Volk am Staat teilhaben lassen wollen, damit der Staat mit der Bodenrente des Landes betraut werden kann und schließlich mit dem Boden, dem Kapital und der Volkswirtschaft — mit allen Produktionsmitteln, kurz gesagt, die heutzutage der Begierde unverantwortlicher Einzelpersonen überlassen sind.

Die Vorzüge eines solchen Wandels sind für alle, außer für die vorhandenen Privateigentümer und ihre Parasiten so offensichtlich, daß es notwendig ist, die Unmöglichkeit seiner sofortigen Durchführung hervorzuheben. Junge Sozialisten neigen zur Katastrophentheorie — sie stellen sich das revolutionäre Programm als eine Angelegenheit von 24 lebhaften Stunden vor, wo der Individualismus am Montag Morgen noch in voller Blüte ist, am Montag Nachmittag das Proletariat sich in einer revolutionären Flutwelle erhebt und der Sozialismus am Dienstag in voller Funktion ist. Wer ein so glückliches Eilverfahren für möglich hält, wird es natürlicherweise für absurd und selbst für unmenschlich halten, vor einem Blutbad zurückzuschrecken, um es herbeizuführen. Er kann beweisen, daß die Fortdauer des gegenwärtigen Systems um ein Jahr mehr Leiden mit sich bringt als in einen Montag Nachmittag hineingestopft werden kann, wie blutrünstig immer er sein mag... Der erfahrene Sozialdemokrat bekehrt seinen zu temperamentvollen Gefolgsmann, indem er zunächst einräumt, daß es die Sache Wert wäre, den Umschwung als Katastrophe zu vollziehen, wenn das möglich wäre, und indem er dann zu der Darlegung übergeht, daß es einer Umstellung der produktiven Industrie bedarf, um die Nachfrage bei einer völlig neuen Verteilung der Kaufkraft zu decken und daß es auch Veränderungen in der Verwendung von Arbeit und Produktionsmitteln geben muß, die nicht an einem Nachmittag auszuführen sind. Man kann niemanden davon überzeugen, daß es unmöglich sei, eine Regierung an einem Tag zu stürzen; aber alle sind bereits überzeugt davon, daß man nicht Eisenbahnwaggons der ersten und dritten Klasse in solche der zweiten Klasse, Mietskasernen und Paläste in bequeme Wohnungen und Juweliere und Maßschneider in Bäcker und Baumeister verwandeln kann, nur indem man die Marseillaise singt[78]."

Veränderungen in einer komplexen Gesellschaft mit interdependenten Teilstrukturen sind zielgerecht und erfolgskontrolliert nur so zu verwirklichen, daß jeweils Teilstrukturen in einem überblickbaren Ausmaß umgestaltet werden, so daß die Folgen abgeschätzt werden können und die weiteren Maßnahmen unter Kontrolle bleiben. Nur auf diese Weise bleibt auch die gesellschaftliche Versorgung während des gesamten Transformationsprozesses gewährleistet. Es können nur Maßnahmen ergriffen werden, die alle wichtigen horizontalen und vertikalen Nebenfolgen der jeweiligen Strukturveränderung auf einem bestimmten Gebiet überschaubar halten, weil im anderen Falle zielgerechtes Handeln überhaupt in Frage gestellt ist. Einige Jahre nach Veröffentlichung der Fabian Essays hat Webb diesen Leitgedanken des fabischen Sozialismus noch einmal herausgestellt: „Es war in Absetzung von aller Theorie und Lehre der Katastrophenerwartung, daß die Gesellschaft (der Fabier) schrittweise ihr eigenes Gesicht gewann — nicht, wie ich glaube, weil wir in irgendeiner Weise weniger Ernst machen mit unserem Kampf gegen die bestehenden Übel, oder weil unsere Heilmittel weniger extrem sind, sondern weil wir ernsthaft und bedauerlicherweise zu der Schlußfolgerung gedrängt worden sind, daß keine plötzliche oder gleich-

---

78 a. a. O., S. 217 f.

zeitige Transformation der Gesellschaft von einer individualistischen zu einer kollektivistischen Basis möglich oder selbst denkbar ist[79]."

Die Elemente der gesellschaftlichen Veränderung, die auf diese Weise abgestimmt in vertikalen und horizontalen Schritten eingeführt werden sollen, sind daher nicht lediglich als Veränderungen zur Verbesserung der Situation innerhalb eines Gesamtsystems gemeint, das seiner Substanz nach im übrigen erhalten bleibt und nur akzidentellen Änderungen unterworfen wird. *Sie sind vielmehr „Teillieferungen" des Sozialismus selbst, nämlich konstruktive Einführungen von substantiellen Bestandteilen einer sozialistischen Gesellschaftsordnung.* Aus diesem Grund haben die Fabier es stets für ihre Hauptaufgabe gehalten, ein mit den gegebenen Möglichkeiten und den sozialistischen Zielen übereinstimmendes praktisches Detailprogramm zu erarbeiten, mit dessen Verwirklichung eine sozialistische Regierung sofort beginnen könnte.

Daß ein gradualistisches Vorgehen alternativlos ist, hat nach Shaw insofern auch subjektive Gründe, als Umstellungen in der Produktions- und Verteilungsstruktur, die ohne Rücksicht auf die Beschäftigungssituation vor allem derjenigen Berufe erfolgt, die überflüssig werden, sozialen Sprengstoff ansammeln könnte, der neue schwere Probleme aufwerfen müßte[80].

Hervorgehoben werden sollte noch der Nachdruck, mit dem in den Fabian Essays zwischen der liberalen Idee und ihrer falschen Ausmünzung im Kapitalismus unterschieden wird. Die moralischen Normen, an denen sich die sozialistischen Organisationsmittel messen lassen müssen, ergeben sich vielmehr aus einer wirklich universellen Anwendung derjenigen Grundsätze, die auch die liberale Theorie leiten, dort aber zu falschen gesellschaftlichen Umsetzungen geführt haben. Sozialismus ist nichts anderes als diejenige gesellschaftliche Organisationsform, die die freie Entfaltung der Persönlichkeit für wirklich alle sichert und nicht, wie der Kapitalismus, nur für eine Klasse zu Lasten der gesellschaftlichen Mehrheit. Aus diesem Grunde ist der Sozialismus nichts anderes als der zu einer nicht länger selbstwidersprüchlichen Konsequenz fortentwickelte Liberalismus, der dessen eigentliche Prinzipien realisiert, indem er eine unangemessene Form ihrer Konkretisierung überwindet. Dazu muß vor allem das Privateigentum an Boden und Produktionsmitteln durch Formen gesellschaftlicher Kontrolle ersetzt werden: „Der Sozialismus ist lediglich ein Individualismus, der vernünftiger, organisiert und ausgestattet ist sowie richtig verstanden wird[81]."

Mit den Gesetzen einer vernünftigen, auf die gesellschaftlichen Rechte aller Individuen bezogenen Moral stehen die Institutionen des Privateigentums im Widerspruch. Sie müssen daher zugunsten einer Verfügung der ganzen

---

79 Socialism true and false, S. 3.
80 Fabian Essays, S. 217 f.
81 S. Olivier in: Fabian Essays, S. 138.

Gesellschaft über Produktion und Verteilung überwunden werden. Diese Schlußfolgerung war nach Auffassung der Fabier nichts anderes als ein Ergebnis der Vernunft selbst, welche die alten Prinzipien auf die gegenwärtigen gesellschaftlichen Lebensbedingungen anwendet. Als solche sollte sie jedermann einleuchten können. Verbunden war dieser Appell mit dem Argument, daß die Fortdauer der gegenwärtigen ungerechten und widerspruchsvollen Gesellschaft die Voraussetzungen aller gesellschaftlicher Moral und damit eine wichtige Lebensgrundlage der Gesellschaft selbst zerstören müßte[82]. Aus diesem Grunde waren die Fabier davon überzeugt, daß nachhaltige Aufklärungsarbeit besonders auch unter den Gebildeten zu einer wachsenden Anhängerschaft für den Sozialismus führen müßte. Vor allem erwarteten sie, daß die Liberalen, mit denen sie eine gemeinsame Wertbasis hatten, sowohl was die Prinzipien der individuellen Freiheit als auch die Gleichheit und die Demokratie anbelangt, davon zu überzeugen sein müßten, daß der Sozialismus in der besseren Konsequenz ihrer eigenen Prinzipien liegt. Daher glaubten die Fabier auch an den Erfolg einer Politik der „Durchdringung" der liberalen Partei und anderer politische Gruppierungen mit ihren Grundsätzen. Den Arbeitern selbst trauten sie zufolge ihrer Lebenssituation innerhalb des Kapitalismus entscheidende Schritte noch nicht zu. Sie hatten eine eher pessimistisch nüchterne Sicht des vorhandenen Proletariats. Jahrelang konzentrierten sie daher ihre politische Tätigkeit auf Aufklärungsbemühungen innerhalb des politischen Liberalismus, um diesen zur sozialistischen Konsequenz zu drängen und einen Umschwung der öffentlichen Meinung auf breiter Front zu erzielen. Es darf aber nicht übersehen werden, daß sie ihre eigenen Prinzipien ernst nahmen und zur Gründung einer großen und handlungsfähigen Arbeiterpartei in dem Augenblick bereit waren und sie aktiv und erfolgreich betrieben, als die Durchdringungspolitik an ihre Grenze gekommen zu sein schien[83]. Ihre Anlehnung an den organisierten Liberalismus war daher zwar während einer bestimmten Zeitspanne ihres Wirkens für das politische Auftreten der Fabier kennzeichnend, sie war aber niemals unbedingt und berührte keineswegs den Kern ihres theoretischen Ansatzes.

Es braucht im vorliegenden Zusammenhang nicht im einzelnen nachgezeichnet zu werden, daß die Fabier für die überschaubare Zukunft mit einer gemischtwirtschaftlichen Struktur rechneten, daß sie die Kommune als Hauptträger der Sozialisierung betrachteten, wenn auch in Abstimmung mit der übergeordneten Nation, daß sie den Staat als eine Maschinerie betrachteten, die unter den Bedingungen demokratischer Kontrolle für sozialistische Zielsetzungen eingesetzt werden kann, daß schon sie die wachsende Bedeutung des neuen Mittelstandes, die fortwirkende Bedeutung der Klein- und Mit-

---

82 a. a. O., S. 161.
83 Vgl. Anm. 28.

telbetriebe betonten und einen *empirisch-positivistischen* Wissenschaftsbegriff hatten. All dies waren Anregungen, die Bernstein aufgreifen und weiterentwickeln konnte. Im vorliegenden Zusammenhang standen diejenigen der fabischen Ideen im Vordergrund, die als Vorprägungen der generativen Idee des Bernsteinschen Revisionismus angesehen werden müssen, während die Folgerungen und Voraussetzungen, die durch sie bedingt sind, am Beispiel von Bernsteins Schaffen analysiert werden sollen[84].

Wenn Bernard Shaw in den Essays der Hoffnung Ausdruck gegeben hatte, daß „die Notwendigkeit des bedachtsamen schrittweisen Wandels" unter den demokratischen Verhältnissen Englands jedermann offenbar sein müsse und „jedermann anderswo offenbar gemacht werden könnte, wenn man sich mit den Katastrophentheoretikern nur mutig und einfühlsam in Diskussionen beschäftigt"[85], so war dies genau das, was Bernstein unternahm, um den Widerspruch im Revolutionsbegriff der Sozialdemokratie zu lösen. In diesem Sinne kann man seine Revisionsbestrebung, wie Shaw selbst es getan hat, eine „fabische Revolte" nennen, wenn auch mit der Einschränkung, daß vieles davon schon bei F. A. Lange zu lernen war. Seine generative Idee hat Bernstein von den Fabiern übernommen, wenn er auch in mancher Hinsicht eigene Wege gegangen ist[86].

Mit dem organisationssoziologischen Komplexitätsargument der Fabier und dem sozialpsychologischen Lernargument F. A. Langes waren die beiden Hauptkomponenten der generativen Idee des Bernsteinschen Revisionismus vorformuliert. Es lag nun an ihm, in einer neuen Diskussion sie in einen systematischen Zusammenhang zu bringen und in der deutschen Sozialdemokratie diese Diskussion zu beginnen[87].

---

84 Wenn für Gustafsson gerade einige dieser Punkte Schlüsselcharakter für den Fabismus haben, so liegt das an seinem anders gearteten Erkenntnisinteresse, das die klassischen Topoi der Marxschen Theoriebildung zum Maßstab nimmt, vgl. a. a. O., S. 154 ff.

85 Fabian Essays, S. 218.

86 Reichel bestreitet dies völlig zu Unrecht. Wie einige Tatsachenfehler und die äußerst geringe von ihm verarbeitete Bernsteinliteratur annehmen lassen, dürfte dieses Fehlurteil z. T. in einer unzureichenden Bernsteinkenntnis begründet sein. Vgl. a. a. O., S. 229 ff.

87 Rikli erkennt die sehr enge Verwandtschaft des Bernsteinschen Ansatzes mit dem Konzept von F. A. Lange (a. a. O., S. 115) ohne auf Einzelheiten einzugehen. Dem Berührungspunkt Bernsteins mit den Fabiern kommt Gay nahe, wenn er die beiden Gesichtspunkte „Sozialismus im Kapitalismus" und „organischer Evolutionismus" herausstellt (a. a. O., S. 268). Beide Autoren, sowie die übrigen, die eine Verwandtschaft der hier geschilderten Ansätze mit Bernstein erkennen, gehen aber über die Ähnlichkeit des Reformismus in ihnen nicht hinaus. So auch Gustafsson, a. a. O., S. 112 ff.

3.2.3 *Der Paradigmawechsel wird vollzogen*

Die beiden hauptsächlichen empirisch-analytischen Voraussetzungen für die Herausbildung der generativen Idee des Revisionismus Eduard Bernsteins waren in umfassender Weise von F. A. Lange und den Fabiern vorformuliert worden. Die Hinwendung zu ihnen und den daraus resultierenden Konsequenzen bedeutete eine Abwendung vom anerkannten marxistischen Paradigma der Transformation. Sieht man von vereinzelten Frühfassungen und Andeutungen der neuen Gedanken ab, wie sie hier und da seit Beginn der neunziger Jahre zu beobachten sind, so muß festgestellt werden, daß Bernstein mit der öffentlichen Ausformulierung seines neuen Ansatzes erst unmittelbar *nach* dem Tod von Friedrich Engels begann, während in den Aufsätzen und Veröffentlichungen zu Lebzeiten Engels eine zusammenhängende Umorientierung nicht festgestellt werden kann[88]. Die beiden Einschätzungen, die auf analytischer Ebene seiner Hinwendung zum konstruktivistischen Paradigma zugrunde lagen, bestehen

1. in der Annahme, daß mit einer strategisch beachtlichen Reduktion der gesellschaftlichen Komplexität in überschaubarer Zukunft nicht zu rechnen ist und daß infolgedessen das *Revolutionsmodell der gesellschaftlichen Transformation* im Gegensatz zu früheren geschichtlichen Perioden nicht mehr brauchbar ist und

2. in der Erkenntnis, daß die Möglichkeiten des Proletariats sowohl in politisch-sozialer als auch in intellektuell-technischer Hinsicht angesichts seiner tatsächlichen Lebenslage im Kapitalismus sowie im Hinblick auf die Erfahrungen, die hierzu aus den verschiedenen Ländern vorliegen, überaus nüchtern eingeschätzt werden müssen, so daß *ohne einen längeren und schrittweisen Lern- und Erfahrungsprozeß die subjektiven Voraussetzungen für eine sozialistische Umorganisation der Gesellschaft nicht gegeben sein werden.*

Aus diesen beiden Erkenntnissen leitet Bernstein dann nach und nach die Thesen ab, die zu einem Paradigmawechsel innerhalb des sozialistischen Strategie- und Theorieverständnisses führen sollten. Dieser *Paradigmawechsel besteht nicht darin, für gesellschaftliche Reformen einzutreten oder ihnen hohen Rang beizumessen, sondern in der Deklaration der Alternativlosigkeit einer Politik der graduellen und konstruktiven Ersetzung von Teilstrukturen der alten Gesellschaft durch Teilstrukturen, die im Hinblick auf das sozialistische Prinzip entworfen wurden,* als sozialistischer Transformationsstrategie. Hierfür versucht Bernstein auf verschiedenen Ebenen in einer Reihe von Veröffentlichungen seit dem Herbst 1895 den Nachweis zu erbringen. Er besteht zunächst in der Widerlegung der Vorstellung von der Möglich-

---

88 Vgl. Kap. 1.

keit — die Wünschbarkeit einmal ganz beiseite gelassen — der sofortigen und simultanen Ersetzung der kapitalistischen Gesellschaft durch eine vollständige Systemalternative, so wie es von Lange und den Fabiern dargelegt worden war. Diese Orientierung bedeutet eine Ersetzung der in der sozialdemokratischen Ideologie für möglich gehaltenen „dialektischen" Realisierung der sozialistischen Gesellschaft durch das Modell einer nur als gradueller und partieller Konstruktion zu erreichenden sozialistischen Zielverwirklichung und stellte automatisch die Geltung einer Reihe anderer Grundüberlegungen des Parteimarxismus in Frage. Zu ihren Konsequenzen, und nicht zum ursprünglichen Ansatz der Revisionsbestrebung, gehörte dann unter anderem auch die Kritik der empirischen Prognosen der auf den ökonomischen Zusammenbruch der kapitalistischen Gesellschaft abgestellten „Katastrophentheorie" des Systemwandels vom Kapitalismus zum Sozialismus.

Mit der zusammenhängenden Darlegung dieses neuen Paradigmas begann Bernstein unmittelbar nach dem Tode von Friedrich Engels. Wenn er auch bereits im Juli desselben Jahres die Vorzeichen des Wandels deutlicher erkennen ließ als jemals zuvor[89], so gibt er eine vollständige und offenere Skizze seines Übergangs zum konstruktivistischen Paradigma erst in einer Reihe von Veröffentlichungen, die *ab Oktober 1895* erfolgen. Von Bedeutung ist in diesem Zusammenhang sein Nachwort zu dem Buch von Sidney und Beatrice Webb „Die Geschichte des britischen Trade-Unionismus", das er noch im Jahr zuvor in einer Rezension in der Neuen Zeit distanziert behandelt hatte[90]. Nun übernimmt er im Nachwort inhaltlich zum ersten Mal wichtige Positionen des fabischen Paradigmas der sozialistischen Transformation. Sein Aufsatz über „Englische Parteientwicklungen" aus dem gleichen Monat weist die frühere Engelssche Kritik am Fabismus ausdrücklich zurück, enthält eine weitreichende Befürwortung konstruktiver Reformpolitik und zieht aus einer außerordentlich pessimistischen Einschätzung der gegenwärtigen Handlungsfähigkeit großer Teile der Arbeiterklasse neue Schlußfolgerungen. Der im September 1896 veröffentlichte Aufsatz „Sozialistische Ökonomie in England" enthält neben der Aussage, daß die Werttheorie kein Parteidogma sein könne, eine sehr klare und umfassende Formulierung der

---

89 In seinem Aufsatz „Die Arbeiter und der Wahlkampf in England" (NZ 13, 2) vom Juli 1895 zeichnet er ein sehr pessimistisches Bild der politischen Kompetenz des Proletariats und gibt einen deutlichen Hinweis darauf, daß er in der deutschen Sozialdemokratie einen Widerspruch zwischen revolutionärer Sprache und praktischer Politik erkennt, ohne daß er an dieser Stelle weitere Konsequenzen daraus zieht.

90 Vgl. NZ 12, S. 268 ff. Ein Schwenk zum Fabismus, wie Gustafsson ihn hier sieht, läßt sich allerdings nicht erkennen.

generativen Idee des Revisionismus, ohne aber die naheliegende Konsequenz einer direkten Marxkritik zu wagen[91].

In den genannten Dokumenten des Wandels hatte Bernstein die inhaltliche Absetzung vom alten Paradigma noch stets mit der pauschalen Beteuerung verbunden, daß all dies aus einem *richtigen Marxverständnis* abzuleiten sei. In dem ebenfalls 1896 verfaßten Nachwort zu Héritiers „Geschichte der französischen Revolution von 1848" verbindet Bernstein dann schließlich erstmals die Skizze seines neuen Ansatzes mit einer ausdrücklichen Kritik an bestimmten Aspekten der Marxschen Auffassung. Damit war die neue Position öffentlich bezogen. Nun konnte nicht länger durch bloße Dehnung in der Interpretation das Ziehen ernsthafter Konsequenzen vermieden werden. Bernstein zog sie nach und nach in der zur gleichen Zeit beginnenden Artikelserie „Probleme des Sozialismus" in der Neuen Zeit ab Oktober 1896[92].

Im Oktober 1895 verfaßte Bernstein sein Nachwort zum Buch des Ehepaars Webb sowie einen Artikel in der Neuen Zeit über „Englische Parteientwicklungen". In dem Nachwort kündigt er dem deutschen Publikum des Buches an, daß es dem festländischen Leser in noch höherem Grade eine „Offenbarung" sein werde wie dem englischen[93]. In einem Tonfall, der die letzte Konsequenz der vorgetragenen Argumente in einer gewissen Schwebe hält, deutet er die vom Ehepaar Webb vorgetragenen Tatsachen und Erkenntnisse mehrfach so, daß sie zu Korrekturen oder vorsichtigeren Anwendungen der materialistischen Geschichtsauffassung und anderer Bestandteile der Theorie von Marx auffordern. Dies gilt für die Betätigung der Gewerkschaften, die nicht „schlechtweg aus einem Punkt heraus" beurteilt werden dürften[94] und es gilt für die Lehre vom Klassenkampf, die sich hier die Erkenntnis vorhalten lassen müsse, daß ein zeitweiliger Frieden zwischen den Klassen sowie selbst eine vorübergehende Kooperation zwischen ihnen zum geschichtlichen Bild der tatsächlichen Entwicklung gehöre[95]. In diesem Zusammenhang lobt Bernstein ausdrücklich, daß die Webbs bei ihrem Buch „jede Geschichtsdoktrin beiseite gelassen" haben[96]. Zur Begründung dieses Sachverhalts deutet er nun erstmals das Argument an, dessen Entfaltung die bleibende Grundlage seines Ansatzes werden sollte. „Insbesondere in der modernen bürgerlichen Gesell-

---

91 In: NZ 15, 1, S. 46—54. Die redaktionelle Fußnote, der Aufsatz sei aus technischen Gründen verspätet zum Abdruck gelangt, beruhte nicht auf Wahrheit, sondern war von Bernstein erbeten worden (vgl. Brief an Kautsky vom 23. 9. 1896).

92 Dabei handelte es sich um die Aufsätze „Utopismus und Eklektizismus" (1896), „Die Entwicklung der Agrarverhältnisse in England" (1897), „Die sozialpolitische Bedeutung von Raum und Zahl" (1897), „Zusammenbruchstheorie und Kolonialpolitik" (1898), „Politische Parteien und wirtschaftliche Interessen" (1897) und „Das realistische und das ideologische Moment im Sozialismus" (1898).

93 Nachwort zu Webb, a. a. O., S. 444.

94 a. a. O.

95 a. a. O., S. 445.

96 a. a. O.

schaft mit ihrer außerordentlichen Vielheit von Interessengruppen und Wechselbeziehungen ist es fast unvermeidlich, daß tiefe geschichtliche Gegensätze zeitweise von Augenblicksproblemen aus dem Gesichtskreis verloren werden[97]."

Die Komplexität der bürgerlichen Gesellschaft wird in absehbarer Zeit nicht durch strategisch relevante Vereinfachungen der gesellschaftlichen Strukturen abgelöst werden. Aus diesem Grunde muß die Lehre vom Klassenkampf, wie sie nicht nur in fälschlicher Interpretation, sondern auch in der Deutung durch „gläubige Adepten" verstanden wird, in einem wichtigen Punkte korrigiert werden. „Die Idee einer durchweg gleichartigen und gleichzeitigen Umgestaltung der industriellen Verhältnisse", die eine inhaltlich und zeitlich einheitliche Strategie der gesellschaftlichen Transformation sinnvoll erscheinen ließ, muß durch die Erkenntnis eines unterschiedlichen Entwicklungstempos und einer bleibenden Differenzierung der Entwicklung ersetzt werden[98]. Diese bleibende Differenzierung macht, so gibt nun Bernstein erstmals offen zu erkennen, „eine wesentliche Rektifizierung" der Lehre vom Klassenkampf erforderlich[99]. Diese wesentliche Rektifizierung besteht in der Einsetzung eines komplexitätsgerechten Paradigmas der gesellschaftlichen Transformation. Bernstein formuliert dessen Grundzüge. Nachdem er hervorgehoben hat, daß die Gewerkschaftsarbeit nicht nur wegen ihrer materiellen Erfolge, sondern mehr noch wegen der Erfahrungen von Nutzen ist, die sie den Arbeitern für ihre wirtschaftliche Selbstbetätigung bietet, fährt er fort: „Wer sich nicht einem Glauben an zukünftige Wunder ergibt, der Vorstellung, daß man in jedem Augenblick des Bedarfs leistungsfähige organische Gebilde aus dem Boden stampfen kann, wird in der Gewerkschaft nicht nur eine Vorschule weitgehender demokratischer Selbstverwaltung begrüßen, sondern auch einen wichtigen Hebel der von der Sozialdemokratie erstrebten wirtschaftlichen Umgestaltung. Der Satz, daß die Emanzipation der Arbeiterklasse das Werk dieser selbst sein muß, hat eine weitere Bedeutung als bloß die der Eroberung der Staatsgewalt durch die Arbeiter"[100].

Damit sind tragende Argumente des neuen Paradigmas formuliert. Weil in komplexen Gesellschaften die gesellschaftliche Reproduktion nur auf dem Wege der Substitution von Organisationen möglich ist, die entwickelt und funktionsfähig sein müssen, ist ein improvisierter oder abrupter gesellschaftlicher Wandel keine sinnvolle Vorstellung für sozialdemokratische Politik mehr. Weil aus diesem Gesellschaftsverständnis *und* aus dem ernst genommenen Postulat des Sozialismus als verwirklichter Selbstverantwortung folgt, daß die Arbeiter zur Wahrnehmung dieser Selbstverantwortung in einer

---

97 a. a. O.
98 a. a. O., S. 446.
99 a. a. O.
100 a. a. O., S. 449.

weiterhin komplex bleibenden Gesellschaft befähigt werden müssen, diese Fähigkeiten ihnen aber, wie alle Erfahrungen bestätigen, auf Grund ihrer derzeitigen Lebenslage nicht unmittelbar zu eigen sein können, stellt sich die Herbeiführung des Sozialismus als ein längerfristiges Konstruktionsproblem dar, wo mit dem Entwurf und der Einsetzung veränderter Lebensbedingungen zugleich die Fähigkeiten der Arbeiter sich ihrer zu bedienen ausgebildet werden muß.

Die Feststellung, daß die Gewerkschaften „ihrer Natur nach wesentlich Pflanzschulen des Opportunismus" sind — Opportunismus hier verstanden als Auswahl der Mittel nach den tatsächlich vorhandenen Voraussetzungen, nicht im Sinne einer Anpassung der Zwecke — gewinnt unter diesen Voraussetzungen einen neuen Akzent, den Bernstein gegenüber der „Revolution im Polizeisinn"[101] heraushebt. Die Gewerkschaftsarbeit lenkt nämlich den Emanzipationskampf der Arbeiter in „konstitutionelle Kanäle", die für die richtig verstandene „revolutionäre Bewegung der Arbeiterklasse"[102] gerade eine Stärkung darstellen. Denn sie ebnen den Weg der schrittweisen gesellschaftlichen Umgestaltung, die unter komplexen Verhältnissen allein erfolgversprechend ist. „Der Weg der Emanzipation der Arbeiterklasse ist ein langwieriger und verschlungener. Nicht wie der einzelne Schritt vorwärts geschieht, sondern daß er geschieht, ist das Entscheidende[103]."

Damit war im Oktober 1895 mit den beiden grundlegenden Argumenten, die das neue Paradigma konstituieren, eine erste deutliche Favorisierung dieses Ansatzes ausgesprochen, verbunden mit dem Diskussionsangebot, daß es nun die traditionelle Klassenkampfauffassung insofern zu „rektifizieren", eben zu revidieren gelte.

In seinem im gleichen Monat verfaßten Artikel über „Englische Parteientwicklungen" berichtete Bernstein u. a. über eine Wahlanalyse von G. B. Shaw. Für dessen Argumentation zeigt er offen Sympathie und weitgehende Zustimmung. Zunächst nimmt er die Gelegenheit wahr, den von Engels erhobenen Vorwurf, die Fabier seien nur ein Anhängsel der Liberalen, zurückzuweisen[104]. Er schließt sich dann mit geringen routinemäßigen Einschränkungen der von Shaw vorgetragenen äußerst pessimistischen Beurteilung der politischen Reife der Arbeiterklasse an, zieht aber nicht wie dieser daraus den Schluß, daß Fortschritte zunächst nur an der Arbeiterklasse vorbei zu erzielen sein dürften, sondern daß ihre Emanzipationsbewegung einen langsameren Gang annehmen werde als ursprünglich erwartet[105]. Für die deutschen Sozialdemokraten fügt er ermahnend hinzu, daß

---

101 a. a. O., S. 455.
102 a. a. O.
103 a. a. O.
104 In: NZ, 14, 1, S. 81.
105 a. a. O., S. 84.

es schade wäre, wenn sie bei ihren zu erwartenden Widerlegungen den richtigen Gedankeninhalt Shaws unbeachtet ließen[106].

Eine grundsätzliche Kritik an marxistischen Positionen leitet Bernstein dann in seinem im September 1896 erschienenen Artikel „Sozialistische Ökonomie in England" ein. Unter dem Mantel einer Kritik an Hyndmans zu einseitigem und problemlosem Marxverständnis unterwirft er wesentliche Denkfiguren des damaligen Marxismusverständnisses der Kritik und ersetzt sie durch Elemente des fabischen Paradigmas. Zunächst stellt er klar, daß für die sozialistische Gesellschaft und die für sie gestellten Organisationsaufgaben durch einen Hinweis auf die geschichtliche Existenz eines Urkommunismus nichts gewonnen sei. Weder sei die für diesen behauptete gesellschaftliche Harmonie bewiesen, noch seien die dort gegebenenfalls möglich gewesenen Lösungen für moderne Großgesellschaften von irgendeiner Bedeutung[107].

Das ist nicht nur eine implizite Kritik an Engels, von dem Hyndman seine Thesen entlehnt, es ist darüber hinaus die ausdrückliche *Feststellung, daß die Organisierbarkeit großer Gesellschaften nach sozialistischen Prinzipien ein ungelöstes Problem darstellt.*

Obgleich er eine direkte Kritik an Marx selbst noch vermeidet, zeigt Bernstein doch deutlich genug, daß er Lücken und Unzulänglichkeiten in dessen Arbeitswertlehre erkennt. Er deutet an, daß er die Lösung des Wertproblems in einer spezifischen Synthese aus Arbeitswertlehre und Grenznutzentheorie sieht, was dann seine endgültige Position in dieser Frage bleiben sollte, und bestreitet, daß es sich bei dieser wissenschaftlichen Frage überhaupt um „eine Art Parteidogma" handeln könne[108]. Damit beginnt Bernstein bereits im Jahre 1896 mit der bewußten Ausklammerung empirischer Beweisthemen aus dem Bereich politisch verbindlicher sozialistischer Theoriebildung. Vordergründig gegen Hyndman, in Wahrheit aber gegen den Kern der verbreiteten marxistischen Strategievorstellung selbst gerichtet, formuliert Bernstein sodann das Grundprinzip des konstruktivistischen Paradigmas und zeichnet es als einzige rational faßbare Übergangsform zum Sozialismus für komplexe Gesellschaften aus: „Schließlich hätte Hyndman unseres Erachtens gut getan, seine Bemerkungen über die Entwicklung von der kapitalistischen zur sozialistischen Gesellschaftsordnung hinsichtlich der Frage friedlich oder gewalttätig etwas mehr im Sinne des Vorworts zum ‚Kapital' zu halten. Es ist doch wohl nicht von so geringer Bedeutung, wie er es hinstellt, ob ‚der unvermeidliche Wechsel friedlich oder stürmisch erfolgt', da derselbe sich offenbar nur in einer Serie organischer Reformen verwirklichen kann, die *Zeit* und *geordnete Zustände* zu ihrer vollen Durchführung brauchen. Dieser Wechsel

---

106 a. a. O., S. 85.
107 NZ, 15, 1, S. 48.
108 a. a. O., S. 54. Für den fabischen Ursprung auch dieser Position vgl. Gustafsson, a. a. O., S. 160 f.

unterscheidet sich im hohen Grade qualitativ von allen früheren sozialen Umwälzungen. Das Kapital kann nicht kurzweg ‚zerstört‘ werden, auch nicht wenn man es als Klassenbesitztum und Produktion für den Profit definiert. Es kann nur aufgehoben werden, indem man es in seinen genügend entwickelten Formen unter direkte Kontrolle der Gesellschaft bringt. Zu zerstören sind bloß die Hindernisse, die dieser Überführung im Wege stehen. Diese bestehen aber in England, soweit sie subjektiver Natur, vornehmlich in der Indolenz und Indifferenz der Arbeiterklasse, und es scheint uns nicht gerade ‚wissenschaftliche Soziologie‘, in einer kleinen Schar von Enthusiasten die Vorstellung von einem sozialen Kataklysma zu nähren, das sie mit Sturm in jenes gelobte Land bringen wird, von dessen Höhen herab es als die gleichgültigste Sache von der Welt betrachtet werden kann, über wieviel Gewalt und Todschlag der Weg geführt hat[109].“

Bernstein fügt hinzu, daß die Gefahr dieses Utopismus auch darin liegt, daß er über die Ausmalung der scheinbaren Möglichkeiten die wirklichen Möglichkeiten vernachlässigt. Damit sind die tragenden Elemente des konstruktivistischen Paradigmas skizziert. Im Vordergrund steht das „Prinzip der organischen Reform“ als Konstruktionsmittel des Sozialismus. Es dient als Bezeichnung solcher Reformen, die auf der Basis gründlichen empirischen Studiums der vorhandenen Voraussetzungen und unter Berücksichtigung der Funktionsbedingungen des gesellschaftlichen Zusammenhangs sozialistische Teilzielverwirklichungen darstellen. Wenn er hervorhebt, daß sich diese Art von gesellschaftlichem Wandel qualitativ von allen geschichtlich vorangegangenen Transformationsarten unterscheidet, so bezieht er sich damit nicht nur erneut auf die qualitativ gewachsene gesellschaftliche Komplexität, sondern stellt grundsätzlich, wenn auch noch mit beschwichtigenden Klauseln, das marxistische Transformationsmodell in Frage, dem er später offen eben dieses Verhaftetsein am Modell der französischen Revolution zum Vorwurf machen wird[110]. Zugleich unterstreicht er, daß der von ihm übernommene Konstitutionalismus auch für ihn kein unkritischer Legalismus ist, sondern Rahmenbedingung für die Möglichkeit des Konstruktivismus selbst, der ja Zeit und geordnete Zustände voraussetzt, wenn er als abgestimmte und erfahrungskontrollierte Aufbauaufgabe verstanden wird. Revolutionäre Gewalt wird daher von Bernstein auch keineswegs schlechthin verworfen, sondern in zwei Komponenten analytisch zerlegt. Diejenige Komponente, die auf ein Niederreißen politischer Privilegien und Barrieren als Hindernisse eines konsequenten Reformismus gerichtet ist, hält Bernstein hier, wie in allen späteren Schriften für gerechtfertigt und sinnvoll. Was er zurückweist ist die Vorstellung, daß Gewalt ein ausreichendes Konstruktionsmittel sozio-

---

109 NZ, 15, 1, S. 54.
110 Bernstein, Die Voraussetzungen, S. 51.

ökonomischen Wandels in komplexen Gesellschaften darstellen kann[111]. Diese Hoffnung auf die Möglichkeit kurzfristigen revolutionären Gesellschaftswandels ist es, die Bernstein „utopisch" nennt. Die Vorstellung eines in diesem Sinne verstandenen sozialen Kataklysmas entbehrt nach seiner Auffassung daher der „wissenschaftlichen" Grundlage. Damit stellt Bernstein unter Berufung auf einen empirisch-kritischen Wissenschaftsbegriff eine der zentralen Denkfiguren des „wissenschaftlichen" Sozialismus jener Jahre in Frage[112].

Wenig mehr als ein halbes Jahr nach Engels' Tod ist nun die Abwendung vom marxistischen Transformationsparadigma vollzogen. Dies war die Zeit, in der sich Bernstein wegen der Herausgabe von Héritiers „Geschichte der französischen Revolution von 1848" intensiv mit deren Verlauf beschäftigte, die Anfang 1895 neu aufgelegte Marxsche Interpretation von 1850 mit dem neuen Vorwort von Friedrich Engels vor Augen. Er konnte sich und anderen nicht länger verhehlen, daß der Gegensatz zwischen dem marxistischen und dem von ihm nunmehr favorisierten fabischen Paradigma durch Formelkompromisse und Deutungen nicht mehr zu verdecken war. Mit dem Nachwort zum Buche von Héritier begann Bernstein, das neue Paradigma offensiv gegen Marx selber zu wenden. Damit war der Bruch endgültig vollzogen[113]. In den ab Herbst 1896 veröffentlichten „Problemen des Sozialismus" werden schrittweise die Konsequenzen gezogen. Bernstein selbst hat sowohl den Stellenwert als auch die Deutung dieses Textes im hier dargelegten Sinne bestätigt. Im Vorwort zur Neuausgabe dieses Textes von 1921 schreibt er: „Der Begriff des Revisionismus ist sehr verschieden ausgelegt worden. Richtig ist nur, daß sie (die revisionistische Theorie, Th. M.) die theoretische Begründung für die Notwendigkeit und Möglichkeit einer grundsätzlich reformistischen Politik der Sozialdemokratie zu liefern und die Grundlinien dieser Politik in allgemeinen Umrissen zu kennzeichnen suchte. In dieser Hinsicht nun war sie das Ergebnis meines Studiums der Geschichte der Februarrevolution von 1848[114]."

Im Verlauf dieser Analyse erkennt Bernstein mit wachsender Deutlichkeit

---

111 Dieser Ansatz Bernsteins, vom Problem der organisationssoziologischen Voraussetzungen des Sozialismus her zum Gradualismus zu gelangen und nicht von einem bloßen Legalismus aus, ist in der Bernsteinliteratur meines Wissens bisher nicht zur Kenntnis genommen worden.

112 Bereits im folgenden Jahr bekennt er sich zu seinem empirisch-kritischen Wissenschaftsbegriff.

113 Vgl. dazu Gustafsson, a. a. O., S. 90 ff., der das Gewicht dieses Textes als erster erkannt hat, aber Bernsteins Abwendung vom blanquistisch-marxistischen Revolutionsverständnis in verkürzter Sicht taktisch, statt organisationssoziologisch interpretiert und dadurch zu unhaltbaren Schlußfolgerungen kommt. Dieses Mißverständnis der legalistischen Fixierung Bernsteins teilen Gay, a. a. O., S. 287 f. der aber diesen Text nicht rezipiert; Lidtke, a. a. O., S. 680. u. a.

114 Bernstein, Wie eine Revolution zugrunde ging, Berlin 1921, S. 9.

die Ungeeignetheit des von Marx angebotenen Transformationsverständnisses. Er legt seine Kritik offen dar.

Nun bezieht Bernstein genau in jenen Punkten, die für die Marxsche Analyse charakteristisch sind, alternative Positionen[115].

Eine erhebliche Abweichung von Marx ergibt sich bereits in der Einschätzung der politischen Demokratie. Im Gegensatz zu Marx sieht Bernstein in der Errichtung der politischen Demokratie nicht lediglich eine neue Form der Kapitalherrschaft, sondern die im Prinzip vollzogene Emanzipation des Proletariats selbst. Als Aufhebung aller politischen Privilegien ist sie nämlich derjenige gesellschaftliche Handlungsrahmen, der das Maß und die Art der gesellschaftlichen Veränderung allein noch von der Einsicht und den Stärkeverhältnissen der gesellschaftlichen Klassen abhängig macht. Wo sie besteht, ist die Emanzipation des Proletariats nur noch von dem Stand seiner Entwicklung, seiner Zielklarheit und der Zahl derer, die sie wollen, abhängig. Mit Bezugnahme auf die Errichtung der Republik im Februar 1848 schreibt er: „Die Grundmauer des politischen Privilegiums war niedergerissen, statt der dreimal hunderttausend Zensuswähler sollten jetzt neun Millionen erwachsener Franzosen, das ganze Volk ohne Unterschiede des Vermögens und der Lebensstellung, die Richtung und den Charakter der Gesetzgebung bestimmen. Die ganze Nation, alle in ihrem Schoße ruhenden Kräfte wurden aufgerufen, in die öffentliche Arena zu steigen und durch ihre Betätigung, durch kraftvolle Geltendmachung ihrer Wünsche und Bestrebungen der gesellschaftlichen Entwicklung neue Bahnen zu eröffnen, am Werke einer sozialen Neugeburt zu arbeiten. Die ersten Dekrete der siegreichen Februarrevolution bedurften gar nicht der Einschmuggelung des Rechtes auf Arbeit, um ihr den Charakter einer sozialen Revolution zu verleihen. Mit der Freigabe von Presse und Versammlung und der Verkündung des allgemeinen Wahlrechts war die soziale Emanzipation des Proletariats bereits im Prinzip ausgesprochen. Es hing jetzt nur noch von dessen eigener Fähigkeit ab, sich der gegebenen Mittel zweckmäßig zu bedienen, inwieweit und in welcher Zeit das im Prinzip Gegebene zur Verwirklichung gelangen sollte[116]."

Abgesehen von der entgegengesetzten historischen Beurteilung der Februarrevolution im Verhältnis zu Marx beinhaltet diese Einschätzung Bernsteins drei Thesen:

1. Die Demokratie ist für jede sozialistische Strategie ein unverzichtbarer Handlungsrahmen. Es kann keine legitimen Ziele geben, die eine Außerkraftsetzung der demokratischen Strukturen rechtfertigen würden. Auch wenn der Stand der ökonomischen und politischen Entwicklung nicht dazu führt, daß innerhalb der politischen Demokratie sofort sozialistische

---

115 So auch Gustafsson, a. a. O., S. 90 ff.

116 Bernstein, Nachtrag zu Héritier, a. a. O., S. 697.

Kräfte die Führung erringen, ist es im Interesse sozialistischer Politik, die Demokratie zu erkämpfen und zu verteidigen.

2. Dies hängt nicht allein damit zusammen, daß die Demokratie als Aufhebung aller politischen Privilegien in einem wichtigen gesellschaftlichen Strukturbereich mit den Prinzipien sozialistischer Politik übereinstimmt, sondern auch damit, daß in einer wirklichen Demokratie angesichts der gesellschaftlichen Verhältnisse und Kräfte im Kapitalismus eine Umgestaltung der Gesellschaft nach Maßgabe der Interessen von Bevölkerungsmehrheiten auf die Dauer unausbleiblich ist.

3. Die Form der Verwirklichung sozialistischer Zielsetzungen über den demokratisch-politischen Entscheidungsprozeß ist die Bedingung dafür, daß die Emanzipation der Arbeiter tatsächlich ihr eigenes Werk sein kann. Denn im demokratischen Staat hängen Art und Reichweite aller Maßnahmen der gesellschaftlichen Veränderung allein noch davon ab, wie groß die jeweilige Unterstützung sozialistischer Maßnahmevorschläge durch zielbewußte Anhänger dieser Politik ist. Die Bindung des Prozesses der Realisierung sozialistischer Prinzipien an das mobilisierbare Unterstützungspotential ist nicht in erster Linie deshalb zentrales sozialistisches Postulat, weil die Demokratie eine undiskutierte Voraussetzung ihrer Politik zu sein hätte, sondern vielmehr noch, weil nur in diesem Falle sozialistische Maßnahmen als auf Erweiterung realer Partizipationsrechte angelegte Reformen einen aufnahmebereiten gesellschaftlichen Adressaten finden und daher die Chance der gesellschaftlichen Durchsetzbarkeit und des gesellschaftlichen Funktionierens haben. Es gehört zu den objektiven Funktionsbedingungen der auf Partizipationserweiterung angelegten gesellschaftlichen Veränderung, daß sie subjektiv jeweils vorweg als angemessen und erwünscht eingesehen werden kann.

Auch die objektiven Voraussetzungen und Strukturen der gesellschaftlichen Veränderung machen ein schrittweises Vorgehen unabdingbar. Sowohl angesichts dieser subjektiven Voraussetzungen sozialistischer Politik als auch der objektiven Komplexität der modernen gesellschaftlichen Strukturen, ist die Vorstellung von einer in einem revolutionären Schöpfungsakt zu vollziehenden Umgestaltung der gesellschaftlichen Verhältnisse selbst nicht länger sinnvoll. Die Veränderung der Gesellschaft im Sinne der sozialistischen Prinzipien ist vielmehr eine zugleich politische und technische Konstruktionsaufgabe. Wenn das Maß der Verwirklichung sozialistischer Ziele vom Bewußtseins- und Erkenntnisstand der Arbeiterklasse abhängt, müssen die jeweils vorgeschlagenen Maßnahmen so beschaffen sein, daß sie die Effektivität und Funktionstüchtigkeit der sozioökonomischen Strukturen im übrigen nicht gefährden, weil im anderen Falle Rückschläge unvermeidlich wären. Die Veränderungsschritte müssen so beschaffen sein, daß sie innerhalb des übrigen Strukturgeflechts der Gesellschaft als zieladäquate Ergänzungen und Veränderungen fungieren können.

Sowohl hinsichtlich der Komplexität der gesellschaftlichen Strukturen, wie auch hinsichtlich des jeweiligen Entwicklungsstandes der kapitalistischen Gesellschaft sind die Maßnahmen der Veränderung daher nach sorgfältiger Analyse der gegebenen Verhältnisse zu entwerfen und konstruktiv zu realisieren. Dabei kann es niemals ein Moratorium der organisierten gesellschaftlichen Reproduktion geben, weil dies nicht nur das Ende des Kapitalismus, sondern das Ende der Reproduktion des gesellschaftlichen Lebens selber wäre[117]. Darunter hätten die Arbeiter selbst am allermeisten zu leiden. Vielmehr sind die gesellschaftlichen Veränderungen in das weiterlaufende Räderwerk der sozioökonomischen Reproduktion hineinzukonstruieren: „Wenn Marx aber fortfährt: ‚In demselben Grade, worin sie fallen (sc. öffentl. und privater Kredit, Th. M.), steigt die Glut und die Zeugungskraft der Revolution‘, so kommt es doch sehr auf die Umstände an, ob das wirtschaftliche Chaos die günstige Vorbedingung für die Schaffung lebensfähiger Neugestaltungen werden kann. Gerade in der modernen Gesellschaft mit ihren ungemein verwickelten Zusammenhängen, mit der gesteigerten gegenseitigen Abhängigkeit der Produktionssphären voneinander ist es schwer, einer solchen Vorstellung Raum zu geben. Die Arbeiter können zu einer gewissen Zeit das Interesse haben, ‚alle Räder‘ auf eine Weile stillzusetzen, aber nie ein Interesse daran, daß alle Räder einrosten[118].“

Dies ist der organisations-soziologische Grund dafür, weswegen jeder Versuch, die gesellschaftliche Neuordnung nicht als Konstruktionsaufgabe, sondern als Nebenprodukt revolutionärer Aktionen zu verstehen, nicht als wissenschaftlich stichhaltige Politik angesehen werden kann. Diese Einsicht bildet auch das Kriterium, nach dem Bernstein das Verhalten der sozialistischen Gruppierungen in der Revolution beurteilt und in dessen Konsequenz er zu einer genau entgegengesetzten Bewertung kommt wie Marx.

Die Kommission des Luxembourg die, von Blanc und Albert geleitet, an der Analyse der gesellschaftlichen Bedingungen in der gegebenen Situation arbeitete, um auf dieser Grundlage Vorschläge für sozialistische Maßnahmen auszuarbeiten, die sich auf Teilbereiche beziehen sollten, schneidet daher in Bernsteins Analyse entschieden positiv ab, während die Versuche Blanquis und seiner Anhängerschaft, die neue gesellschaftliche Ordnung mit einem Mal aus einem revolutionären Umschwung innerhalb der demokratischen Republik entstehen zu lassen, von Bernstein als utopisch und in der Konsequenz konterrevolutionär zurückgewiesen wird: „Aber neben allerhand ‚nebelhaften‘ Projekten hat das Luxembourg eine Reihe durchaus praktischer Vorschläge für die wirtschaftliche Hebung der Arbeiter ausgearbeitet, und sein Utopismus war durchaus nicht größer als der der Klubs, wo man sich ein-

---

117 Diesen Gedanken hebt Bernstein schärfer noch hervor in „Zwei politische Programm-Symphonien" in: NZ 15, 2 (1897), S. 334.
118 Bernstein, Nachtrag, a. a. O., S. 708.

bildete, durch Überrumpelungen nicht nur eine Regierung, sondern gleich ein ganzes Gesellschaftssystem stürzen zu können. Die Wortführer des Luxembourg blickten nach vorwärts, die Albert, Vidal, Pecqueur, Blanc, Considérant und die ihnen zur Seite stehenden Arbeiter untersuchten die wirklichen Verhältnisse, um auf deren Grundlage weiterzubauen. In den Klubs dagegen blickte man nach rückwärts und schöpfte man seine Inspirationen aus der Vergangenheit, dort war es vornehmlich, wo man die Männer der großen französischen Revolution nachzuäffen suchte. Die Sozialisten des Luxembourg... waren bemüht, jeden gewaltsamen Zusammenstoß zwischen Bürgertum und Arbeitern zu verhüten, weil sie sich verständigerweise sagten, daß ein solcher nach Lage der Dinge den Arbeitern nichts nützen, der jungen Republik aber nur schaden könne[119]."

Auf analytisch verstandenen gesellschaftlichen Grundlagen zielbewußt weiterbauen, dies ist Bernsteins Alternative zum Mythos von der Zeugungskraft der Revolution. In diesem Sinne glaubt er auch, die bessere Seite des Marxismus für sich zu haben. Denn wenn eine entscheidende Bedeutung des Anspruchs auf wissenschaftlichen Sozialismus bei Marx stets darin bestanden hatte, die realen Voraussetzungen der sozioökonomischen Entwicklungssituation einer Gesellschaft zu analysieren und für die konkrete Politik in Rechnung zu stellen, so verteidigt Bernstein gerade diesen Fortschritt des „wissenschaftlichen" Sozialismus über den Utopismus und kritisiert mit seiner Hilfe jene selbst noch utopistische Strategie, die glaubt, in die neue Gesellschaft durch einen revolutionären Akt hineinspringen zu können.

Dieser Widerspruch zwischen Analyse und Strategie besteht innerhalb des Marxschen Ansatzes selbst und äußert sich in seiner Beurteilung der Parteien und Strategien der Revolution von 1848. Zum ersten Mal kritisiert Bernstein Marx auf der Grundlage dieser Parteinahme für den fundierten Teil von dessen Gesellschaftstheorie direkt: „Wenn also Marx, der so trefflich die Unentwickeltheit des französischen Proletariats von 1848 aus der Unentwickeltheit der ökonomischen Verhältnisse — der Rückständigkeit der Produktionsentwicklung — Frankreichs ableitet, trotzdem in den Klubs die Vertretung der Arbeiterklasse erblickt, so ist das ein Widerspruch, der zwar in dem von Engels als solchen anerkannten Irrtum seine Lösung findet, aber doch eben ein Widerspruch, über den man sich heute nicht stillschweigend hinwegsetzen kann. Der Radikalismus der Klubs deckte sich durchaus nicht mit den gegebenen Interessen der Arbeiterklasse, die Politik der Klubs ist nicht aus diesen Interessen, sondern aus den Illusionen und Ambitionen der zumeist gar nicht dem Proletariat angehörigen Klubgrößen zu erklären[120]."

Diese Illusionen können, wenn sie auch im Sinne ihrer eigentlichen Zielsetzung ohne Wirkung bleiben müssen, gleichwohl verheerende Folgen haben.

---

119 a. a. O., S. 702.
120 a. a. O., S. 708.

Denn sie und die durch sie bewirkten Taten können zur Verbreitung eines politischen Klimas führen, aus dem allein die Reaktion Nutzen zieht. Darüber hinaus verursachen sie ein Verspielen der tatsächlichen Fortschrittschancen. In diesem Sinne spielt es für die Handlungsmöglichkeiten der Arbeiterklasse in jeder gegebenen Situation eine entscheidende Rolle, welchen Personen und theoretischen Konzeptionen die Führung der sozialistischen Politik zufällt[121]. Es kommt daher alles darauf an, die „revolutionäre Phrase", die ohne „Verständnis der ökonomischen Seite der Arbeiterbewegung ... der im Keime sich regenden Gewerkschafts- und Genossenschaftsbewegung"[122] eine Politik der konzeptionslosen Sofortveränderung betreibt, zu kritisieren und aus der Arbeiterbewegung zu entfernen, damit sie nicht in zukünftigen Situationen die Reaktion begünstigt[123]. Damit erweist sich die Kritik und Verdrängung der Rhetorik und Praxis der revolutionären Phrase als eine Bedingung der Politik eines konstruktiven Sozialismus. Aus demselben Grunde hat Bernstein die theoretische Arbeit stets für außerordentlich wichtig gehalten.

Bernstein mißt dem objektiven Faktor im Sinne des Standes der sozioökonomischen Entwicklung sowie der Zahl und dem Bewußtsein der Arbeiterklasse eine große Rolle für eine zugleich realitäts- und zielgerechte Politik zu. Da er aber nicht auf die Schöpferkraft der revolutionären Erhebung für die Veränderung gesellschaftlicher Verhältnisse vertraut, gewinnt gerade die richtige subjektive Einschätzung dieses Entwicklungsstandes und ihre praktische Umsetzung eine entscheidende Bedeutung. Insofern ist Bernstein um eine wirkliche Abstimmung zwischen diesen beiden Seiten der Entwicklung bemüht. Von einer automatischen Evolution im Gegensatz zur aktiven Revolution kann bei ihm nicht die Rede sein[124]. Vielmehr ist gerade das erreichbare Maß gesellschaftlichen Fortschritts völlig von einer richtigen Einsicht und aktiven Politik abhängig.

Wenn Bernstein also die Revolution als Instrument der Veränderung ablehnt, so meint er damit eine gewaltsame Erhebung innerhalb der demokratischen Republik mit dem Ziel der sozialistischen Umwandlung der gesellschaftlichen Strukturen. Damit ist nicht gemeint ein Verzicht der Arbeiterklasse auf eine an sich mögliche politische Machtübernahme, wenn diese nach dem Willen von Mehrheiten geschieht und damit ist insbesondere nicht gemeint eine Politik der Gesetzlichkeit um jeden Preis. Hier wie stets in seiner späteren Argumentation hat Bernstein für den Fall der undemokra-

121 a. a. O., S. 698.
122 a. a. O., S. 702. Diese „ökonomische Seite" verdeutlicht Bernstein in einem Brief an Kautsky vom 19. 6. 1896 (K. DV 373), wo er die Vollsozialisierung der Produktionsmittel für undurchführbar erklärt.
123 Dieses Interesse hat Bernstein 1921 veranlaßt, das Nachwort neu herauszugeben.
124 Dagegen verwahrt er sich 1899 in seiner Antwort auf Kautskys Kritik sehr nachdrücklich, in: Zur Geschichte und Theorie, S. 292 ff. Vgl. Rikli, a. a. O., S. 60.

tischen politischen Rahmenbedingungen als einem Hindernis der gesellschaftlichen Entwicklung nach dem Interesse der Mehrheiten die politische Revolution für sinnvoll und legitim gehalten[125].

Sie kann aber nicht selbst als Akt der gesellschaftlichen Neuorganisation verstanden werden, sondern schafft bestenfalls nur die Voraussetzungen für deren Inangriffnahme. Später bringt Bernstein diesen für seinen Neuansatz grundlegenden Unterschied direkter zum Ausdruck: „Im allgemeinen kann man sagen, daß der revolutionäre Weg (immer im Sinne von Revolutionsgewalt) schnellere Arbeit leistet, soweit es sich um das Hinwegräumen von Hindernissen handelt, die eine privilegierte Minderheit dem sozialen Fortschritt in den Weg legt: daß seine Stärke auf der negativen Seite liegt." Der Aufbau der sozialistischen Gesellschaft indessen, ist auf diesem Wege nicht zu erreichen. Als „planmäßige" im Gegensatz zur bloß „elementarischen" Gewalt der Revolution ist die „verfassungsmäßige Gesetzgebung" das allein geeignete Mittel zur gesellschaftlichen Transformation: „Sie ist da stärker als die Revolution, wo das Vorurteil, der beschränkte Horizont der großen Masse dem sozialen Fortschritt hindernd in den Weg tritt, und sie bietet da die größeren Vorzüge, wo es sich um die Schaffung dauernd lebensfähiger ökonomischer Einrichtungen handelt, mit anderen Worten für die positive sozialpolitische Arbeit[126]."

Wenn Bernstein daher über sein Nachwort zu Héritier im Rückblick 1921 sagt, daß mit ihm sein Revisionismus als „die theoretische Begründung für die Notwendigkeit und Möglichkeit einer grundsätzlich reformistischen Politik der Sozialdemokratie" entstanden war[127], so ist dies nicht im Sinne einer abstrakten Revolutionsfurcht oder eines Wandels in der grundsätzlichen Verurteilung der kapitalistischen Gesellschaftsstruktur mißzuverstehen. Es handelt sich vielmehr um die Einsicht in die Unvermeidlichkeit einer dem *gesellschaftlichen Entwicklungsstand,* der *Komplexität der gesellschaftlichen Verhältnisse* und dem *Bewußtseinsstand* der Arbeiterklasse entsprechenden konstruktiven Strategie des Sozialismus innerhalb eines etablierten demokratischen Handlungsrahmens.

Diesen Ansatz galt es in seinen Voraussetzungen und Konsequenzen aus ersten Ansätzen heraus zu entwickeln. Dies versuchte Bernstein in den folgenden Jahren zu leisten. Seine Beschäftigung mit der empirischen Haltbarkeit der damals in der deutschen Sozialdemokratie verbreiteten ökonomischen Zusammenbruchstheorie des Kapitalismus ergab sich erst als Folge des konstruktiven Ansatzes. Denn für den Fall der empirischen Triftigkeit der Zusammenbruchstheorie hätte die These von der Schöpferkraft der

125 Vgl. z. B. seinen Brief an Kautsky vom 10. 10. 1898 und die Ausführungen weiter unten.
126 Voraussetzungen, S. 250/251.
127 Wie eine Revolution zugrunde ging, S. 9.

Revolution in der Tat ohne realistische Alternative bleiben müssen. Nachdem Bernstein die „Notwendigkeit und die Möglichkeit" einer Politik des konstruktiven Sozialismus erkannt hatte, kam es nicht nur darauf an, sie im einzelnen zu begründen und agitatorisch zu vertreten, sondern vor allem die scheinbar empirischen Argumente ihrer letzendlichen Zwecklosigkeit zu entkräften. Seine empirische Kritik der Zusammenbruchstheorie nahm also von hier ihren Ausgang.

Bernsteins folgende Arbeiten waren zunächst noch der Vertiefung des konstruktivistischen Ansatzes gewidmet. Wenn er die Auseinandersetzung mit der strategischen Alternative von einem bestimmten Zeitpunkt an unter der Formel eines Kampfes gegen den „Blanquismus" im Marxismus selbst führte, so ist damit nichts anderes als der herausgearbeitete Sachverhalt gemeint. Seinem Inhalt nach ist der Blanquismus ein „Utopismus", der den genau entgegengesetzten Fehler macht, wie der alte Utopismus, gegen den Marx seinen „wissenschaftlichen" Sozialismus formuliert hatte[128]. In seinem Eröffnungsaufsatz „Utopismus und Eklektizismus" (1896) der aufsehenerregenden Artikelserie „Probleme des Sozialismus", mit der im Bewußtsein der damaligen Sozialdemokratie Bernsteins Revisionismus begann, stellt er eingangs die Frage, was an „geistigem Rüstzeug" in der sozialistischen Bewegung vorhanden sei, wenn in absehbarer Zeit der Einfluß der sozialistischen Parteien in den europäischen Ländern erwartungsgemäß groß genug geworden sei, so „daß sie über das Gebiet von Lohn-, Arbeitsschutz- und ähnlichen Forderungen hinaus mit positiven Reformvorschlägen herauszutreten haben wird"[129].

Die Musterung der sozialdemokratischen Theorie unter diesem Gesichtspunkt ergibt, daß es kaum Vorarbeiten für eine solche Aufgabe gibt. Das liegt an der grundsätzlichen Einstellung, die solche Vorbereitung für überflüssig hält: „Es gibt indes noch eine andere Art Utopismus, der leider nicht ausgestorben ist. Dieser besteht in dem entgegengesetzten Extrem des alten Utopismus. Man vermeidet ängstlich alles Eingehen auf die zukünftige Gesellschaftsorganisation, unterstellt aber dafür einen jähen Sprung von der kapitalistischen in die sozialistische Gesellschaft. Was in der ersteren geschieht ist alles nur Flickerei, Palliativ und „kapitalistisch", die Lösungen bringt die sozialistische Gesellschaft, wenn nicht in einem Tage, so doch in kürzester Zeit. Ohne an Wunder zu glauben, unterstellt man Wunder. Es wird ein großer Strich gemacht: hier die kapitalistische, dort die sozialistische Gesellschaft[130]."

Bernstein kritisiert, daß die Berufung auf die ökonomische Entwicklung und

---

128 Utopismus und Eklektizismus, in: ders., Zur Geschichte und Theorie des Sozialismus, a. a. O., S. 173.
129 a. a. O., S. 172.
130 a. a. O.

den Klassenkampf häufig nur dazu dient, das Fehlen der theoretischen Voraussetzungen für ein bewußtes und planmäßiges Handeln zu entschuldigen. In dessen Vorbereitung müßte aber gerade eine wesentliche Funktion eines wirklich wissenschaftlichen Sozialismus liegen, der die Illusion von der spontanen Entstehung einer neuen Gesellschaft vermeidet. Auch der Wert der Analyse der Triebkräfte der vergangenen ökonomischen Entwicklung liegt Bernstein zufolge erst in der Möglichkeit ihrer Nutzbarmachung für künftige Handlungskonzepte. Diesen Utopismusvorwurf richtet er wiederum gegen Teile des Werkes von Marx und Engels. Durch die faktische Mitarbeit von Arbeitervertretern in den Parlamenten wird es immer unausweichlicher, jene Probleme der Konstruktion der sozialistischen Gesellschaft bereits für das gegenwärtige Handeln zu klären, die nach der utopistischen Auffassung eigentlich erst jenseits des in seiner Struktur ungeklärten katastrophenartigen Umschlags der kapitalistischen in die sozialistische Gesellschaft auf der Tagesordnung stehen sollten[131].

Wenn Bernstein für diese schrittweise, mit unterschiedlichen Mitteln und in verschiedenen Bereichen abgestimmt zu erfüllenden Konstruktionsaufgabe das Bild vom „Hineinwachsen der Gesellschaft in den Sozialismus" verwendet, so soll damit der Gegensatz zu einer Strategie des vermeintlichen Hineinspringens bezeichnet werden. Ausdrücklich warnt er vor dem Mißverständnis, als könne es sich dabei um einen selbsttätigen Prozeß handeln[132].

Den „Eklektizismus", der den fabischen Sozialisten traditionell vorgeworfen wurde, verteidigt Bernstein nun als bewußt gewähltes und den anstehenden Aufgaben der Konstruktion von Elementen einer sozialistischen Gesellschaft angemessenes Gegenstück zum kritisierten Utopismus. Dieser Eklektizismus befindet sich hinsichtlich der tatsächlichen Aufgaben sozialistischer Politik mit den unanfechtbaren Elementen des historischen Materialismus in Übereinstimmung[133]. Ihm ist von seiten des wissenschaftlichen Sozialismus auch nichts entgegengehalten worden, was ihn zur Aufgabe dieser Position hätte veranlassen können. Zwar bemängelt Bernstein an der fabischen Position, daß ihr die verbindende Idee für die ins Auge gefaßten sozialpolitischen Einzelmaßnahmen fehle, aber eine wirklich weiterführende Auseinandersetzung mit dem fabischen Ansatz von marxistischer Seite stehe noch aus. Die Marxsche Theorie sei über den Punkt hinaus, an dem Marx selber sie verlassen habe, nicht weiterentwickelt worden. Dieser Stand reiche aber für eine Kritik am Fabismus nicht aus. Es ist klar, daß Bernstein, wenn er auch selbst für seinen theoretischen Ansatz die fabischen Gedanken als generative Idee längst übernommen hatte, nicht mit einer Empfehlung

---

131 Hier verbindet Bernstein noch deutlicher die Aufforderung an die deutsche Sozialdemokratie zur Ausarbeitung einer konstruktivistischen Handlungsalternative mit einem positiven Hinweis auf die Fabier, a. a. O., S. 174.
132 a. a. O.
133 a. a. O., S. 176.

zum Überlaufen auf dessen Positionen vor sein deutsches sozialdemokratisches Leserpublikum treten konnte. Er ging weit genug, wenn er die Auseinandersetzung zwischen diesen beiden konkurrierenden Ansätzen für unentschieden hielt und indirekt die größere Nähe der Fabier zu den eigentlichen theoretischen Aufgaben der Gegenwart aussprach.

Hinsichtlich der Grundlagen für eine Umwandlung der sozioökonomischen Organisationsstrukturen der Gesellschaft schließt sich Bernstein in diesem Aufsatz der Meinung eines von ihm skizzierten Aufsatzes von John A. Hobson an, wonach die differenziert bleibenden Produktionsstrukturen auf Dauer eine auf kleine Betriebseinheiten angewiesene Herstellung bestimmter Kunstprodukte beibehalten wird, so daß zumindest für die betreffenden Wirtschaftszweige eine einfache Überführung in eine kollektivistische Produktionsform nicht tunlich erscheint. Damit bestreitet Bernstein die im Erfurter Programm unterstellte Tendenz der einförmigen Entwicklung zugunsten einer beständigen Vereinfachung und Uniformierung der kapitalistischen Produktionsstrukturen, die eine entscheidende empirische Stütze des Gedankens einer schöpferischen revolutionären Ersetzung der alten Gesellschaftsordnung durch eine komplette Organisationsalternative gewesen war. Bernstein übernimmt Hobsons Einschätzung, daß unabhängig von ihrer kapitalistischen Form bestimmte Produktionen individualisierte kleinere Betriebsgrößen erforderlich machen, die auch auf der Grundlage der Konzentrationsbewegungen sich beständig aufs neue behaupten und herausbilden werden. Daher werden auf Grund der ökonomischen Entwicklungsstruktur selbst differenzierte Maßnahmen der sozialistischen Kontrolle der Produktion erforderlich, die erst noch zu überdenken und für die verschiedenen Anwendungsfälle zu konkretisieren sind. Bernstein begründet die Forderung einer multimedialen sozialistischen Strategie mit den Resultaten einer ökonomischen Analyse: „Jedenfalls auf lange Zeit hinaus müssen wir uns der Vorstellung entschlagen, als ob wir einem vollkommen kollektivistischen Gesellschaftszustande entgegengingen. Wir müssen uns mit dem Gedanken an partielle Kollektivwirtschaft vertraut machen[134]."

Mit Kollektivwirtschaft meint Bernstein Formen öffentlicher Betriebsorganisation. Wichtiger als das sachliche Detail selbst ist an dieser Argumentation die Verbindung des Hinweises auf eine unerwartete gesellschaftliche Differenzierung mit der Forderung nach dem Entwurf geeigneter, auf den tatsächlichen Entwicklungsstand bezogener Formen sozialer Kontrolle.

Bernsteins analytische Kernthese einer wachsenden und von der parteimarxistischen Vorstellungswelt vernachlässigten Komplexität der sozioökonomischen Strukturen, die eine differenzierte und konstruktive Strategie der Veränderung unvermeidlich macht, wird von ihm unter verschiedenen Gesichtswinkeln beleuchtet.

---

134 a. a. O., S. 179.

Für das Argument, daß in hochkomplexen Gesellschaften die Möglichkeit der Ersetzung der Gesamtstruktur durch eine in sich genügend differenzierte Gegenstruktur organisationssoziologisch allein in der Form der auf Teilstrukturen bezogenen und in Schritten zu vollziehenden Veränderung erfolgen kann, macht Bernstein von Anfang an auch die Erwägung geltend, daß dem Fortgang der Produktion selbst als gesellschaftlicher Lebensnotwendigkeit ein Eigenwert gegenüber ihrer Formveränderung zukommt. Weil eine Lahmlegung der Produktion für längere Zeit das gesellschaftliche Leben und in erster Linie auch die Arbeiter selbst paralysieren müßte, können Formveränderungen der Produktion nur in dem Maße und in der Weise vollzogen werden, daß sie den Fortgang der gesellschaftlichen Produktion selbst gewährleisten. Dieser Gedanke, den Bernstein stets an zentraler Stelle seiner Strategie berücksichtigt hat[135], ist zweischichtig. Er bezieht sich einmal auf die Begünstigung konterrevolutionärer Stimmungen durch Rückschläge im Wirtschaftsleben, die nicht kurzfristig aufgefangen werden können. Er bezieht sich zum anderen auf die elementaren Bedingungen der ökonomischen Reproduktion des gesellschaftlichen Lebens selbst. Für eine konstruktive Strategie als Alternative zu einem „Luftsprung" in den Sozialismus macht er bereits im Juni 1897 folgendes Argument geltend: „Es steht aber gar nicht das kapitalistische ‚System' in Frage, sondern der Fortgang der Produktion. Der Zusammenbruch des kapitalistischen Systems ist die gleichgültigste Sache von der Welt, sobald er nicht Unterbrechung der Produktion und Lahmlegung von Produktivkräften heißt. Die Frage ist also jedesmal die, welcher Ersatz für die von Privatunternehmern geleitete Produktion gegeben ist. Wo dieser im ausreichenden Maße fehlt, oder wo der vermutete Ersatz sich als unzulänglich erweist, liegt die Forterhaltung solcher Bedingungen, die Raum für die kapitalistische Unternehmung lassen, ebenso im Interesse der Arbeiter, wie aller sonstigen Gesellschaftsklassen[136]." Das Prinzip, die Elemente der sozioökonomischen Organisation nur in dem Maße zu ersetzen, wie funktionsfähiger Ersatz möglich ist, findet außer im Bewußtseinsstand der Arbeiter in den objektiven Strukturen der modernen Produktionsdifferenzierung selbst eine Begründung.

Deren Erkenntnis dient auch die empirisch begründete Infragestellung der im Erfurter Programm unterstellten, auf zunehmende Vereinfachung der sozioökonomischen Strukturen abstellenden Entwicklungsmodelle. Der zweite Aufsatz in der Reihe „Probleme des Sozialismus" ist dem Nachweis gewidmet, daß auf dem Agrarsektor die Vielfalt der Betriebsformen und die Vielzahl der Einzelbetriebe im Wesentlichen erhalten bleiben und damit zugleich die Millionenschar der Interessenten des bestehenden Gesellschafts-

---

135 Von seinem Nachwort zu Héritier bis hin zu seinen Betrachtungen über Die deutsche Revolution von 1918, vgl. Die deutsche Revolution, S. 106.
136 Bernstein, Zwei politische Programm-Symphonien, in: NZ, 15, 2 (1897), S. 334 f.

systems, mit denen jede realistische Transformationsstrategie rechnen muß. *Bernstein untersucht nun genauer, welche quantitativen Voraussetzungen die zunächst ja nur qualitativ formulierte Idee einer sozialistischen Gesellschaft in der gegenwärtigen sozioökonomischen Struktur besitzt*[137]. Bereits mit der Überschrift des nun folgenden Artikels aus dem gleichen Jahr, die im Grunde sein ganzes Programm enthält, gibt Bernstein zu erkennen, worin er den eigentlichen Ansatzpunkt der sozialistischen Neuorientierung sieht: „Die sozialpolitische Bedeutung von Raum und Zahl[138]." *Raum und Zahl als irreduzible Größen in der modernen Sozialstruktur sind die Chiffre für deren reale Komplexität und die Notwendigkeit einer diese in Rechnung stellenden Strategie. In dieser Formel wird deutlicher als sonst irgendwo, daß der Bernsteinsche Revisionismus im innersten Kern als der Versuch bezeichnet werden muß, die zunächst bloß abstrakt qualitative Idee des Sozialismus als Prinzip der gesellschaftlichen Selbstbestimmung auf die jeweils konkreten raumzeitlichen Voraussetzungen ihrer empirischen Möglichkeit hin zu untersuchen.*

Für die rein qualitativ bestimmte Idee einer sozialistischen Gesellschaft konstatiert Bernstein zunächst, daß sie letztlich unter Absehung von allen raumzeitlichen Entwicklungsvoraussetzungen formuliert ist: „Die ‚Gesellschaft' schlechtweg ist, um einen heute vielgebrauchten Ausdruck anzuwenden, ein uferloser Begriff. Und doch werden dieser metaphysischen Wesenheit, dieser unbegrenzten Einheit, Leistungen zugeschrieben, deren Großartigkeit ebenso grenzenlos ist. Sie verwirklicht oder verbürgt die vollste Harmonie, die schönste Solidarität auf Erden. Ausbeutung und Unterdrückung haben in ihr aufgehört, die Produktion und desgleichen der Austausch sind aufs beste geregelt.

Diese Versicherung beruht soweit auf abstraktspekulativer Schlußfolgerung und hat keine höhere innere Wahrheit, wie der verspottete ontologische Beweis von der Existenz Gottes. Wir können uns Gott nur vollkommen denken, zur Vollkommenheit gehört die Existenz, folglich existiert Gott. Die Gesellschaftsordnung, die wir erstreben, soll von allen Schlacken der gegenwärtigen Gesellschaft gereinigt sein, zu diesen Schlacken gehört, oder eine Folge solcher Schlacken ist, daß Gesetze und dergleichen Verpflichtungen samt Organen zu ihrer Durchführung bestehen, folglich wird die von uns erstrebte Gesellschaft ohne solche Organe sein. Die Argumente sind in beiden Fällen so ziemlich die gleichen[139]."

Dieses Argument ist auch die Grundlage für Bernsteins Staatstheorie[140]. Im

---

137 Bernstein, Die Entwicklung der Agrarverhältnisse in England, in: Zur Geschichte und Theorie des Sozialismus.
138 In: a. a. O., S. 197 f.
139 a. a. O., S. 201.
140 Vgl. dazu Kap. 7.

vorliegenden Zusammenhang ist es Bestandteil der Beweisführung, daß in der gegenwärtigen Gesellschaft mit Millionen unterschiedlich denkender und handelnder Menschen zu rechnen ist, die kaum jemals alle gleichermaßen vom Gefühl der Solidarität her zu einer spontanen und angemessenen Gesellschaftlichkeit ihres Verhaltens in kurzen Fristen kommen werden[141]. Es ist eine Gesellschaft, die in aller absehbaren Zeit für ihre sozioökonomische Reproduktion mit Millionen von Kleinbetrieben und zigtausenden von Groß- und Mittelbetrieben zu rechnen haben wird, die „eine Harmonisierung aller Individualinteressen zu einem überall und in jeder Hinsicht gleichmäßig sich bewährenden Gemeininteresse zu einer großen Unwahrscheinlichkeit" machen[142]. *Angesichts dieser quantitativen Voraussetzung muß vielmehr organisatorisch konkretisiert dargelegt werden, wie ein solch hochkomplexer Zusammenhang zugleich auf zielgerechte Weise verändert und in Gang gehalten werden kann.*

Nachdem Bernstein aufgrund statistischer Hochrechnungen gezeigt hat, daß selbst drei Jahrzehnte später immer noch rund eine Viertelmillion Kleinbetriebe und über 60 000 Groß- und Mittelbetriebe in Deutschland vorhanden sein werden, falls die Konzentration im bisherigen Umfang fortschreitet, stellt er die Frage: „Weiß man, was das heißt? Die Zahl ist sehr leicht niedergeschrieben und noch leichter ausgesprochen. Aber man versuche es einmal ernsthaft, sich ihre sozialpolitische Bedeutung vorzustellen, sich klar zu machen, was dazu gehört, die Leitung von sechzigtausend Betrieben unter die direkte Kontrolle der ‚Gesellschaft' zu nehmen. Diese Zahl allein, zu der aber noch die mindestens ebenso große, wenn nicht sehr viel größere der Mittel- und Großbetriebe in der Landwirtschaft kommt, läßt erkennen, auf wie lange hinaus es nicht viel mehr als eine Abstraktion sein kann, zu sagen, daß ‚die Gesellschaft' produziert. Selbst wenn die Gesellschaft nur mit den Groß- und Mittelbetrieben zu tun hätte, setzte die direkt für sie geleitete Produktion eine Verwaltungsmaschine voraus, von deren Umfang und Ausbildung selbst die heutigen Post- und Eisenbahnverwaltungen nur eine schwache Vorstellung geben, und die man am allerwenigsten in einer bewegten Zeit aus dem Boden stampfen kann[143]."

Dies ist gemeint, wenn Bernstein immer wieder darauf hinweist, daß im Gegensatz zu allen ursprünglichen Erwartungen die gesellschaftliche Entwicklung „nicht zu der Vereinfachung"[144] geführt hat, die jene „simplistische Auffassung der sozialistischen Lehre"[145] rechtfertigte, der Aufbau der sozialistischen Gesellschaft könne ein vollständiger Neuaufbau in kurzen

---

141 a. a. O., S. 206 f.
142 a. a. O., S. 212.
143 a. a. O., S. 211.
144 Vgl. Manuskript E 123, IISG (wahrscheinlich in den 20er Jahren dieses Jahrhunderts verfaßt).
145 Vorwärtsartikel von 1899, in: Zur Geschichte S. 293.

Fristen sein. Je differenzierter die Gesellschaft, um so mehr gilt daher die Einsicht: „Jede Verwirklichung einer Idee erscheint als ihre Korrumpierung, weil sie ihre Verbindung mit dem Überkommenen darstellt. Eine völlige Neuschöpfung hat die Welt noch nie gesehen, sondern nur Neuordnung des Bestehenden. Die Dinge entwickeln sich nicht nach logischen Begriffen, wie wir sie im Kopfe konzipieren, weil die Wirklichkeit immer komplizierter ist wie unser Begriffsvermögen[146]." Doch damit meinte er vor allem die herrschende sozialistische Lehre in der Partei. Für die Formel von der Ergreifung der Produktionsmittel durch „die Gesellschaft", die die in der Partei „patentierte Form" des Sozialismus darstellte, heißt diese Inbetrachtziehung der tatsächlichen gesellschaftlichen Komplexität zunächst: „Feudale Landgüter konnte man zerschlagen und parzellenweise veräußern, modernen Fabriken gegenüber geht das nicht; je mehr davon nach dem Rezept der Kommune expropriiert werden, um so größer die Schwierigkeit, sie während einer Erhebung in Betrieb zu halten[147]." Wenngleich die „patentierte Form" der Einführung des Sozialismus an der Komplexität der bestehenden gesellschaftlichen Verhältnisse scheitern wird, so ist „in der Sache" doch schon gegenwärtig „sehr viel Sozialismus" möglich, nämlich in der Form einer „Entwicklung zum Sozialismus oder, wenn man will, stückweise vollzogene Verwirklichung des Sozialismus"[148]. Diese besteht in der Einführung von Institutionen zur „Erweiterung des Umkreises der gesellschaftlichen Pflichten, d. h. der Pflichten und korrespondierenden Rechte der einzelnen gegen die Gesellschaft und der Verpflichtung der Gesellschaft gegen die einzelnen, die Ausdehnung des Aufsichtsrechts der in der Nation oder im Staat organisierten Gesellschaft über das Wirtschaftsleben, die Ausbildung demokratischer Selbstverwaltung in Gemeinde, Kreis und Provinz und die Erweiterung der Aufgaben dieser Verbände ...". Da die Ermittlung und Erprobung der dem sozialistischen Prinzip am besten angemessenen Form „guter demokratischer Betriebsführung" und der „Kontrolle der wirtschaftlichen Verhältnisse" für eine fortbestehende Millionenzahl von Einzelbetrieben erst noch zu finden ist, *ist die organisatorische Umsetzung der sozialistischen Idee eine im Prinzip ungelöste Aufgabe*. Sie erfordert, da die gesellschaftlichen Funktionen nicht vorübergehend außer Kraft gesetzt werden können, Zeit und die Konzentration der sozialistischen Theorie und Praxis auf die gegebenen Voraussetzungen sozialistischer Neuordnung[149]. Nachdem diese Erläuterungen gegeben sind, formuliert Bernstein jenen Satz, der allzu häufig in falschem Verständnis für das Wesen seiner Lehre gehalten wurde. Hinsichtlich des sozialistischen Endziels schreibt er: „Dieses Ziel, was immer es sei, ist mir

---

146 Vorwärtsartikel von 1899, in: a. a. O., S. 320.
147 Zusammenbruchstheorie und Kolonialpolitik (1898) in: Zur Geschichte, S. 232/3.
148 a. a. O., S. 233.
149 a. a. O., S. 233 und 234.

gar nichts, die Bewegung alles. Und unter Bewegung verstehe ich sowohl die allgemeine Bewegung der Gesellschaft, d. h. den sozialen Fortschritt, wie die politische und wirtschaftliche Agitation und Organisation zur Bewirkung dieses Fortschritts[150]." Bei der Bewertung dieser Aussage ist häufig der Kontext ignoriert worden, aus dem doch eindeutig hervorgeht, daß jenes Endziel, das für die Gegenwartspraxis keine konstitutive Rolle spielen kann, die endgültige technische Organisationsweise der dem sozialistischen Prinzip am besten entsprechenden gesellschaftlichen Kontrolle der Wirtschaft ist und keinesfalls dieses Prinzip selbst[151].

Für eine an der Analyse der tatsächlichen gesellschaftlichen Voraussetzungen orientierte sozialistische Politik gilt es nunmehr die „Konsequenzen von Raum und Zahl" zu ziehen[152]. Es sind im wesentlichen drei:

1. In der gesellschaftlichen Entwicklung ist auf alle absehbare Zeit mit differenzierten Verwaltungs- und Regelungsstrukturen zu rechnen.

2. „Da nun die Weiterentwicklung der Produktion ganz ersichtlich nicht in Aufhebung der differenzierten Produktion bestehen kann, sondern nur in neuer Zusammenfassung auf Grundlage der ausgebildeten Differenzierung... kann der Verwaltungskörper der Gesellschaft der absehbaren Zukunft sich vom gegenwärtigen Staate nur dem Grade nach unterscheiden[153]".

3. Eine solche Änderung kann daher nicht kurzfristig und am allerwenigsten „in einer bewegten Zeit", also durch revolutionäre Aktionen „aus dem Boden gestampft" werden. Die sozialistische Gesellschaft wird nicht aus dem Zusammenbruch der bestehenden auf ungeklärte Weise erwachsen. Vielmehr wird die sozialistische Gesellschaft nur in dem Maße errichtet und funktionsfähig sein können, wie Teilersetzungen der bestehenden Grundstrukturen erfolgreich durchgeführt werden können. *Dies bedeutet keinerlei Einschränkung für die Reichweite gesellschaftlicher Veränderungen, es ist lediglich ein organisationssoziologisches empirisches Argument dafür, daß die Veränderungen schrittweise und zeitextensiv sein werden und daß sie als konstruktive Veränderungen an den gegebenen komplexen Gesellschaftsstrukturen eingeführt werden müssen.* Später hat Bernstein diesen Gedanken dann so formuliert: „Geschichte kennt keinen ungemischten Gesellschaftszustand (Es gibt) stets Übergänge stets Errungenschaften, die bleiben[154]."

Vorgreifend muß an dieser Stelle besonders betont werden, daß diese organisationssoziologische und lernpsychologische Konkretisierung der sozialistischen

---

150 a. a. O., S. 234. Für eine eingehendere Diskussion des sozialistischen Prinzips vgl. Abschn. 6.2.3.
151 Für eine detaillierte Erörterung dieses Satzes vgl. Kap. 6.
152 Zur Geschichte, S. 205.
153 a. a. O., S. 212.
154 Manuskript IISG E 122.

Idee weder durch die Frage des Eigentums an den Produktionsmitteln beeinflußt wird, noch irgendeine Vorentscheidung über die Radikalität der Veränderung beinhaltet. „Nicht die Frage der *Macht,* auch nicht die Frage der
Ökonomie nach der Seite des *Eigentums* hin bezeichnet das Problem einer
zukünftigen sozialistischen Gesellschaft, sondern das Problem der Ökonomie
als *Verwaltungsproblem.*" Von den realen Organisationsmöglichkeiten der
Inhalte des sozialistischen Desiderats in einer komplex bleibenden Gesellschaft
hängt „schließlich *alles* ab: das Problem der *Produktion* wie das der *Verteilung,* das des *Umfanges* wie das des *Grades* der Sozialisierung der wirtschaftlichen Grundlagen des Gesellschaftslebens … Man wende nicht ein, die Menschen
der Zukunft werden schon auf jeder Entwicklungsstufe ihre Verwaltungs-
probleme selbst zu lösen wissen. Ganz sicher werden sie dies, die Menschen
haben sich zu allen Zeiten wohl oder übel einzurichten gewußt. Aber so
viel ist sicher, daß dieses Einrichten um so leichter von statten geht, je mehr
die Entwicklung selbst sich schrittweise vollzieht … Je mehr sich die gesellschaftlichen Verhältnisse *vor* dem „Tag der Revolution" in dem Sinne ver-
schlimmern und verschärfen, wie Kautsky dies … nachzuweisen sucht, um so
schwerer wird die „am Tage nachher" zu lösende Aufgabe, um so problematischer ihre ersprießliche Lösung. Umgekehrt, je mehr schon diesseits im
Sinne der Lösung geschafft wird, um so beruhigter dürfen wir über das sein,
was später geschehen wird"[155]. Daher ist aus organisationssoziologischen
Gründen „selbst beim radikalsten Vorgehen"[156] die sozialistische Transformation immer nur als langfristiger gradualistischer Prozeß möglich. Schritte
in dieser Richtung sind in aller Regel selbst unter vordemokratischen politischen Rahmenbedingungen in Ansätzen möglich. Sie schließen die Revolution zur Einführung der vollen Demokratie nicht aus, sondern ein. Und sie
sind auch nach der gelungenen demokratischen Revolution wiederum nur
im Sinne der „organisch schaffenden Revolution", nämlich im Sinne des
„organischen Aufbaus" fortsetzbar[157].

3.2.4 *„Blanquismus" bei Marx*

*Für die systematische Außerachtlassung dieser organisationssoziologischen
Grundlagen jeder modernen sozialistischen Strategie verwendet Bernstein
den Ausdruck „Blanquismus".* Der Ursprung dieses Begriffs liegt in seiner
Analyse der Rolle Blanquis in der französischen Revolution von 1848. Zurecht bringt Bernstein eine solche Haltung mit einer bestimmten Vorstellung

155 Bernstein, Die neueste Prognose der sozialen Revolution, in: SM, 8. Jg., 2, (1902),
    S. 597/8.
156 Ders., Wirtschaftswesen und Wirtschaftswerden, S. 109.
157 Voraussetzungen, S. 273.

von Dialektik bei Marx und Engels in Zusammenhang. Wenn Dialektik die Annahme impliziert, Gesellschaftsformationen lösten einander als jeweils komplette Alternativen ab, indem die eine als Gesamtsystem durch ein alternatives Gesamtsystem ersetzt wird, so wie in der Hegelschen Logik Begriffe aufgrund ihrer Bestimmungslosigkeit in ihr Gegenteil übergehen, mit dem sie aufgrund dieser Bestimmungslosigkeit zugleich identisch sind[158], so ist der Blanquismus die der Dialektik analoge politische Strategie. Nur in diesem Sinne bezieht sich Bernstein in diesem Zusammenhang auf die Dialektik[159]. Eine solche Denkfigur ist, wie Bernstein herausarbeitet, in der Struktur des gesamten Marxschen Werkes nachzuweisen, wenn sich auch die gradualistische Alternative in ungeklärter Koexistenz mit ihr durchgängig nachweisen läßt[160]. Diese Denkfigur bringt er zurecht mit einer für den entsprechenden Strang der Marxschen Emanzipationstheorie ausschlaggebenden Anwendung von Elementen Hegelscher Dialektik für gesellschaftliche Zusammenhänge in Verbindung, ohne diesen Zusammenhang selbst im Detail zu rekonstruieren[161].

Durchgängig von 1844 („Zur Kritik der Hegelschen Rechtsphilosophie. Einleitung") bis zu den Marxschen Spätschriften („Das Kapital" 1867) läßt sich diese „dialektische" Variante eines Emanzipationsverständnisses bei Marx nachweisen. Sie hat für weite Bereiche des Marxschen Systems kategoriale Folgewirkungen und beeinflußt insbesondere die strategischen Schlußfolgerungen.

Nachdem Marx die Idee einer menschlichen Emanzipation in seinen Frühschriften entwickelt hatte, führte er das Proletariat 1844 erstmalig in seine Betrachtungen mit folgender Begründung ein: „Wo also ist die positive Möglichkeit der deutschen Emanzipation? Antwort: In der Bildung einer Klasse mit radikalen Ketten, einer Klasse der bürgerlichen Gesellschaft, welche keine Klasse der bürgerlichen Gesellschaft ist, eines Standes, welcher die Auflösung aller Stände ist, einer Sphäre, welche einen universellen Charakter durch ihre universellen Leiden besitzt und kein besonderes Recht in Anspruch nimmt, weil kein besonderes Unrecht, sondern das Unrecht schlechthin an ihr verübt wird, welche nicht mehr auf einen historischen, sondern nur noch auf einen menschlichen Titel provozieren kann, welche in

---

158 Vgl. Karl-Heinz Haag, Philosophischer Idealismus, Frankfurt 1969.

159 Bei seiner Auseinandersetzung mit der Dialektik bei Marx geht es Bernstein nicht um eine Beurteilung Hegels, sondern um diesen Aspekt bei Marx. „Ich habe Hegel sozusagen als Blitzableiter benutzt ... aber ich hätte, was mir am Herzen liegt, auch ganz ohne Hegel erledigen können ..." (Bernstein an Kautsky, 16. 2. 1899, K. DV 472).

160 Vgl. Bernsteins diesbezüglichen Hinweis auf den Dualismus bei Marx, Die Voraussetzungen, S. 64.

161 Vgl. Die Voraussetzungen, S. 51 ff. Spezifischere Hinweise auf die im folgenden entwickelte Argumentation finden sich in den beiden Aufsätzen Bernsteins „Dialektik und Entwicklung", in: NZ, 17, 2 (1899), S. 327—335 und S. 353—363.

keinem einseitigen Gegensatz zu den Konsequenzen, sondern in einem all-
seitigen Gegensatz zu den Voraussetzungen des deutschen Staatswesens
steht, einer Sphäre endlich, welche sich nicht emanzipieren kann, ohne sich
von allen übrigen Sphären der Gesellschaft und damit alle übrigen Sphären
der Gesellschaft zu emanzipieren, welche mit einem Wort der völlige Verlust des Menschen ist, also nur durch die völlige Wiedergewinnung des
Menschen sich selbst gewinnen kann. Diese Auflösung der Gesellschaft als
ein besonderer Stand ist das Proletariat[162].«

Bedenkt man, daß Marx diese Formulierung noch vor jeder Beschäftigung
mit der politischen Ökonomie und vor der Herausarbeitung seiner Geschichtstheorie gefunden hat, so wird deutlich, daß sie ihren Ursprung tatsächlich nicht in einer Analyse der wirklichen Emanzipationsvoraussetzungen haben kann, sondern einer analogen Anwendung dialektischer Denkfiguren auf soziale Zusammenhänge entspringt. Es handelt sich um eine spe-
kulativ-kategoriale Konstruktion, für die weder politökonomische noch so-
ziohistorische Gründe genannt werden. Das Argument lebt von der Logik
der exzessiven Interpretation eines begrifflich konstruierten Alles- oder
Nichtsspiels, das eine formale Entsprechung der Hegelschen Begriffsdialektik
darstellt. Welche Qualifikationen sind es, die verbürgen sollen, daß das Proletariat die Kraft sein kann, welche die universelle Emanzipation der Menschheit vollzieht? Das Leiden dieser Klasse ist universell, sagt Marx, an ihr
werde das Unrecht schlechthin verübt und das Proletariat sei ein Stand
außerhalb der bürgerlichen Gesellschaft. Nun lassen sich alle diese Attribute
nur metaphorisch interpretieren, denn ihre eigentliche Semantik wäre in dem
vorliegenden Kontext nicht sinnvoll. Der Schluß, daß eine so bestimmte
Klasse sich nicht befreien könne, „ohne alle übrigen Sphären der Gesellschaft
zu emanzipieren", ist in mehrfacher Hinsicht problematisch. Weder kann
Marx empirische Qualifikationen nennen, die das Proletariat zu der ihm
zugedachten Mission befähigen, noch reicht der Inhalt seiner Voraussetzungen aus, um den gezogenen Schluß logisch strikt oder auch nur empirisch
plausibel zu begründen. Denn es wäre ebensogut der Schluß möglich gewesen, daß dem Proletariat aufgrund seiner extrem schlechten Situation mit
einer graduellen Verbesserung seiner Situation entscheidend geholfen sei und
daß ihm größere Rechte eingeräumt werden müssen, weil es jetzt völlig
rechtlos ist und daß es schließlich in die Gesellschaft einbezogen werden
müsse, aus der es gegenwärtig verstoßen sei. Marx' entgegengesetzter Schluß
basiert lediglich auf einem semantischen Spiel mit dem Wort „völlig". Da der
Proletarier der „völlige" Verlust des Menschen sei, könne er sich auch
lediglich durch eine „völlige Wiedergewinnung des Menschen" selbst gewinnen. Der von Marx postulierte Umschlag aus „völliger" Entmensch-
lichung in „völlige" Gewinnung des Menschen kann insbesondere dann,

---

162 MEW, 1, S. 390.

wenn man an die sozialen und intellektuellen Voraussetzungen einer erfolgreichen Emanzipationsbewegung denkt, die Marx selbst an anderer
Stelle hervorgehoben hat, nur als „irrationaler Sprung" bezeichnet werden[163].
Eine solche Deutung soziopolitischer Konstellationen im Sinne logischer
Kategorien und eine dementsprechende Annahme ihrer Entwicklung nach
dem Muster der dialektischen Entwicklung von Kategorien war in der junghegelianischen Diskussion eine Art Topos gewesen, den Marx als Denkfigur
stets beibehalten hat, auch nachdem er seine historischen und sozioökono-
mischen Studien vorangetrieben hatte. Er hat ihn in späteren Phasen seines
Schaffens sogar in bewußterem Rückgriff auf Hegel aktiviert. Neben einem
auf praktisch-gradualistische Gesellschaftsveränderung angelegten Argumen-
tationsmuster ist er in seinem gesamten Werk zu beobachten.
Dieser Ansatz hat zwei hauptsächliche Folgen. Er verführt einmal zu der
Annahme, die gesellschaftliche Emanzipation sei allein in der Weise eines
Alles- oder Nichts-Spiels als *Umschlag* der alten gesellschaftlichen Ordnung
in eine vollständig neue zu vollziehen. Und er lebt, was seine subjektiven
Voraussetzungen anbetrifft, von einer idealistischen Überhöhung des Proletariats zur logischen Kategorie. Denn wenn das im Kapitalismus entmenschte
Proletariat einen solchen Umschwung gleichsam aus dem Stande vollziehen
soll, ungeachtet seiner realen Degradation im Kapitalismus, so kann es
nicht in der Weise einer Gruppe empirischer Subjekte wirken, sondern nur
wie eine Kategorie im logischen Begriffsspiel.
Marx hat daher seinen Revolutionsbegriff von vornherein mit diesen beiden überschwenglichen Mitbedeutungen belastet. In der „Deutschen Ideologie" fand er folgende Fassung: „Daß sowohl zur massenhaften Erzeugung
dieses kommunistischen Bewußtseins wie zur Durchsetzung der Sache selbst
eine massenhafte Veränderung der Menschen nötig ist, die nur in einer
praktischen Bewegung, in einer Revolution, vor sich gehen kann; daß also
die Revolution nicht nur nötig ist, weil die herrschende Klasse auf keine
andere Weise gestürzt werden kann, sondern auch weil die stürzende Klasse
nur in einer Revolution dahin kommen kann, sich den ganzen alten Dreck
vom Halse zu schaffen und zu einer neuen Begründung der Gesellschaft befähigt zu werden[164]."
Die genauen Bedingungsverhältnisse innerhalb der so konzipierten revolutionären Praxis legt Marx nicht dar. Diese erweist sich denn bei genauem
Zusehen als paradox. Denn in einer ihrerseits nicht organisierten, der Zeit
nach unbestimmten gesellschaftlichen Übergangsphase, gleichsam einem
geschichtlichen Moratorium, kann das die gesellschaftliche Veränderung im
Sinne hoher Prinzipien bewirkende gesellschaftliche Subjekt erst am Ende

---

163 Manfred Friedrich, Philosophie und Ökonomie beim jungen Marx, Frankfurt 1960,
S. 87.
164 MEW, 3, S. 70.

seiner praktischen Veränderung der gesellschaftlichen Institutionen der alten Gesellschaft das Subjekt werden, das es doch schon zu Beginn seiner Praxis hätte sein müssen, um diese zielgerichtet vollziehen zu können. Dann wäre die Revolution eine Art Schöpfung aus dem Nichts sowohl für die neuen Verhältnisse als auch für die neuen Menschen.

Marx selbst hat dieses Dilemma dadurch zu lösen versucht, daß er dem empirischen Proletariat an zahlreichen Stellen Qualifikationen zuwachsen ließ, die seiner historischen Mission in der Theorie entsprechen. In mehreren Zusammenhängen projiziert er die Eigenschaften der logischen Kategorie des Proletariats in der dialektischen Geschichtstheorie auf die sozioökonomisch-empirische Klasse selbst[165].

Diese Version eines aus den Bedürfnissen der Theorie heraus „erfundenen Proletariats"[166] stattet den gesellschaftlichen Seinsort dieser Klasse projektiv mit den Merkmalen eines bewußten und aufgeklärten Subjektes aus und überträgt diese Eigenschaften dann unter Absehung von den empirischen Sozialisationsbedingungen des Proletariats im uneingeschränkten Kapitalismus auf die proletarischen Subjekte.

Diese Vorstellung der Errichtung der sozialistischen Gesellschaft als spontaner Nebenfolge der Niederreißung der bestehenden bürgerlichen Ordnung wird nun gerade in Marx' Schrift „Die Klassenkämpfe in Frankreich" überaus deutlich.

Die Formel von der „Zeugungskraft der Revolution" wird im Text selbst in ihrer Eigenart verschärft durch Marx' Darstellung des Vorgangs einer proletarischen Umwälzung der Gesellschaft: „Eine Klasse, worin sich die revolutionären Interessen der Gesellschaft konzentrieren, sobald sie sich erhoben hat, findet unmittelbar in ihrer eigenen Lage den Inhalt und das Material ihrer revolutionären Tätigkeit: Feinde niederzuschlagen, durch das Bedürfnis des Kampfes gegebene Maßregeln zu ergreifen; die Konsequenzen ihrer eigenen Taten treiben sie weiter. Sie stellt keine theoretischen Untersuchungen über ihre eigene Aufgabe an. Die französische Arbeiterklasse befand sich nicht auf diesem Standpunkte, sie war noch unfähig, ihre eigene Revolution durchzuführen[167]."

Zugleich bescheinigt Marx jedoch den Teilen der Arbeiterklasse, die sich im Juni 1848 erhoben, wiederum „beispiellose Tapferkeit und Genialität"[168].

In herausfordernder Deutlichkeit sind damit alle Elemente jener Auffassung vertreten, die eine völlige, in einem Akte zu vollziehende Transformation der Gesellschaftsstruktur in Aussicht stellt, deren Voraussetzungen

165 Vgl. Abschn. 2.2.1. Das hinderte Marx übrigens nicht daran, in seiner privaten Korrespondenz mit Engels mitunter sehr abfällig über die Arbeiter zu sprechen.
166 H. Lubacz, „Marx's Conception of the Revolutionary Proletariat", zitiert nach B. Willms, Entwicklung und Revolution, Frankfurt 1972, S. 338.
167 MEW, 7, S. 20.
168 a. a. O., S. 31.

allein in der historischen Klassenlage des Proletariats zu finden sind. Selbst der Versuch bewußter Analyse und Untersuchung der Handlungsmöglichkeiten, wie ihn die Gruppe im Luxembourg unter Louis Blanc als Voraussetzung der gesellschaftlichen Veränderung in der revolutionären Situation unternahm, muß hinter dem rein logisch konstruierten Schema des revolutionären Schöpfungsaktes als illusorisch zurücktreten.

Der Übergang von der kapitalistischen in die sozialistische Gesellschaft kann daher als ein Bruch erscheinen, jenseits dessen keine prinzipiell ungelösten Probleme auftauchen können. *Die Konstruktion einer sozialistischen Gesellschaft ergibt sich auf ungeklärte Weise aus der Destruktion der alten Gesellschaft. Nur wenn das Proletariat in überhöhter Sicht die Bedingungen der neuen Gesellschaft gleichsam in seinem eigenen Sein enthält, kann eine solche Argumentation sinnvoll scheinen.* Ihre Konsequenz war die beharrliche Weigerung von Marx und Engels, „Rezepte für die Garküche der Zukunft" zu liefern, nämlich eine konstruktive Strategie und praktikable Zielumrisse für die Errichtung der neuen Gesellschaft. Diese Denkfigur liegt zugrunde, wenn Marx noch im Kapital formuliert: „Die kapitalistische Produktion erzeugt mit der Notwendigkeit eines Naturprozesses ihre eigene Negation. Es ist die Negation der Negation. Diese stellt nicht das Privateigentum wieder her, wohl aber das individuelle Eigentum auf Grundlage der Errungenschaft der kapitalistischen Ära: der Kooperation und des Gemeinbesitzes der Erde und der durch die Arbeit selbst produzierten Produktionsmittel[169]."

Auf sozioökonomisch-analytischer Ebene hat Marx diese Vorstellung durch die Annahme gestützt, daß sowohl der gesellschaftlichen Produktionsstruktur, der innerbetrieblichen Arbeitsorganisation, als auch der gesellschaftlichen Klassenteilung nach die kapitalistische Entwicklung auf eine drastische Reduzierung der gesellschaftlichen Komplexität hinauslaufe. Diesen Zusammenhang hat Bernstein im Auge, wenn er eine Parallele zwischen der Überschätzung der Begriffsdialektik und einer blanquistischen Strategie zieht[170]. Er legt die Definition zugrunde: „Der Blanquismus ist die Überschätzung der schöpferischen Kraft der revolutionären Gewalt[171]."

Diese Formel bezieht sich ausdrücklich nicht auf die Anwendung revolutionärer Gewalt zur Herbeiführung der politischen Demokratie bzw. zur Destruktion politischer Klassenprivilegien. Dies ist in der Bernsteinliteratur fast durchgängig mißverstanden worden. Sie bezieht sich allein auf die Annahme, die Transformation der gesellschaftlichen Strukturen könne in komplexen Gesellschaften mit der revolutionären Gewalt als Konstruktionsmittel bewerkstelligt werden. Ihr liegt die Annahme zugrunde, daß „katastrophale Veränderungen eine immer geringere Rolle für den Gesell-

169 MEW, 23 (Kapital, 1), S. 791.
170 Vgl. Bernstein, Dialektik und Entwicklung, a. a. O.
171 Blanquismus und Sozialdemokratie, IISG A 17.

schaftsorganismus spielen"[172]. In dieser speziellen Definition wird der Blanquismusbegriff von Bernstein durchgängig verwendet. „An Umsturz glaube ich nicht, Gewaltkonflikte politischer Natur stehen auf einem anderen Kapitel, und die Revolution der Gesellschaft kann nur durch Reformen, d. h. /: immer nur:/ partiell durchgeführt werden[173]."
Der Vorstellung vom dialektischen Umschlag gesellschaftlicher Strukturen, die er auf theoretischer Ebene vor allem auch bei Friedrich Engels entdeckt, konzediert Bernstein zunächst, daß sie für wenig entwickelte Gesellschaften zutreffen mag. Sein entscheidender, *nicht auf die moralische Einschätzung der Gewalt*, sondern auf organisationssoziologische Tatbestände bezogener Einwand ist nun, daß ein solcher Modus der gesellschaftlichen Entwicklung umso unzweckmäßiger und unwahrscheinlicher werde, je komplexer die zu verändernden gesellschaftlichen Strukturen sind. Für die Darstellung dieses Sachverhalts verwendet er eine Analogie aus der Biologie. Daß er nicht daran denkt, eine volle Parallele zwischen Natur und Gesellschaft in Anspruch zu nehmen, eine solche vielmehr in seinen wissenschaftstheoretischen Aufsätzen entschieden zurückgewiesen hat, macht er zuvor einschränkend geltend. Es handelt sich um eine *Illustration seines soziologisch gemeinten Arguments*[174]. „Es ist ein Erfahrungssatz der Biologie, daß je entwickelter, d. h. je mehr zusammengesetzt und funktionell differenziert Organismen sind, desto weniger ihre Entwicklung sich in absolut gegensätzlichen Veränderungen ihres Körpers vollzieht. In bestimmten Grenzen gilt das auch für die menschlichen Gesellschaften. Auch hier können wir eine aufsteigende Entwicklung verfolgen, bei der katastrophale Veränderungen eine immer geringere Rolle für den Gesellschaftsorganismus spielen[175]."
In diesem engeren Sinne ist eine *konstruktive Reformpolitik nicht nur eine Möglichkeit, sondern eine „Notwendigkeit", die, von anderen Bedingungsfaktoren einmal abgesehen, allein schon durch die Komplexität der Gesellschaft unvermeidlich geworden ist. Diese generative Idee des Bernsteinschen Reformismus* wird nun auch hier wieder deutlich unterschieden sowohl von der Auffassung, daß in Zukunft mit einer selbsttätigen Evolution zum Sozialismus zu rechnen sei als auch von der Auffassung, als sei Gewalt um ihrer selbst willen zu verwerfen[176]. Zur Kennzeichnung des Wandels der

---

172 a. a. O.
173 Diesen Unterschied betont er hinsichtlich des Revolutionsbegriffs mit Nachdruck in seinem Brief an Kautsky vom 20. 2. 1898 (IISG, K. DV 432).
174 Vgl. Blanquismus, a. a. O.
175 a. a. O.
176 Bernstein verwendet die biologischen Analogien in Ermangelung einer Begrifflichkeit, die die hochgradige Komplexität und Interdependenz der modernen gesellschaftlichen Strukturen kennzeichnet. Es wäre völlig verfehlt, diese Analogien im Sinne konservativer Ideenkreise zu deuten, da Bernstein weder die Rechtfertigung des je gegebenen Status quo noch einen Entwicklungsfatalismus daraus ableitet. So ist beispielsweise auch seine späte Äußerung zu verstehen: „Für mich ist die Ökonomie Biologie

Rolle der Gewalt in der modernen Gesellschaft gegenüber selbst noch der französischen Revolution sagt Bernstein: „Eine moderne Fabrik kann man nicht parzellieren/zerschlagen wie ein feudales Landgut[177]." Da er zugleich die milieutheoretische Sicht des Proletariats ernster nimmt als Marx selbst, der sie zwar eingeführt, in strategischer Perspektive aber häufig zugunsten einer logischen Überhöhung des Proletariats vernachlässigt hatte, kann Bernstein zur Stützung einer Denkweise der Ablösung der bestehenden Gesellschaft durch eine vollständige Alternative auch nicht auf eine unbegrenzte Handlungskompetenz des Proletariats ausweichen. Im selben Kontext formuliert er dessen Situation deutlich und verbindet sie mit einer Absage an die „blanquistische Überhöhung des Proletariats" als einer „servilen Verherrlichung der Masse, der man Tugenden und Einsichten andichtet, welche die Mehrheit der Arbeiter bei der Natur ihrer heutigen erbärmlichen Lebensverhältnisse gar nicht haben können..."[178]. Auch auf subjektiver Ebene ist nach diesem Verständnis ein eklatartiger gesellschaftlicher Wandel nicht möglich.

Dieser Ansatz ist es, den Bernstein 1899 in dem wichtigen Kapitel „Marxismus und Blanquismus" seines Buches „Die Voraussetzungen des Sozialismus und die Aufgaben der Sozialdemokratie" zusammenfaßt. Er stellt seine Kritik am blanquistischen Element im Marxismus dabei ausdrücklich in den Dienst einer Stärkung der konsistenten Ansätze und Erkenntnisse bei Marx selbst. Im Hinblick auf seine organisationssoziologische Grundthese beurteilt er die beiden widersprüchlichen Ansätze im Marxismus, der zwei unterschiedliche Strömungen der sozialistischen Tradition zusammenbringen wollte, wie folgt: „Man kann in der modernen sozialistischen Bewegung zwei große Strömungen unterscheiden, die zu verschiedenen Zeiten in verschiedenem Gewand und oft gegensätzlich zueinander auftreten. Die eine knüpft an die von sozialistischen Denkern ausgearbeiteten Reformvorschläge

---

auf entwickelter Stufenleiter, wenn man will, in höherer Potenz" (Brief an Kautsky vom 12. 2. 1926 IISG K. DV 537). In Wahrheit handelt es sich hier um das Problem, einen angemessenen sprachlichen Ausdruck für das wissenschaftlich noch nicht untersuchte Phänomen der Folgeprobleme gesellschaftlicher Komplexität zu finden. Allein diesem Zweck dienen Bernsteins behelfsweise Verwendungen von biologischen Analogien. Ausdrücklich hat er in seiner Rezension von Paretos „Les systèmes socialistes" das Zirkulationsmodell der Eliten mit dem Argument zurückgewiesen, es beruhe auf der „falschen Methode der einfachen Übertragung der naturwissenschaftlichen Gesetze auf die Soziologie". (So gibt der Berichterstatter den Inhalt der Bernsteinschen Argumentation wieder, vgl. Dokumente des Sozialismus, Band IV, 1904, S. 240). Er hat an anderer Stelle gegen naturanaloge Gesellschaftsbetrachtungen eingewendet: „Daß bei diesen Analogien nicht viel herauskommt, daß sie immer zu falschen Schlüssen verleiten. Man geht am sichersten, wenn man jedes Problem der Gesellschaftsentwicklung auf seine eigenen Grundbedingungen untersucht." (Die neueste Prognose der sozialen Revolution, S. 597).

177 Blanquismus a. a. O.
178 a. a. O.

an und ist im wesentlichen auf das *Aufbauen* gerichtet, die andere schöpft ihre Inspiration aus der revolutionären Volkserhebung und zielt im wesentlichen auf das *Niederreißen*[179]."

Aufgabe der sozialistischen Theorie muß es sein, die widerspruchsvolle Vereinigung beider Traditionen bei Marx zugunsten einer klaren Herausarbeitung der Notwendigkeiten und Voraussetzungen einer Politik des Aufbauens zu überwinden, entspricht sie allein doch auch dem Grundansatz eines wissenschaftlichen Sozialismus, der die politischen Konzeptionen aus der Analyse der tatsächlichen gesellschaftlichen Verhältnisse ableiten will. Bernstein unterstreicht noch einmal ausdrücklich, daß er mit Blanquismus nicht allein eine Putschtaktik meint, sondern vielmehr „die Überschätzung der schöpferischen Kraft der revolutionären Gewalt für die sozialistische Umgestaltung"[180]. Wäre der Blanquismusbegriff allein auf „die Methode" bezogen, also die Art der politischen Machtergreifung, so hebt er hervor, dann könnte gegen die Arbeiten von Marx nach 1850 ein *Blanquismusvorwurf* sicherlich nicht mehr erhoben werden. Er *beinhaltet vielmehr jene tiefersitzende Auffassung von der Errichtung einer sozialistischen Gesellschaft als vollständiger, kurzfristig realisierbarer Alternative zum kapitalistischen Gesellschaftssystem.* Der spätere Marx habe ähnlich Engels „nur das Wie der Gewinnung der politischen Macht . . . revidiert, betreffs der *ökonomischen Ausnutzungsmöglichkeiten* der politischen Macht bleibt es bei der alten, an 1793 und 1796 anknüpfenden Lehre[181]." Eine solche Übertragung des Musters der französischen Revolution, wo es bei der Transformation der gesellschaftlichen Strukturen in der Tat z. B. noch um die Parzellierung von Ackerland ging, die mit Gewalt zu bewirken war, auf die inzwischen komplexer und differenzierter gewordene Gesellschaft kann aber nicht länger als sinnvoll gelten. Sie kann allenfalls noch durch eine organisationssoziologisch unreflektierte Verwendung dialektischer Denkfiguren als sinnvoll erscheinen. Bernstein räumt ein, daß diese Verwendung der Dialektik keineswegs deren Hegelsche Variante gänzlich diskreditiert, wohl aber die Art, wie sie in der sozialistischen Theorie von Einfluß gewesen ist[182]. Langfristige graduelle Veränderungen erscheinen im Lichte der dialektischen Begriffe wie kurzfristige vollständige Umschwünge in den gesellschaftlichen Verhältnissen und verführen zu einer verfehlten Strategie[183]. In Wahrheit gibt es in der geschichtlichen Entwicklung keine einfachen Qualitätssprünge, wie dialektisches Denken sie nahelegt, schon gar nicht in hochentwickelten Gesellschaften. „Die Geschichte läßt sich nicht auf Alternativen ein, sie läßt sich kein Entweder — Oder vorschreiben. Ihr Motto ist, sowohl — als auch. Je weiter wir in ihr vor-

---

179 Bernstein, Die Voraussetzungen, S. 64.
180 a. a. O., S. 65.
181 a. a. O.
182 Bernstein, Dialektik und Entwicklung, a. a. O., S. 327.
183 a. a. O., S. 354 und Voraussetzungen, S. 71.

rücken, um so weniger finden wir Geschichtsepochen, wo ein einziges Prinzip in voller Reinheit das Gesellschaftsleben beherrscht hätte, und es ist eine ganz undialektische Vorstellung, zu glauben, daß das Produkt einer vieltausendjährigen Entwicklung, wie es die moderne Gesellschaft darstellt, in absehbarer Zeit auf Grund einer einzigen Formel soll umgestaltet werden können[184]."

Die strategischen Konsequenzen aber, die aus dem Komplexitätsargument und der milieutheoretischen Sicht des Proletariats folgen, werden in diesem Dialektikverständnis vermieden, weil es einen Weg des sofortigen Umschlags offenzuhalten scheint. Bernstein wendet sich ausdrücklich nur gegen diese Verwendung von Dialektik[185] und nennt deren Übertragung auf komplexe sozioökonomische Strukturen „blanquistisch".

In einem Brief an Kautsky vom 30. 8. 1897 arbeitet er diesen Gesichtspunkt schärfer heraus. Ihmzufolge führt eine Konstruktion der Entwicklung der Wirklichkeit nach dem Modell „einer absoluten Dialektik" zur Verzerrung der realen Prozesse, denn ein Umschlag in Gegensätze ist allenfalls bei sehr primitiven Organismen denkbar, „je ausgebildeter und komplizierter die Organismen, um so mehr wird die dialektische Form der Entwicklung eine partielle Erscheinung". Die Gegensätze heben sich in sozialen Strukturen nicht völlig auf und gehen auch nicht sprunghaft ineinander über. „Der partielle Widerspruch wird gelöst, der übrige Körper aber nur mittelbar in Mitleidenschaft gezogen und auch nur mäßig verändert. So verstehe ich heute die soziale Dialektik[186]."

Die kritisierte „absolute Dialektik" ist aber genau jene Anschauungsweise, die Bernstein als blanquistisch bezeichnet, die „Spekulation auf den großen Krach, der womöglich mit einem Schwunge ins gelobte Land hinüberführt"[187].

Da Bernstein ausdrücklich nur diese Sichtweise kritisiert, „Gewaltkonflikte politischer Natur" für ihn „auf einem anderen Kapitel" stehen, er also einen *kategorialen Unterschied zwischen der möglichen Transformationsstrategie der politischen Rahmenbedingungen und der gesellschaftlichen Strukturen* sieht, ist zwischen diesen beiden Aspekten stets sorgfältig zu unterscheiden. Wie noch gezeigt werden soll, hat Bernstein eine auf die gewaltsame Destruktion der politischen Entwicklungshemmungen bezogene Strategie das unter gegebenen Umständen berechtigte Element am Blanquismus genannt. Der Gewalt als Destruktionsmittel, „unerträglich ge-

---

184 a. a. O., S. 360.

185 Bernstein kritisiert noch eine bestimmte logische Verwendung von Dialektik, die später skizziert werden soll. Vgl. Abschn. 5.1.6.

186 IISG K. DV 419.

187 Der Kampf der Sozialdemokratie und die Revolution der Gesellschaft, in: NZ, 16, 1, S. 497.

wordene Fesseln zu sprengen"[188], stand Bernstein zu keinem Zeitpunkt ablehnend gegenüber. Wenngleich auch sie natürlich nur als äußerstes Mittel und nicht als Selbstzweck in Betracht kommen kann. In diesem Punkte hat er an der sozialdemokratischen Theorie nichts zu kritisieren. „Der Marxismus hat den Blanquismus erst nach einer Seite hin — hinsichtlich der Methode — überwunden. Was aber die andere, die Überschätzung der schöpferischen Kraft der revolutionären Gewalt für die sozialistische Umgestaltung der modernen Gesellschaft anbetrifft, ist er nie völlig von der blanquistischen Auffassung abgekommen[189]." Da *Bernstein sowohl die tatsächlich verfolgte Taktik der Partei als auch die Möglichkeit einer politischen Revolution in Deutschland*[190] *ausdrücklich unterstützt,* behauptet er auch *nicht,* daß die Partei mit ihrer realen Politik „im blanquistischen Fahrwasser" sei[191]. Was er unter dem Stichwort „blanquistisch" kritisiert, ist daher nichts anderes als jene in der damaligen Partei verbreitete theoretische Haltung, ein „konzeptionelles Vakuum" hinsichtlich der Transformationsstrategie für wissenschaftlich geboten zu halten, weil die Errichtung der sozialistischen Gesellschaft, wie es in den Texten von Bebel und Kautsky ja stets zum Ausdruck kam, als problemlose Nebenfolge der politischen Machtergreifung betrachtet wurde. Mit diesem Vorwurf traf er allerdings eine in der Partei fest verwurzelte Anschauung[192]. Immer wieder weist er ausdrücklich darauf hin, daß er mit seiner Blanquismus-Kritik keine Verwerfung der revolutionären Strategie schlechthin beabsichtigt. Das *Recht auf Revolution in nichtdemokratisch verfaßten politischen Ordnungen bleibt davon unberührt*[193]. Noch 1921 in seiner Betrachtung über die deutsche Revolution unterscheidet er ausdrücklich diesen berechtigten Aspekt des Blanquismus auf politischer Ebene von dessen sozioökonomischer Inadäquatheit[194]. Dies ist hervorzuheben, um *quietistischen Fehlinterpretationen der Bernsteinschen Blanquismuskritik vorzubeugen.*

Es ist auch ausschließlich diese Komponente, die Bernstein im Auge hat, wenn er den Blanquismus im Marxismus kritisiert. Für das Erkennen und Überwinden dieser organisations-soziologischen Sackgasse im Marxismus zugunsten der auch von Marx selbst in anderen Kontexten angedeuteten gradualistischen Alternative hält Bernstein aber die Überwindung des Verständnisses der Hegelschen Dialektik für erforderlich, wie sie im Sozialismus

---

188 Blanquismus a. a. O.
189 Voraussetzungen, S. 65.
190 Brief an Kautsky vom 20. 2. 1898.
191 Brief an Kautsky vom 10. 10. 1898.
192 Das übersieht Steinberg, der Bernsteins Angriff in diesem Punkt für „völlig verfehlt" hält, Sozialismus, S. 94.
193 Eine absolute Verwerfung der Revolution als Mittel hat Bernstein vielmehr ausdrücklich kritisiert. Vgl. Friedenau im Kriegszustand, in: SM, 7. Jg., 2 (1901), S. 507.
194 Bernstein, Die deutsche Revolution, S. 22.

wirkt. „Nach meiner Ansicht liegt der Fehler sowohl in der Überschätzung der erzielten technischen Entwicklung als in der Unterschätzung der sozial-psychologischen und Organisationsfragen, die bei der sozialistischen Umgestaltung der Gesellschaft in Betracht kommen", schreibt Bernstein unter direkter Bezugnahme auf Marx und umreißt im Kontrast dazu die beiden Grundlagen, auf denen sein eigenes Transformationsverständnis beruht[195]. Ein Dialektikverständnis als logische Entsprechung einer blanquistischen Strategie, die diese Voraussetzungen überspringen möchte, ist es, was Bernstein meint, wenn er die Überwindung der Dialektik fordert[196]. *Dialektik, falls sie im Sinne einer Zug-um-Zug-Entwicklung der Veränderung der Realität und des gesellschaftlichen Bewußtseins gemeint ist, bezeichnet indessen gerade das, wodurch er die Strategie des eklatförmigen Umschwungs, den er als Ausfluß der Hegelschen Dialektik kritisiert, ersetzen möchte.* Es ist daher bei jeder Kritik Bernsteins genau darauf zu achten, wie er den Blanquismusbegriff im Kontext verwendet.

Die in den Jahren zwischen 1895 und 1899 entfalteten analytischen Grundlagen der generativen Idee eines konstruktivistischen Sozialismus als Transformationsstrategie für hochkomplexe Gesellschaften hat auch in den späteren Phasen seines Schaffens der Bernsteinschen Theorie zugrunde gelegen, auch wenn er sie bei seinen Argumentationen für praktische Reformpolitik nicht immer vorträgt.

Auch die milieutheoretische Sicht des Proletariats als einer durch seine Lebensumstände im Kapitalismus degradierten und depravierten Klasse ist ein theoretisches Grundmotiv geblieben. Bernstein hat sich in dieser Frage vor Einseitigkeiten gehütet. Der Pessimismus der Fabier, der lange Zeit sozialistische Politik nur an den Arbeitern vorbei für möglich gehalten hat, ist ihm fremd geblieben. „Wir haben die Arbeiter so zu nehmen, wie sie sind. Und sie sind weder so allgemein verpaupert, wie es im kommunistischen Manifest vorausgesehen ward, noch so frei von Vorurteilen und Schwächen, wie es ihre Höflinge uns glauben machen wollen. Sie haben die Tugenden und die Laster der wirtschaftlichen und sozialen Bedingungen, unter denen sie leben[197]." Bernstein erkennt, daß auch im Hinblick auf den Proletariatsbegriff ein Dualismus im Marxschen Werk zu beobachten ist. Stellen, in denen die Unreife des Proletariats kraß zutage tritt, wechseln mit solchen, wo dem Proletariat all die anspruchsvollen Attribute schon für die Gegenwart zugeschrieben werden, die es, um seine historische Mission der Theorie nach erfüllen zu können, haben müßte[198]. Die Anknüpfung an jenes empirielose Bild vom Proletariat ist es, die nach seiner Auffassung

---

195 Klassenkampfdogma und Klassenkampfwirklichkeit, (1899) in: Zur Geschichte, S. 292.
196 Vgl. Bernstein, Die Voraussetzungen, S. 61 ff.
197 a. a. O., S. 253.
198 a. a. O., S. 250.

blanquistische Hoffnungen nähren kann. Eine solche projektive Ausstattung des Proletariats „mit den Attributen der Vollkommenheit", die es der Theorie nach für seine Mission benötigt, nennt Bernstein „supramarxistischen Cant"[199]. Gleichzeitig wendet er sich jedoch gegen jene Art von Pessimismus, die den Arbeitern die Befähigung zum Subjekt ihrer eigenen Emanzipation bestreiten möchte[200].

Wenn sowohl am Desiderat einer Emanzipation durch die Arbeiter selbst als auch an einer empirisch-milieutheoretischen Sicht ihrer Handlungsfähigkeit festgehalten werden soll, dann kommt als Weg nur eine graduelle Veränderung der gesellschaftlichen Lebensverhältnisse und Mitwirkungsrechte in Betracht, die mit der Verbesserung der Bedingungen zugleich die Chance der Fortentwicklung der Fähigkeiten der Arbeiter selbst gewährleistet, um den jeweils nächstmöglichen Schritt der Selbstbestimmung zu fundieren, denn das Wort, die Befreiung der Arbeiter müsse das Werk der Arbeiter selbst sein, bedeute in sozioökonomischer Hinsicht, „daß die Arbeiter befähigt sein müssen, die Produktion genossenschaftlich zu führen"[201].

Hierbei spielt eine Rolle, daß Bernstein den Arbeitern, wo sie „als Masse handeln", schon gegenwärtig eine „intelligente, schöpferische Kraft" zubilligt, die den Einfluß der „mangelhaften Erziehung und schlechten Umgebung" zurückdämmt[202]. Aus diesem Grunde können sie auf politischer und gewerkschaftlicher Ebene in der Veränderung der Verhältnisse einen Vorlauf schaffen, den es hinsichtlich der sittlichen, sozialen und intellektuellen Fähigkeiten des einzelnen Proletariers dann in der Praxis erst noch einzulösen gilt. Als empirische Subjekte aber haben die Arbeiter keinen Vorsprung vor der Individualität der Subjekte aus den anderen Klassen außer dem, den sie sich im Kampfe und durch Veränderung ihrer Lebens- und Arbeitssituation schrittweise verschaffen[203]. Bedingt durch diese tatsächlichen Veränderungen, wie gering sie gemessen am sozialistischen Ziel auch sein mögen, haben nach Bernsteins Urteil die deutschen Arbeiter in den Jahren seit Gründung der organisierten Arbeiterbewegung sichtbare Fortschritte in ihrer sozialen und politischen Kompetenz gemacht, die zu keinem Pessimismus hinsichtlich weiterer Fortschrittsmöglichkeiten Anlaß geben. Als Faktoren, die diesen Fortschritt bewirkt haben, nennt er: „Ehedem kam die Masse auch der Industriearbeiter vom Lande und brachte die Anschauungen des Landes mit, die nur langsam und oberflächlich denen der Stadt wichen. Heute gehört die Masse der Lohnarbeiter der Industrie an, lebt in Städten oder städtisch gearteten Industriedörfern, und der Zuzug vom Lande wird

---

199 Bernstein, Vom deutschen Arbeiter einst und jetzt, in: SM. 8. Jg. 1 (1902), S. 175.
200 a. a. O., S. 178.
201 Blanquismus, a. a. O.
202 Vom deutschen Arbeiter, S. 179.
203 a. a. O., S. 183.

in kurzer Zeit von ihnen assimiliert. Zu diesen ganz objektiven Faktoren kommt der Einfluß des sich auch bei uns immer mehr entfaltenden öffentlichen Lebens, der gewaltige erzieherische Einfluß der sozialistischen Agitation, des Gewerkschaftswesens, der Wahlkämpfe, der Presse[204]."

Auch in dieser Hinsicht nimmt Bernstein für die eigene Argumentation die bessere Übereinstimmung mit den Desidearten eines wissenschaftlichen Sozialismus in Anspruch, der die realen Voraussetzungen der Möglichkeit einer Entwicklung der Arbeiterklasse zur Wahrnehmung der Selbstbestimmungsfunktionen in einer zunehmend von ihnen selbst kontrollierten Gesellschaft erkennen und schaffen will, statt den Arbeitern von der Theorie her einen besonderen „theoretischen Sinn" zuzuschreiben, der ihnen alles zu jedem Zeitpunkt möglich erscheinen lassen will.

Mit diesen subjektiven Voraussetzungen der Arbeiterklasse, die es zu entwickeln gilt, bezieht sich Bernstein auf drei Aspekte:

1. Die Schulung der allgemeinen Intelligenz und Bildung.
2. Soziale und politische Kompetenz.
3. Kenntnisse und Fähigkeiten zur Übernahme betriebs- und volkswirtschaftlicher Selbstverwaltungsfunktionen in einer komplexen Volkswirtschaft[205].

Die Unterschätzung dieser Lernvoraussetzungen mit ihren institutionellen Bedingungen und ihrer unvermeidlichen Zeitdimension ist es, was Bernstein neben dem Verkennen der gesellschaftlichen Komplexität als Hauptursache für eine blanquistische Strategie ansieht. In seiner Analyse der Revolution von 1918 kommt er bei der Erforschung der Ursachen von Rosa Luxemburgs blanquistischer Konzeption zu dem Schluß: „Vor ihrem geistigen Auge stand und in ihrer Seele lebte ein aus der Abstraktion abgeleitetes Proletariat, dem das wirkliche Proletariat nicht entsprach[206]." Im Gegensatz hierzu ist für die nach seiner Einschätzung in den wichtigsten Punkten angemessene Politik der MSPD und der USPD-Mehrheit in den ersten Monaten der Revolution sowie insbesondere für deren breiten Rückhalt in der Arbeiterklasse ihre reformistische Politik im Kaiserreich verantwortlich: „So rückständig Deutschland durch den Fortbestand halbfeudaler Einrichtungen und die Machtstellung des Militärs in wichtigen Fragen seines politischen Lebens auch war, so war es doch als Verwaltungsstaat auf einer Stufe der Entwicklung angelangt, bei der schon die einfache Demokratisierung der vorhandenen Einrichtungen einen großen Schritt zum Sozialismus hin bedeutete.

---

204 a. a. O., S. 184.
205 Vgl. dazu Vom deutschen Arbeiter einst und jetzt, a. a. O., und ders., Klassenkampf und Kompromiß, in: NZ, 15, 1, S. 518 sowie ders. Der Kampf der Sozialdemokratie und die Revolution der Gesellschaft, in: NZ, 16, 1, (1897), S. 485. Mitunter betont er auch besonders die „ethische" Komponente der „Reife der Proletarier", in: Zur Geschichte, S. 294.
206 Die deutsche Revolution, S. 171.

In Ansätzen hatte sich das schon vor der Revolution angezeigt. Das Stück Demokratie, das in Reich, Staaten und Gemeinden zur Verwirklichung gelangt war, hatte sich unter dem Einfluß der in die Gesetzgebungs- und Verwaltungskörper gelangten Arbeitervertreter als ein wirkungsvoller Hebel zur Förderung von Gesetzen und Maßnahmen erwiesen, die auf der Linie des Sozialismus liegen, so daß selbst das kaiserliche Deutschland auf diesen Gebieten mit politisch fortgeschritteneren Ländern sich messen konnte. Gleichzeitig aber hatte es im Verein mit den freien Selbstverwaltungsorganen der Arbeiter einer stetig wachsenden Zahl von Vertretern der Arbeitersache ein Verständnis für das Wesen und die Aufgaben der Gesetzgebung und Verwaltung in der modernen Gesellschaft verschafft, daß sie ohne es im gleichen Maße nie erlangt hätten[207]."

Diese *Befähigung sowohl zur realitätsgerechten Aktion als auch zur Wahrnehmung sozialistischer Selbstbestimmungsaufgaben erwächst nur aus der praktischen Einübung*, wie bescheiden diese im Kaiserreich auch immer gewesen war. Sie ist in Bernsteins Verständnis die Voraussetzung und die Grundlage einer zielgerechten konstruktivistischen Strategie[208]. Anders als seine parteimarxistischen Kontrahenten begnügt sich Bernstein in der Beschreibung der für den Sozialismus vorausgesetzten Handlungskompetenz des Proletariats nicht mit einem Hinweis auf die Notwendigkeit, die Überlebtheit der kapitalistischen Gesellschaft zu durchschauen.

Im Kontrast zur Leninschen Strategie, die ja im Bernsteinschen Sinne Beispiel für ein blanquistisches Vorgehen ist[209], ist an Bernsteins Argument vor allem von Interesse, daß die Verwaltungsstrukturen der entwickelten kapitalistischen Gesellschaft, zumal sie ja zum Teil von den Arbeitern erkämpft oder selbst schon partiell kontrolliert werden, als Bestandteil der komplexen gesellschaftlichen Strukturen ebenfalls nicht zerschlagen und vollständig ersetzt werden sollen, sondern durch Demokratisierung ihrer Entscheidungs- und Kontrollprozesse zu verändern sind. Die Strukturen selbst

---

207 a. a. O., S. 172.
208 Damit nimmt Bernstein nicht seine Kritik an der Ideologie der SPD im Kaiserreich zurück. Die hier geschilderte Praxis hatte er ja gerade bekräftigen wollen.
209 Bernstein, Der Sozialismus einst und jetzt (1921), Berlin—Bonn-Bad Godesberg 1975³, S. 113. Es ist in diesem Zusammenhang von Interesse, daß Lenin, der das blanquistische Paradigma in großer Reinheit vertrat, eine Zerschlagung und vollständige Neukonstruktion der Staatsmaschinerie für möglich hielt. Ders., Staat und Revolution, Berlin 1959, S. 41. Ebenso war er davon überzeugt, daß alle Staatsfunktionen jederzeit von jedermann wahrgenommen werden können. a. a. O., S. 47. Es kann hier nicht erörtert werden, inwiefern eine solche Vorstellung auf die Verhältnisse des zurückgebliebenen Rußland eher zutrifft als auf industriell entwickelte Gesellschaften, für die der Übergang zum Sozialismus ja theoretisch entworfen war. Jedenfalls paßt solche Vorstellung konsequent zur blanquistischen Strategie und verleiht ihr einen gewissen Sinn. Daß Lenins Einschätzung selbst für Rußland neben der Realität lag, geht unter anderem aus dem Schicksal seiner Staatsvorstellung in der Praxis hervor. Vgl. dazu O. Anweiler, Die Rätebewegung in Rußland 1905—1921, Reinbek 1958.

scheinen Bernstein zum großen Teil unverzichtbar. Eine sozialistische Funktion sollen sie durch Demokratisierung gewinnen können[210].

Für das nach seinem Urteil zweckentsprechende Handeln der Führer der Sozialdemokratie in den Monaten nach der Revolution macht er interessanterweise geltend, sie hätten sich bewußt oder unbewußt genau von jenem Komplexitätsverständnis in ihrem Handeln leiten lassen, das seinem neuen reformistischen Paradigma auf analytischer Ebene zugrunde gelegen hatte[211]. Durch diese Argumentation, sowie die Skizze, die er in diesem Zusammenhang von ihr gibt, zeigt er zugleich, welch grundlegende Bedeutung es für seinen strategischen Ansatz gehabt hat. Darüber hinaus unterstreicht dieser Verwendungszusammenhang, daß für Bernstein der Gegensatz zwischen dem blanquistischen und dem reformistischen Vorgehen nicht lediglich eine taktische Differenz ist[212], sondern viel tiefer reichende Dimensionen umfaßt:
„In der Biologie genannten Wissenschaft von den Lebewesen gilt es als eine auf Erfahrung und experimentelle Untersuchung gegründete Erkenntnis, daß Organismen um so weniger wandlungsfähig sind, zu je höherer Stufe der Entwicklung sie in bezug auf Spezialisierung, Ausbildung und funktionelles Zusammenwirken ihrer Organe gediehen sind. Mit einigen aus der Natur der Sache sich ergebenden Einschränkungen gilt das auch für die sozialen Organismen, die wir Staaten oder, bei früherer Entwicklungsstufe, Stämme und Völkerschaften nennen. Je weniger sie ausgebildet sind, um so leichter vertragen sie Maßnahmen, die auf ihre radikale Umbildung abzielen. Je vielseitiger aber ihre innere Gliederung, je ausgebildeter die Arbeitsteilung und das Zusammenarbeiten ihrer Organe bereits sind, um so größer die Gefahr schwerer Schädigung ihrer Lebensmöglichkeiten, wenn versucht wird, sie mit Anwendung von Gewaltmitteln in kurzer Zeit in bezug auf Form und Inhalt radikal umzubilden[213]."
Die biologische Parallele verwendet Bernstein stets nur zur Verdeutlichung seines Komplexitätsargumentes. Weder im Hinblick auf die Systembewertung, noch hinsichtlich der Kriterien der Systemkritik, erst recht nicht im bezug auf eine aktive Transformationspolitik hat er sich von dieser Analogie, die aus einer für die von ihm ins Auge gefaßten Sachverhalte noch unausgebildeten Begrifflichkeit resultiert, gefangen nehmen lassen[214]. Nicht aus Mangel an Radikalität oder aus einem Verzicht auf die Erreichung des sozialistischen Ziels, sondern aus den realen Voraussetzungen, unter denen

---

210 Bernstein, Die deutsche Revolution, S. 172.
211 a. a. O.
212 a. a. O., S. 6.
213 a. a. O., S. 172. Dieselben Argumente trägt Bernstein in dem Kapitel „Die nächsten möglichen Verwirklichungen des Sozialismus" seines Buches „Der Sozialismus einst und jetzt" vor.
214 Vgl. die ausdrücklichen Einschränkungen in „Klassenkampf und Kompromiß", in: NZ 15, 1 (1897), S. 546 f. und Anmerkung 176 des vorliegenden Kapitels.

dieses Ziel überhaupt erreicht werden kann, ergibt sich unter diesen Umständen eine Strategie der „stückweise vollzogenen Verwirklichung des Sozialismus"[215].

3.2.5 *Das blanquistische und das konstruktivistische Paradigma*

Der Begriff des Paradigmas ist in der neueren wissenschaftstheoretischen Diskussion von Thomas S. Kuhn in seinem Buch „Die Struktur wissenschaftlicher Revolutionen" (1962) entwickelt worden[216]. Er bezieht sich dort auf die Erklärung der Art und Weise, in der der wissenschaftliche Fortschritt sich tatsächlich vollzieht. Paradigma bezeichnet dort das Grundmuster eines Problemlösungsverhaltens, das über einen längeren Zeitraum hinweg bei einer Gruppe von Wissenschaftlern fraglos in Geltung ist, obgleich beim Versuch, die Art seiner Wirksamkeit durch Regeln zu objektivieren zwischen denen, die dem Paradigma folgen, Differenzen bestehen mögen[217]. „Die genaue historische Untersuchung eines bestimmten Spezialgebietes zu einem bestimmten Zeitpunkt enthüllt eine Reihe sich wiederholender und gleichsam maßgebender Erläuterungen verschiedener Theorien in ihren Anwendungen in bezug auf Begriffsbildung, Beobachtung und Instrumentation. Das sind die Paradigmata der Gemeinschaft, wie sie in ihren Lehrbüchern, Vorlesungen und Laborversuchen zutage treten. Durch deren Studium und den Umgang mit ihnen lernen die Mitglieder der betreffenden Gemeinschaft ihr Fach. Der Historiker entdeckt natürlich darüber hinaus ein Gebiet im ‚Halbschatten', in welchem Leistungen liegen, deren Status noch zweifelhaft ist, auch wenn der Kern der gelösten Probleme und die Verfahrensweisen gewöhnlich klar sind. Trotz gelegentlicher Zweideutigkeiten können die Paradigmata einer entwickelten wissenschaftlichen Gemeinschaft relativ leicht bestimmt werden[218]."
Paradigmata wirken durch das Beispiel eines Problemlösungsverhaltens auch dann, wenn die auf ihrer Basis Arbeitenden nicht genau angeben können, welche seiner Eigenschaften das Paradigma kennzeichnen und selbst wenn Uneinigkeit bei diesem Versuch der Objektivierung besteht. Eine wichtige Rolle bei der Etablierung wissenschaftlicher Paradigmata spielt die Sozialisation der Wissenschaftler in eine bestimmte Vorstellungs- und Vorgehensweise hinein. In diesem Sinne wirkt das Paradigma nicht nur über seine rationalisierbaren Regeln, sondern auch „durch unmittelbare Formgebung"[219].

---

215 Zur Geschichte, S. 233.
216 Deutsch: Thomas S. Kuhn, Die Struktur wissenschaftlicher Revolutionen, Frankfurt 1967.
217 a. a. O., S. 68—78.
218 a. a. O., S. 68.
219 a. a. O., S. 73.

Das zentrale Moment am Paradigma bestimmt sich nun durch seine Rolle im wissenschaftlichen Erkenntnisprozeß. Über einen längeren Zeitraum hinweg bestimmt es fraglos die Sicht der Realität, der Probleme und das Einverständnis darüber, was als eine Problemlösung anerkannt wird. Als Erklärungsmuster der Realität bleiben Paradigmata in Kraft trotz einer Vielzahl von logischen und empirischen Anomalien, die aus ihrer Geltung im Verhältnis zur Realität folgen. Die Kraft des Paradigmas liegt vor allem darin, die schließliche Lösbarkeit all dieser Probleme durch Fortgang der normalen Forschungsarbeit auf dem Boden seiner Grundannahmen als gesichert erscheinen zu lassen.

Nun kann aber die Häufung solcher Anomalien in Verbindung mit der expliziten Diskussion der Grundlagen eines Paradigmas dazu führen, daß die Wissenschaftler das Vertrauen in seine Kraft verlieren und sich einem konkurrierenden Paradigma zuwenden, das parallel zum bestehenden herausgebildet wurde und im Gefolge einer Vertrauenskrise der Wissenschaftler eines Fachgebietes an Attraktionskraft gewinnt. Für den Kuhnschen Paradigmabegriff ist es kennzeichnend, daß der Wechsel zu einem neuen Paradigma ein in seinen Gründen und Kriterien letztendlich nicht formalisierbarer Akt ist und daß insbesondere das Verhältnis des neuen zum alten Paradigma ein Qualitätswechsel ist, der sich in bloß logischen oder empirischen Relationen nicht erschöpft. *Der Wechsel von einem Paradigma zu einem neuen schließt einen „Gestaltwechsel" in der Realitätswahrnehmung selbst ein.* Dieselbe Realität wird im Lichte des veränderten Bezugsrahmens unterschiedlich rezipiert, wie wir es etwa von Wechselbildern her kennen. „Als elementare Prototypen für solche Veränderungen der Welt des Wissenschaftlers erweisen sich die vertrauten Darstellungen eines visuellen Gestaltwandels geradezu als suggestiv. Was in der Welt des Wissenschaftlers vor der Revolution Enten waren, sind nachher Kaninchen[220]." Denn was der Mensch sieht, hängt sowohl davon ab, worauf er blickt als auch davon, „worauf zu sehen ihn seine visuell-begriffliche Erfahrung gelehrt hat"[221].

Aus diesem Grunde spricht Kuhn davon, daß die Anhänger unterschiedlicher Paradigmata, wenngleich sie denselben Gegenstandsbereich erklären wollen und über dieselbe empirische Basis verfügen, ihren Beruf „in verschiedenen Welten" ausüben[222]. Sie sehen eine unterschiedliche Rangfolge der Probleme und eine unterschiedliche Gestaltung innerhalb derselben Strukturkomplexe. Daher gibt es keine kontinuierliche Überleitung aus einem Paradigma in ein konkurrierendes, sondern immer nur ein Überwechseln. „Die Übertragung der Bindung von einem Paradigma auf ein anderes ist eine Konversion, die nicht erzwungen werden kann[223]." Dies bedeutet selbstverständlich nicht, daß

---

220 a. a. O., S. 151, mit „Revolution" ist hier der Paradigmawechsel gemeint.
221 a. a. O., S. 153.
222 a. a. O., S. 198.
223 a. a. O., S. 200.

es für die Wahl oder Ablehnung eines Paradigmas keine rationalen Gründe gibt, denn wissenschaftliche Geltung können Paradigmata stets nur innerhalb einer schmalen Bandbreite von Interpretationsspielräumen haben. Für die Geltung von Paradigmata kann nur mit Gründen geworben werden, die mit dem Stand der Realitätserkenntnis im Einklang stehen, denn eine gegebene Sammlung von Daten läßt zwar stets mehr als eine theoretische Konstruktion zu, aber keineswegs beliebige[224].

Ersichtlich kann eine solche Fassung des Paradigmabegriffs, die für den Erklärungszusammenhang objektiver Gegebenheiten entworfen ist, nicht unmittelbar auf die gesellschaftliche Transformation übertragen werden, für die gleichermaßen erklärende und strategisch-normative Aspekte von Bedeutung sind. Es braucht im vorliegenden Zusammenhang nicht erörtert zu werden, ob die Vorstellung des wissenschaftlichen Fortschritts durch Paradigmawechsel, wie Kuhn sie skizziert, in jeder Hinsicht wissenschaftstheoretisch gesichert ist. Mißverständlich wäre es auf alle Fälle, wollte man die sozialistische Transformation der Gesellschaft nach dem Muster der Erklärung eines objektivierten Prozesses deuten. Solche Deutungen hat es bekanntlich sowohl nach dem Muster der Revolution wie nach dem Muster der kontinuierlichen Evolution gegeben. Wenn im folgenden in Anlehnung an die Verwendung dieses Begriffs bei Horst Heimann[225] für die Transformationsweise der Gesellschaft der Paradigmabegriff verwendet wird, obgleich hier außer analytischen auch normative Elemente zu berücksichtigen sind, so ausdrücklich nur in analoger und eingeschränkter Bedeutung, ohne damit irgendeinen objektivistischen Anspruch zu verbinden. Diese Einschränkung einmal vorausgesetzt, kann mit dem Paradigmabegriff in der Tat der Wechsel begrifflich gefaßt werden, der mit dem Bernsteinschen Ansatz gegenüber der Vorstellungswelt des Parteimarxismus in der Vorkriegssozialdemokratie vollzogen wurde.

Bei aller Differenz der Ausdeutung im einzelnen war das parteimarxistische Paradigma beherrscht von dem Bild, daß jede mögliche Reform im Sinne einer graduellen oder auf ein Gebiet beschränkten gesellschaftlichen Veränderung stets nur als akzidentelle Veränderung der kapitalistischen Gesellschaft verstanden werden kann, die deren Substanz unbeeinflußt lasse. Für die gesellschaftliche Struktur und deren Veränderungsmöglichkeiten lag diesem Paradigma insofern die alte Vorstellung der *essentienrealistischen Philosophie* zugrunde, wonach ein Seiendes die Individuation einer Wesenheit ver-

---

224 a. a. O., S. 108.
225 Vgl. Horst Heimann (Hrsg.), E. Bernstein, Texte zum Revisionismus, Bonn-Bad Godesberg 1977, Einleitung.
226 Für eine ausgezeichnete Darstellung dieses Problems vgl. Caspar Nink, Philosophische Gotteslehre, München 1948.

möge eines Satzes nichtwesentlicher Akzidentien sei[226]. In dieser Vorstellung könnte durch Veränderungen im Bereich der Akzidentien niemals eine Veränderung des Wesens selbst herbeigeführt werden, sondern nur seiner Individualität. Bestimmungen des Wesens der kapitalistischen Gesellschaft, wie sie etwa im Erfurter Programm genannt werden, waren das Privateigentum an den Produktionsmitteln und die Marktsteuerung der Produktion. So umfassend diese Kriterien formuliert waren, so vage blieb die organisatorisch-institutionelle Konkretisierung ihrer essentiellen Alternative. Sieht man einmal von Deutungsspielräumen innerhalb dieses Paradigmas ab, wie sie unterschiedliche Theoretiker zu verschiedener Zeit zutage treten lassen, so wäre nach dieser Definition ein wesentlicher Wandel der sozioökonomischen Verhältnisse erst erreicht, wenn das Privateigentum an den Produktionsmitteln und die Marktsteuerung durch alternative Institutionen ersetzt wären. Als Oberkriterium für die Legitimität solcher Alternativen hatte das Erfurter Programm die einschränkende Bedingung formuliert, als Resultat müßte eine Gesellschaft ohne Ausbeutung und Unterdrückung, „richte sie sich gegen eine Klasse, ein Geschlecht oder eine Rasse" entstehen.

Zufolge der skizzierten Definition des Kapitalismus wäre daher lediglich der Akt der Enteignung allen Produktionsmitteleigentums, das fremder Arbeit bedarf, in Verbindung mit einer durchgängigen Wirtschaftsplanung die Auswechselung des einen gesellschaftlichen Wesens durch ein anderes. Alle unterhalb dieser Schwelle vollzogenen Schritte des Wandels vor wie nach diesem Akt würden nur als akzidentelle Änderungen in Betracht kommen, die an der Identität des gesellschaftlichen Wesens des Kapitalismus selbst nichts verändern. Dieses Paradigma schloß in die Definition des kapitalistischen Wesens, das ja dynamisch gefaßt war, die Vorstellung von einer notwendigen Entwicklung hin zum Zusammenbruch des Systems mit ein, dessen Ablaufgesetze nicht zu verändern sein sollten, solange die wesentlichen Bestimmungen selbst unverändert blieben. Aus diesem Grunde konnte der eigentliche gesellschaftliche Umschwung nur zu einem Zeitpunkt erfolgen, der von den Interessenten des Wandels nicht zu bestimmen war, weil er sich aus der objektiven Dynamik des Systems ergeben sollte. Vor dem Erreichen der Zusammenbruchsschwelle sollte es aber auch nicht die Möglichkeit der Aufhebung der wesentlichen Bestimmungen des Systems geben. Da am Prozeß des Wandels selbst nur wiederum die Aufhebung der wesentlichen Bestimmungen wesentlich sein sollte, konnte die Art und Weise der Transformation selbst außer Betracht bleiben bzw. als akzidentell angesehen werden. Daher auch der völlige Verzicht auf eine aktive Transformationsstrategie in der Vorkriegssozialdemokratie.

Am genauesten kommt der Kern dieses Paradigmas in dem Bild zum Ausdruck, das Rosa Luxemburg geprägt hat. Ihr zufolge könnten alle Reformen innerhalb des Kapitalismus „die Wand" nur „höher" machen, die zwischen ihm und dem Sozialismus liegt[227].

Die Eroberung der politischen Macht erscheint in diesem Paradigma nur vermittelt als wesentlich, nämlich lediglich sofern sie als Hebel zum Wechsel der essentiellen Bestimmungen des sozioökonomischen Systems dient. Eigentlich ist sie selbst noch nicht der wesentliche Akt, wohl aber nach der gängigen Vorstellungsweise so sehr dessen unmittelbare Einleitung, daß zwischen ihr und dem Auswechseln der konstitutiven Systembedingungen nicht kategorial unterschieden werden brauchte. Keinesfalls könnte konsequenterweise ein Zustand als wesentliche Systemveränderung bezeichnet werden, bei dem zwar eine Führungsgruppe mit der Absicht des in wie immer bemessener Zeit zu vollziehenden Systemwandels an der politischen Macht ist, diesen Wandel jedoch, aus welchen Gründen auch immer, nicht oder wiederum nur partiell vollzieht. Auch im Hinblick darauf wären gesellschaftliche Veränderungen unterhalb der Schwelle der wesentlichen Systembedingungen nur akzidentelle Veränderungen. Dies ist der Grund, warum innerhalb des alten Paradigmas der politische Wandel ebensowenig wie alle Reformen den Systemwechsel selbst darstellen können. Immerhin ist der politische Machtgewinn in dieser Vorstellung das unmittelbare Vorspiel zu diesem Wandel.

Hintergrundmotive, die dieses Paradigma in wechselnder Deutlichkeit und Konsequenz stützten, waren insbesondere die folgenden[228]: Eine Dialektikauffassung, derzufolge Qualitätssprünge in der gesellschaftlichen Entwicklung als Ausdruck universeller Entwicklungsgesetze unvermeidlich sein sollten; eine Logisierung des Proletariats zur geschichtsphilosophischen Kategorie, bei deren Bestimmungen weniger dessen reale gesellschaftliche Existenzbedingungen als vielmehr die von der Theorie gehegten Erwartungen den Ausschlag gaben, so daß seine umfassende Handlungskompetenz in entscheidendem Maße aus seinem sozioökonomischen Seinsort zu erwachsen schienen; die Erwartung einer drastischen Reduktion der Komplexität der kapitalistischen Gesellschaft sowohl hinsichtlich ihrer Sozialschichtung als auch hinsichtlich der Betriebszahlen und der ökonomischen Steuerungsprobleme; eine kausale Verknüpfung der Systemmängel der kapitalistischen Gesellschaft nahezu ausschließlich mit der Institution des Privateigentums an den Produktionsmitteln und der Marktsteuerung des Systems ohne nähere Qualifizierungen oder Einschränkungen dieser Kausalbeziehungen; schließlich die verbreitete Annahme, daß der bestehende Staat so lange eine kompromißlose Feindschaft gegenüber den sozialistischen Zielsetzungen aufweisen würde, wie er nicht ganz in die Hände der Vertreter der Arbeiterklasse übergegangen ist. All

---

227 Rosa Luxemburg, Gesammelte Werke, Band 1/1, S. 400. Luxemburg hat also keinen dritten Weg zwischen Blanquismus und Reformismus gewiesen, sondern sich in dieser Frage auf die Seite des Blanquismus geschlagen.

228 Vgl. zum folgenden Kap. 2.

diese Annahmen trugen die verbreitete Einschätzung, derzufolge der Aufbau des Sozialismus fast vollständig als Machtproblem gesehen wurde. *Eine Ersetzung der essentiellen Systemstrukturen erschien in dieser Auffassung nicht als ein in seiner Raum- und Zeitdimension sowie hinsichtlich der politisch-sozialen und betriebs- wie volkswirtschaftlichen Handlungskompetenz des Proletariats noch offenes Konstruktionsproblem, sondern als ein im Falle der Verfügbarkeit über die politische Macht im Prinzip immer schon gelöstes Problem der Beseitigung von Entwicklungshemmungen. In diesem Sinne war die Realisierung des Sozialismus ein Alles- oder Nichts-Spiel, über das in einem Zuge zu entscheiden war.*

Waren diese Denkfiguren auch der allgemeine Hintergrund des Paradigmas, so konnten sowohl hinsichtlich der Konkretisierung einzelner Argumente als auch hinsichtlich der Geltung einiger von ihnen in der konkreten Argumentation Abweichungen und Varianten auftreten. Dennoch sind die angeführten Vorstellungen als Sinnzentrum der strategischen Überlegungen der marxistischen Sozialdemokratie vor dem ersten Weltkrieg zu betrachten.

Auf dieses Paradigma bezieht sich Bernsteins generative Idee. Der im Sinne Kuhns schwer faßliche Charakter dieses Paradigmas machte sich in den Diskussionen unter anderem dadurch geltend, daß Bernsteins Kontrahenten die von ihm angegriffenen Denkfiguren in wechselnder Weise stark einschränkten oder in ihrer Verbindlichkeit bestritten. Das von Bernstein ab 1895 aufgebaute Paradigma unterscheidet sich in allen skizzierten Grundstrukturen vom blanquistischen Paradigma[229].

Wenn Bernstein das alternative Paradigma blanquistisch nennt, so meint er damit ausdrücklich nicht eine Strategie des politischen Machterwerbs, sondern eine Vorstellung von der gesellschaftlichen Konstitution des Sozialismus. *Daß die politische Macht für das Volk gegebenenfalls auch durch eine Revolution zu erobern sein könnte, hat mit dem Kern des Paradigmawechsels nichts zu tun*[230]. Blanquistisch an diesem Paradigma ist vielmehr die Vorstellung, der Satz, es gelte die moderne Produktion von ihren kapitalistischen Fesseln zu befreien, sei wörtlich zu nehmen. Dann wäre der Aufbau der

---

229 Es ist in diesem Zusammenhang von Interesse, daß Bernstein selbst den vom ihm erstrebten Wechsel in der Sicht der sozialdemokratischen Reformarbeit in Parallele zu dem berühmtesten Paradigmawechsel in der Geschichte der Naturwissenschaften sieht. Gegen die Kritik Lenins, er sei ein „Renegat", wendet er sich mit folgender Argumentation: „Nun wendet man sonst in der Politik das Wort auf Leute an, die einer Partei oder Bewegung abtrünnig geworden sind, während es sich in diesem Fall um eine im Interesse der Partei an doktrinären Anschauungen geübte Kritik handelte. Indes lag bei mir immerhin eine Art Abwendung vor, und einer bestimmten geistigen Verfassung mag es gleichgültig sein, ob jemand sich von einer wissenschaftlichen Theorie, etwa von der ptolomäischen zur kopernikanischen Astronomie, oder von einer sozialen Bewegung abwendet, Wandlung ist ihr Wandlung, und damit ist für sie das moralische Urteil gesprochen" (Voraussetzungen, S. 265). Somit interpretierte Bernstein seine Revisionsbestrebung selbst nach dem Modell eines wissenschaftlichen Paradigmawechsels.

230 So ausdrücklich Bernstein, Die Voraussetzungen S. 230 f.

sozialistischen Gesellschaft nach dem Muster der gewaltsamen Destruktion einer hemmenden Hülle zu denken, unter der die neue Organisation schon gestaltet ist. Dieses Bild taucht in verschiedenen Variationen in der Gedankenwelt des Parteimarxismus immer wieder auf und ist von Marx selbst häufig verwendet worden. Sowohl die Vorstellung von einer entwicklungshemmenden Hülle oder Form, die es zu sprengen gelte, als auch das Bild von den Ketten, derer sich das Proletariat zu entledigen habe, suggerieren eine Transformationsvorstellung, deren Kern in der Destruktion eines Hemmnisses liegt. Soweit sich dieses Bild auf politische Hemmnisse bezieht, vor allem auf vordemokratische Verhältnisse, hat Bernstein ihm stets ausdrückliche Berechtigung zuerkannt[231]. Eine Revolution oder ein politischer Massenstreik zur Erkämpfung politischer Rechte ist immer ein Element seiner politischen Konzeption gewesen. Sofern das Bild von der Destruktion von Entwicklungshemmungen aber auf den Vorgang der sozialökonomischen Transformation selbst übertragen werden soll, unterliegt es Bernstein zufolge einem verhängnisvollen Mißverständnis. Die Formel, derzufolge der Stand der Entwicklung der Produktivkräfte dereinst die Sprengung der zu eng gewordenen Hülle der kapitalistischen Produktionsverhältnisse bewirken müsse und dieser Destruktionsvorgang als Konstitutionsakt der sozialistischen Gesellschaft angesehen werden müsse, ist nach Bernstein für komplexe Gesellschaften im Ansatz verfehlt. Sie unterstellt „eine Einfachheit der Verhältnisse, die kaum im kleinsten Staatswesen zu finden ist, geschweige denn in unseren großen modernen Nationalstaaten"[232].

Sie ignoriert Bernstein zufolge die Analyse der Bedingungsfaktoren gesellschaftlichen Wandels, auf die gerade der „wissenschaftliche" Sozialismus seinem eigenen Anspruch zufolge verpflichtet ist. „Die Voraussetzungen, auf die es bei der Bestimmung taktischer Fragen ankommt, sind zweierlei Natur. Zunächst handelt es sich da natürlich um die äußere Rückwirkung der rein tatsächlichen Verhältnisse: Die ökonomische Verfassung des betreffenden Landes, seine soziale Gliederung und seine politischen Zustände, die Natur und die Machtverhältnisse seiner Parteien. Das zweite Moment ist intellektueller Natur: Der Höhegrad der Erkenntnis des Gesellschaftszustandes, die erlangte Stufe der Einsicht in die Natur und die Entwicklungsgesetze des Gesellschaftskörpers und seiner Elemente. Beide Faktoren verändern sich und beider Änderung wollen bei der Erörterung taktischer Fragen berücksichtigt sein. Das klingt wie ein Gemeinplatz und sollte einer sein, aber in Wirklichkeit finden wir die Regel häufig ignoriert, und ganz besonders glauben diejenigen sie ignorieren zu können, die die volle Verwirklichung des Sozialismus von einem großen allgemeinen Zusammenbruch erwarten, in

231 Vgl. z. B. Blanquismus und Sozialdemokratie, IISG A 17.
232 Bernstein an Kautsky vom 20. 2. 1898.

einem solchen die fundamentale Vorbedingung für den endgültigen Sieg des Sozialismus erblicken[233]."

Eine wissenschaftliche Analyse dieser beiden Arten von Voraussetzungen des Sozialismus ergibt aber, wie Bernstein in impliziter Bezugnahme auf das sozialpsychologische Argument F. A. Langes und in direkter Bezugnahme auf das organisationssoziologische Argument der Fabier darlegt, daß der Sozialismus in hochkomplexen Gesellschaften und angesichts eines unter kapitalistischen Verhältnissen sozialisierten Proletariats eine Konstruktionsaufgabe eigener Art ist, für deren Lösung die Gewalt nicht den Ausschlag geben kann und deren Struktur noch offen ist. Der Sozialismus ist nicht unter den Trümmern der kapitalistischen Gesellschaft zu finden, sondern durch Fortentwicklung der vorhandenen Bedingungen aufzubauen.

Der Kern des Bernsteinschen Paradigmas besteht in einem Gestaltwechsel hinsichtlich der Einordnung gesellschaftlicher Reformen in den Zusammenhang des gesellschaftlichen Gesamtsystems. Sieht man einmal von den Gründen und Folgen des Paradigmawechsels ab und betrachtet nur dessen Kerngehalt, so besteht die Hauptdifferenz zum blanquistischen Paradigma darin, daß die Gesellschaft nicht länger nach dem Muster einer durch ihre Akzidentien individuierten unwandelbaren Essenz verstanden wird. Statt dessen erscheint sie als ein Geflecht von Strukturen, die auf unterschiedliche Weise und in wechselnden Graden im Interesse der Gesamtgesellschaft oder im überwiegenden Interesse einzelner oder einzelner Gruppen eingerichtet sein können und funktionieren. Der Funktionszweck bestimmt sich in erster Linie durch die Regelung der Entscheidungskompetenz über diese unterschiedlichen Funktionen. Sie kann ganz oder überwiegend in privater oder gesellschaftlicher Hand liegen. Die gesellschaftliche Kontrolle wiederum kann auf unterschiedliche Weise und durch unterschiedliche Organe wahrgenommen werden. Daher definiert sich das kapitalistische System nun durch die Funktionszwecke und Entscheidungskompetenzen seiner einzelnen Systemstrukturen. *Veränderungen innerhalb der gesellschaftlichen Gesamtstruktur, die deren Funktionszweck oder Entscheidungskompetenzen in Richtung auf das gesellschaftliche Interesse verlagern, erscheinen in diesem Paradigma nicht mehr als akzidentelle Wandlungen an den Rändern einer identisch bleibenden Essenz, sondern als Teillieferungen des Sozialismus selbst. In diesem Sinne ist jede Reform in der bezeichneten Richtung eine Änderung der Definitionsmerkmale der kapitalistischen Gesellschaft selbst[234]. Der Aufbau des Sozialismus erscheint nicht länger als die Ersetzung eines Institutionengefüges durch*

233 Bernstein, Der Kampf der Sozialdemokratie und die Revolution der Gesellschaft, in: NZ 16, 1 (1897/98), S. 485.

234 Das hat Erika Rikli klar erkannt, die den Stellenwert der Sozialreformen im Revisionismus so beschreibt: „Sie dienen dazu, diese Kriterien der kapitalistischen Wirtschaft zu entfernen, an ihre Stelle ein neues Wirtschaftssystem, den Sozialismus zu setzen." a. a. O., S. 116/7. Vgl. in einzelnen Abschn. 8.2.2.

eine vollständige Alternative, sondern als der Prozeß und Zusammenhang der koordinierten und graduell vollzogenen Verlagerungen der Funktionszwecke und Entscheidungskompetenzen in allen gesellschaftlichen Strukturbereichen auf die Ebene der gesellschaftlichen Interessen. Reformen, die dieses Kriterium erfüllen, sind in diesem Paradigma Teillieferungen des Sozialismus selbst. Diese Sicht gewinnt zusätzliche Berechtigung durch die Erkenntnis, die Bernstein im Anschluß an die Fabier gewinnt, daß eine durchgängige, endgültige, für alle gesellschaftlichen Teilstrukturen identische oder in allen Bereichen im selben Ausmaß verwirklichte Veränderung der Gesellschaft überhaupt nicht denkbar ist. „Wenn wir aber den Katastrophengedanken aufgeben müssen, dann erhält das, was man sozialistische Gegenwartsarbeit nennt, selbstverständlich einen erhöhten Wert. Dann handelt es sich bei ihr nicht um Palliativmittel, die bloß Wert haben, sofern sie geeignet sind, die Arbeiter bis zur großen Katastrophe kampffähig zu erhalten, dann wird sie wichtige, fundamentale Vorarbeit. Das ist ein Hauptmoment, worin der Revisionismus sich von der anderen, der alten Auffassung der Sozialdemokratie unterscheidet[235]."

Reformen als Teillieferungen des Sozialismus statt als Palliativmittel gegen das bei allem doch identisch bleibende kapitalistische System, Sozialismus als empirisch informierte Konstruktionsaufgabe statt als gewaltsame Destruktion verfehlter Strukturen, das ist der Gestaltwandel des neuen Paradigmas. Richtig konzipierte Reformen sind selbst schon Elemente des Sozialismus und nicht nur Oberflächenbestandteile des Kapitalismus, dessen Wesen sie niemals berühren können. Den Charakter sozialistischer Teillieferungen haben Reformen jedoch nur dann, wenn sie 1) die Realgeltung der sozialistischen Prinzipien in der Gesellschaft vermehren, 2) „den Keim zur Weiterentwicklung in der Richtung der von (der Sozialdemokratie) erstrebten Gesellschaftsordnung" in sich tragen und 3) in ihrer eigenen Struktur über lange Fristen hinweg Grundlage auch möglicher weitergehender Reformen sind[236].

Dem entsprechen veränderte Einschätzungen fast aller übrigen Elemente des Paradigmas der gesellschaftlichen Transformation durch Bernstein. Der wichtigste Unterschied, der den Paradigmawechsel auch inauguriert hatte, besteht in der Einschätzung, daß die Komplexität der gesellschaftlichen Strukturen einen Grad erreicht hat und in absehbarer Zeit beibehalten wird, der eine Ersetzung der Gesamtstruktur durch eine vollständige Alternative unter Bedingungen des Fortlaufens der elementaren gesellschaftlichen Reproduktionsfunktionen organisationssoziologisch unvorstellbar erscheinen läßt. Allein schon aufgrund der großen Betriebszahlen und der dadurch verur-

---

235 Bernstein, Der Revisionismus in der Sozialdemokratie, in Hirsch (Hrsg.) 1966, S. 38.
236 Für 1) vgl. Kap. 6.2.3; für 2) und 3) vgl. Kap. 8.2.2. Das Zitat ist aus Voraussetzungen, S. 217.

sachten Steuerungsprobleme wie aufgrund der hochgradigen Interdependenz im wirtschaftlichen Mechanismus ist die gesellschaftliche Reproduktion selbst nur noch aufrecht zu erhalten, wenn entweder jeweils nur Teilstrukturen oder Großstrukturen teilweise verändert werden. Dies ist nun *kein vermeidbarer Zielverzicht im Hinblick auf die sozialistischen Prinzipien,* da diese selbst ebenfalls keine drastische Komplexitätsreduktion bezwecken können, ohne ihr zentrales Ziel der gesellschaftlichen Produktivitätssteigerung aufzuheben. Es handelt sich *vielmehr um die Aufgabe, sozialistische Prinzipien in einer komplexen Gesellschaft durchzusetzen.* Diese Aufgabe ist insofern relativ offen, als die möglichen Chancen und Grenzen der Veränderung nicht von vornherein festliegen. Auch die Mittel und Formen dieser Transformation sind zwar durch die sozialistischen Prinzipien und die komplexen Gesellschaftsstrukturen eingeschränkt, aber im übrigen auf spezifische Erfahrungen und Erkenntnisse angewiesen. *Sozialismus erscheint in dieser Sicht nicht mehr als eine institutionell definierte Gesamtalternative, sondern als ein definiertes Prinzip, das auf gegebene Strukturen erfahrungsoffen angewendet werden muß.* Was an den Strukturen dabei vorgegeben erscheint, ist nicht ihre kapitalistische Ausformung, sondern die irreduzible Komplexität der gesellschaftlichen Reproduktionsfunktionen.

Eine solche bleibende Komplexität sieht Bernstein für drei Bereiche:

1. Für die zahlenmäßige und betriebsgrößenbezogene Differenzierung der Produktionsunternehmungen, die den Gedanken an einfache und einheitliche Steuerungsmechanismen nicht zuläßt,

2. für die Verwaltungsstrukturen in einer derartig reich gegliederten Gesellschaft, die den Gedanken an ein Moratorium oder gar Beendigung der Ausübung dieser Funktionen nicht sinnvoll erscheinen läßt und

3. für den Fortbestand der Differenzierung in der sozialen Schichtung, die die Vorstellung sich vereinfachender politischer Fronten unrealistisch erscheinen läßt.

Diese *Strukturen in ihrer Komplexität zu erhalten und nach Maßgabe der sozialistischen Prinzipien umzugestalten, erscheint als die eigentliche Aufgabe sozialistischer Politik.* Wenn Sozialismus in der umfassenden gesellschaftlichen Selbstbestimmung bei gleichzeitiger Steigerung der Produktivität der gesellschaftlichen Arbeit besteht[237], dann ist die konstruktivistische Strategie der Teillieferungen des Sozialismus nicht nur komplexitäts-, sondern auch prinzipiengerecht. „Aus diesem Grunde ist die organisatorische Seite des Problems von so außerordentlicher Bedeutung. Für die Ökonomie heißt von Entwicklung der technischen Produktivkraft sprechen und die Schwierigkeiten der Organisationsfrage außer Betracht lassen genau dasselbe, wie für

---

237 Dies ist für Bernstein immer ein zentrales Motiv gewesen, vgl. z. B.: Was ist Sozialismus, a. a. O., S. 20 und Manuskript IISG E 122, wo er sogar definiert, „daß Sozialismus Vermehrung der Produktion heißt".

die Maschinentechnik die Berechnung der theoretischen Geschwindigkeiten ohne die Berücksichtigung der Reibungswiderstände ... Die Organisation der Wirtschaft ist heute auf die Absatzverhältnisse eingerichtet, wie sie sich aus der gegebenen Einteilung und Gliederung der Klassen ergeben. Daß eine plötzliche radikale Veränderung in letzterer Hinsicht eine gewaltige Verschiebung der Marktlage bedeuten und erheischen würde, sagt die einfachste Überlegung. Ganze Industrien würden plötzlich stillstehen, ohne daß sich ihre Angehörigen über Nacht in Arbeiter anderer Gewerbe oder gar Landwirte verwandeln ließen. Die unmittelbare Folge würde eine Desorganisation der Industrie sein, die sich um so stärker fühlbar machen würde, je weniger die Arbeiterklasse schon über eigene wirtschaftliche Institute verfügte[238]."

Wenn Bernstein daher vom Hineinwachsen in den Sozialismus spricht und davon, daß der Sozialismus aus dem Kapitalismus ähnlich herauswachsen muß, wie dieser aus dem Feudalismus[239], so meint er genau dieses aktive Konstruieren sozialistischer Teilstrukturen auf der Basis der vorhandenen Bedingungen. Es geht um eine Veränderung des heutigen Staates „von innen" her[240].

Dieser Gedanke bedingt eine Klärung des *Staatsbegriffes*. Als Teil der komplexen gesellschaftlichen Struktur wie auch als Träger ihrer sozialistischen Transformation steht der Staat mit seinen wesentlichen Funktionen und seiner Eigenkomplexität nicht mehr zur Disposition. Nur hinsichtlich der Zielrichtung seines Handelns und der Kontrolle seiner Entscheidungen muß die volle Demokratie als die ihm gemäße Konkretisierung des sozialistischen Prinzips durchgesetzt werden[241].

Das hier vorgetragene Komplexitätsargument ist einerseits sicherlich in Bernsteins *Absage an die Entwicklungsprognosen* des Erfurter Programms begründet. Es wird in seinen strategischen Folgen zur Ursache für Bernsteins hartnäckige Kritik an diesen Prognosen, deren Hauptzweck die empirische Widerlegung aller Erwartungen ist, die Gesellschaft vereinfache sich zunehmend und sie strebe unvermeidlich auf ihren Zusammenbruch hin. Die zuerst genannte Erwartung würde eine Scheinlegitimation für die blanquistische Strategie darstellen und die zuletzt genannte sogar den Nachweis ihrer Alternativlosigkeit. Beide Wege müßten nach Bernsteins Erkenntnis gleichermaßen in die Sackgasse führen. Um dies bewußt zu machen und zur Annahme der von ihm selbst gezogenen Konsequenz zu drängen, kritisiert Bernstein das, was er Zusammenbruchserwartung und Erwartung einer „simplistischen" Entwicklungstendenz nennt mit ungeheurem Kraftaufwand und großangelegter empirischer Beweisführung.

---

238 Bernstein, Klassenkampfdogma, a. a. O., S. 584. Das ist bis in die Einzelheiten dasselbe Argumente wie bei G. B. Shaw, vgl. Abschn. 3.2.2.
239 Vgl. Manuskript IISG, E 123.
240 Bernstein, Zum Reformismus in: SM, 14. Jg., 3 (1908), S. 1401.
241 Mit diesem Problem beschäftigt sich Kap. 7 dieser Arbeit.

Um sie hat sich Bernstein in den Jahren seit 1897 im Hinblick auf die Konzentrationstheorie, die Klassentheorie sowie die Einkommens- und Besitzverteilung bemüht. Um dem Argument entgegenzutreten, die blanquistische Position sei schon deshalb ohne realistische Alternative, weil die Gesellschaft unvermeidlich auf den Zusammenbruch ihrer bestehenden Strukturen hinwirke, bedurfte es einer empirischen Auseinandersetzung mit jenen Annahmen, die damals unter dem Stichwort Verelendungs- und Katastrophentheorie im Umlauf waren.

Diese empirischen Auseinandersetzungen können daher nicht als der Beginn des Bernsteinschen Revisionismus betrachtet werden, sie sind vielmehr Beweis- und Stützvorgänge, die sich aus dem Paradigmawechsel ergaben. Wenn Bernstein in diesem Zusammenhang bestimmte Schlußfolgerungen des Parteimarxismus zurückweist, so nicht, um die kapitalistische Gesellschaft der Kritik zu entziehen, sondern um das Paradigma ihrer konstruktivistischen Transformation zu untermauern[242].

Der *Gesellschaftsbegriff* muß daraufhin überdacht werden, welche Ursachen im einzelnen diejenigen Strukturmerkmale bedingen, die hinsichtlich der sozialistischen Prinzipien als problematisch gelten müssen. Strukturen und Funktionen der gesellschaftlichen Teilbereiche müssen in ihrem Eigengewicht und in ihrem Zusammenhang empirisch analysiert werden. Der Zusammenhang von Strukturen und Funktionen ist daraufhin zu überprüfen, durch welche Strukturveränderungen die gewünschten Funktionsänderungen tatsächlich erreicht werden können[243].

Sowohl die Art wie die relative Offenheit des Transformationsprozesses machen eine Neubestimmung des *Sozialismusbegriffs* erforderlich. Wenn Sozialismus nicht mehr eine institutionell definierte gesellschaftliche Globalalternative sein kann, dann kann er nur noch als Prinzip der Koordination und Richtungsweisung der gesellschaftlichen Teilveränderungen angesehen werden. Den Inhalt und die Wirkungsweise dieses Prinzips gilt es genauer zu bestimmen[244].

Als Prinzip kann der Sozialismus nicht länger den Schein für sich in Anspruch nehmen, selber nur Ausdruck der wissenschaftlichen Realitätsanalyse zu sein. Als ein dieser Realität normativ entgegengestelltes Prinzip bedarf er aber einer *neuen Grundlegung*.

Im Hinblick auf den traditionellen Anspruch, den Sozialismus wissenschaftlich begründet zu haben, folgt daraus zugleich die Aufgabe einer Neubesinnung auf das Verhältnis von Wissenschaft und Sozialismus. Das *Überdenken der Rolle der Wissenschaft* innerhalb der sozialistischen Theorie und Praxis ergibt sich ebenso aus der Verpflichtung, die genaue Analyse der gesellschaft-

---

242 Vgl. Kap. 4.
243 Vgl. Kap. 8.
244 Vgl. Kap. 6.

lichen Teilbereiche und der gesellschaftlichen Bedingungsverhältnisse zur Voraussetzung der konkreten Änderungsschritte zu machen. Eindeutiger als in der Tradition muß Wissenschaft in diesem Verständnis an die Empirie herangerückt werden[245].

All diese Konsequenzen, die das neue Paradigma erforderlich macht, hat Bernstein tatsächlich gezogen.

Wenn Bernstein an der zuvor zitierten Stelle von „Reibungswiderständen" der Verwirklichung des Sozialismus sprach, so konstatierte er, das wichtigste Hindernis der umstandslosen Umsetzung allgemeiner theoretischer Vorstellungen in der gesellschaftlichen Realität sei neben der objektiven gesellschaftlichen Struktur „der Mensch selbst"[246]. Damit bezeichnete er noch einmal den zweiten analytischen Grundpfeiler seines neuen Paradigmas, der zugleich das zweite am Parteimarxismus beklagte Hauptdefizit der Theoriebildung darstellt. Wenn nämlich in konsequent milieutheoretischer Sicht das Proletariat in jedem gegebenen Zeitpunkt der gesellschaftlichen Entwicklung in seinen ethisch-sozialen, politischen und wirtschaftlich-technischen Möglichkeiten das Produkt seiner gesellschaftlichen Sozialisationsbedingungen ist, dann kann der Prozeß der Befähigung des ganzen Proletariats zur Selbstbestimmung in einer komplex bleibenden Gesellschaft nur die Struktur einer pari-passu Veränderung dieser gesellschaftlichen Lebensumstände, insbesondere der Teilhabemöglichkeiten und des Grades der subjektiven Befähigung zu ihrer Meisterung haben. Gerade weil der Sozialismus als umfassende gesellschaftliche Selbstbestimmung des Proletariats dessen eigenes Werk sein muß und nicht wie z. B. bei Kautsky das einer Elite, kann er nur in Schritten erreicht werden, denn nur in diesem Falle bleibt der Zusammenhang zwischen Selbstbestimmungsrechten und subjektiver Erfahrung für ihre kompetente Wahrnehmung und Erweiterung für die Arbeiterklasse gewährleistet

Unabhängig von den organisationssoziologischen Problemen einer Transformation der industriell entwickelten Gesellschaft führt daher auch die empirisch-milieutheoretische Sicht des Proletariats in Verbindung mit dem Postulat seiner historischen Selbsttätigkeit zur gradualistischen Strategie.

Zu diesem Ansatz gehört ein Sozialismusverständnis, dessen Prinzipien gegenüber der gesellschaftlichen Realität eine eigenständige Geltung beanspruchen, die gradweise in gesellschaftliche Praxis umgesetzt werden kann. Dem Verständnis vom Sozialismus als Demokratisierung der ganzen Gesellschaft entspricht die Annahme, daß die wichtigen sozioökonomischen Funktionen schrittweise in gesellschaftliche Verantwortung übergeleitet werden können, so daß ein schrittweiser Zuwachs der Kompetenz der Arbeiterklasse im Vollzug ihrer neu erworbenen Rechte möglich wird gleichzeitig mit der Ausdehnung der Kontrollbefugnisse, die sie sich erkämpfen.

---

245 Vgl. Kap. 5 und 6.
246 Bernstein, Klassenkampfdogma, a. a. O., S. 584.

Dies ist der Grund, warum im neuen Paradigma dem *Entwurf von Transformationsperspektiven,* die dem Stand der sozioökonomischen Entwicklung und dem Bewußtseins- und Erfahrungsstand der Bevölkerungsmehrheit entsprechen, ein Schlüsselcharakter zukommt. Dabei muß es sich um ein Programm handeln, daß auf wissenschaftlichen Analysen beruht, für eine direkte Umsetzung geeignet ist, aber den überschaubaren Zusammenhang von Ursachen und Wirkungen der Veränderungen nicht überschreitet. Die langfristige Offenheit des Programms entspricht daher einer bewußten Entscheidung. Bernstein weist in diesem Zusammenhang darauf hin, daß eine gradualistische Strategie allein die Möglichkeit einer Zielkontrolle der Veränderung ermöglicht, da der Zusammenhang zwischen Maßnahmen und Wirkungen erfahrbar bleibt und Korrekturen unmittelbar vollzogen werden können[247]. Dadurch wird zugleich auch das Risiko möglicher Fehlentwicklungen gering gehalten[248]. Diese Erwartung weist auf einen Wissenschaftsbegriff zurück, der sich auf die Erkenntnis und Veränderung von Teilstrukturen beziehen läßt und den politischen Entscheidungen untergeordnet bleibt.

Das konstruktivistische Paradigma versteht sich *nicht als antimarxistisch.* Bernstein war einer der ersten sozialistischen Theoretiker, die erkannt haben, daß das Marxsche Werk gerade in strategischer Hinsicht von einem Dualismus durchzogen ist[249]. Bernstein hat stets hervorgehoben, daß er an den zentralen analytischen Einsichten von Marx festgehalten hat, insbesondere hinsichtlich der sozioökonomischen und politischen Voraussetzungen für eine sozialistische Gesellschaft und an dem Gedanken der geschichtlichen Entwicklung. Ebenso klar hat er aber auch seit 1896 bis in seine letzten Jahre hinein betont, daß Marx selber in seinen Schriften dem blanquistischen Paradigma Vorschub geleistet hat. Es kam ihm daher auf eine rationale Entschränkung des Marxschen Dualismus zugunsten von dessen gesellschaftsanalytischen Einsichten an, die bei konsequenter Handhabung allein vom konstruktivistischen Paradigma voll aufgenommen werden können. In diesem Sinne handelte es sich bei seinem Paradigmawechsel in der Tat um eine Revision und nicht eine Beseitigung des Marxschen Ansatzes. Überwunden hat er jedoch den Marxismus als zwiespältiges System. Wenn daher auch viele der Elemente des neuen Paradigmas bei Marx selbst vorgeprägt waren, so war es doch Bernstein, der diese Strategie in der deutschen Sozialdemokratie zusammenhängend und eindeutig begründet hat[250].

Das neue Paradigma enthält empirisch-analytische und strategisch-normative Elemente. Aus diesem Grund kann der Paradigmabegriff der Wissenschaftstheorie nicht ohne Einschränkungen auf den vorliegenden Zusammenhang

---

247 Bernstein, Zwei politische Programm-Symphonien, a. a. O., S. 334.
248 Vgl. Die heutige Sozialdemokratie in Theorie und Praxis, S. 48.
249 Bernstein, Die Voraussetzungen, S. 64, 244 und 250.
250 Vgl. Kap. 9.

übertragen werden. Das Paradigma beabsichtigt nicht allein die Erklärung der gesellschaftlichen Transformation, sondern postuliert deren Handhabung. Bernstein erhebt jedoch den Anspruch, daß dieses Paradigma aus empirisch-analytischen Gründen alternativlos ist. *Wenn Sozialismus gegenüber dem gesellschaftlichen Status quo vor allem durch die Ausweitung der gesellschaftlichen Selbstbestimmung und die Erhöhung der Produktivität der gesellschaftlichen Arbeit definiert ist[251], dann kommen als sozialistisch von vornherein nur noch solche Transformationsmodelle in Betracht, die mindestens diese beiden Bedingungen erfüllen. Darin bestehen die normativen Elemente des Paradigmas. Zu ihnen rechnet auch noch das Postulat, daß dieser Prozeß der gesellschaftlichen Veränderung von den Subjekten selbst getragen werden muß, deren Selbstbestimmung sein Ziel sein soll.* Diese Prämissen einmal vorausgesetzt, kann es Bernstein zufolge aus empirisch-analytischen Gründen zum konstruktivistischen Paradigma keine realisierbare Alternative geben. *Wegen der erreichten und nicht wieder aufhebbaren gesellschaftlichen Komplexität und wegen der Erforderlichkeit des schrittweisen Erwerbs neuer Kompetenzen für die Arbeiterklasse kann nur durch eine in jedem Moment auf die Veränderung von Teilstrukturen oder die Teilveränderung von Großstrukturen abzielende Strategie zugleich die gesellschaftliche Reproduktion garantieren und eine Bewegung der gesellschaftlichen Strukturen in Richtung auf die sozialistischen Ziele bewirken.* Die Hoffnung, durch Zerschlagen der kapitalistischen Hülle der modernen Produktivkräfte das sozialistische Ziel in einem Zug erreichen zu können, ist trügerisch, denn die Expropriation von mehreren Millionen Privateigentümern an Produktionsmitteln zusammen mit der Außerkraftsetzung der wirtschaftlichen Koordinationsmechanismen und die Zerschlagung der Staatsmaschinerie würde im günstigeren Falle nach kurzer Erschütterung der elementaren gesellschaftlichen Versorgungsleistungen einen reaktionären Rückschlag bewirken, der die Arbeiterbewegung in ihrer Entwicklung zurückwirft[252]; im ungünstigeren Falle würde ein solcher Versuch zu einer Desorganisation der sozioökonomischen Strukturen führen, die einen Rückschlag in der Produktivität und selbst eine Gefährdung der Zivilisation und der gesellschaftlichen Reproduktion darstellen würde[253]. Danach würden sich gleichwohl alle organisationssoziologischen und lernpsychologischen Probleme verschärft neu stellen, denen durch diese Strategie gerade entgangen werden sollte. *Daher führt das alternative Paradigma stets vom Sozialismus hinweg, statt ihn rascher herbeizubringen.*

---

251 Vgl. hierzu, „Ich hätte ganz gut schreiben können, und wollte es sogar ursprünglich (thun), daß der Sozialismus für mich in letzter Instanz Demokratie, Selbstverwaltung heißt" Brief an Kautsky vom 20. 2. 1898.
Für die Definition des Sozialismus als Produktivitätssteigerung vgl. Anm. 237.
252 Vgl. Nachtrag zu Héritier, a. a. O.
253 Bernstein, Klassenkampfdogma und Klassenkampfwirklichkeit, a. a. O., S. 584.

Nach 1917 hatte Bernstein Gelegenheit, sich mit der strategischen Alternative auseinanderzusetzen, die die russischen Bolschewiki glaubten aus Marx ableiten zu können. Sie meinten, es komme darauf an, die politische Macht kompromißlos festzuhalten und die Gesellschaftsstrukturen mit Gewalt und durch Experimente in eine sozialistische zu verwandeln. Trotzki gebraucht hierfür das Bild, ‚reiten könne man nur auf dem Rücken des Pferdes lernen‘. Bernstein hält diesem „maßlos vergröberten Marxismus"[254] entgegen: „Wenn solches Probieren nur die Persönlichkeiten beträfe, die das Reiten — sprich Regieren — lernen wollen, so könnte man sagen: gut und schön. Aber mit einem ganzen Staatswesen in das Unbestimmte hinein gewalttätig tiefgreifende Wirtschaftsexperimente machen in dem Gedanken, es könne zwar auch falsch gehen, aber dann macht man es eben noch einmal, in solcher Weise mit einem Volke verfahren, wobei unter Umständen viele Hunderttausend dem Hunger, der Not, der Vernichtung ausgeliefert werden, ist ganz etwas anderes. Es gibt für den Sozialreformer, den Revolutionär, auch einen kategorischen Imperativ[255]!"

Eine Strategie, die den Willen und die Gewalt an die Stelle der Erkenntnis der Bedingungen und „der organisch schaffenden Gesetzgebung"[256] setzt, ist eben nur möglich, wenn sie den kategorischen Imperativ des Sozialismus selbst außer Acht läßt, sie ist Bernstein zufolge *als sozialistische Strategie nicht möglich*[257].

3.2.6 *Die Anwendbarkeit des konstruktivistischen Paradigmas*

Bernstein selbst hat häufig hervorgehoben, daß die von ihm empfohlene Transformationsstrategie von einer bestimmten Schwelle an einen demokratischen Handlungsrahmen zwingend voraussetzt. Reformen, die in die Dispositionsbefugnisse des Privateigentums an den Produktionsmitteln wirksam eingreifen, sind außerhalb der politischen Demokratie für eine sozialistische Partei nur ausnahmsweise möglich.

Man könnte daher versucht sein, Bernsteins Revisionismus als die sozialistische Transformationsstrategie unter der Bedingung bereits verwirklichter politischer Demokratie anzusprechen[258]. Nimmt man diese Bestimmung in aller Konsequenz, so liegt der Schluß nahe, daß selbst bei günstigster Beur-

---

254 Bernstein, Der Sozialismus einst und jetzt, S. 125 f.
255 a. a. O., S. 120 f.
256 Bernstein, Die deutsche Revolution, S. 174.
257 Bernstein meint also nicht die politische Revolution, sondern die Art der Machtausübung und der Transformation der gesellschaftlichen Strukturen.
258 So Frank Bielka, Der Revisionismus — ein kritischer Sozialismus, in: Materialien zur Theorie und Praxis des sozialdemokratischen Reformismus, Hrsg. von den Leitern der Jungsozialisten-Arbeitsgemeinschaften der Abteilungen 11, 13 und 14 a in dem SPD-Kreis Neukölln, Berlin 1974.

teilung dieses Ansatzes der Versuch seiner Übertragung auf die deutsche Sozialdemokratie im Kaiserreich auf jeden Fall verfehlt war, weil die demokratische Prämisse dort gerade fehlte.

Dies ist auch der Hintergrund des Vorwurfs, Bernstein sehe die deutschen Verhältnisse durch die „englische Brille", die in diesem Falle nur verzerrte Bilder liefern könne. Julius Braunthal und Susanne Miller haben zu dieser Frage die gegensätzlichen Standpunkte bezogen[259].

Julius Braunthal weist Bernsteins Versuch, das reformistische Paradigma in die deutsche Sozialdemokratie des Kaiserreichs einzuführen, scharf zurück: „Was hätte die Partei gewonnen, wenn sie diesem Glauben (an den Sozialismus als geschichtliche Notwendigkeit, Th. M.) entsagt, dem Marxismus abgeschworen, den Klassenkampf widerrufen, den Gedanken der Revolution verworfen und sich, dem Rate Bernsteins folgend, als eine ‚demokratisch-sozialistische Reformpartei' erklärt hätte? — eine Partei, der ‚die Bewegung alles, das Ziel nichts ist'. Es ist fraglich, ob die Partei durch Kompromisse in ihrer Ideologie und Taktik der Arbeiterklasse ein größeres Ausmaß an Sozialreformen hätte erringen können; keineswegs jedoch ein größeres Ausmaß an demokratischen Rechten. Welche Sprache auch immer die Partei sprechen mochte, das preußische Wahlrecht wäre auch dann nicht gefallen, Deutschland wäre auch dann nicht in eine parlamentarische Demokratie nach englischem Vorbild (verwandelt) geworden. Aber mit der Preisgabe des Glaubens an eine große historische Mission, den der Marxismus der Arbeiterklasse verlieh, wäre die Wurzel des Enthusiasmus verdorrt, der der sozialdemokratischen Bewegung ihren merkwürdigen Schwung gab. Überdies hätte solch ein ‚Glaubensabfall' die Einheit der Partei unweigerlich zerrissen und die Kraft der Arbeiterklasse unheilvoll geschwächt[260]."

Susanne Miller urteilt abwägend. Einerseits vermißt sie auf seiten der liberalen Parteien jeden Ansatz, der eine Kooperation mit einer auf die revolutionäre Phrase verzichtenden Sozialdemokratie realisierbar hätte erscheinen lassen, um damit die Reformchancen im Kaiserreich zu erhöhen. Andererseits sieht sie aber auch: „Eine fatale Wechselwirkung zwischen der programmatischen Starrheit der Sozialdemokratie und der politischen Uneinsichtigkeit des deutschen Bürgertums ist unverkennbar: Die Intransigenz der herrschenden Mächte lieferte den ‚Revolutionären' ständig Argumente, mit denen sie vor eine Mitgliedschaft traten, in der die Erbitterung gegen die ‚eine reaktionäre Masse' immer neue Nahrung erhielt. Das führte wiederum zu dauernden Niederlagen aller Versuche, die offizielle Parteiprogrammatik in einer Richtung zu ändern, die gewisse Aussicht auf die Gewinnung weiterer Schichten eröffnet und manche der gegen die Sozialdemokratie bestehenden Vorurteile abgebaut hätte[261]."

---

259 So auch H. Hirsch, in: Ein revisionistisches Sozialismusbild, Hannover 1966, S. 48 ff.
260 J. Braunthal, Geschichte der Internationale, Bonn-Bad Godesberg 1974², Band I, S. 279.
261 Susanne Miller, Das Problem der Freiheit im Sozialismus, Frankfurt 1964², S. 279.

Tatsache ist zunächst, daß die offizielle Sozialdemokratie auf mehreren Parteitagen die Bernsteinschen Revisionsversuche zurückgewiesen hat, obgleich Bernstein stets beteuerte, daß er keineswegs auf eine Änderung ihrer Praxis abziele, sondern allein eine Revision der theoretischen Grundlage anstrebe[262].

Dies allein schon widerlegt die Behauptung von Peter Gay, die politischen und wirtschaftlichen Verhältnisse im damaligen Deutschland hätten so nachdrücklich eine „reformistische Lehre" gefordert, „daß der Revisionismus sofort populär war"[263]. Eben dies war er in der Partei nicht. Gay unterliegt mit diesem Urteil einer Verwechslung der Perspektiven. Was dem heutigen Betrachter der damaligen Situation so scheinen mag, war den meisten Beteiligten in jenen Jahren keineswegs gegenwärtig. Vielmehr muß danach gefragt werden, welche Gründe das Festhalten der überwältigenden Parteimehrheit an der alten zwiespältigen Parteiideologie bedingten zu einem Zeitpunkt, als deren Schwächen und Probleme rational demonstriert worden waren[264]. „Welche Milieufaktoren verliehen (dieser) Theorie den Wahrscheinlichkeitsgrad, der ausreichte, um die Theorie lebendig zu erhalten?", muß vielmehr mit Gay gefragt werden[265].

Die fortdauernde Plausibilität einer Lehre, die für die Zukunft letztlich alles offen ließ und sich in der Gegenwart gleichsam unverbindlich um Verbesserungen bemühte, gründete vor allem in zwei ihrerseits zwiespältigen Milieustrukturen des Kaiserreiches[266]. Diese können zwar keineswegs im Sinne Braunthals die Fortgeltung jener Lehre rechtfertigen, aber doch verständlich machen:

1. Dabei handelt es sich vor allem um die politische Struktur des Kaiserreiches, die Elemente des Parlamentarismus mit solchen des absolutistischen Obrigkeitsstaates verband. Einerseits galt für die Wahl zum Reichstag das allgemeine, gleiche Männerwahlrecht, das trotz erheblicher Ungerechtigkeiten in der Wahlkreiseinteilung die Chance einer legalen sozialistischen Mehrheitsbildung verhieß. Dem entsprach es, daß nach dem Fall des Sozialistengesetzes im Jahre 1890 bei allen Beschränkungen im einzelnen Möglichkeiten der öffentlichen Werbung für die sozial-

262 Gegen Bernstein gerichtete Resolutionen wurden auf den Parteitagen der SPD in Hannover 1899, Lübeck 1901 und Dresden 1903 jeweils mit überwältigenden Mehrheiten verabschiedet.

263 Vgl. Gay, a. a. O., S. 127. Dort sagt Gay: „Wenn es keinen Bernstein gegeben hätte, dann hätte man ihn notwendigerweise erfinden müssen."

264 Selbst zum Revisionismus feindselig eingestellte Beobachter erkennen eine Krise der damaligen Parteitheorie, die auf neue Lösungen zustrebte, vgl. H. Bartel, a. a. O., S. 203 f.

265 Gay, a. a. O., S. 95.

266 Vgl. zum folgenden Heinrich Potthoff, Die Sozialdemokratie von den Anfängen bis 1945, Bonn-Bad Godesberg 1974, S. 50 ff.

demokratischen Ideen bestanden und Sozialdemokraten in einer Reihe öffentlicher Körperschaften eine respektierte Mitarbeit leisten konnten. Auf der anderen Seite war aber das politische System des Kaiserreiches so konstruiert, daß beispielsweise in Preußen das die Sozialdemokratie praktisch auf immer in eine Minderheitenposition verbannende Dreiklassenwahlrecht bis 1918 fortbestand und die Schlüsselstellung Preußens im Reich eine politische Ummünzung der sozialdemokratischen Wählermacht verhinderte. Selbst die magische 51 %-Mehrheit sozialdemokratischer Abgeordneter im Reichstag hätte keinerlei Gewähr dafür bieten können, daß die Gesellschaftsstruktur nach sozialistischen Prinzipien hätte umgestaltet werden können. Denn einmal war die zweite Kammer der Reichsgesetzgebung so organisiert, daß Preußen mit seinem dominierenden Stimmenanteil eine weitreichende Blockademacht innehatte und zum anderen war die jeweilige Reichsregierung nicht der gewählten Parlamentsmehrheit verantwortlich, sondern wurde vom Erbkaiser eingesetzt[267]. Unter diesen Bedingungen mußten die Umstände einer möglichen legalen Machtübernahme der Sozialdemokratie nach einem Wahlsieg völlig im dunklen bleiben. Wie jemals der Zugewinn legaler Macht für die Sozialdemokratie in tatsächliche Dispositionsbefugnis zur gesellschaftlichen Umgestaltung umgesetzt werden würde, entzog sich in der Tat einer klaren Voraussage. Dieses Spannungsverhältnis zwischen der Möglichkeit gegenwärtiger politischer Betätigungchancen und der Ungewißheit über die entscheidende Frage der Übernahme der politischen Führung stand als eine Grunderfahrung im Hintergrund aller theoretischen Auseinandersetzungen. Als Erfahrung stützte sie auf nicht voll bewußtgemachte Art jenes Transformationsverständnis, das auch alle möglichen Schritte der gesellschaftlichen Umgestaltung im dunklen lassen wollte. *Dabei handelte es sich aber um einen Kategorienfehler, denn die Ungewißheit der Umstände der politischen Machtübernahme ist etwas völlig anderes als der Verzicht auf eine Klärung der Vorgehensweise bei der Umgestaltung der gesellschaftlichen Verhältnisse.*

2. Seit der Bismarckschen Sozialgesetzgebung in den 80er Jahren, verstärkt nach der Einleitung des Neuen Kurses in der Arbeiterfrage durch den deutschen Kaiser im Jahre 1890 wurde durch eine Reihe wirklicher Verbesserungen in der Lage der Arbeiter der Eindruck begründet, als sei auf dem Wege der Reformpolitik eine schrittweise Umgestaltung der Gesellschaft nach Maßgabe sozialistischer Prinzipien möglich. Die parlamentarische und gewerkschaftliche Bemühung um gesellschaftlichen Wandel schien eine Perspektive zu haben. Gleichzeitig blieb, wie am nachdrück-

---

267 Vgl. dazu A. Rosenberg, Entstehung und Geschichte der Weimarer Republik, Frankfurt 1955, S. 17—72.

lichsten das Sozialistengesetz selbst bewiesen hatte, die Gefahr einer Unterdrückung der sozialistischen Bewegung als Drohung stets gegenwärtig. Wie die Regierung mit der „Umsturzvorlage" 1893/94 und dem „Zuchthausgesetz" 1897 dokumentierte, mußte ständig damit gerechnet werden, daß die Bestrebungen der Partei aufs neue unterdrückt würden[268]. Auch in dieser Hinsicht konnte sich daher aufgrund einer tatsächlichen Erfahrung die Konzentration auf Reformarbeit mit einer tiefgreifenden Skepsis hinsichtlich ihrer langfristigen Möglichkeit widerspruchsvoll verbinden. Zugleich war aber auch auf diesem Gebiet die Flucht in die Hoffnung auf einen schließlichen Umschlag der gesellschaftlichen Verhältnisse durch eine solche Erfahrung zwar verständlich gemacht, nicht aber gerechtfertigt. Denn an der Notwendigkeit eines schrittweisen Vorgehens nach Maßgabe geklärter Konzeptionen hätte sich auch im Falle einer demokratischen Stabilisierung der politischen Verhältnisse nichts geändert. Auf diese Weise war das Festhalten der Partei an einer zwiespältigen Lehre und die Zurückweisung des Bernsteinschen Klärungsversuches durch gesellschaftliche Erfahrungen vermittelt.

Die Argumente, mit denen insbesondere August Bebel Bernsteins Ansprüche zurückwies, gleichen in ihrem Kern dem Argument von J. Braunthal: „Eine Partei, die kämpft, will siegen und dazu braucht sie Begeisterung, braucht sie Opfermut und Kampfesfreudigkeit und dieses nimmt man ihr, wenn man nach allen Richtungen hin künstlich die Schwierigkeiten auftürmt[269]."
Wenn Bernstein später auch selbst die Wirksamkeit dieses Arguments in Rechnung zu stellen begann, so handelt es sich dabei doch keineswegs um eine theoretisch fundierte Alternativposition. Bernsteins Hauptanliegen bei Eröffnung der Strategiedebatte in der deutschen Sozialdemokratie waren gewesen:
1. Verabschiedung der Vorstellung von einem Sprung in die sozialistische Gesellschaft, um die jeweils möglichen Schritte der Konstruktion einer sozialistischen Gesellschaft nicht zu verfehlen,
2. Verabschiedung einer revolutionären Phraseologie, die auf jene Hoffnung baut und gleichzeitig ohne anderen Gewinn mögliche Bündnispartner abschreckt und
3. die tatsächliche Reformarbeit mit voller Energie und besserer theoretischer Untermauerung zu betreiben.
Wegen ihres selbsttäuschenden Effekts bedurfte es auch dazu einer Überwindung der revolutionären Rhetorik. Da Bernstein das Recht auf Revolution nie preisgegeben hat, wird deutlich, daß das von ihm kritisierte

---

268 Vgl. dazu H. Wachenheim, Die deutsche Arbeiterbewegung, 1844 bis 1914, Frankfurt, Wien, Zürich 1971, S. 310 ff.
269 Protokoll des Parteitags der SPD in Hannover 1899, S. 120.

„Revolutionsgerede" eben jenen Aspekt des blanquistischen Paradigmas meinte, der die Errichtung der sozialistischen Gesellschaft als kurzfristigen Gewaltakt ansah. Unmittelbar im Anschluß an jenen am meisten inkriminierten Satz in seinen „Voraussetzungen" von 1899, wo er konstatiert: „Ihr Einfluß würde ein viel größerer sein, als er heute ist, wenn die Sozialdemokratie den Mut fände, sich von einer Phraseologie zu emanzipieren, die tatsächlich überlebt ist, und das scheinen zu wollen, was sie heute in Wirklichkeit ist: eine demokratisch-sozialistische Reformpartei", bekräftigt Bernstein „das sogenannte Recht auf Revolution" und fährt fort: „Dieses ungeschriebene und unvorschreibbare Recht wird dadurch, daß man sich auf den Boden der Reform stellt, so wenig berührt, wie das Recht der Notwehr dadurch aufgehoben wird, daß wir Gesetze zur Regelung unserer persönlichen und Eigentumsstreitigkeiten schaffen[270]."

Falls die ohnehin von der Partei eingeschlagene Strategie „demokratischer und wirtschaftlicher Reform"[271] auf politischer Ebene an eine dauerhafte Grenze unüberwindlicher Privilegien stößt, wie etwa im Fall des preußischen Dreiklassenwahlrechts oder falls die herrschende Klasse die politischen Rechte antastet, gibt es nach Bernsteins Konzeption ausdrücklich keine Verpflichtung der Sozialdemokratie zum absoluten Legalismus. Seine auf demokratische Rahmenbedingungen abgestellte konstruktivistische Strategie macht den Revolutionsvorbehalt nicht weniger deutlich als die offizielle Sozialdemokratie, aber sie definiert ihn genauer und schränkt seine möglichen Funktionen ein.

Dies ist der Grund, weswegen sich seine Blanquismuskritik nicht auf die revolutionäre Zerschlagung undemokratischer Herrschaftsformen erstreckt[272]. Erst wenn alle politischen Privilegien beseitigt sind, kann auch die Sozialdemokratie auf Revolutionen verzichten[273]. Wenn die revolutionäre Gewalt auch nicht das taugliche Mittel ist, die Gesellschaftsstrukturen zu verändern, so kann sie doch Hindernisse für deren Durchführung beseitigen. „Die elementare Gewalt, wie sie in politischen Revolutionen zum Ausdruck kommt, kann dann immer weniger am Wesen des Körpers ändern. Sie kann unerträglich gewordene Fesseln sprengen und überlebten Formen ein Ende machen, aber darüber hinaus nichts bleibendes schaffen[274]."

Das konstruktivistische Paradigma beinhaltet ebensowenig wie einen automatischen Entwicklungsglauben einen Legalismus um seiner selbst willen. Ausdrücklich konzediert Bernstein, daß „unter bestimmten Verhältnissen der politische Aufstand unvermeidlich sein kann. ... die Arbeiterklasse muß suchen, ihren Einfluß auf Gesetzgebung und Verwaltung stetig zu erweitern.

270 Bernstein, Die Voraussetzungen, S. 230 f.
271 a. a. O.
272 Die deutsche Revolution, S. 22.
273 Die heutige Sozialdemokratie in Theorie und Praxis, S. 48.
274 Vgl. Blanquismus und Sozialdemokratie, IISG A 17.

Das aber ist nur möglich durch die Demokratie. Die Erkämpfung der Demokratie ist ein unerläßliches Gebot der sozialen Emanzipation[275]."

Kautsky hatte in einem Brief im Jahre 1898 auf Bernsteins Kritik an der „revolutionären Phrase" in der deutschen Sozialdemokratie erwidert, zwar sei in der englischen Demokratie die Möglichkeit einer sozialistischen Entwicklung ohne Revolution offen, in Deutschland jedoch, wo das Bürgertum seine Revolution versäumt habe, sei für das Proletariat eine politische Revolution unerläßlich, wenn ein freier Weg zur sozialen Entwicklung eröffnet werden soll. Weil die Wahrscheinlichkeit eines Staatsstreiches von oben gegen die demokratischen Ansätze im Kaiserreich groß sei, „ehe wir noch 100 Deputierte haben", muß die Sozialdemokratie mit „der Möglichkeit, ja Notwendigkeit einer Revolution in absehbarer Zeit rechnen"[276]. Darauf erwiderte Bernstein, diese Entwicklungsperspektive für Deutschland „unterschreibe ich prinzipiell ,voll und ganz'"[277]. Er stellt noch einmal klar, daß er nicht die Möglichkeit einer politischen Revolution in Abrede stellen wollte, sondern lediglich den Mythos von der Schöpferkraft einer Revolution, der sie zum Selbstzweck erhebt. „So bin ich auch selbstverständlich nicht gegen die Revolution als *Mittel*. Sie kann unter Umständen sehr notwendig und wünschenswert sein[278]." Gerade um aber diesen Charakter eines politischen Mittels zur Herbeiführung der anders nicht erreichbaren Demokratie zu wahren, muß die Anwendung des Revolutionsbegriffs auf die erstrebte soziale Umwälzung vermieden werden. Nur in diesem Falle besteht Bernstein zufolge eine Chance, die bürgerlichen Demokraten auch in Deutschland zu gemeinsamen Aktionen in dieser Richtung hinzuführen. „Eine politische Umwälzung im heutigen Deutschland, d. h. ein Sturz der jetzt herrschenden Mächte ist /:auf lange hinaus:/ nicht möglich, wenn Arbeiter-Demokratie und bürgerliche Demokratie sich als Todfeinde gegenüber stehen[279]." *Die Rücksichtnahme der Sozialdemokraten in ihrer ideologischen Selbstdarstellung auf die bürgerlichen Demokraten soll daher eine mögliche Perspektive der politischen Revolution in Deutschland zugunsten der Einführung eines demokratischen Handlungsrahmens nicht beseitigen, sondern überhaupt erst fundieren. Aus diesem Grunde soll Bernstein zufolge nicht etwa das sozialistische Ziel oder die Revolution als Mittel zur Erkämpfung der Demokratie über Bord geworfen werden, sondern ein Revolutionsgerede, das eine Willkürherrschaft und planlose gesellschaftliche Experimente in Aussicht stellt*[280]. Da dies indessen auch keineswegs in der Absicht der Sozialdemokratie liegen kann, könnte eine solche theoretische Klärung die Gewinnung von Bündnispartnern für

---

275 a. a. O.
276 Kautsky an Bernstein vom 18. 2. 1898, IISG K, C 180.
277 Bernstein an Kautsky vom 20. 2. 1898, IISG, K. DV 432.
278 a. a. O.
279 a. a. O.
280 Vgl. dazu Abschn. 8.2.2.

eine entscheidende Teilstrecke der sozialistischen Strategie sogar bis über die Einführung der Demokratie hinaus erleichtern[281], ohne irgendeine tatsächlich vertretene Position preiszugeben. Weil die Eröffnung einer solchen Bündnismöglichkeit in Bernsteins Verständnis *nur eine erwünschte Nebenfolge* der auch aus theoretischen Gründen allein fälligen Selbstbesinnung sein sollte, könnte aus deren Ausbleiben auch nicht auf die Geltung der von Bernstein vorgetragenen theoretischen Erwägungen geschlossen werden, obgleich die Politik der Sozialdemokratie ab 1917 ja dieser Linie tatsächlich mit gewissem Erfolg nachgegangen ist. Aus diesem Grunde ist es unzutreffend, wenn Pierre Angel es geradezu als das Wesen des Revisionismus hinstellt, den Sozialismus „für die bürgerliche Linke akzeptabel" zu machen[282], indem er „den Status quo rechtfertige" und die „Forderungen der Arbeiter auf das Unmittelbare beschränkte"[283]. Es ist nicht zutreffend, von Bernsteins Revisionismus zu sagen, er „hat nicht mehr die Aufgabe die Welt zu erklären, und noch weniger, sie zu verändern"[284] und will gerade dadurch die Annäherung an das Bürgertum erreichen. Vielmehr will Bernsteins Revisionismus durch Besinnung sowohl auf das eigene Wesen wie auch auf das des Liberalismus klären, inwieweit eine Zusammenarbeit zwischen beiden möglich und sinnvoll sein kann[285].

Bernsteins Haltung gegenüber der Revolution entspricht seiner Stellungnahme in der Massenstreikdebatte auf das genaueste. Schon 1893 und 1894 hatte er den politischen Streik entgegen dem Rat von Friedrich Engels als eine unter gewissen Umständen „politisch brauchbare und wirksame Waffe" bezeichnet, die vor allem dann erfolgreich gehandhabt werden kann, wenn in einer politischen Krise der allgemeine Unmut im Volke weit verbreitet ist[286]. Unter diesen Umständen hält er den politischen Streik für ein revolutionäres Kampfmittel. „Das sind Situationen, wo der politische Streik das bewirken kann, was einst der Barrikadenkampf leistete[287]." Daß Bernstein seine Beteuerung, in der Frage der Mittel zur Erkämpfung der Demokratie „vorurteilslos"[288] zu sein, wahrgemacht hat, bewies er auch durch seine Haltung in der Massenstreikdebatte nach der Jahrhundertwende, als er seine neue Position bezogen hatte.

Er sieht im politischen Streik den taktischen Nachfolger des Barrikadenkampfes als außerlegalem Kampfmittel. Der Barrikadenkampf komme gegen-

281 Der Sozialismus einst und jetzt, S. 134.
282 P. Angel, a. a. O., S. 431.
283 a. a. O., S. 387.
284 a. a. O., S. 431.
285 Vgl. Abschn. 6.2.1.
286 Bernstein an Kautsky vom 4. 11. 1893 (K. DV 259), so auch in: Der Streik als politisches Kampfmittel, in: NZ, 12, 1, S. 694.
287 a. a. O.
288 Brief an Kautsky vom 10. 10. 1898, K. DV 461.

wärtig — obwohl in früheren Zeiten „sehr große Erfolge" mit ihm erkämpft worden sind[289] — nicht mehr in Betracht. Nachdem Bernstein nochmals klargestellt hat, daß dieser natürlich als Mittel der gesellschaftlichen Transformation ohnehin nicht geeignet war[290], führt er nun keineswegs moralische, pazifistische oder legalistische Gründe für seine Unzweckmäßigkeit in der Gegenwart an, sondern eine Reihe technischer Veränderungen, die seinen möglichen Erfolg gering erscheinen lassen. Zur Zeit der französischen Revolution waren die damalige Straßenbepflasterung und die Bohlen zum Abdecken der Abflußrinnen an den Straßenrändern Baumaterialien für Barrikaden, die gegenwärtig mit der alten Leichtigkeit nicht mehr verfügbar sind. Die alten Vorderladergewehre waren mit selbstgefertigter Munition zu laden, während die gegenwärtigen nur noch von demjenigen benutzt werden können, der über die zugehörige Munition verfügt. Die langen Feuerpausen, die durch das umständliche Laden der alten Gewehre verursacht wurden, hinderten das Militär an einer vollen Anwendung seiner Schlagkraft. Zudem bedarf es technischer Vorkenntnisse und Fertigkeiten, um die modernen Gewehre zu bedienen[291]. Aus all diesen Gründen, die die Siegeschancen Aufständischer erheblich verringern, ist der Barrikadenkampf als Druckmittel des Volkes weitgehend *technisch obsolet*.

An seine Stelle tritt nunmehr der politische Streik. Als Kampfziel, für das ein politischer Streik sinnvollerweise eingesetzt werden kann, nennt Bernstein: „die Erkämpfung politischer Rechte, die längst fällig sind und dem Volk noch immer hartnäckig vorenthalten werden" und die Verhinderung der „Verkürzung und womöglich (der) Aufhebung schon bestehender Rechte"[292]. Hinsichtlich der Hamburger Wahlrechtseinschränkung von 1905 hat er dieses Mittel zur Abwehr empfohlen[293].

Das Verhältnis seiner Streikempfehlung zu seinem Reformismus beschreibt Bernstein folgendermaßen: „Ich bin vielleicht von allen hier im Saale Anwesenden derjenige, der am meisten für die friedliche gesetzliche Entwicklung

---

289 Bernstein, Der politische Massenstreik und die politische Lage der Sozialdemokratie in Deutschland, Breslau 1905, S. 13.

290 Für die Abwehr der Hoffnung, der politische Generalstreik könnte der Modus der gesellschaftlichen Transformation selber sein, zieht Bernstein die Argumente seines konstruktivistischen Paradigmas heran: „Wenn man die Frage so formuliert, Parlamentarismus oder Generalstreik, so ist sie von vornherein schief gestellt. In dieser Form ist sie einfach unsinnig, denn die Idee, man könne die bürgerliche Gesellschaft durch einen allgemeinen Streik sozusagen auf einen Schlag beseitigen, ist eine Utopie. Blicken diejenigen, die daran zweifeln, doch einmal um sich, sehen sie sich die gegenwärtige Gesellschaft an, wie sie wirklich beschaffen ist, diesen weitumfassenden, viel verschlungenen Organismus, der aus unzähligen Bestandteilen sich zusammensetzt, die seit Jahrhunderten und aberjahrhunderten sich entwickelt haben, einen so vielmaschigen Organismus kann man nicht im Handumdrehen umschweißen, das ist undenkbar." S. 8.

291 a. a. O., S. 14.

292 a. a. O., S. 25.

293 a. a. O., S. 28.

eingenommen ist, — aber unter einer Bedingung: die friedliche, gesetzliche Entwicklung muß eben Entwicklung sein. Sie muß die Möglichkeit, sie muß die Sicherheit des vielleicht langsamen, aber doch des sich vollziehenden Fortschritts in sich tragen. Wenn sie das nicht ist, dann ist das Wort Friede einfach eine Lüge[294]." Die Garantie einer solchen Entwicklung beinhaltet aber erst die Demokratie. Für ihre Erkämpfung ist die revolutionäre Gewalt des politischen Streiks ein unter Umständen zweckmäßiges und legitimes Mittel[295].

Eine wichtige Erfolgsvoraussetzung für politische Streiks sieht Bernstein darin, daß sie einen positiven „Resonanzboden im Volke" haben müssen[296]. Daher müssen nicht nur die jeweiligen Zwecke des Streiks grundsätzlich öffentlich vertretbar und breit legitimierbar sein, sondern es bedarf auch der Werbung für die Streikzwecke in der Öffentlichkeit. Hier berührt sich Bernsteins Konkretisierung der revolutionären Kampfmöglichkeiten mit seiner These, daß selbst die in Deutschland unter Umständen erforderliche revolutionäre Umgestaltung des politischen Rahmens dann am wirksamsten betrieben werden kann, wenn demokratiefreundliche Bevölkerungsteile außerhalb der Arbeiterklasse nicht durch einen ungeklärten revolutionären Sprachgebrauch, der den Zusammenbruch der gesellschaftlichen Ordnung selbst in Aussicht zu stellen scheint, zurückgestoßen werden.

Gegenüber der Position des marxistischen Parteizentrums hebt sich Bernsteins Stellungnahme in dieser Frage nicht nur dadurch positiv ab, daß er *den politischen Streik auch als demokratische Offensivwaffe* anwenden möchte, sondern mehr noch dadurch, daß er eine Diskussion dieser Frage mit anschließender Festlegung einer verbindlichen Parteistrategie für geboten hält[297], während Bebel die Entscheidung selbst über die Bedingungen eines möglichen Massenstreiks in unbestimmte Zukunft verschieben wollte[298]. Im Gegensatz zum nach und nach alle strategischen Fragen erfassenden konzeptionellen Vakuum des Parteimarxismus führt Bernsteins Ansatz zu — gegebenenfalls militanten — strategischen Entscheidungen für die Gegenwartsarbeit.

Aus all diesen Gründen kann Bernsteins Transformationsvorstellung nicht zu Recht als eine Taktik „zu großer Friedfertigkeit" bezeichnet werden[299]. Wenn Peter Gay in seiner Bernsteinstudie zuerst entgegen der Bernsteinschen Intention dessen Reformismus als einen moralisch-legalistischen Gewaltverzicht interpretiert und anschließend einen Widerspruch zu seiner Haltung

---

294 a. a. O., S. 30.
295 Das demonstriert deutlicher als jedes andere Argument, daß Bernstein keinen objektivistischen Evolutionsbegriff gehabt hat.
296 a. a. O., S. 22.
297 a. a. O., S. 31 und S. 35.
298 Vgl. Bebels Rede auf dem Parteitag in Mannheim 1906, in: Antonia Grunenberg (Hrsg.) Die Massenstreikdebatte, Frankfurt 1970, S. 378—395.
299 So Ritter, a. a. O., S. 202. Die Begründung, Bernstein habe seine Massenstreiktaktik nicht in den „Voraussetzungen" selbst dargelegt, überzeugt nicht.

in der Massenstreikfrage konstatiert, so handelt es sich daher keineswegs um ein Problem in der Bernsteinschen Konzeption, sondern lediglich um eine weit verbreitete Fehlinterpretation des Bernsteinschen Reformismus[300]. Diese Bereitschaft Bernsteins zur Erkämpfung der Demokratie mit außerordentlichen Mitteln ist stets ein wesentlicher Bestandteil seiner Transformationsstrategie gewesen. Schon aus diesem Grunde ist der Bernsteinsche Revisionismus seinem theoretischen Gehalt nach auch für die Situation im Kaiserreich nicht weniger anwendbar als die herrschende Ideologie. In Wahrheit lagen denn die eigentlichen Differenzen auf anderem Gebiet.

Bernsteins Strategie zielte darauf ab, die bereits unter den eingeschränkten Bedingungen des Kaiserreiches möglichen Grade der subjektiven und objektiven Voraussetzungen des Sozialismus mit voller Konzentration auf diese Aufgabe zu schaffen, ohne sich im übrigen etwa darauf festlegen zu lassen, daß die Grenzen der gesellschaftlichen Transformation unter diesen Bedingungen zugleich die Grenzen sozialistischer Politik sein sollten. *Es war für ihn ebenso wie für den marxistischen Teil der damaligen Sozialdemokratie eine durchaus offene Frage, ob die volle Demokratie durch kontinuierliche Umbildung des Kaiserreiches erreicht werden könnte oder durch Kampfmaßnahmen.* Durch eine Übernahme des konstruktivistischen Paradigmas wäre in Wahrheit nichts verspielt worden, worüber die Sozialdemokratie strategisch verfügt hätte. Sie selbst betrieb ja diese Reformpolitik, um deren Unterstreichung es Bernstein allein zu tun war, jedoch mit dem Unterschied, daß sie die erzielten Reformen als Palliativmittel am Körper der alten Gesellschaft betrachtete, der doch am Ende als ganzer ausgewechselt werden müßte. Diese Vorstellung war es, die Bernstein vor allem kritisierte. Eine erhöhte Wertschätzung der Reformpolitik, die man ohnehin betrieb, hätte seiner Auffassung nach zu konsequenteren und energischeren Schritten führen können, die als verbesserte Ausgangslage für künftige weiterreichende sozialistische Konstruktionen einen eigenen Wert behalten hätten. In diesen Zusammenhang ordnet Bernstein jene — wie er betont — recht bescheidenen Reformen ein, die trotz aller Beschränkungen im Kaiserreich erzielt werden konnten: „So rückständig Deutschland durch den Fortbestand halbfeudaler Einrichtungen und die Machtstellung des Militärs in wichtigen Fragen seines politischen Lebens auch war, so war es doch als Verwaltungsstaat auf einer Stufe der Entwicklung angelangt, bei der schon die einfache Demokratisierung der vorhandenen Einrichtungen einen großen Schritt zum Sozialismus hin bedeutete. In Ansätzen hatte sich das schon vor der Revolution gezeigt. Das Stück Demokratie, das in Reich, Staaten und Gemeinden zur Verwirklichung gelangt war, hatte sich unter dem Einfluß der in die Gesetzgebungs- und Verwaltungskörper eingedrungenen Arbeitervertreter als ein wirkungsvoller

300 Vgl. Gay, S. 271/272 und S. 289 ff., wo eine gute Skizze der Bernsteinschen Haltung in dieser Frage gegeben wird.

Hebel zur Förderung von Gesetzen und Maßnahmen erwiesen, die auf der Linie des Sozialismus liegen, so daß selbst das kaiserliche Deutschland auf diesem Gebiet mit politisch vorgeschritteneren Ländern sich messen konnte. Gleichzeitig aber hatte es im Verein mit den freien Selbstverwaltungsorganen der Arbeiter einer stetig wachsenden Zahl von Vertretern der Arbeitersache ein Verständnis für das Wesen und die Aufgaben der Gesetzgebung und Verwaltung in der modernen Gesellschaft verschafft, das sie ohne es im gleichen Maße nie erlangt hätten[301]."

Daß die Prinzipien der Sozialdemokratie „ihrer ganzen Natur und Überlieferung nach" einen „radikalen Bruch" mit der politischen Ordnung des Kaiserreichs bedeuten mußten[302], war für Bernstein keinen Augenblick strittig. Als dieser Bruch in der Revolution von 1918 dann vollzogen wurde, hat er ihn als eine „Notwendigkeit" begrüßt[303]. Blanquistische Strategie so verstanden hat ihm zufolge „ihre Richtigkeit"[304].

Aus all dem geht unstritig hervor, daß das von Bernstein vorgeschlagene Transformationsparadigma, obgleich es in seiner Konsequenz auf demokratische Rahmenbedingungen hinweist, auch für den Handlungsspielraum der Sozialdemokratie im Kaiserreich wie insbesondere für dessen mögliche Überwindung anwendbar war und die Preisgabe keiner realen Position der Sozialdemokratie bedeutet hätte. Weil es aber den Aufbau des Sozialismus ohne Rückhalt in die Hände der Sozialdemokraten gelegt und als Konstruktionsaufgabe sichtbar gemacht hätte, hätte dieses Modell zu einem zielstrebigeren und konsequenteren Handeln führen können.

Der Vorzug des Parteimarxismus, der in den damaligen Debatten von Bebel, Kautsky und Luxemburg gegen Bernstein immer wieder ausgespielt wurde und auf den sich Braunthals Urteil stützt, liegt auf einer anderen Ebene. Es handelt sich um die sozialpsychologische Motivationskraft, die eine geschlossene Theorie zu bieten vermag, wenn sie den Sieg der eigenen Sache und dessen Reinheit als unumstößliche Tatsachenerkenntnis ausgeben kann. Gerade eine politisch isolierte Partei wie die Sozialdemokratie im Kaiserreich konnte aus dieser Eigenschaft der parteimarxistischen Vorstellungswelt einen unüberschätzbaren psychologischen Gewinn ziehen. Dieser Gewinn konnte indessen nur um den Preis erheblicher Nachteile erzielt werden.

Schon die integrative Funktion dieser Ideologie erwies sich in dem Augenblick als Illusion, als ihr strategischer Zwiespalt in der Situation des Handelns aufgelöst werden mußte. *Nur solange sie nicht ihre eigentliche Funktion der Anleitung zum Handeln erfüllen mußte, behielt sie ihre Integrationsfunktion,* die darin gründete, daß die Vertreter alternativer Transformationsstrategien

---

301 Bernstein, Die deutsche Revolution, S. 172 f. So auch in: ders., Der Sozialismus einst und jetzt, S. 128.
302 Ders., Die deutsche Revolution, S. 8.
303 a. a. O., S. 18.
304 a. a. O., S. 22.

jeweils einen der in ihr enthaltenen zwiespältigen Ansätze zum eigentlichen erklären konnten[305]. Als verantwortliches Handeln unvermeidlich wurde, zunächst im I. Weltkrieg und später in der Revolution von 1918, zeigt es sich, daß die alternativen Strategien der sozialdemokratischen Flügel lediglich verbal, nicht aber politisch real zu versöhnen waren[306].

Mit der *Erwartung der Notwendigkeit des sozialistischen Sieges* war in der Sozialdemokratie untrennbar die Vorstellung verbunden, mit der Garantie des „Daß" trage die Geschichte auch die Lösung für die Frage des „Wie" in ihrem Schoße, so daß der Sozialismus als Frage des Wartens auf den richtigen Augenblick erschien, in dem sich alles weitere dann erweisen würde. *Diese Vorstellung mochte zwar in Zeiten erzwungener Untätigkeit eine psychologisch motivierende Kraft haben, sobald aktives Handeln geboten war, forderte sie aber den Preis der konzeptionellen Ratlosigkeit.* Dies hat A. Rosenberg, der sicherlich jeder Bernstein-Sympathie unverdächtig ist, auf klassische Weise zum Ausdruck gebracht: „So vereinigte die offizielle deutsche Sozialdemokratie der Vorkriegszeit, deren Repräsentant August Bebel war, eine starke sozialpolitische Aktivität mit einem passiven formalen Radikalismus auf allen anderen Gebieten des öffentlichen Lebens. Zu den Problemen der Außenpolitik und des Militärwesens, der Schule und der Justiz, der Verwaltung, ja sogar der Wirtschaft im allgemeinen, und besonders der Agrarfrage, hatte der durchschnittliche sozialdemokratische Funktionär kein inneres Verhältnis. Er dachte nicht daran, daß einmal der Tag kommen könnte, an dem er, der Sozialdemokrat, alle diese Dinge würde entscheiden müssen." Und weiter: „Wenn man sich den Zusammenhang zwischen der Tätigkeit der Sozialdemokratie vor 1914 und ihre Wirksamkeit während der Revolution klarmacht, ist man vor ungerechten Urteilen über einzelne Personen gesichert. Was sich in der deutschen Revolution rächte, war die unzulängliche politische Schulung der deutschen Sozialdemokratie vor 1914. Wenn man überhaupt einen einzelnen Schuldigen suchen will, dann hätte es viel mehr historische Berechtigung, August Bebel zu nennen als Ebert oder Scheidemann[307]."

Dieses Urteil behält auch dann seine Aussagekraft, wenn man im Auge behält, daß die Revolutionsregierung in gesellschaftsreformerischer Hinsicht in Bernsteins Augen keine wesentlichen Defizite aufzuweisen hatte[308], denn *das*

---

305 Vgl. dazu Erich Matthias, Kautsky und der Kautskyanismus, in: Marxismusstudien II, 1957, S. 151—197.
306 Damit soll nicht gesagt werden, daß die Spaltung der Partei im I. Weltkrieg unvermeidlich war. Spätestens aber im November 1918, als die Frage der Verwendung der politischen Macht auf der Tagesordnung stand, wäre eine Spaltung wohl unvermeidlich geworden. Zwischen der Haltung von Rosa Luxemburg und der Haltung Eberts gab es keine Gemeinsamkeiten mehr.
307 Arthur Rosenberg, Entstehung und Geschichte der Weimarer Republik, Frankfurt 1955, S. 282 und 299.
308 Bernstein, Die deutsche Revolution, S. 172 ff. Für die Defizite, die Bernstein sah, vgl. z. B. Der Sozialismus einst und jetzt, S. 132.

konzeptionelle Vakuum auf all den von Rosenberg bezeichneten Gebieten ist ein ebenso großes Handikap gewesen wie das Wecken überschwenglicher Erwartungen gegenüber den Möglichkeiten einer sozialdemokratischen Machtübernahme, die man dann nicht einzulösen bereit war.

Zu dem Preis des konzeptionellen Vakuums kommt aber hinzu, daß die motivierende Kraft unabhängig vom Wahrheitsgehalt der Theorie bestehen kann. *Spielt man nun diese psychologische Funktion der Theorie gegen Zweifel an ihrem Wahrheitsgehalt und ihrer Angemessenheit an die eigentlichen Aufgaben aus, dann verspielt man mit der kritischen Realitätskontrolle zugleich auch die Chance eines eindeutigen Praxisbezugs der Theorie.* Im Falle des Parteimarxismus gewinnt die Theorie dann die Funktion einer „edlen Lüge"[309], die ihre motivierende Kraft gerade aus der Tatsache zieht, daß das, was sie bewirkt, im Gegensatz zu den Erkenntnissen steht, die sie zu vermitteln vorgibt. Die Behauptung von der Unvermeidlichkeit des Sozialismus spornt gerade dadurch zum Handeln für den Sozialismus an, weil der Sieg gewiß scheint. Wenn diese Funktion der Theorie zum Kriterium der Verurteilung von Alternativen gemacht wird, so *wird Theorie bewußt zur Ideologie umgestaltet mit den zuvor skizzierten desorientierenden Folgen, denn die Motivation kann wegen des konzeptionellen Vakuums, das sie hinterläßt, in zielgerechtes Handeln nicht umgesetzt werden.*

Es scheint daher, daß die Sozialdemokratie im Falle einer vollen Übernahme des konstruktivistischen Paradigmas nichts, was sie wirklich besaß, hätte preisgeben müssen — außer Illusionen.

---

309 Vgl. Lewis S. Feuer, From Ideology to Philosophy: Sidney Hook's Writings on Marxism, in: Paul Kurtz (Hrsg.), Sidney Hook and the Contemporary World, New York 1968, S. 46.

4. Die Entwicklung der kapitalistischen Gesellschaft

4.1 *Die Funktion der sozialstatistischen Argumente Bernsteins*

Bernstein selbst hat hervorgehoben, wie wichtig für seine Abkehr vom Parteimarxismus die Erfahrung des Widerspruchs zwischen den Prognosen über die kapitalistische Entwicklung, die von dieser Seite formuliert worden waren, und der tatsächlichen Struktur dieser Entwicklung war, wie er sie in den neunziger Jahren des 19. Jahrhunderts beobachtet hat[1]. Er hat auch selbst gesehen, daß zwischen dem Wirtschaftsaufschwung seit Mitte der neunziger Jahre und seiner strategischen Neuorientierung ein Zusammenhang besteht[2]. Diese beiden Bekenntnisse dürfen nun nicht in der Weise mißdeutet werden, daß Bernstein seit der Erfahrung des Nichteintreffens zentraler Entwicklungserwartungen des Erfurter Programms mit der kapitalistischen Gesellschaft seinen Frieden geschlossen und seine Argumentation den Zweck verfolgt hätte, eine Unterstreichung der „guten" Seiten des kapitalistischen Systems vorzunehmen. Nichts wäre unrichtiger als eine solche Annahme.

---

1 Es ist allerdings sehr zweifelhaft, ob Bernstein selbst diesen Zusammenhang völlig richtig einschätzt. In seinem „Entwicklungsgang" schreibt er 1924: „Was auf mein sozialistisches Denken den entscheidenden Einfluß ausübte, waren nicht Kritiken der Doktrin, sondern Berichtigungen von Annahmen in bezug auf Tatsachen". (a. a. O., S. 23). Dies schreibt er, nachdem er sich davon distanziert hat, er sei „durch das Vorbild des englischen Fabianismus zu meinem Revisionismus bekehrt worden" (a. a. O.). Überblickt man die tatsächliche Entwicklung Bernsteins, wie sie in Kapitel 3 nachgezeichnet wurde, so muß man feststellen, daß Bernstein im Verlaufe seiner Beschäftigung mit der französischen Februarrevolution den Bruch mit dem Marxismus vollzogen hat. Erst danach wandte er sich einer detaillierten Untersuchung der empirischen gesellschaftlichen Entwicklung zu. Der Augenschein einer sich nicht im Sinne der älteren Erwartungen entwickelnden Gesellschaft, die zunehmend komplexer wurde, statt sich in ihren Strukturen zu vereinfachen, stand bei seiner endgültigen Verwerfung des in der Parteitheorie favorisierten Transformationsparadigmas Pate. Die Reihenfolge der Schritte der Entfaltung der Bernsteinschen Kritik ist aber so, daß die Auseinandersetzung mit der realen Entwicklung der kapitalistischen Gesellschaft im Einzelnen erst erfolgte, nachdem der Paradigmawechsel schon vollzogen war. Der allgemeine Eindruck der kapitalistischen Entwicklung freilich war für den ersten Schritt mitverursachend.

2 a. a. O., S. 23 f.

Bernstein hatte seine Hinwendung zum konstruktivistischen Paradigma und seine Kritik an der blanquistischen Strategie schon vollzogen, als er ab 1897 begann, unter Hinzuziehung eines umfangreichen statistischen Materials die Geltung der parteimarxistischen Entwicklungsprognose für die kapitalistische Zukunft anhand empirischer Argumente in Zweifel zu ziehen. In seiner Aufsatzserie „Probleme des Sozialismus" präsentiert er zunächst für die englischen Agrarverhältnisse, später für weitere sozioökonomische Bereiche statistische Daten, die geeignet sein sollten, eine Revision der Parteitheorie einzuleiten[3]. Da Bernstein weder mit der Präsentation dieser Daten seine Abwendung vom Transformationsmodell der Partei beginnt oder ursprünglich begründet noch auf die Perspektive der sozialistischen Transformation der kapitalistischen Gesellschaft verzichtet, muß die Rolle der sozialstatistischen Argumente in seiner Konzeption sehr sorgfältig definiert werden.

Von Anfang an wurden seine Darstellungen in diesem Bereich von seinen innerparteilichen Gegnern, insbesondere auch von Bebel selbst in ein solches Licht gerückt, als verfolgten sie den Zweck, den Kapitalismus möglichst akzeptabel und wünschenswert erscheinen zu lassen und damit letztlich das sozialistische Ziel als zunehmend überflüssig. In Wahrheit verfolgt Bernstein mit seinem empirischen Ansatz einen ganz anderen Zweck. Er will beweisen, daß grundlegende Annahmen, die das in der Partei vorherrschende Strategieverständnis empirisch zu stützen schienen, nicht zutreffen. Eine Loyalitätserklärung gegenüber dem Kapitalismus ist dabei in keiner Weise beabsichtigt. Es geht allein um die theoretische Stärkung eines alternativen Modells zur Überwindung des Kapitalismus durch Bewußtmachen der realen Situation. Drei Hauptfunktionen sind es, die die Entfaltung des sozialstatistischen Materials in seinem Paradigmawechsel erfüllen sollen:

1. Durch eine empirische Widerlegung des Arguments der sich verstärkenden und beschleunigenden *Krisenhaftigkeit* des ökonomischen Systems des Kapitalismus in Verbindung mit einer Zurückweisung der Annahme einer ständigen *Verschlechterung der proletarischen Lebenslage* bis hin zur unmittelbaren Existenzgefährdung soll die These widerlegt werden, zur blanquistischen Transformationsstrategie gebe es allein schon deswegen keine reale Alternative, weil der Sozialismus aus dem ökonomischen Zusammenbruch des bestehenden Systems heraus errichtet werden muß. Sozialistische Teillieferungen wären bei einer solchen Perspektive ja in der Tat ausgeschlossen.

---

3 Die starke Betonung der sozialstatistischen Daten entsprach dem in Kap. 5 dargelegten Wissenschaftsbegriff Bernsteins. Der Vorwurf Gottschalchs, Bernsteins ökonomische Analysen seien allzusehr dem „statistischen Schein" verhaftet gewesen (a. a. O., S. 168), hat nur dann eine Berechtigung, wenn dies anhand der empirischen Fragestellungen im Einzelnen gezeigt wird, sonst führt er zu einer Immunisierung der damaligen Parteitheorie.

2. Durch den empirischen Nachweis, daß die Konzentrationsprozesse in Landwirtschaft und gewerblicher Industrie zwar stattfinden, aber bei weitem nicht das erwartete Ausmaß annehmen und daß insbesondere die kleinen und mittleren Betriebe nicht nur nicht verschwinden, sondern sich in ihrer absoluten Größenordnung erhalten, soll die Annahme einer drastischen Komplexitätsabnahme im Zuge der kapitalistischen Entwicklung widerlegt werden. Es soll empirisch demonstriert werden, daß jede sozialistische Transformationsstrategie es auf alle absehbare Zeit mit einer äußerst reich gegliederten und zahlenmäßig hochgradig aufgefächerten Produktionsstruktur zu tun haben wird, die bei allen Transformationsschritten in Rechnung gestellt werden muß.
3. Ebenfalls mit der Kritik überzogener Konzentrationserwartungen in Verbindung mit dem Nachweis des Anwachsens der Zahl der Besitzenden sowie der Bezieher höherer Einkommen will er beweisen, daß es die sozialistische Politik weiterhin mit einer erheblichen, sogar wachsenden Zahl von Interessenten des kapitalistischen Systems zu tun haben wird, auf die sich ihre Strategie entgegen den Annahmen aus dem Erfurter Programm einstellen muß. Bernsteins statistisch untermauerte These von der Erhaltung des Mittelstandes, der nur seine Struktur ändere, verfolgt den Zweck des Hinweises auf eine soziale Gruppe, mit der das alte Programm noch gar nicht gerechnet hatte, in der sich große Teile als Interessenten des kapitalistischen Systems fühlen.

Macht man sich diesen *begrenzten Argumentationszweck* klar, *der die Notwendigkeit der sozialistischen Transformation ebenso beibehält, wie er deren Struktur verändern möchte,* so sind die gröbsten Mißverständnisse des Stellenwerts der Sozialstatistik in Bernsteins Gesamtkonzept ausgeschlossen. Dies befreit zwar nicht von einer kritischen Bestandsaufnahme seiner Materialien und Einschätzungen, macht aber sowohl den Beweiszweck wie insbesondere auch ihre Bedeutung für die übrigen Teile seines Paradigmas deutlich.

Bernstein begann seine Kritik mit dem Hinweis auf die in den Parteidiskussionen seit 1894 zunehmend strittig werdende Agrarfrage. War das Erfurter Programm davon ausgegangen, daß die umfassende Konzentrationserwartung auch auf den Agrarsektor mitbezogen sein sollte, so zeigten die statistischen Tatsachen sowohl für England als auch für Deutschland im Gegenteil das Bild einer Verstärkung des Anteils der Kleinbetriebe an der landwirtschaftlichen Produktion. Die Frage war nun, ob dies ein anhaltender Trend sei und ob diese Erfahrung auch für den gewerblichen Sektor Bedeutung hat. Auf diese Zwecke der Argumentation bezogen entfaltete und kommentierte Bernstein ab 1897 ein umfangreiches statistisches Material[4].

---

4 Es würde einer eigenen Abhandlung bedürfen, wollte man die Auseinandersetzungen über das statistische Material, das während des Revisionismusstreits verwendet worden ist, im einzelnen vergleichen und kommentieren. Bebel und Kautsky verwendeten teils

4.2 Das Problem der Krisen

Die marxistische Erkenntnis, daß dem kapitalistischen Wirtschaftssystem zyklische Krisen unvermeidlich innewohnen, hat Bernstein nicht in Zweifel gezogen[5]. Es lag ihm auch fern, die stets gegebene Möglichkeit politischer Krisen oder Katastrophen in Abrede stellen zu wollen[6]. Seine Kritik bezieht sich vielmehr auf eine ganz bestimmte Fassung der Krisentheorie, die bei Marx selbst vorgeprägt war und die im Erfurter Programm eine Schlüsselrolle spielt: „Der Abgrund zwischen Besitzenden und Besitzlosen wird noch erweitert durch die im Wesen der kapitalistischen Produktionsweise begründeten Krisen, die immer umfangreicher und verheerender werden, die allgemeine Unsicherheit zum Normalzustand der Gesellschaft erheben und den Beweis liefern, daß die Produktivkräfte der heutigen Gesellschaft über den Kopf gewachsen sind, daß das Privateigentum an Produktionsmitteln unvereinbar geworden ist mit deren zweckentsprechender Anwendung und voller Entwicklung[7]."

andere Tabellen als Bernstein, teils interpretierten sie die gleichen Zahlen anders. Um die Bernsteinsche Argumentation zu illustrieren und gleichzeitig eine kritische Beurteilung zu ermöglichen, werden im Anhang zunächst die wichtigsten Statistiken und Graphiken wiedergegeben, die Bernstein verwendet. Zum Vergleich werden aus der neuesten sozialstatistischen Literatur einige Zahlen wiedergegeben, die sich auf die Streitfragen der Revisionismusdebatte beziehen und im Lichte der neueren Forschung als relativ gut gesichert gelten können. Auf diese Materialien sei zum Vergleich an dieser Stelle summarisch verwiesen.

5 Voraussetzungen, S. 128. In diesem Punkte trifft die im übrigen ausgezeichnete Darstellung der Krisentheorie der Revisionisten durch Erika Rikli nicht zu, vgl. a. a. O., S. 80.

6 Daß „äußere Ereignisse", wie Kriege, politische Krisen u. ä. auf die wirtschaftliche Entwicklung zurückwirken und Krisentendenzen in sie hineintragen können, hat Bernstein nicht bestritten. Ihm ist es allein um diejenigen Krisen zu tun, die kraft der immanenten Gesetze der kapitalistischen Warenproduktion wirksam werden, vgl. z. B. Voraussetzungen, S. 127 und 128.

7 Vgl. den Text im Anhang. Für Vorprägungen dieser Art von Krisenerwartung bei Marx und Engels selbst, vgl. die von Gay angeführten Zitate, a. a. O., S. 221 ff. Die Frage, ob aus der recht verstandenen Theorie von Marx selbst eine solche Krisentheorie, die die Krisen sich auf eine Endkatastrophe hin zuspitzen sieht, abgeleitet werden kann oder nicht, kann in diesem Zusammenhang nicht gründlich behandelt werden. Für die Diskussion entscheidend ist, daß Marx selber Anwendungen seiner Theorie vorgenommen hat, die ganz eindeutig in diese Richtung weisen. Eine solche Anwendung der marxistischen Theorie durch ihren Schöpfer selbst konnte den Eindruck nicht zweifelhaft erscheinen lassen, daß die Theorie eben so gemeint war. Die späteren Versuche, diese Theorie im Lichte der Erfahrungen anderen Interpretationen zu unterwerfen, steht auf einem anderen Blatt. Wenn die Theorie solche Anwendungen nicht notwendigerweise impliziert, so kann dies freilich niemals ein Argument zur Kritik an jenen Theoretikern sein, die die reale Berechtigung solcher Anwendungen bestreiten. Um so mehr haben diese dann mit ihrem Ansatz Recht. Es geht ja bei all diesen Auseinandersetzungen nicht um Personen, sondern um die Wahrheit von Aussagen. Eine drastische Formulierung der von Bernstein kritisierten Variante der Krisen-

Die beiden Konsequenzen, die hier aus der Krisentheorie gezogen werden und keineswegs diese Theorie selbst sind es, was Bernstein einer Kritik unterzieht. Es handelt sich also um die Aussagen, daß die Krisen „immer umfangreicher und verheerender" werden und um die Einschätzung, daß im Rahmen der kapitalistischen Verhältnisse eine weitere Entwicklung der Produktivkräfte nicht mehr stattfinden könne. Diese beiden Annahmen konstituierten in ökonomischen Kategorien das, was Bebel den „großen Kladderadatsch" genannt hat und was Bernstein als die „Zusammenbruchstheorie" bezeichnete[8]. Sie enthalten die Behauptung, daß mittels des so beschriebenen Krisenmechanismus der Widerspruch zwischen Produktivkräften und Produktionsverhältnissen im Kapitalismus auf seine Spitze getrieben werden wird, die zugleich seine Auflösung darstellt.

Diese Krisentheorie spielt in Bernsteins Selbstverständnis insofern eine erhebliche Rolle, als es seinem eigenen Zeugnis zufolge die glänzende Bestätigung dieser These durch den großen Gründungskrach nach 1872/73 war, was für ihn eine Art von empirischem Beweis für die marxistische Theorie dargestellt hatte[9]. Um so folgenreicher mußten für sein Gesamtverständnis der Theorie Veränderungen daher gerade in diesem Schlüsselbereich sein.

Bernstein verweist zunächst darauf, daß die theoretische Begründung des Krisenzyklus bei Marx selbst nicht völlig eindeutig ist, da er in bestimmten Zusammenhängen die Unterkonsumtionstheorie als Erklärung der Krisenursachen ablehnt, sie aber an anderen Stellen heranzieht[10]. Unter Anknüpfung

---

theorie aus der Feder von Marx und Engels selbst findet sich im Manifest der Kommunistischen Partei: „Seit Dezennien ist die Geschichte der Industrie und des Handels nur die Geschichte der Empörung der modernen Produktivkräfte gegen die modernen Produktionsverhältnisse, gegen die Eigentumsverhältnisse, welche die Lebensbedingungen der Bourgeoisie und ihrer Herrschaft sind. Es genügt die Handelskrisen zu nennen, welche in ihrer periodischen Wiederkehr immer drohender die Existenz der ganzen bürgerlichen Gesellschaft in Frage stellen . . . Die bürgerlichen Verhältnisse sind zu eng geworden, um den von ihnen erzeugten Reichtum zu fassen. — Wodurch überwindet die Bourgeoisie die Krisen? Einerseits durch die erzwungene Vernichtung einer Masse von Produktivkräften; anderseits durch die Eroberung neuer Märkte und die gründlichere Ausbeutung alter Märkte. Wodurch also? Dadurch, daß sie allseitigere und gewaltigere Krisen vorbereitet und die Mittel, den Krisen vorzubeugen, vermindert." MEW, 4, S. 467/8. Rosa Luxemburg hatte ihre gesamte Polemik gegen Bernstein auf dieser Argumentation aufgebaut. Vgl. dies., Sozialreform oder Revolution (1899) in: a. a. O.
Ebenso wie es verfehlt wäre, die Theorie von Marx auf Aussagen dieser Art zu reduzieren, ebenso unhaltbar ist ohne Zweifel die einfache Zurückweisung jeder Verantwortung von Marx selbst für diese Interpretation seiner Theorie.

8 Vgl. Zur Geschichte und Theorie, S. 218, der Titel seines bekannten Aufsatzes von 1898 „Zusammenbruchstheorie und Kolonialpolitik". Synonym verwendet er auch den Ausdruck „Katastrophentheorie".

9 Vgl. Entwicklungsgang, S. 23 f.

10 Voraussetzungen, S. 109 f. Zu diesem Ergebnis kommt in neuerer Zeit auch Hans-Christoph Schröder, Sozialismus und Imperialismus, Bonn-Bad Godesberg 1975², S. 31 ff.

an Bemerkungen von Marx selbst und ein von Friedrich Engels in den Noten zum Band III des Kapital skizziertes Argument nennt Bernstein dann eine Reihe von Merkmalen, welche sich in den letzten Jahren an den Strukturen der kapitalistischen Ökonomie verändert haben, die eine Neueinschätzung des Krisenphänomens seiner Meinung nach nahelegen. Fünf Ursachen sind es, denen er die Tendenz zur Milderung der Krisen in der neueren ökonomischen Entwicklung zuschreibt: „die gewaltige räumliche Ausdehnung des Weltmarkts im Verein mit der außerordentlichen Verkürzung der für die Nachrichten und Transportverkehr erforderten Zeit" erhöhen die Möglichkeiten zum Ausgleich auftretender Absatz- oder Produktionsschwierigkeiten; „der enorm gestiegene Reichtum der europäischen Industriestaaten im Verein mit der Elastizität des modernen Kreditwesens und dem Aufkommen der industriellen Kartelle" verhindern, daß partikuläre Störungen sich zu allgemeinen Geschäftskrisen ausweiten. Daher sind „Geschäftskrisen nach Art der früheren" in Zukunft unwahrscheinlich[11].

Es ist Bernstein dabei nicht um eine völlig neue Theorie der Krisen zu tun. *Er akzeptiert vielmehr die Feststellung, daß mit der kapitalistischen Produktionsweise eine Reihe von Krisenfaktoren unvermeidlich verbunden sind.* Er behauptet aber, daß ihnen durch die neueren Entwicklungen noch innerhalb des Kapitalismus Gegenkräfte erwachsen sind, die zumindest zu einer Überprüfung der älteren Aussagen veranlassen müssen, die ja mit diesen Faktoren noch nicht gerechnet hatten[12]. Wie das endgültige Kräfteverhältnis der Krisenfaktoren zu den auf eine Milderung der Krisen hinwirkenden Faktoren schließlich beschaffen sein wird, will Bernstein ausdrücklich zukünftigen Erfahrungen überlassen[13]. Für die überschaubare Gegenwart leitet er allerdings aus den skizzierten Faktoren der Krisenmilderung die Erwartung ab, daß es ernstzunehmende Gründe für eine Entwicklung sich verschärfender und beschleunigender Krisen nicht gibt und daß infolgedessen, wenn nicht äußere Ereignisse hinzutreten, mit einer ökonomischen Endkrise des kapitalistischen Systems nicht zu rechnen sei[14].

Wogegen sich Bernstein wendet, ist eine Krisentheorie, derzufolge der Krisenzyklus immer kürzer wird, die Krisen immer schärfer werden und die Gesamtentwicklung der kapitalistischen Produktion eine im Gesamtdurchschnitt daher beständig fallende Tendenz aufweist[15]. Er nimmt weder an, daß durch die von ihm skizzierten neuen Faktoren die ökonomische Gesamtentwicklung

11 Voraussetzungen, S. 113, ebenso in: Der Sozialismus einst und jetzt, S. 55.
12 Der Sozialismus einst und jetzt, S. 56 und Der Revisionismus in der Sozialdemokratie, in: Hirsch, a. a. O., S. 36.
13 Voraussetzungen, S. 127.
14 Der Revisionismus, S. 38.
15 a. a. O., S. 35/36, und Der Sozialismus einst und jetzt, S. 55. Dies stellt Erika Rikli sehr klar heraus, wenn sie schreibt, daß es Bernstein um den „Krisentrend" zu tun ist, und nicht um die Tatsache der Krisen selbst, vgl. a. a. O., S. 75/76.

des Kapitalismus einen befriedigenden Verlauf nimmt und die sozialistische Kritik am Kapitalismus versöhnen könnte, noch rechnet er mit einem Verschwinden der Krisen oder einer solchen Möglichkeit innerhalb der kapitalistischen Produktion. Er selbst hat als Hauptkrisenfaktoren eine Verbindung des Faktors der Unterkonsumtion mit einer strukturellen Überproduktion angenommen. Nachdem er die einschränkenden Faktoren dargestellt hat, fährt er in den „Voraussetzungen" fort: „Es bleibt nur so viel, daß die Produktionsfähigkeit in der modernen Gesellschaft sehr viel stärker ist als die tatsächliche, von der Kauffähigkeit bestimmte Nachfrage nach Produkten; daß Millionen in ungenügender Behausung leben, ungenügend gekleidet und ernährt sind, obwohl die Mittel reichlich vorhanden sind, für sie genügende Wohngelegenheit, Nahrung und Kleidung zu beschaffen; daß aus diesem Mißverhältnis immer wieder in den verschiedenen Produktionszweigen Überproduktion sich einstellt derart, daß entweder tatsächlich größere Mengen produziert sind, als gebraucht werden — zum Beispiel mehr Garn, als die vorhandenen Webereien verarbeiten können —, oder daß bestimmte Artikel zwar nicht in größerer Menge hergestellt sind als gebraucht, aber in größerer Menge als gekauft werden können[16]."

Dieses Argument behandelt die These der strukturellen Überproduktion und die These der Unterkonsumtion als zwei Krisenursachen des kapitalistischen Systems, über deren relatives Gewicht Bernstein nichts näheres sagt. Er geht davon aus, daß die durch diesen Mechanismus nach wie vor zyklisch erzeugten Krisen aufgrund der von ihm genannten Faktoren in der Regel „lokale und partielle Depressionen" zur Folge haben, die sich aber nicht mehr zu Gesamtkrisen des Systems ausweiten[17]. Der von Marx besonders aus der Tendenz zur beschleunigten Erneuerung des fixen Kapitals abgeleitete Trend zur Verschärfung der jeweiligen Gesamtkrise durch Kumulation der Teilkrisen ist nach Bernstein außer Kraft gesetzt[18]. *Die unvermeidlich bleibenden lokalen und strukturellen Teilkrisen bewirken zwar nach wie vor Erschütterungen des Gesamtsystems, kumulieren sich aber nicht mehr zu sich verschärfenden Gesamtkrisen.*

Zugang zum Krisenproblem gewinnt Bernstein in Übereinstimmung mit seinem empiristischen Wissenschaftsbegriff von der realen Erfahrung mit dem Krisenphänomen her. Er läßt jedoch keineswegs die bloßen Tatsachen stehen, sondern sucht nach Erklärungsmustern, die mit ihnen im Einklang stehen. In einem Aufsatz aus dem Jahre 1909 zeichnet er eine Kurve des Konjunkturverlaufs der deutschen kapitalistischen Wirtschaft zwischen 1873/74 und 1909[19]. Diese Kurve weist einen ausgeprägten Zyklus von Krisen und Kon-

16 Voraussetzungen, S. 126.
17 a. a. O., S. 127.
18 a. a. O., S. 126.
19 Der Revisionismus, S. 36. Vgl. Anhang.

junkturen im Abstand weniger Jahre auf. Es ist das Bild einer ausgesprochenen Krisenhaftigkeit der Gesamtentwicklung. Aber die mittlere Entwicklungslinie zeigt eine leicht aufsteigende Tendenz der kapitalistischen Produktion und die Schärfe der Krisen sowie die Tiefe der Konjunktureinbrüche sind ebenso durch eine gewisse Abschwächung gekennzeichnet wie die neue Hochkonjunktur jedesmal einen höheren Gipfel der Produktion erreicht als die vorhergehenden[20]. Die Deutung Rosa Luxemburgs, das Phänomen sei dadurch zu erklären, daß der Kapitalismus noch nicht jene Entwicklungshöhe erreicht habe, bei der nach Marx der eigentliche Krisenzyklus erst einsetze, kann Bernstein weder als zutreffende Marxdeutung noch als akzeptable Erklärung der beobachteten Phänomene anerkennen[21]. Er konstruiert in Anlehnung an den späten Engels statt dessen *Ansätze einer Theorie des organisierten Kapitalismus,* die zugleich die neueren Entwicklungen als wesentliche Veränderungen ernst nimmt und eine Erklärung für die veränderte empirische Entwicklung darstellt. Er nimmt die tatsächlichen Veränderungen, wie sie im deutschen Kapitalismus seit dem Ende der siebziger Jahre zum Zwecke der Überwindung der großen Depression eingeleitet worden waren, zur Kenntnis und versucht die ökonomische Theorie dementsprechend zu korrigieren[22].

Bereits in seinem berühmten Aufsatz „Die Zusammenbruchstheorie und die Kolonialpolitik" von 1898 weist er die von Engels formulierte Schlußfolgerung, daß trotz aller Neuerungen in der kapitalistischen Entwicklung künftig mit gewaltigeren Krisen zu rechnen sei als zuvor, mit dem Hinweis auf die Rolle der Kartelle und Trusts zurück[23]. Neben der Ausdehnung der Märkte und den Informationsverbesserungen über Absatz- und Produktionsverhältnisse hatte Bernstein als krisenhemmenden Faktor das moderne Kreditwesen genannt, weil es die Möglichkeit zur Überbrückung vorübergehender Finanzierungsprobleme enthält. Der Kritik von Rosa Luxemburg, die Entfaltung des Kreditwesens könne vielmehr sogar eine Verschärfung der Krisen zur Folge haben, hatte er eingeräumt, daß das Kreditwesen in der Tat sehr

---

20 a. a. O.
21 Voraussetzungen, S. 114 ff.
22 Vgl. dazu Jürgen Kocka, Unternehmer in der deutschen Industrialisierung, Göttingen 1975; Hans Rosenberg, Große Depression und Bismarckzeit, Frankfurt—Berlin—Wien 1976; Hans-Ulrich Wehler, Bismarck und der Imperialismus, Köln 1976[4]; H. A. Winkler (Hrsg.), Organisierter Kapitalismus. Voraussetzungen und Anfänge, Göttingen 1974; F.-W. Henning, Die Industrialisierung in Deutschland 1800—1914, Paderborn 1973 und Jürgen Kuczynski, Die Geschichte der Lage der Arbeiter unter dem Kapitalismus, Berlin (Ost), 1962, Band 3. In diesen Büchern wird die tatsächliche Veränderung der kapitalistischen Gesellschaft infolge der großen Depression seit Ende der siebziger Jahre dargestellt. Eine sehr gute Zusammenfassung der Äußerungen von Marx und Engels, in denen sie diese neuen Entwicklungen aufnehmen, findet sich bei Hans-Christoph Schröder, Sozialismus und Imperialismus, Bonn-Bad Godesberg 1975[2], S. 31—103.
23 In: Zur Geschichte und Theorie, S. 218—248.

unterschiedliche Auswirkungen haben kann, je nach der allgemeinen Situation[24]. Den Ausschlag dafür, daß trotzdem mit einer Krisenverschärfung nicht gerechnet werden müsse, gibt Bernstein zufolge nun die beginnende „Organisation des Kapitals"[25]. Diese versteht er als ein Steuerungsinstrument für die Anpassung der Produktion an die Absatzverhältnisse, das zwar keineswegs ausreichend ist, um die Krisen gänzlich zu vermeiden, aber doch um sie in ihren Wirkungen abzuschwächen. Hinsichtlich der unter Umständen krisenfördernden Wirkung des Kredits verweist er daher auf die beginnende Organisation des Kapitalismus: „Soweit es aber Mittel treibhausmäßiger Förderung der Überproduktion ist, tritt dieser Aufblähung der Produktion heute in den verschiedenen Ländern, und hier und da sogar international, immer häufiger der Unternehmerverband entgegen, der als Kartell, Syndikat oder Trust die Produktion zu regulieren sucht. Ohne mich in Prophezeiungen über seine schließliche Lebens- und Leistungskraft einzulassen, habe ich seine Fähigkeit anerkannt, auf das Verhältnis der Produktionstätigkeit zur Marktlage so weit einzuwirken, daß die Krisengefahr vermindert wird[26]."

Diese Argumentation von 1899 hält Bernstein auch 1921 aufrecht[27]. Er hat sie zu einer umfassenden Theorie nicht weiterentwickelt. Er nimmt die tatsächliche Krisenentwicklung zur Kenntnis und untersucht Ursachen, die für ihre Erklärung in Frage kommen. Er nennt eine Reihe solcher Ursachen, die auch von anderen Theoretikern, die sich weiterhin als Marxisten verstanden, aufgegriffen und zu neuen Schlußfolgerungen verwendet wurden. Zehn Jahre nach Bernsteins Schrift zieht Rudolf Hilferding ebenfalls in Anlehnung an Fingerzeige bei Marx und Engels selbst ähnliche Schlußfolgerungen, wie Bernstein sie gezogen hatte[28]. Jahrzehnte später sollte diese Auffassung dann in der Sozialdemokratie allgemein werden.

Bernstein machte den Sinn seiner Krisenauffassung noch einmal deutlich, als er schrieb, sie sei „nicht als Verteidigung der kapitalistischen Wirtschaft aufzufassen", da die Organisation des Kapitalismus bedeutende Nachteile für die Arbeiterklasse mit sich bringe[29]. Ihr Sinn innerhalb des Bernsteinschen

24 Voraussetzungen, S. 115.
25 Den Ausdruck selbst verwendet er erst 1921, Der Sozialismus einst und jetzt, S. 56.
26 Voraussetzungen, S. 121.
27 Der Sozialismus einst und jetzt, S. 56.
28 Rudolf Hilferding in seinem epochemachenden Buch: Das Finanzkapital von 1910.
29 Der Sozialismus einst und jetzt, S. 56, wo Bernstein schreibt: „Wenn sich das Unternehmerkapital organisiert und die Krisen mindert, geschieht es zu dem Zwecke, durch Koalitionen die Preise hochzuhalten. Dadurch wird ein Hauptmoment der Verteidigung der kapitalistischen Wirtschaft, nämlich die ihr nachgerühmte ständige Verbilligung der Produkte und dadurch die Erweiterung des Konsums der großen Masse der Bevölkerung, beeinträchtigt oder aufgehoben. Man kann daher dieses kapitalistische Gegenmittel doch nur als von sehr bedingtem Nutzen betrachten und nicht als Mittel zu völliger Heilung von den Schäden, die die kapitalistische Wirtschaft im Gefolge hat." Vgl. auch ders., Die verschiedenen Formen des Wirtschaftslebens, S. 28.

Gesamtkonzepts war auf der Grundlage ihres Wahrheitsanspruchs ein anderer. Er wollte die in der Sozialdemokratie eingebürgerte Überzeugung auflösen, das blanquistische Paradigma der sozialistischen Transformation sei schon deswegen ohne Alternative, weil als „unvermeidliches Naturgesetz, die große, allumfassende Krise der unumgängliche Weg zur sozialistischen Gesellschaft" sei[30]. Er wollte demgegenüber seine Transformationsstrategie mit der empirisch untermauerten Erkenntnis stützen, daß die Wahrscheinlichkeit großer Geschäftskrisen im Gegensatz zu den traditionellen Erwartungen eher abnehme und die Sozialdemokratie daher „alle Spekulationen auf solche als die Einleiter der großen gesellschaftlichen Umwälzung über Bord zu werfen haben" wird[31].

4.3 *Konzentration in Landwirtschaft, Industrie und Handel*

Die These, daß im Zuge der kapitalistischen Entwicklung eine zunehmende Konzentration der Produktion stattfinden werde, hat Bernstein nicht kritisiert. Seine Kritik bezieht sich von Anfang an auch in diesem Bereich auf eine Fassung dieser These, derzufolge, wie es im Erfurter Programm geheißen hatte, die Kleinbetriebe „verschwinden" und, wie es in Kautskys Kommentar dargestellt worden war, alsbald die gesamte gesellschaftliche Produktion in wenigen Großbetrieben durchgeführt werden würde[32].

---

30 So formuliert er die kritisierte Auffassung in: Zusammenbruchstheorie und Kolonialpolitik, a. a. O., S. 223.

31 a. a. O., S. 230. Es kommt hinzu, daß Bernstein Krisenzeiten auch für relativ ungünstige Voraussetzungen für eine sozialistische Transformation der Gesellschaft gehalten hat. Vgl. dazu Kap. 3. Als Bernstein Ende der 20er Jahre dieses Jahrhunderts angesichts der Krisen der 20er Jahre noch einmal auf seine Krisentheorie zu sprechen kommt, unterstreicht er aufs neue, daß Krisen infolge der „Produktionsanarchie des Kapitalismus" tatsächlich nicht in der von der damaligen Parteitheorie vorausgesagten Weise eingetreten seien. Bei jenen Krisen handelte es sich vielmehr um extern, nämlich durch den ersten Weltkrieg und seine Folgen, verursachte Phänomene, vgl. das Manuskript IISG A 89.

32 Vgl. dazu Kap. 2.3.5. Das Erfurter Programm sprach vom „Untergang des Kleinbetriebs, dessen Grundlage das Privateigentum des Arbeiters an seinen Produktionsmitteln bildet", also des 2—3 Mann(= Familien-)betriebs; einer „Verdrängung der zersplitterten Kleinbetriebe durch kolossale Großbetriebe". Erst im Kommentar Kautskys wurde allerdings der dahinter stehenden Erwartung voll Ausdruck verliehen. Das Muster des erwarteten Konzentrationsprozesses kam am deutlichsten in der Aussage von Marx zum Ausdruck, im Zuge der „geschichtlichen Tendenz der kapitalistischen Akkumulation" werde der Konzentrationsprozeß immer mehr zu einer Enteignung der kleineren Kapitalisten durch die größeren führen: „Diese Expropriation vollzieht sich durch das Spiel der immanenten Gesetze der kapitalistischen Produktion selbst, durch die Zentralisation der Kapitale. Je ein Kapitalist schlägt viele tot. Hand in Hand mit dieser Zentralisation oder der Expropriation vieler Kapitalisten durch wenige ent-

Für den Agrarbereich war bereits auf den Parteitagen der Sozialdemokratie von 1894 und 1895 von Georg von Vollmar und Bruno Schönlank eine solche Entwicklung bestritten worden[33]. Auch Bernstein selbst leitet seine empirische Kritik an der in der Partei verbreiteten Fassung der Konzentrationstheorie mit einer Betrachtung der englischen Agrarverhältnisse 1897 ein. Die von ihm angeführten englischen Statistiken belegen, daß die Zahl der selbständigen Landwirte nicht abgenommen hat, also eine Vereinfachung der Produktionsstruktur im Zuge eines Konzentrationsprozesses auf diesem Gebiete empirisch nicht zu beobachten ist[34]. Bernstein läßt über den Zweck der Anführung dieser Zahlen keinen Zweifel offen. Nicht eine zunehmende Annäherung der Gesellschaft an im sozialistischen Sinne wünschenswerte Zustände ist es, was er als Ergebnis dieser empirischen Argumente ansieht, sondern ein Einwand gegen die auf wachsender gesellschaftlicher Vereinfachung aufgebaute Transformationsstrategie. Die Zahl der ökonomischen Interessenten des Bodeneigentums bleibt weiterhin gesellschaftlich beachtlich und die sozialistische Transformation kann sich angesichts der sich erhaltenden Vielzahl landwirtschaftlicher Betriebe und ihrer räumlichen Ausdehnung und Zersplitterung nicht nach dem Muster vollziehen, das in der Partei mit dem Schlagwort der „großen Expropriation" und Übernahme der Produktion „durch die Gesellschaft" verbunden war[35].

Es ist derselbe Argumentationszweck, mit dem Bernstein ab 1897 nun auch für das klassische Gebiet der sozialistischen Ökonomie, die gewerbliche Wirtschaft, empirisches Zahlenmaterial zur Untermauerung seiner These von der fortbestehenden gesellschaftlichen Komplexität heranzieht. Die Konzentrationstheorie selbst ist für ihn zu keinem Zeitpunkt strittig gewesen. Was er bestreitet sind ihre Ausschließlichkeit, ihre undifferenzierte Gültigkeit für alle Bereiche, die von ihr in Aussicht gestellte Geschwindigkeit, und das Muster der Konzentration, jene Faktoren, die die strategische Bedeutung der ökonomischen Konzentration bedingen. „Ich habe in einem früheren Aufsatz gezeigt, daß die Entwicklung der Produktion sich keineswegs ausschließlich in der Richtung der Konzentrierung und Zentralisierung der Be-

---

wickelt sich die kooperative Form des Arbeitsprozesses auf stets wachsender Stufenleiter . . .", Das Kapital, Band 1, MEW 23, S. 790. Marx verdeutlicht diese Erwartung noch durch die Annahme einer „beständig abnehmenden Zahl der Kapitalmagnaten".

An einer anderen Stelle hatte Marx die Wirkungen der Konkurrenz so beschrieben: Die Konkurrenz „endet stets mit Untergang vieler kleinerer Kapitalisten, deren Kapitale teils in die Hand des Siegers übergehn, teils untergehn", a. a. O., S. 655. Marx weist an dieser Stelle darauf hin, daß erst die Vereinigung des Gesamtkapitals eines Produktionszweiges in einer Hand die Grenze der Zentralisation des Kapitals infolge des Konkurrenzkampfes ist.

33 Vgl. Gay, S. 238 ff.

34 Die Entwicklung der Agrarverhältnisse in England, in: Zur Geschichte und Theorie, S. 192.

35 a. a. O.

triebe bewegt, daß die Tendenz zum Groß- und Riesenbetrieb zwar in der Industrie vorherrscht, aber sich nicht überall durchsetzt, und daß außerdem mit dem Fortschritt der Technik und der erhöhten Produktionskraft der Arbeit neben den alten Produktionszweigen fortgesetzt neue ins Leben gerufen werden, so daß trotz der steigenden Verdichtung der Betriebe die Gesamtzahl derselben sich nur unmerklich vermindert[36]." Dabei bezieht sich Bernstein auf die Gewerbezählungen von 1882 und 1895 und die Entwicklung in diesen 13 Jahren. Später zieht er zur Stützung seiner Thesen die Gewerbezählung von 1907 hinzu, so daß sich der Vergleichzeitraum auf 25 Jahre erweitert.

Für alle drei wirtschaftliche Sektoren: (a) Gewerbe, (b) Handel und Verkehr und (c) Landwirtschaft ergibt sich in den von Bernstein herangezogenen amtlichen Statistiken zwar eine tatsächliche erheblich überproportionale Verlagerung der Beschäftigtenanteile auf die Großbetriebe. Gleichzeitig belegen die Statistiken aber eine *zahlenmäßige Bestandserhaltung aller angeführten Betriebsgrößenklassen,* die sogar fast alle in absoluten Zahlen gemessen ein gewisses Wachstum aufweisen[37]. Lediglich die Kleinstbetriebe mit zwei oder weniger Gehilfen weisen einen leichten absoluten und relativen Rückgang auf[38].

Selbst die Kleinbetriebe, deren Beschäftigtenzahl immerhin einige Millionen ausmacht, verschwinden im Gegensatz zu der ihnen im Erfurter Programm gestellten Prognose nicht nur nicht, sondern zeigen ebenfalls noch ein in absoluten Zahlen gemessenes Wachstum auf. Auf diese Weise ergibt sich aus den Statistiken ein Bild der ökonomischen Entwicklung, demzufolge zwar Anzahl und Bedeutung der Großbetriebe im gewerblichen und im Handels- und Verkehrssektor überproportional wachsen, aber nicht indem sie die anderen Betriebsgrößenklassen in absoluten Zahlen gemessen reduzieren oder gar auflösen, sondern unter Bedingungen des gleichzeitigen Fortbestands aller erfaßten Betriebsgrößenklassen in ihrer Substanz. Der Konzentrationsprozeß, der unstreitig stattfindet, hat aus diesem Grunde nicht die Tendenz, die ökonomische und soziale Struktur der Gesellschaft zu vereinfachen, sondern führt im Gegensatz zu den traditionellen Erwartungen sogar zu einer wachsenden Komplexität dieser Strukturen. Aus allen angeführten Statistiken zieht Bernstein den Schluß, daß „der Kapitalismus nicht die Folge gehabt hat, die man lange von ihm erwartet hat: die Gesellschaft in ihrem Bau und Organismus zu vereinfachen, durchgängig einfache Verhältnisse zu schaffen. Nein, die Gesellschaft ist komplizierter geworden, die Klassengliederung ist vielseitiger geworden, sie hat sich immer weiter verzweigt. Die kleinen Betriebe in Industrie und Handel sind nicht vernichtet

---

36 Die sozialpolitische Bedeutung von Raum und Zahl, in: Zur Geschichte, S. 210.
37 Vgl. Voraussetzungen, S. 94—108.
38 Zusammenbruchstheorie und Kolonialpolitik, a. a. O., S. 224/5.

worden, sie sind nur überflügelt und in ihrer Natur und wirtschaftlichen Stellung verändert worden"[39].

Bernstein untersucht die Gründe für diese unerwartete Entwicklung und nennt vor allem folgende: 1)Einige Gewerbe eignen sich für die Produktion in Klein- und Mittelbetrieben ebenso gut wie für die Produktion in Großbetrieben; 2) bei einigen Produktionsarten ergibt sich durch die Art der notwendigen Verteilung der Produkte ein Vorteil für die kleineren Betriebe; 3) auf verschiedene Weise schaffen gerade die neuentstandenen Großbetriebe ihrerseits neue Existenzmöglichkeiten für kleinere Betriebe[40]. Die Konzentrationstendenz ist nicht die einzige die gesellschaftliche Entwicklung prägende Tendenz und sie kann auch nicht alle ökonomischen Sektoren auf die gleiche Weise prägen. Schon zu Beginn seiner Kritik des vorherrschenden Verständnisses der Konzentrationstheorie hatte Bernstein 1897 eine Hochrechnung der beobachteten Konzentration vorgenommen, um zu zeigen, daß auch in absehbarer Zeit die Differenziertheit der ökonomischen Produktionsstruktur, was die Betriebszahlen anbetrifft, sich nicht wesentlich verändern wird[41] und auch in den späteren Argumentationszusammenhängen stellt er diesen qualitativen Gesichtspunkt stets als Argumentationszweck heraus[42]. Bernstein selbst schränkt die von ihm angeführten Zahlen dahingehend ein, daß sie Betriebe und nicht Unternehmungen meinen und daher bei einer Betrachtung von Unternehmungen sich das entstandene Bild verschieben könnte, denn viele Unternehmungen betreiben mehrere Betriebe[43]. Schon Erika Rikli hat zurecht darauf hingewiesen, daß für den revisionistischen Argumentationszweck aber gerade die Frage der Betriebskonzentration Schlüsselcharakter hatte, weil sie hinsichtlich des Problems der wirtschaftlichen Organisation „für die Frage, ob die sozialistische Wirtschaftsgestaltung möglich sei, am wichtigsten ist"[44].

Die Argumentationsrichtung Bernsteins wurde in den Erwiderungen der offiziellen Parteitheoretiker, vor allem Bebels und Kautskys nicht zur Kenntnis genommen. Sie interpretierten Bernsteins Kritik entgegen ihrem mehrfach erklärten Sinn so, als wolle sie den Konzentrationsprozeß selber in Abrede stellen und versuchten die im großen und ganzen auch von ihnen akzeptierte statistische Basis so zu verwenden, daß sie mit den Begriffen des Erfurter Programms weiterhin im Einklang blieb. So bezeichnet beispielsweise Bebel den Rückgang der Alleinbetriebe um 12 % als „vollkommenen Zusammenbruch"[45]. Er weist auf die abnehmende Bedeutung der kleinen

39 Der Revisionismus, S. 25.
40 Vgl. Voraussetzungen, S. 98 f.
41 Vgl. Die sozialpolitische Bedeutung von Raum und Zahl, a. a. O., S. 210.
42 Voraussetzungen, S. 100 f.
43 Voraussetzungen, S. 97.
44 Rikli, a. a. O., S. 46.
45 Protokoll Hannover 1899, S. 99.

Betriebe hin und darauf, daß es den Inhabern der Kleinbetriebe häufig nicht besser geht als den abhängig Beschäftigten. Die Zahlen selbst wurden auf diesem Gebiet denn auch nicht bestritten, vielmehr wurden sie zur Bekräftigung der abgeschwächten Aussage verwendet, daß die Konzentrationstendenz selbst nicht strittig sein könne[46].

Bebels Einwand, daß die Untersuchung der bloßen Beschäftigungsrelationen in den verschiedenen Betriebsgrößenklassen einen begrenzten Aussagewert hat, der durch eine Untersuchung der Produktionsanteile der einzelnen Betriebsgrößen ergänzt werden müßte, bevor endgültige Aussagen getroffen werden können, wirft ein wirkliches Problem der damaligen statistischen Debatte auf[47]. Bernstein selbst hielt diesen Einwand für berechtigt. Er schränkt ihn aber insofern ein, als selbst die in ihrer Bedeutung stark zurückgedrängten und in ihrer Unabhängigkeit erheblich eingeschränkten Klein- und Mittelbetriebe doch nach wie vor „unentbehrliche" ökonomische Funktionen erfüllen[48]. Die Zahlen selbst aber wurden in ihrer globalen Geltung nicht in Zweifel gezogen, wenn sich auch bei der Differenzierung auf einzelne Strukturbereiche andere Relationen ergaben. Für den begrenzten Argumentationszweck, den Bernstein selbst verfolgte, waren diese Zahlen in der Tat aussagekräftig[49]. Ein ernsthaftes Problem in Bernsteins Argumentation hat Kautsky in seiner Gegenkritik benannt. Bernstein gibt nämlich nicht zu erkennen, wie er es vereinbaren will, daß er hinsichtlich der Krisentheorie eine gewisse ökonomische Steuerungskapazität des sich organisierenden Kapitalismus in Anspruch nimmt, gegen die überschwengliche Deutung der Konzentrationstheorie aber die Einwendung macht, die kapitalistische Produktion werde von einer im Steigen begriffenen Zahl von Betrieben aller Größenklassen bewerkstelligt[50]. Dabei handelt es sich nicht unbedingt um einen Widerspruch zwischen Teilen der Bernsteinschen Theorie, der nicht auflösbar wäre oder die eigentliche Beweisthese in Frage stellen könnte. Die Auffassung, der sich organisierende Kapitalismus gelange zu einem krisenabschwächenden Maß an interner Produktionssteuerung ist durchaus mit der Einschätzung vereinbar, diese Produktion laufe nach wie vor über hunderttausende von prinzipiell autonomen Steuerungseinheiten, die für die Durchführung der ökonomischen Reproduktion auf bestehendem Niveau unverzichtbar sind. Bernstein versäumt es aber, auf diese Frage einzugehen, wodurch eine spürbare Lücke in seiner ökonomischen Argumentation auf-

---

46 Vgl. Kautsky, Bernstein, S. 80.
47 Protokoll Hannover 1899, S. 100.
48 An meine sozialistischen Kritiker, in: SM, 6. Jg. (1900), S. 9/10.
49 Kautsky änderte in seiner Erwiderung denn auch die Argumentationsstrategie, um die Schlußfolgerungen, die Bernstein aus den Zahlen gezogen hatte, zu umgehen. Vgl. Kautsky, a. a. O., S. 53, wo er Thesen vertritt, die seiner Interpretation des Erfurter Programms in seinem Kommentar widersprechen.
50 a. a. O., S. 80.

gerissen wird. Der Nachweis, daß sich der Konzentrationsprozeß nicht nach dem vom Marxismus in Aussicht gestellten Modell der fortschreitenden Reduktion der Betriebszahlen vollzieht und daß jede Strategie, die darauf aufbaut, nicht fundiert ist, konnte von Bernstein jedoch erbracht werden. In diesem Punkte haben sich seine Kontrahenten, ohne es einzugestehen, in ihrer Erwiderung berichtigen müssen[51].

Bernstein ging es bei all dem nicht um quantitative Nuancen, sondern um die statistische Untermauerung der qualitativen Aussage, daß sich die sozioökonomische Komplexität der gesellschaftlichen Strukturen nicht nennenswert reduziert, sondern gegenwärtig sogar die Tendenz einer weiteren Steigerung zeigt. Damit fielen die empirischen Brücken für das blanquistische Transformationsmodell zusammen. Das tatsächliche Muster des Konzentrationsprozesses barg „schwerwiegende Probleme" für die sozialistische Transformation nach marxistischem Modell[52]. *Zur Diskussion stand daher von Bernsteins Seite aus letztlich allein das Muster des Konzentrationsprozesses.* Ein Konzentrationsprozeß, der die Betriebszahlen nicht reduzierte, sondern vermehrte, konnte die strategischen Dienste nicht leisten, die ihm in der Parteitheorie zugedacht waren. „Es ist danach, soweit die zentralisierte Betriebsform die Vorbedingung für die Sozialisierung von Produktion und Zustellung bildet, diese selbst in den vorgeschrittensten Ländern Europas erst ein partielles Faktum, so daß, wenn in Deutschland der Staat in einem nahen Zeitpunkt alle Unternehmungen, sage von zwanzig Personen und aufwärts, sei es behufs völligen Selbstbetriebs oder teilweiser Verpachtung expropriieren wollte, in Handel und Industrie noch Hunderttausende von Unternehmungen mit über vier Millionen Arbeitern übrig blieben, die privatwirtschaftlich weiter zu betreiben wären. In der Landwirtschaft blieben, wenn alle Betriebe von über 20 Hektar verstaatlicht würden, woran aber niemand denkt, über fünf Millionen Betriebe privatwirtschaftlichen Charakters übrig, mit zusammen gegen neun Millionen Arbeitstätigen . . . Über welche Fülle von Einsicht, Sachkenntnis, Verwaltungstalent müßte eine Regierung oder eine Nationalversammlung verfügen, um auch nur der Oberleitung oder der wirtschaftlichen Kontrolle eines solchen Riesenorganismus gewachsen zu sein[53]?"

---

51 a. a. O., S. 53.
52 Vgl. Rikli, a. a. O., S. 53.
53 Voraussetzungen, S. 132/133, vgl. auch: An meine sozialistischen Kritiker, a. a. O., S. 9/10. Kautsky hat diese Zahlen bestritten. Er kommt nur auf 48 956 Betriebe (Bernstein, S. 55). Das eigentliche Argument Bernsteins würde aber selbst bei dieser Verschiebung der Relationen noch nicht entkräftet.

4.4 Besitzverhältnisse, Einkommensentwicklung und Sozialschichtung

(a) *Besitzverhältnisse.* Bernstein hat an den entscheidenden Stellen seines Werks, wo über die Frage der Entwicklung der Klasse der Besitzenden diskutiert wird, den Zweck der Argumentation immer wieder betont. Bei seinem Versuch einer empirischen Widerlegung der im Erfurter Programm zum Ausdruck gebrachten Erwartung, die Zahl der Besitzenden nehme im Zuge der Entwicklung des kapitalistischen Wirtschaftssystems beständig ab[54], ging es ihm nicht im entferntesten darum, eine zunehmende Versöhnung der bestehenden Verhältnisse mit den sozialistischen Prinzipien zu behaupten. In seinen „Voraussetzungen", in denen er 1899 die These von der Zunahme der Zahl der Besitzenden mit statistischen Daten gestützt vorträgt, erklärt er ausdrücklich im Hinblick auf das Verhältnis der Lage der Arbeiterklasse zu dieser These: „Ihr Bestreben, nach gerechterer Verteilung oder nach einer Organisation, die eine gerechtere Verteilung einschließt, braucht darum nicht minder berechtigt und notwendig zu sein[55]." Zunächst ist es ihm einfach darum zu tun, aufgrund seines kritischen Wissenschaftsverständnisses auf einen fortgeltenden Einklang der Parteiauffassungen mit dem Stand der Wirklichkeitsentwicklung zu dringen, der in den statistischen Veröffentlichungen jener Jahre zunehmend in Frage gestellt wurde. Inhaltlich bedeutete die Entfernung der Parteierwartungen von der Wirklichkeitsentwicklung auf diesem Gebiet aber gerade die Verdrängung der fortbestehenden und sich erhöhenden Komplexität auch der subjektiven Seite der Voraussetzungen einer sozialistischen Transformation der Gesellschaft, auf deren stra-

---

54 Im Erfurter Programm war diese Erwartung so formuliert worden: Eine „verhältnismäßig kleine Zahl von Kapitalisten und Großgrundbesitzern" monopolisiert mehr und mehr alle Vorteile aus dem riesenhaften Wachstum der Produktivität, während die Mittelschichten ins Proletariat absinken. „Für das Proletariat und die versinkenden Mittelschichten — Kleinbürger, Bauern — bedeutet sie wachsende Zunahme der Unsicherheit ihrer Existenz, des Elends, des Drucks, der Knechtung, der Erniedrigung, der Ausbeutung."
Marx selbst hatte ähnliche Formulierungen verwendet. Im Manifest der Kommunistischen Partei hatten er und Engels geschrieben: „Die bisherigen kleinen Mittelstände, die kleinen Industriellen, Kaufleute und Rentiers, die Handwerker und Bauern, all diese Klassen fallen ins Proletariat hinab", in: MEW, 4, S. 469. Der Lohn der Proletarier werde immer mehr „fast überall auf ein gleich niedriges Niveau herabgedrückt"; er werde „immer schwankender" und „ihre ganze Lebensstellung immer unsicherer" (a. a. O.). Im Kapital hatte Marx ein ähnliches Bild gezeichnet: „Mit der beständig abnehmenden Zahl der Kapitalmagnaten, welche alle Vorteile dieses Umwandlungsprozesses usurpieren und monopolisieren, wächst die Masse des Elends, des Drucks, der Knechtschaft, der Entartung, der Ausbeutung . . ." (MEW, 23, S. 790). Über das Faktum der „gewaltsamen Expropriation" „aller Bestandteile der kleinen Mittelklasse" im Zuge der kapitalistischen Konzentration bestanden nach Marx selbst in der bürgerlichen Ökonomie „keine zwei Meinungen" (a. a. O., S. 784).
55 Voraussetzungen, S. 89 und S. 14/15. So auch in „Abwehr wider Kautskys Schrift" in: Zur Geschichte S. 412.

tegische Berücksichtigung es Bernstein zentral ankam. Er wollte zeigen, daß das strategische Schema einer permanenten Abnahme der am kapitalistischen System Interessierten, einhergehend mit einer ständigen Vereinheitlichung und Vereinfachung der Klassenteilung und einer Verschärfung des Gegensatzes in der Lebenslage zwischen den beiden verbleibenden Klassen der großen Kapitalmagnaten und des Proletariats seine empirische Basis längst verloren hatte. „Weit entfernt, daß die Gliederung der Gesellschaft sich gegen früher vereinfacht hätte, hat sie sich vielmehr, sowohl was die Einkommenshöhe als was die Berufstätigkeiten anbetrifft, in hohem Grade abgestuft und differenziert[56].“ Mit diesem Nachweis wollte er die Unangemessenheit der im Denken der Partei vorherrschenden strategischen Perspektive zugunsten der Stärkung seines eigenen konstruktivistischen Modells darlegen, nicht aber die Kritik am bestehenden Kapitalismus abschwächen oder die Erforderlichkeit der sozialistischen Transformation selbst bestreiten. „Warum hebe ich die Vermehrung der Kapitalisten — . . . in der gegenwärtigen Wirtschaft hervor? Niemand wird behaupten wollen, daß es zu schönfärberischen Zwecken geschieht. Ebensowenig eines sozialpolitischen Rezeptes wegen, das ich an den Mann zu bringen wünsche. Meine Untersuchung gilt der Abschätzung der Entwicklung der objektiven und subjektiven Widerstände, mit denen die Sozialdemokratie im Kampfe für die erstrebte Gesellschaftsordnung zu rechnen hat[57].“

Dieses Motiv ist in den Auseinandersetzungen von Seiten der Parteiorthodoxie nicht ernst genommen worden, so daß die Debatten über die Interpretation der von Bernstein angeführten Statistiken zum großen Teil am eigentlichen Beweisthema vorbeigeführt worden sind. Für die Stützung seiner These: „Absolut und relativ wächst die Zahl der Besitzenden[58]“ führt Bernstein vor allem zwei statistische Belege an. Er wendet sich zunächst gegen die Auffassung, wonach der unbestreitbaren Konzentration der industriellen Unternehmungen eine Konzentration der individuellen Vermögen entspricht[59]. Dann weist er eine Fülle von ausgewählten Einzelbeispielen, insbesondere aus England vor, aus denen sich ergibt, welche großen Zahlen von Aktionären einzelne Aktiengesellschaften haben. Er führt eine Reihe von Aktiengesellschaften an, deren Aktionärszahlen sich auf mehrere Tausend belaufen[60]. Weil nun auf diese Weise eine Zentralisierung des Kapitals mit einer „Zersplitterung der Vermögensanteile an zentralisierten Unternehmungen“[61] einhergeht, hat die Existenz der Aktiengesellschaften Rückwirkungen auf die gesellschaftliche Klassengliederung, die den aus

---

56 Voraussetzungen, S. 89.
57 Bernstein, Drei Antworten auf ein Inquisitorium, in: Zur Geschichte, S. 311.
58 Voraussetzungen, S. 88 und Der Revisionismus, S. 31.
59 Voraussetzungen, S. 84 f.
60 Vgl. z. B. Voraussetzungen, S. 20.
61 a. a. O., S. 86.

der Konzentrationstheorie abgeleiteten Erwartungen widersprechen. Für England nennt Bernstein die Zahl von über 1 Million Aktionären[62]. Er übersieht dabei nicht, daß die Gruppe der Aktionäre in sich stark gegliedert ist und keineswegs über einen einheitlichen Einfluß oder eine vergleichbare Beteiligung an den großen Gesellschaften verfügt. Gerade durch diese Differenzierung in der Größe des Kapitalanteils stellt das Aktienwesen Bernstein zufolge einen Faktor dar, der die aus der Konzentrationstheorie abgeleitete Tendenz der gesellschaftlichen Entwicklung im Sinne eines fortschreitenden Abschmelzens der Mittelschichten aufhält. „Die Aktie stellt in der sozialen Stufenleiter die Zwischenglieder wieder her, die aus der Industrie durch die Konzentration der Betriebe als Produktionschefs ausgeschaltet wurden[63].“ Bernstein stellt klar, daß diese Schicht nicht nur aufgrund ihrer Einkommenshöhe, sondern im traditionellen marxistischen Sinne wegen ihres „Unternehmensanteils“ der Klasse der Kapitalbesitzer zuzurechnen sind, aber wegen ihrer unterschiedlichen Anteilsgröße einen Ergänzungsfaktor für die ihrer Bedeutung nach zurückgehenden traditionellen Mittelschichten darstellen[64]. Die differenziertere Klassenstruktur mit ihren mannigfaltigen Übergängen zwischen der Gruppe der großen Kapitalmagnaten und dem besitzlosen Proletariat bleibt aus diesem Grunde nicht nur erhalten, sondern verstärkt sich noch[65]. Wenn das Kapital durch die Konzentration auch Teile der traditionellen Mittelklasse in der einen Form expropriiert, so setzt es sie durch die Aktie in einer anderen Form immer wieder neu ins Leben[66]. So wie es zu Beginn der kapitalistischen Entwicklung Unternehmer aller Grade gab, so gibt es sie zum einen aufgrund der tatsächlichen Struktur des Konzentrationsprozesses auch weiterhin und zum anderen entstehen durch das Aktienwesen „ganze Armeekorps von Miteigentümern in der Gestalt von Aktionären aller Grade“[67]. Aus diesem Grunde wäre es verfehlt, von einer Vereinfachung der Klassenstruktur im Zuge der kapitalistischen Entwicklung zu sprechen. Vielmehr ist eine Tendenz zur Zunahme der Aktienbesitzer zu beobachten[68]. Neben anderen Tendenzen führt daher diese Tatsache Bernstein zu der Schlußfolgerung hinsichtlich der Erwartungen über die Entwicklung der Klassenstruktur: „Die Gesellschaft ändert sich in ihren Grundlagen, aber ihre Gliederung wird nicht einfacher[69].“ Diese Entwicklung ist vom sozialistischen Standpunkt aus unerfreulich und strategisch von Bedeutung, denn sie stärkt zunächst den Kapitalismus und kompliziert seine

---

62 a. a. O.
63 a. a. O., S. 93.
64 a. a. O.
65 Der Revisionismus, S. 29.
66 Voraussetzungen, S. 90.
67 Der Revisionismus, a. a. O.
68 a. a. O.
69 a. a. O.

Überwindung, „weil damit eine viel größere Zahl von Menschen an dessen Bestand interessiert werden, als es sonst der Fall wäre"[70].

Diese Aussage bezieht sich allein auf die Substanzerhaltung einer politisch bedeutsamen Mittelschicht, die strategisch in Rechnung gestellt werden muß. Eine Integration der Arbeiterklasse in den Kapitalismus durch Erwerb von Aktien hat Bernstein hingegen ausdrücklich abgewiesen: „Eine Ausbreitung in dem Maße, daß die arbeitende Klasse, welche die große Masse der Bevölkerung bildet, auch nur einigermaßen an ihr Anteil nimmt, ist ganz und gar ausgeschlossen[71]." Darüber hinaus beklagt Bernstein, daß die Ausbreitung des Aktionärswesens mit ihrer Tendenz, eine wachsende Gruppe an der Verteilung des gesellschaftlichen Mehrprodukts zu beteiligen, auch auf die Reallöhne der Arbeiter drücke und deren Steigerung sogar verhindern kann[72]. Eine weitere im Hinblick auf die sozialistischen Ziele unerwünschte Auswirkung des Anwachsens der Zahl der Besitzenden sieht er darin, daß diese aufgrund ihrer spezifischen Nachfragestruktur die Produktion in vielerlei Hinsicht in falsche Kanäle leitet, indem Luxusproduktionen eingerichtet werden, obgleich für die gesellschaftliche Mehrheit die Befriedigung der elementarsten Bedürfnisse oft nicht gesichert ist[73].

Da die Anführung von Einzelbeispielen für die Dezentralisierung des Aktienbesitzes für diese These für sich genommen nicht beweiskräftig ist, zieht Bernstein die Einkommenssteuerstatistiken einiger deutscher Länder, insbesondere die sächsische heran, denn detaillierte Statistiken über die Aktionäre selbst lagen nicht vor. Bernstein läßt sich von der Annahme leiten: „... die Zunahme der Klasse der Aktionäre tritt in die Erscheinung in der Statistik der Einkommen und Vermögen[74]."

In verschiedenen Schriften und zu verschiedenen Zeitpunkten arbeitet er in diesem Zusammenhang mit unterschiedlichen Vergleichszeiträumen und bezieht sich auf verschiedene deutsche und andere Länder. Das Ergebnis aller Untersuchungen ist: „Die Statistik der Einkommen nun zeigt nicht eine Abnahme, sondern eine Zunahme der Zahl der großen und mittleren Einkommen, und zwar eine Zunahme, die beträchtlich stärker ist als der Zuwachs

---

70 Der Sozialismus einst und jetzt, S. 51, so auch Voraussetzungen, S. 21. In: Die heutige Sozialdemokratie in Theorie und Praxis, München 1905, schreibt er: „Das Heer der Aktionäre bildet heute in jeder Hinsicht, politisch und sozial, die Schutzgarde des Kapitals. Was wären die handvoll Magnaten ohne den Hunderttausende zählenden Troß der mittleren und kleineren Aktionäre? Was könnten sie gegen die öffentliche Meinung? Nichts! Der erste Sturm würde ihren Widerstand brechen. Aber zusammen mit den Halben-, Viertels-, Achtelsmagnaten bilden oder beherrschen sie das, was man da öffentliche Meinung nennt" (S. 32).

71 Bernstein, Die heutige Einkommensbewegung und die Aufgabe der Volkswirtschaft, Berlin 1902, S. 17, vgl. Rikli, S. 56.

72 Der heutige Sozialismus, S. 31.

73 Bernstein, Wirtschaftswesen und Wirtschaftswerden (1903/1904), Berlin 1920, S. 103.

74 Der Revisionismus, S. 30.

der Bevölkerung[75]." In den „Voraussetzungen" bezieht sich Bernstein auf Preußen und Sachsen. Für Preußen konstatiert er folgende Entwicklung[76]:

	1854	1894/5	1897/98
Gesamtbevölkerung	16,3 Mio	33 Mio	
Einkommen von über 1000 Taler bzw. 3000 Mark	44 407	321 296	347 328

Für den Zeitraum zwischen 1876 und 1890 gibt Bernstein die Zunahme der Zensiten, die zwischen 2000 und 20 000 Mark Jahreseinkommen zu versteuern hatten, mit 31,52 % an, wohingegen die Bevölkerung Preußens in diesem Zeitraum nur um 20,56 % gestiegen sei[77]. Ähnliche Ergebnisse liefert die sächsische Einkommenssteuertabelle. Zwischen 1879 und 1890 stieg dort die Zahl der Einkommen zwischen 1600 und 3000 Mark um ca. 50 % und die der Einkommen zwischen 3300 und 9600 Mark und noch etwas mehr[78].
Den naheliegenden Einwand, daß nicht alle Bezieher höherer Einkommen Besitzende sind, hat Bernstein selbst gesehen[79]. Zwar ist auch eine allgemeine Einkommenssteigerung, die unabhängig von der Einkommensart ist, für die Bernsteinsche Argumentation nicht ohne Belang. Im vorliegenden Zusammenhang geht es aber um die Stützung der These von der zunehmenden Zahl der Besitzenden. Was er mit „Besitzende" genau meint, hatte Bernstein näher erläutert: „...Leute, die kraft ihres Eigentums höheres Einkommen beziehen[80]." Damit schließt er aus dieser Gruppe sowohl die Besitzer von Kleineigentum aus, die kein höheres Einkommen beziehen als die Arbeiter als auch diejenigen höheren Einkommensbezieher, deren Einkommenshöhe nicht durch eigenes Eigentum bedingt ist. Es liegt nun auf der Hand, daß eine Einkommensstatistik allein Aussagen über diese Gruppe im engeren Sinne nur indirekt zuläßt[81]. Zwar könnte gerade auf der Grundlage der marxistischen Theorie, wo zwischen Einkommensquelle und Einkommenshöhe ein direkter Zusammenhang gesehen wird, argumentiert werden, daß derart überdurchschnittliche Einkommen in aller Regel nur aus Besitztiteln an Produktionsmitteln resultieren können. Diesen Schluß macht Bernstein denn auch ebenfalls geltend. Aber darüber hinaus stützt er sich auf ergänzende Angaben über die Besitzverhältnisse im engeren Sinne. In den

75 a. a. O.
76 Voraussetzungen, S. 87.
77 a. a. O., S. 88.
78 a. a. O.
79 a. a. O.
80 Bernstein, Abweisung von Mißdeutungen, in: Zur Geschichte, S. 304.
81 Vgl. Rikli, S. 52—53.

„Voraussetzungen" fährt er in bezug auf Preußen mit der Erläuterung fort, daß dort im Jahre 1895/96 1 152 332 Zensiten mit über 6000 Mark Nettovermögensbesitz zur Ergänzungssteuer herangezogen worden sind, davon versteuerten 598 063 ein Nettovermögen von mehr als 20 000 Mark und 385 000 ein solches von mehr als 32 000 Mark[82].

Bezüglich der Verhältnisse in Sachsen dokumentiert Bernstein in Antwort auf Kautskys Kritik[83], daß auch dort zwischen 1879 und 1894 gerade die mittleren und höheren Einkommensgruppen rascher angewachsen sind als die Bevölkerung[84].

In einer 1909 vorgelegten Tabelle sind wieder die Besitzverhältnisse selbst, und zwar diesmal für Preußen, dargestellt. Hier wird für den Zeitraum zwischen 1895 und 1908 für vier untergliederte Gruppen mit Vermögensbesitz zwischen 32 000 und 500 000 Mark eine durchgängige Zunahme über der Zahl des Bevölkerungszuwachses nachgewiesen, die zum Teil mehr als das Doppelte des Bevölkerungszuwachses ausmacht[85].

Die Auseinandersetzung über diese Zahlen war in der damaligen Sozialdemokratie durch eine polemische Verzerrung der Argumentationsperspektiven gekennzeichnet. Kautskys Gegenargumentation ließ sich von dem Gedanken leiten, als ginge es Bernstein mit alldem um den Erweis der liberalen Auffassung „von der fortschreitenden Ausgleichung der sozialen Gegensätze"[86]. Dagegen hat sich Bernstein ausdrücklich verwahrt[87]. Bebel erklärte in seiner großen Anklagerede gegen Bernstein auf dem Hannoveraner Parteitag von 1899 die Frage der sächsischen Einkommensteuerstatistik, aus der Bernstein seine Zahlen entlehnt hatte, „in bezug auf die ganze Bernsteinfrage, für ausschlaggebend; bekommt Bernstein in bezug auf diese sächsische Statistik Recht, dann sind wir geschlagen, umgekehrt aber er"[88]. Er führt unter Berufung darauf, zu diesem Thema eigenständige Untersuchungen durchgeführt zu haben, sodann für den Vergleichszeitraum zwischen 1882 und 1895 folgende Zahlen an. Die Einkommensgruppe mit Jahreseinkommen unter 300 bzw. 400 Mark wuchs um ca. 300 %, die mit 400 bis 800 Mark schrumpfte um 12 %-Punkte, die Gruppe 800—1250 wuchs um 131 %, 1250 bis 3300 (82 %), 3300—9600 (60 %), 9600—26 000 (74 %), über 26 000 (147 %)[89]. Diese Zahlen belegen nun genau für die beiden von Bernstein herausgegriffenen Gruppen (1600 bis 3300 Mark und 3300 bis 9600 Mark) den von diesem konstatierten Trend, der sich in dem von Bebel herange-

82 Voraussetzungen, S. 88.
83 Kautsky, Bernstein, S. 80—98.
84 Abwehr wider Kautskys Schrift, in: Zur Geschichte, S. 408/9.
85 Der Revisionismus, S. 31.
86 Kautsky, a. a. O., S. 92.
87 Bernstein, Abwehr wider, S. 410.
88 Protokoll Hannover 1899, S. 108.
89 a. a. O.

zogenen Vergleichszeitraum sogar noch verstärkt zeigte. Statt beidemale ca. 50 % hatte Bebel das einemal über 82 % und das anderemal 60 % Zuwachs angegeben. Bebel glaubt Bernstein nun dadurch widerlegt zu haben, daß die Gruppen der Bezieher der größten Einkommen weit stärker gestiegen sind als die der mittleren und ebenso die der niedrigsten Einkommen[90]. Er fährt dann mit einer Wendung fort, die den Eindruck vermittelt, als habe Bernstein mit seinen Zahlen Befriedigung über die Entwicklung zum Ausdruck bringen wollen. In Wahrheit hat er am Bernsteinschen Beweisthema nicht nur vorbeidiskutiert, sondern diesem die Beweise gegen den eigenen Willen sogar zugeliefert. Bernstein geht es ja um nichts anderes als die Untermauerung der These, daß die Zahl der Besitzenden wächst, statt, wie es im Parteiprogramm vorgesehen war, abzunehmen. Wenn nun aber die Gruppen der Bezieher von Einkommen oberhalb des Proletariats schneller wachsen als die Bevölkerung, und das gilt für alle von Bebel angeführten Gruppen, da die Bevölkerung in seinem Vergleichszeitraum um 27,5 % gewachsen war, so bedeutet dies nichts anderes als eine volle Bestätigung der Bernsteinschen These. Selbst das weit überproportionale Ansteigen der Zahl der Bezieher höchster Einkommen steht ja im Gegensatz zur Annahme von der schwindenden Zahl der Kapitalmagnaten. Nur um diesen Punkt war es Bernstein zu tun. Bebel und Kautsky hingegen ließen sich auf den Bernsteinschen Argumentationszweck im Ernst gar nicht ein, sondern interpretierten die statistischen Daten stets nur im Hinblick darauf, ob sie eine für die sozialistischen Prinzipien wünschenswerte Entwicklung präsentierten oder nicht. Diese Frage aber hatte Bernstein längst verneint.

Es blieb indessen problematisch, ob die Einkommensstatistiken in Verbindung mit selektiven Daten, wie Streuung des Aktienbesitzes und punktuelle Angaben über Vermögensbesitz, als ausreichende und einwandfreie empirische Stützung der These von der wachsenden Zahl der Besitzenden angesehen werden konnten. Zwar sprach dafür eine Reihe von Indizien, wie z. B. die damalige durchschnittliche Lohn- und Gehaltshöhe im Vergleich mit den Einkommensklassen und die Zahl der fortbestehenden größeren Betriebe selbst. Daß es sich bei dem auf die Einkommen durchschlagenden Besitz aber durchweg um Produktivvermögen der ein oder anderen Art gehandelt hätte, ging aus den von Bernstein angeführten Zahlen in letzter Eindeutigkeit nicht hervor. Die von ihm angeführten Daten sprachen indessen weit eher zugunsten der von ihm favorisierten Richtung als zugunsten des Erfurter Programms. Seine These kann daher immerhin als empirisch relativ am besten gestützt angesehen werden.

(b) *Proletarische Lebenslage.* Die Diskussion über die sogenannte „Verelendungstheorie" ist durch große Unklarheiten gekennzeichnet gewesen.

---

90 a. a. O., S. 109.

Zurecht hat sich Bernstein anläßlich eines späteren Resümees der Auseinandersetzungen beklagt: „Die Verelendungstheorie ist abwechselnd als schon von Marx widerlegt und als noch heute zutreffend, als Theorie der absoluten und als solche bloß relativer Verelendung bezeichnet und verteidigt worden[91]." Bernstein hat sich gegen das, was er als die „Verelendungstheorie" im Erfurter Programm und im Marxschen Kapital erkannte, weit weniger offensiv und zusammenhängend ausgesprochen als hinsichtlich der anderen empirischen Streitfragen. Worauf er sich in wenigen Kontexten kritisch bezog, war jene verschärft in das Erfurter Programm übernommene Aussage aus dem 24. Kapitel des I. Bandes „Das Kapital", in der für die Zukunft des Proletariats im Kapitalismus von einer „wachsenden Zunahme der Unsicherheit ihrer Existenz, des Elends, des Drucks, der Knechtung, der Erniedrigung, der Ausbeutung" die Rede war[92]. In bezug auf diese Aussage traf Bernstein die Feststellung: „Wenn die aufgeführten Worte überhaupt einen Sinn haben, so bilden sie zusammen eine Verelendungstheorie, wie sie schroffer nirgends ausgesprochen worden ist[93]." Nun konnte sich Bernstein gerade bei dieser Kritik auf den späten Engels selbst stützen, der aufgrund seiner Erfahrungen in den späteren Jahren eben diese Aussage des Erfurter Programms bereits für unhaltbar erklärt hatte und die Gefahr vorausgesehen hatte, daß die Partei sich mit diesen Sätzen alsbald in Beweisschwierigkeiten befinden könnte. Schon damals hatte sich Bernstein in einem Brief an Kautsky den Engelsschen Bedenken angeschlossen[94]. Im Verlaufe der Entwicklung hatten sie sich immer mehr bestätigt.

Bei dieser Frage ging es Bernstein vor allem um drei Gesichtspunkte:

1. Er wollte zeigen, daß die Annahme der zunehmenden Verelendung empirisch unhaltbar war und infolgedessen auch nicht länger als Ausgangspunkt für strategische Überlegungen dienen konnte;

2. auch unter den bestehenden Ausgangsbedingungen war also eine Verbesserung der proletarischen Lebenslage möglich. Die ständige Verbesserung der gesamten Lebenssituation war aber nach seinen Vorstellungen eine unabdingbare Voraussetzung für den konstruktiven Sozialismus. Diese Voraussetzung schien daher durch die empirischen Daten gewährleistet;

3. um die Frage nach den Ursachen für die Abweichungen von den ursprünglichen Parteierwartungen zu beantworten und damit zugleich die Möglichkeiten und Voraussetzungen für die Fortsetzung des Trends der

91 Bernstein, Von einem Totgesagten, in: SM, 11. Jg., 1, (1905), S. 500. Vgl. zu diesem Thema auch Wolf Wagner, Verelendungstheorie — die hilflose Kapitalismuskritik, Frankfurt 1976.
92 Vgl. Anm. 54.
93 Bernstein, Die Programmrevision und der Bremer Parteitag, in: SM, 10. Jg., 2, (1904), S. 705.
94 Bernstein an Kautsky vom 26. 6. 1891, IISG K. DV 163.

Reallohnverbesserung zu ermitteln, stellte Bernstein theoretische Überlegungen zur Frage des Arbeitslohnes an. Ausdrücklich hat er sich dabei von den liberalen Aussagen abgegrenzt, denenzufolge eine ständige Verbesserung der Arbeiterlöhne eine dem Kapitalismus ohnehin innewohnende Tendenz sein sollte.

An die Frage der Verbesserung der proletarischen Lebenslage und besonders der Reallohnsteigerung ist Bernstein mit großer Vorsicht herangegangen. So hat er z. B. im Gegensatz zu den anderen empirisch entscheidbaren Streitfragen äußerst selten die Verelendungstheorie unter Bezugnahme auf statistisches Datenmaterial kritisiert. Es scheint ihm bewußt gewesen zu sein, wie heikel gerade dieses Thema für die sozialistische Kritik an der kapitalistischen Gesellschaft in propagandistischer Hinsicht werden könnte. So hat er in seiner Polemik mit der „Kölnischen Zeitung" im Jahre 1905 entgegen seiner eigenen Position die Konzession dieser Zeitung, von Verelendung könne gegenwärtig tatsächlich die Rede sein, als Konzession an die sozialdemokratische Programmatik ohne Korrekturen hingenommen[95]. In den „Voraussetzungen" hat er sich zu dieser Frage fast überhaupt nicht geäußert. Trotz allem ist die Position, die Bernstein auf diesem Gebiete eingenommen hat, eindeutig. „Soweit die Bewegung der Geldlöhne als Anzeiger dienen kann, stehen wir heute im Zeichen eines langsamen allgemeinen Aufstiegs der Arbeitslöhne. Für England leugnet ihn heute niemand mehr, er läßt sich aber auch auf dem Festland konstatieren. Die neueren Einkommenstabellen zeigen in Preußen, Sachsen und andere deutsche Staaten eine Abnahme der auf der untersten Stufe stehenden und eine Zunahme der übrigen Einkommensklassen. Nicht überall in gleichem Verhältnis, sondern hier langsamer und dort etwas schneller, als die Geldlöhne, steigen die Reallöhne, hebt sich der Konsum. Es erweitert sich der Umkreis der für notwendig erachteten Lebensmittel fast aller Schichten der Arbeiterklasse[96]."

Die erwähnte sächsische Einkommensteuertabelle zeigt für die Zeit zwischen 1879 und 1894 eine Zunahme der Bezieher von Jahreseinkommen zwischen 800 und 1600 DM von 33,8 % während die Gruppe der Bezieher von Einkommen zwischen 1600 und 3300 DM um 71,6 % gewachsen ist[97]. Da die höher verdienenden Gruppierungen von Bernstein bereits zum Mittelstand gerechnet und bei der Diskussion um die Frage der Vermehrung der Zahl der Besitzenden herangezogen werden, kann sich die Betrachtung für die vorliegende Frage auf diese beiden Gruppierungen konzentrieren. Die höheren Einkommensgruppen nehmen noch wesentlich rascher zu als die hier erwähnten. Bernstein, der die zuerst genannte Gruppe als „proletarische

95 Bernstein, Die heutige Sozialdemokratie, S. 17 und 29.
96 Bernstein, Nachtrag: Einige Mängel der marxistischen Behandlung des Lohnproblems, in: Zur Geschichte, S. 106.
97 Ders., Abwehr wider Kautskys Schrift, in: a. a. O., S. 408/9.

Zensiten" bezeichnet, während er die zweite als die der „bestbezahlten Arbeiter und Kleinbürger" anspricht[98], kann aus den angegebenen Zahlen den Schluß ziehen, daß die Gruppe der besser bezahlten Arbeiter weit überdurchschnittlich wächst. Durch diese sächsische Steuerstatistik gelangt Bernstein zu der Aussage: „Sie widerlegt die Auffassung von einer wachsenden Verelendung[99]."

Zunächst geht es ihm allein um die Zurkenntnisnahme dieser empirischen Tatsache. Ausdrücklich weist er Deutungen zurück, denenzufolge diese Reallohnsteigerungen eine befriedigende Situation für die Arbeiterklasse erzeugten oder auch nur das Maß des beim Stand der gegebenen Arbeitsproduktivität möglichen erreicht hätten[100]. Außerdem vertritt Bernstein aufgrund seiner Beobachtung der tatsächlichen Entwicklung die These, daß von einem Anwachsen oder dauernden Bestand einer industriellen Reservearmee im Marxschen Sinne nicht die Rede sein könne, da die statistischen Daten keinerlei Anwachsen der durchschnittlichen Arbeitslosenquote aufweisen[101]. Insbesondere aufgrund der wachsenden Berufsdifferenzierung und der begrenzten lokalen Mobilität der Arbeiter kann bei aller tatsächlich vorhandenen Arbeitslosigkeit auch nicht davon gesprochen werden, daß dem Gesamtkapital eine industrielle Reservearmee ständig zu den ungünstigsten Bedingungen einsatzbereiter Proletarier zur Verfügung steht, die die Funktion des dauernden Lohndruckes ausübt[102]. Die Entwicklung der Industrie hat nicht die Folge der andauernden Freisetzung durch die Einführung von arbeitssparenden Maschinen überflüssig werdender Arbeitskräfte gehabt, sondern in vielen Industriezweigen eine beträchtliche Zunahme von Arbeitskräften. Im Gegensatz zur Textilindustrie, die zu Beginn der Industriealisierung überall eine Schlüsselrolle einnahm und die auch Marx bei seinen Prognosen vor Augen hatte, können bei einer Reihe komplizierterer Produktionsverfahren nicht im gleichen Maße Arbeitskräfte durch Maschinen ersetzt werden. Dies und die erheblichen Infrastrukturinvestitionen haben verhindert, daß sich die durchschnittliche Arbeitslosenquote ständig hebt und der Druck auf die Arbeitslöhne ständig verschärft[103]. Zwei der wichtigsten Faktoren für die Elendsprognose, das Sinken der Reallöhne und die wachsende Arbeitslosigkeit, sind daher nicht wirksam.

Indessen bekräftigt Bernstein jenen anderen Aspekt der Entwicklungsprognose für das Proletariat aus dem Erfurter Programm, der Bestandteil der Verelendungsauffassung gewesen ist. Da im Kapitalismus die Krisen, wenngleich wahrscheinlich in abgeschwächter Form, unvermeidlich sind, ist

---

98 a. a. O.
99 a. a. O., S. 419.
100 a. a. O.
101 Nachtrag, a. a. O., S. 97.
102 a. a. O., S. 101.
103 Der Sozialismus einst und jetzt, S. 46/7.

die darauf beruhende Unsicherheit der proletarischen Lebenslage keineswegs gebannt: „Und wenn auch die Konjunkturlinie sich im ganzen heute besser stellt, so ist doch eines geblieben — darin hat das Erfurter Programm Recht — die allgemeine Unsicherheit ist heute nicht geringer, als früher. Noch heute ist die Arbeiterklasse in den verschiedenen Ländern dem Spiel der Konjunkturen ausgesetzt, ist sie abhängig von unablässig sich vollziehenden Umwälzungen der Industrie, die immer von neuem Arbeiter hinauswerfen auf den allgemeinen Arbeitsmarkt[104].“ Diese Unsicherheit war in einer Zeit, als eine allgemeine Arbeitslosenversicherung noch nicht existierte, ein Faktor, der die Steigerung des durchschnittlichen Lebensstandards der Arbeiter erheblich beeinträchtigte.

Erika Rikli hat, wahrscheinlich aufgrund von Bernsteins Aussage: „Relative Verelendung ist eine begriffslose Phrase"[105], die These aufgestellt, Bernstein vertrete außer der Ablehnung der absoluten Verelendungstheorie auch eine Zurückweisung der sogenannten „relativen Verelendungstheorie", wie sie vor allem von Kautsky in Abwehr gegen Bernsteins Kritik formuliert worden ist[106]. Diese Interpretation ist um so erstaunlicher als Bernstein an fast allen Stellen seines Werkes, wo er das Lohnproblem überhaupt anschneidet, ausdrücklich konstatiert, daß „der Abstand zwischen den Einkommen der breiten Masse, der um Lohn oder ein dem Lohn ähnliches Gehalt sich Mühenden und dem Einkommen der Kapitalistenaristokratie, deren Luxus ins Ungemessene wächst" sich ständig vergrößert[107]. Bernstein geht es mit der Zurückweisung der Formel von der „relativen Verelendung" lediglich darum, daß der Ausdruck Verelendung für den hier angesprochenen Sachverhalt unangemessen ist und zu einer indirekten Stützung der alten Verelendungstheorie führen könnte. Das sachliche Argument, das Kautsky gegen seine Interpretation einwenden wollte, hat er vielmehr selbst energisch vertreten. Wegen der wachsenden Zahl der Aktionäre, die alle am gesellschaftlichen Mehrprodukt teilhaben wollen[108] und wegen der mit wachsender Bevölkerungszahl sich erhöhenden Bodenrente, die auf die Preise überwälzt wird, wird stets in der kapitalistischen Gesellschaft vielmehr ein großer Teil der von den Gewerkschaften erkämpften Lohnerhöhungen durch Preiserhöhungen wieder rückgängig gemacht. Die Steigerung des Reallohnes der Arbeiter ist daher keineswegs ein gesicherter und geradliniger Prozeß. „Der Kampf der Gewerkschaften, so unschätzbar wichtig, so unentbehrlich er ist, hat in bezug auf die Einkommensfrage große Ähnlichkeit mit der Echter-

---

104 Der Revisionismus, S. 37 sowie „Leitsätze für den theoretischen Teil eines sozialdemokratischen Parteiprogramms", in: Hirsch, a. a. O., S. 45.
105 Bernstein, Von einem Totgesagten, a. a. O., S. 501.
106 Rikli, a. a. O., S. 58. Für Kautsky vgl. Bernstein, S. 128.
107 Bernstein, a. a. O., S. 46 und der Sozialismus einst und jetzt, S. 49.
108 Der Sozialismus einst und jetzt, S. 49 f. Vgl. auch ders., Der Streik, S. 100 sowie ders., Die heutige Sozialdemokratie, S. 31.

nacher Springprozession: drei Schritt vorwärts, zwei Schritt rückwärts. Die Erhöhung des Geldlohns, die heute errungen ist, wird morgen durch Preissteigerungen zu zwei Dritteln entwertet[109]. " Daher resultiert die tatsächliche Reallohnverbesserung, die empirisch nachgewiesen werden kann, nicht aus einer effektiven Umverteilung des gesellschaftlichen Produkts[110], sondern aus dem, was trotz wachsender Disparitäten in der Einkommenslage des Proletariats im Verhältnis zu den besitzenden Klassen aus dem ständigen Fortschritt in der Arbeitsproduktivität verbleibt[111]. Die Entwicklung der Einkommensanteile der gesellschaftlichen Klassen an dem gesamtgesellschaftlichen Produktivitätsfortschritt vollzieht sich daher Bernstein zufolge „etwa im Sinne einer umgekehrten Ziehharmonika. Man nehme an, eine Ziehharmonika werde auf die Seite gestellt und so beschwert, daß sie sich unten nur langsam heben kann, während eine andere Kraft sie nach oben zieht. Dann wird die Spannung zwischen der beschwerten Masse unten und den oberen Teilen immer größer werden, und das sehen wir tatsächlich in dem Verhältnis der zunehmenden Zahl der Reichen und ihrem wachsenden Luxus zu dem, der Masse nach am stärksten wachsenden Heer derjenigen, die sozial in ihren Diensten stehen"[112].

Soweit nimmt Bernstein die tatsächliche Einkommensentwicklung auf und kommentiert sie. Darüber hinaus war er aber auch um eine neue Theorie der Einkommensverteilung bemüht, die die neuen Phänomene erklären können und eine realistische Entwicklungsperspektive zu zeichnen erlauben sollte. Da Bernstein die reine Arbeitswerttheorie von Karl Marx — wie später skizziert werden soll — nicht akzeptieren konnte, entstand für ihn die Frage nach den Bedingungsfaktoren für die Lohnhöhe. Er umreißt die Grundzüge einer „Theorie der sozialen Machtverhältnisse"[113]. Dieser Auffassung zufolge hängt der Anteil der Klassen am gesellschaftlichen Gesamteinkommen von der relativen Macht ab, die sie im Verteilungskampf einsetzen können und ist daher allein durch objektive ökonomische Größen nicht determiniert. Prinzipiell sind die Verteilungsrelationen daher innerhalb bestimmter Grenzen verschiebbar. Bernstein weist in diesem Zusammenhang darauf hin, daß eine solche Auffassung implizit schon bei Marx selbst enthalten sei, denn die Bezeichnung der menschlichen Arbeitskraft als Ware in einem streng ökonomischen Sinne kann dann nicht konsequent angewendet werden, wenn in die Bestimmung ihrer Reproduktionskosten, wie es tatsächlich bei Marx geschieht, „historische", „moralische" und „Kultur"-

---

109 Die heutige Sozialdemokratie, S. 33.
110 Rikli ist vom Gegenteil überzeugt, vgl. a. a. O., S. 60/1.
111 Dies geht hervor aus: Nachtrag, in: a. a. O., S. 106/7.
112 Der Sozialismus einst und jetzt, S. 49/50.
113 Vgl. Rikli, S. 61 und die dortige Darstellung, die aber nicht in allen Punkten korrekt ist.

Faktoren mit einfließen[114]. Deren Definition läßt sich nicht auf ökonomische Gesetze zurückführen, sondern enthält stets das Element der Durchsetzungsfähigkeit von Ansprüchen. „Solange die Produktivität der Arbeit in Industrie und Landwirtschaft sich hebt, die Transportmittel sich vervielfältigen und noch Boden der Bearbeitung offen steht, gibt es kein Naturgesetz der Wirtschaft, das eine bestimmte Lohnhöhe diktiert. Allerhand gesetzgeberische Maßregeln und Unterlassungen (die Duldung wucherischer Monopole etc.), allerhand privatwirtschaftliche Manöver können ihre Hebung aufhalten, aber es sind dann keine Naturgesetze, die den Stillstand diktieren. Die Masse der jährlich erzeugten Genußgüter ist in stetiger Zunahme begriffen, es gibt kein wirtschaftliches Naturgesetz, das vorschreibt, wieviel davon den produzierenden und Dienste leistenden Schichten der Gesellschaft und wieviel dem Besitz als Tribut zufallen soll. Die Verteilung des gesellschaftlichen Reichtums war zu allen Zeiten eine Frage der Macht und der Organisation .. Die Machtverhältnisse sind heute in Verschiebung begriffen[115]." Die machtförmige Auseinandersetzung um die Verteilung des gesellschaftlichen Einkommens hängt einerseits von den relativen Ausgangspositionen der Unternehmer und Gewerkschaften ab, die sich verändern lassen und andererseits von zwei Faktoren als Ober- und Untergrenze, die sich kaum verändern lassen. Dabei handelt es sich um das Existenzminimum der Arbeiter als physischer Untergrenze und eine gewisse Profiterwartung der Unternehmer als wirtschaftsformbedingter Obergrenze[116]. Innerhalb dieser Grenzen hängt der relative Anteil der Arbeiterklasse am gesellschaftlichen Einkommen von der Macht ab, die sie im Verteilungskampf geltend machen können.

In diesem Zusammenhang ist die These Bernsteins einzuordnen, daß durch die Demokratisierung in den kapitalistischen Gesellschaften „eine gesellschaftliche Gegenaktion gegen die ausbeuterischen Tendenzen des Kapitals eingesetzt" habe[117]. Bezogen nicht allein auf die Einkommenshöhe, sondern auf die proletarische Lebenslage im ganzen ist damit außer der Befreiung der Gewerkschaften von gesetzlichen Behinderungen mit der vollen Koalitions- und Streikfreiheit vor allem die Einführung staatlicher Beschränkungen der Kapitalmacht gemeint[118]. Zur Macht der Arbeiterorganisation gehören außer der Disziplin und Bewußtheit der Gewerkschaftsmitglieder sowie der finanziellen Situation der Gewerkschaften auch der wachsende öffentliche Rückhalt in breiteren Schichten, den die gewerkschaftlichen Aktionen durch die zunehmende Entwicklung zum anonymen Großkonzern erwarten kön-

114 Bernstein, Nachtrag, a. a. O., S. 102/3.
115 a. a. O., S. 106/7.
116 Bernstein, Die heutige Einkommensbewegung, S. 17.
117 Bernstein, Zuschrift an den Parteitag der Sozialdemokratischen Partei in Stuttgart 1898, in: Voraussetzungen, S. 7.
118 a. a. O.

nen[119]. All diese Faktoren der Arbeitnehmermacht, deren politische und gewerkschaftliche Seite untrennbar zusammenhängen, sind weiter ausbaufähig. *Diese Thesen eröffnen allerdings überwiegend nur eine Zukunftsperspektive, denn Bernstein selbst betont ja, daß die Lage der Arbeiter sich im Verhältnis zu den Besitzenden bislang nicht verbessert habe.* Wenn er nun dennoch auch für die Gegenwart einen Erfolg der Gewerkschaftsarbeit behauptet[120], so begründet er dies nicht allein mit Hinweis auf die allgemeinen Verbesserungen, wie Verkürzung des Arbeitstages, Verbesserung der Arbeitsbedingungen u. ä., sondern er stellt einen direkten Zusammenhang zwischen den gewerkschaftlichen Lohnforderungen und der Erhöhung der gesellschaftlichen Arbeitsproduktivität her. Denn selbst wenn Nominallohnerhöhungen nicht zu Reallohnerhöhungen führen, weil die Besitzenden aufgrund „bevorzugter Stellung und ähnlichen Sonderrechten" über Preiserhöhungen ihren Einkommensanteil zurückerobern, so sind die Lohnerhöhungen doch ein beständiger Zwang zur Erhöhung der Arbeitsproduktivität durch Rationalisierung, wodurch die gesamte gesellschaftliche Einkommenssumme erhöht wird. Damit vergrößert sich zumindest die Möglichkeit einer absoluten Einkommenssteigerung auch für die Arbeiter selbst[121]. Da Bernstein oft genug betont hat, daß er mit seinen Bemerkungen zur Lohnentwicklung weder eine Befriedigung zum Ausdruck bringen will noch eine Tendenz zur wachsenden Gerechtigkeit konstatieren kann, erhebt sich die Frage nach dem Sinn dieser Aussagen innerhalb seines Gesamtsystems. Zunächst ist es ihm wiederum um den Einklang mit der realen Entwicklung zu tun. Sodann ergibt sich aber aus seinen Erkenntnissen eine Perspektive der Entwicklung, die in seine Gesamttheorie eingepaßt ist. Wenn eine beständige Hebung des Lebensstandards der Arbeiterklasse zu beobachten ist, die aufgrund der Faktoren, die die Lohnhöhe bestimmen, in einem fortgeschritteneren Stadium der Verteilungskämpfe noch verbessert werden kann, so ist eine der wichtigsten Vorbedingungen der sozialistischen Transformation im Verständnis Bernsteins gewährleistet. Da er Wille und Befähigung der Arbeiter zur sozialistischen Transformation in dem Maße wachsen sieht, wie eine „Steigerung ihrer Kulturansprüche"[122] erfolgt, die mit all ihren Aspekten der Einsicht, Erfahrung, Verantwortung u. ä. auch vom Stand ihrer materiellen Existenzsicherung abhängig ist, scheint durch die Fortsetzung der gegenwärtig entgegen der Verelendungstheorie zu beobachtenden „Hebung ihres ökonomischen, ethischen und politischen Niveaus, eine steigende Befähigung und Betätigung als mitregierender Fak-

---

119 Bernstein, Kapitalmacht und Gewerkschaftsmacht, in: SM, 10. Jg., 1, (1904), S. 135.
120 Sehr deutlich z. B. im Schlußwort, in: Zur Geschichte, S. 420 und Der Sozialismus einst und jetzt, S. 86 ff.
121 a. a. O., S. 100 f.
122 Abwehr wider Kautsky, in: Zur Geschichte, S. 419.

tor in Staat und Wirtschaft" für die Arbeiterklasse gewährleistet[123]. Feste Grenzen für die Fortsetzung dieses Hebungstrends gibt es langfristig nur in der gesellschaftlichen Produktivität, deren Steigerung insofern eine wichtige Voraussetzung sozialistischer Politik ist. Was aber die Grenze des notwendigen Kapitalprofits angeht, hat Bernstein klar Stellung bezogen: „Über einen gewissen Punkt hinaus lassen sich die Löhne nicht erhöhen, die Arbeitszeit nicht verkürzen, ohne den Kapitalprofit zu schmälern, und die Entwicklung über diesen Punkt hinauszutreiben, dies eben ist die Aufgabe des Sozialismus[124]."

(c) *Sozialschichtung.* Als Folge der zuvor skizzierten Entwicklungen und anderer Faktoren ergibt sich für Bernstein eine Sozialschichtung, die von dem im Erfurter Programm unterstellten Modell einer mehr und mehr auf die beiden in sich immer einheitlicher werdenden Klassen der Lohnarbeiter und des Großkapitals sich reduzierenden gesellschaftlichen Klassenteilung abweicht. Auch in diesem Falle ist es Bernstein bei seinen Betrachtungen um die Analyse der subjektiven Voraussetzungen einer sozialistischen Transformation zu tun, weil gegen die Erwartungen der Parteitheorie „der Kapitalismus nicht die Folge gehabt hat, die man lange von ihm erwartet hat: die Gesellschaft in ihrem Bau und Organismus zu vereinfachen, durchgängig einfache Verhältnisse zu schaffen. Nein, die Gesellschaft ist komplizierter geworden, die Klassengliederung ist vielseitiger geworden, sie hat sich immer weiter verzweigt"[125].
Bernstein sieht zusammengefaßt folgende Entwicklung:
1. Das Proletariat wächst gewaltig an[126], zeigt aber eine erhebliche, bleibende innere Differenzierung hinsichtlich seiner Einkommenshöhe und Lebenshaltung[127].
2. Die Zahl der Kapitalisten nimmt ebenfalls zu.
3. „Die Mittelschichten ändern ihren Charakter, aber sie verschwinden nicht aus der gesellschaftlichen Stufenleiter[128]."

(1) Auf die innere Differenzierung der Arbeiterklasse hat Bernstein deshalb erhebliches Gewicht gelegt, weil er davon ausging, daß die in der Partei verfochtene Vorstellung von der sozialistischen Gesellschaft zu einem wesentlichen Teil in der Hoffnung gründete, die gegenwärtig zur Sicherung der gesellschaftlichen Reproduktion in Anspruch genommenen Zwangsorganisa-

---

123 Der Revisionismus, S. 41.
124 Zitiert nach Rikli, S. 63.
125 Der Revisionismus, S. 25.
126 a. a. O., S. 32.
127 Voraussetzungen, S. 135 f.
128 Zuschrift an den Parteitag der Sozialdemokratischen Partei Deutschlands 1898 in Stuttgart, in: Voraussetzungen, S. 7.

tionen und Regelungen könnten großenteils durch die Solidarität der Arbeiterklasse ersetzt werden. Dieser Hoffnung einer starken und den allergrößten Teil der Bevölkerung erfassenden Solidarität war es seiner Meinung nach unter anderem zuzuschreiben, wenn in der Parteitheorie davon ausgegangen wurde, daß die Errichtung und Organisation der sozialistischen Gesellschaft vergleichsweise problemlos bewerkstelligt werden könnte[129]. In seinem Grundsatzbrief an Bebel vom 20. 10. 1898 führt er diesen Punkt sogar als Haupteinwand gegen die Realisierbarkeit der „Besitzergreifung der Produktionsmittel durch die Gesellschaft" an. Er kritisiert „das Unorganische der Auffassung, die in dieser Übertragung der Maßnahme der französischen Revolution auf die moderne Gesellschaft wurzelt, das Verkennen, oder ich will lieber sagen, Vergessen der wahren Natur dessen, was heute summarisch als einheitliche Masse ‚Proletariat' gerechnet wird, indem man Oberknecht und Kuhjungen, Buchhalter und Hausknecht, gelernte Arbeiter und Handlanger in einen Topf wirft"[130]. Da, wie Bernstein in bewußter Anlehnung an die marxistische Analyse feststellt, erhebliche Unterschiede in der „Beschäftigungsweise und Einkommenshöhe schließlich auch andere Lebensführung und Lebensansprüche erzeugen"[131], ist die innere Differenzierung der Arbeiterklasse von Belang für die sozialistische Strategie. Zwar folgt aus der ähnlichen sozialen Lage dieser Gruppierungen eine „politische oder sozialpolitische Sympathie", die ausreicht, um gemeinsame Arbeitskämpfe gegen das Kapital zu tragen[132]. Bernstein bezweifelt aber, ob in einer Situation, wo die gleichartige Unterdrückung einmal weggefallen sein wird, aus dieser erheblichen Differenzierung heraus ein hinreichend starkes Solidaritätsgefühl entstehen kann, um eine sozialistische Gesellschaft im Sinne der Parteitheorie zu tragen. Vielmehr muß dann mit einem verstärkten Auseinanderlaufen der Interessen dieser Gruppierungen gerechnet werden. Darauf hat sich jede Transformationsstrategie einzustellen[133].
Für die Unterstützung einer sozialistischen Politik ist die innere Differenziertheit insofern von Belang, als die gelernten Arbeiter der Industrie die eigentlichen Träger der sozialistischen Idee sind, deren Anteil an der Gesamtarbeiterschaft aber im Verhältnis zu den ungelernten Arbeitern zurückgeht[134]. Das äußert sich unter anderem darin, daß „mehr als die Hälfte der gewerblichen Arbeiterschaft Deutschlands" der Sozialdemokratie zur Zeit noch „teils gleichgültig und verständnislos, teils aber sogar gegnerisch" gegenüber steht[135].

---

129 Die sozialpolitische Bedeutung von Raum und Zahl: Zur Geschichte, S. 204 ff.
130 In Adler, a. a. O.
131 Voraussetzungen, S. 137.
132 a. a. O.
133 Brief an Bebel vom 20. 10. 1898 und Voraussetzungen, S. 137.
134 Der Sozialismus einst und jetzt, S. 45 f.
135 Voraussetzungen, S. 139.

Diese Analyse zeigt Bernstein zufolge, daß das in der Parteitheorie allzu summarisch gefaßte Proletariat „ein Gemisch von außerordentlich verschiedenartigen Elementen ist, von Schichten, die sich untereinander noch mehr unterscheiden als wie das ‚Volk' von 1789"[136]. Will daher eine sozialistische Strategie „nicht in die ganze Klasse des Proletariats das von vornherein hineinlegen, was zu werden ihr geschichtlicher Beruf ist"[137], so muß sie sich in ihrem Vorgehen an die Voraussetzung eines erheblich differenzierten Proletariats anpassen. Dies hat Auswirkungen auf die Vermittlung einer sozialen und politischen Kompetenz für das Proletariat, für die Zeitspanne und die Voraussetzungen der Durchsetzung sozialistischer Politik und für die Art der Organisation einer sozialistischen Gesellschaft.

Bernstein selbst belegt seine These von der erheblichen Differenzierung des Proletariats nicht mit Zahlenmaterial. Er behauptet auch nicht, daß sie einen zunehmenden Trend zum Ausdruck bringe. Er hat in der Tat auf ein Faktum aufmerksam gemacht, das bis in die jüngste Gegenwart hinein oft übersehen worden ist. Im 19. Jahrhundert war die Differenzierung in der Lohnhöhe und im innerbetrieblichen Status der Arbeiterschichten tatsächlich erheblich schärfer als in der Gegenwart. Wie Wolfram Fischer in einer interessanten Untersuchung gezeigt hat, war eine Lohndifferenzierung zwischen gelernten Arbeitern und ungelernten von 5:1 und mehr durchaus üblich. Dem entsprach eine vergleichbare Differenzierung im Selbstverständnis und im Ansehen. Indessen hat sich diese Differenzierung im Zuge der Entwicklung erheblich abgeschliffen[138]. Was bleibt, ist Bernsteins Hinweis auf Positionsinteressen, die auch gegenüber einer gleichen Klassenlage ein Eigengewicht haben.

(2) Die Vermehrung der Zahl der Kapitalisten ist im Zusammenhang mit der Frage der Ausdehnung des Besitzes bereits dargestellt worden.

(3) Bernstein erkannte schon früh, daß die Mittelschicht als selbständige Gruppierung erhalten bleibt. Seine These, daß sie ihren Charakter ändere, bezog sich vor allem darauf, daß neben den überlebenden Klein- und Mitteleigentümern im traditionellen Sinne einerseits die Klein- und Mittelaktionäre und andererseits der sogenannte „neue Mittelstand" rasch anwuchsen. Die Bestandserhaltung und das Wachstum der ersten beiden Gruppierungen hatte er bereits in seiner Analyse der Besitzverteilung erörtert. Für die Zurechnung der technischen und kaufmännischen Angestellten

---

136 Voraussetzungen, S. 135.
137 Voraussetzungen, S. 123.
138 Wolfram Fischer, Innerbetrieblicher und sozialer Status der frühen Fabrikarbeiterschaft, in: ders., Wirtschaft und Gesellschaft im Zeitalter der Industrialisierung, Göttingen 1972, S. 258—284.

und Beamten zur Mittelklasse mußte Bernstein zunächst den Klassenbegriff selber präzisieren.

Bernstein knüpft mit seinem Definitionsversuch der Klassen an den dritten Band des Kapital von Marx an, wo dieser am Ende in einem kurzen Fragment die Rückführbarkeit der Klassenzugehörigkeit auf die „Dieselbigkeit der Revenuen und Revenuequellen" selbst kritisch einschränkt ohne aber zu einer genaueren Definition zu gelangen[139]. Damit will Bernstein zum Ausdruck bringen, daß die alte Zwei- bzw. Dreiteilung der Gesellschaft in die Klasse der Lohnbezieher und derer, die vom Mehrwert bzw. von der Bodenrente leben, schon von Marx selbst nicht ohne Einschränkungen aufrecht erhalten werden konnte. Um so weniger kann eine solche Klassendefinition in einer Zeit befriedigen, wo „die Frage des technischen und kaufmännischen Personals in der Volkswirtschaft" ständig an Bedeutung zunimmt, mit der Marx selbst noch gar nicht hatte rechnen können[140]. Die wachsende Bedeutung dieser Gruppe hatte Bernstein bereits in einer späteren Ausgabe der Voraussetzungen erkannt, wo er für den Zeitraum zwischen 1882 und 1907 bei einer Verdoppelung der Industriearbeiterschaft von einer Vervierfachung der „technischen und kaufmännischen Angestellten" berichtete[141]. Erfahrungsgemäß neigten aber viele Angehörige dieser Schicht trotz der formell ähnlichen Lage im Vergleich zur Arbeiterklasse aber zu einer anderen politischen Zurechnung ihrer eigenen Interessenlage. „Überhaupt ist nichts irreführenderer, als aufgrund einer gewissen formellen Ähnlichkeit der Situation auf eine wirkliche Gleichartigkeit des Verhaltens zu folgern. Der kaufmännische Beamte steht formell seinem Chef gegenüber in ähnlicher Lage wie der industrielle Lohnarbeiter seinem Arbeitsherrn, und doch wird er sich — ein Teil des unteren Personals der größeren Geschäfte ausgenommen — ihm sozial sehr viel näher fühlen als dieser dem seinen, obwohl der Abstand des Einkommens oft sehr viel größer ist[142]." Aus diesem Grunde muß die auf die Einkommensquelle allein bezogene Klassendefinition ergänzt werden, wenn nicht ein Klassenbegriff resultieren soll, der für das politische Verhalten ohne Bedeutung ist. Darauf aber kommt es in der sozialistischen Strategie in erster Linie an. Ebenso muß Bernstein zufolge die Einkommenshöhe mit in Anschlag gebracht werden, um beispielsweise „die gewaltigen Unterschiede" innerhalb der Beamtenschaft erfassen zu können, die für deren Orientierung von Bedeutung sind.

Bernstein versucht, eine solche politisch bedeutsame Erweiterung der Klassendefinition unter Anlehnung an Marx selbst in Angriff zu nehmen. „Nach

---

139 Der Sozialismus einst und jetzt, S. 64.
140 a. a. O.
141 Voraussetzungen, S. 93.
142 Voraussetzungen, S. 138.

der Marxschen Theorie gehört zum Proletarier: 1. die Trennung von den Arbeitsmitteln, 2. die damit verbundene wirtschaftliche Abhängigkeit, 3. die voraussichtliche Lebenslänglichkeit dieser sozialen Stellung. Obwohl nicht ausgesprochen, ist doch hierin noch einbegriffen: 4. die tatsächlich, wenn auch nicht rechtlich, enge Begrenzung der sozialen Laufbahn[143]." Deshalb kann im engeren Sinn selbst dann, wenn bei vielen Angehörigen der Angestelltenschicht eine Angleichung an die proletarische Lebenslage zu beobachten ist und wenn viele von ihnen sich zur Arbeiterklasse politisch hinwenden, doch nicht ohne weiteres von einer gleichen Klassenlage beider Gruppierungen gesprochen werden, weil „zum Beispiel in der kaufmännischen Laufbahn, den Berufsangehörigen teils doch noch die Etablierung als selbständiger Geschäftsmann, teils eine weitere Karriere bis zum Betriebschef oder Disponenten mit einer gewissen Wahrscheinlichkeit offen steht"[144].

Zwar ist Bernstein davon überzeugt, daß große Teile gerade dieser Gruppe für die Sozialdemokratie zu gewinnen sind, aber dies muß auf dem Wege der Berücksichtigung ihrer relativen sozialen Eigenständigkeit geschehen und nicht durch eine einfache soziale Ineinssetzung mit der Arbeiterklasse. Die Anerkennung der Existenz einer eigenständigen Zwischenschicht zwischen dem Proletariat und der Bourgeoisie, mit der in der Parteitheorie nicht gerechnet worden war, ist die Voraussetzung dafür, geeignete Wege für die Zusammenarbeit mit dieser Gruppierung zu entwickeln, denn es besteht aufgrund der gesellschaftlichen Entwicklung nach Bernstein tatsächlich eine wachsende „Affinität" zwischen diesen Zwischenschichten und dem klassischen Proletariat.

Diese Analyse einer zunehmenden Klassendifferenzierung der modernen Gesellschaft legt Bernstein nicht vor, um die sozialistischen Prinzipien einzuschränken oder eine opportunistische Kompromißpolitik vorzuschlagen, denn er bleibt dabei, daß die Sozialdemokratie die Klassenpartei der Arbeiterschaft bzw. des arbeitenden Volkes sein müsse[145], sondern um die Augen für die Realitäten zu öffnen, mit denen sozialistische Politik tatsächlich zu rechnen haben würde.

4.5 Anmerkung zum Thema Imperialismus

Zu den einzelnen Aspekten des Themas Imperialismus, das in der Diskussion der Vorkriegssozialdemokratie eine wachsende Rolle zu spielen begann, hat Bernstein sich häufig geäußert. Das gilt insbesondere für die Kolonial-

---

143 Wird die Sozialdemokratie Volkspartei, in: SM, 11. Jg., 2, (1905), S. 668.
144 a. a. O.
145 Für die Frage Klassen- oder Volkspartei vgl. Abschnitt 6.2.5 dieser Arbeit.

politik und den I. Weltkrieg[146]. Da diese Fragen in keinem unmittelbaren Zusammenhang mit dem von Bernstein vollzogenen Paradigmawechsel stehen, werden sie in dieser Arbeit nicht behandelt, obgleich sie für eine Würdigung der Persönlichkeit und des politischen Wirkens von Bernstein sicher von großem Belang sind, vollzog er doch wegen Differenzen in der Frage der Einschätzung des ersten Weltkrieges den politischen Bruch mit seinen führenden revisionistischen Kollegen[147]. Eine geschlossene Imperialismustheorie, die denen vergleichbar wäre, die zu jener Zeit in der sozialistischen Bewegung entstanden, hat Bernstein indessen schon deshalb nicht ausgearbeitet, weil er einen engen ökonomischen Determinismus für die imperialistische Politik jener Zeit nicht erkennen konnte. Über eine solche Sicht des Problems spottete er: „Eine in der Sozialdemokratie ziemlich verbreitete Auffassung sieht in ihm einen letzten verzweifelten Versuch der Bourgeoisie, ihre Herrschaft zu verlängern, bzw. den Moment ihres Sturzes aufzuhalten. Wer die bürgerliche Welt am Verenden sieht, der wird leicht dazu geführt, in all ihrem Tun nur Sterbesignale, letzte Aufraffungen und dergleichen zu erblicken[148]." Im vorliegenden Zusammenhang soll nur ein Hinweis auf einige derjenigen Ausführungen Bernsteins gegeben werden, die geeignet sind zu klären, welchen Zusammenhang er zwischen der ökonomischen Binnenentwicklung der kapitalistischen Gesellschaft in Deutschland und der imperialistischen Politik gesehen hat. Dies geschieht auch im Hinblick auf die mit vielen Imperialismustheorien verbundene These, die Abweichungen der Entwicklung des Kapitalismus gegenüber den marxistischen Erwartungen sei im wesentlichen durch das Aufkommen des Imperialismus verursacht.

Ähnlich Marx selbst, wenn auch mit einem etwas anderen Akzent, hat Bernstein die Kolonialisierung der unterentwickelten Länder durch die kapitalistischen Industrienationen nicht abgelehnt, sondern für sinnvoll gehalten, wenn sie in annehmbaren Formen geschieht. Voraussetzung dafür ist vor allem ihre demokratische Kontrolle[149]. Hatte bei Marx vor allem das Argument im Vordergrund gestanden, daß durch die Kolonialisierung

---

146 Z. B. Zusammenbruchstheorie und Kolonialpolitik (1898), in: Zur Geschichte und Theorie, a. a. O.; Sozialdemokratie und Imperialismus, in: SM, 6. Jg. (1900), S. 238 bis 251; Die englische Gefahr und das deutsche Volk, Berlin 1911; Sozialdemokratische Völkerpolitik. Die Sozialdemokratie und die Frage Europa, Leipzig 1917; Die Wahrheit über die Einkreisung Deutschlands, Berlin 1919.
Zur Diskussion des Imperialismusproblems in der deutschen Vorkriegssozialdemokratie vgl. vor allem Hans-Christoph Schröder, Sozialismus und Imperialismus, Bonn-Bad Godesberg 1975².
147 Vgl. dazu Dieter Fricke, Zum Bruch Eduard Bernsteins mit den „Sozialistischen Monatsheften" im Herbst 1914, in: Beiträge zur Geschichte der Arbeiterbewegung, 1975/3, S. 474 ff.
148 Sozialdemokratie und Imperialismus, a. a. O., S. 240.
149 Z. B. Zusammenbruchstheorie und Kolonialpolitik, in: Zur Geschichte und Theorie, S. 234/5 und Voraussetzungen, S. 210/11.

der Vollzug des historisch unvermeidlichen Schrittes dieser Länder in den Kapitalismus beschleunigt würde, der die unumgängliche Vorstufe für ihre schließliche sozialistische Befreiung darstellt, so hebt Bernstein vor allem auf die zivilisatorische Mission der entwickelten Länder ab, die für ihn freilich die ökonomische Entwicklung einschließt. Mit Marx verbindet ihn dabei nicht nur der Eurozentrismus der Betrachtungsperspektive, sondern auch die völlige Überschätzung der Bereitschaft der kapitalistischen Länder, die Entwicklung ihrer Kolonien in Richtung auf eine Angleichung des ökonomischen Niveaus zu betreiben[150].

Bernstein erwartet eine Beschleunigung der Entwicklung des gesellschaftlichen Reichtums der kapitalistischen Industrienationen durch die Kolonialpolitik, der aber nicht aus der hemmungslosen Ausbeutung der Kolonien resultieren soll, der er gerade einen Riegel vorschieben möchte, sondern aus der „Ausdehnung der Märkte und der internationalen Handelsbeziehungen"[151]. Es scheint in erster Linie die wachsende internationale Arbeitsteilung und die Vergrößerung der Märkte zu sein, was er als Ursache für den durch die Kolonialpolitik bewirkten Wohlstandszuwachs ansieht. Da er die Voraussetzungen des Übergangs zum Sozialismus ohnehin im wachsenden Wohlstand auch für die Arbeiter selbst schon innerhalb der kapitalistischen Gesellschaft sieht, wäre ihmzufolge die Rücknahme dieses Wohlstandszuwachses für die Arbeiterklasse, selbst wenn sie möglich wäre, kein die sozialistische Transformation begünstigender Faktor. „An dieser Steigerung haben aber auch die Arbeiter von dem Augenblick an ein Interesse, wo Koalitionsrecht, wirksame Schutzgesetze und politisches Wahlrecht sie in den Stand setzen, sich steigenden Anteil an derselben zu sichern. Je reicher die Gesellschaft, um so leichter und sicherer die sozialistischen Verwirklichungen[152]."
Da die zunehmende Macht der Arbeiterklasse zugleich eine zunehmende Humanisierung der Kolonialpolitik bedeutet, die betroffenen Kolonialvölker aber von ihrer „Einbeziehung in die Geltungssphäre zivilisatorischer Einrichtungen" ihrerseits profitieren[153] und der Wohlstandszuwachs nicht als Resultat verschärfter Ausbeutung begriffen wird, bedeutete eine solche Position für Bernstein keinen Verrat an den internationalistischen Prinzipien der Arbeiterklasse. Die praktische Fragwürdigkeit dieser Position, deren theoretische Konstruktion vor dem Hintergrund der eurozentrischen Geschichtsperspektive des 19. Jahrhunderts eine gewisse zeitbedingte Plausibilität beanspruchen konnte, wird durch ihre enge Anlehnung an Marx nicht gemindert[154].

---

150 Vgl. Schröder, a. a. O., S. 31—103.
151 Zusammenbruchstheorie, S. 236.
152 a. a. O.
153 a. a. O.
154 Vgl. Voraussetzungen, S. 211, wo Bernstein diese Position mit einem Marxzitat abstützt.

Was die Frage der Rückwirkungen der Kolonialpolitik auf die ökonomische Binnenentwicklung der kapitalistischen Länder anbetrifft, so hielt Bernstein die Beendigung der Politik einer Einbeziehung aller Länder in den kapitalistischen Welthandel außer für nicht wünschenswert auch für „utopistisch", da sie die Entwicklung der technischen Verkehrsmittel, wie Dampfschiffe und Eisenbahnen zuvor rückgängig machen müßte. Bernstein bestritt aber darüber hinaus, daß es die Kolonialpolitik gewesen sei, die als Ursache für das Nichteintreffen der marxistischen Entwicklungsprognose des Kapitalismus verantwortlich gemacht werden könne. Für die Tendenz zur Abschwächung der Krisen spiele die Erweiterung des „Inlandskonsums" eine viel größere Rolle als „die Erweiterung der auswärtigen Märkte"[155]. Abgesehen einmal davon, daß Rosa Luxemburgs These, der eigentliche kapitalistische Krisenmechanismus werde erst einsetzen, wenn der Weltmarkt ausgebildet ist, für Bernstein nur „eine theoretische Flucht ins Jenseits ist"[156], sprechen auch die verfügbaren Daten gegen eine solche Überbewertung der Kolonialpolitik für die Grundstruktur der kapitalistischen Entwicklung. Die „intensive Erweiterung des Weltmarktes" spielt nämlich eine viel größere Rolle als seine „extensive". „In der Handelsstatistik der großen Industrieländer spielt der Export in die alten, längst besetzten Länder bei weitem die größte Rolle[157]." Diese *These, die die Beantwortung der Frage nach der veränderten Entwicklung der kapitalistischen Gesellschaften an deren Binnenstruktur zurückverweist,* untermauert Bernstein mit statistischen Zahlen sogar für England, eines der kapitalistischen Länder mit der am meisten ausgedehnten Kolonialpolitik. Weniger als ein Viertel der britischen Gesamtausfuhr von 1895 ging in die britischen Kolonien, der Rest in die entwickelten Länder. Die Zuwachsrate des Exports in die Kolonien war zudem um über 12 % gegenüber 1860 niedriger als die Exportzuwächse in die entwickelten Länder[158]. Daher hält Bernstein eine Fassung der Imperialismustheorie, wonach hauptsächlich die Kolonialpolitik die Veränderung der kapitalistischen Entwicklung verursacht habe, für nicht beweiskräftig.

---

155 Nachtrag: Einige Mängel der marxistischen Behandlung des Lohnproblems, in: Zur Geschichte und Theorie, S. 96.
156 Voraussetzungen, S. 120.
157 a. a. O.
158 a. a. O. Für Deutschland betrug der entsprechende Anteil sogar weniger als 2 %. Vgl. F.-W. Henning. a. a. O., S. 258.

5. Das Wissenschaftsverständnis

„Von Eklektizismus kann hier nicht die Rede sein. Der Fortschritt der Wissenschaft beruht auf der Unterscheidung des von Natur Verschiedenen[1].*"*

5.1 *Die Herausbildung von Bernsteins Wissenschaftsbegriff*

Bernstein hat klar umrissene Vorstellungen über die Wissenschaftlichkeit von Aussagen gehabt. Sie stehen nicht im Vordergrund seines Werkes und unterliegen leicht der Gefahr, übersehen zu werden. Da Bernsteins erster größerer Versuch auf diesem Gebiet ihm zu der Feindschaft der orthodoxen Marxisten auch noch die Gegnerschaft der Neukantianer, mit denen er die strategischen Auffassungen teilte, einbrachte, hat er außer durch die Veranlassung der unmittelbaren Kontroverse, in die er bereits verwickelt war, zu diesem Fragenkomplex nicht mehr zusammenhängend das Wort ergriffen. Wie andere Ansätze auch, so hat er die Einsichten und Konsequenzen aus seinem Wissenschaftsverständnis und dessen Anwendung auf die Partei und ihr Programm in späterer Zeit nicht mehr in den Vordergrund gestellt, im Grunde sogar beiseite gelassen. Vielleicht weil, wie er schon bald nach dem Beginn der Debatte 1901 bemerkt hatte, das Interesse an den eigentlich theoretischen Fragen in der Partei rasch erlahmte, sicher auch, um nicht neue, politisch unmittelbar wenig ergiebige Kontroversen zu veranlassen, hat er die wissenschaftstheoretischen Fragen seines Programmverständnisses zwar ansatzweise anläßlich der Erörterung des Parteiprogramms 1904, nicht aber bei Gelegenheit der Darstellung des Görlitzer Programms von 1921 erneut in die Diskussion eingebracht[2].

In den Jahren zwischen ca. 1895 und ca. 1905 hat er in einer Reihe von Aufsätzen und Briefen seinen für die Grundlegung des Revisionismus leiten-

---

1 Bernstein, An meine sozialistischen Kritiker, in: SM, 6. Jg. (1900), S. 11.
2 Vgl. die auffällige Abstinenz Bernsteins hinsichtlich der wissenschaftstheoretischen Fragen des Görlitzer Programms, an dessen Erarbeitung er führend beteiligt war und für das er einen Kommentar verfaßt hat. Weder in seinem zur Programmvorbereitung verfaßten Aufsatz „Zur Frage eines neuen Parteiprogramms der Sozialdemokratischen Partei Deutschlands", (In: Das Programm der Sozialdemokratie. Vorschläge für seine Erneuerung, Berlin 1920), noch in seinem Kommentar zu diesem Programm „Das Görlitzer Programm der Sozialdemokratischen Partei" Deutschlands, Berlin 1922 spielen Fragen dieser Art eine Rolle. Auch in seiner Schrift, Der Sozialismus einst und jetzt aus dem Jahre 1921 sind wissenschaftstheoretische Fragen deutlich unterbelichtet.

den Wissenschaftsbegriff entfaltet und die zugehörigen praktischen Konsequenzen gezogen. Zwar ist dieser Wissenschaftsbegriff nicht in jeder Hinsicht als konsistent oder ausreichend anzusehen, wie im folgenden zu sehen sein wird, er läßt aber deutlich werden, daß Bernstein über eine theoretische Fundierung seiner Revisionsbestrebungen durchaus verfügte und eine Reihe von Gedanken formuliert hat, denen sowohl was die Wissenschaftstheorie im engeren Sinne anbelangt, besonders aber im Hinblick auf die sozialistische Programmtheorie, wegweisender Charakter zukommt. Die Jahre, in die Bernsteins diesbezügliches Schaffen fällt, waren eine Zeit, in der die sozialwissenschaftlich-methodologische Selbstbesinnung eben erst begann. Auch aus diesem Grunde und nicht einmal in erster Linie wegen seines philosophischen Laienstatus, wird man von Bernstein epochemachende wissenschaftstheoretische Leistungen nicht erwarten können. In kritischer Auseinandersetzung mit Unklarheiten und schlecht begründeten Festlegungen der damals die Partei beherrschenden Marxorthodoxie hat er indessen Grundsätze wissenschaftlicher Geltung formuliert, die in überraschend vielen Punkten denen nahekommen, die vom kritischen Rationalismus in der Wissenschaftstheorie später entwickelt worden und die bis in die Gegenwart aktuell geblieben sind. Jahre vor Max Webers epochemachenden wissenschaftstheoretischen Aufsätzen hat er ähnliche Prinzipien wie dieser im Ansatz dargelegt[3]. Für Theorie und Geschichte des Sozialismus sind es aber nicht in erster Linie unmittelbar diese wissenschaftstheoretischen Darlegungen, deretwegen Bernstein ein bleibendes Verdienst zukommt, sondern vielmehr die aus ihnen abgeleiteten Grundsätze für die logische Struktur eines sozialistischen Programms und den Status und den Zusammenhang seiner unterschiedlichen Elemente. Erst mit dieser Errungenschaft wird eine undogmatische Diskussion und Fortentwicklung des Sozialismus nach Maßgabe veränderter Erkenntnisse und Erfahrungen möglich. Zu diesen Konsequenzen wurde Bernstein durch die Legitimationslücke gedrängt, die seine Kritik am parteioffiziellen Determinismusglauben innerhalb des Sozialismusverständnisses gerissen hatte. Da er in dieser Frage mehr noch als in den anderen Streitpunkten mit seiner Kritik seinerzeit nicht durchdrang, hat sie innerhalb der sozialistischen Theoriediskussion eine direkte Wirkungsgeschichte nicht zeitigen können.
Zur wissenschaftstheoretischen Reflexion der Grundlagen sozialistischer

---

3 Max Weber legte seinen epochemachenden Aufsatz „Die ‚Objektivität' sozialwissenschaftlicher und sozialpolitischer Erkenntnis" im Jahre 1904 vor, während Bernstein seine in gleiche Richtung weisenden Darlegungen bereits in den 90er Jahren des 19. Jahrhunderts begann. Interessante Hinweise auf das Verhältnis von Weber zu Bernstein finden sich bei Gneuss, a. a. O., S. 215 f. Für die aktuelle Diskussion des Verhältnisses einer solchen Wissenschaftsauffassung zum demokratischen Sozialismus, vgl. Georg Lührs u. a. (Hrsg.), Kritischer Rationalismus und Sozialdemokratie, 2 Bände, Bonn-Bad Godesberg 1975 und 1976.

Theorie ist Bernstein ursprünglich gerade deswegen gekommen, weil er den Anspruch des Marxismus, den Sozialismus wissenschaftlich begründet zu haben, ernst nahm. Dieses besondere Attribut der Wissenschaftlichkeit hatte er schon zu einer Zeit, als er im übrigen einen inhaltlichen Dissens zu den Lehren von Marx und Engels nicht hatte, als eine Verpflichtung zur Kritik aufgefaßt. So hatte er 1893 geschrieben: „Alle Resultate der Untersuchungen von Marx und Engels beanspruchen nur solange Gültigkeit, als sie nicht durch neuere wissenschaftliche Untersuchungen widerlegt werden können, irgendeine endgültige Wahrheit letzter Instanz kennt der Marxismus nicht, weder bei sich, noch bei anderen[4]."

Nun unterscheidet freilich ein solches Bekenntnis allein noch nicht den Dogmatiker vom selbstkritischen Wissenschaftler, denn in abstrakto werden sich alle mit ihm einig erklären müssen, die kein unverblümtes Bekenntnis zum Dogmatismus ablegen möchten. Erst in der Bereitschaft, in konkreter Lage mit solchen Postulaten auch ernst zu machen, zeigt sich, wie sie gemeint waren. Sowohl in seiner wissenschaftlichen wie in seiner wissenschaftstheoretischen Entwicklung hat Bernstein unter Beweis gestellt, daß er es in der Tat mit dieser Formulierung ernst gemeint hatte.

Wissenschaftstheoretische Fragen beschäftigten ihn schon vor dem Beginn seiner Marxismuskritik. In einer Reihe von Aufsätzen untersuchte er seit 1894 das Verhältnis von Naturwissenschaft und Gesellschaftswissenschaft[5]. Mehrfach erwähnt er bereits seit März 1892 in seinen Briefen an Kautsky, daß er sich viel mit philosophischen und naturwissenschaftlichen Fragen beschäftige, insbesondere mit dem Themenkreis Freiheit und Notwendigkeit[6]. Der zeitliche Rahmen läßt vermuten, daß er durch die Beschäftigung mit dem Werk F. A. Langes, bei dem Fragen dieser Art ja eine zentrale Rolle spielen, dazu veranlaßt worden sein dürfte[7].

In diesen Jahren bereits, wo die vulgärmaterialistischen und reduktionistischen Deutungen gesellschaftlicher Zusammenhänge bis weit hinein in die sozialdemokratische Theorie an der Tagesordnung waren, betonte Bernstein grundsätzliche Unterschiede zwischen dem Erkenntnisbereich der Naturwissenschaft und dem der Gesellschaftswissenschaft. Damit will er dem

4 Zum zehnjährigen Bestand der „Neuen Zeit", in: NZ, 11, 1, (1892/93), S. 10.
5 Bernstein, Naturwissenschaft wider Gesellschaftswissenschaft (1894), in: NZ, 12, 2; Naturwissenschaftliche Nationalökonomie (1895), in: NZ, 13, 1; Naturprinzipien und Wirtschaftsfragen (1900), in: SM, 4. Jg. Wichtige, wenn auch kurze Darlegungen seiner wissenschaftstheoretischen Position finden sich in: Zwei politische Programmsymphonien (1897), in: NZ, 15, 2, S. 338 und in: Klassenkampfdogma und Klassenkampfwirklichkeit, in: NZ (1899), 17, 2, S. 623.
6 Bernstein an Kautsky vom 19. 3. 1892 (IISG K. DV 199) und Bernstein an Kautsky vom 10. 11. 1892 (IISG K. DV 225).
7 Wenige Tage zuvor schrieb er, daß die Arbeit an Lange ihm „viel Spaß" mache; Bernstein an Kautsky vom 29. 2. 1892 (IISG K. DV 195).

Versuch entgegentreten, gesellschaftliche Zusammenhänge nach dem Muster bewußtloser Naturzusammenhänge zu erklären. Ohne zweckgerichtetes menschliches Handeln lassen sich die spezifisch gesellschaftlichen Zusammenhänge nicht deuten. Weil die Natur von sich aus „keine einzige ökonomische Kategorie, weder den Lohnarbeiter, noch den Kapitalisten, weder den Lohn noch den Profit, weder den Grundbesitzer, noch die Grundrente, weder das Angebot noch die Nachfrage" hervorbringt, deshalb gilt: „Eine naturwissenschaftliche Nationalökonomie ist ein Widerspruch", weil sie gerade das nicht erfaßt, was für den gesellschaftlichen Erkenntnisbereich eigentümlich ist[8]. Gefährlich sind insbesondere Analogien aus der biologischen Welt, wenn sie für unmittelbare gesellschaftliche Erkenntnisse ausgegeben werden[9].

Damit will Bernstein nicht sagen, daß Gesellschaft sich systematischer Erkenntnis entzieht. Auch für sie rechnet er vielmehr mit dem „Walten von Naturgesetzen, aber von gesellschaftlichen, aus der Natur der Gesellschaft sich ergebenden, nicht aus der Natur auf die Gesellschaft übertragenen Gesetzen"[10]. Das Wesen dieses Unterschieds hat Bernstein, wenn auch sporadisch, eine Reihe von Jahren beschäftigt. Es ist ein grundlegendes Thema seiner wissenschaftstheoretischen Überlegungen.

Aber auch diejenigen Themen, mit denen er sich 1901 in seinem berühmten Aufsatz „Wie ist wissenschaftlicher Sozialismus möglich?" beschäftigen sollte und die wegen ihrer Abkehr von grundlegenden Prinzipien des marxistischen Wissenschaftsverständnisses der Partei als Sensation und als Vertiefung des Bruches empfunden wurden, hat Bernstein bereits in den ersten Jahren seiner revisionistischen Wende angesprochen. Bereits 1897 hat er die Grundlagen seiner späteren Position ausformuliert. Diese Fundstelle ist deswegen von besonderem Interesse, weil sie zugleich die Quelle der wissenschaftstheoretischen Umorientierung Bernsteins zu erkennen gibt. Anläßlich einer Besprechung von G. B. Shaws Aufsatz „Illusionen des Sozialismus"[11] referiert er dessen nach eigenem Bekunden vor allem von Comte und Mill sowie dem englischen Empirismus durch und durch geprägte Wissenschaftsauffassung und fährt überraschend fort: „Große Anfechtung werden ... die Bemerkungen über die wissenschaftliche oder Wissenschaftsillusion des Sozialismus erfahren, aber wer sich die Mühe nimmt, genauer über das Verhältnis von Wissenschaft und Sozialismus nachzudenken, der wird dem Hauptgedanken Shaws, daß das, was wir gewöhnlich die Wissenschaft des Sozialismus nennen, nicht auf diesen Namen Anspruch hat, seine Zustim-

---

8 Naturwissenschaftl. Nationalökonomie, a. a. O., S. 111 f.
9 Dies ist ein wichtiges Interpretationsmittel für seine eigene analoge Verwendung von der Biologie entlehnten Begriffen zur Illustration der gesellschaftlichen Komplexität und ihrer Probleme.
10 a. a. O., S. 122.
11 Vgl. Anm. 75, Kap. 3.

mung nicht versagen können, so sehr er in den Details von ihm abweichen mag. Ist z. B. das ‚Kapital‘ ein Werk sozialistischer Wissenschaft? Durchaus nicht. Es ist eine wissenschaftliche Untersuchung der bürgerlichen Produktionsweise, das aber nirgends, wo es wissenschaftlich ist, spezifisch sozialistisch ist, sondern eben von aller Tendenz frei sein will. Nur einige Folgerungen sind spezifisch sozialistisch, aber sie sind, wie das Schlußkapitel im ersten Band des ‚Kapital‘, sehr aphoristisch gehalten und beanspruchen nicht mehr wie allgemeine Tendenzen darzulegen. Die Werttheorie und alle auf sie aufgebauten feineren Untersuchungen des ‚Kapital‘ lassen die sozialistische Theorie unberührt. Sie sagen, was ist, nicht was sein soll. Die Wissenschaft kann nicht Parteisache sein, Parteien können nur ihre Schlüsse aus den Ergebnissen der Wissenschaft ziehen und werden in den meisten Fällen nur das akzeptieren, was ihrem Bedürfnis entspricht[12].“

Mit dieser klaren Trennung von Sollen und Sein, Sozialismus und Wissenschaft, ist die wissenschaftstheoretische Position des Revisionismus bezogen, die erst vier Jahre später in das Bewußtsein der Parteiöffentlichkeit drang. Sie ist mit dem Wissenschaftsverständnis, wie die Fabier es aus einer auf David Hume zurückgehenden Tradition übernommen hatten, in den wesentlichen Fragen identisch[13]. Bernstein übernimmt direkt das von Shaw entfaltete Argument. Was er bereits zu dieser Zeit als im eigentlichen Sinne wissenschaftlich versteht, skizziert er in einem Brief an Kautsky aus dem gleichen Jahr. Gegen diesen verteidigt er die von Webb in seiner Geschichte der englischen Gewerkschaftsbewegung angewendete wissenschaftliche Methode und gibt ihr gegenüber dem von den deutschen Sozialdemokraten strapazierten spekulativen Denken den Vorzug. Diese Methode nennt er die „positivistisch-induktive“ Methode. Damit meint er die wissenschaftliche Richterrolle der Empirie gegenüber theoretischen Konstruktionen[14]. Konkret handelt es sich für Bernstein in jener Zeit um die Frage, ob die vermeintlich wissenschaftlichen Konstruktionen hinsichtlich des erwarteten Entwicklungsgangs der kapitalistischen Gesellschaft in einem vernünftigen Wissenschaftsverständnis durch entgegenstehende Erfahrungstatsachen als widerlegt gelten sollen oder nicht. Mit der Annahme eines konsequenten Empirismus ist angesichts der damaligen Sachlage ja zugleich über die Möglichkeit der Fortgeltung wichtiger Teile der Theorie der Partei entschieden. Dessen war sich Bernstein nur allzu bewußt. Hinsichtlich seines Bekenntnisses zum Vorrang der Empirie bemerkt er daher gegenüber Kautsky: „Es steckt ein Stück Umkehr dahinter[15].“ Auch auf wissenschaftstheoretischer Ebene hatte Bern-

12 Bernstein, Zwei politische Programmsymphonien, a. a. O., S. 338.
13 Zum Wissenschaftsbegriff der Fabier vgl. Reichel, a. a. O., S. 64.
14 Bernstein an Kautsky vom 23. 12. 1897 (IISG, K. DV 427).
15 a. a. O.

stein sie 1897 schon vollzogen. In den folgenden Jahren legt er die tragenden Elemente seines Wissenschaftsbegriffs dar.

5.2 Natur- und Gesellschaftswissenschaften

Der für die wissenschaftliche Theoriebildung grundlegende Unterschied zwischen Natur und Gesellschaft besteht Bernstein zufolge darin, daß die Naturwissenschaft es „nicht mit den beabsichtigten, sondern mit den unbeabsichtigten Erscheinungen zu tun (hat), nicht mit den gewollten, sondern mit den notwendigen Beziehungen"[16]. Für sie kommen Zwecke im eigentlichen Sinne nicht in Betracht. Sofern für die Naturwissenschaft Zweckbeziehungen überhaupt eine Rolle spielen, handelt es sich um „gewordene partikuläre Zweckbeziehungen"[17]. Solche partikulären Zweckbeziehungen, wie sie etwa in den Nahrungsverhältnissen im Tierreich anzutreffen sind, fallen nicht aus dem Rahmen der rein objektiv wirkenden Kausalitätsverhältnisse heraus. Als eigenständige Kategorie kommt der Zweck für die Naturerkenntnis daher nicht in Betracht. Naturwissenschaft sucht ihre Einheit nicht in einem Zweck, „sondern in der Gesetzmäßigkeit der Erscheinungen"[18].
Diese Gesetzmäßigkeit konstituiert durchgängige „objektive Kausalitäten". Dieses Erkenntnisprinzip ist als Methode verstanden „die naturwissenschaftliche Weltanschauung"[19]. Ihr Kennzeichen ist also, daß sie ihr einheitsbildendes Prinzip auch dort, wo sie es mit Zwecken zu tun bekommt, nicht in den Zwecken sucht, sondern im Kausalitätsprinzip, das nur nach objektiv verursachten Wirkungen fragt.
Die eigentliche Alternative zu einem solchen Grundverhältnis der Dinge bezeichnet Bernstein mit dem technisch gemeinten Ausdruck „Kunst"[20]. Ihr Bereich ist das Erkenntnisobjekt der Gesellschaftswissenschaften. Das charakteristische Merkmal definiert Bernstein kurz: „Kunst im weiteren Sinne ist alles Können, dem ein Plan, eine Absicht, ein Willensakt zu Grunde liegt[21]."
In allen menschlichen Gesellschaften spielt nun die subjektive Zwecksetzung eine konstitutive Rolle. Mit subjektiv meint Bernstein eine nicht objektiv unabdingbar gegebene Beziehung, sondern einen wie immer intentional gesetzten Zweck. Subjektiv sind demzufolge Zwecke stets deshalb, weil sie nicht lediglich als objektiv verursachte Wirkungen angesehen werden können. Damit meint er zunächst lediglich eine nicht vollständige Rückführbar-

16 Naturprinzipien und Wirtschaftsfragen, a. a. O., S. 319.
17 a. a. O.
18 a. a. O.
19 a. a. O.
20 a. a. O., S. 320.
21 a. a. O.

keit von Zwecksetzungen auf objektive Verursachung, ohne jedoch eine vollständige Unabhängigkeit der Zwecksetzung von den gegebenen gesellschaftlichen oder natürlichen Bedingungen in Anspruch nehmen zu wollen. In diesem Sinne sagt er: „Die menschlichen Gesellschaften sind stets zu einem großen Teil Kunstprodukte, wenn auch ihre Ausbildung in langsamer geschichtlicher Entwicklung vor sich geht und bei ihrer Ausgestaltung und Weiterbildung der menschlichen Kunst — dem Willen — stets nur ein begrenzter Spielraum gelassen ist[22].“ Und zwar verfolgen sowohl die Gesellschaft als Ganzes, wie auch die gesellschaftlichen Gruppen und Individuen je bestimmte Zwecke. Darum kann sich ein einzelner Zweck nie rein als solcher durchsetzen und den Verlauf gesellschaftlicher Entwicklung oder die Art der Beziehung zwischen gesellschaftlichen Elementen bestimmen. Diese Kräfte, ihre Beziehungen, die Resultanten und Rückwirkungen aus ihnen bilden sich daher ihrerseits nicht nach dem Muster von Zweckbeziehungen. „So ist in den menschlichen Gesellschaften das subjektive Prinzip des Zwecks der Einschränkung und Durchkreuzung durch objektive Kräfte unterworfen. Es handelt sich hier um eine stufenartige Abgrenzung. Und zwar bildet die Gesellschaft als Ganzes jedesmal das Subjekt, dem seine Teilelemente (Individuen oder Gruppen) und ihr Eigenleben ähnlich als objektive Kräfte gegenüberstehen, wie die es umgebende Naturwelt. Je unvermittelter Leben und Charakter der Gesellschaft durch dies Eigenleben ihrer Elemente bestimmt werden, um so mehr ist das Verhältnis dem Naturverhältnis ähnlich[23].“ Trotz des Vorranges der Zweckbeziehungen im gesellschaftlichen Bereich spielen in ihm auch naturwüchsig-objektive Relationen eine Rolle. Das subjektive Zweckprinzip wird stets durch gegenüber den Zwecken externe, nämlich objektive Kräfte eingeschränkt und durchkreuzt. So wie nach dieser Auffassung daher jede Gesellschaft ein eigentümliches Kompositum von subjektiven Zwecksetzungen und objektiven Wirkkräften darstellt, so muß auch in der wissenschaftlichen Erkenntnis gesellschaftlicher Zusammenhänge mit beiden Arten von Relationen gerechnet werden. Die objektiven Kräfte können ihrerseits nur in Analogie zu Naturverhältnissen erfaßt werden. Sind gesellschaftliche Beziehungen zwar nicht auf Naturbeziehungen reduzierbar und auch nicht gänzlich als objektive Wirkungsverhältnisse zu begreifen, so muß es doch zumindest für das Segment der objektiven Relationen „Regeln (geben), unter deren Einfluß sie den oder die jeweiligen vorgesteckten Zwecke der gesellschaftlichen Einrichtungen je nachdem durchkreuzen oder ganz vereiteln. Man kann insofern mit Fug und Recht von Naturgesetzen des gesellschaftlichen Lebens sprechen"[24]. Der Ausdruck Naturgesetz ist dabei in zweierlei Hinsicht gemeint. Zum einen

---

22 a. a. O., S. 324.
23 a. a. O., S. 322.
24 a. a. O., S. 323.

handelt es sich wie im Falle von Naturbeziehungen um ungewollte Regelmäßigkeiten. Zum anderen sind diese Gesetze aber spezielle Verhältnisse, die aus der „Natur der Gesellschaft" folgen[25]. Bernstein meint nun keineswegs, daß aus dem entscheidungsvermittelten Charakter gesellschaftlicher Kräfte entweder eine Unmöglichkeit methodischer Erkenntnis oder eine spezifische Methode folgt. Er will vielmehr zum Ausdruck bringen, daß wissenschaftliche Erkenntnis gesellschaftlicher Zusammenhänge möglich ist und zwar mit denselben Mitteln, mit denen wissenschaftliches Erkennen auch sonst verfährt. Da aber im gesellschaftlichen Bereich der gesetzte Zweck eine Hauptrolle spielt, ist einem wissenschaftlichen Erfassen der Gesellschaft eine doppelte Grenze gesetzt. *Einmal läßt sich die Gesellschaft horizontal betrachtet nicht als durchgängig determiniertes Kausalverhältnis denken, sondern nur nach dem Muster von determinierten Segmenten und Teilstrukturen, die immer wieder durch nichtdeterminierte Zwecksetzungen voneinander abgekoppelt werden, so daß kein einheitlicher Wirkungszusammenhang besteht.* Zum anderen ergibt sich eine bedingte Offenheit der Gesellschaft in vertikaler Sicht, nämlich im Hinblick auf ihren Entwicklungstrend. Auch hier kommen wieder nicht gesetzmäßig antizipierbare Zwecksetzungen ins Spiel, die zwar nicht beliebig offen sind, aber doch auch nicht völlig richtungsbestimmt.

In der rückwirkenden Betrachtung gesellschaftlicher Entwicklung können auch Zwecke in Kausalerklärungen eingerückt werden, weil sie dann als „Glieder ... in der Kette der Ursachen" betrachtet werden können[26]. Insofern können dann auch Zwecke, nämlich als gesetzte, Bestandteil einer objektiven Erkenntnis werden, während für die „pragmatische Gesellschaftsbetrachtung"[27] die Zwecke als noch nicht entschiedene bzw. in ihrer Durchsetzbarkeit offene im Vordergrund stehen. Hier werden dann vom Zweck her Ursachen und Wirkungen gewertet und das ist, so Bernstein, „wesentlich subjektiv"[28].

Es entsteht die Frage, welche Vorstellung Bernstein vom Kausalitätsbegriff und von der Zwecksetzung hat.

5.3 *Determinismus und Willensfreiheit*

Bernstein wendet sich gegen die Vorstellung, alles Geschehen im gesellschaftlichen Gebiet sei von Anbeginn, womöglich gar durch Entwicklungen vor Aufkommen menschlicher Gesellschaften durchgängig determiniert. Damit kritisiert er die von orthodox-marxistischer und neukantianischer Seite glei-

---

25 Naturwissenschaftliche Nationalökonomie, S. 122.
26 Naturprinzipien und Wirtschaftsfragen, a. a. O., S. 322.
27 a. a. O.
28 a. a. O.

chermaßen vertretene Auffassung, daß ohne die Voraussetzung einer durchgängigen Determination des gesamten Zusammenhanges der Welt der Erscheinungen, also auch der gesellschaftlichen Beziehungen, Wissenschaft selber unmöglich würde.

Auch er hält das Kausalitätsprinzip für ein Grundprinzip wissenschaftlicher Erkenntnis überhaupt und zwar auch für die Wissenschaft von der Gesellschaft. Er räumt ihm in bewußter Anlehnung an Kant einen quasitranszendentalen Status ein, ohne indessen alle Kantischen Konsequenzen ziehen zu wollen. Es kommt ihm darauf an, das Kausalitätsprinzip festzuhalten, in ein richtiges Verhältnis zur Erfahrung zu setzen und gleichzeitig einen monistisch geprägten Determinismus zurückzuweisen. Stärker als an Kant selber lehnt sich Bernstein, wie er selbst einmal einräumte[29], an Friedrich Albert Lange an, dem es um eine Vermittlung von Materialismus und Idealismus zu tun war. Bernstein drückt dies so aus: „Daß nichts in der Welt ohne Ursache geschieht, und daß die gleiche Ursache unter gleichen Umständen stets die gleiche Wirkung hat, ist eine Annahme, zu der der Organismus unseres Verstandes uns zwingt...[30]." An anderen Stellen konkretisiert er diese transzendental formulierte Auffassung. Er spricht von einem „*Postulat* der Kausalität, die in unserer Vernunft begründete Forderung eines zureichenden Grundes für alles Geschehen"[31]. Dieses „aprioristische Theorem unserer Vernunft"[32] kann nun aber nach Bernstein — und hierin unterscheidet er sich bewußt sowohl von den Materialisten als auch von Neukantianern — weder als zureichendes Prinzip für die Ausschließung außerempirischer Verursachungen noch für die Behauptung einer durchgängigen „unbedingten physischen Notwendigkeit alles Geschehens", noch schließlich als Beweis für die wissenschaftliche Möglichkeit oder Notwendigkeit einer „Weltformel" dienen[33].

Denn wissenschaftlichen Erkenntniswert kann das Kausalitätspostulat jeweils „nur innerhalb der von uns erkannten Naturgesetze" haben[34]. Außerhalb des realen Erkenntnisprozesses ist die Vorstellung von einer durchgängigen Kausalität nur eine erbauliche Vorstellung ohne bestimmten Erkenntniswert. Das Kausalitätsprinzip ist nicht seinerseits selbst Erkenntnis, sondern wird es erst in Anwendung auf konkrete Gegenstandsbeziehungen, soweit es sich hierbei empirisch bewährt.

Eine sinnvolle Anwendung findet dieses Erkenntnisprinzip daher nur in der Erfahrungswissenschaft. Die Berufung auf eine vernunftnotwendige Kausalität allein kann niemals die Wissenschaftlichkeit bzw. Geltung von Aus-

29 Voraussetzungen, S. 257.
30 Die Notwendigkeit in Natur und Geschichte, in: NZ, 17, 2 (1898/99), S. 261.
31 Nach zwei Fronten, in: NZ, 17, 2 (1898/99), S. 845.
32 a. a. O., S. 846.
33 Die Notwendigkeit in Natur und Geschichte, a. a. O., S. 262 und 263.
34 Nach zwei Fronten, S. 847.

sagen sicherstellen. Erst durch empirische Bewährung gewinnen Kausalaussagen den Rang von Erkenntnissen. „Wenn die Dorfgroßmutter folgert, die Kuh sei behext, so wird sie zur Not auch mit einer Kausalreihe aufwarten können, und jedenfalls ist die Hexerei für sie als Ursache hinreichend, die bestimmte Wirkung der blutigen Milch nach Art, Maß und Richtung hervorzubringen. Nicht die Formulierung des wissenschaftlichen Kausalbegriffs wird sie von ihrem grotesken Kausalschluß abbringen, sondern — sofern sie überhaupt der Belehrung zugängig ist — der Nachweis von dem Widerspruch desselben mit den erkannten tatsächlichen physiologischen Zusammenhängen[35]."

Nicht durch eine wie immer geartete Formulierung der Allgemeingültigkeit des Kausalitätsprinzips wird Wissenschaft konstituiert, sondern durch das Verhältnis von objekttheoretischen Kausalaussagen zur empirischen Basis. Insofern ist das Kausalitätsprinzip ein wissenschaftstheoretisches Postulat, nach empirischen Gesetzen zu suchen und sie empirisch zu überprüfen.

Der dritte Grund, aus dem es nicht Beweis für die Möglichkeit einer deterministischen Weltformel sein kann, liegt Bernstein zufolge auf dem Gebiet der bedingten menschlichen Willensfreiheit. Machte er mit seinem Hinweis auf die Rolle der Empirie den „empirischen Kant" gegen die Neukantianer geltend, so durchbricht er hier ein tragendes Prinzip des Kantischen Wissenschaftsverständnisses[36]. Mit einer Wendung gegen den Neukantianer Staudinger, der Bernsteins wissenschaftstheoretische Konsequenzen aus der in Anspruch genommenen Willensfreiheit der Kritik unterzogen hatte, will Bernstein für den gesellschaftlichen Bereich das Prinzip der durchgängigen objektiven Kausalverknüpfung des gesamten Phänomenbereiches außer Kraft setzen. Dem Prinzip der subjektiven Zwecksetzung entspricht nämlich als Voraussetzung die menschliche Fähigkeit, sich von materiellen, objektiveinsinnigen Verursachungen seines Handelns freizumachen. Darum ist eine Kausalnotwendigkeit menschlichen Handelns nicht gegeben. „Die Frage nach der Freiheit des Willens ist die Frage nach der Freiheit des bewußten Entschließens und damit in letzter Instanz nach der Freiheit des Denkens. Jedem Entschluß geht eine noch so kurze Überlegung vorher, denn wo kein Abwägen ist, ist auch kein Entschließen. Die Entscheidung zeigt an, auf welcher Seite der im entsprechenden Zeitpunkt stärkste Beweggrund war. Da sie häufig gegen das persönliche Interesse ausfällt und noch häufiger gegen den zum Bewußtsein gelangten physischen Augenblicksantrieb, so ist es klar, daß intellektuelle oder ideelle Motive stärker wirken *können* als animalische oder grobmaterielle. Es ist der *Gedanke,* der den Sieg über das ‚Fleisch' davonträgt[37]." Nun beeinflussen solche Denk- und Entscheidungs-

35 a. a. O., S. 846 f.

36 Bernstein, Das realistische und das ideologische Moment im Sozialismus (1898), in: Zur Geschichte, S. 264.

37 Bernstein, Die Notwendigkeit in Natur und Geschichte, a. a. O., S. 262.

prozesse nach Bernstein die tatsächlichen Wirkungszusammenhänge der realen Welt nicht lediglich in dem transzendentalen Sinne, daß sie zu einer phänomenal schon zureichenden Verursachung lediglich noch als intelligible Zusatzmotive hinzutreten, sondern sie sind selber Bestandteil der Erscheinungswirklichkeit und koppeln insofern die Handlungsrealität von einer rein physischen Wirkungskette ab. Es reicht ihm nicht aus, der Tatsache menschlichen Bewußtseins „immer nur als *Begleiter* von Handlungen" Rechnung zu tragen und einen transzendentalen Dualismus zu begründen, der die Willensfreiheit für die durchgängige objektive Determination der Erscheinungswelt und deren Erkenntnismöglichkeiten ohne Folgen bleiben läßt[38]. Darum bejaht er den letzten Teil der selbstgestellten Fragen ausdrücklich: „Gibt es beim Menschen neben den ganzen unbewußten inneren Vorgängen nur noch innere Aktivitäten, die ‚im Bewußtsein zur Erscheinung kommen', und nicht auch solche, *die vom Bewußtsein ausgehen?* Anders ausgedrückt: Sind wir nur *mit Bewußtsein begabte Automaten* oder besitzen wir irgendwelche Autonomie des Denkens und damit auch des Handelns[39]?"

Bernstein zufolge gehorcht der menschliche Denkprozeß nicht einem Prinzip von der Art der Kausaldetermination, wie wir sie im übrigen Erkenntnisbereich finden. Er ist aber in der Lage, Entscheidungsprozesse, die unmittelbar in die Erscheinungswirklichkeit verursachend eingreifen, ursächlich zu beeinflussen und nicht nur im Sinne einer transzendentalen Zusatzursache zu anderweitig ausreichend verursachten Prozessen hinzutreten. Damit „fällt die unbedingte Notwendigkeit der faktischen Menschheitsgeschichte rettungslos zusammen und es bleiben nur noch relative Notwendigkeiten, die sich jeweilig aus dem Zusammenwirken einer Summe von Kräften ergeben"[40].

Bernstein neigt mitunter dazu, dieses Prinzip der nur jeweils bedingten Kausalität, die Zurückweisung der „Weltformel", lediglich auf die übergroße Komplexität gesellschaftlicher Zusammenhänge zurückzuführen, im Vordergrund bleibt aber stets das Argument von der „Expositionalität" des menschlichen Denkens, das er von verschiedenen Seiten her näher begründet[41]. Es führt bei ihm nicht, wie schon die Erörterungen über die wissenschaftstheoretischen Folgen seines Zweckbegriffs gezeigt hatten, zu einer Preisgabe des Prinzips einer nomologischen Gesellschaftswissenschaft, sondern vielmehr zu einer Beschränkung des festgehaltenen nomologischen Erkenntnisprinzips auf jeweilig bedingte Segmente, Strukturen und Tendenzen der Gesellschaft, statt auf eine einheitliche Erfassung des Gesamtzusammen-

---

38 Nach zwei Fronten, S. 848.
39 a. a. O., S. 849.
40 Die Notwendigkeit in Natur und Geschichte, S. 267.
41 Vgl. z. B. Idealismus, Kampftheorie und Wissenschaft, in: SM, 7. Jg., 2 (1901), S. 603. Den Ausdruck selbst verwendet er nicht.

hangs. Sozialwissenschaft bleibt auch unter der Bedingung der Expositionalität des menschlichen Bewußtseins die „Wissenschaft von den *Kräften* und
Zusammenhängen des *Gesellschaftsorganismus, von Ursache* und *Wirkung*
im Gesellschaftsleben"[42].

5.4 *Expositionalität des Denkens*

Bernstein hatte die menschliche Willensfreiheit, wie bedingt sie im übrigen
auch immer sein mag, davon abhängig gemacht, daß es eine „Freiheit des
bewußten Entschließens und damit in letzter Instanz... (eine) Freiheit des
Denkens" gibt[43]. Dieser Grundsatz hat zwei Zielrichtungen. Gegen den
monistischen Materialismus will er die prinzipielle Eigengesetzlichkeit des
menschlichen Denkprozesses erweisen und gegenüber einem eng gefaßten
historischen Materialismus will er die außerökonomischen Bestimmungs-
faktoren menschlicher Handlungsautonomie herausstellen[44].
Bernstein unternimmt den schwierigen Versuch, die Expositionalität des
menschlichen Bewußtseins darzulegen, ohne Konzessionen an spiritualistische
oder rein idealistische Auffassungen zu machen. Was er dabei letztlich im
Sinne hat, kommt der „erkenntnisanthropologischen Komplementaritäts-
these" sehr nahe, wie sie in jüngster Zeit von Karl-Otto Apel formuliert
worden ist[45], ohne daß Bernstein jedoch damit die Absicht verfolgt, eine
spezielle geisteswissenschaftliche Erkenntnislehre zu entwickeln. Vom Materialismus, insbesondere vom historischen Materialismus möchte er die Erkenntnis festhalten, daß alles menschliche Denken von äußeren Voraussetzungen inhaltlich geprägt und beeinflußt ist. Er bezeichnet diese materialistische These als einen „sehr bedeutenden Fortschritt"[46], hält aber deren
Korrektur nach der Seite der Autonomie menschlichen Bewußtseins hin für
erforderlich. Denken ist nie *nur* inhaltlich durch die tatsächlichen Voraussetzungen vermittelt. Es enthält stets *auch* eine eigentümliche Selbständigkeit.
Bernstein spricht von einer „Souveränität des Menschengeistes gegenüber
den Naturkräften"[47]. Er geht davon aus, daß diese relative Autonomie im

---

42 a. a. O.
43 Die Notwendigkeit in Natur und Gesellschaft, S. 262.
44 Dabei ist er von einer Reihe von Theoretikern beeinflußt, deren Namen er selbst
   nennt; so vor allem B. Croce, A. Labriola und G. Sorel sowie C. Schmidt. Für eine
   Skizze der Ansätze von Croce, Labriola und Sorel vgl. Bo Gustafsson, a. a. O.,
   S. 191 ff., 200 ff. und 244 ff.
45 Apel, K. O., Szientistik, Hermeneutik, Ideologiekritik: Entwurf einer Wissenschaftslehre in erkenntnisanthropologischer Sicht, in: Wiener Jahrbuch für Philosophie, Band 1,
   (1968), S. 15—45.
46 Die Notwendigkeit, S. 264.
47 Nach zwei Fronten, S. 849.

Laufe der Entwicklung der menschlichen Gesellschaften zunehmend ausgeprägt wird. Aus diesem Grunde sind menschliche Bewußtseinsinhalte zwar stets durch ihre materiellen Voraussetzungen vermittelt, gehen aber niemals völlig in ihnen auf.

Grundsätzlich diskutiert Bernstein die Frage der Expositionalität des Bewußtseins zunächst im Zusammenhang mit der These von der Erforderlichkeit eines stofflich-natürlichen Substrats für alle Denkprozesse. Bekanntlich hatten die populären Vulgärmaterialisten der damaligen Zeit die Einseitigkeit hier soweit getrieben, daß das Verhältnis des Denkens zum Gehirn nach Analogie des Verhältnisses des Urins zur Niere verstanden worden war. Aber auch Marx selbst hatte mit seiner Formel, wonach das Ideelle nichts anderes sei, als das „im Menschenkopf umgesetzte und übersetzte Materielle"[48] zur Klärung dieser Frage keinen wegweisenden Beitrag geleistet. Ohnehin verstand Bernstein den Begriff „Materialismus" auch dort, wo er von den Schülern von Marx in Anspruch genommen wurde, stets im Sinne des erkenntnistheoretischen Monismus[49]. Er konzediert diesen Ansätzen zunächst, daß ein Denken, welches nicht mit „mechanischen" Vorgängen im menschlichen Gehirn verbunden sei, nicht denkbar ist. Gleichzeitig wendet er aber ein, daß Denken durch diese mechanischen Vorgänge niemals zureichend erklärt werden könne. Das Kausalitätsprinzip kommt zwar als eine Voraussetzung mit ins Spiel, erklärt aber das Spezifikum menschlicher Bewußtseinsprozesse gerade nicht. „Beim Denken kommt ein Prinzip mit in Wirkung, das bisher noch nicht aus der Mechanik erklärt werden konnte und auch schwerlich je aus ihr wird erklärt werden können[50]." Wobei mechanisch nach dem damaligen Sprachgebrauch besagen soll: ein rein nach Kausalitätsverhältnissen aufgebautes System. Dieses Prinzip kann Bernstein nicht näher bestimmen, er stellt es heraus, um die Irreduzibilität von Bewußtseinsprozessen auf Naturprozesse zu unterstreichen. Jedenfalls handelt es sich nach Bernstein hierbei um ein „Prinzip", „das zugleich mit dem mechanischen Prinzip beim Denkprozeß ins Spiel kommt und von jenem bis zu einem gewissen Grade unabhängig wirkt. Mit der Annahme eines solchen Prinzips, für die viele Gründe sprechen, wäre allerdings der mechanische Determinismus entfernt, aber die Gesetzmäßigkeit des Denkens und die Ursächlichkeit des Handelns wären damit durchaus noch nicht preis-

---

48 Vgl. MEW, 23, S. 27.
49 Das realistische und das ideologische Moment, S. 265. Bernstein hielt den Begriff „Materialismus" sowohl in erkenntnistheoretischer als auch in geschichtsphilosophischer Hinsicht für irreführend, weil er mit traditionellen Bedeutungen behaftet ist, die zu reduktionistischen Fehlschlüssen Anlaß geben. Daher wollte er für die „materialistische" Geschichtsauffassung auch lieber „ökonomische" Geschichtsauffassung sagen. Vgl. Voraussetzungen, S. 33 f., der Ausdruck selbst S. 44.
50 Die Notwendigkeit, a. a. O., S. 263.

gegeben"[51]. Denken folgt also trotz aller materieller Bedingtheit stets auch einem Prinzip, das nach dem Modell von Ursache und Wirkung allein nicht zu erfassen ist, und das überall dort, wo es ins Spiel kommt, als ein Gelenk zwischen den verursachenden und den vom Handeln verursachten Kausalbereichen wirkt, dessen Übersetzungsformel ihrerseits nicht dem Kausalprinzip folgt.

Diese Expositionalität des Bewußtseins ist die Voraussetzung für die bedingte Willensfreiheit, die Bernstein verteidigt. Da alle Entscheidungen und die durch sie verursachten Handlungen über Denkprozesse laufen, kommt trotz aller Vermittlung durch die Umweltfaktoren auch hier wieder eine Expositionalität des Handelns, eben bedingte Freiheit ins Spiel. Für die Handlungsfreiheit formuliert Bernstein daher konsequent ein ähnliches Komplementaritätsverhältnis wie für das Bewußtsein: „Eine völlige Unabhängigkeit des Willens behauptet kein Mensch[52]."

Andererseits kann menschliches Handeln, wie Bernstein nicht müde wird zu betonen, auch nicht nach dem Modell der Funktion von Automaten begriffen werden. Ebensowenig hilfreich ist für die Lösung dieses Problems aber Engels' Formulierung, wonach die Bewußtseinsprozesse „in letzter Instanz" durch die materiellen Voraussetzungen bedingt seien, weil die entscheidenden Fragen dabei doch alle offen bleiben. Zu dieser Verballösung des Problems bemerkt Bernstein spöttisch, „daß in den Falten dieses ‚in letzter Instanz' noch sehr viele Modifikationen stecken können"[53]. Zwar ist das menschliche Handeln stets durch die gesellschaftlichen Voraussetzungen geprägt. In erster Linie ist hierbei an die aus der sozioökonomischen Lage sich ergebenden *Interessen* zu denken. Diese Interessenbedingtheit gesellschaftlichen Handelns ist nun von materialistischer Seite immer wieder als Beleg für die materialistische Verursachung menschlichen Handelns ins Feld geführt worden. Bernstein zeigt aber in einer interessanten Erörterung bezogen auf das Handeln des modernen sozialistischen Proletariats, daß Interessen, sofern sie handlungsanleitend sind, immer nur als interpretierte Interessen wirksam werden. In diese Interpretation gehen unvermeidlich Faktoren ein, die über Bewußtseinsprozesse laufen und eine einsinnige Bedingtheit ausschließen. „Aber erstens muß das Interesse, um als Antrieb zur Teilnahme an einer Bewegung zu wirken, ein *erkanntes* sein, das Individuum muß eine ‚Idee' von seinem Interesse haben, um sich zu einer ihm entsprechenden Handlung zu entschließen, und zweitens handelt es sich auch schon um ein vermitteltes, nicht schlechtweg an das Ich der Person geknüpftes Interesse. Es ist ein Interesse, das sogar über das der Berufsgruppe hinausgeht, es ist ein Interesse der *Klasse,* und seine Wahrung erfordert in

---

51 a. a. O.
52 a. a. O., S. 262.
53 Das realistische und das ideologische Moment, S. 272.

verschiedener Hinsicht ein mindestens zeitweiliges Opfer *persönlichen* Vorteils. So ist das Interesse, das der marxistische Sozialismus voraussetzt, schon von vornherein mit einem *sozialen* und *ethischen* Element versehen und insoweit nicht nur ein *intelligentes,* sondern auch ein *moralisches* Interesse, so daß ihm auch Idealität im moralischen Sinne innewohnt[54]."

Daher ist gerade das objektivste Verbindungsglied des Menschen mit der Gesellschaft, um handlungsverursachend wirken zu können, an Interpretationen und Maßstäbe gebunden, bei denen das Element der Entscheidungsfreiheit und der Erkenntnis eine unverzichtbare Rolle spielt. Es kommt an dieser Stelle nicht auf Bernsteins Kritik am historischen Materialismus und auch nicht auf seine Sicht der historisch wirksamen Faktoren im einzelnen an, sondern lediglich auf die erkenntnistheoretischen Implikationen seiner Grundannahme über das Erkenntnisobjekt der Gesellschaftswissenschaften. Erwähnt sei jedoch schon hier, daß er die moralischen Faktoren als relativ eigenständige Kräfte sieht, die weder ein bloßer Reflex der ökonomischen Verhältnisse sind, noch, falls sie politisch relevant werden sollen, sich gänzlich über die ökonomischen Verhältnisse erheben können. „Tatsächlich ist die Moral eine zwar nicht unter allen Umständen, aber doch häufig, zwar nicht unbegrenzt, aber doch in weiter Sphäre schöpferische Potenz[55]." Weil moralische Sätze — wie später gezeigt werden soll — weder wissenschaftlich erwiesen noch als bloße Reflexe ökonomischer Konstellationen begriffen werden können, kommt für die Untermauerung der menschlichen Handlungs- und Entscheidungsfreiheit ein zusätzlicher Faktor ins Spiel.

Da nun aber die Interpretationen und Bindungen der gesellschaftlich handelnden Menschen nicht aus abstrakten Annahmen, sondern aus realen Lagen und Verhältnissen resultieren, kann diese Entscheidungsfreiheit niemals eine unbegrenzte sein. Um dieses Komplementaritätsverhältnis von Bewußtseinsvermittlung und Realvermittlung zu umschreiben, verwendet Bernstein den Rodbertusschen Begriff der „Spielartenfreiheit", für den er zusätzlich ins Feld führt, daß Marx ihn in seinem Exemplar der Rodbertusschen Schrift als bemerkenswert angestrichen hatte. Gemeint ist damit: „Daß es wohl eine gegenseitige Abhängigkeit der Grundlagen und Formen des Gesellschaftslebens gibt, die der Wille der Menschen jeweilig nicht aufheben kann, daß aber diese Abhängigkeit stets dem Willen noch Raum für Spielarten läßt[56]." Im Unterschied zur tatsächlichen Handhabung der These des historischen Materialismus, daß die „ideologischen" Faktoren auf die ökonomischen Basisbeziehungen zurückwirken können, gleichwohl „in letzter Instanz" doch stets von diesen bedingt sind, so daß sie eine wirkliche Eigenständigkeit nicht beanspruchen können, geht Bernstein von einer nicht redu-

---

54 a. a. O., S. 269 f.
55 a. a. O., S. 285.
56 Idealismus, Kampftheorie und Wissenschaft, S. 782.

ziblen eigenständigen Wirkmächtigkeit beider Faktoren innerhalb ihres Komplementaritätsverhältnisses aus. Zudem nimmt er eine mit der Entwicklung der Gesellschaften wachsende Autonomie des „idealen" Faktors an[57].

Aus diesen Überlegungen ergeben sich sowohl politisch strategische als auch wissenschaftstheoretische Konsequenzen. Die im vorliegenden Zusammenhang in Betracht kommenden wissenschaftstheoretischen Konsequenzen sind vor allem:

1. „Meines Erachtens nun schließt die Tatsache der menschlichen Willensfähigkeit die Möglichkeit aus, über gewisse allgemeine Sätze hinaus geschichtliche Entwicklungen vorherzubestimmen[58]."

2. Für die Einflußnahme auf die künftige gesellschaftliche Entwicklung zugunsten einer bestimmten „Spielartenfreiheit", nämlich einer bestimmten realen gesellschaftspolitischen Alternative, reicht wissenschaftliche Erkenntnis nicht aus, sie hängt stets auch in entscheidendem Ausmaß von aus Erkenntnis allein nicht zu begründenden Entscheidungen ab, in die moralische Anschauungen, Interesseninterpretationen und Rechtsauffassungen mit eingehen. Dies hat Folgen für das sozialistische Programmverständnis[59].

3. Bernstein leitet interessanterweise das Postulat der sozialwissenschaftlichen Wertfreiheit daraus ab. Denn wenn Wissenschaft vor allem kausale Relationen feststellen soll, können Wertpräferenzen nicht Erkenntniselemente sein. Sie können jedoch als tatsächlich wirkende Werthaltungen Gegenstand der Analyse werden. Damit greift Bernstein um einige Jahre der von Max Weber entfalteten Position in dieser Frage vor[60].

---

57 Das realistische und das ideologische Moment, S. 276 und 281.
58 Idealismus, Kampftheorie und Wissenschaft, S. 781.
59 Es ist bemerkenswert, daß angesichts der beachtlichen Reflexionen Bernsteins über das Verhältnis von sozialer Vermittlung und Handlungsautonomie einige Bernstein-Interpreten zu Schlußfolgerungen wie den folgenden kommen: „Es ist kennzeichnend für den eklektischen Grundzug der philosophischen Auffassungen Bernsteins, daß er das damit aufgeworfene Problem des Verhältnisses von Reformismus und Voluntarismus nicht deutlich herausarbeitete. Vielmehr war er bestrebt, das Motivationsvakuum, das sich durch die Preisgabe des geschichtlich determinierten Endziels ergab, einerseits durch die Übertragung des naturwissenschaftlichen Evolutionsbegriffs auf die gesellschaftliche Entwicklung, andererseits durch Rückgriff auf die idealistische Philosophie und die Tradition des ethischen Sozialismus zu lösen. Im Grund ersetzt er dabei nur die vom marxistischen Zentrum vertretene Vorstellung von einem automatischen Prozeß durch den bürgerlichen Fortschrittsglauben" (Lidtke, a. a. O., S. 681/682). Vgl. im einzelnen Kap. 6.
60 Vgl. Anm. 3.

5.5 Das Prinzip der wissenschaftlichen Wertfreiheit

Als es anläßlich des 2. deutschen Soziologentages im Oktober 1912 zu einem Eklat kam, weil Max Weber darauf bestand, daß aus den wissenschaftlichen Erörterungen dieses Gremiums eigene Wertungen herausgehalten werden müssen, der Leipziger Professor Paul Barth als Referent sich aber nicht an diese Forderung gehalten hatte, da ergriff Bernstein in einem Artikel in den Sozialistischen Monatsheften ohne Einschränkung für die Max Webersche Position Partei[61]. Er hält das Postulat der Wertfreiheit aus prinzipiellen Gründen für ein unverzichtbares Prinzip sozialwissenschaftlicher Forschung. Wie Max Weber ist sich Bernstein darüber im klaren, das Werte nicht in jeder Hinsicht aus der Sozialwissenschaft ausgeschlossen werden können, er legt den Akzent darauf, daß die Parteinahme für Werte nicht konstitutives Element von Erkenntnis sein kann, wenn anders nicht Grundprinzipien wissenschaftlicher Erkenntnis selbst in Frage gestellt werden sollen: „Barth überschritt dadurch durchaus noch nicht das Grenzgebiet der Soziologie, daß er darlegte, welche ethischen und pädagogischen Wirkungen der nationale Staat nach seinem Dafürhalten ausübe. Dagegen ist die Wertung des nationalen Staats um seiner ethischen Wirkungen willen nicht mehr Sache der Soziologie, sondern der Politik als Staatskunst im weiteren Sinne. Wie aber niemand die Physiologie darum eine trockene Wissenschaft schelten wird, weil sie das Heilen kausal oder funktionell und nicht teleologisch betrachtet, so kann man auch die Soziologie nicht darum trockene Wissenschaft nennen, weil sie die Fragen der Staat-, Sozial- und Kulturpolitik kausal und nicht teleologisch behandelt. Je mehr sie hierin sich Beschränkungen auferlegt, je mehr sie ihre Feststellungen von Werturteilen freihält, die der Teleologie der Disziplinen der angewandten Sozialwissenschaft angehören, um so bessere Dienste wird sie den Vertretern dieser Disziplinen leisten. Denn alle haben schließlich das Bedürfnis, sich auf Untersuchungen zu stützen oder zu berufen, denen nur die eine Tendenz zugrunde liegt: Erforschung des *Tatsächlichen* in den sozialen Zusammenhängen[62]." Bereits in diesem Zitat werden die drei grundlegenden Aspekte deutlich, von denen das Bernsteinsche Wertfreiheitspostulat getragen wird. Grundsätzlich hatte er dazu in drei Aufsätzen aus dem Jahre 1901 Stellung genommen, die ihm damals die Gegnerschaft sowohl des offiziellen Parteimarxismus als auch der sozialistischen Neukantianer zugezogen hatten[63].

---

61 Vgl. dazu Verhandlungen des Zweiten Deutschen Soziologentages vom 20.—22 Oktober 1912 in Berlin, Tübingen 1913. Dort taucht der Name Bernsteins (als Dr. Eduard Bernstein) im Inhaltsverzeichnis auf. Bernstein hatte einen Diskussionsbeitrag zur Nationalitätenfrage geliefert. Mit dem Problem beschäftigt er sich in seinem Aufsatz: Wissenschaft, Werturteil und Partei, in: SM (1912), 18. Jg., 3, S. 1407—1415.
62 a. a. O., S. 1410.
63 Bernstein, Wie ist wissenschaftlicher Sozialismus möglich?, in: Hirsch (Hrsg.) a. a. O.,

Der erste Aspekt besteht in Bernsteins strikter Unterscheidung von Ist-Sätzen und Soll-Sätzen. Obgleich er selbst diese Terminologie noch nicht verwendet, kommt er ihr doch auch sprachlich sehr nahe. In der Sache deckt sich seine Position voll mit dem, was in der neueren Wissenschaftstheorie mit dieser Unterscheidung bezeichnet werden soll.

Der zweite Aspekt besteht in der Erkenntnis, daß es sich bei dem Prinzip der Wertfreiheit um ein Postulat handelt, um das stets zu ringen ist, das aber nicht durch eine einfache Entscheidung ein- für allemal sicherzustellen ist. Diese Erkenntnis hatte er schon 1898 zum Ausdruck gebracht: Daß „völlige Unbefangenheit ein Ding der Unmöglichkeit ist, und die Sozialwissenschaften am allerwenigsten mit Verzicht auf jede Gesinnung betrieben werden können. Aber sie erfordern die von vorgefaßtem Urteil freie Prüfung der Tatsachen"[64].

Der dritte Aspekt, der freilich im engeren wissenschaftstheoretischen Sinne als abgeleiteter zu betrachten ist, dafür aber für das Verhältnis von Wissenschaft und Sozialismus grundlegend wird, ist die pragmatische Auffassung, daß Wissenschaft gerade dann politisch um so eher fruchtbar gemacht werden kann und verändernd wirkt, wenn sie in ihrer eigenen Sphäre auf Wertungen weitestmöglich verzichtet. Dies letztere nicht allein aus dem Grund, weil sie andernfalls bei der zum Praxispartner erkorenen Politik auf wenig Vertrauen rechnen könnte, auch dies spielt eine Rolle, sondern mehr noch, weil sonst Erkenntnisverzerrungen eintreten können, die sich dann bei der Verwirklichung gesetzter Ziele als Hindernis erweisen werden[65].

Seine Untersuchung des Werturteilsproblems in der Sozialwissenschaft hatte Bernstein ja 1901 mit dem berühmt gewordenen Vortrag der Öffentlichkeit vorgestellt: „Wie ist wissenschaftlicher Sozialismus möglich?" jedoch schon 1897 eingeleitet[66]. Außer durch die Rolle der Wissenschaft in seinem Paradigma der gesellschaftlichen Transformation waren diese Untersuchungen vor allem durch die Erfahrungen bedingt, die er seit der Veröffentlichung seiner kritischen Aufsätze in der Partei hatte machen müssen. Statt die vorgebrachten Argumente vorurteilsfrei im Lichte der Tatsachen zu überprüfen, war ihm zumeist das Argument entgegengehalten worden, seine Thesen nützten den Gegnern oder seien „bürgerlicher" Herkunft. Auf diese Weise wurde die sozialistische Zielsetzung so unterschiedslos mit den tatsächlich in Kraft befindlichen Aussagen über die gesellschaftliche Entwicklung verquickt, daß jede Art von Kritik an ihnen als Preisgabe der sozialistischen Entscheidung selbst mißverstanden werden mußte. Diese Erfahrung resümiert Bernstein

---

ders., Idealismus, Kampftheorie und Wissenschaft, in: SM, 7. Jg., 2 (1901), S. 597 bis 608 und ders., Der Kernpunkt des Streits, in: SM, 7. Jg., 2 (1901), S. 777—785.
64 Das realistische und das ideologische Moment, S. 271.
65 Idealismus, Kampftheorie und Wissenschaft, S. 608.
66 In: Zwei politische Programmsymphonien (NZ, 15, 2).

Ende 1898 in einem Brief an Kautsky. Im Zusammenhang mit dem in der Partei populären Versuch, seine kritischen Einwände allein schon deswegen für unangebracht zu halten, weil sie Verwandtschaft zur Auffassung von Schultze-Gävernitz enthalten, der anerkanntermaßen ein „bürgerlicher" Wissenschaftler ist, weist er diese Unterscheidung in eine „bürgerliche" und eine nicht-bürgerliche Wissenschaft als der Wissenschaft selbst unangemessen zurück. An diesem Verfahren zeige sich, daß die Berufung auf die Wissenschaft in der Partei „bloß Phrase" ist, „die dogmatisch geglaubt, aber durch die Tat bei jeder Gelegenheit Lügen gestraft wird"[67]. Wäre die Berufung auf die Wissenschaftlichkeit der eigenen Theorie ernsthaft, so könnte der Hinweis auf die „bürgerliche" Herkunft eines Arguments nach Bernsteins Verständnis keine Rolle spielen. „Aber die Wissenschaft ist dienende Magd der Tendenz, und wo die vorurteilslose Forschung an irgend einen Punkt der Tendenz — nicht an ein wirkliches Interesse der Arbeiter — vorstößt, da wird sie sofort denunziert[68]."

Auf diese Weise wird die Tendenz zum Vorurteil, das weder korrigierbar erscheint, noch die eigentlichen Interessen der Arbeiterklasse sicher deckt. Die Verquickung der sozialistischen Grundsätze mit der Wirklichkeitserkenntnis läßt an die Stelle der Wirklichkeit, die doch gerade im Interesse der Realisierung der sozialistischen Grundsätze illusionsfrei erkannt werden muß, immer mehr „die im Lichte der Theorie gefärbte Darstellung der Wirklichkeit" treten[69]. Durch die pauschale Deklaration aller Kritik an den tatsächlichen Meinungen der Partei als „bürgerlich" verliert diese Theorie nach Bernstein selbst ihren wissenschaftlichen Status.

Um die Möglichkeit einer kritischen Diskussion der Meinungen der Partei über die gesellschaftliche Wirklichkeit überhaupt erst zu schaffen und die Immunisierung durch die vorschnelle Wertbelastung kritischer Aussagen zu überwinden, muß Bernstein daher das Problem der Werte in der Wissenschaft grundsätzlich erörtern. Wie die Reaktionen in der Partei auf seine kritischen Ansätze bewiesen haben, ist es eine Bedingung der wissenschaftlichen Diskussion selber geworden. Diese öffentliche Diskussion hat Bernstein 1901 einzuleiten versucht.

Ausgehend von einer kritischen Betrachtung derjenigen Argumente, auf die Engels die spezifische Wissenschaftlichkeit des marxistischen Sozialismus gründete, stellt Bernstein die Doppelfrage: Ist wissenschaftlicher Sozialismus möglich und ist er überhaupt nötig?[70] Zunächst bemüht er sich um Definitionen für den Sozialismus und den Wissenschaftsbegriff. Der Sozialismus

---

67 Bernstein an Kautsky vom 9. 11. 1898 (IISG K. DV 465).
68 a. a. O., so auch in: Klassenkampfdogma und Klassenkampfwirklichkeit, a. a. O., S. 622.
69 Bernstein an Kautsky vom 9. 11. 1898.
70 Wie ist wissenschaftlicher Sozialismus möglich?, in: Hirsch (Hrsg.) a. a. O., S. 17.

ist ihm zufolge „etwas, was sein soll"[71]. Als Aussage über die Wünschbarkeit einer bestimmten Gesellschaftsordnung ist er Ausdruck eines „Strebens", von „Forderungen", von „Interessen", seien diese nun persönlicher, wirtschaftlicher oder moralischer Art[72]. Dieses Ziel ist kein wissenschaftlich konstatierbares Ziel, sondern „in hohem Grade ein gewolltes Ziel"[73]. Diese Zielsetzungen „stehen unter dem Diktat bestimmter Zwecke, bei denen es sich nicht um ein Erkennen, sondern um ein Wollen handelt, und die ihnen, selbst wenn sie in gewissen Punkten neuen Erkenntnissen Raum offen lassen, den Charakter des Fertigen und Dauernden verleihen"[74]. In dem Maße aber, in dem Willensentscheidungen und die aus ihnen hervorgehenden Sollsätze sich in Aussagen über Wirklichkeitsstrukturen einschleichen, verlieren Aussagesysteme ihren wissenschaftlichen Charakter. „Wo unser Wille in eine Lehre hineinspielt, hört sie auf, reine Wissenschaft zu sein[75]."

Bernstein schließt Sollsätze, die sich auf Willensentscheidungen über das, was wünschbar ist, zurückführen lassen, aus der Wissenschaft ausdrücklich aus. Sollsätze dieser Art sind jedoch, wie die neuere Metaethik gezeigt hat, nur grammatikalische Umformungen von Werturteilen[76]. In diesem Zusammenhang erläutert Bernstein seine Auffassung von Wissenschaft näher: „Wissenschaft ist, wenn wir den Begriff streng fassen, lediglich das systematisch geordnete Wissen. Wissen heißt Erkenntnis der wahren Beschaffenheit und Beziehungen der Dinge, und da es, je nach dem Stande der Erkenntnis, stets nur *eine* Wahrheit gibt, kann es auf jedem Wissensgebiet stets auch nur eine Wissenschaft geben[77]."

Nun ist, wie Bernstein sofort erläuternd hinzufügt, die Ordnung des Wissens, sein Systemcharakter, weder ausreichende Bedingung für seine Wissenschaftlichkeit, noch für die Wahrheit der Aussagen. Denn „die wissenschaftliche Form macht ein Lehrgebäude noch nicht zur Wissenschaft, wenn seine Voraussetzungen und Zwecke außerhalb der tendenzfreien Erkenntnis liegende Momente enthalten"[78]. Eine Voraussetzung für Wissenschaft liegt darin, daß es „keinen anderen leitenden Zweck als den der Erkenntnis" für sie geben soll[79].

Bernstein zielt auf eine realistische Adäquatheitstheorie der Wissenschaft ab. Darum betont er das empirische Fundament der Sozialwissenschaft an vielen Stellen. „Der Grundstein jeder Wissenschaft ist die Erfahrung, sie baut sich

71 a. a. O., S. 19.
72 a. a. O., S. 20.
73 a. a. O., S. 22.
74 a. a. O., S. 33.
75 Idealismus, Kampftheorie und Wissenschaft, S. 603.
76 Vgl. vor allem R. M. Hare, The Language of Morals, London, Oxford, New York 1970³ (1952).
77 Wie ist wissenschaftl. Soz. möglich? S. 32.
78 a. a. O., S. 33.
79 a. a. O., S. 34.

auf gesammeltes Wissen auf[80]." In einer Zeit, als der Positivismus eben erst im Entstehen war und seine Probleme noch nicht sichtbar geworden waren, konnte Bernstein sich die Beziehung der wissenschaftlichen Aussagen zur empirischen Basis nur als „wesentlich induktiv-empirischen Charakters" vorstellen[81]. Dem entspricht seine Hochschätzung und konsequente Nutzung der Ergebnisse der Sozialstatistik für die Formulierung seiner eigenen Thesen und insbesondere seiner Kritik am Parteimarxismus. Dieses enge Verhältnis Bernsteins zur Sozialstatistik dürfte auch bei der Vorstellung Pate gestanden haben, daß es sich um ein „induktiv-empirisches Verhältnis" der Sozialwissenschaften zu ihrer Erfahrungsbasis handelt. Zwar hat Bernstein dabei nicht berücksichtigt, daß sowohl sozialstatistische Erhebungen als auch ihre theoretische Verwendung nur unter leitenden theoriehypothetischen Gesichtspunkten erfolgen. Möglicherweise hatte er aber das im Auge, als er 1898 sagte, ohne politische Gesinnung sei Sozialwissenschaft nicht denkbar[82]. Dafür spricht auch der Brief an Kautsky von 1897, wo er zwischen „spekulativem" und „empirisch-induktivem" Verfahren in der Wissenschaft ein solches Verhältnis sieht, daß durch empirische Befunde die spekulative Theoriebildung immer wieder in ihrem Höhenflug unterbrochen und an die Wirklichkeit zurückgebunden wird[83].

Dann würden die empirischen Daten zwar in relativer Unabhängigkeit von der Theorie gefunden, aber sie konstituieren von sich aus noch keinen theoretischen Zusammenhang. Auch die Gewinnung der Daten ist nicht vollständig theorieunabhängig, weil zumindest die Fragestellungen aus den Problemen der Theorie resultieren. Andererseits ist die empirische Datenbasis in ihrer Geltung von der Theorie unabhängig, weil sie sonst nicht in einen Widerspruch zu ihr treten könnte. Bernstein macht nun hier wie an anderen Stellen ganz deutlich, daß im Widerspruchsfalle die empirische Basis bei wissenschaftlichen Aussagen den Vorrang beanspruchen muß[84]. Was er in

---

80 a. a. O., S. 35.
81 Idealismus, Kampftheorie und Wissenschaft, S. 602. Dieses empiristisch-positivistische Element in Bernsteins Wissenschaftsauffassung betonen die meisten Autoren, vgl. Gay, a. a. O., S. 171, der diese Komponente als „übertrieben empirisch" bezeichnet (S. 188). Die weiteren Charakterisierungen des Bernsteinschen Wissenschaftsbegriffs, die Gay vornimmt, sind zum Teil ebenso zutreffend. Eine „antimetaphysische" Neigung, gehört sicherlich zu den Ursprungsmotiven der Bernsteinschen Hinwendung zum Empirismus (S. 170). Nicht zutreffend ist hingegen die Feststellung, daß Bernsteins Empirismus nicht fabischen Ursprungs gewesen sei, da ja gerade die Fabier sowohl über die Tradition des englischen Empirismus als auch über Comte sehr stark in diese Richtung tendierten. In einem recht verstandenen Sinne ist es in der Tat zutreffend, Bernsteins Erkenntnistheorie „eine Philosophie des gesunden Menschenverstandes" zu nennen (S. 192). Es ist auch zutreffend, von einer „naturwissenschaftlichen Färbung" des Bernsteinschen Wissenschaftsbegriffs zu sprechen (Gneuss, a. a. O., S. 216).
82 Vgl. Anm. 64.
83 Bernstein an Kautsky vom 23. 12. 1897.
84 a. a. O.

diesem Zusammenhang „induktiv" nennt, ist daher weniger ein Verfahren der Theoriebildung als vielmehr eine Bezeichnung für die Geltungsrichtung der Aussagen, daß das, was in der Empirie nicht gilt, auch in der Theorie nicht gelten soll.

Diese enge Beziehung sozialwissenschaftlicher Aussagen zu empirisch-induktiven Aussagen dürften auch der Grund dafür sein, daß Bernstein rückblickend im Jahre 1924 seine früheren wissenschaftstheoretischen Versuche so charakterisiert hat: „Meine Art zu denken würde mich eher für die Schule der positivistischen Philosophie und Soziologie qualifiziert haben[85]." An anderer Stelle hatte er die von ihm gemeinte Wissenschaft dadurch auszeichnen wollen, daß er sie als Wissenschaft im „substanziellen, positivistischen Sinne" bezeichnete[86].

Wie im Anschluß darzustellende Argumente Bernsteins unzweifelhaft erscheinen lassen, kann er mit diesem Attribut „positivistisch" nicht ein verifikationistisches Wahrheitsverständnis im engen Sinne gemeint haben. Er benutzt es in erster Linie zum Zwecke der zweifachen Abgrenzung gegen spekulative Aussagesysteme und gegen solche, die Soll- und Ist-Aussagen nicht methodisch trennen. Sowohl Hypothesen als auch bedingte Trendaussagen will Bernstein ausdrücklich der Sozialwissenschaft erhalten wissen. Ein enger Positivismus, der glaubt, allein mit unmittelbar verifizierbaren Faktenaussagen auskommen zu können, wird von ihm ausdrücklich als „borniert" zurückgewiesen[87]. „Wie selbst die strengste der exakten Wissenschaften für ihre Fortentwicklung der Hypothese nicht entbehren kann, so die auf den Fortschritt der Gesellschaft gerichtete angewandte Soziologie nicht der Vorauszeichnung der mutmaßlichen künftigen Entwicklung[88]."

Den Begriff Hypothese verwendet Bernstein dabei überwiegend im Sinne von Trendaussage über künftige Entwicklungen. In dieser Bedeutung sagt er von ihr, „daß die Hypothese immer noch zur Wissenschaft gehört". Gleichzeitig gilt dann aber auch die Einschränkung, „daß diese Zugehörigkeit sie noch nicht gleichwertig macht, sondern daß die Hypothese, die nach Regeln der Logik abgeleitete Folgerung aus erfahrungsmäßig festgestellten Tatsachen, immer mehr an wissenschaftlicher Kraft einbüßt, je mehr Zwischenglieder zwischen sie und ihre erfahrungsmäßige Grundlage treten"[89]. Gegenüber solchen Trendaussagen hält er die Aussagen über gegenwärtige Relationen, sofern sie induktiv-empirisch bestätigt sind, nicht für hypothetisch. Zunächst grenzt er sich auch darin von einem „bornierten" Positivismus ab, daß er nicht davon ausgeht, die statistischen Einzelaussagen seien das

---

85 Bernstein, Entwicklungsgang, a. a. O., S. 40.
86 Der Kernpunkt des Streits, a. a. O., S. 785.
87 Idealismus, Kampftheorie u. Wissenschaft, S. 603.
88 Wie ist, S. 22.
89 Der Kernpunkt, S. 780.

einzige, was sich streng wissenschaftlich über die Gesellschaft aussagen läßt. Mehrfach hebt er in der Konsequenz seines früher entwickelten Wissenschaftsverständnisses hervor, daß die von ihm angestrebte Sozialwissenschaft ein Aussagesystem ist „von der Beschaffenheit und den Beziehungen der Dinge, wozu doch unter anderem auch ihr Kausalitätsverhältnis gehört", sowie eine „Wissenschaft von den Kräften und Zusammenhängen des Gesellschaftsorganismus, von Ursache und Wirkung im Gesellschaftsleben"[90]. Durch die induktiv-empirische Grundlage scheinen ihm solche Gesetzesaussagen jedoch den problematischen Status der Hypothese zu überwinden. Damit hat er gleichwohl nicht beanspruchen wollen, daß solche Aussagen ein für allemal verifiziert und damit weiterer Kritik enthoben sind. Es ist für den Sinn des Bernsteinschen Wissenschaftsbegriffs vielmehr außerordentlich kennzeichnend und dies verleiht ihm seine modern anmutende Komponente, daß er neben der empirischen Basis und offensichtlich gleichrangig mit ihr das Prinzip der Kritik als Grundpfeiler wissenschaftlicher Forschung ansieht. Zunächst macht Bernstein noch einmal deutlich, daß für ihn neben der Kausalitätsthese das wichtigste wissenschaftliche Prinzip „die Unterscheidung von Wissen und Glauben, von Erfahrung und Vermutung, bzw. Tatsache und Hypothese" darstellt[91]. Damit unterstreicht er die Funktion der empirischen Basis als Unterscheidungsmerkmal. Dann hebt er aber immer wieder das Prinzip der Kritik als wissenschaftskonstitutiv heraus. Er spricht im Hinblick auf die eigene Theorie geradezu von einem „Kritizismus"[92]. Die Kehrseite der „wissenschaftlichen Vorurteilslosigkeit", die aus dem Prinzip der Wertfreiheit folgt, ist nämlich für das Verhältnis des Wissenschaftlers zu Aussagen innerhalb der Wissenschaft die beständige Bereitschaft „Irrtümer zu bekennen und neue Wahrheiten anzuerkennen"[93]. Es ist nach Bernstein der Hauptunterschied zwischen Werturteilen und wissenschaftlichen Aussagen in methodologischer Hinsicht, daß erstere den Status von Dogmen beanspruchen können, an denen keine vernünftige Kritik geübt werden kann, während wissenschaftliche Aussagen der Kritik zugänglich bleiben müssen. Wissenschaft „kann ihre Resultate nie als endgültig betrachten"[94]. In diesem Sinne wird der Kritizismus zum konstitutiven Prinzip der Erfahrungswissenschaft. Bernstein geht soweit zu sagen: „jede Wissenschaft ist als solche ,agnostisch'[95]." Ihre Aussagen können trotz empirisch-induktiver Grundlage niemals einen endgültigen, weiterer Kritik und Veränderung entzogenen Status erlangen. Eine endgültige Verifikation wissenschaft-

90 Idealismus, Kampftheorie, a. a. O.
91 Nach zwei Fronten, a. a. O., S. 845.
92 Vgl. z. B. Idealismus, Kampftheorie und Wissenschaft in: SM, 5. Jg. (1901), S. 604 f., wo er einen Aspekt des „Kritizismus" gegen dessen Deutung durch Eisner verteidigt.
93 Voraussetzungen, S. 257.
94 Das realistische und das ideologische Moment, S. 271.
95 a. a. O.

licher Aussagen ist also nicht möglich. Bernstein faßt dieses Charakteristikum, indem er ein Abgrenzungsmerkmal zwischen Wissenschaft und politischen Willensentscheidungen darin sieht, daß das notwendige kritische Prinzip die Wissenschaft zu einem „werdenden Wissen" macht[96]. Die wissenschaftliche Kritikfreiheit muß daher institutionell gesichert sein. Aus diesem Grunde kann es eine Parteiwissenschaft nicht geben, weil Parteigrundsätze stets — zu Recht — den Status dogmatischer, der Kritik entzogener Geltung beanspruchen müssen. Wissenschaft muß deshalb über den Parteien stehen[97].

Wenn Bernstein konstatiert: „Freiheit in der Kritik ist eine der Grundbedingungen wissenschaftlichen Erkennens"[98], dann ergibt sich daraus im Ansatz eine wissenschaftspluralistische Tendenz. Denn wenn neue Theorien neben älteren aufkommen, sie kritisieren, ohne daß jeweils zwischen ihnen die Geltungsfrage sogleich entschieden ist, dann ist die Teilnahme alternativer Erklärungsansätze an der wissenschaftlichen Diskussion legitim. Obgleich Bernstein diese Schlußfolgerung ziehen will, versteht er es doch nicht, sie mit seiner Aussage, es gäbe immer nur eine Wissenschaft für jedes Erkenntnisgebiet, in einen reflektierten Zusammenhang zu bringen.

Wissenschaft besteht nach Bernstein aus einem System von Istaussagen über Ursache-Wirkungsverhältnisse und Entwicklungstendenzen der Gesellschaft, das dem Prinzip nach möglichst wertfrei sein soll, den Status eines stets vorläufigen Wissens beansprucht, eines Wissens im Werden, dessen Fortentwicklung vornehmlich durch induktiv-empirische Tatsachenerkenntnis und uneingeschränkte Kritik erfolgt.

Diese beiden Pole im Bernsteinschen Wissenschaftsverständnis, Empirismus und Kritik, weisen auf die Hauptquellen seines Wissenschaftsverständnisses hin, außer Kant handelt es sich dabei um J. St. Mill und A. Comte, die ihn über die Vermittlung der Fabier beeinflußt haben[99]. Wegen des großen Einflusses der kritizistischen Komponente in seinem Wissenschaftsverständnis, darf daher der „Positivismus", den Bernstein sich selber zuspricht, nicht wörtlich genommen werden. Er ist vor allem Ausdruck von Bernsteins „antimetaphysischer" Grundhaltung, wie Gay sie zu Recht genannt hat[100].

---

96 Idealismus, Kampftheorie, S. 608.
97 a. a. O., S. 785.
98 Wie ist, S. 35.
99 Über diese Einflüsse Comtes und Mills berichtet Shaw selbst in seinem Anhang zu Pease, a. a. O., S. 274 und 278.
100 Gay, a. a. O., S. 170 auch die Bezeichnung dieser Haltung als „skeptisch" trifft zu. Insofern verdient der Bernsteinsche „Positivismus" also eher ein „kritischer Empirismus" genannt zu werden.

5.6 *Kritik der Dialektik*

Die Geltung der formalen Logik für alle wissenschaftlichen Aussagen war für Bernstein eine Selbstverständlichkeit. Wie später die Neopositivsten verwendet er sie sogar in Ergänzung des empirischen Prinzips zur Definition von Wissenschaft. In Unterscheidung zu Aussagesystemen, die formulierte Interessen oder selbstgesetzte Ziele beinhalten, bezeichnet er sie in diesem Zusammenhang als eine „Erkenntnis..., die eines objektiven, nur auf Erfahrung und Logik als Beweismaterial angewiesenen und mit ihnen übereinstimmenden Beweises fähig ist"[101]. Diese Haltung ist auch der Ursprungsort von Bernsteins *Ablehnung einer als Logik auftretenden Dialektik*. Bereits in den „Voraussetzungen" hatte er von den „Fallstricken der hegelianisch-dialektischen Methode"[102] in einer Kapitelüberschrift gesprochen und diese einer scharfen Kritik unterzogen[103]. Von den methodologisch interessanten Fragen, die sich in diesem Zusammenhang stellen, sind es vor allem zwei, die Bernstein zur Skepsis veranlassen.

Soweit Dialektik „Widerspruchsdialektik" ist[104], muß sie wegen der prinzipiellen „Zweideutigkeit"[105], mit der sie „aller folgerichtigen Betrachtung der Dinge im Wege liegt", zurückgewiesen werden[106]. Mit „Widerspruchsdialektik" meint Bernstein „Dialektik als Logik des Widerspruchs, d. h. also als Logik, die auf der Hinwegsetzung über den ersten Satz der formalen Logik beruht, daß ein Ding nicht etwas von ihm selbst Verschiedenes sein könne"[107]. Sobald man die Möglichkeit einer solchen Dialektik als Konkurrenz zur formalen Logik gelten läßt, begibt man sich nach Bernstein der Möglichkeit einer konsistenten Wirklichkeitserkenntnis. „So tragen wir den Widerspruch in unsere ganze Weltauffassung hinein und laufen Gefahr, bei der ersten Gelegenheit das Recht unseres Verstandes einer mysteriösen höheren Vernunft und widerspruchsvollen Dialektik zu opfern. Die Dialektik wird dann nicht Mittel der Veranschaulichung erkannter Beziehungen und der Formulierung von Problemen, sondern Antrieb oder Anleitung zu willkürlicher Konstruktion, Hindernis wirklich *wissenschaftlicher* Betrachtung der Dinge"[108]. Der dialektischen Auffassung, der Satz vom Widerspruch könne nicht universell gelten, liege indessen bei näherer

---

101 Voraussetzungen, S. 29.
102 a. a. O., S. 51.
103 Wobei dort allerdings die „soziale" Dialektik im Vordergrund stand und Hegel nur der Sack sein sollte, der geschlagen wurde, um Marx selbst möglichst zu schonen, vgl. Bernstein an Kautsky, vom 16. 2. 1899 (K. DV 472). Er bezog sich dabei auf Hegel nur „soweit" er von Marx und Engels übernommen wurde.
104 Dialektik und Entwicklung, in: NZ, 17, 2 (1898/99) S. 353.
105 Voraussetzungen, S. 57.
106 a. a. O., S. 59.
107 Dialektik und Entwicklung, a. a. O., S. 330.
108 a. a. O., S. 331.

Betrachtung ein doppelter Fehler der dialektischen Theoretiker zugrunde. „Bilden wir durch Abstraktion den Begriff ‚das Tier', so erhalten wir eine die größten Widersprüche in sich tragende Vorstellung: es kann ein Tiger oder ein Regenwurm oder ein Infusorium sein. Aber diese Widersprüche liegen nur im *Begriff* ‚das Tier', in der Wirklichkeit bestehen wohl Unterschiede zwischen dem Tiger, dem Regenwurm und dem Aufgußtier, aber es ist da kein Widerspruch, daß der Tiger nicht auch ein Regenwurm ist. In gleicher Weise lösen sich bei näherer Betrachtung alle Sätze der Dialektik auf[109]." Bernstein erkennt im Anschluß an den von ihm zitierten Aufsatz von Schitlowsky[110], daß ein solches Verfahren allenfalls unter identitätsphilosophischen Voraussetzungen einen gewissen Sinn beanspruchen kann. Sobald die identitätsphilosophische Voraussetzung nicht geteilt wird, das Sein nicht zu einem Moment des Denkens gemacht wird, erweist sich diese Art von Dialektik als Fehlschluß. „Die angeblichen Widersprüche in der Natur offenbaren sich da jedesmal als bloße Widersprüche in der Anschauung der Natur[111]." Darüber hinaus würde organisierter Erkenntnisfortschritt unmöglich werden, gälte der Widerspruch etwa auch in der Natur selbst. Anhand welcher Kriterien könnten unter dieser Voraussetzung Erkenntnisse revidiert werden? Es gibt aber noch ein zweites Verständnis von Dialektik, das mit erfahrungswissenschaftlichen Prinzipien unvereinbar ist. Dialektik versucht nämlich im Gegensatz zu Kants Warnung die Erfahrungsgrenze zu überspringen[112] und „ein letztes Grundgesetz der Welt" zu ermitteln[113]. Dazu gehören z. B. solche Formeln, wie die, die Welt sei kein Komplex von fertigen Dingen, sondern von Prozessen, die Formel von der Negation der Negation, vom Umschlag der Quantität in Qualität usw. Solche Formeln mögen einen „relativen Wert" haben[114]. Da sie aber die Grenzen der Erfahrung überschreiten, können sie nicht absolut gelten. Die „Grenzen ihrer Anwendbarkeit" müssen unter Zuhilfenahme von Erfahrung und formaler Logik jedesmal festgestellt und respektiert werden[115]. Werden diese Formeln aber als gültige Grunderkenntnisse über die Wirklichkeit vor aller Erfahrung unterstellt, so ergeben sich erhebliche Gefahren für die wissenschaftliche Erkenntnis. Dann treten zwischen die Erfahrungstatsachen und unsere Folgerungen aus ihnen diese dialektischen Formeln als Zwischenglieder der Erkenntnis. „Sobald wir den Boden der erfahrungsmäßig festgestellten

---

109 a. a. O., S. 330.
110 Zur Geschichte und Kritik des Marxismus, in: Deutsche Worte, Hrsg. v. Pernerstorfer; 1895, Heft 4, 7 und 8, Bernsteins Dialektikkritik ist auch von F. A. Lange beeinflußt. Vgl. dessen Arbeiterfrage, a. a. O., S. 248—249.
111 Dialektik und Entwicklung, S. 331.
112 a. a. O.
113 a. a. O., S. 330.
114 a. a. O., S. 324.
115 a. a. O.

Tatsachen verlassen und über sie hinausdenken, geraten wir in die Welt der abgeleiteten Begriffe, und wenn wir dann den Gesetzen der Dialektik folgen, wie Hegel sie aufgestellt hat, so befinden wir uns, ehe wir es gewahr werden, doch wieder in den Schlingen der ‚Selbstentwicklung des Begriffs‘. Hier liegt die große wissenschaftliche Gefahr der Hegelschen Widerspruchslogik"[116].

Bernstein konzediert der Wissenschaft, daß sie im Entwurf von Hypothesen über festgestellte Erfahrungstatsachen hinausgeht. Das Konstruktionsmittel dieses Hinausgehens sollten aber Logik und wieder an der Erfahrung zu überprüfende Vermutungen sein. Kommen indessen die für Erkenntnisse eigener Gattung geltenden dialektischen Formeln ins Spiel, so bricht jede Erfahrungswissenschaft zusammen. Die „Gefahr willkürlicher Konstruktion"[117] und das „Konstruieren aus dem Begriff"[118] treten an die Stelle der Empirie und öffnen der Willkür Tür und Tor. Um der vorweg festgelegten Geltung der Formeln willen kommt es dann immer wieder zum „Abstrahieren von den spezifischen Besonderheiten der Dinge"[119], deren Erfassen ja gerade Aufgabe der Wissenschaft ist.

Bernstein räumt in einem gewissen Gegensatz zu seinen Formulierungen aus den „Voraussetzungen" in den beiden Folgeartikeln in der „Neuen Zeit" über Dialektik ein, daß es sich bei dem von ihm gerügten Mangel des dialektischen Verfahrens *möglicherweise um einen Mißbrauch Hegels handelt*[120]. Diese Einschätzung dürfte indessen durch Marx' und Engels' Hochachtung der Hegelschen Methode bedingt gewesen sein. Um nicht in einen zu scharfen Gegensatz zu Marx und Engels zu geraten, mit deren Zitaten er in der Auseinandersetzung ja immer wieder konfrontiert wurde, führt er eine dritte Bedeutung von Dialektik an, der er einen gewissen wissenschaftlichen Wert beimessen zu können glaubt, nämlich die, es komme darauf an, daß „die Dinge sowohl in ihrer Vereinzelung oder Besonderheit, als auch in ihrem Zusammenhang, ihren Beziehungen betrachtet werden, wozu auch ihr Werden, ihre Entwicklung gehört"[121]. Diese unspezifischen Postulate ändern indessen nichts an Bernsteins Fazit, daß mit der Hegelschen Dialektik theoretisch kritisch abgerechnet werden muß, wenn eine folgerichtige, erfahrungswissenschaftliche Betrachtung der Gesellschaft möglich werden soll[122].

Da Bernstein nicht über eine eigene fundierte Hegelkenntnis verfügte, übri-

---

116 Voraussetzungen, S. 53.
117 a. a. O.
118 Dialektik und Entwicklung, S. 331.
119 a. a. O., S. 329.
120 Zur Interpretation dieses Unterschieds vgl. Bernsteins Bemerkung über die Blitzableiterfunktion seiner Hegelkritik in den Voraussetzungen. Vgl. Anm. 103.
121 Dialektik und Entwicklung, S. 328.
122 Voraussetzungen, S. 59.

gens ebensowenig wie sein die Dialektik verteidigender Kontrahent Kautsky[123], war er sich letztlich nicht sicher, inwieweit seine Kritik die ursprüngliche Konzeption von Dialektik bei Hegel trifft. In dieser Frage ist daher eine gewisse Widersprüchlichkeit in seiner Einschätzung zu beobachten. *Er muß die Frage letztlich offenlassen, ob die von ihm kritisierte Dialektik nun im wesentlichen die Hegelsche ist oder deren Mißbrauch.* Was er vor Augen hatte, war die Verwendung dialektischer Denkfiguren in den Werken von Marx, Engels und ihren Nachfolgern. Darauf beziehen sich seine Einwände[124]. Nun sind die drei von ihm in der Hauptsache reklamierten Bedeutungen von Dialektik in der Tat sowohl wichtige Elemente im Denken von Marx und Engels, als auch originäre Bestandteile der Dialektik bei Hegel selbst:

1. Die Einschränkung der formalen Logik zugunsten der Annahme einer Realexistenz (logischer) Widersprüche;
2. Die Annahme übergreifender Entwicklungsgesetze dialektischer Art, die der Erfahrung vorgegeben sind, und
3. die Behauptung, in der historischen Entwicklung gesellschaftlicher Systeme könne es ein Umschlagen von Quantität in Qualität in der Weise geben, daß revolutionäre Umschwünge in der Gesellschaftsstruktur stattfinden.

Die ersten beiden Denkfiguren weist Bernstein aus wissenschaftstheoretischen Gründen zurück, die dritte aus organisationssoziologischen Erwägungen, die durch geschichtsanalytische Betrachtungen gestützt werden. Da Marx selbst auf diesem Gebiet mit Formalisierungen der von ihm benutzten Dialektik zurückhaltend war, trifft Bernsteins Kritik in erster Linie Engels und das an ihn in diesen Fragen anknüpfende Denken der Partei.

Die analogen Anwendungen der Dialektik, sofern sie die zuvor skizzierten Kritikpunkte nicht einschränken, hat Bernstein implizit und explizit akzeptiert: so den Gedanken der geschichtlichen Entwicklung, der Allseitigkeit der Gegenstandsbetrachtung und insbesondere die Erforderlichkeit einer Zug-um-Zug-Entwicklung der objektiven und der subjektiven Voraussetzungen der Errichtung der sozialistischen Gesellschaft. Inhaltlich ist die Berücksichtigung dieser wechselseitigen Bedingtheit der subjektiven und der objektiven Aspekte der sozialistischen Entwicklung gerade ein Angelpunkt seiner gesamten Transformationsperspektive. Es wäre aus diesem Grunde verfehlt, Bernsteins klar präzisierte Dialektikkritik in den Vorwurf einer im zuletzt genannten Sinne „undialektischen" Transformationsperspektive bei ihm selbst verkehren zu wollen.

---

123 Vgl. Kautsky an Bernstein vom 5. 10. 1896 (IISG K, C 150).

124 Interessant in diesem Zusammenhang ist, daß Bernstein das im Nachlaß von Engels gefundene Manuskript über Naturdialektik zur Begutachtung an Albert Einstein geschickt hat, der es für wissenschaftlich bedeutungslos hielt. Vgl. Sidney Hook, Reason, Social Myths and Democracy, New York 1966², S. 222.

Es ist hier nicht der Ort, das Konzept der Dialektik bei Hegel und dessen Verhältnis zur Theorie von Marx zu untersuchen[125]. Man wird Bernstein nicht das Recht absprechen können, die Verwendung dialektischer Denkfiguren in der sozialistischen Literatur zu diskutieren, auch ohne die Hegelsche Dialektik voll einzubeziehen. Um sich nicht in eine fachphilosophische Diskussion über Details der Hegelschen Philosophie hineinziehen zu lassen, hat Bernstein Hegel selbst in seinen späteren Aufsätzen aus der Dialektikkritik ausgeklammert, wenn er auch aufgrund der von ihm gelesenen Hegelkritik gewußt haben wird, daß seine Anmerkungen auch auf zentrale Fragen von dessen Dialektikverständnis zutreffen. Die Hegelsche Dialektik beruht auf der Voraussetzung der Identität von Denken und Sein. Denkfiguren, die unter dieser Voraussetzung einen gewissen Sinn haben, verlieren diesen, sobald die Identitätsthese nicht aufrecht erhalten werden kann. Ihre Aufhebung ist aber ein Ausgangsmotiv sowohl des historischen Materialismus wie der realistischen Erkenntnistheorie. Aus diesem Grund kann die Hegelsche Dialektik auch keine Methode sein, die man bei Hegel selbst gründlich studieren muß, um sie dann unter nichtidentitätsphilosophischen Bedingungen überall anzuwenden[126]. Mit Sicherheit ist eine gute Hegelkenntnis eine wichtige Voraussetzung zum vollen Verständnis des Marxismus. In ihm auftretende Denkfiguren und Argumente können gleichwohl jederzeit direkt in ihrem eigenen Geltungsanspruch kritisiert werden, ohne daß die systemexterne Geltung von Teilen der Theorie als vorausgesetzt eingeführt werden darf. Dies gilt insbesondere auch für die Teile des Marxschen Werkes, die sich als dialektische verstehen. Dies ist der Grund, warum Bernsteins Kritik an den dialektischen Elementen der sozialistischen Theorie, mit denen er es zu tun hatte, legitim ist, auch ohne daß Hegel selbst mit seiner ganz anders gearteten Systemvoraussetzung ins Spiel gebracht wird. Eine allgemeine Dialektikkritik kann sie freilich nicht sein wollen.

5.7 Sein und Sollen

Bernsteins Wissenschaftsbegriff enthält einen Dualismus von Sein und Sollen, von Wirklichkeitserkenntnis und Willensentscheidung. Schon aus dem Ausschluß der Sollsätze aus dem Gebiet der Wissenschaft geht hervor, daß Bernstein sie für nichtkognitivistische und daher wissenschaftlich nicht zu begründende Sätze hält. Woraus sie inhaltlich resultieren können, hat er nicht zusammenhängend untersucht. Daß Wertentscheidungen in einem ent-

---

125 Vgl. dazu Thomas Meyer, Einleitung in: W. I. Lenin, Hefte zu Hegels Dialektik, München 1969, S. 9—71.
126 Vgl. dazu Karl Heinz Haag, Philosophischer Idealismus, Frankfurt 1967.

scheidenden Maße aus der gesellschaftlichen Lebenslage folgen, hat er häufig betont. Er hat sowohl utilitaristische Prinzipien als auch die Vernunft selbst als ihren Ursprung erwähnt[127]. Möglicherweise hat er unterschiedliche Ursprungskriterien für möglich gehalten, nur eben wissenschaftlich im engeren Sinne können sie nicht sein. Wie in mancher anderen Frage lehnt er sich auch hier weniger an Kant selbst an, für den die praktische Philosophie selbstverständlich als Wissenschaft möglich war, als vielmehr an F. A. Lange, der das Ideal einer menschlichen Gesellschaft den naturwüchsigen gesellschaftlichen Verhältnissen gegenüberstellte, ohne über dessen Ursprung oder Geltung systematisch zu reflektieren[128]. Welche sozialen Werturteile Bernstein selbst inhaltlich für die Grundlage des Sozialismus hielt, soll an späterer Stelle dargelegt werden. Nach wissenschaftlichen Maßstäben sind für ihn solche Werthaltungen und damit auch die Entscheidung für den Sozialismus nicht beweiskräftig. Sie gelten jeweils nur als subjektive Willensentscheidungen und sind als solche von allen wissenschaftlichen Aussagen strikt zu trennen. In dieser wichtigen Hinsicht wie in vielen anderen kann Bernstein daher nicht als Neukantianer bezeichnet werden. Das „moralische Bewußtsein" und die „Rechtsauffassung"[129] haben für ihn andere Bezugsquellen als die wissenschaftlicher Erkenntnis.

---

127 In dieser Frage ergeben Bernsteins Äußerungen kein einheitliches Bild. Da er die Geltung und den Inhalt der sozialistischen Grundprinzipien von einer wissenschaftlich nicht mehr in Frage zu stellenden Entscheidung abhängig macht, ist diese Unklarheit für seine Theorie des Sozialismus nicht von Belang.
An mehreren Stellen zieht Bernstein zur Stützung des sozialistischen Prinzips ein reines Naturrechtsargument heran. In „Von der Sekte zur Partei" (1911) konstatiert er ausdrücklich, daß sich die „Grundsätze der Sozialdemokratie" „staatsrechtlich betrachtet" „nicht von den Grundsätzen des demokratischen Naturrechts unterscheiden" (a. a. O., S. 39). In diesem Sinne äußert er sich auch in: Der Sozialismus einst und jetzt, S. 21/22. Hingegen relativiert er an anderer Stelle in „Der Sozialismus einst und jetzt" die Rolle des Naturrechts für die sozialistische Programmatik erheblich (a. a. O., S. 11 ff.). An manchen Stellen bezieht sich Bernstein auf im Grunde utilitaristische Zielsetzungen, so wenn er in seinem Aufsatz „Zum Thema Sozialliberalismus und Kollektivismus" (1900) „den größtmöglichen Wohlstand aller" als Ziel angibt (SM, 6. Jg., S. 176). Ebenso in Die Arbeiterbewegung, S. 170. Wie die anderen im Text angeführten Zitate belegen, hat Bernstein ganz überwiegend naturrechtlich argumentiert. Er wollte aber nicht vollständig auf die Position des Naturrechts übergehen, weil er fürchtete, dadurch jener von der realen gesellschaftlichen Entwicklung losgelösten „Willenstheorie" Vorschub zu leisten, die er stets kritisiert hat. Die „naturrechtliche Betrachtung verleitet zur Utopie" (IISG E 204). Dort betont er auch, daß eine solche Betrachtung zwar „ihren Wert" hat, aber für die Ökonomie „beweislos" ist. Bernsteins nicht ganz geklärte Äußerungen zu diesem Thema weisen in die Richtung einer Verbindung jeweils zeitgemäßer inhaltlicher Kriterien, die aus der Lebenslage der Arbeiter im Kapitalismus hergeleitet werden, mit den formalen Bestimmungen der naturrechtlichen Gleichheitsforderung.

128 Vgl. F. A. Lange, Geschichte des Materialismus, (1866), Frankfurt 1974, Band 2, S. 981 bis 1003.

129 Das realistische und das ideologische Moment, S. 276.

Nun hat Bernstein, was für seine Stellungnahme zur Rolle der Wissenschaft im Sozialismus von maßgeblicher Bedeutung ist, gleichwohl verschiedene Brückenprinzipien zwischen Wissenschaft und Wertaussagen eingeführt. Im wesentlichen sind es folgende Beziehungen zwischen Werten und Erkenntnissen, die seiner Meinung nach wissenschaftlicher Erörterung zugänglich sind:

1. hypothetische Imperative (Was muß getan werden, wenn bestimmte vorgegebene Ziele erreicht werden sollen?);
2. Fragen des Typs: Wie wirkt sich die Geltung bestimmter Zwecke sozial aus?;
3. Untersuchungen auf der Grundlage des Prinzips: Nichtkönnen impliziert Nichtsollen (realistische Eingrenzung von Soll-Sätzen).

Aus diesem Grunde bleibt die Wissenschaft für den Sozialismus von ausschlaggebender Bedeutung[130].

Den ersten Grundsatz hatte er von Anbeginn hervorgehoben. In einer späteren Formulierung differenziert er folgendermaßen: Man darf „nicht vergessen, daß Werturteil und Werturteil zweierlei sind. Wenn ich erkläre, die Republik sei eine bessere Staatsform als die Monarchie, oder umgekehrt, die Monarchie sei der Republik vorzuziehen, so spreche ich damit unzweifelhaft Werturteile aus, die jenseits des Gebiets der Wissenschaft liegen. Wenn ich aber erkläre, für bestimmte gesellschaftliche Verhältnisse, für eine bestimmte Struktur der Gesellschaft und Kulturhöhe ihrer Mitglieder und im Hinblick auf bestimmte Zwecke der Gesellschaft erscheine aufgrund geschichtlicher Erfahrung diese oder jene Regierungsform als die besser angepaßte, größere Dauer und Wirkungskraft in Aussicht stellende Staatsordnung, so ist das zwar ein Werturteil, das falsch oder richtig sein kann, aber es ist kein Urteil, das über den Rahmen der Soziologie als bestimmter Wissenschaft hinausgreift[131]." Ohne daß die von Bernstein hier tastend gewählte Terminologie wünschenswerte Klarheit erreicht, läßt der Inhalt des Arguments keinen Zweifel offen, daß die Betrachtung der Angemessenheit von Mitteln für die Erreichung extern gesetzter Ziele, also die Formulierung und Überprüfung hypothetischer Imperative nach Bernstein eine legitime Aufgabe der Sozialwissenschaft ist. Hier kommen überprüfbare und wiederholbare Erfahrungen als Kriterien in Betracht, für welche die Wissenschaft zuständig ist. Das Verhältnis von gesetztem Wert als wissenschaftsexterner Veranstaltung und Überprüfung der diesem angemessenen Handlungen und Mittel als wissenschaftlich legitimer Aufgabe wird von Bernstein mit den Begriffen „teleologischer Wert" und „funktionaler Wertfaktor" im folgenden Zusammenhang verdeutlicht: „Wie die Physiologie zur Medizin, verhält sich die Soziologie zur Politik, zur Ethik, zur Pädagogik und anderen sozialen Betätigungen. Sie sind je nachdem Gegenstände ihrer Untersuchung, aber was ihnen teleologischer

130 Wie ist wissensch. Soz. mögl., S. 33.
131 Wissenschaft, Werturteile und Partei, S. 1410.

Wert ist, kommt für die Soziologie nur als funktioneller Wertfaktor in Betracht[132]." Damit ist die eine Bedeutung benannt, die Wissenschaft für die sozialistische Zielsetzung haben soll: Sie entscheidet über Auswahl der Mittel und Strategien mit[133].

Damit hängt der zweite Aspekt wissenschaftlicher Wertbetrachtung eng zusammen. Wissenschaft kann auch untersuchen, welche gesellschaftlichen Auswirkungen und Entwicklungstendenzen mit dem realen gesellschaftlichen Gelten bestimmter wertbegründeter Tatsachen regelmäßig einhergehen und Sätze darüber formulieren, ob unter solchen Verhältnissen bestimmte Wirkungen eintreten können oder nicht. An dieser Stelle kommen Bernsteins ältere Gedanken wieder ins Spiel, daß bei gesellschaftswissenschaftlicher Erkenntnis Zweckgesichtspunkte in den Vordergrund treten können, auf die hin Kausalanalysen erfolgen.

Von besonderer Bedeutung ist aber die dritte Beziehung zwischen Werten und Erkenntnis, die Bernstein als wissenschaftliche Aufgabe postuliert. Man könnte diese in neuester Zeit als „Brückenprinzip"[134] diskutierte Regel besser als „Kompatibilitätsprinzip" bezeichnen. Über seine wissenschaftstheoretische Bedeutung im engeren Sinne hinaus ist dieses Prinzip deshalb von herausragender Bedeutung, weil es Bernstein die Berechtigung gibt, dem marxistischen Sozialismus bei aller Kritik bleibende wissenschaftliche Verdienste für den Sozialismus zuzubilligen. Darüber hinaus bildet es auch die Grundlage für das enge Verhältnis von Wissenschaft und Sozialismus, für das Bernsteins Wissenschaftstheorie entgegen dem ersten Augenschein gerade die Voraussetzungen schaffen will.

Am Beispiel der wissenschaftsexternen Wertsetzungen des Sozialismus macht Bernstein diese Beziehung deutlich. Ihm zufolge ist diese Wertsetzung zwar ein Faktor, ohne den sich die sozialistische „Doktrin" nicht formulieren ließe,

---

132 a. a. O.
133 Wie er sich dieses Verfahren vorstellt, hat Bernstein an anderer Stelle auf interessante Weise illustriert. Anläßlich seiner Behandlung der Frage des politischen Streiks stellt er zunächst die Legitimität eines revolutionären Drucks zugunsten der Einführung der politischen Demokratie als politische Wertentscheidung heraus. Im Anschluß versucht er die Frage zu klären, welche Strategie im Hinblick auf die bisher gemachten Erfahrungen und die vorhandenen Gegebenheiten unter diesen Umständen sinnvoll ist. Um die Frage zu beantworten, welche Form des politischen Streiks unter welchen Voraussetzungen zweckdienlich ist „müssen wir auch den politischen Streik wissenschaftlich zu betrachten suchen" (Der politische Massenstreik, a. a. O., S. 17). Bernstein untersucht dann die genauen Gegebenheiten der ihm bekannten erfolgreichen und erfolglosen politischen Streikbewegungen. Aus diesen Erkenntnissen gewinnt er dann unter Bezugnahme auf die außerwissenschaftliche Parteinahme für revolutionäre Kampfmittel „Zwölf Leitsätze" über den politischen Massenstreik" (a. a. O., S. 39) als wissenschaftlich gestützte strategische Empfehlung. Den politischen Streik selbst nennt er daher an anderer Stelle „eine ökonomische Waffe mit einem ethischen Ziel", in: Politischer Streik und Revolutionsromantik, in: SM, 10. Jg., 1, (1905), S. 33.
134 So zum Beispiel bei Hans Albert, Traktat über kritische Vernunft, Tübingen 1969, S. 76.

eine gesellschaftspolitische, d. h. für das konkrete Handeln erhebliche Rolle gewinnen aber die rein ethischen Entscheidungen nicht aus sich selbst heraus, sondern erst in einem spezifischen Zusammenwirken mit wissenschaftlichen Erkenntnissen. Ohne wissenschaftliche Fundierung sind die reinen Werte politisch irrelevant. Sie bedürfen der Kritik ihrer jeweils zeitgebundenen Verwirklichungsmöglichkeiten. Erst aus der Erkenntnis der Gegebenheiten und Entwicklungstendenzen der Gesellschaft ergibt sich eine solche Kritik der Werte, die sie als folgenreiche Handlungsanleitung überhaupt in Betracht kommen läßt. Dies bedeutet, daß „Ziele einer wissenschaftlichen Grundlage bedürfen, auf wissenschaftlicher Erforschung der Bedingungen und Tendenzen der gesellschaftlichen Entwicklung beruhen, mit den erkannten Regeln dieser Entwicklung im Einklang stehen müssen, um sich als richtungsgebend bewähren zu können"[135]. Maß und Art der Verwirklichungsmöglichkeit empfangen Wertsetzungen stets erst aus wissenschaftlicher Erkenntnis[136].

Durch diese *drei Brückenprinzipien* sind nach Bernstein Wertverwirklichungen ohne konstitutive Mitwirkung wissenschaftlicher Erkenntnis systematisch nicht möglich. Er legt aber Wert auf Feststellung des Sachverhaltes, daß durch dieses enge Zusammenwirken keineswegs die wissenschaftlich kritisierten werthaften Ziele „integrierender Teil derjenigen Wissenschaft werden, um die es sich hier handelt: der Sozialwissenschaft"[137]. Dem steht in erster Instanz die wissenschaftliche Unbegründbarkeit des Wertelements entgegen, zusätzlich aber auch ein praktisches Motiv. Die relative Autonomie beider an diesem Korrespondenzverhältnis beteiligter, unterschiedlich gewonnener und methodisch unterschiedlich legitimierter Elemente muß festgehalten werden, wenn nicht zur Erkenntnisverfälschung der praktische Selbstbetrug hinzutreten soll: „Ich suche die prinzipielle Grenze festzustellen, die für den Sozialismus zwischen *Wissenschaft* und *Wille* (d. i. subjektiv gesetztem Zweck, Sollsatz — Th. M.) besteht, und damit *sowohl der Wissenschaft wie dem Willen* zu ihrem Recht zu verhelfen. Denn jede Verschiebung der Grenzsteine heißt hier *Vergewaltigung,* entweder der Wissenschaft oder des Willens, und ein Unrecht gegen beide. Der Sozialismus als reine Wissenschaft gedacht ist eine metaphysische, aber keine realistische Vorstellung, und der nicht wissenschaftlich begrenzte, nicht durch die wissenschaftliche Erkenntnis geleitete Wille ist ein trügerischer, in allerhand Sümpfe führender Geselle. Geben wir dem Willen ein zu großes Recht — und das tun wir auch, wenn wir die Wissenschaft in

---

135 Idealismus, Kampftheorie, S. 602.
136 So ist nach Bernstein die vom Sozialismus erstrebte „kollektivistische" Wirtschaftsform erst aus dem Zusammenwirken von Ethik und „Auskunft der Wissenschaft" ableitbar (a. a. O., S. 605). Wissenschaftliche Erkenntnisse sind dabei unerläßlich, weil „sich aus der Ethik allein der Kollektivismus nun und nimmer begründen läßt" (a. a. O., S. 604). Ihren jeweiligen „Zeitinhalt" kann die Ethik, sofern sie in politische Konzeptionen umgesetzt werden soll, immer nur aus der Sozialwissenschaft beziehen.
137 Idealismus, Kampftheorie, S. 602.

irgendeiner Weise unserem Willen unterwerfen, sie unserem Willen zu Liebe statt kritisch als werdendes, dogmatisch als fertiges Wissen behandeln — so setzten wir uns der Gefahr aus, die Geprellten dieses guten Herrn zu werden. Geben wir aber der Wissenschaft größere Rechte, als ihr zukommen, so entmannen wir im entsprechenden Grade unseren Willen und machen uns zu Sklaven des Glaubens an eine Notwendigkeit, die tatsächlich nicht besteht[138]."

5.8 Zur Einordnung des Bernsteinschen Wissenschaftsbegriffs

Bernsteins Begriff der Sozialwissenschaft enthält zusammengefaßt folgende Elemente:
1. jeweils begrenzte, nicht totale Kausalerkenntnis gesellschaftlicher Zusammenhänge,
2. Vorrang der empirischen Basis,
3. Prinzip der uneingeschränkten Kritik als Grundprinzip des Erkenntnisfortschritts,
4. Dualismus von Normen und Fakten,
5. Prinzip der Wertfreiheit,
6. Nichtkognitivistischer Charakter von Werturteilen,
7. Nichtdeterminiertheit der gesellschaftlichen Entwicklung,
8. Wissenschaftliche Behandelbarkeit von Werturteilen als geltende Normen, nicht aber im Sinne ihrer Begründung.

Die Einordnung des Bernsteinschen Wissenschaftsbegriffs hat ersichtlich Schwierigkeiten bereitet. Wie von ihm selbst vielfach bezeugt[139] und von zeitgenössischen Beobachtern seiner Entwicklung wie Vorländer bestätigt[140], sind Kantianische bzw. Neukantianische Einflüsse in gewissem Umfang an seiner wissenschaftstheoretischen Neubesinnung beteiligt gewesen. Sowohl die intensive Auseinandersetzung mit den Schriften Friedrich Albert Langes um 1891/ 1892, der einer der hauptsächlichen Neubegründer des Kantianismus in Deutschland war, wie die Lektüre von Cohens berühmtem Nachtrag zu Langes Geschichte des Materialismus von 1896, der den eigentlichen Brückenschlag zwischen der Kantischen Ethik und dem Sozialismus darstellte, wie insbesondere das Werben der Neukantianer um den Revisionisten, dessen theoretische Bemühungen auf den objekttheoretischen und strategischen Gebieten ihren Bestrebungen so sehr entgegenkamen, sind, wie die Ergebnisse zeigen, nicht ohne Wirkung geblieben[141]. Bernsteins Briefwechsel mit den

138 a. a. O., S. 607 f.
139 z. B. Voraussetzungen, S. 233 ff.
140 K. Vorländer, Die neukantianische Bewegung im Sozialismus, Berlin 1902, S. 47 ff.
141 So Bernstein selbst in einem Brief an Vorländer, in: Vorländer, Kant und der Sozialismus, Berlin 1900, S. 47.

Neukantianern Woltmann und Vorländer sowie der Besuch des ersteren in London Ende 1899 haben Bernsteins Ablösung von einer geschichtsdeterministischen Gesellschaftsauffassung und dem entsprechenden Wissenschaftsverständnis sicherlich mitbeeinflußt[142]. Gleichwohl kann von einer „Hinwendung" Bernsteins zum Neukantianismus keine Rede sein[143].

Nicht nur die kritischen Reaktionen der eigentlichen Neukantianer unter den Sozialdemokraten, wie Kurt Eisner, Karl Vorländer und W. Heine, lassen daran keinen Zweifel. Sie haben Bernsteins Lösungsversuch des Wissenschaftsproblems in allen wesentlichen Fragen abgelehnt[144]. Auch ein Blick auf Bernsteins Argumente selbst läßt hier keinen Zweifel offen. In wichtigen Fragen, wie der des wissenschaftlichen Status der Ethik und der lückenlosen kausalen Determination der gesamten Phänomenwelt vertritt er andere Positionen[145]. Bernstein selbst kommt der Sache näher, wenn er schon in den „Voraussetzungen" schreibt: „Wenn ich nicht fürchten müßte, falsch verstanden zu werden..., würde ich das ‚zurück auf Kant' in ein ‚zurück auf Lange' übersetzen" und meint damit vor allem dessen fundamentalen Kritizismus und seine „wissenschaftliche Vorurteilslosigkeit"[146]. In der Tat sind es mehr die Motive und Probleme Kants als dessen Antworten und Lösungen, was Bernstein zu Kant hingezogen hat. Nur in diesem Sinne kann man ihn einen „Kantianer" nennen[147]. Zurück hinter Hegel, war die Devise. Blickt man auf Bernsteins Versuch einer Überwindung des erkenntnistheoretischen Monismus zugunsten einer reflektierten Vermittlung von Materialismus und Idealismus, seine Einführung eines kritischen Dualismus von Erkenntnissätzen und Werturteilen bzw. „Ideal", ohne daß die Frage der Begründungs- oder Rechtfertigungsmöglichkeit des letzteren in den Mittelpunkt der Erörterung gestellt wird, sowie vor allem auf das erkenntniskritische Leitmotiv seines Ansatzes, so trifft man im Zentrum von Bernsteins Wissenschaftstheorie vor allem die Motive und Lösungsansätze F. A. Langes wieder[148]. Daß er ja auch

---

142 Vgl. dazu Steinberg, Sozialismus, a. a. O., S. 93.
143 a. a. O., S. 91 verwendet Steinberg diesen Ausdruck.
144 Vgl. Vorländer, Die neukantianische, S. 47 ff.
145 a. a. O.
146 Voraussetzungen, S. 257.
147 Dies konstatiert auch Gay. Seine Folgerung aber, „aus all dem muß man schließen, daß Bernstein Kant mißverstanden hat" (S. 190), ist unhaltbar, denn wer wollte es Bernstein verwehren, im Hinblick auf die anderen ihm bekannten Lösungsvorschläge der aufgeworfenen Fragen selbst zu entscheiden, wo er Kant folgen wollte und wo nicht. Findet Gay allein die Hinwendung eines Sozialisten zu Kant schon „rätselhaft", so sieht er als Ergebnis der Bemühungen Bernsteins, den marxistischen „Determinismus" zu überwinden „einen philosophischen Morast, aus dem er sich nie mehr ganz herausziehen konnte" (S. 176). Daher kommt Gay in seinem Buch zu dem Endergebnis, jeder, der den Revisionismus seinerseits revidieren wolle, müsse bei dessen philosophischen Grundlagen anfangen (S. 367).
148 Vgl. F. A. Lange, Die Arbeiterfrage, S. 248 ff. und ders. Geschichte des Materialismus, S. 981—1003.

von dessen strategisch-gesellschaftspolitischem Ansatz wesentliche Anregungen übernommen hat, soll hier nur in Erinnerung gerufen werden.

Weil er, wie es schien, keine Lösung aus einem Guß als schlagkräftige und faßliche Alternative zum offiziellen Parteimarxismus zu bieten vermochte, die Neukantianer aber, weil er nur Elemente und Ansätze, nicht aber die Lösungen mit ihnen teilte, ebenfalls nicht zu befriedigen vermochte, mit einem eigenen schulemachenden Erkenntnissystem aber auch nicht überzeugen konnte, ist Bernstein beständig, insbesondere von seiten Kautskys, dem Vorwurf des Eklektizismus ausgesetzt gewesen[149]. Dieser Ausdruck war selbstverständlich pejorativ gemeint und darauf berechnet, Bernsteins wissenschaftstheoretisches Mitspracherecht in Zweifel zu ziehen, sowie die Eigenständigkeit und Konsistenz seines Urteils zu bestreiten. Mitunter wird ihm auch als Nichtfachmann die Kompetenz in wissenschaftstheoretischen Fragen abgesprochen. Blickt man auf Bernsteins Leselisten, wie sie aus den Zitaten und Verweisen für dieses Thema hervorgehen, so muß man feststellen, daß er die wichtigen damaligen Diskussionsbeiträge zu den einschlägigen Fragen in extenso rezipiert hat[150]. Daß er kein studierter Philosoph war, hatte ihm solange niemand vorgeworfen, wie er auf der richtigen Linie lag. Das waren viele andere Diskussionsteilnehmer aber ebensowenig. Richtig und angemessen scheint vielmehr Vorländers Urteil, daß Bernstein die Talente schon auf anderem Gebiet demonstriert habe, die als Befähigung zur erkenntnistheoretischen Arbeit auch ohne Fachstudium angesehen werden mögen. Vorländer ist es auch gewesen, der Bernsteins Differenzen zum Kantianismus von Anfang an klar gesehen und bezeichnet hat[151].

Aus heutiger Sicht wird vielmehr deutlich, daß Bernsteins Ansatz mit seinen skeptizistischen Elementen, seiner kritisch-dualistischen Grundstruktur, seiner empiristischen Orientierung und seinem nomologischen Grundprinzip in enger Verwandtschaft zum kritischen Rationalismus der Gegenwart steht, wie er vor allem durch K. R. Popper repräsentiert wird, während er freilich zu dessen politischer Theorie nur bestimmte Berührungspunkte aufweist. Viele der Bernsteinschen Lösungen sind denen des kritischen Rotionalismus erstaunlich verwandt. In wichtigen Fragen, wie insbesondere der Wertfreiheit der Sozialwissenschaften, der Möglichkeit der wissenschaftlichen Behandlung von Werturteilen und dem Verhältnis von Zwecken und Kausalität in der Sozialwissenschaft hat er Gedanken vorweggenommen, die Max Weber einige Jahre später in epochemachender Weise formuliert hat. Dieses

---

149 Vgl., Kautsky, Bernstein und das sozialdemokratische Programm, S. 41.
150 Gemeint sind die Zitate und Verweise in Bernsteins einschlägigen Aufsätzen sowie seine Angaben in den Briefen an Kautsky, auf die hier nur summarisch verwiesen werden kann.
151 Vorländer, Die neukantianische Bewegung in Sozialismus, Berlin 1902, S. 47—67 und ders., Kant und der Sozialismus, Berlin 1900, S. 47—53.

Spezifische im Bernsteinschen Wissenschaftsverständnis dürfte daraus resultieren, daß er die von den Fabiern übernommene empiristische Tradition mit Elementen der von den Neukantianern damals in die Diskussion gebrachten Position abwägend verbinden wollte. Er übernahm dabei vor allem Elemente aus den Ansätzen von Kant, Comte und Mill, wobei er es sich vorbehielt, wie er diese auf den verschiedenen Problemebenen nutzte[152]. Bernstein hat weder ein wissenschaftstheoretisches Werk vorgelegt, noch eine einheitliche und schulemachende Fachterminologie verwendet oder geprägt. Da es ihm, wie er in seinen ersten Formulierungen über Wissenschaft 1893 gesagt hatte, um die Wahrheit ging, er aber zum brillierenden Systemschmied sich nicht für befähigt hielt, hat er sich nicht gescheut, das Etikett des Eklektizismus zu akzeptieren, allerdings in einer Bestimmung, die der pejorativen Intention dieses Etiketts entgegengerichtet ist: „Der Eklektizismus — das Auswählen aus verschiedenen Erklärungen und Behandlungsarten der Erscheinungen — ist oft nur die natürliche Reaktion gegen den doktrinären Drang, alles aus einem herzuleiten und nach einer und derselben Methode zu behandeln. Sobald solcher Drang überwuchert, wird sich der eklektische Geist immer mit elementarer Gewalt Bahn brechen[153]."

Nicht auf die Herkunft und auch nicht auf die Anzahl der irreduziblen Elemente einer Theorie kann es für ihre Geltung ankommen, sondern allein auf ihre Stichhaltigkeit. Dieser Wissenschaftsbegriff warf nun die Frage nach der künftigen Rolle der Wissenschaft in der sozialistischen Konzeption auf.

---

152 Lidtke kommt zu einem ähnlichen Urteil; wenn er von dem „eklektizistischen Ansatz" Bernsteins spricht, der „empiristische und neukantianische Elemente vermengte" (a. a. O., S. 670), wobei allerdings die in der Wahl des Wortes „vermengen" zum Ausdruck gebrachte Kritik erst noch zu begründen wäre.

153 Voraussetzungen, S. 39. Ähnlich in: An meine sozialistischen Kritiker, in: 6. Jg. (1900), S. 12/13. In dieser Verwendung des Begriffs Eklektizismus als aus unterschiedlichen Elementen sinnvoll zusammengesetzte Methodologie, hat Bernstein den Ausdruck in Bezug auf sein eigenes Vorgehen akzeptiert, während er ihn selbstverständlich in der Verwendung als Vermengung nicht zueinander passender Systemelemente zurückgewiesen hat. Vgl. das Motto dieses Kapitels.

6. Sozialistische Theorie als Programmtheorie

> *„Wenn ich so anmaßend wäre wie Plechanow, würde ich*
> *meine Broschüre als eine Kritik der sozialistischen Ver-*
> *nunft bezeichnen*[1]*.“*

6.1 *Die logischen Elemente des sozialistischen Programms*

Bernsteins empirisch-kritizistischer Wissenschaftsbegriff mit seiner Verwerfung der wissenschaftlichen Begründbarkeit der Wertentscheidungen, die
erst die sozialistische Tendenz der Doktrin konstituieren, warf zwangsläufig
die Frage auf, wie in diesem Sozialismusverständnis das Verhältnis von
Wissenschaft, Werten und Programm beschaffen sein kann. Wenn es keine
spezifisch proletarische Wissenschaft gibt, kann es dann noch eine wissenschaftlich fundierte sozialistische Politik geben? Wie erfolgt dann das Zusammenwirken von Wertentscheidungen und Wissenschaft? Wie kann dann die
sozialistische Politik begründet werden?
Die beiden Lösungen, die um die Jahrhundertwende für diese Probleme in
der deutschen Sozialdemokratie verbreitet waren, konnte Bernstein auf der
Basis seines Wissenschaftsverständnisses nicht mehr akzeptieren. Für beide
Hauptströmungen, Marxisten wie Neukantianer, resultierten Soll- und Ist-
sätze aus einem umfassenden Erkenntniszusammenhang, der auch die wissenschaftliche Einheitlichkeit der sozialistischen Theorie zu gewährleisten schien.
So war für Kautsky wie auch für den logischen Aufbau des Erfurter Programms die Auffassung bestimmend, daß die sozialistische Zielsetzung Bestandteil der wissenschaftlichen Geschichtsanalyse sei, so daß die Erkenntnis
der tatsächlichen geschichtlich-gesellschaftlichen Prozesse und der Umrisse
und die Grundlagen der sozialistischen Gesellschaft sowie auch die Begründung für deren historische Notwendigkeit demselben Aussagesystem zu-
gehörten. Beschreibung und Legitimation des sozialistischen Ziels stellten
zusammen mit der Erkenntnis des tatsächlichen Geschichtsverlaufs nur verschiedene Bestandteile ein- und desselben wissenschaftlichen Erkenntniszu-
sammenhangs dar. In diesem Sinne konnten die Aussagen im theoretischen
Teil des Erfurter Progamm als einheitliches wissenschaftliches Aussagesystem
auftreten. Die sozialistische Konzeption schien *als ganze* wissenschaftlichen
Charakter zu haben. Die neukantianischen Sozialisten, wie Karl Vorländer,
konnten diesem integralen Wissenschaftsverständnis des sozialistischen Pro-

---

1 Bernstein an Kautsky vom 9. 11. 1898 K. DV 465.

gramms grundsätzlich zustimmen, wenn sie es auch anders interpretierten. Für sie resultierten die Forderungssätze und Prinzipienerklärungen nicht aus geschichtlicher Wirklichkeitserkenntnis, sondern aus den Erkenntnissen der menschlichen Vernunft über die Gesetze der Moral. Insofern waren diese Sätze ähnlich wie in Bernsteins Argumentation logisch zu unterscheiden von den Istsätzen über den Kausalzusammenhang der Welt der historischen Erscheinungen. Im Unterschied aber zu Bernsteins Position konnten Aussagesysteme über moralische Prinzipien einen ungeschmälerten Anspruch auf wissenschaftliche Geltung beanspruchen, da sie in den Gesetzen der Vernunft selbst ihren Ursprung haben. Die Aussagen über reale Kausalbeziehungen waren notwendige Erkenntnisse der gleichen menschlichen Vernunft, wenn auch in unterschiedener Anwendung. Aus diesem Grunde konnte der Gesamtzusammenhang von Aussagen über Wirklichkeitsstrukturen und Aussagen über vernünftige menschliche Zielsetzungen den Anspruch auf einheitliche Wissenschaftlichkeit erheben, wenn diese Wissenschaft auch zwei unterschiedene Erkenntnisaspekte beinhaltete. In der Einheit der menschlichen Vernunft sollte die Einheit der wissenschaftlichen Geltung von Ist- und Sollsätzen, von sozialistischen Forderungen und Analyse der Bedingungen ihrer möglichen Verwirklichung begründet sein[1a].

Sowohl die Notwendigkeit des Sozialismus als auch die Einheitlichkeit der sozialistischen Theorie schien in beiden Ansätzen wissenschaftlich begründet. Sozialismus war Wissenschaft.

Nun bezog sich aber Bernsteins Dualismus nicht lediglich auf die logische Unterscheidung gleichermaßen wissenschaftlich begründbarer Ist- und Sollsätze, sondern er stellte zugleich einen Dualismus von wissenschaftlichen Aussagen, die nur in Ist-Sätzen zum Ausdruck kommen können und dem wissenschaftsexternen Status von Sollsätzen dar, die nicht Erkenntnisse, sondern lediglich Willensentscheidungen zum Ausdruck bringen. Sofern die sozialistische Doktrin und das sozialistische Programm daher einerseits Prinzipien und Forderungen und andererseits Erklärungen und Prognosen über Wirklichkeitszusammenhänge enthalten, bestehen sie aus wissenschaftstheoretisch heterogenen Elementen. „Spezifisch sozialistisch ist in der sozialistischen Lehre nur eines: die ethische oder Rechtsanschauung, die ihre Urteile durchdringt. Aber Rechtsanschauung ist keine Wissenschaft[2].“ Wenn es daher nach Bernstein keine spezifisch proletarische oder bürgerliche Wissenschaft als Wissenschaft geben kann, so unterscheiden sich die politischen Richtungen in dem Teil ihrer Doktrin, der wissenschaftliche Erkenntnisse enthält, nicht

1a Vgl. dazu, Karl Vorländer, Die neukantianische Bewegung, S. 47 ff., wo auch über die Kritik der anderen Neukantianer an Bernstein berichtet wird.
2 Bernstein, Wie ist wissenschaftlicher Sozialismus möglich?, S. 32.

prinzipiell voneinander[3]. Diejenigen Prinzipien, die den grundsätzlichen Unterschied konstituieren, können aber nicht den Status von Erkenntnissen beanspruchen. Die logisch unterschiedenen Programmbestandteile gelten daher auf unterschiedliche Weise. Während die normative Programmbasis aufgrund ihrer wissenschaftlichen Unentscheidbarkeit und weil sie die politische Identität der Partei begründet einen der Kritik weitgehend entzogenen, grundsätzlichen, wie Bernstein sogar sagt, „dogmatischen" Status zu Recht beansprucht, müssen diejenigen Teile des sozialistischen Programms, die sich als wissenschaftliche Erkenntnisse verstehen, allein den politisch neutralen Geltungskriterien von Wissenschaftlichkeit unterworfen werden. „Soziale und politische Doktrinen unterscheiden sich unter anderem dadurch von den entsprechenden Wissenschaften, daß sie gerade da abgeschlossen sind, wo jene offen bleiben. Sie stehen unter dem Diktat bestimmter Zwecke, bei denen es sich nicht um ein Erkennen, sondern um ein Wollen handelt, und die ihnen, selbst wenn sie in gewissen Punkten neuen Erkenntnissen Raum offenlassen, den Charakter des Fertigen und Dauernden verleihen[4]."

Aus dieser wissenschaftstheoretischen Sicht ist daher die mögliche Wissenschaftlichkeit des sozialistischen Programms genau dann gewährleistet, wenn hinsichtlich aller Aussagen über Wirklichkeitsstrukturen in Programm und Doktrin der Partei die volle „Freiheit der Kritik"[5] gewährt wird, während die Prinzipien und Grundforderungen der Partei allein aufgrund einer Willensentscheidung über ihren Inhalt gelten und daher zu Recht der Revision entzogen bleiben, weil die einzige ihnen angemessene Geltungsweise die der wissenschaftlich nicht begründbaren Willensentscheidung ist. Bezüglich dieses Programmelements bekennt Bernstein immer wieder: „Ich erkenne der Partei das Recht zu, in bezug auf ihr Aktionsprogramm eine gewisse Unduldsamkeit zu üben, aber solche Programme sind Willensäußerungen und nicht die Wissenschaft[6]." Hingegen gilt für das Verhältnis von Partei und Wissenschaft: „Die Parteien können wohl das Wissen in ihren Dienst spannen, aber die

---

3 Bernstein, a. a. O., S. 32: „Ich kann das nicht zugeben und halte eine liberale, konservative oder sozialistische Wissenschaft für einen Widersinn". Obgleich man einem solchen Wissenschaftsverständnis angemessen natürlich nur auf wissenschaftstheoretischer Ebene begegnen kann, darf doch nicht übersehen werden, wie wichtig es für Bernstein in seiner konkreten Diskussionssituation sein mußte, daß eine Ähnlichkeit oder Übereinstimmung seiner eigenen Gesellschaftsanalyse mit der als „bürgerlich" deklarierter Sozialwissenschaftler nicht allein aus diesem Grunde zu einer Abwehr durch die Partei führte. Dies ist ein wissenschaftssoziologisches Schlüsselmotiv der Bernsteinschen Wissenschaftsoffensive.

4 a. a. O., S. 33.

5 Das Kapitel seiner Aufsatzsammlung „Zur Geschichte und Theorie des Sozialismus", das die Aufsätze aus der Phase seines Schaffens enthält, wo er sich der politischen Wertung seiner gesellschaftsanalytischen Kritik entgegenstellt, überschreibt er: „Waffengänge für freie Wissenschaft im Sozialismus", a. a. O., S. 262.

6 Brief an Kautsky vom 9. 11. 1898.

Wissenschaft können sie sich nicht unterwerfen[7]." Wenn die Funktion der Wissenschaft innerhalb der sozialistischen Doktrin darin besteht, Kenntnisse über Wirkungszusammenhänge in der gesellschaftlichen Realität bereitzustellen, um die Frage wissenschaftlich zu beantworten, auf welche Weise in die Gesellschaft einzugreifen ist, um vorgegebene Prinzipien zu realisieren[8], so erfüllt sie gerade dadurch die Interessen der Partei am besten, daß sie ihre Aussagen nicht vorschnell diesen Prinzipien unterwirft, sondern nach ihren eigenen Maßstäben verfährt. Deren Ergebnisse können dann um so wirkungsvoller in eine sozialistische Strategie eingebracht werden. „Der Sozialismus als Wissenschaft hat andere Aufgaben als die Sozialdemokratie als Kampfpartei. Diese, als Wahrerin bestimmter Interessen, darf innerhalb gewisser Grenzen dogmatisch und selbst intolerant sein. Ihre auf die Aktion bezüglichen Beschlüsse gelten, bis sie selbst sie umstößt oder abändert als bindend. Ebenso diejenigen Sätze ihres Programms, die den Charakter und die Bestrebungen der Partei feststellen. Aber für ihre wissenschaftlichen Voraussetzungen kann sie selbstverständlich immer nur bedingt Anerkennung beanspruchen, denn die wissenschaftliche Forschung soll danach trachten, der Partei als Pfadfinder voranzugehen, nicht in ihrem Nachtrab hinterher marschieren[9]."

Wenn nun aber erst das Hinzutreten subjektiver, nämlich nicht wissenschaftlich begründbarer Strebungen zu den wissenschaftlichen Erkenntnissen eine sozialistische Doktrin entstehen läßt, so kann diese nicht länger im traditionellen Sinne den Namen eines „wissenschaftlichen Sozialismus" beanspruchen[10]. Bernstein schlägt statt dessen vor, im Anschluß an A. Labriola die Bezeichnung „kritischer Sozialismus" zu wählen, wenn dabei der wissenschaftliche Kritizismus Kants als Bezugspunkt zugrunde gelegt wird[11]. Sieht man einmal von der Heranziehung Kants und Labriolas ab, die hinsichtlich dessen, was Bernstein mit dieser Formulierung bezweckt, beide Male irreführend ist[12], so bleibt als berechtigter Kern dieser Formulierung die Erkenntnis, daß die wissenschaftlichen Bestandteile des Sozialismus beständiger Selbstkritik unterworfen werden müssen und daß eine kritische Selbstbesinnung auf die erkenntnislogischen Elemente der sozialistischen Doktrin deren unterschiedliche Geltungsweise offenlegt. In dieser doppelten Bedeutung besteht

---

7 Bernstein, Der Kernpunkt des Streits, a. a. O., S. 785. Vgl. auch Voraussetzungen, S. 241.
8 Ders., Idealismus, Kampftheorie und Wissenschaft, S. 602.
9 Das realistische und das ideologische Moment, S. 271.
10 Vgl. Idealismus, Kampftheorie, S. 784/5.
11 Wie ist wiss. Soz. mögl., S. 36.
12 Für die mangelnde Berechtigung, Kant als Quelle eines solchen Verständnisses zu beanspruchen vgl. Kap. 5. Labriola hatte in seinem von Bernstein zitierten Essay zwar den Begriff „kritischer Kommunismus" verwendet, ihn aber völlig anders definiert als Bernstein. Für Labriola bleibt der Kommunismus als ganzes eine Wissenschaft. Vgl. A. Labriola, Zum Gedächtnis des Kommunistischen Manifestes (1895), in: ders., Über den historischen Materialismus, Frankfurt 1974, S. 75—137.

die Ersetzung der Bezeichnung „wissenschaftlicher Sozialismus" durch „kritischer Sozialismus" zu Recht. Wenn Bernstein den Anspruch des Sozialismus auf Wissenschaftlichkeit zurückweist, so kritisiert er damit in erster Linie die Engelssche Auffassung, der Sozialismus könne aus der Erkenntnis des notwendigen Zusammenbruchs der kapitalistischen Gesellschaft abgeleitet werden[13].

Darüber hinaus erstreckt sich diese Kritik auf die Annahme, welche die Position der Neukantianer mit einschließt, der Sozialismus sei nichts als Wissenschaft. Daß der Sozialismus in erheblichem Maße wissenschaftlicher Voraussetzungen bedarf, wenn er nicht reine Willkür werden soll, war für Bernstein nicht zweifelhaft[14]. Er konkretisiert, „daß ich wohl die Möglichkeit und Notwendigkeit einer wissenschaftlichen Grundlage für den Sozialismus zugebe, aber weder die Möglichkeit noch die Notwendigkeit einer rein wissenschaftlichen sozialistischen Doktrin"[15].

Ohne wissenschaftliche Anleitung müssen alle Willensentscheidungen ebenso leer bleiben, wie die rein wissenschaftlichen Aussagen ohne Wertentscheidung blind blieben. „Der Sozialismus ist zwar, wie vorher ausgeführt, stets in bestimmtem Grade eine Sache des Willens, aber er ist keine Sache der Willkür. Um zum gewollten Ziele zu gelangen, bedarf er der Wissenschaft von den Kräften und Zusammenhängen des Gesellschaftsorganismus, von Ursache und Wirkung im Gesellschaftsleben als leitenden Führers[16]." Bernstein geht sogar davon aus, daß aufgrund seines Charakters als „Ideologie" einer aufstrebenden gesellschaftlichen Bewegung der Sozialismus eine besonders „intime"[17] Beziehung zur Wissenschaft habe, so daß er dem ihr gemäßen Prinzip der Kritik größeren Spielraum lassen kann als andere Ideologien. Aber die Identität von Wissenschaft und Sozialismus kann wegen des Elements irreduzibler Willensentscheidung im letzteren nicht anerkannt werden[18].

Für Bernstein spielt die Wissenschaft im Sozialismus eine ausschlaggebende Rolle, denn sein gesamter Ansatz zielt ja gerade darauf ab, nicht aus bloßer

---

13 Vgl., Wie ist wiss. Soz. mögl., S. 15.
14 Aus diesem Grunde ist es auch nicht ganz zutreffend, diesen Ansatz Bernsteins als „Prinzip des Voluntarismus" zu kennzeichnen, wie Lidtke es tut, a. a. O., S. 670. Völlig an der Sache vorbei geht Gottschalchs Formulierung, bei Bernstein sei durch die Preisgabe des Determinismus der Sozialismus „eine Sache der Beliebigkeit des freien Willens" geworden. In: Gottschalch, Karrenberg, Stegmann, Geschichte der sozialen Ideen in Deutschland, München 1969, S. 166.
15 Bernstein, Idealismus, Kampftheorie, S. 784.
16 Wie ist wiss. Soz. mögl., S. 35, 36.
17 a. a. O., S. 35.
18 Später hat Bernstein diesen Gedankengang verunklart. So in seinen Erinnerungen „Entwicklungsgang eines Sozialisten", wo er Formulierungen verwendet, die auch die Deutung zulassen, kritischer Sozialismus bedeute nur die Aufforderung zu ständiger Selbstkritik eines gleichwohl im ganzen wissenschaftlich bleibenden Sozialismus, a. a. O., S. 38.

Willensentscheidung heraus Veränderungsstrategien zu entwerfen, sondern nach Maßgabe der Erkenntnis von den gesellschaftlichen Zusammenhängen und dem Stand der gesellschaftlichen Entwicklung. Wissenschaft muß jeweils dartun, „welche nachweisbaren Tendenzen und Kräfte die Bedingungen für eine sozialistische Umgestaltung der Gesellschaft schaffen"[19]. Diese Funktion kann sie nur erfüllen, wenn sie in der Geltung ihrer Aussagen an politische Festlegungen nicht gebunden ist. Sozialismus ohne Wissenschaft ist als realistische Transformationsstrategie nicht möglich, denn realistisch wird sie nur in dem Maße, wie sie „den materiellen Faktoren der Entwicklung der menschlichen Gesellschaft zugewandt" ist[20]. *Es geht Bernstein in seiner Kritik allein darum, ob der Sozialismus als Gesamtsystem wissenschaftlicher Begründung fähig ist. Diese Frage verneint er und legt zugleich dar, daß ihre positive Beantwortung für den Sozialismus, selbst falls sie möglich wäre, in keiner Weise notwendig ist.*

Dies führt zu der grundlegend neuen Position, daß der Sozialismus als Theorie nicht Wissenschaft sein kann, sondern *Programmtheorie*[21] sein muß. Er muß den unterschiedlichen wissenschaftlichen Status und die unterschiedliche Funktion der logischen Elemente, die er enthält, reflektieren, und sie einer entsprechend unterschiedlichen Behandlung unterwerfen. Die expliziten und impliziten Ergebnisse dieser Veränderung sind die folgenden:

1. Sozialistisch ist die Doktrin (bzw. das Programm) wegen der moralisch-rechtlichen Grundentscheidungen, die ihr (ihm) traditionell zugrunde liegen.

2. Da diese Grundentscheidungen Resultat subjektiver Willensentscheidungen sind, für die es zwar in den sozialen Interessen der Einzelnen Motive gibt, die aber nicht wissenschaftlich-objektiv begründbar sind, gelten sie kraft einfacher Entscheidung und sind als identitätsstiftender Kern der sozialistischen Partei der Kritik zu Recht weitgehend entzogen. Dies kann natürlich nicht auch für ihre Interpretation gelten.

3. Indem nur der Inhalt dieser Grundentscheidungen allein parteiverbindlich gemacht ist und nicht auch die Entscheidung über zusätzliche Geltungsgründe, ist damit implizit die Frage nach dem Beweggrund für ihre Übernahme zwar nicht der Diskussion, aber der Beschlußfassung durch die Partei entzogen. Durch diese „Privatisierung" ist zugleich auch ein Pluralismus der Begründung der Grundentscheidungen ermöglicht.

---

19 Idealismus, Kampftheorie, S. 782.
20 Das realistische und das ideologische Moment, S. 272.
21 Mit diesem Ausdruck ist ein Ansatz gemeint, der einerseits eher die Rolle von Theoriebestandteilen in der sozialistischen Konzeption klärt als diese Theoriebestandteile selbst im Einzelnen zu erarbeiten. Andererseits ist damit auch die Orientierung der strategischen Überlegungen auf die aktuelle Programmatik gemeint. Den zweiten Sachverhalt hebt auch Rikli heraus, wenn sie für Bernstein „einen stark programmatischen Charakter der eigenen Gedanken, deren theoretische Grundlage eigentlich wenig ausgebaut ist", erkennt, a. a. O., S. 115.

4. Für sich allein genommen ist aus diesen Grundentscheidungen keine realistische Politik ableitbar. Dazu bedarf es der Erkenntnisse über Wirkungszusammenhänge, Entwicklungstendenzen und Bedingungsfaktoren der gesellschaftlichen Wirklichkeit. Erst in Verbindung mit ihnen werden aus den Grundentscheidungen Veränderungsstrategien bzw. Aktionsprogramme.

5. Die mögliche Bedeutung dieser Wirklichkeitserkenntnisse für die sozialistische Praxis ist um so größer, je mehr ihre Gewinnung allein nach Maßgabe wissenschaftsinterner Geltungskriterien erfolgt und je weniger Parteipräferenzen bereits in den Prozeß ihrer Gewinnung intervenieren, außer hinsichtlich der Problemauswahl.

6. Da Wissenschaft wertfrei sein soll, kann es keine besondere sozialistische Wissenschaft geben. Die Wissenschaft ist für den Sozialismus um so nützlicher, je weniger wertbelastet und je kritischer der Prozeß ihrer Erkenntnisgewinnung verläuft. Der Sozialismus ist in dem allein möglichen Sinne daher um so wissenschaftlicher, je mehr er die Freiheit der Kritik der rein wissenschaftlichen Bestandteile seiner Doktrin (Programm) garantiert.

7. Da sich die Wirklichkeitserkenntnis fortentwickelt, werden sich auch die Strategien und Aktionsprogramme für die gesellschaftliche Transformation auf der Grundlage der festgehaltenen sozialistischen Prinzipien im Lichte neuer Erfahrungen wandeln müssen.

8. Ein wissenschaftskritisch reflektiertes sozialistisches Programm muß daher folgende autonome Bestandteile enthalten:
   a) axiomatisch, allein kraft ihres Inhalts geltende Prinzipien,
   b) vorläufig geltende wissenschaftliche Erkenntnisse,
   c) aus den Grundsätzen in Verbindung mit den geltenden Wissenschaftsaussagen abgeleitete Aktionsziele, die verbindlich gelten,
   d) eine für sich wandelnde Erkenntnisse offengehaltene langfristige Transformationsperspektive[22].

---

22 Dieses Schema verwendet Bernstein für seine logische Analyse des Erfurter Programms: „Nun ist das Programm zur Zeit der Form nach zweiteilig, der Sache nach mindestens *dreiteilig*, indem seine Sätze in folgende drei genau zu unterscheidende Abarten zerfallen respektive sich in sie auflösen lassen: 1. Sätze, die soziale Erscheinungen der Zeit feststellen und ihre, aus der Natur der Dinge sich selbst ergebenden sachlichen Folgerungen vorausbestimmen, die darin *wissenschaftliche Allgemeingültigkeit* beanspruchen und gerade deshalb *nicht als spezifische Parteidogmen der Sozialdemokratie anzusehen sind;* 2. Sätze, die speziellen von der Sozialdemokratie vertretenen *Grundsätzen, Überzeugungen* oder *Bestrebungen* Ausdruck geben und demgemäß in ihrem Kern Gültigkeit als *Dogmen der Partei* beanspruchen; 3. Sätze, welche die aus Anwendungen der Parteidogmen auf die gekennzeichneten sozialen Erscheinungen sich ergebenden *nächsten Forderungen der Partei* formulieren. Demgemäß muß für jede dieser Abarten eine gewisse Norm bestehen, innerhalb welcher Grenzen oder unter welchen Voraussetzungen die für sie in Betracht kommenden Tatsachen im Programm Erwähnung zu finden haben." (Bernstein, Ein Vorwort zur Programmrevision, in: SM, 10. Jg., 1, [1904], S. 18).

Dieses Programmtheorie ist es letztendlich, was Bernstein im Auge hatte, als er seine eigenen Bemühungen sehr zutreffend als eine „Kritik der sozialistischen Vernunft"[23] bezeichnete. Sie weist der Wissenschaft die ihr gebührende Rolle zu. In seiner eigenen inhaltlichen Kritik hat sich Bernstein genau an dieses Verständnis der sozialistischen Theorie gehalten, während er nach der einmütigen Kritik, die diese Vorstellungen durch Marxisten und Neukantianer 1901 erfahren hatte, anläßlich späterer Programmdiskussionen diese Position nicht mehr in die Debatten eingebracht hat.

Ausdrücklich hat Bernstein immer wieder bekräftigt, daß sich seine inhaltliche Kritik an der Parteitheorie nicht auf die im Erfurter Programm formulierten Prinzipien der sozialdemokratischen Partei erstreckt, sondern lediglich auf eine Reihe von Tatsachenbehauptungen über die Entwicklung des Kapitalismus und die darauf beruhenden strategischen Perspektiven[24].

In seinen „Leitsätzen für den theoretischen Teil eines sozialdemokratischen Parteiprogramms" empfiehlt er im Einklang mit seiner Programmtheorie, „im Programm nur Grundsätze und Forderungen niederzulegen, die theoretische Begründung dagegen in Manifesten zu geben", um eine verbindliche Festschreibung wissenschaftlicher Aussagen möglichst zu vermeiden[25]. In einem Fragment eines Programmentwurfs aus seinem Nachlaß will er das sozialdemokratische Programm mit dem Satz eingeleitet wissen: „Die sozialdemokratische Partei Deutschlands hat zum Ziel die Verwirklichung der Grundgedanken des Sozialismus auf allen Gebieten des sozialen Lebens"[26], dann skizziert er die Widersprüche der bestehenden Ordnung im Verhältnis zu diesen Grundgedanken und leitet daraus Forderungen für die Veränderung der Gesellschaft ab.

Bei den Diskussionen um das Görlitzer Programm von 1921 hat er dann in der Folge seiner allgemeinen Reduzierung der theoretischen Ansprüche weder in seinem Beitrag zur Programmdiskussion, noch in seinem Kommentar auf diese wissenschaftstheoretische Seite des Programms Bezug genommen[27]. Dies fiel ihm um so leichter, als die reformistische Strategie, um die es ihm in erster Linie zu tun war, volle Berücksichtigung gefunden hatte. Auch in seiner Kritik des wissenschaftlichen Sozialismus ist Bernstein nicht ganz konsequent

---

Aufgrund seiner eigenen Erfahrungen wollte Bernstein so wenig wie möglich von der wissenschaftlichen Analyse in das Programm selbst aufnehmen, weil dies zu einer Gleichbehandlung der Parteigrundsätze mit den Wirklichkeitserkenntnissen verführen kann. Selbstverständlich bedeutet seine Aufforderung, möglichst wenig Wissenschaft im Programm festzuschreiben nicht, daß möglichst wenig Wissenschaft in die Ausarbeitung der Parteiforderungen eingehen soll, vgl. a. a. O., S. 19 ff.

23 Bernstein an Kautsky vom 9. 11. 1898.
24 So z. B. in: Von der Sekte zur Partei, a. a. O., S. 73 und Ein Vorwort zur Programmrevision, in: SM, 10. Jg., 1, (1904), S. 24.
25 In: Hirsch, a. a. O., S. 44.
26 IISG A 30.
27 Vgl. Anm. 2 Kap. 5.

geblieben. Als er wahrnehmen mußte, daß er hinsichtlich seiner wissenschaftstheoretischen Kritik völlig isoliert in der Partei stand und selbst die Neukantianer harte Kritik an seiner Position übten, hat er seine Forderung der
Überwindung des „wissenschaftlichen" zugunsten eines „kritischen" Sozialismus zeitweilig selbst so interpretiert, als habe er damit nicht die Reichweite
der Wissenschaft innerhalb der sozialistischen Theorie einschränken wollen,
sondern lediglich ein allgemeines Postulat der ständigen kritischen Überprüfung des Gesamtsystems aufgestellt[28].
Es entstand nun aber für die Bernsteinsche Auffassung die Frage, welches
der Inhalt der Prinzipien ist, die den Sozialismus konstituieren und welchen
Zusammenhang sie mit den Interessen der Arbeiterklasse haben, auf die
Bernstein das sozialistische Programm ja weiterhin in besonderer Weise
bezog.

6.2 „Sozialistische Moral- und Rechtsauffassung"

Die Folge dieser Auffassung Bernsteins, daß Sozialismus eine bestimmte
Moral- und Rechtsauffassung ist und nicht eine Erkenntnis über geschichtliche Gesetze oder eine Festlegung des Institutionengefüges der „sozialistischen" Gesellschaft, ist zunächst die Definition des *Sozialismus als Prinzip
der Gestaltung der Gesellschaft*, das immer erst im Zusammenwirken mit
wissenschaftlichen Erkenntnissen konkrete Perspektiven gesellschaftlicher Organisation und Veränderung ermöglicht. Mithin ist der Programmteil, der
die Vorgabe des sozialistischen Prinzips formuliert, das relativ wenigen
Wandlungen unterliegt, verhältnismäßig abstrakt und für sich allein genommen nicht ausreichend, um gesellschaftliche Verhältnisse zu prägen. Es wäre
indessen ein Mißverständnis zu glauben, daß dadurch auch das Programm
selbst abstrakt und unbestimmt sein müsse, denn die konkreten Programmforderungen sollen sich ja erst aus dem Zusammenspiel der allgemeinen sozialistischen Prinzipien mit den Erkenntnissen über Bedingungsverhältnisse in
der Wirklichkeit ergeben, wodurch sie ihre Konkretion und politische Ver-
wendbarkeit gewinnen.
In den „Voraussetzungen" gibt Bernstein zunächst eine knappe Definition
dessen, was er unter der „sozialistischen Moral- und Rechtsauffassung" versteht: „Die genaueste Bezeichnung des Sozialismus wird jedenfalls diejenige
sein, die an den Gedanken der Genossenschaftlichkeit anknüpft, weil damit
zugleich ein wirtschaftliches wie ein rechtliches Verhältnis ausgedrückt wird ...
Dem entspräche die Bezeichnung des Sozialismus als Bewegung zur, oder der

---

28 Z. B. in: Idealismus, Kampftheorie, S. 783.

Zustand der genossenschaftlichen Gesellschaftsordnung[29]." Damit hat er nun keineswegs gemeint, daß die Auflösung der kapitalistischen Produktion in lauter einzelne Genossenschaften eine sozialistische Gesellschaft darstellen würde. Vielmehr hat er eine solche Konzeption ausdrücklich als unsozialistisch zurückgewiesen, da ihre Realisierung die Arbeiter in einen Gegensatz zur Allgemeinheit bringen müßte. Für ihn hat die Auflösung der Produktionsstruktur in autonome Genossenschaften „mit Sozialismus gar nichts zu tun"[30]. Dieser bestimmt sich für ihn im Gegenteil auf folgende Weise: „Der Sozialismus ist aber gerade der Gedanke der Erhebung des Interesses der Allgemeinheit über jedes Sonderinteresse von Gruppen[31]." Die Formel der Genossenschaftlichkeit hat Bernstein an anderer Stelle näher erläutert. Er stellt klar, daß er damit nicht eine ökonomische Organisationsform im Auge hatte, sondern daß „der Ausdruck Genossenschaftlichkeit ... hier nur das Rechtsprinzip kennzeichnen soll, um das es sich beim Sozialismus handelt: die Demokratie. Der socius ist der gleichberechtigte Teilhaber"[32]. Sozialismus in dieser Definition ist daher die Forderung nach einer solchen Organisation der Gesellschaft, die allen die gleichberechtigte Teilhabe an den sie betreffenden Entscheidungsprozessen gewährt. „Ich hätte ganz gut schreiben können, und wollte es sogar ursprünglich (tun), daß der Sozialismus für mich in letzter Instanz Demokratie, Selbstverwaltung heißt[33]."

Diese Definition des Sozialismus hat theoretische Folgen:

1. Sie bedingt eine Neubesinnung auf das Verhältnis des Sozialismus zum Liberalismus, da ja nun nicht länger wie in der Parteitheorie üblich, beide Ideenkomplexe lediglich als ideologische Reflexe der jeweiligen Klasseninteressen des Bürgertums und des Proletariats verstanden werden können[34].

2. Sie macht eine Erklärung des besonderen Verhältnisses der Arbeiterklasse zum Prinzip des Sozialismus erforderlich, die nun ja nicht mehr in der Definition enthalten ist, von Bernstein aber nach wie vor festgehalten wird[35].

3. Und sie begründet auch von der sozialistischen Zielbestimmung her die Angemessenheit einer gradualistischen Strategie.

29 Bernstein, Voraussetzungen, S. 129 und 130. So auch in: Wie ist wiss. Soz. mögl., a. a. O., S. 20. Diese Definition des Sozialismus war als „gleiche Gegenseitigkeit" bereits von E. Düring verwendet worden. Vgl. Gay, a. a. O., S. 111. Fast wörtlich wie bei Bernstein war der Sozialismus auch bei F. A. Lange definiert worden. Vgl. Geschichte des Materialismus, Band 2, Frankfurt 1974, S. 998.
30 „Was ist Sozialismus", IISG A 117.
31 a. a. O., Auch in Wie ist wiss. Soz. mögl., S. 42.
32 Wie ist wiss. Soz. mögl., S. 42.
33 Bernstein an Kautsky vom 20. 2. 1898 IISG K. DV 432.
34 Bebel, Protokoll Hannover 1899, S. 124.
35 Vgl. z. B. Bernstein, Was ist Sozialismus, in Hirsch, a. a. O., S. 18.

6.2.1 *Liberalismus und Sozialismus*

Bernstein ist davon überzeugt, daß er mit der Entwicklung dieses sozialistischen Prinzips nichts anderes unternommen hat als eine Interpretation der Prinzipien der sozialdemokratischen Partei, wie sie in deren Erfurter Programm niedergelegt waren[36], so daß auch seine Überlegungen hinsichtlich des Verhältnisses der liberalen zu den sozialistischen Prinzipien nur eine bewußte Rekonstruktion ihres historischen Verhältnisses zueinander darstellen soll. Infolge der autonomen Geltung des sozialistischen Prinzips, das nach Bernstein nicht lediglich der Reflex eines Klasseninteresses oder einer historischen Gesetzlichkeit sein kann, ergibt sich die theoretische Notwendigkeit der Klärung seines Verhältnisses zu den liberalen Prinzipien, die ebenfalls eine vernünftig begründete autonome Geltung beansprucht hatten und zugleich universell akzeptierbar sein sollten. Im Verhältnis zum Inhalt und zum universellen Geltungsanspruch liberaler Prinzipien muß sich für Bernstein daher der Inhalt des sozialistischen Prinzips bestimmen lassen.

Zunächst macht Bernstein mehrfach deutlich, daß er in diesen theoretischen Zusammenhängen mit Liberalismus stets die „weltgeschichtliche Bewegung" meint[37] und nicht die konkrete Politik und Programmatik der liberalen Parteien im damaligen Deutschland. Durch diese Klärung des Verhältnisses zu den liberalen Prinzipien wird nun zugleich bewußt, inwieweit ihr Ideengehalt in die sozialistische Zielsetzung mit eingegangen ist. Darüber hinaus kann eine solche Klärung auch die Entscheidung darüber eindeutiger und rationaler werden lassen, in welchen Punkten und wieweit eine Zusammenarbeit mit liberalen Parteien für sozialistische Parteien politisch sinnvoll sein kann[38].

Den Liberalismus als „weltgeschichtliche Bewegung" definiert Bernstein als die Bewegung der „Befreiung von kirchlicher, staatlicher, wirtschaftlicher Gebundenheit"[39]. Zur vollen Konsequenz wurde ihmzufolge das liberale Prinzip in der Französischen Revolution entwickelt. Seine Elemente sind vor allem in der Erklärung der Menschenrechte von 1793 niedergelegt. Dazu gehört das Recht der Allgemeinheit gegen die erworbenen Rechte, „der lebendigen sozialen Bedürfnisse gegen den Druck der Vergangenheit"[40]. Allgemeinheit hier verstanden „als Inbegriff aller Gleichheit als Rechtsprinzip". Sie resultiert in der „Befreiung des Menschen als Persönlichkeit". Deren Rahmen bilden die allgemeinen Menschenrechte „Freiheit, Gleichheit,

---

36 Ders., Die Programmrevision und der Bremer Parteitag, in: SM, 10. Jg., 2, S. 706.
37 Voraussetzungen, S. 184 und ders., Hat der Liberalismus in Deutschland noch eine Bedeutung, IISG E 112.
38 Bernstein, Wesen und Aussichten des bürgerlichen Radikalismus, München und Leipzig 1915, S. 33 ff.
39 Hat der Liberalismus, a. a. O.
40 a. a. O.

Sicherheit, Eigentum"[41]. In dieser allgemeinen Fassung ist das liberale Prinzip „ewig"[42]. Seine Problematik besteht weniger in seinem Inhalt, sondern vielmehr darin, daß das Bürgertum als Träger dieses Prinzips nur so viel davon verwirklicht hat, als es seinem eigenen Klasseninteresse entsprach. Liberalismus als gegenwärtige politische Bewegung ist daher eine durch das Klasseninteresse des Besitzbürgertums eingeschränkte Anwendung der universellen liberalen Prinzipien. Ergebnis dieser Verkürzung sind ein beschränktes Wahlrecht, die Unterwerfung von Kirche und Schule unter den „Staat der Besitzenden" und die freie Konkurrenz des Manchestertums. Diese Praxis macht den Liberalismus zur „Partei des Besitzbürgertums, des bürgerlichen Erwerbs"[43]. In bewußter Anlehnung an Lassalles Standpunkt in dieser Frage zieht Bernstein nun die Schlußfolgerung, daß der Sozialismus richtig verstanden die volle Anwendung der liberalen Prinzipien ist, ergänzt durch die in den Erfahrungen mit dem Frühkapitalismus begründete Verstärkung des Prinzips der Solidarität als einer „Solidarität in der Freiheit"[44]. In diesem geklärten Sinne wird das liberale Prinzip, wie Bernstein hervorhebt, „von uns Sozialisten anerkannt"[45], während der gegenwärtige „politische Liberalismus" die volle Anwendung und die notwendige Ergänzung seiner eigenen Prinzipien ablehnt.

Durch diese Anknüpfung an den Liberalismus gerät das Prinzip der gleichen Freiheit in den Mittelpunkt des Bernsteinschen Sozialismusverständnisses. In diesem Sinne verdient dieses den Namen „liberaler Sozialismus"[45a]. Sozialismus ist für Bernstein eine auf die Erfahrungen mit dem Kapitalismus bezogene Weiterentwicklung des liberalen Prinzips.

„Was aber den Liberalismus als weltgeschichtlicher Bewegung anbetrifft, so ist der Sozialismus nicht nur der *Zeitfolge,* sondern auch dem *geistigen Gehalt* nach sein legitimer Erbe ... Wo irgendeine wirtschaftliche Forderung des sozialistischen Programms in einer Weise oder unter Umständen ausgeführt werden sollte, daß die freiheitliche Entwicklung dadurch ernsthaft gefährdet erschien, hat die Sozialdemokratie sich nie gescheut, dagegen Stellung zu nehmen. Die Sicherung der staatsbürgerlichen Freiheit hat ihr stets höher gestanden als die Erfüllung irgend eines wirtschaftlichen Postulats. Die Ausbildung und Sicherung der freien Persönlichkeit ist der Zweck aller sozialistischen Maßregeln, auch derjenigen, die äußerlich sich als Zwangsmaßregeln

---

41 a. a. O.
42 a. a. O.
43 a. a. O.
44 a. a. O.
45 a. a. O., Die genaue Stellung Bernsteins zum hier in die Grundprinzipien scheinbar mit eingeschlossenen Eigentumsbegriff wird später erörtert, vgl. Kap. 8.
45a Vgl. Fülberth/Harrer, Arbeiterbewegung und SPD. Band 1. Die deutsche Sozialdemokratie 1890—1933, Darmstadt 1974, die von einem „sozialliberalen Revisionismus Bernsteins" sprechen (S. 11), allerdings in der verfehlten Absicht, ihn aus der sozialistischen Tradition herauszudividieren.

darstellen. Stets wird ihre genauere Untersuchung zeigen, daß es sich dabei um einen Zwang handelt, der die Summe von Freiheit in der Gesellschaft *erhöhen*, der *mehr* und einem *weiteren* Kreise Freiheit geben soll, als er nimmt[46]."

Damit interpretiert Bernstein die Prinzipienerklärung aus dem Erfurter Programm der Partei, in der es hieß, die Überführung der kapitalistischen Produktion in „sozialistische, für und durch die Gesellschaft betriebene Produktion" sei als Mittel für die Erreichung des Zweckes „der höchsten Wohlfahrt und allseitiger harmonischer Vervollkommnung" gedacht in einer Gesellschaft, wo „gleiche Rechte und gleiche Pflichten" bestehen und „jede Art der Ausbeutung und Unterdrückung, richte sie sich gegen eine Klasse, eine Partei, ein Geschlecht oder eine Rasse" abgeschafft werde.

Auch Bernstein geht daher, wenn auch wegen der bewußten Anknüpfung an den Liberalismus eindeutiger und mit schärferer Akzentuierung als die meisten seiner Vorgänger und das Erfurter Programm selbst, davon aus, daß die Erweiterung der Geltungssphäre und die Einbeziehung aller Gesellschaftsglieder in den Genuß wirklicher und gleicher Freiheit das eigentliche Ziel des Sozialismus ist. Für die politische Ebene hat das eine Festlegung auf die Demokratie zur Folge, denn sie ist „gleichbedeutend mit dem höchstmöglichen Grad von Freiheit für alle"[47]. Sie ist mithin die Verwirklichung des sozialistischen Ziels in einem wichtigen gesellschaftlichen Teilbereich. „Die Demokratie ist Mittel und Zweck zugleich. Sie ist das Mittel der Erkämpfung des Sozialismus, und sie ist die Form der Verwirklichung des Sozialmus[48]."

Für den gesellschaftlichen Bereich ist gegenüber der liberalen Praxis eine grundsätzliche organisatorische Umorientierung geboten, wenn das Prinzip der gleichberechtigten Freiheit auch hier Wirklichkeit werden soll. Mit der „Auflösung aller Solidarität und Gemeinschaft" hat der liberale Kapitalismus nämlich auch die Chance der gleichen Freiheit selbst im gesellschaftlichen Bereich zerstört[49]. Denn Freiheit ist auch auf dieser Ebene nur dann für alle möglich, wenn sie als gesellschaftlich verantwortliche Freiheit verstanden und ausgeübt wird und auf die Interessen der Gesellschaft bezogen bleibt. Die Abschaffung der gesellschaftlichen Formen der Ausübung von einseitigem Zwang gegen andere und die Sicherung der gesellschaftlichen Verantwortung der Ausübung von Freiheit sowie die Garantierung der gleichberechtigten Freiheit aller in der gesellschaftlichen Lebenssphäre bedürfen neuer Mittel der sozialen Organisation. „Solche Freiheit ist für alle nur möglich durch das Mittel der Organisation. In diesem Sinne könnte man den Sozialismus auch organisatorischen Liberalismus nennen[50]." Sozialismus ist daher in dem Sinne

---

46 Voraussetzungen, S. 184 f.
47 a. a. O., S. 177.
48 a. a. O., S. 178.
49 Vgl. Hat der Liberalismus, a. a. O.
50 Voraussetzungen, S. 188.

die „Vollendung" des Liberalismus, daß er die Formen der gesellschaftlichen Organisation entwickelt und erprobt, die das von diesem bloß behauptete Prinzip der gleichen Freiheit in der gesamten gesellschaftlichen Lebenswelt Wirklichkeit werden läßt. Das ist der Inhalt von Bernsteins Definition, Sozialismus sei das in der ganzen Gesellschaft verwirklichte Prinzip der Genossenschaftlichkeit. Es ist identisch mit der Forderung nach Demokratie auf allen Lebensgebieten[50a].

6.2.2 Die Grundprinzipien des Sozialismus

Das sozialistische Programm steht daher für Bernstein im Zeichen einer konsequenten Interpretation und Umsetzung der drei liberalen Grundideen Freiheit — Gleichheit — Brüderlichkeit, die Bernstein in der Fassung: (1) Gleichheit, (2) Gemeinschaft, (3) Selbstbestimmung übernimmt. Dem Gedanken der Solidarität in der Gemeinschaft kommt dabei gegenüber seiner völligen Vernachlässigung im Liberalismus zwar keineswegs gegenüber der Freiheit der Vorrang zu, aber doch hinsichtlich der Abgrenzung gegenüber dem liberalen Prinzipienverständnis ein besonderes Gewicht[51].

(1) Für die Gleichheitsforderung nennt Bernstein drei Kriterien: (a) gleiche Rechte für alle, (b) gleiche Lebensmöglichkeiten, (c) keine absolute Gleichheit. Er begründet die Gleichheitsforderung mit einem interessanten Argument: „Die gleiche Bedürftigkeit aller Menschen bei der Geburt und die Abhängigkeit des Reichtums, der persönlichen Sicherheit und der Kultur vom gesellschaftlichen Zusammenleben, sowie die Geringfügigkeit der Arbeit des einzelnen im Verhältnis zur Arbeit der Generationen, deren Erben sie sind, bilden die Hauptbeweise für den Anspruch aller auf gleiche Rechte und gleiche Lebensmöglichkeiten[52]." Bernstein erkennt jedoch im Gleichheitsbegriff eine Antinomie. Die sozialistische Gesellschaft soll ja zugleich die Gesellschaft mit der größtmöglichen Wirtschaftlichkeit und der größtmöglichen Gleichheit sein. „Zur Erzielung der höchsten Wirtschaftlichkeit gehört auch die Sicherung des stärksten Arbeitsantriebes, war aber die zu erzielen, ohne entweder zu den Mitteln der Sklaverei zu greifen oder die Gleichheit preiszugeben[53]." An der Unfähigkeit, diese Antinomie für komplexe Gesellschaften aufzulösen, sind nach seiner Meinung die kommunistischen Gesellschaftsutopien gescheitert. Sie realistisch aufzulösen ist daher Aufgabe einer sozialdemokratischen differenzierenden Interpretation und Umsetzung.

50a Was ist Sozialismus, a. a. O., S. 26.
51 Vgl. Bernstein, Die Arbeiterbewegung, Frankfurt 1910, S. 118—140.
52 a. a. O., S. 124.
53 a. a. O., S. 127.

(2) Das Prinzip der „Gemeinschaft" ist inhaltsgleich mit dem der Solidarität. „In der Arbeiterbewegung wird (es) für die Kennzeichnung eines ethischen Empfindens und das ihm entsprechende freiwillige Handeln gebraucht[54]." Inhalt des Prinzips ist die „freiwillige Gemeinhaftung" für die in gleicher Abhängigkeit befindlichen Mitmenschen. Aus der Erkenntnis der gemeinsamen Abhängigkeit folgt die Bereitschaft, füreinander einzustehen und einander beizustehen. In dieser solidarischen Verbindung sieht Bernstein „den stärksten geistigen Faktor der modernen Arbeiterbewegung und ganz speziell der Gewerkschaftsbewegung"[55]. Daß diese Idee die stärkste Kraft innerhalb der Arbeiterbewegung darstellt und in ihrer Wirkung die beiden anderen „normgebenden Prinzipien" der Freiheit und Gleichheit übertrifft, bedeutet nun aber keineswegs, daß die Verwirklichung der Solidarität die Realisierung von Freiheit und Gleichheit hintansetzen dürfe, sondern, daß ohne Solidarität für die Arbeiter im Kapitalismus Freiheit und Gleichheit völlig unerreichbar bleiben müßten. Wegen ihrer besonderen sozioökonomischen Abhängigkeit wird für die Arbeiterklasse wie für keine andere gesellschaftliche Gruppe die Solidarität zum Schlüssel für die Durchsetzung der beiden anderen Grundprinzipien. „Denn so schwer dem einzelnen auch die Unterwerfung unter den Beschluß der Mehrheit fallen, mit so großen Opfern materieller und seelischer Art sie jeweilig verbunden sein mag, so ist diese Gemeinhaftung doch in der kapitalistischen Wirtschaftsordnung die unerläßliche Vorbedingung der höchstmöglichen Freiheit des Arbeiters. Die ‚Gewerkschaftstyrannei' erwirbt und sichert dem Arbeiter den jeweilig höchsten Grad von Freiheit im Arbeitsverhältnis. Das ist kein Paradoxon, es ist nur die einfache Bestätigung der Tatsache, daß es in der Welt nirgends Freiheit ohne Gebundenheit gibt...[56]." In dieser Allgemeinheit gilt diese Aussage sowohl für das Verhältnis der Arbeiterbewegung zur Gesamtgesellschaft wie auch für das Verhältnis des Einzelindividuums zur Gemeinschaft.

(3) Als das eigentliche Ziel, in dessen Dienst die zuvor genannten letztlich stehen, betrachtet Bernstein, wie bereits aus seiner Darstellung des Verhältnisses von Liberalismus und Sozialismus hervorging, die Verwirklichung der Freiheit für alle Individuen. „Denn die Freiheit bildet einen der wesentlichsten Maßstäbe der Kultur, sie, die ihren reinsten Ausdruck im Begriff der Selbstbestimmung findet"[57]. In diesem Sinne ist die Gleichheit nach Bernstein genau genommen nur das Ordnungsprinzip, welches dafür Sorge zu tragen hat, daß Freiheit für alle Menschen gesellschaftlich garantiert ist. „Denn so hoch man den Gleichheitsgedanken als soziales Prinzip auch schät-

---

54 a. a. O., S. 129.
55 a. a. O., S. 130.
56 a. a. O., S. 132.
57 a. a. O., S. 135.

zen mag, so läßt sich doch nicht behaupten, daß die Gleichheit ein ethisches Ziel der Menschheitsentwicklung sei. Sie ist bloß ein jeweilig in bestimmter Anwendung als erstrebenswert betrachtetes Ziel sozialer Ordnung. Man könnte es auch so ausdrücken, daß die Gleichheit wohl ein zeitweiliges, die Freiheit aber ein ewiges Menschheitsideal sei[58]." Ziel sozialistischer Politik muß daher die Organisation der Gleichheit auf jeweils solche Weise sein, daß die Selbstbestimmung aller in allen gesellschaftlichen Lebensbereichen, besonders im Wirtschaftsbereich gesichert ist.

Bernstein unterscheidet drei Komponenten im Freiheitsbegriff: (a) die „materielle Freiheit"; sie zielt auf eine „Summe von Schutz gegen Willkür von Vorgesetzten, die Summe von normaler täglicher Mußezeit, die Summe von Verfügung über Güter"[59]. Diese Faktoren gewährleisten materielle Voraussetzungen von Freiheit, indem sie die „Summe möglicher Selbstbestimmung" vergrößern. (b) Die Selbstbestimmung als Freiheit von äußerer Beschränkung ist die zweite Komponente. Sie bezieht sich auf die Abwehr willkürlicher Eingriffsmöglichkeit in die individuelle Entscheidungssphäre, die andere Autoren „formelle Freiheit" genannt haben[60]. Es handelt sich um die traditionelle liberale Freiheitsdefinition. (c) Bernstein betont darüber hinaus, daß in der entwickelten Produktion mit ihren Großbetrieben die Verwirklichung des Rechts der Arbeiter auf Selbstbestimmung auch in der Arbeitswelt zum Teil allein noch „durch die Organisation" erfolgen kann. So können die Arbeiter eine Reihe von arbeitsrechtlichen Mitbestimmungsrechten nur kollektiv, nämlich vermittelt durch ihre Organisationen wahrnehmen. In Anlehnung an Fraenkels Bestimmung der „kollektiven Demokratie" könnte diese dritte Komponente des Freiheitsbegriffs daher „kollektive Freiheit" genannt werden[61]. Gemeint ist natürlich nicht eine Freiheit für das Kollektiv im Gegensatz zur Freiheit des einzelnen, sondern eine konkrete individuelle Freiheit der in gleicher Lage befindlichen einzelnen, die nur über kollektive Organe wahrgenommen werden kann. Die Ausübung dieser Freiheit ist wieder in hohem Maße durch Solidarität vermittelt.

Gegen den von besitzliberaler Seite erhobenen Vorwurf, auf diese Weise schränke die solidarische Arbeiterbewegung die Freiheit ein, setzt Bernstein das Argument: „Die Wahl besteht gar nicht zwischen absoluter Freiheit und begrenzter Freiheit, sie steht zwischen der Begrenzung der Freiheit durch objektive soziale Mächte, Begrenzung durch übermächtige Dritte und Begrenzung durch die Organisation gleichgestellter Kollegen[62]." Die freiwillige

---

58 a. a. O.
59 a. a. O., S. 139.
60 Vgl. Isaiah Berlin, Two Concepts of Liberty, Oxford 1957.
61 Vgl. Ernst Fraenkel, Kollektive Demokratie (1929), in: H. Kremendahl, Thomas Meyer, Sozialismus und Staat, Kronberg 1974, Band 1, S. 107—115 (Auszug).
62 Bernstein, a. a. O., S. 138.

Begrenzung scheinbarer momentaner Freiheit durch solidarisches Handeln führt jedoch langfristig zur Erweiterung des Freiheitsraumes für alle.

Für diese sozialistische Interpretation der klassischen liberalen Grundprinzipien, die Bernstein hier zur Konkretisierung seiner Forderung nach Umformung der Gesellschaft auf der Grundlage des Prinzips der „Genossenschaftlichkeit" vornimmt, erkennt er als Grundproblem „die Notwendigkeit, zwischen Gleichheit und Freiheit und Solidarität und Freiheit durch Begrenzung einen Zustand relativer Geltung herzustellen"[63]. Mit „relativer Geltung" meint er ein Gleichgewicht im Sinne der von ihm genannten Grundsätze. Fünf Gesichtspunkte sind es, die Bernstein selbst für die Herstellung dieses Gleichgewichts genannt hat: (1) Freiheit ist der eigentliche Selbstzweck menschlicher Kultur; (2) um diesen Zweck wirklich für alle zu erreichen, bedarf es der Solidarität der in gleicher Abhängigkeit befindlichen Menschen zur Erkämpfung und später zur Wahrung dieses Ziels und, (3) es bedarf einer durch gesellschaftliche Organisation herbeigeführten Gleichheit der Rechte und der Lebensmöglichkeit, um Freiheit für alle wirklich werden zu lassen; (4) da es aber um der Sicherung der materiellen Freiheitsvoraussetzungen willen eine hohe Wirtschaftlichkeit der gesellschaftlichen Produktion auch in der gerechten Ordnung des Sozialismus geben muß, soll die Realisierung der Gleichheit stets im Lichte der Notwendigkeit geprüft werden, die Antriebe der einzelnen für hohe Leistungsbereitschaft zu erhalten; (5) eine absolute Gleichheit ist nicht wünschenswert. Diese Einschätzung, daß die Person der höchste Selbstzweck der Gestaltung aller gesellschaftlichen Verhältnisse zu sein hat, sieht Bernstein als den Berührungspunkt der modernen Arbeiterbewegung mit Kant. „Das trifft den Kern des Leitmotivs der modernen Arbeiterbewegung. Unter diesem Banner — Kant, nicht Hegel — kämpft die Arbeiterklasse heute ihren Befreiungskampf[63a]."

Wenn Bernstein ausdrücklich hervorhebt, daß der Sozialismus ein organisatorischer Liberalismus ist, dann hängt natürlich der Erfolg sozialistischer Politik davon ab, mit welchen Organisationsmitteln diese Prinzipien sozialistischer Politik erreicht werden können. Darauf soll an späterer Stelle eingegangen werden[64]. Hier sei hervorgehoben, daß eine solche autonome Definition des Sozialismus als Prinzip zwei unmittelbare Folgen für die Transformationsstrategie hat.

Prinzipien können *gradweise* gelten und *schrittweise* verwirklicht werden. Daher ist diese Definition des Sozialismus, die letztlich eine Richtungsanzeige gesellschaftlicher Veränderung ist, eine logische Voraussetzung des konstruktiven Sozialismus als sinnvoller sozialistischer Transformationsstrategie.

---

63 a. a. O., S. 134.
63a Tugan-Baranowskys Marx-Kritik, in: Dokumente des Sozialismus, Band V, 1905, S. 421.
64 Vgl. Kap. 8.

Außerdem klären Prinzipien das Verhältnis von Mitteln und Zwecken in der Politik.

6.2.3 Endziel und Bewegung

In diesem Zusammenhang der Bestimmung des Sozialismus als Prinzip der gesellschaftlichen Veränderung gehört die, wie östliche Autoren sagen „berüchtigte"[65] Formulierung Bernsteins über das Verhältnis von Endziel und Bewegung. Der englische Sozialist Belfort-Bax hatte in einem Artikel in der Neuen Zeit mit Bezugnahme auf Ausführungen Bernsteins über „gewisse Mäßigkeitsmeier" geklagt, die den Standpunkt der Partei „verleugnen": „Sie lassen das Endziel der sozialistischen Bewegung völlig fahren, zugunsten des Gedankenkreises des heutigen bürgerlichen Liberalismus und Radikalismus und das nennen sie praktischen politischen Sinn und ‚die Dinge beurteilen, wie sie sind'[66]." Darauf hatte Bernstein dann nach einer Skizze der gegenwärtig möglichen Formen der Kontrolle wirtschaftlicher Macht die Bemerkung gemacht: „Ich gestehe es offen, ich habe für das, was man gemeinhin unter ‚Endziel des Sozialismus' versteht, außerordentlich wenig Sinn und Interesse, dieses Ziel, was immer es sei, ist mir gar nichts, die Bewegung alles[67]." Bernstein hat, sobald er bemerkte, wie dieser Satz von seinen Gegnern ausgelegt wurde, mehrfache Präzisierungen und Interpretationshilfen vorgelegt, die indessen kaum zur Kenntnis genommen wurden.

Zur Klärung des Sachverhalts sind drei mögliche Bedeutungen von „Endziel" in diesem Zusammenhang zu unterscheiden. „Endziel" kann zum einen heißen: die endgültige Organisationsstruktur der sozialistischen Gesellschaft. Es kann, wie Rosa Luxemburg den Ausdruck in ihrer Auseinandersetzung mit Bernstein verwendete, lediglich die politische Machtergreifung der sozialistischen Partei bezeichnen, ohne die dann folgenden Schritte der gesellschaftlichen Transformation mit einzubeziehen[68]. Es kann aber drittens auch das Prinzip bezeichnen, unter dem alle Schritte der gesellschaftlichen Veränderung als Annäherungen an dieses Ziel stehen. Die zweite Bedeutung von Endziel spielt in Bernsteins Argumentation keinerlei Rolle. Ihm geht es

---

65 So Horst Bartel, a. a. O., S. 205.

66 E. Belfort-Bax, Kolonialpolitik und Chauvinismus, in: NZ, 16, 1, (1897/98), S. 425. Der Artikel bezieht sich laut redaktioneller Note auf Bernsteins Aufsatz „Die deutsche Sozialdemokratie und die türkischen Wirren" in: NZ, 15 (1896/97). Daß diese Bemerkung von Belfort-Bax für Bernstein der Anlaß zu seiner Endzielbemerkung war, teilt er in seinem Brief an Kautsky mit (vom 3. 8. 1899, IISG, K. DV 482). Dort verwendet er den Ausdruck, er sei durch Belfort-Bax zu jener Bemerkung „provoziert" worden.

67 Bernstein, Zusammenbruchstheorie und Kolonialpolitik (1898), in: Zur Geschichte und Theorie, S. 234.

68 Sozialreform oder Revolution, in: a. a. O., S. 369.

vielmehr darum, den Gedanken an eine entweder in einem Schritt zu erreichende oder doch in ihrer Ausprägung feststehende Organisationsstruktur zu überwinden zugunsten der Erkenntnis, daß nur das Prinzip des Sozialismus festliegen kann, die Art seiner institutionellen Ausprägung und der Grad der Annäherung der einzelnen gesellschaftlichen Veränderungsschritte an dieses Ziel aber von den jeweiligen gesellschaftlichen Voraussetzungen und Erfahrungen abhängen. *Am Endziel als Prinzip der sozialistischen Politik, auf das hin alle Gegenwartsarbeit stets orientiert sein muß, um sozialistisch sein zu können, hat Bernstein nicht nur ausdrücklich festgehalten, er hat es in dieser Funktion vielmehr erst ins Bewußtsein der Partei gehoben.* „Ich habe seinerzeit schon erklärt, daß ich die Form des Satzes vom Endziel, soweit sie die Auslegung zuläßt, daß jedes als Prinzip formulierte allgemeine Ziel der Arbeiterbewegung als wertlos erklärt werden soll, gern preisgebe. Aber was an vorgefaßten Theorien vom Ausgang der Bewegung über ein solches allgemein gefaßtes Ziel hinausgeht, das die prinzipielle Richtung und den Charakter der Bewegung bestimmt, wird notgedrungen stets in Utopisterei verlaufen und zu irgendeiner Zeit sich dem wirklichen theoretischen und praktischen Fortschritt der Bewegung hindernd und hemmend in den Weg stellen", schrieb Bernstein bereits im Jahre 1899[69]. Die Gefahren, die aus einer Festlegung nicht nur des allgemeinen sozialistischen Prinzips, sondern einer ganzen Gesellschaftsstruktur folgen können, sind im wesentlichen zwei. Zum einen kann dadurch die Einführung zweckmäßigerer Organisationsformen der Gesellschaft erschwert werden und zum anderen kann unklar werden, daß alle institutionellen Maßnahmen immer nur den Status von Mitteln zur Erreichung des sozialistischen Zwecks haben können. Wenn Bernstein daher sagte, das Endziel sei ihm nichts, so meinte er damit lediglich die Vorstellung von der „Ergreifung der Produktionsmittel durch die Gesellschaft", als dem Akt der „großen Expropriation". Seine Unterscheidung beruht darauf, daß man „vernünftigerweise das Ziel der sozialistischen Bewegung nicht durch einen Gesellschaftsplan, sondern nur als ein Prinzip ausdrücken könne"[70]. Der *Unterschied zwischen Plan und Prinzip* soll zum Ausdruck bringen, daß als Endziel der sozialistischen Bewegung nur „eine maßgebende Regel" für die Ausgestaltung und Kritik der gesellschaftlichen Institutionen in Betracht kommen kann und nicht ein Muster besonderer Institutionen selbst[71]. Dies entspricht nach Bernsteins Überzeugung im Grunde auch der Marxschen Kritik am Utopismus, dessen Eigenart ja gerade in der Fixierung eines institutionellen Zusammenhangs unabhängig von den gesellschaftlichen Erfahrungen be-

69 Voraussetzungen, S. 237.
70 Bernstein, Kritisches Zwischenspiel, in: Zur Geschichte, S. 238.
71 a. a. O., der Inhalt dieser maßgebenden Regel ist im Abschnitt 6.2.2 im einzelnen dargestellt.

stand[72]. Das von Bernstein inhaltlich im einzelnen interpretierte sozialistische Prinzip hat demnach den Status eines „Ideals"[73], dessen gesellschaftlich organisatorische Umsetzung eine prinzipiell „offene Frage" ist[74]. Ihre Beantwortung in der jeweils gegebenen Lage ist bedingt „durch die jeweilige Höhe der gesellschaftlichen Entwicklung in wirtschaftlicher, politischer und sonstiger kultureller Hinsicht, und die sich daraus ergebenden Bedürfnisse und Möglichkeiten der Arbeiterklasse"[75]. *Gegenüber dem sozialistischen Prinzip können sowohl die „Eroberung der politischen Macht" als auch die „Vergesellschaftung der Produktionsmittel" nur den Status von Mittel beanspruchen, denen allein dann eine sozialistische Legitimation zuwächst, wenn sie einen Schritt der Realisierung des Prinzips darstellen*[76]. Aus diesem Grunde ist die Bewegung, um die es Bernstein geht, nicht sozusagen opportunistisch vom Endziel verlassen, sondern sie ist die Bestrebung, unter den jeweils gegebenen Voraussetzungen Formen der Realisierung des sozialistischen Prinzips zu entwickeln und zu realisieren. Diese Formen können je nach Entwicklungsstand der Gesellschaft und der Erfahrung mit vorangegangenen Realisierungsversuchen dem Wandel unterworfen sein. Das Kriterium aber, nach dem sich bestimmt, ob sich projektierte Organisationsmuster bewährt haben oder nicht, kann nur das von ihnen abgehobene sozialistische Prinzip selber sein. Auf diese Weise wird es auch als Ideal unmittelbar praktisch. „Was aus der Ferne als einfache Sache erschien, differenziert sich, je näher wir ihm kommen und so markieren nicht die alten Formeln, sondern die neuen Probleme den Fortschritt der Bewegung. Dauernd ist in dieser Hinsicht einzig das als Prinzip verstandene Endziel. Als Prinzip ist es wirklich und erfüllt jederzeit die sozialistische Bewegung[77]."

Dieses Wechselverhältnis von gültig interpretierten allgemeinen Prinzipien und den Versuchen ihrer institutionellen Realisation, das als historisch „offene Frage" betrachtet wird, gehört zum innersten Kern des revisionistischen Sozialismusverständnisses. Es macht Kritik und Lernen innerhalb des

---

72 Bernstein, Noch etwas Endziel und Bewegung, in: SM, 5. Jg. (1899), S. 504. Vgl. auch Voraussetzungen, S. 237.

73 Noch etwas, a. a. O.

74 Bernstein, Zum Thema Sozialliberalismus und Kollektivismus, in: SM, 6. Jg. (1900), S. 176.

75 Ders., Noch etwas Endziel und Bewegung, S. 504.

76 a. a. O. und ders., Kritisches Zwischenspiel, a. a. O., S. 238.

77 Noch etwas Endziel, S. 505. Dem entspricht Bernsteins markante Formulierung in seinem Brief an V. Adler vom 3. 3. 1899: „Wenn wir uns genauer prüfen, so ist es nicht der hypothetische Zukunftsstaat, der uns zu Sozialisten macht, auch nicht der Ausblick auf die große allgemeine Expropriation, sondern unser Rechtsgefühl. Dieses aber, das Streben nach Gleichheit und Gerechtigkeit, ist, soweit ideelle Kräfte in Betracht kommen, das dauernde Element in der Bewegung, das alle Wandlungen der Doktrin überlebt, aus dem es zu allen Zeiten immer wieder neue Kraft schöpft". In: Adler, a. a. O.

sozialistischen Transformationsprozesses zu unverzichtbaren Elementen dieses Prozesses selbst. Die Mittel der sozialistischen Umgestaltung stehen hinsichtlich des Prinzips der gesellschaftlichen Selbstbestimmung dabei beständig zur Disposition. Das gilt auch für jene Organisationsvorstellungen, die in der sozialistischen Tradition einen festen Platz erobert haben. Indem er, wie es im 19. Jahrhundert noch üblich war, den Ausdruck Kommunismus hier lediglich im Sinne kollektiver gesellschaftlicher Organisationsformen verwendet, hat Bernstein diesen Kern seines Sozialismusbegriffs schon 1905 auf folgende Weise zum Ausdruck gebracht: „Die höchste Aufgabe aller Kulturbestrebungen, und nicht zuletzt der Kulturbestrebungen des Sozialismus, ist nicht irgendeine Eigentumsform oder Wirtschaftsmethode, sondern die Verwirklichung des freien Menschen. Soviel Kommunismus als dazu erforderlich ist, muß verwirklicht werden. Auf mehr wird die Menschheit dagegen verzichten, wenn nötig sich sogar dagegen auflehnen[78]." Dies konnte Bernstein aufgrund seines kritisch geklärten Sozialismusbegriffs schon lange vor der Probe auf dieses Exempel schreiben, das die Praxis der Vorstellungen Lenins darstellte. Kautsky hat seine ebenso klare Unterscheidung der sozialistischen Prinzipien und der möglichen Mittel ihrer Verwirklichung hingegen erst vornehmen können, nachdem er durch diese Erfahrungen auf das Problem aufmerksam geworden war[79].

6.2.4 *Das Interesse der Arbeiterklasse und die Prinzipien sozialistischer Politik*

Bernstein hat daran festgehalten, daß der Sozialismus im wesentlichen eine Angelegenheit der Arbeiterklasse ist und ist sogar so weit gegangen, ihn durch deren Interessen zu definieren. An mehreren wichtigen Stellen in seinem Werk verwendet er folgende Definition des Sozialismus: „Der Sozialismus ist die Summe der sozialen Forderungen und naturgemäßen Bestrebungen der zur

---

78 Bernstein. Vorwort zu: David Koigen, Die Kulturanschauung des Sozialismus, Berlin 1905, S. XI.
79 Kautsky, Die Diktatur des Proletariats, Wien 1918, S. 4: „Genau genommen ist jedoch nicht der Sozialismus unser Endziel, sondern dieses besteht in der Aufhebung ‚jeder Art der Ausbeutung und Unterdrückung, richte sie sich gegen eine Klasse, eine Partei, ein Geschlecht, eine Rasse'. (Erfurter Programm). ... Würde uns nachgewiesen, daß wir irren, daß etwa die Befreiung des Proletariats und der Menschheit überhaupt auf der Grundlage des Privateigentums an Produktionsmitteln allein oder am zweckmäßigsten zu erreichen sei, wie noch Proudhon annahm, dann müßten wir den Sozialismus über Bord werfen, ohne unser Endziel im geringsten aufzugeben, ja wir müßten es tun, gerade im Interesse dieses Endziels." Dies entspricht bis auf die Verwendung des Ausdrucks Sozialismus für die Vollsozialisierung genau der Bernsteinschen Position.

Erkenntnis ihrer Klassenlage und der Aufgaben ihrer Klasse gelangten Arbeiter in der modernen kapitalistischen Gesellschaft[80]."

Diese Bestimmung scheint in mehreren Punkten der oben dargelegten Interpretation zu widersprechen. Einmal wird der Sozialismus hier offenbar aus Klasseninteressen abgeleitet und nicht aus Prinzipien, zum anderen werden diese Bestrebungen als naturgemäß geschildert, anstatt als entscheidungsvermittelt und drittens scheint die Universalität der allgemeinen Prinzipien zugunsten einer klassenbezogenen Konzeption eingeschränkt. Tatsächlich hat Bernstein selbst keine ausreichende Klarheit in den genannten Zusammenhängen geschaffen, um solche Mißverständnisse auszuschließen. Insbesondere in seinen späteren Arbeiten zu diesem Thema, vor allem in der Vorlesungsreihe „Der Sozialismus einst und jetzt" von 1921 verbindet er ein kaum eingeschränktes Lob des Marxismus als „sozialwissenschaftlicher Entwicklungslehre" und eine Kritik der Tradition naturrechtlicher Begründung des Sozialismus auf solche Weise mit dessen oben angeführter Definition, daß der Eindruck einer reduktionistischen Grundlegung des Sozialismus im Stile des zuvor von ihm in diesem Punkte kritisierten historischen Materialismus entstehen kann[81].

Tatsächlich enthält indessen sowohl der von Bernstein entwickelte Begriff des gesellschaftlichen Interesses als auch die an anderer Stelle vorgenommene Erläuterung der obigen Definition selbst eine Klarstellung, die als eine widerspruchsfreie Verbindung der moralisch-rechtlichen Sozialismusdefinition mit dem Klasseninteresse des Proletariats betrachtet werden kann.

Der von ihm benutzte Begriff des gesellschaftlichen Interesses enthält nämlich bereits den Bezug zu Ideen und Interpretationen als wesentliche Komponente. In Wahrheit handelt es sich daher bei seiner Berufung auf die sozialen Interessen der Arbeiterklasse nicht um eine Ableitung des sozialistischen Sollens aus dem gesellschaftlichen Sein, sondern um eine Inbezugsetzung der allgemeinen Prinzipien des Sozialismus zur sozioökonomischen Situation des Proletariats[81a].

Den, wie er meinte, nicht hinreichend geklärten Begriff des Interesses im historischen Materialismus hatte er bereits 1898 folgender Analyse unterzogen: „Aber erstens muß das Interesse, um als Antrieb zur Teilnahme an einer Bewegung zu wirken, ein erkanntes sein, das Individuum muß eine ‚Idee' von seinem Interesse haben, um sich zu einer ihm entsprechenden Handlung zu entschließen und zweitens handelt es sich auch schon um ein vermitteltes, nicht schlechtweg an das Ich der Person geknüpftes Interesse. Es ist ein Interesse, das sogar über das der Berufsgruppe hinausgeht, es ist ein

80 So in: Was ist Sozialismus (1918) in: Hirsch (Hrsg.), S. 27 und in: Der Sozialismus einst und jetzt, S. 10.
81 Bernstein, Der Sozialismus einst und jetzt, S. 3—23.
81a Voraussetzungen, S. 199.

Interesse der Klasse, und seine Wahrung erfordert in verschiedener Hinsicht ein mindestens zeitweiliges Opfer persönlichen Vorteils. So ist das Interesse, das der marxistische Sozialismus voraussetzt, schon von vornherein mit einem sozialen oder ethischen Element versehen und insoweit nicht nur ein intelligentes, sondern auch ein moralisches Interesse[82]."

Das Klasseninteresse des Proletariats, wie es Träger der sozialistischen Programmatik ist, ist nach Bernstein also unvermeidlich auf zweifache Weise vermittelt. Als bewußtes Interesse ist es durch Interpretationen und Erkenntnisse der eigenen Situation und der Möglichkeiten ihrer Veränderung vermittelt. Als kollektives Interesse, das sich ja zudem auf eine allgemein akzeptierbare Lebensform bezieht, ist es durch Entscheidungen für eben jene moralisch-rechtlichen Prinzipien vermittelt, die Bernstein an anderer Stelle herausgearbeitet hat. Aus diesem Grunde enthält die Bezugnahme auf die Interessen der Arbeiterklasse in den späteren Sozialismusdefinitionen bereits das „ideologische" Element mit, das Bernstein zufolge unauflöslich mit dem Klasseninteresse des Proletariats verbunden ist[83].

Weil die Arbeiterklasse unter dem Gesellschaftssystem des Kapitalismus besonders leidet, ist sie von ihrer sozialen Erfahrung her an einer wirklichen Umsetzung der nur als Versprechen geltenden liberalen Prinzipien interessiert und zu dem auf Partikulärinteressen beruhendem Gesellschaftssystem gegnerisch eingestellt. Mit einer an Lassalle erinnernden Wendung, den er an dieser Stelle auch anführt, verbindet Bernstein die Idee des Sozialismus mit der Lebenslage der Arbeiterklasse auf solche Weise, daß sie aus einer Erfahrung mit dem egoistischen Organisationsprinzip des Kapitalismus zu der Einsicht gelangen, nur eine gesellschaftliche Organisation der Verantwortlichkeit aller einzelnen gegenüber dem Allgemeinen könne für sie menschenwürdige Lebensmöglichkeiten schaffen[84].

In einer Vorlesungsreihe im Wintersemester 1923/24 hat Bernstein mit geschichtsphilosophischer Perspektive diese Gedanken aus dem Jahre 1898 erneuert und vertieft. Dort hebt er ausdrücklich noch einmal hervor, daß

---

82 Ders., Das realistische und das ideologische Moment, a. a. O., S. 296 f.

83 a. a. O., S. 272.

84 Vgl. Was ist Sozialismus, a. a. O., S. 20 f. In seinem Aufsatz „Das realistische und das ideologische Moment im Sozialismus" aus dem Jahre 1898 bringt er diesen Zusammenhang mit besonderer Deutlichkeit zum Ausdruck: „Die Gerechtigkeit ist denn auch heute noch ein sehr starkes Motiv in der sozialistischen Bewegung, wie ja überhaupt keine andauernde Massenaktion ohne moralischen Antrieb stattfindet. Es ist eine oft festgestellte Tatsache, daß die tätigsten Elemente in der sozialistischen Bewegung sich überall aus denjenigen Schichten der Arbeiterschaft und anderer Bevölkerungsklassen rekrutieren, die es, um eine landläufige Wendung zu gebrauchen „am wenigsten nötig haben". ... Was sie zum Sozialismus zieht, ist das Streben nach einer zweckmäßigeren und gerechteren Gesellschaftsordnung, und wenn man genauer untersucht, wird man in neun von zehn Fällen finden, daß die gerechtere Gesellschaftsordnung da in erster Linie steht". In: Zur Geschichte, S. 281.

jedes ins Bewußtsein tretende Interesse eine „Vorstellungsreihe" zur Voraussetzung hat. Das Klasseninteresse des Proletariats hat aber mit der Idee der Solidarität, die ihm innewohnt, ein über den persönlichen Vorteil hinausreichendes Motiv zur Voraussetzung, das nur in der Parteinahme für eine Idee wurzeln kann[85].

Der Zusammenhang zwischen dem Interesse der Arbeiterklasse und den Prinzipien des Sozialismus ist daher so zu sehen, daß die Veränderung der bestehenden gesellschaftlichen Verhältnisse im Sinne der sozialistischen Prinzipien jeweils eine Verbesserung der Lebenslage und der Rechte des Proletariats mit sich bringt, die es gestatten, diese einzelnen Veränderungsperspektiven, wie sie sich aus den Defiziten der proletarischen Lebenslage ergeben, geradezu als Definition des Sozialismus zu betrachten. Wenn die „materiellen und geistigen Bedürfnisse" der Arbeiterklasse den rationalen Gehalt des modernen Sozialismus bezeichnen, diese Bedürfnisse aber gerade auf eine Überwindung der in den konkreten gesellschaftlichen Organisationsformen verfestigten Defizite an Freiheit und Gleichheit für die Mitglieder dieser Klasse ausgerichtet sind, dann liegt der Bezugnahme auf die Interessen dieser Klasse die Geltung und Bestimmung der sozialistischen Prinzipien bereits zugrunde. Diese Erläuterung hat Bernstein selbst gegeben. Die Ableitung des Sozialismus aus den Bedürfnissen der Arbeiterklasse sei, so argumentiert er „natürlich nicht platt buchstäblich zu nehmen keine Addition sondern Zusammenfassung des Ideengehalts der in den Forderungen zum Ausdruck kommt"[86]. Weil die realen Bedürfnisse der Arbeiterklasse auf die Schließung der Lücke in der Realgeltung der Grundprinzipien bezogen sind, durch die sie im wesentlichen auch als einzelne nur zu gewinnen haben, kann aus ihnen im Zusammenwirken mit dem Inhalt der Prinzipien eine konkretisierte Definition des Sozialismus abgeleitet werden. Diese Erkenntnis hält Bernstein für „das Epochemachende der Lehre von Karl Marx"[87], wenn dieser auch, wie Bernstein früher kritisiert hatte, die Ideenkomponente innerhalb des Klasseninteresses zugunsten einer ökonomischen Deutung vernachlässigt habe. Das „entwickelte Klassenbewußtsein" findet aber nicht im materiellen Interesse des einzelnen Proletariers, sondern „in einem besonderen ethischen Empfinden, in einer besonderen Rechtsanschauung" seinen Niederschlag[88]. Im Falle der besonderen Situation der Arbeiterklasse ist das Verhältnis von materiellem Interesse und Übernahme der Idee als sehr eng zu denken, ohne daß indessen die Idee völlig auf das materielle Interesse reduziert werden kann. Beide, das materielle Interesse wie die naturrechtlichen Forderungen sind, darauf will Bernstein hinaus, Motive und Aspekte für die Übernahme

---

85 Manuskript IISG A 53.
86 Manuskript IISG E 206.
87 a. a. O.
88 a. a. O.

der sozialistischen Prinzipien, ohne daß diese rein aus der naturrechtlichen Idee oder rein aus dem materiellen Interesse im strengen Sinne ableitbar wären. Beide gehen aber als Entscheidungsmotive in die Entwicklung eines so verstandenen Klassenbewußtseins mit ein. Dieses enge Verhältnis hat Bernstein zu präzisieren versucht: „Idee und Interesse schließen einander nicht völlig aus. Oft, und zwar öfter als die Beteiligten sich dessen bewußt sind ,ist die Idee das Kind des Interesses, und das Interesse wiederum muß, um als soziale Triebkraft wirken zu können, in das Bewußtsein gedrungen, ein Stück Idee geworden sein. Eine Tendenz einander zu beeinflussen, führt zwischen Interesse und Idee ein polarisches Verhältnis herbei; es sind zwei Pole, von denen der eine nicht ohne den anderen zu sein pflegt[89]."
Im Grunde lehnt Bernstein sich bei diesen Bestimmungen an den reflektierten Begriff des Marxschen Klasseninteresses an und reinigt ihn von seinen reduktionistisch-objektivistischen Überlagerungen, die er dort im Gesamtsystem erfahren hat.

Diese enge Verschmelzung von Arbeiterinteressen und autonom geltenden sozialistischen Prinzipien vermeidet sowohl den naturalistischen Fehlschluß wie eine arbeiterexklusivistische Einengung des Sozialismus, verbindet aber das reale Interesse der Arbeiterklasse weiterhin eng mit der Idee des Sozialismus. Dies führt zu der These, „daß das geschichtliche Recht und das Ziel des großen Befreiungskampfes der Arbeiterklasse an keiner fertigen Formel hängen, sondern von den geschichtlichen Daseinsbedingungen und den sich aus ihnen ergebenden wirtschaftlichen, politischen und ethischen Bedürfnissen dieser Klasse bestimmt sind, daß die Arbeiterklasse Ideale, aber keine Doktrinen zu verwirklichen hat"[90].

6.2.5 Der Charakter der sozialdemokratischen Partei

Bernstein hat trotz seiner Begründung des Sozialismus durch Prinzipien der Politik immer daran festgehalten, daß die Sozialdemokratie Klassenpartei der Arbeiterklasse bleiben müsse[91]. Ungeachtet auch seiner Betonung der wachsenden Klassendifferenzierung gegenüber den Erwartungen des Parteimarxismus brachte er immer wieder zum Ausdruck: „Wir haben an anderen Punkten zu revidieren aber hier nicht[92]." Indessen gibt Bernstein dem Begriff der Partei der Arbeiterklasse eine andere Bedeutung als er gemeinhin hatte.

---

89 Bernstein, Wesen und Aussichten des bürgerlichen Radikalismus, S. 5/6.
90 Voraussetzungen, S. 27.
91 Vgl. vor allem: Wird die Sozialdemokratie Volkspartei?, in: SM, 11. Jg., 2 (1905), S. 668 ff.; Parteien und Klassen, in: SM, 8. Jg., 2 (1902), S. 850 und: Begrenzung der Gegensätze, in: Zur Geschichte und Theorie, S. 322.
Vgl. zum folgenden auch die Darstellung bei Gay, a. a. O., S. 251 ff.
92 Hat der Liberalismus in Deutschland noch eine Bedeutung, IISG E 112.

Zunächst sei noch einmal daran erinnert, daß seine wiederholten Definitionen des Sozialismus mittels der Interessen der Arbeiterklasse weder auf eine geschichtsphilosophisch überhöhte Konzeption der Arbeiterklasse noch auf eine naturalistische Induktion aus den unmittelbaren Interessen dieser Klasse abgestellt war, sondern auf das Defizit in der Geltung der Prinzipien des Sozialismus, das in der sozialökonomischen und politischen Lebenslage dieser Klasse verkörpert ist. In die Interessen der Arbeiterklasse sind daher die zuvor autonom definierten Prinzipien des Sozialismus bereits eingegangen, denn sie richten sich auf ein Abtragen des Defizits, das ihnen im Kapitalismus aufgezwungen wird. Für die Sozialdemokratie heißt daher „Partei der Arbeiterklasse", daß sie „erklärtermaßen die an sie herantretenden Fragen des öffentlichen Lebens unter dem Gesichtswinkel einer ganz bestimmten Gesellschaftsklasse prüft und behandelt"[93]. Dies setzt natürlich nicht voraus, daß die Partei ihrer sozialen Zusammensetzung nach eine Partei ausschließlich für Arbeiter sein muß. Sie gewährt vielmehr „Mitgliedern aller Gesellschaftsschichten Platz in ihren Reihen"[94]. Auch in bezug auf die anderen Parteien hält es Bernstein für „falsch, das Gebaren politischer Parteien schlechtweg als das notwendige Ergebnis der Klassenzusammensetzung dieser Parteien zu bezeichnen"[95]. Eine enge Identifikation von Parteicharakter und ökonomischem Klasseninteresse lehnt Bernstein ab. Schon seine Analyse der englischen Parteien hatte ihn 1897 zu dem Ergebnis geführt: „Jede speziellere wirtschaftliche Klassifizierung dieser Parteien ist daher irreführend, nur sehr allgemeine wirtschaftspolitische Tendenzen lassen sich da feststellen, und auch hierin kann man nicht vorsichtig genug vorgehen[96]."
Bernstein hatte beobachtet, daß sich sowohl in England als auch in Deutschland die Programme der Parteien nicht auf ein einziges Klasseninteresse ausschließlich beziehen, weil auch die Abgeordneten von Mitgliedern mehrerer Klassen gewählt werden. Dies ist unter anderem dadurch möglich, weil die Zugehörigkeit des einzelnen zu einer ökonomischen Klasse für ihn selbst nicht mehr wie im Falle der Kasten oder der Stände unmittelbar gegeben, sondern „etwas ziemlich Abstraktes" ist, „dessen genauere Natur erst mittelbar erkannt und begriffen wird"[97]. Daher kann von einer vollen Kongruenz zwischen Klasse und Partei nicht die Rede sein. Die Parteien machen sich nämlich diese Vermitteltheit ebenso zunutze, wie die Klassenangehörigen den Spielraum ihrer Selbstzurechnung nutzen können[98]. Es kommt hinzu, daß nicht nur die Individuen, sondern auch die Klassen in der modernen Gesellschaft „eine

93 Parteien und Klassen, S. 850.
94 a. a. O.
95 a. a. O., S. 855.
96 Vgl. dazu auch seine Analyse des englischen Parteiensystems, in: Politische Parteien und wirtschaftliche Interessen in England, in: NZ 15/2 (1897), S. 430.
97 Parteien und Klassen, S. 852.
98 a. a. O.

Anzahl Interessen (haben), die mit denen anderer Mitglieder zusammen-fallen"[99]. Außerdem sind auch die Grenzen zwischen den einzelnen Klassen in der gegenwärtigen Gesellschaft „nichts weniger als streng abgesteckt"[100]. Auf diese Situation reagieren die Parteien mit einer gewissen Offenheit gegenüber den engeren ökonomischen Klasseninteressen. „Demgemäß greifen auch die Programme aller politischen Parteien, die nicht — wie in Deutsch-land die Polen ‚die Welfen, die Dänen — partikulären Protestbewegungen dienen, über die speziellen Angelegenheiten bestimmter Klassen hinaus und bezeichnen mehr oder minder ausführlich die Prinzipien, nach denen das gesamte Gemeinwesen geleitet oder verwaltet werden soll[101]."

Zwischen der Partei und der Klasse besteht daher ein Verhältnis begrenzter relativer Selbständigkeit. Die Partei ist bei geeigneter Führung in der Lage, erzieherisch auf die Klasse zurückzuwirken, ebenso wie die Klassen ihre Interessen stets wieder in die Partei einbringt. „Das Klassenempfinden läßt sich, soweit größere Massen einer Klasse in Betracht kommen, nicht aus der Welt disputieren, aber es ist einer großen Modifizierung fähig. Es kann er-zogen werden, sowohl im guten wie im schlechten Sinne, und tatsächlich wird es heute stark erzogen. Das ganze moderne Parteileben ist ein beständiger Prozeß gegenseitiger Bearbeitung von Partei und Klasse, wobei die Parteien gewöhnlich das aktive Elemente sind[102]." Da diese Beziehungen zwischen Partei und Klasse durch die Interpretation von Prinzipien und Interessen ver-mittelt sind, muß Bernstein es ablehnen, „den Sozialismus ausschließlich aus der Ökonomie abzuleiten"[103], auch wenn er daran festhält, daß der Kampf der Sozialdemokratie eine „in den Bedürfnissen und Bestrebungen der Arbeiterklasse wurzelnde Bewegung" ist[104]. Denn erst die Interpretation der Lage der Arbeiterklasse im Kapitalismus im Lichte der Prinzipien des Sozia-lismus führt zu einer sozialistischen Veränderungsstrategie. „Das Rechts-bewußtsein der Arbeiter" ist daher ein entscheidender Faktor im Sozialis-mus[105]. Dieses Rechtsbewußtsein gewinnt dadurch seine politische Kraft, daß es den Arbeitern bewußt macht, daß sie bei der Erkämpfung einer Gesell-schaftsordnung, die ihren Interessen entspricht, das Recht auf ihrer Seite haben. Insofern sind die ökonomischen Interessen des Proletariats der ma-terielle Antrieb für ihr Interesse an der Verwirklichung des Sozialismus. Diese Interessen können aber nicht unabhängig von den Rechtsvorstellungen des Sozialismus definiert werden. In diesem Sinne erfolgt eine engere Zuordnung der sozialistischen Prinzipien zu den Interessen der Arbeiterklasse als Reali-

---

99 a. a. O.
100 a. a. O., S. 853.
101 a. a. O., S. 852.
102 a. a. O., S. 855
103 Abweisung von Mißdeutungen, in: Zur Geschichte und Theorie, S. 309.
104 a. a. O., S. 305.
105 a. a. O., S. 308.

sierungsbedingung, da „es die Arbeiterschaft ist ,die kraft ihrer wirtschaftlichen Lage das zum Kampf für die Verwirklichung des Sozialismus berufene Element der modernen Gesellschaft bildet[106] ...".

Wenn in diesem vermittelten Sinne bei Bernstein der Sozialismus „durchaus mit der Arbeiterbewegung identifiziert wird"[107], so sind zwei Bedingungen implizit in die Definition mit eingegangen. *Die Interessen der Arbeiter sind nur in dem Maße sozialistisch, wie sie mit den sozialistischen Prinzipien vermittelt sind, und es kann auch andere Motive für den Kampf zugunsten der sozialistischen Prinzipien geben*[108]. Der spezifische Klassencharakter der Sozialdemokratie wird vor allem durch die Übereinstimmung der Interessen der Arbeiterklasse mit den Prinzipien des Sozialismus gewahrt, denn auch wenn einzelne Individuen sich über das Interesse ihrer Klasse erheben mögen, wäre es nach Bernstein „Unsinn", „den Sieg des Sozialismus vom Rechtsbewußtsein der jetzigen Besitzenden" zu erwarten[109].

Nun führt aber gerade diese Überlegung zu der Erkenntnis, daß die soziale Basis der Sozialdemokratie nicht auf die Arbeiterklasse im engeren Sinne beschränkt sein muß, denn die soziale „Affinität" zwischen Teilen des neuen Mittelstandes und der Arbeiterklasse macht diesen für die Bestrebungen der Sozialdemokratie empfänglich, ohne daß eine volle Identität der Klassenlage beider Gruppierungen besteht[110]. „Zur sozialen Gravitation kommt die politische hinzu, als Folge des von Bebel mit Recht hervorgehobenen Eintretens der Sozialdemokratie für alle sozial Geschädigten und Unterdrückten, wozu eben jene Klassen auch gehören. Je größere Bedeutung die Sozialdemokratie im Parlament erlangt, um so größer wird ihr Einfluß auf alle Klassen und Schichten, die sich bei der gegebenen Gestaltung der Dinge benachteiligt fühlen[111]."

Wenn nun „Volk" im politischen im Unterschied zum ethnologischen Sinne so definiert wird, daß es „die von den herrschenden Klassen unterschiedene Masse einer Nation" bezeichnet[112], dann ist die Sozialdemokratie in diesem Sinne „auf dem Wege, Volkspartei zu werden, ja sie ist es in nicht geringem Grade schon heute"[113]. Die nichtproletarischen Elemente, die sich ihr anschließen, erkennen an, daß die Arbeiterklasse dabei die Führung innehat. Dies nicht nur wegen der Prinzipien, denen ihre Politik folgt, sondern auch, weil sie immer stärker ein Übergewicht innerhalb der das „Volk" bildenden

---

106 a.a. O., S. 306
107 a. a. O., S. 307.
108 Vgl. Parteien und Klassen, S. 852 in Verbindung mit: Abweisung von Mißdeutungen, S. 307.
109 a. a. O., S. 308.
110 Wird die Sozialdemokratie Volkspartei, S. 668 und 669.
111 a. a. O., S. 670.
112 a. a. O. Vgl. auch Parteien und Klassen, S. 850.
113 Wird die Sozialdemokratie Volkspartei, S. 670.

Gruppen gewinnt. Je größer der Anteil der Arbeiter an diesen Gruppen ist, um so mehr wird Bernstein zufolge „Arbeiterpartei und Volkspartei identisch werden"[114]. Da aber das relative Wachstum der Arbeiterklasse nicht so schnell vor sich geht, daß es in absehbarer Zeit eine proletarische Volksmehrheit geben kann, ist auch unter dem Gesichtspunkt der Mehrheitsfähigkeit die Ausweitung der sozialen Basis der Sozialdemokratie unerläßlich. Für Bernstein verbindet sich daher der Charakter der Sozialdemokratie als Arbeiterpartei mit ihrer Öffnung zur Volkspartei widerspruchslos: „Ohne aufzuhören, in erster Linie Partei der Arbeiterklasse zu sein, wird die Sozialdemokratie immer mehr Volkspartei. Wie einst die bürgerliche Demokratie Volkspartei unter dem Gesichtswinkel der breiten Masse des Bürgertums war, so ist die Sozialdemokratie heute Volkspartei unter dem Gesichtswinkel der Arbeiterklasse[115]."

Der Kern dieser Definition liegt in der Identifikation eines reflektierten proletarischen Klasseninteresses mit dem allgemeinen Interesse selbst. „Während aber der Solidaritätsgedanke für andere Gesellschaftsklassen nur begrenzte Bedeutung hat und nicht selten eine gegen die Allgemeinheit gerichtete Spitze erhält... ist er für die Arbeiter der Gegenwart aufgrund ihrer ganzen Existenzbedingungen geradezu Lebensprinzip geworden. Sie sind seine stärksten Träger, und wo sie nicht als Gruppe, sondern als Klasse handeln, fällt er bei ihnen auch mit den besten Interessen der Allgemeinheit zusammen[116]." *Da Bernstein das proletarische Klasseninteresse im Hinblick auf die zuvor autonom interpretierten sozialistischen Prinzipien definiert, sind die Arbeiter selbst nur insofern die Träger des gesellschaftlichen Fortschritts, wie sie auf der Höhe dieser Prinzipien handeln.* Nicht das gegenwärtige oder künftige Sosein der Arbeiterklasse, sondern ihre Parteinahme für die sozialistischen Grundsätze rechtfertigt daher ihre besondere Rolle. Sie resultiert aus ihrem unmittelbaren Interesse an der Verwirklichung dieser Prinzipien. „Jedes soziale Prinzip braucht soziale Macht, die in der Regel durch bestimmte Schichten der Gesellschaft, deren Bedürfnissen es entspricht", gebildet wird[117]. Dies ist der eigentliche Grund für das Beibehalten der Forderung, die sozialistische Partei müsse Arbeiterpartei bleiben. Insofern *handelt es sich hierbei um eine sozioökonomische Wahrscheinlichkeitsbedingung für die Parteinahme zugunsten bestimmter Prinzipien. Die Öffnung zur Volkspartei im modernen Sinne enthält die Bernsteinsche Formulierung insofern, als sie die Parteinahme für inhaltlich festgelegte Prinzipien zum eigentlichen Bezugspunkt für die politische Identität der Partei und die Legitimität der Mitgliedschaft in ihr macht.* Da Bernstein zudem erkennt, daß es innerhalb des von

---

114 a. a. O.
115 a. a. O.
116 Von der Sekte zur Partei, S. 45.
117 Hat der Liberalismus in Deutschland noch eine Bedeutung, IISG E 112.

ihm definierten Volkes, das von seinem sozialökonomischen Interesse her eine sozialistische Partei tragen kann, gleichwohl Unterschiede in der ökonomischen Klassenlage gibt, hat er im Ansatz auf das Problem der modernen Volksparteien hingewiesen, unterschiedliche Sozialgruppen in der gleichen Partei zu integrieren, ohne deren politische Identität zu zerstören. In seiner Klassenanalyse hatte er ja festgestellt, daß die traditionelle Arbeiterklasse und der neue Mittelstand neben einer Anzahl identischer ökonomischer Klassenmerkmale auch Unterschiede in dem engeren Bereich der Klassendefinition aufweisen[118]. Anders als bei Kautsky, der den neuen Mittelstand ohne Einschränkungen der Klasse des Proletariats zurechnet und daher für deren Gewinnung allein auf den Faktor Zeit bauen kann[119], der sie zur Erkenntnis dieser objektiven Identität bringen muß, folgt daher aus dem Bernsteinschen Ansatz, daß es eine *spezifische Aufgabe* sein kann, diese Gruppen für dieselbe Partei zu gewinnen, da es zwischen ihnen Reste objektiver Differenzierungen in der Klassenlage gibt, die sich naturgemäß auch dauerhaft im Bewußtsein niederschlagen. Obgleich Bernstein selbst diese Konsequenz nicht ausdrücklich zieht, liegt sie doch auf der Linie seines Ansatzes.

Auch aus dem Verhältnis von Klasseninteresse und sozialistischer Idee ergibt sich in Bernsteins Konzept die Möglichkeit einer Öffnung der Partei. Denn der Sozialismus ist „nicht nur Klassenbewegung, sondern auch Bewegung sozialistischer Ideologie. Aber der Angehörige einer anderen Gesellschaftsklasse muß je nachdem sein Klasseninteresse vergessen, oder sich über es hinwegsetzen, um Sozialist zu werden. Der Arbeiter aber, das ist wenigstens die Auffassung der Sozialisten, braucht nur sein Klasseninteresse zu erkennen, nicht sein persönliches Interesse, das kann ein ganz anderes sein —, um Sozialist zu werden[120]." Weil daher nicht das vermeintlich gegebene Gruppeninteresse, sondern auf Allgemeinheit Anspruch erhebende Grundsätze die Zielsetzung der Partei bestimmen, ist die Partei nicht arbeiterexklusiv: „Es kann ihr jeder angehören, der ihre Grundsätze unterschreibt[121]." *Dies ist die theoretische Grundlage für die Entwicklung zur Volkspartei*[122].

---

118 Vgl. Abschn. 4.4.
119 Vgl. Kautsky, Bernstein und das sozialdemokratische Programm: „Aber so sehr man am bürgerlichen Scheine hängt, für jede dieser proletarisierten Schichten der Intelligenz kommt die Zeit, wo sie ihr proletarisches Herz entdeckt, Interesse am proletarischen Klassenkampf gewinnt und schließlich tatkräftig an ihm teilnimmt" (S. 133).
120 Der Sozialismus einst und jetzt, S. 91.
121 Von der Sekte zur Partei, S. 68.
122 Vgl. Hans Kremendahl, Pluralismustheorie in Deutschland, Leverkusen 1977, S. 139 f.

7. Staatstheorie

> *„Die Demokratie ist Mittel und Zweck zugleich. Sie ist das Mittel der Erkämpfung des Sozialismus, und sie ist die Form der Verwirklichung des Sozialismus. Sie kann, das ist richtig, keine Wunder tun[1]."*

Bernsteins Leistung auf dem Gebiet einer Klärung der sozialdemokratischen Staatsvorstellung wird man nur gerecht, wenn man sich vor Augen hält, vor welchem Hintergrund der Staatsauffassung in der Sozialdemokratie er sie ausarbeitete. Nur im Vorübergehen kann an dieser Stelle daran erinnert werden, daß Friedrich Engels und August Bebel die Vorstellung vom „Absterben des Staates" in jenen Jahren noch als Erkenntnisbestandteil des „wissenschaftlichen Sozialismus" betrachteten, während das Verhältnis zum Erbe des politischen Liberalismus sowie der genaue Stellenwert der Formel von der „Diktatur des Proletariats" weitgehend ungeklärt waren. Es ist nur allzubekannt, daß die Haltung des preußischen Obrigkeitsstaates und die Auswirkungen des Sozialistengesetzes in der deutschen Sozialdemokratie eine Abwehrhaltung gegen den Staat erzeugt hatten, die sich auf theoretisch wenig geklärte Weise zu einer Negativeinschätzung des Staates überhaupt ausgeweitet hatte[2]. Mit dieser Vorstellung überlagerten sich nun Elemente der marxistischen Tradition, die ihre eigentliche Ursache in der Idee des jungen Marx hatten, ein aufgeklärtes „Gattungsbewußtsein" der Individuen werde die Gesellschaft zu einer vernünftigen Einheit werden lassen, in der jede Form von äußerer Zwangsgewalt überflüssig geworden ist[3]. Da der bestehende Staat als vorübergehende geschichtliche Erscheinung und seinem Wesen nach als Klassenstaat der Kapitalisten verstanden, die sozialistische Gesellschaft aber als herrschaftsfreie Assoziation ohne staatliche Repression gedacht wurde, waren die praktischen Voraussetzungen für die Ausarbeitung einer tragfähigen Staatstheorie nicht gegeben. Noch in der Weimarer Republik konnten in der Folge dieser Voraussetzungen jahrelange theoretische Richtungskämpfe zwischen „Staatsbejahern" und „Staatsvereinern" stattfinden, ohne daß es zu einem überzeugenden Abschluß dieser Diskussionen gekommen wäre[4].

---

1 Voraussetzungen, S. 178.
2 Vgl. dazu die Arbeit von Kurt Schumacher, Der Kampf um den Staatsgedanken in der deutschen Sozialdemokratie, Stuttgart 1973.
3 Vgl. dazu Thomas Meyer, Der Zwiespalt in der Marxschen Emanzipationstheorie, S. 33—43.
4 Vgl. dazu Hans Kremendahl und Thomas Meyer (Hrsg.), Sozialismus und Staat, Kronberg 1974; die Einleitung zu Band 1 und die Texte in Band 2, S. 47—113.

Auch Lassalles bahnbrechende Forderung, das allgemeine Wahlrecht müsse zum Hebel für die Umwandlung des liberalen Nachtwächterstaates in einen sozial intervenierenden demokratischen Staat werden, der allein in der Lage wäre, die Emanzipation der Arbeiterklasse voranzutreiben, konnte sich nicht auf eine in ihren organisatorischen Grundzügen ausgearbeitete Staatstheorie stützen, denn auch Lassalle stand, stärker noch als Marx, in jener Tradition des deutschen Idealismus, der die vernünftigen Individuen in einer emanzipierten Gesellschaft als eine homogene Willenseinheit begriff[5]. Immerhin hatte er durch seine Forderung des allgemeinen Wahlrechts und seine positive Einschätzung der Rolle des Staates im Emanzipationsprozeß des Proletariats wirkungsgeschichtliche Anknüpfungspunkte gegeben, die auch die Wandlungen des sozialdemokratischen Staatsverständnisses unter dem Sozialistengesetz überdauerten.

Unter diesen Voraussetzungen entwirft Bernstein die Grundlagen einer Staatsauffassung, die in mehrfacher Hinsicht für die Entwicklung des demokratischen Sozialismus wegweisend geworden ist. Freilich konnte er dabei an die faktische Integration der Sozialdemokratie in das politische Leben des deutschen Parlamentarismus ebenso anknüpfen, wie an einzelne Positionen, die innerhalb der Partei selbst formuliert worden waren[6].

7.1 *Der Begriff des Staates*

Bernsteins Einsicht in die Unzulänglichkeit der Vorstellung vom transitorischen Wesen des Staates, der in einer bestimmten historischen Situation entstehe und mit der Verwirklichung des Sozialismus wieder überwunden werden könne, resultierte aus demselben gesellschaftstheoretischen Erkenntniszusammenhang, dem auch sein Paradigmawechsel selbst entsprang. In seinem Aufsatz über „Die sozialpolitische Bedeutung von Raum und Zahl" aus dem Jahre 1897 skizziert er die beiden Grundeinsichten, die ihn zu einer neuen Einschätzung des Staates veranlaßten. Es handelt sich um eine Kritik der Annahmen, die mehr oder weniger bewußt der in der Partei verbreiteten Staatsauffassung zugrunde gelegen hatten. Unter direkter Bezugnahme auf Engels These vom Absterben des Staates kritisiert er zunächst einen Gebrauch dieses Begriffs, der den Staat als „eine über der Gesamtheit der Nation stehende Macht" definiert, die dann selbstverständlicherweise mit dem sozialistischen Desiderat

---

5 Vgl. dazu Shlomo Na'aman, Lassalle-Demokratie und Sozialdemokratie, in: Archiv für Sozialgeschichte, Band 3, 1963.
6 In diesem Punkte entsprachen sich beispielsweise Kautskys und Bernsteins Vorstellungen in wichtigen Grundfragen. Vgl. Karl Kautsky, Parlamentarismus und Demokratie, Stuttgart 1911.

„voller demokratischer Selbstverwaltung" unvereinbar erscheint, wo es doch schon in der damaligen Welt auch demokratische Staaten wie die Schweizer Kantone gab, für die eine solche Beschreibung abwegig war[7]. Es gab also bereits in der Realität Beispiele für Staatsorganisationen, die in der Grundstruktur mit sozialistischen Zielvorstellungen vereinbar waren. Dabei läßt Bernstein erste Definitionen des Staatsbegriffes anklingen, die nicht auf die aufzuhebenden kapitalistischen Gesellschaftsmerkmale relativ sind. Am republikanischen Kanton Zürich rühmt er die direkte Volkswahl seiner Regierung und eines großen Teils seiner Beamten und bestimmt dessen Substanz als „Rechtseinrichtungen, die die Verhältnisse seiner Bürger zueinander und zur Gesamtheit normieren"[8]. Angesichts des in der Spannweite zwischen undemokratischem Obrigkeitsstaat und demokratischem Staat sichtbar werdenden „wandlungsfähige(n) Wesens des Staates" vertritt Bernstein die Auffassung, „daß auch später die Menschen für das, die Gesamtheit einer Nation umfassende Wesen das Wort Staat beibehalten, so sehr der Charakter dieses Wesens selbst sich geändert haben mag"[9].

Zwei Annahmen, die bei der Vorstellung vom Absterben des Staates als Hintergrundmotiv gewirkt hatten, entbehren nämlich im Lichte der tatsächlichen Erfahrungen der Berechtigung. Aufgrund der sozialen Differenziertheit kann nicht damit gerechnet werden, daß sich ein die ganze Gesellschaft umfassendes einheitliches Solidaritätsgefühl entwickelt, das in sich selber die sichere Gewährleistung einer Rechtsordnung darstellt[10]. Wenn aber die Erhaltung einer gesellschaftlichen Ordnung durch „die Kraft des Solidaritätsgefühls" allein sich als trügerisch erweist und „eine *automatische Harmonisierung* aller Individualinteressen zu einem überall und in jeder Hinsicht gleichmäßig sich bewährenden Gemeininteresse zu einer großen *Unwahrscheinlichkeit* macht", so stellt sich die Frage: „welche Mittel hat das sozialistische Gemeinwesen, das auf die Kraft des moralischen Zwanges nur bedingt rechnen darf, seine Angehörigen zur Erfüllung ihrer Bürgerpflichten in erster Linie der Leistung des ihnen zukommenden Anteils an der Gesamtarbeit anzuhalten?[11]." Da Bernstein die beiden Hauptgründe für bleibende Interessendivergenzen in den unterschiedlichen Positionsinteressen innerhalb einer differenzierten Produktionsstruktur[12] und in der zu großen Zahl der im Gemeinwesen zusammengefaßten Menschen sieht, auf die sich ein tragfähiges Solidaritätsgefühl, das Einheitlichkeit des Handelns gewährleistet, nicht beziehen läßt[13], nennt er damit zwei Faktoren, die auch durch die sozia-

---

7 In: Zur Geschichte und Theorie, S. 199.
8 a. a. O.
9 a. a. O.
10 a. a. O., S. 205.
11 a. a. O., S. 206, 212, 207.
12 a. a. O., S. 212.
13 a. a. O., S. 215.

listische Transformation nicht aufgehoben werden könnten. Infolgedessen gilt die Antwort, die er auf die oben selbst gestellte Frage gibt, nicht lediglich für eine durch Klasseninteressen gespaltene Gesellschaft, sondern für jede komplexe Gesellschaftsstruktur. „Wie in der Tierwelt mit dem Fortschritt der Differenzierung der Funktionen die Ausbildung eines Knochengerüsts unvermeidlich wird, so im gesellschaftlichen Leben mit der Differenzierung der Wirtschaften die Heranbildung eines die Gesellschaftsinteressen als solches vertretenden *Verwaltungskörpers*. Ein solcher Verwaltungskörper war bisher und ist bis heute der *Staat*. Da nun die Weiterentwicklung der Produktion ganz ersichtlich *nicht in Aufhebung* der differenzierten Produktion bestehen kann, sondern nur in *neuer Zusammenfassung* auf der Grundlage der ausgebildeten Differenzierung — auf die Personen übertragen, nicht in Aufhebung, sondern in *Ergänzung* der beruflichen Arbeitsteilung, so kann der Verwaltungskörper der Gesellschaft der absehbaren Zukunft sich vom *gegenwärtigen Staate nur dem Grade nach* unterscheiden[14].“ Dies um so mehr, als die Komplexität der wirtschaftlichen Verhältnisse, die räumliche Ausdehnung der gesellschaftlichen Teilstrukturen und die großen Zahlen sowohl von Menschen als auch von ökonomischen Einheiten die allgemeinen gesellschaftlichen Aufgaben, welche der Staat zu erfüllen hat, eher vermehren als vermindern werden. Daher ist der Staat allgemeinerer Natur als die sich wandelnden gesellschaftlichen Inhalte. Er ist eine allgemeine gesellschaftliche Einrichtung. Dem trägt Bernstein in späteren Arbeiten Rechnung, indem er eine allgemeine Staatsdefinition übernimmt, die weder auf die gesellschaftliche Klassenteilung abhebt, noch den Gedanken an eine Überwindbarkeit des Staates sinnvoll erscheinen läßt: „Ein Gemeinwesen auf einem über einen Ort ausgedehnten Gebiete, das gemeinsame Gesetze hat und durch bestimmte Organe eine höchste Gewalt ausübt, das ist, darin stimmen alle Definitionen überein, der Sache nach der Staat[15].“

Bernstein leitet die Notwendigkeit des Staates für alle Gesellschaftsformationen von einem bestimmten Komplexitätsgrad an (1) aus der Möglichkeit von Interessenkonflikten ab, die auch aus Positionsdifferenzen folgen können, und (2) aus der Notwendigkeit einheitlicher Regelungen für die sozialen und ökonomischen Sachverhalte in bevölkerungsstarken und großflächigen Gesellschaften[16].

Eine Charakterisierung des Staates als „Organ der Unterdrückung und Besorger der Geschäfte der Besitzenden“ muß er, obwohl er weiß, daß der Staat auch dies sein *kann,* als zu eng ablehnen[17]. Vielmehr ist der Staat „eine Form des Zusammenlebens und ein Organ der Regierung, das seinen sozial-

---

14 a. a. O., S. 212.
15 Der Sozialismus einst und jetzt, S. 76.
16 Vgl. dazu auch, a. a. O., S. 87.
17 a. a. O., S. 88.

politischen Charakter mit seinem sozialen Inhalt ändert[18]". Bei dieser Definition hebt Bernstein in Anlehnung an James Ramsey Macdonald besonders hervor, daß die historische Kontinuität, in der jeder Staat steht, ein wichtiges Merkmal ist. Stets ist der Staat Produkt einer Entwicklung. „Aus dem Staat herausspringen ist Unmöglichkeit[19]."

Mit dieser Begründung des Staates durch den Regelungsbedarf differenzierter Gesellschaften und durch die unaufhebbare Divergenz von Positionsinteressen, die Bernstein ja im Zusammenhang seiner Analyse der gesellschaftlichen Entwicklung selbst für die Arbeiterklasse im einzelnen begründet hatte, legt er die analytische Grundlage für wesentliche Elemente seiner Staatstheorie. Wie Hans Kremendahl hervorgehoben hat, legt diese Analyse Bernsteins „das soziale Subtsrat des Pluralismus die Einsicht in die gesellschaftliche Heterogenität und Multipolarität frei"[20]. Entscheidend dabei ist, daß sich diese Heterogenität keineswegs auf den auch von Bernstein konstatierten Klassengegensatz im Kapitalismus reduziert, sondern innerhalb der Arbeiterklasse und der Angestelltenschichten selbst sowie zwischen diesen beiden Schichten als wachsende Größe zu beobachten ist[21]. Insofern reicht in Bernsteins Analyse das soziale Substrat des Pluralismus bis in die sozialistisch transformierte Gesellschaft hinüber. Es ist eine bleibende Grundlage des Staates selbst.

Die dadurch nahegelegte Konsequenz einer auf Dauer mit einer Dialektik von Konflikt und Konsens rechnenden Staatsorganisation hat Bernstein denn auch ausdrücklich gezogen.

Daraus resultiert aber ebenso die Absage an alle Hoffnungen, moderne Flächenstaaten als direkte Demokratie organisieren zu können. Wegen der mangelnden Kompetenz und unter Umständen auch Verantwortungsbereitschaft der breiten Bevölkerung gegenüber der ganzen Fülle zu entscheidender Sachfragen wäre eine solche Regelung als ausschließliche Form der Staatsorganisation ebenso bedenklich, wie sie wegen der Anzahl der beständig zu fällenden Entscheidungen, der räumlichen Ausdehnung der Bevölkerung und der Bevölkerungszahl schlicht unmöglich wäre[22]. Daher folgt aus den „Gesetzen von Raum und Zahl" bereits auf analytischer Ebene die Erkenntnis der Unmöglichkeit, den Staat als ausschließlich direkte Demokratie zu organisieren.

Aus diesen analytischen Einsichten in Verbindung mit den sozialistischen Prinzipien ergibt sich Bernsteins Staatskonzeption.

---

18 a. a. O.
19 a. a. O., S. 90.
20 Hans Kremendahl, Pluralismustheorie in Deutschland, S. 138.
21 Vgl. Voraussetzungen, S. 135.
22 Die sozialpolitische Bedeutung . . ., in: Zur Geschichte, S. 205.

7.2 Ansätze einer Pluralistischen Staatstheorie

Wesentliche Elemente der pluralistischen Staatstheorie hat Bernstein explizit herausgearbeitet. Versteht man darunter „legitime Vielfalt und organisierte Interessenvertretung; Gemeinwohl als regulative Idee; Spannungsfeld von Konsens und Konflikt; Konkurrenzdemokratie", so kann man sagen, daß Bernstein „den entscheidenden Schritt" in dieser Richtung vollzogen hat[23]. Allein schon die Annahme, daß der Staat eine für jede komplexe Gesellschaft notwendige Einrichtung ist, impliziert ein wie immer minimales gemeinsames gesellschaftliches Grundinteresse. Bernstein konstatiert denn auch ausdrücklich, daß „wie jedes einzelne Mitglied moderner Gemeinwesen neben den Sonderinteressen, die von denen anderer Mitglieder sich unterscheiden, eine Anzahl Interessen hat, die mit denen anderer Mitglieder zusammenfallen, so auch mit den Klassen[24]". Diese konsensuelle Basis, auf der die Konfliktaustragung erfolgt, gilt ausdrücklich sogar noch für die Klassengesellschaft. „Das gegensätzliche Interesse der Klassen wird ausgefochten teils im ökonomischen Konkurrenzkampf (wozu auch der Gewerkschaftskampf gehört) und wirkt da elementarisch, teils aber — und dies in immer höherem Grade — in der Gesetzgebung, und da kommt aus dem Widerstreit der Klasseninteressen doch langsam das Allgemeininteresse zum Durchbruch, und zwar um so mehr, je demokratischer das Gemeinwesen ist[25]." Bernstein war weit davon entfernt, diesem minimalen Grundkonsens eine harmonistische Deutung zu geben, denn er konstituiert nach seiner Auffassung im wesentlichen ja nur *die institutionelle Form,* in der der innerhalb der kapitalistischen Gesellschaft grundlegende Klassenkampf *ausgetragen* wird. Es handelt sich hierbei um ein dialektisches Verhältnis von Konsens und Konflikt, das Bernstein von den beiden Extrempositionen her definiert, wenn er sogar für die kapitalistische Klassengesellschaft noch den Basiskonsens des gesellschaftlichen Zusammenlebens konstatiert, der um so wirksamer wird, je mehr sich die Gesellschaft demokratisiert und wenn er sogar für eine gedachte sozialistische Gesellschaft noch den Konflikt als Lebenselement der Willensbildung registriert, der auch ohne Klassenteilung aus divergierenden Positionsinteressen folgen kann. Dieses Spannungsverhältnis von Konflikt und Konsens illustriert Bernstein für die bestehende gesellschaftliche Situation, indem er ausführt, „daß der Mensch zwei Seelen in der Brust hat, sozusagen eine moralische doppelte Buchführung. Er steht in der modernen Gesellschaft als Individuum oder Mitglied einer Gruppe oder Klasse mehr oder weniger im Gegensatz zum Gemeinwesen, und davon ist keiner verschont, selbst der Arbeiter nicht, so sehr des letzteren weiteres Interesse mit dem des Gemeinwesens zusammenfällt. Aber jeder ist zugleich, da der moderne Staat keine rechtlich abgeschlos-

---

23 Kremendahl, a. a. O., S. 136.
24 Parteien und Klassen, S. 852.
25 Die Notwendigkeit in Natur und Geschichte, in: NZ, 17/2, S. 267.

senen Stände kennt, Bürger, und als solcher entwickelt er notwendigerweise Interesse am Allgemeinwesen, wenn er auch sucht, die Kosten dafür möglichst einer anderen Klasse aufzubürden als der eigenen[26]."

Je nach den gesellschaftlichen Verhältnissen und dem Grad der Demokratisierung des politischen Systems kann die Breite von Konflikt- und Konsensfeldern in diesem Verhältnis variieren, aber beide sind immer gegeben.

Noch deutlicher arbeitet er diese Einschätzung eines Bedingungsverhältnisses von Konsens und Konflikt in einer Vorlesungsreihe im Wintersemester 1923/1924 heraus. Hier betont er, daß seit der Entstehung der Staaten sich verschiedene Gesellschaftsklassen mit gegensätzlichen Interessen gegenüber gestanden und Kämpfe gegeneinander geführt haben. Dennoch liegt selbst dem auf gegensätzlichen Interessen basierenden Kampf der Klassen in einem gemeinsamen Staatswesen stets auch in unterschiedlichem Umfang ein gemeinsames Interesse zugrunde. „Es entwickeln sich Rechtsbegriffe und Rechtseinrichtungen, die eine Beilegung ohne Zuflucht zu brutaler Gewalt möglich machen[27]." Dies gilt sowohl für die Außenbeziehungen der Staaten, hinsichtlich derer gewisse gemeinsame Basisinteressen bestehen, als auch in bezug auf die institutionellen Formen der Austragung der Klassenkonflikte. Wie breit das Konsensfeld der gesellschaftlichen Beziehungen sein kann, hängt zunächst von der Staatsform ab.

Eine entscheidende Bedeutung mißt Bernstein der politischen Demokratie zu. Sie ist diejenige Staatsform, die es gestattet, die Klassenkonflikte in Formen auszutragen, die eine Durchsetzung der Interessen und des Willens der Mehrheit gestatten. Wenn er daher die Demokratie als „Abwesenheit von Klassenherrschaft" definiert, „als Bezeichnung eines Gesellschaftszustandes, wo keiner Klasse ein politisches Privilegium gegenüber der Gesamtheit zusteht"[28], so ist er dennoch weit entfernt von der Behauptung, daß durch die politische Demokratie der sozialökonomische Klassenkonflikt aufgehoben sei. „Die Demokratie ist prinzipiell die Aufhebung der Klassenherrschaft, wenn sie auch noch nicht die faktische Aufhebung der Klassen ist[29]." Mit der Festlegung demokratischer Entscheidungsformen bei der Gestaltung der gesellschaftlichen Verhältnisse ist zunächst „die Grundmauer des politischen Privilegiums" niedergerissen, denn wenn es eine freie Presse, die Versammlungsfreiheit, die Redefreiheit und das allgemeine Wahlrecht zur gesetzgebenden Körperschaft gibt, dann ist die soziale Emanzipation des Proletariats „im Prinzip ausgesprochen. Es (hängt) jetzt nur noch von dessen eigener Fähigkeit ab, sich der gegebenen Mittel zweckmäßig zu bedienen, inwieweit und in welcher Zeit das im Prinzip Gegebene zur Verwirklichung gelangen (soll)[30]."

26 a. a. O.
27 Manuskript IISG A 53.
28 Voraussetzungen, S. 176.
29 a. a. O., S. 180.
30 Wie eine Revolution zugrunde ging, S. 13.

Insofern ist die Demokratie als Staatsform des Sozialismus doppelt fundiert. Sie enthält die Gewähr, daß die gesellschaftliche Mehrheit, deren Interessenvertretung die sozialistische Partei ja zu sein beansprucht, das Entscheidungsrecht über die Gestaltung der gesellschaftlichen Verhältnisse hat und sie ist darüber hinaus eine Teilzielverwirklichung des Sozialismus für einen gesellschaftlichen Schlüsselbereich selbst, weil in ihr das sozialistische Grundprinzip der Genossenschaftlichkeit realisiert ist. Daher kann das Bekenntnis des Sozialismus zur Demokratie von ihrer Tauglichkeit für die Erreichung vorgegebener Zwecke nicht abhängig gemacht werden, denn sie ist selber die Erfüllung eines grundlegenden sozialistischen Zweckes. „Die Demokratie ist Mittel und Zweck zugleich. Sie ist das Mittel der Erkämpfung des Sozialismus und sie ist die Form der Verwirklichung des Sozialismus[31].“ Weil sie dies durch die Form der Entscheidungsfindung und die Gewährleistung von deren Voraussetzungen ist, bezieht sich diese Aussage auf die formale Willensbildungsstruktur demokratischer Entscheidungsprozesse. Wenn die Demokratie in diesem Sinne auch keineswegs schon der Sozialismus ist, so ist sie doch sein wesentlicher Bestandteil. „Das Wahlrecht der Demokratie macht seinen Inhaber virtuell zum *Teilhaber am Gemeinwesen,* und diese virtuelle Teilhaberschaft muß auf die Dauer zur tatsächlichen Teilhaberschaft führen[32].“ Aus diesem Grunde ist es Bernstein zufolge unzulässig, vom demokratischen Staat, auch wenn die kapitalistische Wirtschaftsordnung noch nicht überwunden ist, als von einem Klassenstaat des Kapitalismus zu sprechen. In bezug auf die Weimarer Demokratie bemerkte er: „Albernheit, Deutschland ‚kapitalistische Republik‘ zu nennen“, weil die Arbeiterklasse auf den verschiedensten Gebieten ihr „die Spuren ihres Geistes aufgedrückt“ hat[33]. Aus zwei Gründen kann die demokratische Republik nicht „Staat der Bourgeoisie“ genannt werden[34]: weil die sozioökonomischen Privilegien der Bourgeoisie nicht konstitutiv sind für den staatlichen Entscheidungsprozeß innerhalb der Demokratie und weil spätestens in der Weimarer Republik erhebliche Teilzielverwirklichungen der Arbeiterbewegung den Beweis dafür geliefert haben.

Bei Bernstein überlagern sich in der Frage des Verhältnisses von Demokratie und Sozialismus zwei Gedankengänge, deren Vermengung den unzutreffenden Anschein eines finalistischen Demokratiebegriffs entstehen lassen kann. Sozial ist die Demokratie letztlich allein schon wegen der „Abwesenheit von Klassenherrschaft“ im politischen Prozeß, denn sie basiert auf der gleichberechtigten Teilhabe am Entscheidungsverfahren[35].

---

31 Voraussetzungen, S. 178.
32 a. a. O., S. 180.
33 Manuskript IISG E 123.
34 a. a. O.
35 Voraussetzungen, S. 176.

Aus diesem Grunde ist ihre sozialistische Wertschätzung prinzipiell unabhängig von den Ergebnissen dieses Prozesses, weil im Falle des Mißerfolgs nicht institutionelle Voraussetzungen, sondern allein der Mangel an Bereitschaft zur Durchsetzung der eigenen Interessen bei der betroffenen Mehrheit verantwortlich zu machen sind. Sozialismus selbst besteht ja nach Bernstein in nichts anderem als der gesamtgesellschaftlichen Verallgemeinerung der Form genossenschaftlicher Teilhabe an den Entscheidungsprozessen, wie sie in der Demokratie für die Staatsebene verwirklicht ist[36]. Daher kann Bernstein geradezu den „Sozialismus als Demokratie" bestimmen[37].

Darüber hinaus spielt bei ihm aber ein Argument eine Schlüsselrolle, das in der sozialistischen Tradition bei Proudhon, Lassalle und den Fabiern im Vordergrund gestanden hatte. Es sieht die politische Demokratie nicht nur als den archimedischen Punkt, sondern geradezu als einen Automatismus an, der die weiteren Schritte der sozialistischen Transformation gleichsam unvermeidlich nach sich zieht. Unter ausdrücklichem Hinweis auf die zuerst genannten beiden seiner Vorläufer in dieser Frage bringt Bernstein diesen Gedanken zum Ausdruck: „Wir verfügen über starke Triebkräfte zum Sozialismus. Partiell liegt er im modernen Staat in der Demokratie. Allgemeines Wahlrecht ist auf die Dauer mit sozialer Knechtung der Arbeiter unvereinbar[38]." Mitunter werden in dieser überaus optimistischen Sicht der Demokratie als „Faktor ununterbrochenen sozialen Fortschritts"[39] die Konturen zwischen der prinzipiellen Wertschätzung der Demokratie und den Erwartungen an ihre transformatorischen Leistungen verschmolzen, als seien sie ein und derselbe Gedanke. Wenngleich Bernstein selbst die Begründungen für beide Elemente der sozialistischen Wertschätzung der Demokratie gesondert leistet, scheinen sie sich auch mitunter für ihn selbst bis zur Ununterscheidbarkeit zu überlagern. Hinsichtlich des Weges zum Sozialismus bemerkt er: „Da verbürgt die Demokratie, die Gesetzgebung der Demokratie die *permanente Revolution*. Die Demokratie in ihrem vollen Begriff auf Politik, Wirtschaft und Kultur, sie ist das Wesen des Sozialismus[40]." Für Bernstein war der Zusammenhang zwischen der Demokratie und der beständigen Reform der Gesellschaft in ihr äußerst eng. Er hat sich indessen nicht auf einen kontinuierlichen Fortschrittsprozeß festgelegt, denn er hatte aus den Erfahrungen mit dem allgemeinen Wahlrecht unter Louis Bonaparte in Frankreich die Lehren gezogen. Er wußte auch, daß bei einer noch unentwickelten Arbeiterklasse lange Zeit der Eindruck entstehen kann, das allgemeine Wahlrecht sei nur das Recht „den ‚Metzger' selbst zu wählen"[41]. Dennoch bekannte er sich zu

---

36 Was ist Sozialismus, in: Hirsch (Hrsg.), a. a. O., S. 26/27.
37 Der Sozialismus einst und jetzt, S. 90.
38 Manuskript IISG E 122.
39 Die neueste Prognose der sozialen Revolution, in: SM, 8. Jg., 2, (1902), S. 598.
40 Manuskript IISG E 206.
41 Voraussetzungen, S. 180.

dem Lassalleschen Satz über das allgemeine Wahlrecht: „Es wird ein paarmal fehlschlagen — es ist keine Wünschelrute, aber es ist die Lanze, die die Wunde heilt, die sie geschlagen hat[42]."

Das Urteil von Vernon Lidtke, Bernstein habe im Grunde „nur die vom marxistischen Zentrum vertretene Vorstellung von einem automatischen Prozeß durch den bürgerlichen Fortschrittsglauben" ersetzt[43], ist dennoch in der Hauptsache unberechtigt. Zum einen deshalb, weil Bernstein die gegebene politische Kompetenz der Arbeiterklasse gerade nicht überschätzt hat und zum anderen, weil dieser Automatismus der Ausnutzung der Möglichkeiten der politischen Demokratie durch die interessierte Bevölkerungsmehrheit völlig andere Voraussetzungen und Folgen hat als der in der Partei vorherrschende Geschichtsdeterminismus. Nach Bernstein ist die sozialpolitische Ausnutzung der Möglichkeiten der Demokratie ein aktiver und kontingenter Prozeß, der eine beständige Konzeptbildung für die mittelfristigen Ziele voraussetzt und nicht ein objektiv ablaufender Entwicklungsprozeß. Schwerer noch wiegt aber die Bernsteinsche Grundthese, daß es eine sozialistische Alternative zur Ausweitung der festzuhaltenden politischen Demokratie auf die gesellschaftlichen Bereiche nicht geben kann, „denn die Demokratie heißt jedesmal soviel Herrschaft der Arbeiterklasse, als diese nach ihrer intellektuellen Reife und dem Höhegrad der wirtschaftlichen Entwicklung überhaupt auszuüben fähig ist"[44]. Anders als durch Mehrheitsbildung erkämpfte sozialistische Reformen würden, weil sie auf keine Bereitschaft zur Ausfüllung auf seiten der Arbeiterklasse rechnen könnten und weil sie selbst nur als nicht-demokratische Veränderungen möglich wären, ihren Charakter als sozialistische Zielverwirklichungen verlieren. Aus diesem Grunde ist die sozialistische Transformation über demokratische Mehrheitsbildung ohnehin alternativlos, wie optimistisch oder nicht ihre Möglichkeiten auch eingeschätzt werden mögen. Indessen kann im Bernsteinschen Transformationskonzept selbst eine allzu optimistische Perspektive nicht wie im Falle des Geschichtsobjektivismus zu Abwarten oder Konzeptionsverzicht führen.

Bernstein war sich dessen bewußt, daß die Eroberung der politischen Macht für die Arbeiterklasse in der Demokratie ein langwieriger Prozeß sein würde. Aufgrund der wahrscheinlichen Mehrheitsverhältnisse war sozialdemokratische Machtausübung in naher Zukunft nur auf dem Wege über Koalitionen und Kompromisse denkbar. *Der aus der gesellschaftlichen Komplexität ab-*

---

42 Der Sozialismus einst und jetzt, S. 101.
43 Lidtke, a. a. O., S. 682. Die Beurteilung der Bernsteinschen politischen Theorie durch Lidtke ist äußerst einseitig und teilweise unzutreffend. Eine „Überschätzung der Möglichkeiten demokratisch-parlamentarischen Vorgehens" ist in dieser Form ebensowenig zutreffend wie die Behauptung, Bernstein habe es an Unterscheidungen zwischen dem liberal parlamentarischen Demokratiebegriff und der plebiszitären Demokratie im Rousseauschen Sinne fehlen lassen.
44 Brief an den Stuttgarter Parteitag von 1898, in: Voraussetzungen, S. 8.

geleitete Gradualismus wird auf diese Weise durch den Zwang zum politischen Kompromiß noch einmal verkürzt, weil die gesellschaftlichen Transformationsmöglichkeiten nur in dem Umfange realisiert werden können, wie sie politisch mehrheitsfähig sind. Aus dieser Konstellation entspringt eine eigenständige zweite Quelle für eine Politik der schrittweisen Veränderung der gesellschaftlichen Strukturen. Indessen ist der politische Kompromiß keine vorübergehende Angelegenheit, sondern gehört zum Wesen der Demokratie in einer komplexen Gesellschaft, wo ja nach Überwindung der Klassengegensätze noch immer unterschiedliche Positionsinteressen vermittelt werden müssen. In dem Maße nämlich „als die Klassenkämpfe an Intensität verlieren, treten örtliche und berufliche Interessen bzw. die einen oder die anderen, in den Vordergrund..."[45]. Die Austragung des Klassenkonflikts nach den Regeln der politischen Demokratie ist insofern nur eine krasse Form des Konflikts, wie sie jedoch in anderer Art stets Kennzeichen des demokratischen Staates bleiben wird. „In der Demokratie lernen die Parteien und die hinter ihnen stehenden Klassen bald die Grenzen ihrer Macht kennen und sich jedesmal nur soviel vornehmen, als sie nach Lage der Umstände vernünftigerweise hoffen können, durchzusetzen. Selbst wenn sie ihre Forderungen etwas höher spannen, als im Ernst gemeint, um beim unvermeidlichen Kompromiß — und die Demokratie ist die Hochschule des Kompromisses — ablassen zu können, geschieht es mit Maß[46]." Je nach den Kräfteverhältnissen zwingt daher die demokratische Austragung des Klassenkampfes zu Kompromissen. Diese sind keineswegs eine Preisgabe des Klassenkampfes[47], sondern Merkmal der demokratischen Form seiner Austragung. Bernstein hat nicht die Beendigung des Klassenkampfes gefordert, sondern er konstatiert, „daß mit der Zunahme demokratischer Einrichtungen die humanere Auffassungsweise, die sich in unserem sonstigen sozialen Leben langsam, aber stetig Bahn bricht, auch vor den bedeutsameren Klassenkämpfen nicht haltmachen kann, sondern für sie ebenfalls mildere Formen der Austragung schaffen wird[48]".

Eine „Diktatur des Proletariats" hingegen widerspricht sowohl den Erfordernissen der Transformation einer komplexen Gesellschaft wie dem Anspruch der Sozialdemokratie, Vetreterin „einer höheren Kultur" zu sein[49]. Sie ignoriert darüber hinaus die Möglichkeiten der gesellschaftlichen Veränderung, die die Demokratie bietet. Aus diesen Gründen ist sie „ein politischer Atavismus"[50]. Es ist interessant, daß Bernstein seine Argumente gegen eine „Diktatur des Proletariats" auf mehreren Ebenen formuliert. Die entsprechenden Äußerungen von Marx und Engels zugunsten einer solchen Staatsform

---

45 Parlamentarismus und Sozialdemokratie, S. 59.
46 Voraussetzungen, S. 180.
47 Klassenkampf und Kompromiß, in: NZ 15/1, (1897), S. 524.
48 Brief an den Stuttgarter Parteitag, a. a. O., S. 11.
49 Voraussetzungen, S. 182.
50 a. a. O.

rechnete er einem Stadium der Entwicklung ihrer Anschauungen zu, das noch nicht deren ausgereiftem Zustand entspricht. Eine Diktatur des Proletariats, wenn das Wort nicht „seiner faktischen Bedeutung entkleidet" und für eine demokratische Politik verwendet wird[51], widerspricht dem erreichten Stand der Verwirklichung der sozialistischen Prinzipien in der Demokratie und schafft darüber hinaus unzweckmäßige Voraussetzungen für das Gelingen der sozialistischen Transformation selbst, denn eine gleichzeitige vollständige Vergesellschaftung der Produktionsmittel ist sachlich unmöglich, durch die erhebliche Rechtsunsicherheit infolge der Willkürherrschaft in einem solchen Staate wird aber die Produktionsbereitschaft des großen wirtschaftlichen Sektors gelähmt, der nicht vergesellschaftet werden kann. Wie Bernstein dann anläßlich seiner Beurteilung der Politik der Bolschewiki nach ihrer Machtergreifung tatsächlich zu konstatieren hatte, führte eine solche Politik sowohl zur Zerstörung von Produktivkräften wie auf landwirtschaftlichem Gebiet zur Hungersnot[52], nicht zu sprechen von dem durch Willkürmaßnahmen verursachten menschlichen Leid. Eine „Diktatur des Proletariats" ist daher weder gerechtfertigt noch zweckmäßig für die sozialistische Transformation.

Ohne daß Bernstein selbst das herausstellt, ergibt sich aus seinem gesamten theoretischen Ansatz die Unmöglichkeit der Rechtfertigung einer solchen Übergangsdiktatur, weil sich deren Proponenten zur Legitimation im Bernsteinschen Paradigma eben nicht auf eine erkannte historische Notwendigkeit berufen könnten, die es als in jedem Falle unvermeidlich nur noch zu vollstrecken gilt. Da im Bernsteinschen Sozialismusverständnis jede sozialistische Gesellschaftsveränderung durch ihre Annäherung an nicht relativierbare Prinzipien bestimmt ist, werden Maßnahmen, die ohne Zustimmung der Entscheidungsbetroffenen gefällt werden oder die eine Reduzierung der Realgeltung der Grundprinzipien beinhalten, unweigerlich ihres sozialistischen Anspruchs entkleidet. Damit fehlt in der Theorie Bernsteins jede Basis für Rechtfertigungsversuche diktatorischer Maßnahmen.

Es ist in diesem Zusammenhang mit der Auseinandersetzung der Konzeption einer Diktatur des Proletariats, wo Bernstein einen seiner am meisten mißverstandenen Sätze formuliert. Um Fehldeutungen des Wesens der Transformation der kapitalistischen Gesellschaft auszuschließen, die sich an eine vage Verwendung des Begriffs „bürgerlich" anlehnen und die den Eindruck erwecken, als könne nichts von den Strukturen in einer sozialistischen Gesellschaft Bestand haben, was schon in der „bürgerlichen" Gesellschaft in Kraft war, stellt Bernstein klar, daß die demokratische Transformation sich auf den „Übergang von der kapitalistischen zur sozialistischen Gesellschaft" be-

---

51 Voraussetzungen, S. 182.
52 Der Sozialismus einst und jetzt, S. 124.

zieht und nicht „von der bürgerlichen Gesellschaft"[53]. Ohne Namen zu nennen, spielt er damit auf Vorstellungen an, wo wie im Falle Bebels die Verwendung dieses Begriffs zu der Auffassung verführt, die sozialistische Transformation werde jede Art von institutionell gewährleisteter Rechtsordnung hinter sich lassen. In einem solchen Falle könnte ja die politische Demokratie selbst noch als eine „bürgerliche" Einrichtung relativiert werden, die für den Sozialismus keine eigenständige Bedeutung beanspruchen kann. Dieser Gefahr gilt es durch Klärung der Begriffe vorzubeugen. Dem dient Bernsteins Satz: „Kein Mensch denkt daran, der bürgerlichen Gesellschaft als einem zivilistisch geordneten Gemeinwesen an den Leib zu wollen. Im Gegenteil. Die Sozialdemokratie will nicht die Gesellschaft auflösen und ihre Mitglieder allesamt proletarisieren, sie arbeitet vielmehr unablässig daran, den Arbeiter aus der sozialen Stellung eines Proletariers zu der eines Bürgers zu erheben und so das Bürgertum oder Bürgersein zu *verallgemeinern*. Sie will *nicht an die Stelle der bürgerlichen eine proletarische Gesellschaft, sondern sie will an die Stelle der kapitalistischen eine sozialistische Gesellschaftsordnung setzen*[54]." Bernsteins ausführliche Erläuterung läßt keinerlei Zweifel offen, wie er diese Auffassung interpretiert wissen will. Er bedauert die Unfähigkeit der deutschen Sprache, den Unterschied, den die französische zwischen citoyen und bourgeois, dem „Begriff des gleichberechtigten Bürgers eines Gemeinwesens" und dem des „bevorrechteten Bürgers" macht, zum Ausdruck zu bringen. Er schlägt vor, „Bürger" nur für den gleichberechtigten Teilhaber am Gemeinwesen zu verwenden und für das bevorrechtigte Mitglied der kapitalistischen Gesellschaft das französische Wort „Bourgeois" zu benutzen. Was es abzuschaffen gilt, ist dieser Terminologie zufolge die „Bourgeoisgesellschaft", deren Bestandteil der in seinem Recht dem Bourgeois gegenüber benachteiligte Proletarier ist. Die Verallgemeinerung des „Bürgerseins" ist daher identisch mit der Forderung einer gesamtgesellschaftlichen Durchsetzung des Prinzips der Genossenschaftlichkeit, nämlich der gleichberechtigten Teilhabe aller am ganzen Gemeinwesen. Die Trennung dieser Begriffe befreit von der Fehleinschätzung, die sozialistische Transformation bedeute nicht die Abschaffung von Privilegien innerhalb einer Rechtsordnung, sondern die Überwindung jeder Rechtsordnung.

Die Demokratie bietet die Möglichkeit der Austragung des Klassenkampfes in institutionalisierten Formen. Es ist bereits hervorgehoben worden, daß diese Form der Konfliktaustragung nach Bernsteins Verständnis ein bleibender Zug der Demokratie ist, auch wenn im Maße der Durchsetzung ihres sozialen Inhalts die Klassenauseinandersetzungen'immer mehr an Bedeutung verlieren und hinter Konflikten aus anderer Ursache zurücktreten.

---

53 Voraussetzungen, S. 183.
54 a. a. O.
55 a. a. O., S. 175.

Dies ist einer der Hauptgründe, weswegen Bernstein die Gewerkschaften als „unerläßliche Organe der Demokratie und nicht bloß als vorübergehende Koalitionen" begreift[55]. Der Demokratie ist „nichts in ihrer gesunden Entwicklung schädlicher als erzwungene Uniformität"[56]. Solange die Gesellschaftsstruktur inhomogen ist haben daher auch die Interessenverbände anderer Gruppen eine legitime Existenzberechtigung. Interessenverbände haben zwar, wie Bernstein feststellt, „immer zwei Seiten" und sind daher „mit Vorsicht zu beurteilen", deshalb sind sie aber, „solange sie nicht als Brandschatzer auftreten, nicht a priori zu verurteilen"[57]. Bernstein sah darüber hinaus die Rolle der Verbände in der Demokratie als einen so entscheidenden Faktor an, daß er ihre Bedeutung wachsen sah, je stärker die traditionellen Klassenkämpfe im Zuge der sozialistischen Transformation überwunden würden[58]. Damit zog er aus seinem Gesellschaftsbegriff einer klassenunabhängigen Interessendifferenzierung die demokratietheoretischen Konsequenzen, die in Anbetracht der Zeit von Bernsteins Schaffen erstaunlich eindeutig in Richtung der modernen Pluralismustheorie weisen[59]. Für ihn sind die Organisationen der wirtschaftlichen Interessenvertretung ein Mittel, das demokratische Mitwirkungspotential des einzelnen in Großgesellschaften zu erhöhen, indem das Individuum vermittelt durch seine Verbände auf den Staat einwirken kann, dem es als einzelnes wenig entgegenzusetzen hätte. „Stünde der einzelne diesem großen Gemeinwesen *unvermittelt*, nur als Einheit unter Millionen Miteinheiten gegenüber, so könnte die *Demokratie nur ein leeres Wort* sein. Das beste Wahlrecht, die weitestgehende Durchführung des Prinzips der direkten Gesetzgebung würden an sich daran wenig ändern ... Daher die Wichtigkeit und faktische Unumgänglichkeit von *Zwischenorganen*. Solche Zwischenorgane sind die eben besprochenen und andere Schöpfungen wirtschaftlicher Interessenvertretung, sowie diejenigen politischen Körperschaften, die man speziell als Organe der Selbstverwaltung bezeichnet: die Orts-, Distrikts- und Provinzialvertretungen[60]." Dies ist die positive Seite der Verbände, die sie zu einem Instrument der Erhöhung des demokratischen Potentials macht.

Die Parteinahme für die parlamentarische Demokratie ergab sich für Bernstein aus vier seiner analytischen Voraussetzungen: a) die große Zahl der Entscheidungsbefugten, b) die große Komplexität der Entscheidungsprobleme, c) die mangelnde Harmonie unter den Entscheidungsbefugten und d) die großen räumlichen Entfernungen in Flächenstaaten. Sie machen eine direkte

---

56 a. a. O., S. 190.
57 Bernstein an Kautsky vom 7. 1. 1899, IISG, K. DV 471.
58 Parlamentarismus und Sozialdemokratie, S. 59.
59 So auch Hans Kremendahl, a. a. O., S. 143. Vgl. dazu auch die parallelen Ansätze einer Konzeption des „sozialistischen Pluralismus" in der neueren Diskussion. Z. B. die Aufsätze in: Udo Bermbach, Franz Nuscheler (Hrsg.), Sozialistischer Pluralismus, Hamburg 1973.

Demokratie nach dem Modell der Volksabstimmung über alle Probleme technisch unmöglich. Aus diesem Grunde kann Demokratie in komplexen Gesellschaften nur mittels Vertretungskörperschaften und Mehrheitsentscheid verwirklicht werden[61]. Seiner Einschätzung nach galt diese Haltung nach anfänglicher Distanzierung mittlerweile für die gesamte Sozialdemokratie, ohne daß dem allerdings eine „anerkannte theoretische Begründung" in der Partei gefolgt wäre[62].

Der Parlamentarismus erwies sich schon damals als „ein der Entwicklung unterworfenes Institut"[63]. Aus dieser Erfahrung leitete Bernstein die Auffassung ab, daß die Stellung der Sozialdemokratie ganz von der tatsächlichen *Ausprägung* des parlamentarischen Systems abhängig gemacht werden müsse und daß dieses System auch in Zukunft weiterer Wandlungen fähig sein dürfte. Je mehr sich aber das „Doppelgesicht", das der Parlamentarismus vor dem ersten Weltkrieg in fast allen europäischen Ländern zeigte, nämlich „Befreier" vom Absolutismus und „ausbeuterischer und korrupter Herrscher" zu sein[64], zugunsten einer Durchsetzung der demokratischen Struktur auflöste, um so mehr wurde er nach Bernsteins Einschätzung ein Instrument der sozialen Befreiung der Arbeiterklasse. „Je mehr aber das politische Leben sich demokratisiert, die Arbeiterklasse zur Bedeutung gelangt und sich wirtschaftlich wie politisch als Klasse organisiert und betätigt, nehmen, nicht ausschließlich, aber in hohem Grade, unter ihrem Druck auch das Parlament und der Parlamentarismus einen anderen Charakter an. Aus einem Herrschaftsorgan der besitzenden Oberschicht der Nation wird das Parlament der *Geschäftsträger der großen Interessen* der *breiten, schaffenden Massen* der Nation, aus einem Klub von Schönrednern *eine arbeitende Körperschaft*[65]." So schreibt er nach Einführung der parlamentarischen Republik in Deutschland.

Zwar hat Bernstein die weitestgehende Verlagerung von Entscheidungsbefugnissen auf die kommunale und regionale Ebene für ein wesentliches Korrektiv der Abgehobenheit des parlamentarischen Entscheidungsprozesses und für eine wichtige Voraussetzung der sozialistischen Selbstbestimmung gehalten[66], dem von Marx in seiner Schrift über die Pariser Kommune zum Ausdruck gebrachten Desiderat einer weitgehenden Auflösung des nationalen Staates in einzelne Kommunen stand er aber sehr kritisch gegenüber, weil er eine Zentralgewalt für die Lösung vieler Probleme der großen Industrie-

---

60 Die sozialpolitische Bedeutung von Raum und Zahl, S. 215.
61 Vgl. a. a. O. und Parlamentarismus und Sozialdemokratie, S. 33—36.
62 a. a. O., S. 41.
63 a. a. O., S. 55.
64 a. a. O., S. 58.
65 Zur Frage eines neuen Parteiprogramms, S. 30.
66 Voraussetzungen, S. 193 und: Der Sozialismus einst und jetzt, S. 111.

gesellschaften für unersetzlich hielt[67]. Darüber hinaus konnte für ihn die völlige Autonomie der Gemeinden aber auch aus Gründen der dann mangelnden Verpflichtung gegenüber dem gesellschaftlichen Gesamtinteresse „kein Ideal" sein[68]. Als Korrektiv der Gefahren des Parlamentarismus hielt er die Verlagerung möglichst vieler Entscheidungskompetenzen auf die dezentralisierte Ebene für wünschenswert. Die Gemeinde sollte aber den Hoheitsrechten der nationalen Zentralverwaltung in einem durch die wirtschaftlichen Aufgaben und die Sicherung des Allgemeininteresses bedingten Umfang unterworfen bleiben[69]. Bernstein ging davon aus, daß in dem Maße, wie die gesellschaftlichen Klassengegensätze überwunden werden, die Verlagerung von Entscheidungsbefugnissen auf die kommunale Ebene fortschreiten wird. Er hielt diesen Prozeß für eine wichtige Voraussetzung der Möglichkeit von Vergesellschaftungen und Sozialisierungen auf demokratischem und wirtschaftlich effektivem Wege.

In seiner Schrift „Parlamentarismus und Sozialdemokratie" von 1906 zieht Bernstein aus dieser Einschätzung sogar die Konsequenz, daß mit der Überwindung der Klassengegensätze die Entscheidungsbefugnisse so sehr von den politischen Parteien hinweg auf „örtliche und berufliche Interessen" verlagert werden, daß „der eigentliche Parlamentarismus" abstirbt. Insofern könne er als „spezifische Regierungsform des besitzenden Bürgertums bzw. ein charakteristisches Institut der kapitalistischen Gesellschaftsordnung" betrachtet werden[70]. Diese Bemerkung hat er später präzisiert, indem er eine Reihe von Gefahren des Parlamentarismus aufgezeigt und Hinweise auf ihre Verminderung gegeben hat. Dazu gehört vor allem die ständige Ausweitung der Selbstverwaltung durch die dezentralisierten politischen Einheiten und durch die wirtschaftlichen Selbstverwaltungskörper. Er versteht aber diese Maßnahmen nicht als Ersatz für den Parlamentarismus, sondern eher im Sinne einer „Richtungssymbolisierung" seiner demokratischen Veränderung[71]. „Zentrale Gesetzgebungs- und Verwaltungsfunktionen werden noch auf ziemliche Zeit bestehen bleiben. Nur schrittweise übernimmt die Selbstverwaltung von ihr Funktionen auf Grund der gemeinsam geschaffenen Gesetze. Das Parlament wird nicht in Bausch und Bogen abgetan[72]."

Zu den Grundpfeilern des Bernsteinschen Staatsverständnisses gehört sein Verhältnis zum Liberalismus. Er verstand ja den Sozialismus als die Vollendung und Ergänzung der liberalen Prinzipien im gesellschaftlichen Raum.

---

67 a. a. O., S. 87.
68 a. a. O., S. 193.
69 Die sozialpolitische Bedeutung, S. 216.
70 S. 59—60.
71 Für diesen Begriff vgl. Jürgen Fijalkowski, Bemerkungen zu Sinn und Grenzen der Rätediskussion, in: Probleme der Demokratie heute, Sonderheft 2 der Politischen Vierteljahresschrift, 11. Jg., 1970.
72 Der Sozialismus einst und jetzt, S. 112.

Er teilt alle wesentlichen Auffassungen der liberalen Staatstheorie, soweit die Freiheitsgarantien des Individuums in Betracht kommen[73]. Drei Vorstellungskreise sind es, in denen sich in seinem Denken das liberale Erbe auf der Ebene des Staatsverständnisses konkretisiert: a) Die Kritik einer Auffassung des Staates als allgemeiner Versorgungsanstalt ohne Selbstverantwortlichkeit der Individuen. Ein bestimmtes Maß an Selbstverantwortlichkeit auch im wirtschaftlichen Bereich war für ihn eine Voraussetzung von Freiheit[74]. Dies ist ein wesentlicher Grund für seine Unterstützung der wirtschaftlichen Selbstorganisationen[75]. Selbst wenn der Staat all diese wirtschaftlichen Einheiten in eigene Regie übernehmen könnte, wäre dies nach Bernsteins Auffassung eine durchaus unsozialistische Maßnahme, weil sie die Freiheit des einzelnen gefährden würde[75a]. b) Absolute Geltung hatten für Bernstein die liberalen Menschenrechte. Diese Rechte hatte er als „ewig" bezeichnet und deren effektive Verwirklichung für allen Menschen gerade das eigentliche Zielkriterium des Sozialismus genannt[76]. „Die Sicherung der staatsbürgerlichen Freiheit" steht ihm höher „als die Erfüllung irgendeines wirtschaftlichen Postulats"[77].

Diese liberalen Prinzipien setzen auch dem demokratischen Prinzip der Mehrheitsentscheidung eine feste Grenze. „In dem Begriff der Demokratie liegt eben für die heutige Auffassung eine Rechtsvorstellung eingeschlossen: die *Gleichberechtigung aller Angehörigen des Gemeinwesens,* und an ihr findet die Herrschaft der Mehrheit, worauf in jedem konkreten Falle die Volksherrschaft hinausläuft, ihre Grenze. Je mehr sie eingebürgert ist und das allgemeine Bewußtsein beherrscht, um so mehr wird Demokratie gleichbedeutend mit dem höchstmöglichen Grad von Freiheit für alle[78]." Aus diesem Grunde gehörten auch für ihn Versammlungsrecht, Redefreiheit und Presse-

---

73 Vgl. Voraussetzungen, S. 184—189.

74 Voraussetzungen, S. 186 und Die sozialpolitische Bedeutung, S. 214.

75 An meine sozialistischen Kritiker, S. 12.

75a Später hat Bernstein diesen Gedanken weiter präzisiert: „Was mir an Dühring besonders zusagte, war seine starke Betonung des liberalen Elements im Sozialismus. Die Gegnerschaft zu den liberalen Parteien hatte viele Sozialisten veranlaßt, dem Staat unbesehen Tugenden anzudichten, die man wohl mit dem Begriff Staat verbinden konnte, die aber der Staat, mit dem wir es zu tun hatten, wirklich nicht aufwies. Es gab nun wohl Sozialisten, die sich der Gefahren bewußt waren, welche dieser Staatskultus im politischen Kampf zur Folge haben konnte, und im Hinblick auf sie ihn bekämpften. Aber diese Ablehnung aus Opportunitätsrücksichten genügte mir nicht. Mir kam es darauf an, die Arbeiter davor zu warnen, von dem zu erobernden Staat zu erwarten, er werde das ganze Wirtschaftsgetriebe der modernen Staaten von oben herab durch Gesetze, Verordnungen und Zentralkörper in Kürze zur höchsten Wirtschaftlichkeit entwickeln." (Entwicklungsgang, S. 12).

76 Hat der Liberalismus in Deutschland noch eine Bedeutung, IISG E 112.

77 Voraussetzungen, S. 185.

78 Voraussetzungen, S. 177. Hans Kremendahl hat darauf hingewiesen, daß Bernstein damit zugleich dem Bewußtseinsstand eine bedeutende Rolle für das Funktionieren der Demokratie zugesprochen hat. Vgl. a. a. O., S. 143.

freiheit unverzichtbar zur Demokratie, wie er sie verstand, hinzu[79]. Die Bedeutung, welche die Rechtssicherheit in seinem Denken hatte, wird in anderem Zusammenhang hervorgehoben werden[80]. Er unterstrich die liberale Komponente seines Demokratieverständnisses besonders, weil er wußte, und an Beispielen wie Rousseau und Fichte belegen konnte: „Die Demokratie ist nicht immer identisch mit dem Liberalismus." Sie kann auch mit Unterdrückung zusammengehen[81]. c) Daraus folgt für Bernstein der politische Minderheitenschutz, den er durch ein funktionierendes Wechselspiel der Ablösung wechselnder Gruppen in der Regierung gesichert sieht. Dadurch und durch die demokratische Traditionsbildung sieht er „die Achtung und Berücksichtigung der Rechte der Minderheiten" gewährleistet[82]. Denn wenn jede gegenwärtige Mehrheit aufgrund der geltenden demokratischen Spielregeln damit zu rechnen hat, demnächst in eine Minderheitsposition zu kommen, wird sie sich hüten, die Rechte der Minderheit zu bedrohen, da sie sich auf diesem Wege selbst beschränken würde. Worauf Bernstein hier abzielt, ist also das Recht auf organisierte Opposition und die *Konkurrenzdemokratie*.

7.3 Die sozial-ökonomische Fundierung der parlamentarischen Strategie

Zu den erstaunlichsten Vorurteilen über Bernstein gehört die Meinung, er habe einen naiven Nur-Parlamentarismus vertreten und übersehen, wie wenig eine parlamentarische Position bedeuten kann, wenn ihr keine gesellschaftliche Macht entspricht. Er hat im Gegenteil hierzu die Ergänzung der Parlamentsarbeit durch eine Strategie der gesellschaftlichen Machtbildung so sehr ins Zentrum seiner Argumentation gerückt, das P. Kampffmeyer in seinem Buch über Bernstein zu Recht einen Zusammenhang zwischen der Kritik der „Jungen" am Nurparlamentarismus der Parteiführung und Bernsteins eigenem Ansatz herstellen konnte[83]. Diese Konzeption einer notwendigen Ergänzung der parlamentarischen Arbeit gilt für zwei Ebenen. Zum einen für die Legitimität der Entfaltung eines außerparlamentarischen Drucks zur Durchsetzung von Zielen[84], die in die Anwendung des politischen Streiks zur Erkämpfung demokratischer Rechte ausmündet. Diese außerparlamenta-

---

79 Vgl. Wie eine Revolution zugrunde ging, S. 13.
80 Vgl. Abschn. 8.2.2.
81 Der Sozialismus einst und jetzt, S. 79.
82 Voraussetzungen, S. 178.
83 Paul Kampffmeyer, Eduard Bernstein und der sozialistische Aufbau, Berlin 1930, S. 25 ff. Dies geschieht vor allem indirekt, indem die Jungen als Vorläufer des Revisionismus angeführt werden.
84 Bernstein an Kautsky vom 10. 10. 1898, IISG K. DV 461.

rische Strategie bezieht sich im wesentlichen auf die Phase vor der vollen Demokratisierung des Parlamentarismus und ist nach Bernsteins Vorstellung unverzichtbar[85].

Die andere Bedeutung einer außerparlamentarischen Strategie bezieht sich auf den Ausbau sozialökonomischer Machtpositionen für die Arbeiterklasse parallel zur Parlamentsarbeit. Bernstein ist mit seiner Einschätzung der Bedeutung außerparlamentarischer Arbeit so weit gegangen, daß er die These vertrat, es sei „die politische Aktion ein zweischneidiges Schwert, wenn sie nicht *begleitet, ergänzt* und in vielen Fällen sogar *korrigiert* würde durch die Organisationen der Arbeiter für wirtschaftliche Zwecke"[86]. Schärfer kann die *Absage an einen Nur-Parlamentarismus als Transformationsstrategie* nicht formuliert sein. Diese Einschätzung resultiert aus dem innersten Kern des Bernsteinschen Sozialismusverständnisses. Es stünde um die Arbeiterbewegung „sehr schlimm", „wenn die Arbeiterklasse nichts weiter täte, als auf die Parlamente zu blicken, sehnsüchtig auf das hoffend, was da von oben kommt oder geschieht"[87]. Eine solche Haltung könnte die Arbeiter dazu veranlassen, alles von oben zu erwarten, so „daß ihre eigene Selbsttätigkeit auf diese Weise sich verringern und erlahmen könnte"[88]. Damit ist ein zentrales Motiv für die außerparlamentarische Arbeit genannt, das Bernstein gleich zu Beginn seines Paradigmawechsels als für den konstruktiven Sozialismus wesentlich herausgestellt hatte. Gerade wenn die Emanzipation der Arbeiterklasse deren eigenes Werk sein muß, um wirkliche Selbstbestimmung sein zu können, muß sich die entscheidende Umwandlung der gesellschaftlichen Verhältnisse jederzeit im eigentlichen Erfahrungsbereich der Arbeiter selbst vollziehen, wo er von ihnen verursacht und genutzt werden kann. „Der Satz, daß die Emanzipation der Arbeiterklasse das Werk dieser selbst sein muß, hat eine weitere Bedeutung als bloß die Eroberung der Staatsgewalt durch die Arbeiter[89]."

Inhaltlich ist eine parallele Entwicklung von parlamentarischer und außerparlamentarischer Strategie aus drei hauptsächlichen Gründen für die sozialistische Transformation wesentlich:

(a) Der jeweils zur Nutzung der geschaffenen wirtschaftlichen und politischen Mitwirkungsrechte erforderliche Kompetenz- und Erfahrungszuwachs auf seiten der Arbeiterklasse kann nur dadurch entstehen, daß die Arbeiter in ihrem unmittelbaren Erfahrungsbereich solche Mitwirkungs- und Selbstbestimmungsmöglichkeiten praktisch ausüben. Dies gilt für die Arbeit in den

---

85 Vgl. Abschn. 3.2.6.
86 Blanquismus und Sozialdemokratie, IISG A 17.
87 Der politische Massenstreik und die politische Lage der Sozialdemokratie in Deutschland, S. 8.
88 a. a. O.
89 Nachwort zu: S. u. B. Webb, Geschichte der englischen Gewerkschaftsbewegung, S. 449.

Gewerkschaften und Genossenschaften ebenso wie für die Mitarbeit in den Organen der institutionalisierten Mitwirkung an Unternehmensentscheidungen. „Je mehr die Arbeiter wirtschaftlich erstarken, je mehr sie dazu gelangen, in *eigenen* Organisationen die Selbstverwaltung zu üben, um so besser werden sie zur Ausübung der Demokratie in Staat und Gemeinde befähigt sein...[90]." Es ist der tragende Gedanke in Bernsteins Sozialismusverständnis, daß jede Teilverwirklichung des Sozialismus nur dann zielgerecht ist, wenn sie für die betroffenen Arbeiter selbst ein Stück zusätzlicher tatsächlicher Selbstbestimmung bringt, deren Ausübung Voraussetzungen auf seiten der Subjekte selbst hat, die nur in einem praktischen Lernprozeß erworben werden können. Zugleich wächst dadurch die Möglichkeit der Nutzung der politischen Mitwirkungsrechte für die eigenen Interessen. Die Arbeiter werden auf diesem Wege zum Subjekt ihres eigenen Emanzipationsgeschehens.

(b) Wenn Bernsteins Transformationsparadigma auf der Vorstellung beruht, die sozialistische Gesellschaft müsse aus der kapitalistischen Gesellschaft auf ähnliche Weise herauswachsen, wie diese aus der feudalistischen[91], dann hängt ihr Zustandekommen in erster Linie vom Erwerb ökonomischer Machtpositionen durch die Gewerkschaften und vom Aufbau ökonomischer Strukturen ab, die Bausteine einer sozialistischen Gesellschaft sein können. Die Initiative dazu kann nur aus der Arbeiterbewegung selbst erwachsen. „Die sozialistische Arbeiterbewegung würde sein, auch wenn ihr die Parlamente verschlossen wären[92]." Die wichtigsten dieser Schöpfungen wie die Genossenschaften und gewerkschaftliche Mitentscheidung über die Arbeits- und Lohnbedingungen werden im außerparlamentarischen Raum erstritten. Allerdings kann eine solche Strategie auf die parlamentarische Arbeit keineswegs verzichten. Denn eine Reihe von Voraussetzungen und die Sicherung der Ergebnisse des gewerkschaftlichen Kampfes sind nur durch Erfolge in der Gesetzgebungsarbeit möglich. Gewerkschaftskampf kann daher nur in Verbindung mit parlamentarischem Kampf erfolgreich sein, „Ganz sicher bedarf er dieser Unterstützung, ist er für große Kategorien von Arbeitern überhaupt erst möglich, nachdem die Gesetzgebung ihnen durch Verbot gewisser Ausbeutungsformen und Unterdrückungsmethoden ein Mindestmaß von Selbstbehauptung ermöglicht hat. Und stets wird er der Ergänzung durch den politischen, die Gesetzgebung in Bewegung setzenden Kampf bedürfen, weil den Leistungsmöglichkeiten der Gewerkschaften nach bestimmten Richtungen hin Grenzen gezogen sind...[93]." *Zwischen dem wirtschaftlichen und dem politischen Kampf besteht daher ein „innerer Zusammenhang", weil Erfolge auf dem einen Gebiet jeweils Voraussetzung für Fortschritte auf dem anderen Gebiet sind.*

---

90 Blanquismus und Sozialdemokratie.
91 Manuskript IISG E 123.
92 Voraussetzungen, S. 230.
93 Kapitalmacht und Gewerkschaftsmacht, in: SM, 10. Jg., 1, (1904), S. 136.

(c) Die dritte grundlegende Bedeutung der außerparlamentarischen Arbeit wird von Bernstein selbst nicht ins Blickfeld gerückt, er gibt lediglich Fingerzeige. Sie folgt indessen direkt aus seinem Ansatz. Wenn es nämlich darauf ankommt, durch Erkämpfung von Machtpositionen und Aufbau von funktionsfähigen Wirtschaftsorganisationen zu verhindern, daß im Augenblick des Bedarfs womöglich kein Ersatz für die zu enteignenden Privatunternehmungen vorhanden ist[94], dann können Sozialisierungsmaßnahmen um so umfangreicher sein und brauchen auf die Möglichkeit des Ausfalls von privaten Produktionseinheiten durch Boykott um so weniger Rücksicht zu nehmen, in je höherem Grade wirtschaftliche Organisationen der Arbeiterbewegung und ausreichende Erfahrungen der Arbeiter selbst die Übernahme stillgelegter Unternehmungen gewährleisten[95]. *Daher vergrößert die außerparlamentarische Arbeit den Spielraum der sozialistischen Transformationsstrategie.*

Dies ist ein Ansatz der Bernsteinschen Theorie, der für deren Fortentwicklung einen vielversprechenden Ausgangspunkt enthält. *In diesem Bereich erweist sich in besonderem Maße, daß Bernstein die Grundlagen einer reflektierten Reformtheorie gelegt hat, die von einem naiven Legalismus denkbar weit entfernt ist.* Die Konsequenz dieser Auffassung ist, „daß die Erkämpfung der Demokratie, die Ausbildung von politischen *und* wirtschaftlichen Organen der Demokratie die unerläßliche Vorbedingung für die Verwirklichung des Sozialismus ist"[96]. Es war daher nur konsequent, wenn Bernstein sich zwar gegen die reine Räteverfassung ausgesprochen hat, dagegen „Rätekammern der Arbeiter und Angestellten als *Mitbestimmende* im praktischen Wirtschaftsleben und als *Mitberatende* bei der Wirtschaftsgesetzgebung" für eine sinnvolle Ergänzung des Parlamentarismus hielt[97].
Im übrigen war sich Bernstein bewußt, daß auch die Institutionen der Demokratie einem Wandel unterliegen werden, um sie ihrem Anspruch näher zu bringen, denn es hat „eine absolute Demokratie bisher nur in der Abstraktion gegeben ... sie (hat) nur als *regulatives* Prinzip die Fähigkeit der Realität"[98].

---

94 Vgl. Nachwort zu: Webb, a. a. O.
95 Vgl. dazu Voraussetzungen, S. 152/3.
96 Voraussetzungen, S. 196. Meine Unterstreichung, Th. M.
97 Gegen das reine Rätesystem, das er „Rätediktatur" nennt, wendet er sich z. B. in: Der Sozialismus einst und jetzt, S. 132 und Zur Frage eines neuen Parteiprogramms, S. 30. Das Zitat findet sich a. a. O.
98 Die Demokratie in der Sozialdemokratie, in: SM, 14. Jg., 3, (1908), S. 1106.

8. Politische Ökonomie des Revisionismus

„Allmählich zeigt sich aber, daß es keinen Königsweg ins tausendjährige Reich gibt[1]."

Die politische Ökonomie des Revisionismus, wie Bernstein sie in Ansätzen ausgearbeitet hat, umfaßt im wesentlichen folgende beiden Problembereiche:
a) Werttheorie und sozialistische Konzeption
b) Theorie des funktionalen Sozialismus.
In diesen Bereichen klärt Bernstein die grundlegenden Kategorien, die auf analytischer und strategischer Ebene Voraussetzung einer reflektierten Reformpolitik sind. Im Gegensatz zu Marx beschäftigt sich Bernstein dabei mit den innertheoretischen Fragen der Ökonomie nur punktuell. Da es ihm gerade darauf ankommt zu zeigen, daß für die Ausarbeitung einer sozialistischen Transformationsstrategie sehr viel weniger theoretische Festlegungen der politischen Ökonomie erforderlich sind als beispielsweise die Theorie von Marx enthielt, geht sein Bestreben keineswegs in die Richtung des Entwurfs einer eigenen umfassenden politökonomischen Theorie. Entsprechend seiner Diskussion der Frage des Verhältnisses von Wissenschaft und Sozialismus zielt er auch in diesem Bereich vielmehr auf die Lösung des Problems ab, inwieweit Elemente einer inhaltlichen ökonomischen Theorie für die Formulierung eines sozialistischen Konzepts herangezogen werden müssen.

8.1 Werttheorie und sozialistische Konzeption

Wenn Bernstein berichtet, daß vor allem auch die Lösung, die Marx für das Problem der Profitrate im 3. Band des Kapital gegeben hat, ein Grund für seine endgültige Abwendung von der als Gesamtsystem verstandenen Marxschen Theorie gewesen ist, so bezieht er sich damit auf die Marxsche Werttheorie. Bereits im September 1896 läßt er die Konturen seiner Kritik an der Marxschen Wertlehre deutlich werden. Dort umreißt er auch seine eigene Antwort auf diese Frage.
Anläßlich einer Auseinandersetzung mit H. M. Hyndmans Buch über die

---

1 Bernstein, Noch etwas Endziel und Bewegung, S. 503.

ökonomischen Lehren des Sozialismus[1a] skizziert er das Hauptproblem der Marxschen Wertlehre, wie es sich zunächst aus deren Darlegung in den ersten beiden Bänden des Kapital ergibt. Sie enthält Bernstein zufolge „eine große Lücke"[2]. Wenn der Wert einer jeden Ware bestimmt ist durch die Zeit, die erforderlich ist, sie mit „normaler Geschicklichkeit und normalen Hilfsmitteln" herzustellen, so bedeutet die „gesellschaftlich notwendige Arbeitszeit", die Marx zur Bestimmung des Werts heranzieht, bezogen auf die „Gesamtheit der zu Markt gebrachten Quantitäten einer Ware" darüber hinaus eine Berücksichtigung der Menge, die dem in der Marktnachfrage zum Ausdruck kommenden zahlungsfähigen gesellschaftlichen Bedarf entspricht. Auf diese Weise enthält die Formel von der „gesellschaftlich notwendigen Arbeitszeit" für die Bestimmung des Tauschwerts der Ware eine implizite Bezugnahme auf den gesellschaftlichen Bedarf. Dadurch wird eine Reihe von Fragen aufgeworfen.

Es ist nun für die Bernsteinsche Art der Behandlung dieses Problems sehr bezeichnend, daß er in der Konsequenz seines empiristischen Wissenschaftsverständnisses das Wertproblem vor allem unter dem Gesichtswinkel der Quantifizierbarkeit und Operationalisierbarkeit der Wertgröße betrachtet, da der Wert andernfalls, wie er später sagt, eine „rein gedankliche Konstruktion" ohne wissenschaftlichen Erklärungswert wäre[3]. Diese Frage nach dem empirischen Erklärungswert der Werttheorie bleibt bei all seinen zahlreichen Betrachtungen dieses Problems die leitende Orientierung.

Auf einige der dringlichsten Fragen, die sich hieraus ergeben, ist aber aus den ersten beiden Bänden des Kapital keine Antwort abzuleiten. Wie wirken Bedarf und Arbeitswert bei der Bildung des Marktwertes aufeinander ein? Wie läßt sich das Verhältnis der sogenannten einfachen menschlichen Arbeit zu den verschiedenen Formen zusammengesetzter menschlicher Arbeit bestimmen, denn die Maßeinheit für den Arbeitswert soll ja in der erstgenannten liegen?

Da diese Fragen unbeantwortet bleiben, zumindest in den ersten beiden Bänden des Kapital, drängt sich das Urteil auf: „Wenn die Arbeitswerttheorie nicht mehr sagt, als bis hierher entwickelt, so haben sie (sc. die Kritiker der Arbeitswertlehre, Th. M.) ein Recht, ihr den Prozeß zu machen. Eine Theorie, die da endet, wo die genauere Bestimmung einzusetzen hat, ist damit von selbst gerichtet[4]." Bernstein selbst korrigiert in dem angeführten Text die selbst gezogene Konsequenz sogleich mit Hinweis auf den dritten Band des Kapital, wo hinsichtlich der gestellten Fragen „wieder fester Boden unter den Füßen" gewonnen wird. Er fügt indessen hinzu, daß auch mit diesem Teil

---

1a The Economics of Socialism, London 1896.
2 Sozialistische Ökonomie in England, in: NZ, 15/1 (1896), S. 49.
3 Voraussetzungen, S. 73.
4 Sozialistische Ökonomie, a. a. O.

der Marxschen Theorie freilich „das Gebiet der Untersuchung noch nicht erschöpft ist"[5]. Ohne seine Einschränkungen der möglichen Geltung der Marxschen Lösung des Wertproblems im dritten Band näher auszuführen gibt er jedoch unmißverständlich zu erkennen, daß aus den bleibenden Problemen dieser Theorie zwei Konsequenzen gezogen werden müssen. Die Grenznutzentheorie des Wertes, die den Wert als eine Funktion der in der Angebot-Nachfrage-Relation zum Ausdruck kommenden gesellschaftlichen Nützlichkeit der Waren bestimmen möchte[6], muß Bernstein zufolge als ergänzende Erklärung in die Werttheorie aufgenommen werden, weil sie den bei Marx vernachlässigten Aspekt des gesellschaftlichen Bedarfs in den Vordergrund stellt[7]. Gerade wenn Marx' eigene Fingerzeige über die Rolle des gesellschaftlichen Bedarfs bei der Wertbestimmung aufgegriffen werden, kann diese nicht schlechthin für gegenstandslos erklärt werden. Statt dessen liegt es Bernstein zufolge auch in der Konsequenz des Marxschen Ansatzes selbst „den begrenzten Nutzen der Grenznutzentheorie" anzuerkennen[8].

Zugleich läßt Bernstein durchblicken, daß es unter diesen Umständen nicht länger sinnvoll sein kann, „die Arbeitswerttheorie als eine Art Parteidogma" zu behandeln[9]. Er möchte die sozialistische Konzeption nicht durch eine in sich problematische ökonomische Theorie belastet wissen, um so weniger als er in der Zwischenzeit die Erfahrung machen konnte, daß die sozialistische Politik tatsächlich auch auf der Grundlage einer ganz anderen Werttheorie möglich ist. Die Fabier hatten nämlich als Ergebnis ihrer Auseinandersetzung mit der Marxschen Arbeitswertlehre schon seit Ende der achtziger Jahre die Grenznutzentheorie übernommen, ohne Änderungen an ihrer radikalsozialistischen Zielsetzung daraus abzuleiten. Vor allem George B. Shaw hatte sich durch Vermittlung des Grenznutzentheoretikers Philip H. Wicksteed diese von *Jevons* ausgearbeitete Lehre im Rahmen einer grundlegenden Auseinandersetzung mit dem 1. Band des Kapital zu eigen gemacht[10]. Dadurch, daß diese Theorie den Inhalt des einleitenden Abschnitts der „Fabian Essays" über die ökonomischen Grundlagen des Sozialismus abgab, war sie zur offiziellen Theorie des fabischen Sozialismus geworden[11]. Auch die spezifische Variante der Werttheorie, die sich Bernstein schließlich

---

5 a. a. O., S. 50.
6 Vgl. z. B., Eugen v. Böhm-Bawerk, Gesammelte Schriften, Hrsg. v. Franz X. Weiss, Wien 1924, Band 1, III. Hauptabschnitt „Zur Wertlehre".
7 Sozialistische Ökonomie, S. 51.
8 a. a. O., S. 52.
9 a. a. O., S. 54.
10 Für Shaws Auseinandersetzung mit Marx vgl. Bernard Shaw & Karl Marx. A Symposium 1884—1889, New York 1930.
11 Die Grundpositionen der von ihm vertretenen Grenznutzentheorie des Wertes sind in seinem einleitenden Aufsatz in den Fabian Essays niedergelegt, a. a. O., S. 35 ff. Einen Rückblick auf seine werttheoretische Entwicklung gibt Shaw in Anhang I zu E. R. Pease, The History of the Fabian Society, a. a. O., S. 273 ff.

zu eigen machte, war bei einem der führenden fabischen Theoretiker zum Ausdruck gebracht worden. Graham *Wallas* hatte in einer Besprechung eines Buches von Wicksteed eine vermittelnde Haltung im Streit zwischen Arbeitswerttheorie und Grenznutzentheorie eingenommen, an die Bernstein dann unmittelbar anknüpfen konnte[12].

Es sind insbesondere drei Erfahrungen mit der fabischen Fassung der Wertlehre, die für Bernstein von Bedeutung bleiben sollten. Zum einen fand er bei ihnen eine Reihe der kritischen Argumente gegenüber der Marxschen Arbeitswertlehre ausformuliert, die seinen eigenen wachsenden Bedenken entgegen kamen. Zum anderen fand er dort Ansätze einer Haltung, die diesen Bedenken Rechnung trug, ohne den, wie er meinte, berechtigten Elementen der Marxschen Lehre den Abschied zu geben. Am wichtigsten war für ihn aber schließlich die Erkenntnis, daß sogar auf der Grundlage einer zur Marxschen konträren Werttheorie eine politische Konzeption ausgearbeitet worden war, wie sie seiner Überzeugung zufolge den besten Seiten der sozialistischen Strategie bei Marx selbst entsprach und wie sie auch von Sozialisten vertreten werden konnte, die dieser speziellen Werttheorie nicht beistimmten. Wie immer die Stichhaltigkeit der Bernsteinschen Ansätze einer Lösung des Wertproblems beurteilt werden mag, seine Grundthese, derzufolge der *Inhalt einer bestimmten Werttheorie für die sozialistische Konzeption nicht konstitutiv* ist, hat außer den theoretischen Überlegungen, die er zu ihrer Untermauerung vorträgt, vor allem diese reale Erfahrung zur Grundlage.

---

12 Einen guten Überblick über die Argumentation der Fabier in diesem Punkt gibt Bo Gustafsson, a. a. O., S. 160—168. Er arbeitet auch überzeugend heraus, daß Bernstein unter dem direkten Einfluß von Graham Wallas in dieser Frage stand. Aus der erwähnten Rezension von Wallas gibt er die folgende Passage wieder: „Daher scheint es mir, daß die wesentliche Behauptung von Marx keineswegs mit der von Jevons und Herrn Wicksteed unvereinbar ist. Marx, ich wiederhole es, behauptet, daß das Austauschverhältnis zweier Güter mit der Arbeitsmenge variiert (oder mit den Worten von Herrn Wicksteed: „eine Funktion ... ist"), die durchschnittlich zur Herstellung jedes dieser Güter notwendig ist. Wicksteed behauptet, daß das Austauschverhältnis auch eine Funktion der Menge eines jeden Gutes ist, die schon im Besitz der Tauschpartner ist. Ich meine, beides beweist die Wahrheit der Behauptung des anderen, nur mißt sie der eigenen größere Bedeutung zu". a. a. O. (aus: An Economic Eirenicon. in: To-Day, No. 64, März 1889. Vol. II, S. 83). Auf den Einfluß von Wallas auf Bernsteins Haltung in der Wertfrage hatten schon Rikli, a. a. O., S. 70 und Gay, a. a. O., S. 219 hingewiesen.
Bernstein selbst hatte bei seiner Entfaltung der entsprechenden Argumente zunächst nicht Bezug auf Wallas genommen. In seinem Aufsatz „Allerhand Werttheoretisches" aus dem Jahre 1905 nennt er dann diese Rezension von Wallas ausdrücklich, skizziert ihren Inhalt ziemlich ausführlich und gibt u. a. genau das Zitat in einer längeren Fassung wieder, das auch Gustafsson heranzieht (bei diesem findet sich allerdings kein Hinweis, daß Bernstein das Zitat benutzte). Bernstein bekennt sich sodann zu seiner Anlehnung an Wallas mit den Worten, bei diesem sei „derselbe Gedanke ausgedrückt, der in den vorhergehenden Abschnitten (seiner eigenen Arbeit, Th. M.) angezeigt wurde". Vgl. in: Dokumente des Sozialismus, Band V, Berlin 1905, S. 555 und 556.

In den Voraussetzungen und einer Fülle von Aufsätzen und Fragmenten entfaltet Bernstein seine Position in dieser Frage. Er ist immer wieder auf die Werttheorie zurückgekommen, weil sie ja nach seiner eigenen Einteilung in den Voraussetzungen zur „reinen Wissenschaft" des Marxismus zu rechnen war, die er mit seiner Kritik wenn möglich verschonte[13].

Bernstein argumentiert in der Wertfrage auf drei Ebenen, die sorgfältig zu unterscheiden sind:

1. Auf der ersten Ebene untersucht er die Bedingungen der möglichen Wissenschaftlichkeit der Werttheorie;

2. auf der zweiten Ebene unterbreitet er eigene objekttheoretische (inhaltliche) Vorschläge für eine dem näherkommende Fassung der Werttheorie;

3. *für seine Theorie des Sozialismus entscheidend ist allein die dritte Ebene, auf der er die Rolle der Werttheorie für die ökonomische Konzeption des Sozialismus untersucht.*

Da er zu dem Ergebnis gelangt, daß es einer bestimmten Werttheorie für die Konzeption der sozialistischen Transformation nicht bedarf, können seine Ergebnisse der ersten beiden Diskussionsebenen keine ausschlaggebende Bedeutung für seine Transformationstheorie beanspruchen. In direkter Konsequenz seines Wissenschaftsverständnisses gehört für ihn die Werttheorie vielmehr zu jenen wissenschaftlichen Bereichen, die einem offenen Erkenntnisprozeß anheim gestellt bleiben müssen, gerade um der sozialistischen Zielsetzung den ihnen möglichen Dienst leisten zu können. Sie kann daher nicht in den Rang eines Parteidogmas erhoben werden. Insofern handelt es sich bei Bernsteins *Zurückweisung der Arbeitswerttheorie als der entscheidenden Grundlage für die sozialistische Konzeption* nur um einen Anwendungsfall seiner allgemeinen Erkenntnisse über den Zusammenhang von Wissenschaft und Sozialismus. Einen besonderen Rang beanspruchte die Werttheorie traditionsgemäß vor allem deshalb in der sozialistischen Diskussion, weil sie im Zentrum der Marxschen Lehre gestanden hatte und daher die Auseinandersetzung mit ihr für jede sozialistische Theoriebildung unvermeidlich war. In einer wissenschaftskritischen Konzeption der sozialistischen Programmatik konnte sie aber diesen Rang nicht behaupten.

---

13 Voraussetzungen, S. 32. Mehrfach gab Bernstein seiner Einschätzung Ausdruck, daß die Arbeitswertlehre für das Marxsche System eine große Bedeutung habe. „Gibt man sie auf, so rüttelt man damit ganz bedeutend am Marxschen Sozialismus" (Die heutige Sozialdemokratie in Theorie und Praxis, S. 25). Er war sich stets bewußt, daß das Marxsche Wertgesetz „negieren sehr wesentliche Teile des ganzen Systems einreißen heißt" (Allerhand Werttheoretisches, a. a. O., S. 367). Er glaubte indessen nicht, daß mit ihr das ganze Marxsche Theoriegebäude fallen müsse. „Das System kann dann trotzdem noch große Bedeutung haben" (a. a. O.). Außer auf strategischem Gebiet sah er hier wohl seine bedeutendste Differenz mit Marx, vgl. dazu Kap. 9.

8.1.1 Die Wissenschaftlichkeit der Werttheorie

Eine entscheidende Schwäche der Marxschen Arbeitswertlehre bestand für Bernstein darin, daß sie aufgrund der vielfältigen Abstraktionen, denen der dort verwandte Wertbegriff seine Entstehung verdankte, den Zusammenhang mit der empirischen Realität sehr weitgehend verloren hatte. In diese Kritik schloß er nunmehr auch die Fassung, die sie im dritten Band des Kapital erhalten hatte, mit ein. Die Abstraktionen, die Bernstein anführt, gefährdeten nach seiner Überzeugung deshalb den wissenschaftlichen Status dieser Theorie, weil sie „jede Meßbarkeit" der Wertgröße verhinderten[14]. „Zuerst muß der reine Tauschwert entwickelt, das heißt vom besonderen Gebrauchswert der einzelnen Waren abstrahiert werden. Dann — bei der Bildung des Begriffs der allgemein oder abstrakt menschlichen Arbeit — von den Besonderheiten der einzelnen Arbeitsarten (Zurückführung höherer oder zusammengesetzter Arbeit auf einfache oder abstrakte Arbeit). Hierauf, um zur gesellschaftlich notwendigen Arbeitszeit als Maßstab des Arbeitswerts zu gelangen, von den Unterschieden in Fleiß, Tüchtigkeit, Ausrüstung der einzelnen Arbeiter und weiterhin, sobald es sich um Verwandlung des Wertes in Marktwert beziehungsweise Preis handelt, von der für die einzelnen Wareneinheiten erforderten gesellschaftlich notwendigen Arbeitszeit. Aber auch der so gewonnene Arbeitswert erfordert eine neue Abstraktion. In der entwickelten kapitalistischen Gesellschaft werden die Waren, wie ebenfalls schon erwähnt worden, nicht gemäß ihrem individuellen Werte, sondern zu ihrem Produktionspreis, das heißt dem wirklichen Kostpreis plus einer durchschnittlichen proportionellen Profitrate veräußert, deren Höhe vom Verhältnis des Gesamtwerts der gesellschaftlichen Produktion zum Gesamtlohn der in Produktion, Austausch usw. verwendeten menschlichen Arbeitskraft bestimmt wird[15]." Dieses Problem der immer weitergehenden Abkoppelung der Wertbestimmung von empirisch faßbaren Sachverhalten hatte sich durch Marx' Lösung des Problems der Profitrate im dritten Band des Kapital insofern erheblich verschärft, als nun nicht mehr, wie noch im ersten Band vorausgesetzt, die in den einzelnen Waren verkörperten Arbeitswerte letztinstanzlich die tatsächliche Tauschrelation bestimmen sollten, sondern nurmehr die Relation von Gesamtarbeitswert der gesellschaftlichen Produktion und Gesamtwert der eingesetzten Arbeitskraft einen Gesamtmehrwert konstituieren sollte, der aber in keinem direkten Maßverhältnis zu beobachtbaren Größen stand[16]. Alle meß-

---

14 Voraussetzungen, S. 73.
15 a. a. O.
16 Vgl. dazu Eugen von Böhm-Bawerk, Zum Abschluß des Marxschen Systems (1896), in: Friedrich Eberle (Hrsg.), Aspekte der Marxschen Theorie. 1. Zur methodischen Bedeutung des 3. Bandes des „Kapital", Frankfurt 1973, Hilferdings Gegenkritik „Böhm-Bawerks Marx-Kritik" (1904), a. a. O. Bernstein setzt sich mit der Hilferdingschen Gegenkritik auseinander in seiner Rezension des 1. Bandes der Marx-Studien. Blätter

baren Größen wie Lohn, Profitrate, Produktionskosten konnten nicht mehr auf entsprechende Wertgrößen zurückgeführt werden. Aus diesem Grunde verlor der Wertbegriff vollends seine Funktion, eine Erklärung für die Relation empirischer ökonomischer Größen zu sein. Gerade dies aber hätte seine wissenschaftliche Funktion sein sollen. *Insbesondere konnte nun nicht länger der Anspruch einer quantifizierbaren Ausbeutungsrate erhoben werden. Demnach erfüllte die Werttheorie auch nicht die Funktion einer Verteilungstheorie*[16a]. Der Wertbegriff der *reinen* Arbeitswertlehre wird infolge dieser Ablösung von allen empirischen Relationen zu einem „Gedankenbild"[17].

Wenn Bernstein diesen Status des reinen Arbeitswerts als „eine rein gedankliche Tatsache"[18] beschreibt, so meint er damit jenen wissenschaftstheoretisch problematischen Mangel seiner Umsetzbarkeit in eine „theoretisch meßbare Größe"[19]. Er hat dann allenfalls noch einen gleichsam illustrativen Wert für Sachverhalte, deren genaue Erklärung er nicht leisten kann[20]. Mit dieser Kritik ist es Bernstein keineswegs darum zu tun, die Werteigenschaft der Waren selbst als ein bloßes Abstraktum zu bezeichnen. „Die generelle Eigenschaft des als Ware auftretenden Arbeitsprodukts, sich als Wert auf andere Waren zu beziehen", ist Bernstein zufolge keine gedankliche Konstruktion, sondern „die historische Grundlage oder Voraussetzung der Werterscheinung"[21]. Es war ihm klar, daß „die bloße Erscheinungsform des Wertes, bzw. streng marxistisch ausgedrückt, die Äquivalentform der Ware", die „quantitative Bestimmung der Wertgröße noch nicht" einschließt[22]. Bernsteins Kritik bezieht sich vielmehr ausschließlich auf „das spezielle Wertverhältnis der Waren zueinander, ihre Wertgröße, wie es jede Werttheorie, die auf ihren Titel Anspruch haben will, zu analysieren hat"[23]. Diese Relationen, die ja der Anwendungsfall der Werttheorie sind, in denen allein ihre Erklärungskraft und ihre Überprüfbarkeit begründet sind, will Bernstein unter der Bezeichnung „Wertgröße" fassen. Jede Werttheorie, die nicht Wertgrößen und deren Verhältnis zueinander quantitativ bestimmen kann, ist wissenschaftlich gegenstandslos. Der Wert als solcher, so pflichtet Bernstein Fr. Gottl bei, ist eine Annahme, die sich nicht beweisen und nicht „wider-

---

für Theorie und Politik des wissenschaftlichen Sozialismus. Hrsg. von Dr. Max Adler und Dr. Rudolf Hilferding, in: Dokumente des Sozialismus, Band IV, Stuttgart 1904, S. 153—158.

16a Vgl. dazu Gerhard Himmelmann, Arbeitswert, Mehrwert und Verteilung. Zur Problematik von Theorie und Praxis in der Marxschen Lehre, Opladen 1974, S. 82.

17 Voraussetzungen, S. 80.

18 a. a. O., S. 77.

19 a. a. O.

20 So etwa, a. a. O., S. 81 f. und Rezension der Marx-Studien, a. a. O., S. 156.

21 Arbeitswert oder Nutzwert, in: NZ 17/2 (1899), S. 553.

22 Allerhand Werttheoretisches, a. a. O., S. 557.

23 Arbeitswert oder Nutzwert, a. a. O.

legen läßt". „Beweisen lassen sich nur Wertbeziehungen[24]." Daher kann die „Lücke" in der Arbeitswerttheorie nur geschlossen werden, wenn der Wert in eine „theoretisch meßbare Größe" umgesetzt wird[25]. Bernstein hat jeden Versuch in diese Richtung begrüßt, so vor allem das Buch von Leo von Buch, das die Aufgabe über eine Meßbarkeitsrelation der Arbeitsintensität lösen wollte. Dabei will Bernstein mit der Forderung nach „theoretischer" Meßbarkeit keineswegs ein Instrument zur Ableitung aller empirischen Preise gewinnen, sondern es geht ihm um die theoretisch fundierte Möglichkeit, „ein Größenverhältnis mathematisch auszudrücken"[26]. Es geht allein um die Bestimmung des „Werts als preisbestimmenden Faktor"[27], worauf Marx selbst im ersten Band des Kapital hinaus wollte, weil andernfalls die Werttheorie selbst wissenschaftlich gegenstandslos werden müßte.

Trotz seiner eigenen Versuche, die Werttheorie diesem wissenschaftlich gebotenen Zustand näher zu bringen, ist Bernstein in bezug auf den wissenschaftlichen Status der Werttheorie skeptisch geblieben[28]. Auch späterhin war er eher geneigt, ihr einen „metaphysischen" Rang beizumessen, zumindest hat er die Arbeitswertlehre gelegentlich mit diesem Begriff beschrieben[29]. Nach seiner in anderem Zusammenhang gegebenen Definition bedeutete dies ohne Zweifel, daß er nicht bereit war, die Werttheorie in der damals ausgearbeiteten Form als wissenschaftlich anzuerkennen.

Einen „metaphysischen" Status erhält die Werttheorie von Marx Bernstein zufolge im dritten Band des Kapital dadurch, daß sie den Zusammenhang mit den empirischen Tauschrelationen verliert. Dies wendet Bernstein gegen den Versuch Hilferdings ein, die Marxsche Arbeitswertlehre gegen Böhm-Bawerk dadurch zu verteidigen, daß der Bezug des Arbeitswerts zur Tauschrelation der Waren aufgelöst wird[30]. Genau an dieser Frage entscheidet sich für Bernstein, ob eine Werttheorie wissenschaftlichen, nämlich beweis- oder widerlegbaren Status hat oder metaphysisch, d. h. empirisch nicht überprüfbar ist. Dieselbe Kritik gilt nach Bernstein auch für die Grenznutzentheorie, weil sie Faktoren außer acht läßt, die für eine Bestimmung der tatsächlichen Tauschrelationen von Bedeutung sind. Alle Werttheorien, die nicht alle Elemente enthalten, die zur theoretischen Meßbarkeit der Wertgrößen erforderlich sind, sind daher „eine metaphysische, wenn nicht ganz und gar transzendente Vorstellung(en), für die wir in der Realität kein Beispiel haben"[31].

Beide werttheoretischen Ansätze, Arbeitswertlehre und Grenznutzentheorie,

---

24 Allerhand Werttheoretisches, S. 557.
25 Arbeitswert oder Nutzwert, S. 551.
26 a. a. O., S. 554.
27 An meine sozialistischen Kritiker, S. 11.
28 So auch Rikli, a. a. O., S. 71.
29 So Bernstein, Die Theorie der Partei, in: SM, 15. Jg., 3 (1909), S. 1535.
30 Rezension der Marx-Studien, S. 156 und 155. Vgl. auch Voraussetzungen, S. 262.
31 Allerhand Werttheoretisches, S. 558.

können zwar jeweils bestimmte Beziehungen erfassen, dies reicht aber für eine wissenschaftliche Theorie nicht aus. Denn „eine Theorie ist noch nicht dadurch als richtig erwiesen, daß es Fälle gibt, auf welche die von ihr aufgestellten Sätze zutreffen"[32]. Vielmehr muß sich jede „richtige Werttheorie" „gleichzeitig an der Wirklichkeit und an der Logik bewähren[33]". Je länger sich Bernstein mit werttheoretischen Fragen beschäftigte, um so skeptischer wurde er, ob eine im traditionellen Sinne einheitliche Werttheorie überhaupt als wissenschaftliche Theorie möglich ist, denn anwendungsfähige Werttheorien enthalten stets „eine Vielheit von Momenten". „Es ist daher der Gebrauch des Begriffes ‚Wert' als schlechthin zu verstehender Kategorie in der Wissenschaft zu verpönen[34]."

Dies fiel ihm um so leichter, als er davon ausging, daß weder für eine kritische Analyse der kapitalistischen Gesellschaft noch für die Ausarbeitung einer sozialistischen Transformationsstrategie die Werttheorie einen unverzichtbaren Beitrag zu leisten hätte. So enthält denn beispielsweise sein umfangreicher systematischer Text „Wirtschaftswesen und Wirtschaftswerden", die geschlossenste Darstellung der ökonomischen Fragen aus seiner Feder, keinen Abschnitt über die Werttheorie. In seiner Vorlesungsreihe „Der Sozialismus einst und jetzt" beschäftigt er sich in historischer und tentativer Manier mit dem Wertproblem, ohne seine eigene Präferenz im einzelnen herauszuarbeiten. Es hat im besonderen Maße seine Kritik herausgefordert, daß an der Parteischule die Marxsche Arbeitswertlehre wie eine unumstößliche Erkenntnis in den Lehrplänen festgeschrieben war, obgleich sie nach seiner Auffassung wissenschaftlich im höchsten Grade anfechtbar blieb[35].

Insoweit folgten Bernsteins Kritik an der Arbeitswertlehre sowie die Kriterien ihrer Korrektur und Ergänzung aus den Grundlagen seines allgemeinen Wissenschaftsverständnisses.

8.1.2 *Inhaltliche Probleme einer Werttheorie*

Bernsteins inhaltliche Bemühungen um eine Weiterentwicklung der Werttheorie gingen von einer grundsätzlichen Kritik der Marxschen Arbeitswertlehre aus, wie sie nach der Veröffentlichung des dritten Bandes des Kapitals durch Friedrich Engels 1894 endgültig Gestalt angenommen hatte.

Die Lücke in der Marxschen Werttheorie, die Bernstein bereits in seinem Artikel von 1896 entdeckt hatte, wird auch im dritten Band des Kapital nicht endgültig geschlossen. Schien noch im ersten Band des Kapital der Begriff

---

32 a. a. O., S. 222.
33 a. a. O., S. 224.
34 a. a. O., S. 557 und 558.
35 Parteischule und Wissenschaft, in: SM, 14. Jg., 3, (1908), S. 1265 ff.

der „gesellschaftlich notwendigen Arbeitszeit" auf eine konstitutive Rolle der gesellschaftlichen Nachfrage für die Wertgröße hinzuweisen, da ja die aufgewendete Arbeitszeit für die Produktion einer Ware erst dann als gesellschaftlich notwendige erwiesen ist, wenn auch die Menge der produzierten Waren mit den gesellschaftlichen Erfordernissen in Einklang gebracht ist[36], so sucht der dritte Band die Lösung des Problems in anderer Richtung. Wie Eugen v. Böhm-Bawerk knüpft Bernsteins Kritik an dem Widerspruch in der Beantwortung der Wertfrage zwischen dem I. und dem III. Band des „Kapital" an. Die Lösung des 3. Bandes resümiert Bernstein so: „In den Vordergrund rückt der Wert der Gesamtproduktion der Gesellschaft und das Mehr dieses Werts über die Gesamtsumme der Löhne der Arbeiterklasse, das heißt nicht der individuelle, sondern der ganze soziale Mehrwert. Was die Gesamtheit der Arbeiter in einem gegebenen Moment über den ihnen zufallenden Anteil hinaus produzieren, bildet den sozialen Mehrwert, den Mehrwert der gesellschaftlichen Produktion, in den sich die Einzelkapitalisten in annähernd gleicher Proportion nach Maßgabe des von ihnen wirtschaftlich angewandten Kapitals teilen[37]."

Bernstein schließt sich im wesentlichen der 1896 von Eugen v. Böhm-Bawerk vorgetragenen Kritik an dieser Lösung an. Er macht drei Haupteinwände geltend. Zunächst konstatiert er, daß auch unter diesen Bedingungen der Wert jeder Warengattung bestimmt ist „durch die Arbeitszeit, die notwendig war, sie unter normalen Produktionsbedingungen in derjenigen Menge herzustellen, die der Markt, das heißt die Gesamtheit als Käufer betrachtet, jeweilig aufnehmen kann"[38]. Da für diesen Gesamtbedarf aber kein Maß vorhanden ist, die aufgewandte Arbeitszeit indessen unabhängig von der tatsächlichen Realisierung des Werts durch Absetzung der Ware nicht wertkonstitutiv ist, bleibt die Arbeitswerttheorie an dieser Stelle weiterhin lückenhaft.

Der zweite Einwand bezieht sich auf die Marxsche These, daß die Tauschrelation der Waren mitbestimmt wird durch den Aufschlag der gesellschaftlichen Durchschnittsprofitrate auf die realen Produktionskosten der Ware. Diese Durchschnittsprofitrate soll sich ihrerseits durch die Marktverhältnisse vermittelt durchsetzen und den Teil des gesamtgesellschaftlichen Mehrwerts auf die einzelnen Kapitale verteilen, der deren Anteil am gesellschaftlichen Gesamtkapital entspricht. Für die Warenpreise hat dies zur Folge, daß selbst das als vergleichbar gedachte Maß gesellschaftlich notwendiger Arbeitszeit, das in sie eingegangen ist, die Tauschrelation nicht mehr beherrscht. Dadurch

---

36 Sozialistische Ökonomie, S. 49 und Voraussetzungen, S. 76.

37 a. a. O.

38 a. a. O., S. 77. Mit dieser Interpretation, die er mit einigen Zitaten abstützt, bezieht sich Bernstein auf den I. Band des Kapital und den 1. und 2. Abschnitt von Band III. Vgl. Arbeitswert oder Nutzwert, S. 549; Rezension der Marx-Studien, S. 155 und Allerhand Werttheoretisches, S. 274.

verliert der Arbeitswert erst recht jede preislenkende Kraft[38a]: „Der so er-
mittelte Preis steht also zum Arbeitswert der Waren in einem, je nach der
Zusammensetzung des Kapitals wechselnden Verhältnis, womit dieser letztere
Wert jede Parallelität mit dem durchschnittlichen Austausch- oder Marktwert
verliert[39]." Die Relation des allein mehrwertbildenden variablen Kapitalanteils hat auf die Höhe der Profitrate und auf die Preisrelation der einzelnen Warengruppen keinen theoretisch darstellbaren quantitativen Einfluß.
Der dritte Einwand Bernsteins bezieht sich auf die Unterscheidung in sogenannte „produktive" und „unproduktive" Arbeit. Kritisiert Bernstein
diesen Teil der Marxschen Theorie, der nur mehrwertbildende Arbeit als
produktive Arbeit im Kapitalismus gelten lassen will, als theoretisch gehalt-
los[40], so bestreitet er im vorliegenden Zusammenhang die Berechtigung einer
Zurückbindung der Wertproduktion allein an die Produktionssphäre. Wenn
erst die Differenz des Werts der Gesamtproduktion und der Gesamtkosten
den Mehrwert als theoretische Größe faßbar macht, entfällt Bernstein zufolge
die Berechtigung, die Fülle der außerhalb der unmittelbaren Produktionssphäre erbrachten Arbeitsleistungen, die für die Erstellung des gesellschaftlichen Gesamtprodukts gleichwohl unentbehrlich sind, „schlechtweg als Abzug
von Mehrwert, teils als ‚Unkost', teils als ein Bruchteil der Ausbeutungsrate"
zu interpretieren[41].
Daher wird von diesen drei Ansatzpunkten aus die einseitige Anbindung
der Wertbestimmung an die Produktionssphäre in der Arbeitswertlehre in
Frage gestellt[42].
Aber auch die Grenznutzentheorie, die allein die Nachfragerelation zum
Bestimmungsfaktor für die Wertgröße machen möchte, ist Bernstein zufolge
unzureichend.
Wenn allein das zeitweilige subjektive Bedürfnis der Individuen zur Richtschnur der Wertbestimmung genommen wird, so kann nach Bernstein immer
nur eine bloße Proportion resultieren und kein Maß für das Wertniveau der
entsprechenden Waren. „Die feinen Untersuchungen der Grenznutzentheore-
tiker haben auf mich stets den Eindruck gemacht, als handle es sich bei der
Wertanalyse bloß darum, die *Wellenbewegung* an der *Oberfläche* eines
Beckens zu bestimmen, in das Flüssigkeit zu- und abströmt, während das
Fallen und *Steigen* des *Inhalts selbst* ein sehr interessantes Phänomen sei,
dessen Gesetze keiner näheren Untersuchung bedürfen[43]." Für jede Bestimmung der Wertgröße ist Bernstein zufolge aber auch ein Maßfaktor für das
Niveau erforderlich. „Ein solches Maß nun haben die große Masse der Waren

38a Vgl. dazu G. Himmelmann, a. a. O., S. 79 f.
39 Allerhand Werttheoretisches, S. 272.
40 Tugan-Baranowskys Marxkritik, in: Dokumente, Band V, S. 32 f.
41 Voraussetzungen, S. 80.
42 a. a. O., S. 79.
43 Allerhand Werttheoretisches, S. 270/1.

in den *Herstellungs-* und *Gestellungskosten,* die sich in *Mengen menschlicher Arbeit* auflösen. Sie beim Wertproblem kurzerhand beiseite zu schieben, wie es die Grenznutzentheoretiker tun, heißt den Begriff ‚Wert' als *bloße formale Kategorie* fassen, d. h. ausschließlich als *Relation* von *Neigungen* oder *Bedürfnissen*[44]."

Der Wert als preisbestimmende Größe ist nach Bernstein indessen *stets von beiden Momenten beeinflußt,* von der gesellschaftlich notwendigen Arbeitszeit und vom sozialen Grenznutzen. „Der ökonomische Wert hat einen zwieschlächtigen Charakter: er enthält das Moment der Nützlichkeit (Gebrauchswert, Bedarf) und das der Herstellungskosten (Arbeitswert). Welches dieser Momente ist bestimmend für die Wertgröße? Sicher nicht das eine ohne das andere[45]." Der auch von Marx selbst formulierte Gedanke, daß nur Gebrauchswerte Träger von Tauschwert sein können, wird jedoch in dessen Arbeitswertlehre dadurch systematisch vernachlässigt, daß dieser Gebrauchswert nicht in der Beziehung der produzierten Quantitäten zur Intensität des nachfragenden Bedarfs untersucht wird. Beide werttheoretischen Ansätzen enthalten einen Moment von Wahrheit, aber nicht die ganze Wahrheit. Nach Bernstein „wissen die Ökonomen beider Lager sehr gut, daß der ökonomische Wert eines Gegenstands, dessen Beschaffung keine Arbeit kostet, Null ist, ob seine Nützlichkeit noch so groß sei, und daß alle in ihn gesteckte Arbeit einem Gegenstand keinen Wert verleihen kann, so lange er keinerlei menschlichem Bedürfnis oder Verlangen entspricht[46]." Was Bernstein sagen will ist, daß dieses menschliche Bedürfnis, das den Gebrauchswert einer Ware konstituiert, seinen Einfluß nicht unabhängig von der Relation ihrer verfügbaren Quantität zur Intensität der gesellschaftlichen Nachfrage ausübt. „Der Gebrauchswert ist für die Wirtschaft identisch mit dem *Begehr,* hat erst als *wirkliche* oder *virtuelle Nachfrage* für sie irgendwelche Bedeutung, kommt nur als solche für die Normierung eines wirtschaftlichen Wertes in Betracht[47]." Es liegt nach Bernstein daher in der Konsequenz sogar des marxistischen Ansatzes selbst, beide Faktoren für die Bestimmung des Tauschwerts systematisch in die Betrachtung hineinzuziehen. Das Absehen von der sozialen Nutzenrelation ist Bernstein zufolge eine willkürliche Operation in der Marxschen Theoriebildung. Für ihn steht fest, „daß die marxistische Werttheorie, wie wir sie kennen, nur dem Anscheine nach einheitlich ist. Sie ist auf der Verschmelzung zweier durchaus inkommensurabler Prinzipien aufgebaut, der zur Produktion notwendigen Arbeitszeit und des sozialen Nutzens. Um die Gesetze des Mehrwerts zu untersuchen, abstrahiert Marx von der Frage der Nützlichkeit (Bedarf), d. h. er nimmt für den Verlauf gewisser Perioden eine durchschnitt-

44 a. a. O., S. 271.
45 Arbeitswert oder Nutzwert, S. 549.
46 a. a. O.
47 Allerhand Werttheoretisches, S. 271.

liche Ausgleichung von Angebot und Nachfrage an. Aber er gibt zu oder hebt selbst zu verschiedenen Malen im III. Band des Kapital hervor, daß eine tiefere Analyse des sozialen Nutzens geboten ist. Wenn nun die Analyse des Arbeitswerts nicht ohne Abstraktion von Angebot und Nachfrage oder vom sozialen Nutzen erfolgen kann, so erfordert augenscheinlich die Analyse von Angebot und Nachfrage die Voraussetzung der Produktionskosten, d. h. der in den Waren krystallisierten Arbeit, woraus sich ergibt, daß im Prinzip die eine dieser Abstraktionen nicht richtiger oder falscher ist, als die andere. Ihre Berechtigung hängt von dem Zwecke ab, zu welchem die Analyse unternommen wird." Gerade für die Analyse des Werts als preisbestimmenden Faktor ist aber die von Marx vorgenommene Abstraktion „nicht mehr statthaft"[48]. Zu dieser unzulässigen Abstraktion kommt Marx vor allem deshalb, weil er es versäumt, die beiden Bedeutungselemente des Begriffs „Gebrauchswert" klar zu unterscheiden. Es muß nämlich sinnvollerweise zwischen dem individuellen und dem sozialen Gebrauchswert der Waren unterschieden werden. „Der Unterschied, der zwischen ihren individuellen Gebrauchswerten besteht, ist ein *technologischer,* bezieht sich auf den *spezifischen Verwendungszweck* der beiden Artikel, und wenn von ihm abstrahiert wird, so ist damit noch nicht die generelle Eigenschaft der Brauchbarkeit, Nützlichkeit, Begehrenswertheit etc. der Artikel abgetan, die ihnen den Charakter als *Gebrauchswert* im *weiteren sozialen* Sinne verleiht. Es ist eben einer der verhängnisvollen Mängel der Marxschen Werttheorie, daß bei ihr wiederholt mit dem spezifischen der *allgemeine* Gebrauchswert eliminiert wird, wo nur die Elimination des ersteren begründet wurde und zu begründen ist[49]." Daß alle Waren zusätzlich zu ihrem individuellen technischen Gebrauchswert noch diesen allgemeinen sozialen Gebrauchswert haben müssen, um einen Tauschwert haben zu können, ist der Ansatzpunkt für Bernsteins Versuch einer Synthese der Arbeitswertlehre und der Grenznutzentheorie. Sie setzt eine „andere Trennung der Wertbegriffe" voraus[50]. Beide bezeichnen Werteigenschaften der Waren, die nicht aufeinander reduzierbar sind und allen Waren unabhängig von ihren technischen Gebrauchswerten zu eigen sind[51]. *Stets verkörpern die Waren sowohl einen allgemeinen Arbeits- wie einen preistheoretisch relevanten Nutzwert.* Von einem Wert ohne Berücksichtigung dieser beiden Aspekte zu sprechen, heißt daher in jedem Falle eine unzulässige Abstraktion vorzunehmen. „‚Wert' schlechtweg ist immer eine Ellipse, ein durch Weglassung einer bestimmenden Vorsilbe abgekürzter Ausdruck für eine mehr oder weniger bestimmte Beziehung, neben der aber noch andere Wertbeziehungen bestehen. Ein Wert ohne solche

---

48 An meine sozialistischen Kritiker, S. 10/11.
49 Allerhand Werttheoretisches, S. 370.
50 a. a. O., S. 270.
51 a. a. O., S. 467.

gedachte, oder zumindest zu denkende, bestimmende Vorsilbe ist eine metaphysische, wenn nicht ganz und gar transzendente Vorstellung, für die wir in der Realität kein Beispiel haben[52]." Weil es einen reale Tauschrelationen regulierenden Wert nur als realisierten Wert gibt, für die Realisierung von Werten aber stets sowohl eine Arbeitsleistung als auch eine Übereinstimmung des produzierten Quantums der entsprechenden Ware mit Intensität und Quantum der gesellschaftlichen Nachfrage Voraussetzung ist, sind Werte, die eines dieser beiden Aspekte entbehren, nicht realitätshaltig.

Sowohl die Arbeitswertlehre als auch die Grenznutzenlehre machen daher den Fehler, einen wesentlichen Faktor als „eine gegebene Größe" zu behandeln und in der Wertdefinition zu vernachlässigen, der tatsächlich wandelbar ist: „Marx das Verlangen bzw. den Markt, die Grenznutzentheoretiker die Kosten. Beides ist nicht direkt falsch, aber keines gibt eine erschöpfende Lösung. Es wird immer etwas dabei als Konstante behandelt, was tatsächlich eine Variable ist, prinzipiell auch als solche anerkannt wird[53]."

Bernstein sieht also im Arbeitswert und im sozialen Nutzen zwei unverzichtbare Aspekte des Werts, die nicht aufeinander reduziert werden können. *Er lehnt deshalb eine universelle Werttheorie ab und entscheidet sich statt dessen für eine Art Komplementaritätstheorie des Werts.* Da ihmzufolge der wissenschaftliche Nutzen der Werttheorie ohnehin nur in ihrer Anwendung liegt, wo jedesmal zu entscheiden ist, welcher der beiden Faktoren als Konstante behandelt werden kann, muß diese Frage für den jeweiligen Untersuchungszweck prinzipiell offen gelassen werden. Die beiden Werttheorien stehen „in keinem ausschließenden Gegensatz"[54]. Das Modell, das Bernstein dabei vor Augen stand, war, ohne daß er selbst darauf zu sprechen kommt, das der Komplementarität von Wellen- und Korpuskeltheorie des Lichts. Dieses Verhältnis versucht er immer wieder mit wechselnden Beispielen zu illustrieren[55]. Bernstein führt diese Ansätze nicht bis zur Ausarbeitung einer Theorie weiter, die seinem eigenen Desiderat einer „theoretischen Meßbarkeit" entspricht. Er legt nur aus einer kritischen Auseinandersetzung mit den vorliegenden Werttheorien gewonnene Grundsätze vor, die eine wissenschaftlich brauchbare Werttheorie berücksichtigen müßte. Am deutlichsten wird die Art des Zusammenwirkens von sozialem Nutzen und Arbeitswert

---

52 a. a. O., S. 558.

53 a. a. O., S. 270.

54 a. a. O.

55 So vergleicht er beispielsweise die Rückführung des Werts auf Nutzwert oder Arbeitswert allein mit der Bezeichnung eines Gewebes als Wolle oder Plüsch. In Wahrheit treffen beide Eigenschaften zu, beziehen sich aber auf unterschiedliche Merkmale derselben Sache. Diese Aspekte faßt Bernstein als „Form" und „Substanz". Vgl. Arbeitswert oder Nutzwert, S. 549 und 548. Mit „Substanz" meint Bernstein lediglich, daß eine Ware gesellschaftliche Arbeit aufgenommen haben und in sich tragen muß, um die Form einer bestimmten Wertgröße haben zu können.

bei der Bildung des Tauschwerts in folgendem Bild: „Die Menge menschlicher Arbeit, die sich in ihnen verkörpert, gibt den Waren vielmehr eine *objektive* oder *individuelle* Wertgröße, die zwar nur ausnahmsweise mit der *sozialen* Wertgröße zusammenfällt, wie sie sich heute aus dem Walten von Angebot und Begehr oder Bedarf ergibt, die aber in jedem gegebenen Moment den *Höhepunkt* markiert, um den herum sich die Wellenbewegung des sozialen Wertes vollzieht[56]." Der Arbeitswert enthält eine Vorgabe für das Niveau der aus dem sozialen Nutzen resultierenden Wertschwankungen, denn im Falle einer Unterschreitung der Produktionskosten würde die entsprechende Warenproduktion reduziert, während im Falle einer überdurchschnittlichen Differenz zwischen Produktionskosten und Preis neue Produzenten für eine Vermehrung des Warenangebots sorgen würden.

Bernstein identifiziert zwar weder den Wert mit dem Tauschwert, noch den Tauschwert mit dem Preis, aber er behandelt Tauschwert und Preis sowie Arbeitswert und Lohnkosten als korrespondierende Begriffe. Worum es ihm zu tun war, ist letztlich eine Theorie der Preisrelationen, denn allein eine solche Theorie könnte das Desiderat einer wissenschaftlichen Werttheorie erfüllen.

Er geht davon aus, daß sich Tauschwerte von individuellen Ausnahmen abgesehen stets in Preisrelationen und dem Niveau von Preisen empirisch niederschlagen müssen. Eine Annahme, die auch Marx selbst im ersten Band des Kapital gemacht hat. Da allein Preise empirisch meßbare Größen sind, kann eine Werttheorie, die nicht auf dem Wege der Messung von Preisrelationen überprüfbar ist, keinen erfahrungswissenschaftlichen Wert beanspruchen. Von den Fällen, wo für eine Ware „ein anormaler Preis verlangt oder gezahlt wurde" abgesehen, müssen daher, so zitiert Bernstein zustimmend Simmel, Preis und ökonomisch objektiver Wert zusammenfallen. „Der Preis ist, darüber besteht kein Streit, eine Resultierende aus mehreren Koeffizienten: Produktionskosten, Absatzmöglichkeit oder Begehr bzw. Grenznutzen. Ein von diesem Preis unterschiedener Wert kann nur dadurch zustande kommen, daß von einem oder — nach Auflösung der Produktionskosten in ihre Bestandteile — mehreren Koeffizienten des Preises abstrahiert wird. Wir können auf diese Weise zu einem Wert gelangen, dem nur ein Faktor zugrunde liegt, also etwa die verausgabte Arbeitskraft. Aber das ist dann eben ein Partialwert oder Spezialwert und nicht der Wert schlechtweg als gleichbedeutend mit Tauschwert[57]." Insofern Werttheorie aber überwiegend in diesem monistischen[58] Sinne aufgefaßt wurde, blieb der Wertbegriff wie bei Marx eine „metaphysische" Größe, „der als eine Art deus ex machina hinter den Kulissen die Bewegung der Marktwerte, der Kapitale, der

56 Allerhand, S. 271/2.
57 a. a. O., S. 372.
58 a. a. O., S. 467.

Produktion bestimmen soll"[59], ohne daß dieser Anspruch theoretisch eingelöst werden kann[60]. Ein solcher Wertbegriff hat aber lediglich einen gewissen Agitationswert, aber keine wissenschaftliche Bedeutung[61].

Bernsteins Urteil sowohl über den Status als auch über die Bedeutung der Werttheorie blieb kritisch. Er nannte sie noch 1909 den „metaphysischen Teil der Ökonomie"[62]. Gleichzeitig blieb für alle seine Bemühungen um die Theorie des Sozialismus das Urteil grundlegend: „meines Erachtens wird der Wert der Werttheorie sehr überschätzt[63]." Denn weder für die Lohnkämpfe noch für die sozialistische Wirtschaftskonzeption war sie seiner Meinung nach ausschlaggebend.

Er hat immer betont, daß die Werttheorien nicht inhaltlicher Bestandteil des sozialistischen Programms sein können. Dies ist weder erforderlich, noch angesichts ihres wissenschaftlich problematischen Status wünschenswert. Insofern hat Bernsteins eigener Ansatz auf der Ebene der inhaltlichen Fragen der Werttheorie hauptsächlich die Funktion, ungerechtfertigte Verbindlichkeitsansprüche der Marxschen Arbeitswertlehre zurückzuweisen. Indessen hat Bernstein bei seinen Versuchen in einer Richtung gedacht, die auch von gegenwärtigen Theoretikern der Nationalökonomie weiterverfolgt wird, auch wenn nicht die gleiche Terminologie verwendet wird[64].

8.1.3 *Die begrenzte Bedeutung der Werttheorie*

Die begrenzte Bedeutung der Werttheorie für die sozialistische Wirtschaftspolitik resultiert vor allem daraus, daß Bernstein zufolge die „Mehrarbeit" als Tatsache von der Erklärung ihres Zustandekommens durch eine bestimmte Theorie unabhängig ist. „Von der gesamten in der Produktion enthaltenen Arbeit lebt also eine bedeutend größere Zahl Menschen, als daran tätig mitwirken, und die Statistik der Einkommen zeigt uns, daß die nicht in der Produktion tätigen Schichten obendrein einen viel größeren Anteil vom Gesamtprodukt sich aneignen, als ihr Zahlenverhältnis zum produktiv tätigen

---

59 a. a. O., S. 466.
60 Diese empirische Komponente in Bernsteins Wertverständnis ist auch der Grund, weswegen er in seiner Argumentation Preis und Tauschwert sowie Arbeitswert und Lohnkosten mitunter äquivalent verwendet. Vgl. seine Rechtfertigung, a. a. O., S. 369.
61 Parteischule und Wissenschaft, S. 1266.
62 Die Theorie in der Partei, S. 1535.
63 Arbeitswert oder Nutzwert, S. 551.
64 Vgl. z. B. die Preistheorie Erich Preissers, in: ders., Nationalökonomie heute, München 1969[8], S. 47 ff., besonders S. 52. Die sehr negativen Kommentare zu Bernsteins werttheoretischen und den anderen ökonomischen Versuchen bei Karl Kühne, Ökonomie und Marxismus. Zur Renaissance des Marxschen Systems, Neuwied und Berlin, 1972, 2 Bände, passim, dürften bei eingehender Beschäftigung mit Bernsteins Schriften in dieser Form sicher nicht haltbar sein.

Teil ausmacht. Die Mehrarbeit dieses letzteren ist eine *empirische,* aus der *Erfahrung* nachweisbare Tatsache, die keines deduktiven Beweises bedarf. Ob die Marxsche Werttheorie richtig ist oder nicht, ist für den Nachweis der Mehrarbeit ganz und gar gleichgültig. Sie ist in dieser Hinsicht *keine Beweisthese,* sondern nur *Mittel der Analyse* und der *Veranschaulichung*[65]."

Diese These beruht offenkundig auf zwei Voraussetzungen, die Bernstein in diesem Kontext aber nicht herausarbeitet. Einerseits liegen ihr Vorstellungen über eine gerechtfertigte Verteilung des so definierten gesellschaftlichen Mehrprodukts zugrunde, die nicht ihrerseits in den Kategorien der Werttheorie zum Ausdruck gebracht werden können. Für diese Vorgehensweise verschafft sich Bernstein durch einen Hinweis darauf Flankenschutz, daß auch bei Marx selbst nicht aus der Werttheorie selbst Gesichtspunkte einer moralischen Kritik der kapitalistischen Ökonomie abgeleitet wurden[66]. Zum anderen vertritt Bernstein, wie bereits bei der Diskussion der Reallohnentwicklung deutlich gemacht wurde, die Auffassung, daß die Verteilung des gesellschaftlichen Gesamtprodukts auf den Lohnanteil und den Anteil des Profits nicht von objektiv festliegenden Wertrelationen abhängt, sondern von der sozialen Macht der beteiligten Gruppen.

Zusätzlich zu den im Zusammenhang mit der Lohntheorie vorgetragenen Argumenten macht Bernstein anläßlich seiner kritischen Erörterung der Werttheorie gegen diese Auffassung geltend, daß die Bezeichnung der Arbeitskraft als Ware ein irreführender „Analogieschluß" sei, da der Arbeiter niemals seine Arbeitskraft schlechthin verkaufe, sondern stets nur „zeitlich oder qualitativ und quantitativ bestimmte Verausgabungen von Arbeitskraft"[67]. Auch Marx selbst hatte ja hervorgehoben, daß eine „Mitwirkung des historischen und moralischen Elements bei der Wertbestimmung der ,Ware' Arbeitskraft" berücksichtigt werden muß. Er übersah bei seinen weiteren Verwendungen dieser Kategorie indessen, „daß er damit diese ,Ware' überhaupt aus dem Kreis der Waren heraushob, deren Wert durch die in ihnen steckende Arbeit bestimmt wird"[68]. Daher kann die Lohnhöhe auch nicht durch einen objektiven Tauschwert der „Ware" Arbeitskraft bestimmt sein. Die Werttheorie ist eben keine Verteilungstheorie. In genauer Entsprechung zu dieser Position in der Frage der Lohntheorie ist auch der Profitanteil in bestimmten Grenzen eine Angelegenheit der *sozialen Macht der Kapitalistenklasse im Verhältnis zu den Organisationen der Arbeiterklasse*[69].

„Die sozialistischen Kritiker der Marxschen Werttheorie bestreiten zwar die Richtigkeit der Wertformel, wie Marx sie gibt, sie bestreiten aber nicht, daß

---

65 Voraussetzungen, S. 78.
66 Der Sozialismus einst und jetzt, S. 33 f.
67 Rezension von Hans Deutsch, Qualifizierte Arbeit und Kapitalismus, in: Dokumente des Sozialismus, Band V, S. 3.
68 a. a. O.
69 Vgl. Abschnitt 4.4 dieser Arbeit.

zwischen dem Preis, den der Arbeiter für seine Arbeitsleistung erhält, und dem Preis, zu dem der Kapitalist sie oder ihr Produkt verwertet, eine Differenz besteht, die der Kapitalist als Mehrwert sich aneignet. Sie leiten den Mehrwert anders ab als Marx, aber sie anerkennen, daß er existiert und die Rolle in der kapitalistischen Wirtschaft spielt, die Marx ihm beimißt[70]." Diese Rolle besteht darin, daß die Aneignung des Mehrwerts die Haupttriebfeder der kapitalistischen Produktion und den Hauptgegenstand des Klassenkampfes zwischen Kapitalisten und Proletariat darstellt. Die Aneignung dieses „Mehrwerts", den Bernstein rein empirisch bestimmt, ist „ein soziales Ausbeutungsverhältnis"[71]. Damit nimmt Bernstein zugleich in Anspruch, daß diejenige sozialistische Theorie, die die Marxsche Arbeitswertlehre kritisiert, „damit so wenig wie diese die Ausbeutung des Lohnarbeiters durch den Kapitalisten bestreitet, sie vielmehr stärker zu begründen" sucht[72].

Da auch aus der Marxschen Werttheorie eine meßbare Ausbeutungsrate nicht ableitbar ist, vergibt diese Position nichts, was die Marxsche Theorie wirklich besessen hätte[73].

Höhe und Art des Kapitaleinkommens entstehen nach Bernstein „auf Grund bloßen Besitzes, ökonomischer Übermacht oder sonstiger sozialer Vorzugsstellung"[74]. Bernstein vertritt die *soziale Machttheorie* der Verteilung. „Der Mehrwert ist eine Realität" und bedingt als solche, „daß in der Beziehung von Kapital und Lohnarbeit ein Ausbeutungsverhältnis liegt"[75]. Dieses Ausbeutungsverhältnis resultiert dieser Anschauung zufolge aus dem Verhältnis von Arbeitsleistung und Anteil am gesellschaftlichen Produkt der Klassen und ist seinerseits von der sozialen Macht abhängig, die die Klassen bei ihrem Kampf um die Verteilung des gesellschaftlichen Produkts mobilisieren können. Wiederum macht Bernstein geltend, daß der Ansatz zu dieser These bereits in der Lehre von Marx selbst enthalten ist[75a]. „Noch weniger kann man sagen, daß erst durch die Entwicklung der (Marxschen) Gesetze des Mehrwerts aufgeklärt werde, *warum* das Produkt der Mehrarbeit in der kapitalistischen Gesellschaft den Kapitalisten und Grundbesitzern zufällt. Selbst Marx verlegt die Erklärung dieses ‚Warum' nicht in die Abschnitte, die von den Gesetzen des Mehrwerts handeln, wo es vielmehr vorausgesetzt wird, sondern in die Kapitel vom *Akkumulationsprozeß*, wobei der größte Wert auf die *ursprüngliche Akkumulation* gelegt wird, die nicht aus den

---

70 Die heutige Sozialdemokratie in Theorie und Praxis, S. 25.
71 Die neueste Prognose der sozialen Revolution, S. 590.
72 Tugan-Baranowskys Marx-Kritik, S. 420.
73 Voraussetzungen, S. 82.
74 Die heutige Sozialdemokratie, S. 25.
75 a. a. O., S. 26.
75a Er hatte wohl die Stelle aus „Lohn, Preis und Profit" vor Augen, wo Marx sagt: „Die Frage löst sich auf in die Frage nach dem Kräfteverhältnis der Kämpfenden" (MEW, 16, S. 149).

Gesetzen des Mehrwerts abgeleitet, sondern als das Produkt von Gewalt, Rechtsprivilegium usw. dargestellt wird. Die Aneignung des Mehrprodukts ist in der Tat die Folge bevorzugter *Position,* die heute in der Regel auf dem Besitz von *Kapital* und *Grundeigentum* beruht, aber auch aus Privilegien anderer Art (Patente, Klassenmonopol, usw.) resultieren kann[76]."
Bis zu dem Punkt, „wo die Profitrate der Unternehmer hart bis an die Grenze der Zinsrate für ganz sichere Anleihepapiere, d. h. an ihren theoretischen Nullpunkt gedrängt ist", können die Arbeiter durch die mobilisierte „Macht ihrer Organisation" den Anteil des Lohnes am gesellschaftlichen Gesamtprodukt auf Kosten des Profits verbessern[77]. Über diesen Punkt hinaus können sie durch gezielte Aufhebung des Eigentumsmonopols selbst, wo dies sinnvoll erscheint, Verbesserungen erreichen. Ein wichtiger Schritt in dieser Richtung ist die Einrichtung paritätischer Lohnkommissionen[78]. Dies um so mehr, als Bernstein zufolge jedesmal erst zu entscheiden ist, ob eine Vergesellschaftung hinsichtlich der sozialistischen Ziele das bessere Ergebnis bewirkt oder andere Formen der gesellschaftlichen Kontrolle[79].
Es ist eine Schwäche der Bernsteinschen Konzeption, daß er nicht hervorhebt, daß die Bewertung der Differenz zwischen dem Warenpreis und dem Lohn die Anwendung des von ihm an anderer Stelle entfalteten Gerechtigkeitsmaßstabes voraussetzt. Es liegt für ihn auf der Hand, daß der Bezug eines arbeitslosen Einkommens in jedem Falle ein gesellschaftlich nicht akzeptierbares Ausbeutungsverhältnis darstellt. Es war ihm auch bewußt, daß die genannte Differenz aus Gründen der erweiterten gesellschaftlichen Reproduktion niemals vollständig als Konsumeinkommen verteilt werden kann[80]. Offensichtlich erwartet er die Lösung dieses Problems aus der Stärkung der Macht der Organisationen der Arbeiterklasse, die den Profit in die Nähe seines „theoretischen Nullpunkts" drücken und aufgrund ihrer genauen Kenntnis der wirtschaftlichen Situation nach Zweckmäßigkeitsgründen im Hinblick auf die sozialistische Gesamtzielsetzung entscheiden, ob sie kurz

---

76 Arbeitswert oder Nutzwert, S. 552.
77 Die neueste Prognose, S. 591 und 590.
78 Modernität im Kampf, in: SM, 14. Jg., 3, (1908), S. 1647.
79 Eine Abschaffung des Lohnsystems selbst hielt Bernstein für in aller absehbaren Zeit nicht durchführbar. „Es handelt sich bei ihren praktischen Kämpfen niemals darum, die Lohnform überhaupt grundsätzlich abzuschaffen, sondern erstens jedesmal um die Lohnhöhe überhaupt und zweitens um die Art, wie die Lohnhöhe bestimmt wird. Das ist vorläufig der eigentliche Kampf der Arbeiterklasse in der modernen Gesellschaft, auch dem Staate gegenüber, in Hinsicht auf den Entgelt der Arbeit, daß der Lohn nicht bestimmt wird durch die freie Konkurrenz, nicht willkürlich festgesetzt wird vom Unternehmer, sondern daß die Arbeiterklasse selbst in ihren Organisationen einen gesetzlichen Status erhält und mitwirkenden Einfluß ausübt auf die Lohnbestimmung. Von einem Naturrecht auf den ganzen Mehrwert ist da kaum noch die Rede." (Der Sozialismus einst und jetzt, S. 35). So auch ausdrücklich in: „Das Vergesellschaftungsideal und die Gewerkschaften", in: SM, 12. Jg., 2, (1906), S. 924.
80 Modernität im Kampf, a. a. O.

vor dieser Grenze stehen bleiben wollen oder in einer Vergesellschaftung der entsprechenden Betriebe jeweils die sinnvollere Lösung sehen.

Sowohl der in Anschlag zu bringende Gerechtigkeitsmaßstab als auch die für seine Durchsetzung zu mobilisierende soziale Macht der Arbeiterklasse sind Kategorien, die eine schrittweise Verwirklichung der sozialistischen Ziele zulassen. Insofern entspricht diese Sicht der Dinge genau den theoretischen Voraussetzungen der Bernsteinschen Transformationsstrategie. Sowohl die Veränderung der Relation der Teilhabe des Proletariats am gesellschaftlichen Gesamtprodukt als auch seine Teilhabe oder Übernahme der Verfügungsmacht über die ökonomischen Prozesse bestimmen sich daher in Kategorien, die von werttheoretischen Annahmen völlig unabhängig sind. Da sie die ökonomischen Ziele der sozialistischen Transformation darstellen, erübrigt sich die Bezugnahme auf jede Art von Werttheorie in der sozialistischen Konzeption.

Einen zusätzlichen empirischen Belege für die Vernachlässigbarkeit der Werttheorie bei der Festlegung der sozialistischen Strategie gewinnt Bernstein aus dem Vergleich der politischen Programme sozialistischer Grenznutzentheoretiker mit denen der sozialistischen Arbeitswerttheoretiker: „Ob man das auf Grund von Privilegien irgendwelcher Art erwachsende Einkommen als ausbeuterischen Mehrwert oder ausbeuterische Rente bekämpft, ist im Hinblick auf das erstrebte Resultat das gleiche, die Frage des Vorgehens oder der Mittel aber steht überhaupt auf einem anderen Kapitel. Hier sind zwischen den Anhängern der einen Werttheorie genau die gleichen Differenzen möglich, wie zwischen denen der anderen. Die große Mehrzahl der Marxisten denkt nicht an gleichzeitiges Abschaffen aller Arten von Eigentum an Produktionsmitteln, die der sozialistischen Jevonianer nicht an gleichzeitiges Abschaffen aller Arten von Rente. Die Erfahrung zeigt, daß man mit beiden Theorien zu den gleichen Forderungen für die Praxis gelangen kann[81].“ Aus diesem Grunde ist es weder sinnvoll noch erforderlich, die Parteinahme für eine bestimmte Werttheorie zum Kriterium für den sozialistischen Charakter eines Programms der gesellschaftlichen Transformation zu machen. Dessen Richtung und Schritte folgen vielmehr aus der *Einschätzung der gesellschaftlichen Einkommens- und Machtverteilung, die durch Anwendung der sozialistischen Prinzipien auf die Erfahrungstatsachen der kapitalistischen Wirtschaft gewonnen wird.*

---

81 Arbeitswert oder Nutzwert, S. 552/3.

8.2 Funktionaler Sozialismus

Das Programm der sozialistischen Transformation der Volkswirtschaft ergibt sich für Bernstein aus dem Zusammenwirken seiner transformationstheoretischen Überlegungen mit seiner Analyse der kapitalistischen Gesellschaft und der Anwendung der sozialistischen Prinzipien auf sie. Auf der Basis dieser Erkenntnisse ergibt sich eine ökonomische Perspektive, die durch drei Ebenen von Festlegungen gekennzeichnet ist:

1. Auf allgemeiner Ebene werden Grundsätze für eine sozialistische Wirtschaftspolitik formuliert, die den Maßstab für die Gewinnung konkreter Veränderungsschritte abgeben und aus einer Anwendung der sozialistischen Grundprinzipien auf die Funktion der Wirtschaft innerhalb der sozialistischen Gesellschaft resultieren.

2. Die für den konstruktiven Sozialismus entscheidende Aufgabe ist aber die Förderung der sozialen Macht der Arbeiterklasse und die Gewinnung von unmittelbar realisierbaren sozialistischen Strukturelementen für die Volkswirtschaft, die aus der Anwendung der Grundsätze auf den Stand der wirtschaftlichen Entwicklung und die Erkenntnis des Zusammenhangs ihrer Strukturelemente resultiert. Daraus ist ein Wirtschaftsprogramm zu entwickeln, das mittelfristig zu verwirklichende konkrete Projekte der Veränderung der gesellschaftlichen Strukturen im Sinne des sozialistischen Prinzips beinhaltet. Dies ist die Ebene, wo aus den Prinzipien sozialistischer Politik ein *Gesellschaftsplan* zu entwickeln ist, nämlich ein konkretes Bild der wirtschaftlichen Institutionen und ihres Zusammenhangs, die als Teillieferungen des Sozialismus in einer überschaubaren Zeit verwirklicht werden sollen.

3. Die langfristigen Perspektiven der gesellschaftlichen Transformation bleiben in den Grenzen der festgelegten Prinzipien in diesem Modell aber bewußt offen, weil die drei entscheidenden Informationsvoraussetzungen für die Konkretisierung der Prinzipien zu einem Gesellschaftsplan im Sinne eines direkt umsetzbaren Programms für die weitere Zukunft noch nicht zur Verfügung stehen. Dabei handelt es sich um den realen Prozeß der gesellschaftlichen Entwicklung, den Stand der Erkenntnis der gesellschaftlichen Zusammenhänge und die Erfahrung mit den in der Zwischenzeit eingeführten sozialistischen Strukturelementen. Wenn Bernstein daher die langfristige institutionelle Ausformung der sozialistischen Prinzipien bewußt offen hält[82], so hat diese Entscheidung eine völlig andere strategische Bedeutung als das „konzeptionelle Vakuum" der marxistischen Parteitheorie. In der Bernsteinschen Strategie bleiben auf diese Weise lediglich die jeweils letzten Inkremente einer in ihren Strukturen ansonsten teils real, teils konzeptionell festgelegten gesellschaft-

---

82 Z. B. Voraussetzungen, S. 237.

lichen Verfassung offen, während das mittelfristig gemäß detaillierten Vorstellungen verwirklichte Konzept die bewußte Konstruktion gewollter Gesellschaftsstrukturen ist. Demgegenüber wird beim „konzeptionellen Vakuum" die gesamte Strategie der Errichtung der gewünschten Gesellschaft offen gelassen, die darüber hinaus als kompletter Strukturwandel gedacht wird. Die kurzfristig bewirkten Veränderungen der Gesellschaft aber bleiben mit den eigentlichen Transformationszielen außer Zusammenhang. Eine mittelfristige Konzeption, die über das Desiderat des bloßen politischen Machtgewinns hinausreicht, fehlt dabei völlig. Während bei Bernstein die langfristig in Frage kommenden Inkremente einer komplexen gesellschaftlichen Strukturveränderung bewußt offen gehalten werden, bleibt bei der „blanquistischen" Strategie des konzeptionellen Vakuums die gesamte mittelfristige Veränderungsperspektive im Dunkeln, so daß entweder eine überkomplexe Aufgabe sofort und konzeptionell unvorbereitet gelöst werden müßte oder ein spontaner ungesteuerter Inkrementalismus sich Bahn brechen würde[83]. Diese Unterscheidungen sind erforderlich, wenn nicht eine vordergründige Gleichsetzung des konzeptionellen Vakuums mit der Politik der bewußten Offenheit der langfristigen Mittelwahl unterlaufen soll.

8.2.1 Prinzipien der sozialistischen Wirtschaftspolitik

Die im engeren Sinne ökonomischen Prinzipien der sozialistischen Transformation hat Bernstein häufig herausgestellt. Sie folgen aus einer Anwendung seiner allgemeinen Grundprinzipien auf die Aufgaben der Volkswirtschaft. Die Schritte und Überlegungen im Zusammenhang mit dieser Anwendung führt Bernstein selbst nicht vor. Er nennt ziemlich unvermittelt nur als Resultat die Kriterien. Das erste ist der „Anspruch" der Arbeiter auf „Selbstbestimmung"[84], der die Forderung nach „Demokratisierung der Betriebe,

---

83 Genau dies ereignete sich nach Bernsteins Einschätzung in völliger Übereinstimmung mit den Erwartungen seines Arguments nach der Machtergreifung der Bolschewiki in Rußland, die für ihn die Verkörperung der zu seinem Modell entgegengesetzten Transformationsvorstellung waren. Die „bolschewistische Methode des sozialen Umwälzens ins Blaue hinein" (Voraussetzungen, S. 269) führte nämlich nach äußerst schmerzlichen Erfahrungen mit der Unmöglichkeit, eine komplette sozialistische Gesellschaft aus dem Boden zu stampfen, dazu, daß Strukturelemente der alten Gesellschaft, die zunächst gewaltsam entfernt worden waren, aufs neue eingeführt werden mußten, aber in der Zwischenzeit gewaltige Opfer an menschlichem Leben und Glück in Kauf genommen wurden. Entgegen den theoretischen Ankündigungen der Bolschewiki war das Ergebnis daher auf einigen Gebieten ebenfalls lediglich eine graduelle Veränderung, z. T. in Richtung einer Verschlechterung, aber unter Bedingungen unnötigen Leids und unnötiger Vernichtung von Produktionsmöglichkeiten (vgl. a. a. O., S. 264—272).
84 Wirtschaftswesen und Wirtschaftswerden, S. 39.

die Ausdehnung der Demokratisierung auf alle Gebiete" zur Folge hat[85]. Diese Selbstbestimmungsforderung bezieht sich auf alle drei Ebenen möglicher Einflußnahme: auf die Betriebe unmittelbar, auf die „gesellschaftliche Regelung der Produktion" in Form von Wirtschaftsplänen[86] und auf den Staat, der durch Schaffung gesetzlicher und anderer Rahmenbedignungen tätig wird[87]. Das zweite Kriterium ist die Steigerung der Produktivität durch diejenigen organisatorischen Veränderungen, die Schritte zum Sozialismus sein sollen. „Die Erzielung des höchstmöglichen allgemeinen Wohlstands" ist der eigentliche Zweck aller sozialistischen Umgestaltung[88]. Das dritte Prinzip ist das „der Erhebung des Interesses der Allgemeinheit über jedes Sonderinteresse von Gruppen[89]." Über diese drei Prinzipien sagt Bernstein jeweils in unterschiedlichen Kontexten, sie *sind* der Sozialismus. Auf abstrakter Ebene diskutiert er nicht, welche Gewichtung er innerhalb dieser drei Prinzipien vornehmen möchte. Aus ihrer Verwendung in den konkreten Zusammenhängen der Bewertung von Maßnahmevorschlägen gewinnt man den Eindruck einer annähernden Gleichrangigkeit, die aber mitunter zugunsten einer besonders hohen Bewertung des Produktivitätsfortschritts als Voraussetzung der sozialistischen Umgestaltung eingeschränkt wird[90]. Jedenfalls wird durch die Verwendung, die Bernstein in den einzelnen Argumentationszusammenhängen vornimmt, deutlich, daß diese drei Prinzipien sich wechselseitig interpretieren und eingrenzen sollen, so daß keine Maßnahme, die einseitig nur einem dieser Desiderate zugute käme, nach Bernstein sozialistisch genannt zu werden verdiente.

Diese Kriterien setzt Bernstein für die wirtschaftliche Situation, die er selbst überblickte, in eine mittelfristige Transformationsperspektive um.

8.2.2 Vergesellschaftung und Sozialisierung

Zwei Äußerungen Bernsteins aus dem Jahre 1896 leiten seine Umorientierung in der Frage der Sozialisierung der Wirtschaft ein. War in der sozialdemokratischen Vorstellungswelt die Auffassung maßgebend, „die Gesellschaft" würde nach dem Sieg des Sozialismus „die Produktionsmittel" er-

---

85 Was ist Sozialismus, in: Hirsch, a. a. O., S. 26.
86 Der Sozialismus einst und jetzt, S. 139.
87 Was ist Sozialismus, a. a. O. und Voraussetzungen, S. 170 ff.
88 Was ist Sozialismus, S. 23 und 20. Vgl. auch: Noch etwas Endziel und Bewegung, S. 504, wo Bernstein „höchstmögliche Ergiebigkeit" der „Produktionsordnung" als Ziel nennt.
89 Was ist Sozialismus, S. 19.
90 So z. B. in: Noch etwas Endziel und Bewegung, a. a. O. und in: Was ist Sozialismus, S. 23. Dies ließe sich mit dem hohen Rang des materiellen Aspekts der Freiheit im Sozialismus begründen. Es liegt auch uneingeschränkt in der marxistischen Tradition, wo ja die Steigerung der Produktivität das ausschlaggebende Kriterium für die Einführung der sozialistischen Produktionsverhältnisse war.

greifen, so daß „gesellschaftliches Eigentum" und „für und durch die Gesellschaft betriebene Produktion" Kennzeichen einer von Grund auf neuen, in sich einheitlichen Wirtschaftsform würden, die durch den Akt der Sprengung der kapitalistischen Hülle der modernen Produktivkräfte erreicht werden könnte[91], so äußerte Bernstein zunächst in zögernder Form grundsätzliche Bedenken. In einem Brief an Kautsky legte er 1896 das eigenartige Bekenntnis ab, er fange an, „zum ,anarchistischen Kommunismus' hinzuneigen"[92]. Im Zusammenhang mit einer gewissen Proudhonrehabilitation, die um diese Zeit in seinen Äußerungen zu beobachten ist[93] und im direkten Kontext seiner kritischen Auseinandersetzung mit Kautskys Projekt einer Verstaatlichung der gesamten Industrie[94], bedeutete dies den Übergang zu einer Wirtschaftskonzeption, in der Vollsozialisierung und volle zentrale Wirtschaftssteuerung nicht länger als unverzichtbare Elemente des Sozialismus gelten. „Wir müssen uns mit dem Gedanken an partielle Kollektivwirtschaft vertraut machen"[95], fordert er in seinem Aufsatz „Utopismus und Eklektizismus" vom gleichen Jahr. Das bedeutet für ihn, daß angesichts des tatsächlichen Standes der Entwicklung der kapitalistischen Wirtschaft „weder die Möglichkeit noch die Notwendigkeit" besteht, mehr als „nur die großen Monopolindustrien vergesellschaften" zu wollen und daß „alles Übrige" auf absehbare Zeit in Privatbesitz bleiben müsse[96]. Es ist Bernstein klar, daß eine solche Konzeption den Sozialismus „nicht in der patentierten Form" bringen kann[97]. Da er gleichwohl überzeugt ist, daß es sich bei einem solchen Programm „in der Sache" um Sozialismus handelt, muß er eine nähere Begründung für diesen Wandel geben[98].

Diese Begründung leistet er durch die in vielen Texten in ihren Grundzügen deutlich werdende Theorie des funktionalen Sozialismus, die neben der auch von Bernstein für wohldefinierte Betriebsformen vorgesehenen nominellen Vergesellschaftung eine Reihe anderer Fomen der Ersetzung privater Entscheidungsbefugnisse durch Organe der Gesellschaft oder der Arbeiterklasse als unter Umständen ebenso wünschenswerte Organisationsform enthält[99].

Bernstein hat keinen Zweifel daran gelassen, daß die Vergesellschaftung der Produktionsmittel auch nach dem eigentlichen Sinn des Erfurter Programms

91 So im Erfurter Programm. Vgl. Anhang.
92 Bernstein an Kautsky vom 29. 6. 1896, IISG K. DV 375.
93 Z. B. Bernstein an Kautsky vom 19. 6. 1896, IISG K. DV 373.
94 Kautsky an Bernstein vom 24. 6. 1896, IISG K, C 138.
95 In: Zur Geschichte und Theorie, S. 177.
96 Bernstein an Kautsky vom 19. 6. 1896.
97 Zusammenbruchstheorie und Kolonialpolitik (1898), in: Zur Geschichte, S. 233.
98 a. a. O.
99 Den Begriff des „funktionalen Sozialismus" selbst verwendet Bernstein nicht. Ich entlehne ihn dem Buch von G. Adler-Karlsson, wo er genau diejenige Konzeption bezeichnet, die im folgenden für Bernstein herausgearbeitet werden soll. Vgl. Adler-Karlsson, Funktionaler Sozialismus, Düsseldorf 1973.

selbst nur insoweit als sozialistisches Mittel gerechtfertigt ist, wie sie dem Ziel der sozialistischen Prinzipien dienlich ist. Für ihn ist „die Vergesellschaftung der Produktionsmittel nur als subsidiäres Ziel zu betrachten, bei dem Umfang und Modus durch den höheren Zweck bestimmt sind, zu dem jene Umwandlung das Mittel ist"[100]. Von Bedeutung an dieser Formulierung ist, daß sich der Mittelcharakter der Vergesellschaftung auch auf ihren Modus bezieht. In einer Gesellschaft mit Hunderttausenden von für die gesellschaftliche Reproduktion unentbehrlichen Einzelbetrieben kann Vergesellschaftung nicht die Übernahme all dieser Betriebe in direkte staatliche Verantwortung bedeuten, wenn gleichzeitig die Bedingungen der Aufrechterhaltung der Produktion und der Fortentwicklung der Produktivkräfte erfüllt werden sollen. War in der Vorstellungswelt der sozialistischen Vollsozialisierung stets „die zentralisierte Betriebsform die Vorbedingung für die Sozialisierung von Produktion und Zustellung gewesen", so kann angesichts der trotz fortlaufendem Konzentrationsprozeß sich in der Grundstruktur erhaltenden Vielgestaltigkeit der Betriebsformen bestenfalls davon ausgegangen werden, daß diese Voraussetzung ein „partielles Faktum" ist[101]. Selbst falls nur alle Betriebe mit über 20 Beschäftigten vergesellschaftet würden, hätte kein Staat die organisatorischen Möglichkeiten, diese Hunderttausende von Betrieben in eigene Regie ökonomisch sinnvoll zu übernehmen. Es würde „für Staat und Gemeinden eine Vermehrung ihrer Verwaltungsarbeit bedeute(n), deren ersprießliche Erledigung kein vernünftiger Mensch von ihnen erwarten" kann[101a]. Damit weist Bernstein warnend auf das Bürokratieproblem bei Vergesellschaftungen im großen Stil hin. Da aber diese Betriebe für die gesellschaftliche Reproduktion erforderliche Funktionen wahrnehmen, könnte sie auch eine sozialistische Regierung „nicht wegdekretieren"[102]. Wenn daher angesichts der für eine nominelle Vergesellschaftung der Produktionsmittel zu komplexen gesellschaftlichen Produktionsstruktur das Prinzip der „Kontrolle der wirtschaftlichen Verhältnisse" durch „die Gemeinschaft" in der unter diesen Umständen allein möglichen und den sozialistischen Zwecken in ihrer Gesamtheit entsprechenden Form durchgeführt werden soll, so müssen neue Wege ihrer organisatorischen Umsetzung gefunden werden. Die Zielrichtung dieser veränderten Auffassung des Sozialisierungsgedankens bringt Bernstein 1898 symbolisch in dem Satz zum Ausdruck: „In einem guten Fabrikgesetz kann mehr Sozialismus stecken, als in der Verstaatlichung einer ganzen Gruppe von Fabriken[103]."

---

100 Noch etwas Endziel und Bewegung, S. 506. So auch in: Drei Antworten auf ein Inquisitorium, in: Zur Geschichte und Theorie, S. 301. Mit direkter Bezugnahme auf das Erfurter Programm in: Kritisches Zwischenspiel (NZ, 16/1, S. 742).
101 Voraussetzungen, S. 132.
101a Das Vergesellschaftungsideal und die Gewerkschaften, S. 928.
102 Zusammenbruchstheorie und Kolonialpolitik, in: Zur Geschichte und Theorie, S. 231.
103 a. a. O., S. 234.

Dem liegt der Gedanke zugrunde, daß die Übertragung von gesellschaftlich nicht akzeptierbaren Dispositionsbefugnissen der Unternehmer auf geeignete Organe der Gesellschaft auch auf anderem Wege erfolgen kann als auf dem der Überführung in unmittelbares gesellschaftliches Eigentum. Die unterschiedlichen Ansatzpunkte einer „nicht von einer — von den verschiedensten Seiten her" betriebenen „Sozialisierung der Produktion" hat Bernstein in den verschiedenen Abschnitten seiner Entwicklung mit unterschiedlichen Akzenten herausgearbeitet[104]. In den „Voraussetzungen" untersucht er fast ausschließlich den Beitrag, den die Genossenschaftsbewegung hierzu leisten kann, während er in den späteren Arbeiten stärker Strukturen einer über paritätische Mitbestimmung und gesellschaftliche Kontrolle verwirklichten Industriedemokratie in den Vordergrund rückt[105]. Unmittelbar nach der vollzogenen politischen Revolution in Deutschland, als das Thema zu einer Tagesaufgabe geworden war, rückten für ihn die Voraussetzungen der direkten Vergesellschaftung in den Mittelpunkt des Interesses. Zu keinem Zeitpunkt hat Bernstein Vergesellschaftungen dort, wo sie zielgerecht durchgeführt werden können, abgelehnt.

Später macht Bernstein eine begriffliche Unterscheidung, die für das Verständnis seiner Konzeption von Belang ist. Er unterscheidet zwischen „Vergesellschaftung" und „Sozialisierung". „Die Bezeichnung Vergesellschaftung wollen wir da anwenden, wo die Gesamtheit als Staat oder Gemeinde an Stelle der Privatunternehmer tritt[106]." Hingegen ist die „Sozialisierung" „nicht gebunden an die Form der Übernahme der Wirtschaft durch den Staat selbst. Schon die starke Kontrolle durch die Öffentlichkeit, schon die starke Beteiligung bilden eine weitgehende Sozialisierung[107]." Als Beispiele für Sozialisierung nennt er an dieser Stelle Fabrikgesetze und den Gewerbeschutz Letztere definiert er näher so: „Die Sozialisierung kann nur dem als Schlagwort erscheinen, der sie sich zu einfach vorstellt. Man kann wohl bestimmte Gewerbezweige verstaatlichen oder kommunalisieren, aber Sozialisierung im ganzen ist eine Summe von Maßnahmen, die von den verschiedensten Seiten her schrittweise die Macht des Kapitals gegenüber den Arbeitern und der Gesellschaft einengen. Diese Einengung vollzieht sich durch neue Gesetze, durch Organisationen, durch Genossenschaften usw[107a]." *Daher kann die*

---

104 Dialektik und Entwicklung, S. 360.
105 Diesen Aspekt betont vor allem Dieter Klink, Vom Antikapitalismus zur sozialistischen Marktwirtschaft, Hannover 1965, S. 37 ff.
106 Die Sozialisierung der Betriebe, Basel 1919, S. 18, ebenfalls in: Der Sozialismus einst und jetzt, S. 135.
107 a. a. O., S. 19. Bernstein hält diese begriffliche Unterscheidung jedoch nicht immer durch. So bezeichnet er 1906 gerade das auch als Vergesellschaftung, was nach seiner späteren Unterscheidung die „Sozialisierung" ist. Vgl. Das Vergesellschaftungsideal und die Gewerkschaften, S. 930.
107a Protokoll der sozialdemokratischen Parteitage in Augsburg, Gera und Nürnberg 1922, Berlin 1923, S. 29/30.

Sozialisierung als jeweils spezifische Übernahme von ausgewählten ökono-
mischen Teilfunktionen in die Hand unterschiedlicher Organe der Gesell-
schaft als diejenige ökonomische Transformationsstrategie bezeichnet werden,
die für die Verwirklichung des beibehaltenen sozialistischen Ziels in einer
komplexen Gesellschaft allein angemessen ist. Sie ist Bernsteins Antwort auf
die Herausforderung der „Gesetze von Raum an Zahl" an die sozialistische
Idee.

Diese beiden gleichberechtigten Mittel der gesellschaftlichen Kontrolle der
Produktion unterscheiden sich also zunächst vor allem dadurch, daß im Falle
der Vergesellschaftung der Staat, die Gemeinde oder auch der „mehr oder
weniger verantwortliche Genossenschaftsbetrieb"[108] formell den Eigentums-
titel an dem Produktionsmittel übernehmen. Bei der Sozialisierung hingegen
übernehmen der Staat, die Gewerkschaft, oder andere Organe der Gesellschaft einen wesentlichen Teil der realen Dispositionsbefugnisse über die
Produktionsmittel und ihre Verwendung, ohne daß eine förmliche Übertragung des vollen Eigentumstitels auf diese Organe erfolgt. Der Eigentums-
titel wird auf diese Weise in seinem Inhalt durch Verlagerung realer Entscheidungsrechte zwar verändert, verbleibt formal aber bei dem Privateigentümer.

Eine überaus klare und konsequente Darstellung dieser Sozialisierungs-
theorie hatte zunächst Eduard David in seiner Rede auf dem Hannoveraner
Parteitag von 1899 gegeben, die er zur Verteidigung Bernsteins, der selbst
nicht nach Deutschland einreisen konnte, vortrug[109]. Es ist nicht festzustellen,
inwieweit David in seinem inhaltlichen Redekonzept Empfehlungen Bernsteins folgte. In dessen Schriften finden sich vor 1899 nur sehr allgemeine
Anklänge an diese Theorie, während sie in den folgenden Jahren deutlichere
Konturen annimmt. Im Grunde handelt es sich dabei lediglich um die theoretische Begründung des Satzes, daß in einem guten Fabrikgesetz mehr Sozialismus stecken könne als in der Verstaatlichung einer Gruppe von Fabriken.
Bernstein geht von einem „allgemeinen Prinzip des Obereigentums des
Staates" aus[110], das in einer bestimmten, im gesellschaftlichen Interesse in die
privaten Eigentumsrechte eingreifenden staatlichen Gesetzgebung zum Ausdruck kommt. Für alle Betriebe, die aus Gründen der Steigerung der gesellschaftlichen Produktivität, die Bernstein in seiner Theorie der Vergesellschaftung im einzelnen anführt, in absehbarer Zeit nicht sinnvollerweise vergesellschaftet werden können, kann die Wahrnehmung der Rechte der Gesellschaft auf Kontrolle über die Produktion nur auf dem Wege des Geltend-

---

108 Kritisches Zwischenspiel, in: Zur Geschichte und Theorie, S. 241. Den nicht verantwortlichen Genossenschaftsbetrieb läßt Bernstein als Form der Vergesellschaftung nicht gelten, vgl. weiter unten.
109 Vgl. Protokoll Hannover 1899, S. 127—131.
110 Dialektik und Entwicklung, S. 310.

machens dieses Obereigentums realisiert werden. „Hinsichtlich der weiteren Zukunft lege ich das Hauptgewicht auf die Schaffung und Ausbildung solcher Einrichtungen, die für den höchstmöglichen Grad von Sozialisierung und Demokratisierung der Wirtschaft erfordert erscheinen. Daß ich die Allesverstaatlichung für eine nebelhafte Vorstellung halte, habe ich oft ausgesprochen, und in völlig nebelgrauer Ferne liegt meinem Verständnis die hier und da geäußerte Idee, daß die ganze Kulturmenschheit eines Tages eine einzige große naturalwirtschaftende Genossenschaft bilden werde. Aber daß das Obereigentum des Staates, das schon heute im Prinzip anerkannt ist, in den verschiedensten Formen weiter ausgebildet werden und, unterstützt auf der anderen Seite durch freie kollektivistische Schöpfungen, der ausbeuterischen Funktion des Kapitals immer engere Grenzen ziehen wird, das ist meine Überzeugung, und in ihr wurzelt mein Sozialismus[111]."

Diese Eingriffe der Gesellschaft in die Verfügungsmacht über die Produktionsmittel haben vor allem die Ziele einer Regelung der Produktion[112] sowie einer Aufsicht und Regelung „der Preisbildung und der Arbeitsbedingungen", also derjenigen Funktionen, die sich für die Lebenslage der Arbeiterklasse am direktesten auswirken[113]. „Schrittweise kann sich der Staat oder das Reich als Vertreter der Allgemeinheit an den Unternehmungen, die sie vorläufig in Händen von Kapitalisten lassen, beteiligen; an ihrem Gewinn und auch an der Preisbestimmung, damit kein Monopol entsteht, das den Preis unbedingt verteuern würde. Auf diese Weise kann die Allgemeinheit immer größere Rechte auf die Wirtschaft, immer größeren Anteil an der Produktion nehmen[114]." Mehr Sozialismus kann, so erläutert Bernstein im vorliegenden Zusammenhang seinen älteren Ausspruch, deshalb in einem Fabrikgesetz im Verhältnis zur Verstaatlichung liegen, weil durch Sozialisierung im soeben definierten Sinne, „das Interesse der Allgemeinheit in viel weiterem Umfange erfaßt und das Wohl einer viel größeren Zahl von Menschen wahrgenommen werden kann"[115]. Der zweite zentrale Grund für diese These wird von ihm zumeist nur implizit geltend gemacht. Er liegt darin, daß auf diese Weise den drei grundlegenden Desideraten der sozialistischen Wirtschaftspolitik viel gleichgewichtiger entsprochen werden kann. Denn auf diesem Wege kann für die im ganzen überwiegende Gruppe der nicht zu vergesellschaftenden Betriebe das Allgemeininteresse und das Selbstbestimmungsrecht der Arbeiter in einem erheblichen Grade durchgesetzt werden und zugleich das gesamtwirtschaftliche Produktivitätsniveau erhalten bleiben. In den durch Sozialisierung gezogenen Grenzen des gesellschaftlichen Interesses

111 Zum Thema Sozialliberalismus und Kollektivismus, S. 181.
112 Was ist Sozialismus, S. 23/24.
113 Zur Frage eines neuen Parteiprogramms der sozialdemokratischen Partei, in: Das Programm der Sozialdemokratie. Vorschläge für seine Erneuerung, Berlin 1920, S. 32.
114 Was ist Sozialismus, S. 25.
115 a. a. O.

können „Schöpferkraft und Leistung" erhalten werden, die in der „privaten Produktion" noch immer enthalten sind[116]. Der gewaltige Fortschritt der Wirtschaft, den die liberale Epoche gebracht hatte, kann auf diese Weise innerhalb der enger gezogenen Grenzen des gesellschaftlichen Interesses weiterhin genutzt werden[117]. Da die Fortentwicklung der Produktivkräfte ein grundlegendes sozialistisches Prinzip ist, ist ein solches zweckorientiertes Verfahren im Interesse des Sozialismus selbst. „So kann ... systematisch, schrittweise von den verschiedenen Seiten her der Anteil der Gesellschaft und ihre Kontrolle an der Produktion immer stärker erweitert werden, ohne daß deshalb die schaffende Tätigkeit der Privatunternehmungen vollständig matt gesetzt würde[118]."

Dem entspricht es, wenn Bernstein die Forderung nach gesellschaftlicher Regelung der Produktion mit dem Zweck der Überwindung der kapitalistischen Krisenzyklen und der für die Arbeiterklasse daraus resultierenden Unsicherheit einerseits in die Forderung nach Produktionsplanung ausmünden läßt[119], zugleich jedoch dem Wettbewerb und der privaten Unternehmerinitiative den Platz belassen möchte, den sie im Rahmen der Zwecke einer sozialistischen Produktion beanspruchen können[119a]. Es ist für ihn nicht die Frage, „daß Eigentumsobjekte und Eigentumsrechte beschränkt werden, sondern, wieviel und aus welchen Gründen bzw. zu welchem Zwecke sie beschränkt werden, ob zwischen Zweck, Grad und Wirkung ein vernünftiges Verhältnis besteht ... So ist die Frage, unter welchen Umständen und bis zu welchem Grade freie Konkurrenz am Platze ist, in erster Linie nicht eine Frage des liberalen Prinzips, sondern des Zwecks und der Zweckmäßigkeit[120]." Bernstein hat die Ansätze zu einer Planwirtschaft, wie sie unter Wissels Leitung nach 1918 in Deutschland ausgearbeitet wurden, ausdrücklich als eine sozialistische Errungenschaft begrüßt. Er wollte aber auch in diesem Falle eine funktionale Begrenzung der Planwirtschaft auf die Bedingungen ihrer tatsächlichen Leistungsüberlegenheit. Wenn man die Volkswirtschaft „nicht den Zufälligkeiten und Grausamkeiten des kapitalistischen Konkurrenzkriegs

---

116 Die Sozialisierung der Betriebe, S. 19.
117 Bernstein ging davon aus, daß der auch von Marx der kapitalistischen Produktionsweise nachgerühmte Drang zur Ausweitung der Produktivität gerade in den auf konkurrenzkapitalistischem Niveau verbliebenen Produktionseinheiten noch nicht völlig erloschen sein kann. Den privaten Impulsen rühmte er im Gegensatz zur Leitung der Produktion durch Staatsbeamte nach, daß sie einen „Antrieb zur durchgreifenden Verbesserung der Technik" und einen „Wagemut des Unternehmers" beinhalten, der für die Fortentwicklung der Produktion weiterhin von Vorteil sein kann. Vgl. Der Sozialismus einst und jetzt, S. 135.
118 Die Sozialisierung der Betriebe, S. 19.
119 Zur Frage eines neuen Parteiprogramms, S. 26 und 28 und Der Sozialismus einst und jetzt, S. 139.
119a Vgl., Kritisches Zwischenspiel, in: NZ, a. a. O., S. 747.
120 Zum Thema Sozialliberalismus, S. 183.

überlassen will, wird man zu Maßnahmen schreiten müssen, wie sie in den Entwürfen zur Planwirtschaft vorgezeichnet sind ... Diese Maßnahmen nun werden ... zwar nicht *den* Sozialismus, wohl aber ein bedeutsames Stück Sozialismus verwirklichen. Denn sie bedeuten jedenfalls einen wichtigen Schritt vorwärts zur gesellschaftlichen Regelung der Produktion und Erhebung der Arbeiter zur Mitbestimmung im Wirtschaftsorganismus. Sie können so elastisch gestaltet werden, daß sie der Initiative der Persönlichkeit in der Wirtschaft dort, wo sie erhaltenswert ist, das heißt, wo sie schöpferisch wirkt, einen weiten Spielraum lassen und die Vollsozialisierung der zu dieser berufenen Produktionszweige nicht hindern, sondern im Gegenteil erleichtern[121]."

Es ist diese Fähigkeit der Sozialisierung von Funktionen, Organisations- und Rechtsformen für die Volkswirtschaft zu finden, die in vielen Fällen dem Gesamt der sozialistischen Zielsetzung besser entsprechen als bloße Vergesellschaftung, die sie zu einer eigenständigen sozialistischen Transformationsstrategie macht und nicht lediglich zu einem Behelf in der Situation mangelnder Durchsetzungsfähigkeit für die eigentlichen Ziele. Diese Einschätzung Bernsteins wird besonders deutlich in seiner Diskussion des Sozialisierungsproblems und seinen Empfehlungen für die sozialdemokratische Regierungsmacht nach der Revolution von 1918[122]. Die Sozialisierung in diesem Sinne ist darüber hinaus eine Organisationsweise, die die Durchsetzung von Allgemeininteresse und gesellschaftlichem Steuerungsbedürfnis in Formen erlaubt, die jeweils im Hinblick auf die konkrete Entwicklungssituation entworfen sind, denn „die Umwandlung von Rechten auf die Unternehmung und über ihren Betrieb" ist an keine „patentierte" Form gebunden[123]. Dabei ist für Bernstein die mögliche Radikalität solcher Eingriffe allein durch die Angemessenheit für die sozialistischen Zwecke bestimmt und in keiner Weise an die Berücksichtigung etablierter Besitzinteressen gebunden. Es geht vielmehr um die „Verkürzung der Unternehmerhoheit"[123a].

Es ist wichtig zu verstehen, daß solche Formen der Sozialisierung nach Bernstein in einem strikten Sinne sozialistische Zielverwirklichungen genannt zu werden verdienen, weil sie unter Umständen eine bessere Gesamtzielverwirklichung garantieren als bestimmte Formen der kollektivistischen Produktionsorganisation. Aus diesem Grunde erkennt Bernstein auch erst ab einer bestimmten Eingriffsschwelle den sozialistischen Charakter dieser Maßnahmen an. So können andererseits aufgrund ihres Widerspruchs zu den Prinzipien der sozialistischen Ökonomie unwirtschaftliche oder undemokratische Formen staatlicher Produktionsverfügung unsozialistisch sein. Denn auch der Staats-

---

121 Der Sozialismus einst und jetzt, S. 139.
122 Die Sozialisierung der Betriebe, S. 18 f.
123 Der Sozialismus einst und jetzt, S. 135.
123a Idealismus, Kampftheorie und Wissenschaft, S. 606.

besitz ist dem „Produktionsinteresse" der Gesellschaft unterzuordnen, was keineswegs automatisch durch die Vergesellschaftung schon erreicht ist. „Reichtum aus den Händen des Privatbesitzes ohne Rücksicht darauf in die Hände des Staates überzuführen, ob dieser auch kraft des Standes der Ausbildung seiner Organe in der Lage ist, bessere Wirtschaft mit ihm zu treiben, als die Konkurrenz sie den Privaten immer wieder aufnötigt, kann, wie die Erfahrung in vielen Ländern gezeigt hat, immer wieder fehlschlagen[124]." Darüber hinaus bleiben der Ausbildung staatlicher Lenkungsorgane schon allein quantitativ stets Grenzen gesetzt. „Die Bürokratisierung der Industrie" wäre keine Gewähr für eine Fortentwicklung der Produktivkräfte[125]. Ist nach Bernsteins Analyse die volle Vergesellschaftung eine organisationssoziologische Unmöglichkeit, so birgt bereits die umfassende Vergesellschaftung der größeren Betriebe die ernste Gefahr, durch Überforderung der „administrativen Leistungsfähigkeit" des Staates, dessen „Zuständigkeit versagt", die sozialistischen Ziele zu verfehlen. „Wo der Staat unwirtschaftlicher arbeitet, als die Privatindustrie, da ist es auch unsozialistisch, dem Staat vor der Privatindustrie den Vorzug zu geben[125a]." Das ist Bernsteins deutliche Warnung vor einem bürokratischen „Sozialismus".
Aber auch die Überführung des Privateigentums in genossenschaftliches Eigentum ist nicht von sich aus Garantie für die Erreichung sozialistischer Zwecke. In bezug auf Verkäufergenossenschaften sagt Bernstein: „Arbeiterkollektivismus *kann* antisozialistisch sein[126]." Aus diesen Gründen kann der sozialistische Charakter einer Organisationsmaßnahme „nicht die Form" sein, in der sie vollzogen wird, sondern das „auf das Wohl der Allgemeinheit gerichtete Element", das ihrer zweckentsprechenden Organisation innewohnt. „Daher kann eine Sache Sozialismus in sich begreifen, *Fortschritt* im Sinne des *Sozialismus* sein ohne die kollektivistische Form zum Ausdruck zu bringen, unter der man sich den Sozialismus meist vorstellt[127]." Und um zu unterstreichen, daß diese Funktionsteilung zwischen privat bleibenden Dispositionsbefugnissen und auf gesellschaftliche Organe übertragenen Rechten an der gleichen Produktionseinheit allein an diesen Zwecken und nicht an den Interessen der Eigentümer orientiert ist, fügt Bernstein hinzu: „Das sagt natürlich *nicht,* daß nur Prosa, daß keine radikalen Eingriffe[128]."
Die Zweckmäßigkeit von Sozialisierungsmaßnahmen ermißt sich allein daran, ob sie „die größte Produktion von materiellen Gütern unter der größtmöglichen Ökonomie an Sachwerten und menschlicher Arbeit" garantieren

---

124 Manuskript IISG G 135.
125 Der Sozialismus einst und jetzt, S. 135.
125a Das Vergesellschaftungsideal und die Gewerkschaften, S. 930.
126 Manuskript IISG E 206.
127 a. a. O.
128 a. a. O.

und dabei gleichzeitig „die möglichst umfassende Durchführung des Grundsatzes der Genossenschaftlichkeit im Arbeitsprozeß und bei der Regelung des Entgelts der Arbeit" sowie „die Hebung der Rechtsstellung der als Angestellte und Arbeiter in der Wirtschaft tätigen Personen" bewirken[129]. Diese Gleichzeitigkeit und Gleichrangigkeit der den Organisationsformen vorgeordneten Zweck der Demokratisierung und der maximalen Produktivität läßt in vielen Fällen Formen der Sozialisierung zweckmäßiger erscheinen als Vergesellschaftungen.

Dabei kann bis zu neuen Erfahrungen offen bleiben, ob unter neuen Bedingungen nicht doch eine Vergesellschaftung, bei der der Staat das gesamte Verfügungsrecht übernimmt, sich als zweckmäßiger erweist. Bei dieser Form der Sozialisierung, die ja die Erkämpfung von gewerkschaftlicher Teilhaberschaft an den industriellen Entscheidungsprozessen einschließt, handelt es sich auch in einem solchen Falle nicht um eine Sackgasse, da die in Form von Gesetzen, Mitbestimmungsregelungen und Gewerkschaftsrechten festgelegten Formen der gesellschaftlichen Kontrolle für eine wirklich demokratisierte Wirtschaft auch dann zweckmäßig bleiben, wenn der Staat selbst eines Tages die Dispositionsbefugnis über den Betrieb übernimmt.

In diesem Sinne begrüßte Bernstein ausdrücklich die Entwicklung der Arbeiterorganisationen auf „der Bahn der paritätischen Beziehungen zur Unternehmerklasse. Ich verstehe darunter nicht nur die Tarifverträge, sondern auch die paritätischen Arbeitsnachweise, die Abkehr von den freien Hilfskassen und andere Formen dessen, was die französischen Syndikalisten als Zusammenwirken der Klassen (coopération des classes) verfemen[130]." Denn solche Beziehungen stärken die Arbeiterklasse und gestalten ihren Kampf um weitere Verwirklichung ihrer Ziele effektiver. Sie sind im doppelten Sinne ein Stück Sozialismus. Zum einen, weil etwa ein echter Tarif einer starken Gewerkschaft „ein wirkliches Stück Teilhaberschaft an der Industrie" ist[131] oder das Betriebsrätegesetz „den Arbeitern und Angestellten die Möglichkeit eröffnet, aus Hörigen des Gewerbes zu Teilhabern oder Genossen im sozialrechtlichen Begriff des Wortes zu werden"[132], zum anderen aber, weil solche Maßnahmen auch im Falle der Erforderlichkeit weitergehender Schritte der Sozialisierung oder der Vergesellschaftung als bleibende Strukturelemente ihren Sinn behalten und die Gefahr des Fehlschlags der neuen Maßnahmen verringern. Diesen für seine gesamte Transformationsstrategie grundlegenden Gedanken bringt Bernstein mit Bezugnahme auf die Parität folgendermaßen zum Ausdruck: „Solange es Privatunternehmer gibt, ist der Profit nicht auszurotten, und wo die Gesellschaft als Staat oder Gemeinde

129 Der Sozialismus einst und jetzt, S. 136.
130 Modernität im Kampf, S. 1646.
131 Der Sozialismus einst und jetzt, S. 73.
132 a. a. O., S. 141.

an die Stelle des Privatunternehmers tritt, wird sie gewisse Überschüsse der Unternehmungen für das Gemeinwesen beanspruchen. So oder so wird die Gewerkschaft nach *sozialer Teilhaberschaft*, nicht aber nach Aneignen des ganzen streben[133]."

In diesem Sinne deutet Bernstein auch die Funktion der Gewerkschaften insgesamt. Neben Gesetzen verschiedener Art, die die Dispositionsfreiheit der Unternehmungen in gesellschaftlich sinnvoller Weise einschränken, sind es vor allem die Gewerkschaften, die auf den verschiedenen Ebenen ihrer Tätigkeit Entscheidungsrechte übernehmen oder doch mitübernehmen, die zuvor das private Kapital allein ausübte. „Ihrer sozialpolitischen Stellung nach sind die Gewerkschaften oder Gewerkvereine das *demokratische* Element in der Industrie. Ihre Tendenz ist, den Absolutismus des Kapitals zu brechen und dem Arbeiter direkten Einfluß auf die Leitung der Industrie zu verschaffen[134]." Sie können aber nur mitbestimmendes Recht beanspruchen, von Bernstein „Arbeitsteilhaberschaft" genannt[135], weil die Verlagerung der gesamten Dispositionsbefugnis auf sie mit dem sozialistischen Postulat des Vorrangs des Allgemeininteresses kollidieren müßte. Insofern sind die Teilhaberechte, die die Gewerkschaften auf den verschiedenen Ebenen innerhalb der kapitalistischen Gesellschaft erringen, zugleich eine bleibende Grundstruktur der Wirtschaftsdemokratie, denn auch im Falle von Vergesellschaftungen wären es wiederum nur diese Teilhaberechte, die die Gewerkschaften im Sinne der sozialistischen Prinzipien beanspruchen könnten. „Gleichviel, ob der Staat, die Gemeinde oder Kapitalisten Unternehmer sind, die Gewerkschaft als Organisation aller in bestimmten Gewerben beschäftigten Personen kann immer nur so lange gleichzeitig das Interesse jener Mitglieder wahren und das Allgemeinwohl fördern, als sie sich begnügt, Teilhaberin zu bleiben[136]." Wollte sie das ganze Entscheidungsrecht über die wirtschaftlichen Prozesse beanspruchen, so müßte wegen des Überwiegens von Gruppeninteressen über das gesellschaftliche Interesse „ein Widerspruch gegen den Sozialismus und die Demokratie" resultieren. In ihrer Funktion als Mitentscheidungsgremien auf den Ebenen der Lohnbestimmung, der Bestimmung über die Arbeitsbedingungen, der Besetzung der Gewerbegerichte, der Versicherungsanstalten u. a. m. sind sie hingegen ein „unerläßliches Organ der Demokratie und nicht bloß ... vorübergehende Koalitionen[137]".

Besser als in jedem anderen Zusammenhang läßt sich an diesem Bernsteinschen Argument über die Teilhaberechte der Gewerkschaften verdeutlichen, was konstruktiver Sozialismus ist. Er besteht in der Einführung sozialistischer

133 Modernität im Kampf, S. 1647.
134 Voraussetzungen, S. 174.
135 a. a. O., S. 175.
136 a. a. O.
137 a. a. O.

Strukturelemente in die gegebenen komplexen gesellschaftlichen Verhältnisse, die jeweils für sehr lange Fristen Grundstruktur selbst möglicher weitergehenden Transformationsschritte bleiben. Wie Bernstein nicht im vorliegenden Zusammenhang, aber in seinem Aufsatz „Modernität im Kampf" von 1908 zum Ausdruck gebracht hat, dachte er bei diesen Teilhaberechten an die volle Parität[138].

Die Verpflichtung aller sozialistischen Strukturformen auf das Allgemeininteresse begründete auch Bernsteins Zweifel und Einschränkungen gegenüber der Möglichkeit, Gewinnbeteiligung und Produktionsgenossenschaften als sozialistische Reformen zu betrachten. Hinsichtlich der betrieblichen Gewinnbeteiligung befürchtete er, daß sie die Interessen der Betriebsangehörigen in einen Gegensatz zu den Interessen der gesamten Arbeiterklasse bringen würden[139]. Er hat zwar nicht völlig ausgeschlossen, daß es auch zweckentsprechende Formen der Gewinnbeteiligung geben könnte, er blieb aber in dieser Frage sehr skeptisch. „Die erstrebenswerteste Gewinnbeteiligung der Arbeiter, soweit man von einer solchen reden kann, ist der Tarif, den die Gemeinschaft der Arbeiter mit den Unternehmern des ganzen Gewerbezweiges vereinbart[140]." Ähnlich lautet sein Urteil in bezug auf Genossenschaften. Bernstein räumte zwar der Diskussion des Genossenschaftswesens gerade in seinen „Voraussetzungen" einen breiten Raum ein, er kommt dort aber zu dem Ergebnis, daß industrielle Produktionsgenossenschaften, die als Konkurrenz gegen kapitalistische Fabriken gedacht sind, kein Beitrag zum Aufbau sozialistischer Wirtschaftsstrukturen sind[141]. Denn, wie er an anderer Stelle klar zum Ausdruck brachte, sie stehen in der Regel in demselben Gegensatz zum gesellschaftlichen Interesse wie die kapitalistischen Betriebe auch[142]. Hingegen sah er in den Konsumgenossenschaften und denjenigen Produktivgenossenschaften, die in deren Auftrag tätig sind, einen Beitrag zur sozialistischen Transformation, weil hier das Interesse der Allgemeinheit den Vorrang beansprucht und eine Unterordnung des Produktionszwecks unter das Interesse großer Gruppen erfolgen kann. Zudem sind sie Vorstufen einer möglichen Übernahme der Versorgung der Bevölkerung durch die Kommunen, die die vorhandenen Konsumgenossenschaften mit den ihnen zugehörigen Produktionsbetrieben gegebenenfalls nur zu erweitern hätten. Über sie sagt er daher: „Sie sind nicht *der* Sozialismus, aber sie tragen als Arbeiterorganisationen genug vom Element des Sozialismus in sich, um sich

---

138 Modernität im Kampf, S. 1646 f.
139 Was ist Sozialismus, S. 20 und Rezension von: Wilhelm Stiel, Die Gewinnbeteiligung der Arbeit, in: Dokumente des Sozialismus, Band V, S. 303—304.
140 Was ist Sozialismus, a. a. O.
141 Voraussetzungen, S. 220.
142 Manuskript IISG E 206. Bei diesem Urteil spielen jedoch auch Gründe der ökonomischen (betriebswirtschaftlichen) Unzweckmäßigkeit dieser Organisationsform eine erhebliche Rolle. Vgl. Voraussetzungen, a. a. O.

zu wertvollen und unerläßlichen Hebeln der sozialistischen Befreiung zu entwickeln[143]." Dies nicht allein wegen ihrer ökonomischen Auswirkungen, sondern auch, weil sie eine Schule der Verwaltungs- und Selbstentscheidungserfahrung für viele Arbeiter sein können.

Der Vergesellschaftung im traditionellen Sinne der direkten Übernahme von Unternehmungen durch Organe der Gesellschaft stand Bernstein zu keinem Zeitpunkt ablehnend gegenüber. Aus seinem gegen die Vollsozialisierung angeführten Argument, daß die „zentralisierte Betriebsform" aufgrund der von marxistischer Seite nicht erwarteten Entwicklung der gesellschaftlichen Produktionsstruktur „erst ein partielles Faktum" sei[144], folgte ja unmittelbar, daß Vergesellschaftungen dort geboten sind, wo dieses Faktum gegeben ist. Daher war für ihn „die Überführung der wirtschaftlichen Monopole in den Besitz der Gesellschaft" eine selbstverständliche Grundforderung[145]. Hier schien es offenbar, daß die sozialistischen Zielkriterien am besten durch Übernahme des Betriebs in die Hand von Organen der Gesellschaft erreicht werden konnten. Wie aber im einzelnen über die Sozialisierung, deren weitestgehende Variante ja die Vergesellschaftung ist, entschieden werden kann, sollte Bernstein zufolge von einer „wissenschaftlich-systematischen Untersuchung" abhängig gemacht werden, die „objektive Merkmale für die Eignung von Wirtschaftsunternehmungen zur Sozialisierung und für die besten Formen dieser" sucht[146].

Die Gesichtspunkte für eine solche Systematik hat Bernstein 1919, als die Frage in das Stadium der praktischen Umsetzbarkeit getreten war, skizziert. Er unterscheidet zu diesem Zweck die Produktionsbereiche in die Klassen

1. der Gewinnung von Rohstoffen,
2. deren Verarbeitung zu Halbfabrikaten und
3. der Herstellung von Fertigfabrikaten[147].

Er bringt dann als maßgebliches Kriterium die Notwendigkeit einer Konzentration der entsprechenden Produktion auf Großbetriebe in Erinnerung und stellt fest, daß darüber hinaus auch die Eigenarten des Produkts für die Beantwortung der Vergesellschaftungsfrage eine Rolle spielen. „Ich halte der Sozialisierung für fähig: Die Herstellung von Produkten, die unabhängig sind vom persönlichen Geschmacke, von Mode usw., die eine große Gleichartigkeit aufweisen, ein verbreitetes Bedürfnis befriedigen und einen großen Absatz haben"[148]. Die Anwendung dieser Kriterien auf die reale ökonomische

---

143 Voraussetzungen, S. 222.
144 a. a. O., S. 132.
145 Leitsätze für den theoretischen Teil eines sozialdemokratischen Parteiprogramms, in: Hirsch, a. a. O., S. 47. Vgl. Anhang.
146 Der Sozialismus einst und jetzt, S. 136.
147 Die Sozialisierung der Betriebe, S. 13. Diese Systematik übernimmt er auch in: Der Sozialismus einst und jetzt, S. 136.
148 Die Sozialisierung der Betriebe, S. 13. Gemeint im Sinne der genannten Unterscheidung ist eigentlich „Vergesellschaftung".

Situation im deutschen Reich nach 1918 führt ihn zu dem Urteil, daß die gesamte Gewinnung der Bodenschätze vergesellschaftet werden sollte[149]. Aus den gleichen Gründen hält er auch eine umfassende Vergesellschaftung auf dem Sektor der Erzeugung von Halbfabrikaten für sinnvoll[150]. Diese optimistische Vergesellschaftungsperspektive, die sich auf die vom individuellen Geschmack unabhängige Produktion in monopolartigen Großbetrieben bezieht, schränkt Bernstein dahingehend ein, daß er es für eine erst noch zu lösende Aufgabe erachtet, die Effizienz staatlich verwalteter Betriebe an die der privaten Großbetriebe voll anzugleichen[151]. Es scheint in diesem Falle einer Vergesellschaftungsforderung trotz nicht gewährleisteter Produktivitätsüberlegenheit eine Rolle gespielt zu haben, daß die Monopolbetriebe aufgrund ihrer Marktmacht eine ungezügelte Ausbeutung der Konsumenten betreiben können. Ein Argument, daß Bernstein in anderen Zusammenhängen immer wieder genannt hat[152].

Bei den Fertigfabrikaten hält Bernstein umfassende Vergesellschaftungen nicht für sinnvoll, da hier noch eine Vielzahl kleiner und mittlerer Betriebe an der Produktion beteiligt sind, die nach wie vor eine bessere Garantie für ein flexibles Reagieren auf die Konsumentenbedürfnisse darstellen. Dennoch schließt er auch für diesen Bereich Vergesellschaftungen nicht völlig aus. Er lehnt sie jedoch als generelle und sofort wirksam werdende Maßnahmen ab[153]. Neben der Erfordernis eines Zuwachses oder doch zumindest eines Niveauerhalts der Produktivität durch die in Frage kommenden Formen der Sozialisierung und Vergesellschaftung ist es für das Bernsteinsche Wirtschaftskonzept von entscheidender Bedeutung, daß eine demokratische Kontrolle über die vergesellschafteten Betriebe in weitestmöglichem Umfang gewährleistet sein muß, da die Form der Überführung von Produktionsmitteln in gesellschaftliches Eigentum für sich genommen nicht in jedem Falle eine sozialistische Maßnahme ist. Dies ist einer der Hauptgründe, aus dem heraus Bernstein wie die Fabier für die Kommunen eine Schlüsselrolle bei der Sozialisierung und Vergesellschaftung beansprucht: Zwar hat in seiner Vorstellung die nationale Ebene die Entscheidungspriorität, die Verlagerung so vieler demokratischer Entscheidungskompetenzen auf die dezentrale Ebene der Kommunen wie möglich, ist aber eine Voraussetzung für das Gelingen einer wirklich demokratischen Kontrolle der Wirtschaft[154]. „Seiner ganzen Natur nach ist so der Munizipalsozialismus ein unumgänglicher Hebel zur Ausbildung oder vollen Verwirklichung dessen, was wir im vorigen

149 Hierbei scheint er sogar bewußt die Frage der „rationelleren" Produktion in den Hintergrund gerückt zu haben (S. 14).
150 a. a. O.
151 a. a. O., S. 15.
152 Vgl. Abschn. 4.3.
153 Die Sozialisierung der Betriebe, S. 17.
154 Vgl. Kap. 7.

Abschnitt als demokratisches Arbeitsrecht bezeichnet haben[155]." Nur mittels dezentralisierter demokratischer Organisation und Kontrolle ist das Problem der Sozialisierung in einer komplexen Volkswirtschaft lösbar. Und nur in dem Maße, wie das politische Gemeinwesen selbst nach den Grundsätzen einer konsequenten Demokratie geordnet wird, kann Vergesellschaftung eine sozialistische Maßnahme werden. „Der Staatsbetrieb in einem oligarchischen Gemeinwesen" hat mit Sozialismus nichts zu tun[156]. Im Gegensatz zum Erfurter Programm war sich Bernstein völlig im klaren, daß das organisationssoziologisch mögliche Maß an Planwirtschaft und alle mögliche Vergesellschaftung von Produktionsmitteln nicht zu einer „Aufhebung der Warenproduktion" führen kann. Diese wäre auch bei einer Güterproduktion durch den vergesellschafteten Betrieb nach wie vor gegeben, außer im Falle einer Rationszuteilung an die Produzenten oder im Falle der unentgeltlichen freien Benutzung der Gesamtproduktion durch alle[156a]. Möglich schien ihm aus diesem Grunde daher für alle absehbare Zeit auch nur „Warenproduktion ... als sozialistische Produktion"[156b]. Alle Planung und Vergesellschaftung würde die freie Versorgung mit Gebrauchsgütern nach Maßgabe entgoltener Arbeitsleistung also nicht aufheben können.

Nicht nur die Form, sondern auch Zeitpunkt und Art der Vergesellschaftung sind nach Bernstein für das Gelingen einer sozialistischen Transformation von ausschlaggebender Bedeutung.

Zeiten revolutionären Umschwungs für umfassende Veränderungen in der Wirtschaftsstruktur selbst zu nutzen, war Bernstein zufolge das am wenigsten zweckmäßige Verfahren[157]. Da es weder möglich noch tunlich wäre, den Versuch zu unternehmen, die gesamte private Wirtschaft zu vergesellschaften, wäre die sozialistische Politik auf das möglichst reibungslose Weiterlaufen der zunächst in privaten Händen verbleibenden Produktion angewiesen[158]. Es war Bernsteins feste Überzeugung, daß die Überführung der Volkswirtschaft in ein Chaos mit erheblichen Produktionsausfällen und großen Versorgungsschwierigkeiten „eine Reaktion heraufbeschwören würde, gegen welche der Thermidor und der 2. Dezember harmlos erscheinen würden"[159]. Eine solche Reaktion würde im Gedächtnis der Massen und durch die Zerstörung der Arbeiterbewegung und der Demokratie auf lange Fristen eine sozialistische Transformationspolitik unmöglich machen[159a]. Wenn nämlich

155 Voraussetzungen, S. 228.
156 a. a. O., S. 175/6.
156a Vergesellschaftungsideal und Gewerkschaften, S. 925.
156b a. a. O., S. 927.
157 Voraussetzungen, S. 160 und: Wirtschaftswesen und Wirtschaftswerden, S. 108. Er hätte es aber beispielsweise gern gesehen, wenn der Rat der Volksbeauftragten eine Sozialisierung der Bodenschätze vorgenommen hätte.
158 Kritisches Zwischenspiel, in: Zur Geschichte, S. 239.
159 a. a. O., S. 243.
159a Vgl. Blanquismus und Sozialdemokratie, IISG A 17.

durch planlose Enteignungsmaßnahmen „die Rechtssicherheit des nicht direkt und aufgrund von Gesetzesakt für das Gemeinwesen beanspruchten Eigentums" nicht gewährleistet ist[160], während dessen Funktionen für die Gesellschaft unentbehrlich bleiben[161], so manövriert sich eine solche Politik in eine strategische Sackgasse hinein, in der sie scheitern muß. Die Sozialdemokratie könnte in einem solchen Falle „den Kapitalismus *nicht wegdekretieren,* ja, ihn nicht einmal *entbehren,* und sie könnte auf der anderen Seite ihm nicht *diejenige Sicherheit* gewährleisten, deren er bedarf, um seine Funktionen zu erfüllen. An diesem Widerspruch würde sie sich unrettbar aufreiben, und das Ende könnte nur eine kolossale Niederlage sein[162]."

Wie immer auf dem Wege der Sozialisierung die Eigentümerfunktionen eingeschränkt sein mögen, für die sozialistische Transformation auf der Höhe der vorhandenen Produktivkräfte ist es unerläßlich, daß dieser größere wirtschaftliche Sektor, für den auf absehbare Zeit eine Vergesellschaftung nicht in Betracht kommt, funktionstüchtig bleibt. Daher müssen Vergesellschaftung und Sozialisierung unter Bedingungen vorgenommen werden, die eine ausreichende Rechtssicherheit für die jeweils verbleibenden Privateigentümer garantieren. Diese ist nur in Zeiten stabiler politischer Verhältnisse gewährleistet. Zur erforderlichen Rechtssicherheit gehört Bernstein zufolge auch, daß Enteignungen nur gegen Entschädigungen erfolgen können. „In Rechtsform gekleidete Wegnahme" wäre daher bereits „aus rein wirtschaftlich utilitarischen Gründen zu verwerfen"[163]. Er hoffte sogar, daß bei der Sozialisierung von Eigentümerfunktionen unter den Bedingungen stabiler politischer Verhältnisse „auch wenn sie noch so stark in die Rechte und in die Machtsphäre des Besitzes eingriffen, fast immer noch bestimmte Flügel der nichtsozialistischen Parteien (sich) gewinnen lassen"[164].

Daher kann es sich bei der Sozialisierung, wenn sie erfolgreich und zielgerecht sein soll, „unter keinen Umständen um eine allgemeine, gleichzeitige und gewalttätige Expropriation, sondern um die *allmähliche Ablösung durch Organisation und Gesetze*" handeln[165]. „Durch Gesetz" wegen der allein schon ökonomisch unerläßlichen Rechtssicherheit, „durch Organisation", weil Privateigentum sinnvollerweise nur durch funktionsfähige alternative Organisationsmodelle ersetzt werden kann.

Dabei steht „gar nicht das kapitalistische ‚System' in Frage, sondern der Fortgang der Produktion. Der Zusammenbruch des kapitalistischen Systems ist die gleichgültigste Sache von der Welt, sobald er nicht Unterbrechung der Produktion und Lahmlegung von Produktivkräften heißt. Die Frage ist also

---

160 Wie eine Revolution zugrunde ging, Stuttgart 1921, S. 64.
161 Zur Frage eines neuen Parteiprogramms, S. 30.
162 Zusammenbruchstheorie und Kolonialpolitik, in: Zur Geschichte und Theorie, S. 231.
163 Voraussetzungen, S. 226.
164 Der Sozialismus einst und jetzt, S. 134.
165 Voraussetzungen, S. 197.

jedesmal die, welcher Ersatz für die von Privatunternehmern geleitete Produktion gegeben ist. Wo dieser im ausreichenden Maße fehlt, oder wo der vermutete Ersatz sich als unzulänglich erweist, liegt die Forterhaltung solcher Bedingungen, die Raum für die kapitalistische Unternehmung lassen, ebenso im Interesse der Arbeiter, wie aller sonstigen Gesellschaftsklassen[166]."

Zu den in diesem Sinne unzulänglichen Vorstellungen über einen unmittelbar verfügbaren Ersatz rechnete Bernstein vor allem die Vorstellung, die Arbeiter könnten in großem Umfang stillgelegte Fabriken ohne Vorbereitung selbst übernehmen. Mit Hinweis auf die Vielzahl gescheiterter Genossenschaften im Verhältnis zur geringen Anzahl erfolgreicher Genossenschaftsbetriebe führt er aus: „Nur eine ganz nach äußerlichen Merkmalen urteilende Betrachtungsweise kann daher annehmen, daß mit der Entfernung des oder der kapitalistischen Eigentümer schon das Wichtigste für die Umwandlung der kapitalistischen Unternehmungen in lebensfähige sozialistische Gebilde geschehen sei. So einfach ist die Sache nun wirklich nicht. Diese Unternehmungen sind sehr zusammengesetzte Organismen, und die Entfernung des Zentrums, in das alle anderen Organe zusammenlaufen, bedeutet für solche, wenn sie nicht von völliger Umgestaltung der Organisation begleitet ist, die alsbaldige Auflösung[167]." Wenn eine solche Ablösung ökonomisch sinnvoll geschehen kann, braucht sie wiederum längere Zeiträume für den Aufbau funktionsfähiger Organisationen.

Wenn Bernstein daher in einem unveröffentlichten Manuskript die These vertritt: „Wir *begrenzen* das Eigentum, aber schaffen *es nicht ab*. Totalabschaffung des Eigentums unmöglich"[168], so kann dies vor dem Hintergrund seiner Theorie vom Obereigentum des Staates und der ökonomischen Unmöglichkeit der Vollsozialisierung nur bedeuten, daß das Eigentum als politökonomisches Phänomen nicht gänzlich abgeschafft wird. Es soll aber keineswegs eine Bestandsgarantie für jedes bestehende individuelle Produktionsmitteleigentum beinhalten. Die „steigende Begrenzung" des Eigentums, von der Bernstein an dieser Stelle spricht, bezieht sich daher sowohl auf einzelne Dispositionsbefugnisse jeder Größenform des Produktionsmitteleigentums als auch auf die Gesamtübernahme bestimmter Großformen von Produktionsmitteleigentum durch Organe der Gesellschaft.

Durch das Obereigentum des Staates steht jedes indivduelle Produktionsmittel- oder Grundeigentum generell zur Disposition der staatlichen Entscheidung[169]. Ausmaß und Formen der Wahrnehmung dieses Obereigentums er-

---

166 Zwei politische Programmsymphonien, S. 334/335.
167 Voraussetzungen, S. 152/53. In bezug auf die großen Aktiengesellschaften, wo die Eigentümer keine Funktion in der eigentlichen Betriebsorganisation mehr haben, urteilte Bernstein hingegen anders. Vgl. seine „Leitsätze".
168 Manuskript IISG E 112.
169 Dies ginge allein schon aus Bernsteins umfangreichem Vergesellschaftungskatalog hervor. Interessant ist in diesem Zusammenhang auch seine Forderung, „die Erweiterung

lauben wegen der Unmöglichkeit einer Vollsozialisierung und wegen der Erforderlichkeit von Garantien für die Rechtssicherheit dennoch die Aussage: „Nicht *daß* Eigentum anerkannt wird, sondern *welches* Eigentum anerkannt wird und welche Rechte mit dem Eigentum verbunden sind" sei das Entscheidende. „Schutz des anerkannten Eigentums ist eine der Bedingungen geordneten Gesellschaftslebens und geregelter Produktionsverhältnisse. Das Gegenteil ist nicht Sozialismus, sondern Anarchismus[170]."

Wenn Bernstein schreibt, daß die sozialistische Transformation „von den verschiedensten Seiten her, unter Anwendung sehr verschiedenartiger Mittel und Methoden" vorangetrieben werden muß[171], so beinhaltet dies einen spezifischen Zusammenhang aller verschiedenartiger Ansätze zum gemeinsamen Zweck[172]. *Denn keineswegs jeder Eingriff kann den Anspruch erheben, ein sozialistischer Transformationsschritt zu sein. Dazu bedarf es eines spezifischen Zusammenhangs mit den anderen Elementen der Reform und der Eröffnung einer weiterführenden Perspektive durch die jeweiligen Einzelschritte.* Demokratisierung, Genossenschaftswesen, volkswirtschaftliche Planung, Vergesellschaftungen und Sozialisierung müssen als Gesamtkonzept entworfen und realisiert werden. „Indes hängt es ja auch gar nicht von der Tragweite der einzelnen Forderungen, sondern vom Charakter und der Tragweite der *Gesamtheit* der Forderungen in ihrem Zusammenhang ab, ob ein Programm als sozialdemokratisch bezeichnet werden kann oder nicht. Die Sozialdemokratie kann als nächste Forderungen nur solche aufstellen, die auf die Verhältnisse in der Gegenwart passen, wobei die Bedingung ist, daß sie in sich den Keim zur Weiterentwicklung in der Richtung der von ihr erstrebten Gesellschaftsordnung tragen[173]." Unter dieser Bedingung stehen alle Veränderungen, die als Teillieferungen des Sozialismus gelten können.

Solche Transformationsschritte verändern die ursprünglich rein kapitalistische Gesellschaft wesentlich. Denn die drei Hauptkriterien der kapitalistischen Gesellschaft, deretwegen die sozialistische Transformation in Angriff genommen werden muß, bleiben durch diese Maßnahmen keineswegs unverändert. Vielmehr hat Bernstein bereits für die verschiedenen Eingriffe, die in der ersten Phase der Weimarer Republik vorgenommen worden sind, die Feststellung getroffen, daß eine „Umwandlung des gesellschaftlichen Wesens"

---

des Enteignungsrechts" sei eine der grundlegenden Aufgaben sozialistischer Kommunalpolitik. Vgl. Voraussetzungen, S. 225.

170 Zwei politische Programmsymphonien, a. a. O.

171 Der Sozialismus einst und jetzt, S. 142. Vgl. dazu auch Fritz Vilmar, Strategien der Demokratisierung, a. a. O.

172 Dies hebt auch E. Rikli hervor. Vgl. deren informative Darstellung dieses Zusammenhangs, a. a. O., S. 84—102.

173 Voraussetzungen, S. 217. So auch in: Der Sozialismus einst und jetzt, S. 140.

sich vollziehe[174]. Für eine Definition des Kapitalismus zum Zwecke der Beurteilung seiner Wandlungen nennt Bernstein drei Kriterien: „a) Produktionsform, b) Verteilungsmodus, c) Rechtsverhältnis." Diese Merkmale bezeichnen (a) die marktwirtschaftliche Produktionsform, (b) Art und Anteil der Verteilung des gesellschaftlichen Gesamtprodukts auf die Klassen und (c) Stellung der Klassen zur Verfügungsmacht über den Produktionsprozeß[175]. Nur für das erste Kriterium konstatiert Bernstein, es sei „grundsätzlich unangetastet geblieben", während die beiden anderen Kriterien „teils durch die unter dem Druck der Arbeiterbewegung handelnde Gesetzgebung, teils durch die unmittelbare Aktion der organisierten Arbeiter sowie neuerdings auch der Angestellten in Richtung einer Abschwächung wesentlich verändert worden" sind[176]. Die Unternehmer „diktieren" nicht länger „Art und Höhe des Anteils der Arbeiter am Arbeitsertrag". Sie sind nicht mehr „der unbeschränkte Herr über Einstellung und Entlassung von Arbeitern". Die öffentliche Kontrolle der Wirtschaft hat zugenommen und schließlich sind durch das Betriebsrätegesetz und die Herabsetzung des Arbeitstags, wie Bernstein an anderer Stelle sagt, den Industriearbeitern die Waffen in die Hand gegeben, „die sie in die Lage versetzen, jede Lohnknechtschaft unmöglich zu machen"[177].
Diese Veränderungen des Kapitalismus betreffen sein „Wesen", denn *für Bernstein bestand die Aufgabe seiner Überwindung nicht in der Aufhebung eines Wertgesetzes oder der Abschaffung des Geldes[178], sondern (a) in der Überwindung der Wirtschaftskrisen, (b) einer gerechten Verteilung des gesellschaftlichen Produkts und (c) der Demokratisierung aller gesellschaftlichen Bereiche bei gleichzeitiger Erhöhung des Produktionsniveaus.* „Die Sozialdemokratie ist eine Kampfbewegung, die zum Ziel die Beseitigung der kapitalistischen Wirtschafts- und Gesellschaftsordnung und deren Ersatz durch eine Gesellschaftsordnung hat, die von den beiden charakteristischen Merkmalen der kapitalistischen Wirtschaft frei ist: frei von ökonomischer und politischer Herrschaft des Menschen über den Menschen, frei von der Beherrschung des Menschen durch Wirtschaftsbeziehungen, die, wie die Marktkonjunkturen, selbst nur Geschöpfe menschlicher Einrichtungen sind[178a]." Für diese Ziele waren schon damals zum Teil wesentliche Schritte getan. Für weitere bedurfte es vor allem einer breiteren Mobilisierung der aufgrund ihrer gesellschaftlichen Situation am Sozialismus Interessierten. Nur auf diese Weise konnte Bernstein zufolge der Sozialismus aufgebaut werden. Er

---

174 Manuskript IISG E 123. Bernstein hätte im übrigen gern weiterreichende Schritte der sozialistischen Transformation schon in der ersten Revolutionsperiode gesehen. Vgl. Der Sozialismus einst und jetzt, S. 132.
175 Manuskript IISG E 123, Diese Interpretation ergibt sich aus dem Kontext in Verbindung mit den übrigen Ausführungen Bernsteins zu diesem Thema.
176 a. a. O.
177 Wirtschaftswesen und Wirtschaftswerden, S. 112.
178 Vgl. Allerhand Werttheoretisches, a. a. O., S. 368.
178a Die heutige Sozialdemokratie in Theorie und Praxis, S. 6.

sollte aus der kapitalistischen Gesellschaft ähnlich *herauswachsen* wie die kapitalistische Gesellschaft aus der feudalistischen, jedoch als bewußte Aufgabe[179]. Eine feste Grenze, wo die bürgerliche Gesellschaft aufhört und die sozialistische Gesellschaft anfängt, sah er dabei nicht. Er stimmte dem Urteil zu, daß er in einer bürgerlichen Gesellschaft lebt, in der sich sozialistische Einrichtungen entwickeln. Damit hatte er niemals opportunistische Anpassung im Sinne, denn diese Erkenntnis sollte nicht nur vor „Utopistereien" schützen, sondern ebenso vor „Kleinmut"[180].

Mit diesen Gedanken hat Bernstein in wesentlichen Bereichen Weichen für die spätere Entwicklung gestellt. Die Einfügung des Arbeitsrechts in die sozialistische Theorie, wie sie vor allem Hugo Sinzheimer vornahm, ist bei ihm ebenso in ihrer Grundlegung vorhanden wie die Konzeption der Wirtschaftsdemokratie, die gegen Ende der Weimarer Republik die Arbeitsgruppe um Fritz Naphtali für den ADGB entworfen hat[181]. Spezifisch werttheoretische Debatten haben in späteren Programmdiskussionen keine konstitutive Rolle beanspruchen können. Die Gedanken einer marktwirtschaftliche Elemente enthaltenden sozialistischen Ökonomie hat Eduard Heimann weitergedacht. In dreierlei Hinsicht ist das Konzept der politischen Ökonomie bei Bernstein ein konsequentes Element seines konstruktivistischen Transformationsparadigmas: (a) Es blendet theoretische Fragen, wie die Werttheorie, die für die sozialistische Programmatik nur begrenzten Aussagewert besitzen und zudem eine Angelegenheit wissenschaftlicher Entscheidung sind, bewußt aus dem Kernbereich der sozialistischen Konzeption aus und verbreitert damit deren Basis. (b) Indem die kritischen Merkmale der kapitalistischen Gesellschaft nicht in abstrakten Wesensannahmen über diese Gesellschaft gesehen werden, sondern in den empirisch-institutionell regulierbaren Bereichen der Positionsprivilegien und der unzureichenden Koordination von Entscheidungen, wird eine analytische Begründung für die gradualistische und partielle Strukturveränderung als zielgerechter Strategie geliefert. (c) Mit seiner Theorie des funktionalen Sozialismus, nämlich der differenzierten Sozialisierung von Einzelfunktionen, legt Bernstein die Grundlage für eine Strategie der sozialistischen Transformation in Gesellschaften hoher Komplexität der Produktionsstruktur.

---

179 Manuskript IISG E 123.

180 Der Sozialismus einst und jetzt, S. 144.

181 Vgl. zu Hugo Sinzheimer und Bernsteins Vorläuferschaft Hans Kremendahl, Pluralismustheorie in Deutschland. Entstehung, Kritik, Perspektiven, Leverkusen 1977, S. 136 ff.

Zum Thema Wirtschaftsdemokratie vgl. Fritz Naphtali, Wirtschaftsdemokratie (1927), sowie Dieter Klink, Vom Antikapitalismus zur sozialistischen Marktwirtschaft. Die Entwicklung der ordnungspolitischen Konzeption der SPD von Erfurt (1891) bis Bad Godesberg (1959), Hannover, 1965, S. 37 ff. Vgl. auch Lidtke, a. a. O., S. 680.

Paul Kampffmeyer nennt diese Übernahme Bernsteinscher Ideen in der sozialistischen Wirtschaftstheorie der Weimarer Republik „einen großen Triumph" für diesen. Vgl. Eduard Bernstein und der sozialistische Aufbau, Berlin 1930, S. 54.

9. Revisionismus und Marxismus

> *„Ich bin ja in mancher Beziehung in bezug auf Marx ein Ketzer, obwohl ich vor dem Wissenschaftler Marx eine große Hochachtung habe und mich selbst trotz aller Meinungsverschiedenheiten zur Marxschen Schule rechne[1].“*

In allen privaten und veröffentlichten Äußerungen hat Bernstein bis zum Ende seines Lebens immer wieder beteuert, in einem grundlegenden Sinne sei er der Lehre von Marx treu geblieben. Zu einem Zeitpunkt, wo er taktische Rücksicht nicht mehr hätte üben müssen, trug er auf dem Programmparteitag der MSPD in Görlitz 1921, als ein Programm, das weitgehend seinen Wünschen entsprach, verabschiedet wurde, vor: „Vielfach ist davon gesprochen worden, daß der neue Programmentwurf und die Vorarbeiten zu ihm ein Abweichen vom Marxismus bedeuten. Davon kann gar keine Rede sein. Der Geist des Marxismus, was von ihm unsterblich bleibend ist, nämlich die großen Grundgedanken der marxistischen Gesellschafts- und Geschichtstheorie, haben uns alle von Anfang bis zu Ende beseelt. Es könnte sich höchstens um die Anwendung von Gedanken des Marxismus handeln, die Marx und andere zu ihrer Zeit gezogen haben. Aber bei den Anwendungen stehenbleiben, die sich doch auf bestimmte geschichtliche Voraussetzungen stützen, wäre sehr im Widerspruch mit dem Geist von Marx, Engels und seinen Schülern gewesen. Auch der Gedanke, daß wir gezwungen wären, wenn wir uns nicht ganz streng an das Erfurter Programm halten, eine neue Theorie auszuarbeiten, geht von falschen Voraussetzungen aus. Ich bin der letzte, der den Wert theoretischen Denkens unterschätzt. Aber eine neue Theorie brauchen wir darum nicht aufzustellen. Es handelt sich darum, die Grundgedanken der Theorie, die wir übernommen haben, weiter auf die gegebenen Verhältnisse anzuwenden[1a].“

Bernsteins Verhältnis zu Marx ist äußerst komplex und nicht frei von Unglätten. Nichts wäre jedoch verfehlter als die Annahme, Bernstein wisse nicht was er sage oder sage nicht was er denke, wenn er sein Verhältnis zu Marx mit diesen Worten noch 1921 umschreibt. Bernstein war einer der ersten Theoretiker, dem klar bewußt war, daß die Gesamtheit der Marxschen Sätze nicht als eine Sinneinheit genommen werden kann, sondern daß das Marxsche

---

1 Bernstein auf dem Dresdner Parteitag 1903 (Protokoll, S. 400).
1a Protokoll über die Verhandlungen des Parteitags der Sozialdemokratischen Partei Deutschlands. Abgehalten in Görlitz vom 18. bis 24. September 1921, Reprint Glashütten, Bonn-Bad Godesberg 1973, S. 313/14.

System in mehrfacher Hinsicht von einem Dualismus durchzogen ist[2]. Hinsichtlich der Gesamtheit der zum Marxismus rechnenden Aussagen nimmt Bernstein drei Unterscheidungen vor, die für sein Verhältnis zu Marx von ausschlaggebender Bedeutung sind. Diese stehen zwar untereinander in Beziehung, können aber zunächst getrennt betrachtet werden:

1. Die für Bernstein wichtigste Unterscheidung, mit der er seine Erörterungen in den Voraussetzungen einleitet, ist die zwischen der „reinen Wissenschaft des marxistischen Sozialismus und ihrem angewandten Teil"[3].

2. a) Von erheblichem Gewicht für sein Selbstverständnis im Verhältnis zum Marxismus ist seine Erkenntnis, daß der Marxismus selbst in den strategischen Fragen und in weiteren Aspekten von einem inneren Dualismus durchzogen ist[4].

   b) Er erkennt weiterhin Differenzen zwischen den Einschätzungen von Marx und Engels in ihrer frühen und mittleren Phase und denen ihrer Spätphase[5].

Angesichts dieser Unterscheidungen wäre für Bernstein eine einfache Identifikation oder aber Distanzierung bezogen auf ein als einheitliche Gesamtheit verstandenes marxistisches System wenig sinnvoll. Es kann sich lediglich darum handeln, Elemente oder Zusammenhänge des Marxismus auszuzeichnen, die beizubehalten gerechtfertigt ist und solche der Kritik zu unterziehen, die sich nicht bewährt haben. Dies genau ist es, was Bernstein unternimmt.

(1). Die Unterscheidung zwischen „reiner" und „angewandter" Wissenschaft des Marxismus ist für Bernstein ausschlaggebend gewesen. Zum einen entsprach sie dem innersten Kern seiner neuen Überzeugung, zum anderen gestattete sie ihm, sein eigenes Paradigma in engerer Kontinuität zur Parteitradition zu sehen, als dies sonst möglich gewesen wäre. Im Gegensatz etwa zu Karl Kautsky, der zu den unverzichtbaren Bestandteilen der marxistischen „Methode", die als solche der Kritik entrückt bleiben sollte, neben der „materialistischen Geschichtsauffassung" noch die „Dialektik" und die „Werttheorie" gerechnet hatte[6], handelt Bernstein in dem Kapitel, wo er „die grundlegenden Sätze des marxistischen Sozialismus" vorstellt, nur die „materialistische Geschichtsauffassung" und die „Lehre vom Klassenkampf" ab, während er sowohl die Werttheorie als auch die Dialektik erst in weiteren

---

2 Voraussetzungen, S. 50, 64, 244, 250.

3 a. a. O., S. 30.

4 Das Bleibende im Marxismus. (1913), in: Der Sozialismus einst und jetzt, S. 161. Für den Ausdruck „Dualismus" selbst vgl. jedoch Anm. 2.

5 Z. B. Voraussetzungen, S. 37.

6 Kautsky, Bernstein, S. 1 ff. Anders jedoch in seinem Brief an Bernstein vom 30. 8. 1897 (IISG K, C 175).

Abschnitten diskutiert und beide einer Kritik unterzieht[7]. Dennoch hat er auch die Werttheorie zur reinen Wissenschaft gerechnet[8]. Es wäre deshalb nicht gerechtfertigt anzunehmen, diese Bernsteinsche Unterscheidung sei allein von dem Bedürfnis diktiert, die Bedeutung seiner Kritik an einzelnen Elementen des Marxismus optisch zu verkleinern. Richtig ist jedoch, daß er mit ihr zu Bewußtsein bringen wollte, daß nicht alle Sätze im Marxismus den gleichen Rang beanspruchen können und daß nicht jede Kritik den Marxismus als ganzes treffen kann. Wichtigstes Hindernis einer rationalen Auseinandersetzung mit dem Marxschen Erbe schien ihm nämlich die in der Partei verbreitete Haltung zu sein, alle Marx zugeschriebenen Aussagen pauschal für unverletzlich zu halten. Gegen die Beschuldigung, seine „Voraussetzungen" hätten das „Ende des Marxismus" bedeutet oder bewirken wollen, wendet er sich in einem Brief an A. Labriola ausdrücklich mit der Unterscheidung, er sehe „das Wesen des Marxismus nicht in einem Mosaik aus allen einzelnen Sätzen oder Stücken der Marxschen Theorie" sondern in einer bestimmten „Anschauungsweise"[9].

Von dem, was er als reine Wissenschaft des Marxismus deklariert, kritisiert er nur die Arbeitswerttheorie, während er die materialistische Geschichtsauffassung und die Lehre vom Klassenkampf *in einem bestimmten Sinne* übernimmt. Der Kern beider Theorien besteht für Bernstein in ihrem antiutopistischen Gehalt. Hinsichtlich der materialistischen Geschichtsauffassung bedeutet dies, daß sozialistische Politik stets mit gesellschaftlichen Gesetzmäßigkeiten und mit dem Entwicklungsstand der Produktivkräfte zu rechnen hat, wenn auch nicht mit einem durchgängigen Gesetz der Geschichte. Hinsichtlich des Klassenkampfes bedeutet es, daß das jeweils konkrete sozialistische Programm aus den gesellschaftlichen Bedürfnissen des Proletariats abgeleitet werden soll und daß die gesellschaftlichen Interessen dieser Klasse den wichtigsten Faktor für die Realisierungsmöglichkeit der sozialistischen Ziele darstellt. Diese Erkenntnis „der sozialen Bedingtheit" der sozialistischen Idee und des Willens ihrer Verwirklichung[10] hält Bernstein für den Kern und das Bleibende dessen, was er die „sozialwissenschaftliche Entwicklungslehre" von Marx nennt[11]. Auf sie bezieht er sich stets, wenn er sich zum Marxismus bekennt. Er deutet sie nicht objektivistisch, sondern als „die Auffassung der sozialistischen Bewegung als eine Bewegung, die in ihrem Fortgang sich selbst gestaltet und dabei eng abhängt von den organischen Gesetzen sozialer Entwicklung"[11a].

Es war ihm indessen bewußt, daß er auch in diesem engeren Bereich der

---

7 Voraussetzungen, S. 29 ff., 33 ff., 44 ff., 51 ff., 72 ff.
8 a. a. O., S. 32.
9 Bernstein an A. Labriola (1902), IISG C 20.
10 Der Sozialismus einst und jetzt, S. 9 und 8.
11 a. a. O., S. 5.
11a Der Sozialismus einst und jetzt, S. 112.

Theorie von Marx zumindest Korrekturen und Neuakzentuierungen vorgenommen hat. Die Ablehnung eines strikten historischen Determinismus und die Betonung der Rolle der intellektuellen und moralischen Vermittlungsleistungen selbst noch bei der Interpretation des eigenen Klasseninteresses des Proletariats[12] schienen ihm in der besseren Konsequenz des Marxschen Ansatzes selbst zu liegen[13]. Die Berücksichtigung der autonomen Rolle, die er „den Rechts- und Moralbegriffen, den geschichtlichen und religiösen Traditionen" „neben der Entwicklung und dem Einfluß der Produktivkräfte und Produktionsverhältnisse"[14] zumaß, schien ihm eher die Bezeichnung „ökonomische Geschichtsauffassung" zu verdienen als die der „materialistischen"[15]. Damit kann unmißverständlicher zum Ausdruck gebracht werden, was Bernstein für „das Bleibende des Marxismus" hielt[16]: „daß die Ökonomie die immer wieder entscheidende Kraft, den Angelpunkt der großen Bewegungen in der Geschichte bildet"[17]. Dies nun aber nicht in dem Sinne, daß die Ökonomie, sei es alleinige, sei es zureichende Ursache für die geschichtliche Entwicklung ist, sondern im Sinne einer unerläßlichen Voraussetzung für bestimmte Entwicklungsmöglichkeiten. Da Bernstein zufolge ein strenger ökonomischer Determinismus von Marx gar nicht beabsichtigt war, dieser aber „dem Worte materialistische Geschichtsauffassung" von vornherein anhaftet, wollte er zum Zwecke der Klärung eine philosophisch weniger belastete Bezeichnung wählen[18]. Bernstein sieht in den ökonomischen Voraussetzungen einen passiv bedingenden aber nicht einen aktiv verursachenden Entwicklungsfaktor. Daraus ergibt sich für das Verhältnis von gesellschaftlichen Voraussetzungen und Handlungsfreiheit ein „dialektisches" Verhältnis. „Die auf der materialistischen Geschichtsauffassung fußende Lehre hebt zwar den Sozialismus aus dem Gebiet der reinen Ideologie heraus, zeigt, daß es bei ihm nicht bloß auf den Willen ankommt, und daß der Wille, auf den es bei ihm wesentlich ankommt, keine bloße Zufälligkeit ist, sondern durch ganz bestimmte geschichtliche Umstände bedingt ist, aber sie kann diesen Willen nicht vorschreiben, so wenig sie über sehr allgemeine Züge hinaus die Zukunft vorherzeichnen kann[19]." In diesem Vermittlungsverhältnis kann Bernstein zufolge also keines der beiden Elemente, soziale Voraussetzungen und Willensentscheidung, auf das andere reduziert werden. Dies und nicht einen objektivistischen Evolutionsglauben

12 Vgl. dazu vor allem Bernsteins Marxinterpretation und -kritik in: Das realistische und das ideologische Moment im Sozialismus.
13 Vgl. dazu Abschnitt 6.2.4.
14 Voraussetzungen, S. 37.
15 a. a. O., S. 44.
16 Der Sozialismus einst und jetzt, S. 160.
17 Voraussetzungen, S. 44.
18 a. a. O.
19 Der Marx-Kultus und das Recht der Revision, in: SM, 9. Jg., 1 (1903), S. 257.

hat Bernstein vor Augen, wenn er den Bolschewiki bestreitet, Erben des Marxismus zu sein. Sie setzten an die Stelle der Marxschen Einsicht über den „organischen Zusammenhang des Politisch-Sozialen mit den Tatsachen der ökonomischen Entwicklung"[20] die „Gewalt als Allschöpferin"[21]. Diese Ignoranz gegenüber den von Marx in den Vordergrund gestellten Entwicklungsvoraussetzungen der Gesellschaft, die „nahezu keine Grenzen des Willens in der Geschichte" kennt[22], ist daher „ein durchaus falsch ausgelegter, maßlos vergröberter Marxismus"[23].

Indessen kann „der Gedanke, daß die Produktionsverhältnisse die sozialen Einrichtungen und Gedankenrichtungen der Menschen bestimmen" zu Fehlern auch in der umgekehrten Richtung führen, denn er „verleitet zu verhängnisvollen Übertreibungen und Fehlschlüssen"[24], wenn die eigenständige Bedeutung der intellektuellen und moralischen Faktoren eingeschränkt oder aufgehoben wird. Das Verhältnis zwischen beiden Faktoren muß vielmehr so gesehen werden, „daß das Werkzeug und durch es die Arbeitsweise, die Ökonomie, das Verhältnis des Menschen zur Natur, die politische und die allgemeine soziale Entwicklung bestimmen, daß die kapitalistische Produktion und die ihr entsprechende Wirtschaft die dinglichen Voraussetzungen und die subjektiven Kräfte schaffen für die Errichtung einer neuen Gesellschaft, und daß das Zentrum dieser Kraft in der Arbeiterklasse liegt"[25]. Für die sozialistische Politik heißt dies, daß die Voraussetzungen des Sozialismus in der jeweiligen gesellschaftlichen Wirklichkeit zu suchen sind —, „die Mittel und Zwecke des Sozialismus müssen nicht erfunden, sie müssen gefunden werden"[26] — aber eben nur die Voraussetzungen. Was aus ihnen gemacht wird, liegt dann immer noch an den Einsichten und Entscheidungen der handelnden Menschen selbst. Zwar betont Bernstein die Eigenständigkeit dieser zuletzt genannten Faktoren in seinen Arbeiten aus der Zeit des Revisionismusstreits stärker als in den späteren Arbeiten, aber sie sind in all seinen Schriften gegenwärtig. Was Bernstein dabei genau im Auge hat, kommt am besten in einer Interpretation zum Ausdruck, die A. G. Meyer für einen Teil der Theorie von Marx vorgelegt hat: „Tatsächlich prädisponiert die ökonomische Struktur eine gegebene Gesellschaft für einen bestimmten Typ von Überbau ... als einen Rahmen, der den Bereich der zufälligen Phänomene begrenzt, die gesellschaftlich wirksam werden können." Die ökonomische Basis, Produktivkräfte und Produktionsverhältnisse zusammen, ist daher keine zureichende Ursache, sondern eine „ausschließende Bedingung für den

20 Der Sozialismus einst und jetzt, S. 115.
21 a. a. O., S. 118.
22 a. a. O., S. 121.
23 a. a. O., S. 125.
24 Der Marx-Kultus, a. a. O., S. 261.
25 Das Bleibende, a. a. O., S. 182.
26 Der Revisionismus, a. a. O., S. 15.

Überbau"[27]. Sie ist nach Bernsteins Verständnis vor allem eine ausschließende Bedingung für die Möglichkeiten des gesellschaftlichen Wandels, indem sie eine Reihe von abstrakten Möglichkeiten der gesellschaftlichen Umformung tatsächlich ausschließt. Sofern Marx das gemeint hat, ist Bernstein bewußt Marxist geblieben. Er setzt jedoch den „Bestimmungskoeffizienten" der Ökonomie niedriger an als Marx[27a]. Es wäre verfehlt, dieses Beharren auf dem Marxismus als bloße formale Loyalität zu bewerten[28].

Wenn „Dialektik" in einer analogen Anwendung ein Verhältnis bezeichnen soll, wo beide Seiten, die gesellschaftlichen Voraussetzungen und das Handeln der Subjekte, jeweils in einer engen Vermittlung voneinander abhängen, ohne daß daraus eine, wenn auch abgestufte Determination wird, dann ist dieses Bernsteinsche Geschichtsverständnis „dialektisch". Bernstein wendet sich gleichermaßen gegen den historischen Determinismus, den er einen „Kalvinismus ohne Gott" nannte[29], wie gegen die „Willenstheorie", gegen die er sich gerade auf den marxistischen Gedanken beruft, daß sich die Geschichte nach bestimmten Gesetzen entwickelt[30], aber nicht dem einen einheitlichen Entwicklungsgesetz notwendig folgt. Was er als „Dialektik" bei Marx zurückweist, ist denn auch keineswegs eine solche Auffassung der Geschichte als wechselseitiger Vermittlung der gesellschaftlichen Gegebenheiten und des Handelns der Individuen, sondern eine Vorstellung, die er zu den falschen „Anwendungen" des Marxismus durch Marx selbst zählt, daß nämlich der Übergang in eine neue Gesellschaft nicht durch eine *Entwicklung,* sondern durch einen Umschlag erfolgen kann[31].

Bernstein kritisiert Anwendungen des Marxismus im skizzierten Sinne durch Marx und Engels selbst auf verschiedenen Ebenen. Hier ist vor allem die prognostische und die strategische Ebene zu unterscheiden. In den zuerst genannten Bereich gehört vor allem Bernsteins Kritik an den Erwartungen von Marx hinsichtlich der Entwicklungsmöglichkeiten der kapitalistischen Gesellschaft. Wie in den Abschnitten des Kap. 4 im einzelnen dargelegt, geht Bernstein davon aus, daß Marx diese Entwicklung nicht richtig eingeschätzt hat. Dabei schwankt er zwischen dem Urteil, Marx habe lediglich das Entwicklungstempo der von ihm vorausgesehenen Trends wesentlich überschätzt[32] und der viel weitergehenden Aussage, Marx habe die Entwicklungsrichtung der kapitalistischen Gesellschaft insoweit falsch eingeschätzt, als er einen Trend zur Strukturvereinfachung konstatierte, der nirgends zu beobachten

27 A. G. Meyer, Marxism. The Unity of Theory an Practice, Cambridge, Mass. 1954, S. 31 und 43 (meine Übersetzung, Th. M.).
27a Tugan-Baranowskys Marx-Kritik, S. 419.
28 So Gay, a. a. O., S. 82/83.
29 Voraussetzungen, S. 32.
30 Vgl. das Bernstein-Manuskript, IISG A 93.
31 Vgl. dazu Abschnitt 3.3.1.
32 Der Revisionismus in der Sozialdemokratie, S. 18.

sei[33]. In Wahrheit liegen diese beiden scheinbar sehr unterschiedlichen Urteile nicht weit voneinander entfernt, denn die Fehlprognose hinsichtlich der gesellschaftlichen Komplexität resultiert im wesentlichen aus einer erheblichen Überschätzung von Umfang und Geschwindigkeit der im übrigen fast durchweg zu Recht konstatierten Trends. Diese Überschätzungen beruhen ihrerseits zum einen auf originären Fehlern, zum anderen aber aus der Marxschen Erfahrungsperspektive, die ihn daran gehindert hat wahrzunehmen, in welchem Umfang der demokratisierte Staat eingesetzt wird, um die an sich richtig vorhergesehenen Entwicklungstrends aufzuhalten oder umzukehren[34]. Freilich liegt einem solchen Versäumnis eine unzureichende Auffassung von der Rolle des Staates seinerseits zugrunde.

Eine zweite Anwendung des Marxismus durch seine Schöpfer selbst, die Bernstein kritisiert, ist ihre vergröberte Darstellung der Mikrostruktur der gesellschaftlichen Transformation, für deren Makrostruktur ja die Kernsätze des historischen Materialismus die Grundlage bilden: „Dagegen ist eine nicht zu leugnende Tatsache, daß die Formel der materialistischen Geschichtsauffassung, wie Marx-Engels sie hinterlassen haben, zwar den leitenden Gesichtspunkt für die Erforschung der Ursachen der großen geschichtlichen Umwälzungen liefert, aber für die Erklärung der intimeren Vorgänge des geschichtlichen Werdens, die doch auch erkannt sein wollen und die zu erkennen gerade für die Praxis von großer Wichtigkeit ist, weil wir als Praktiker ja nicht mit Jahrtausenden oder Jahrhunderten, sondern mit ganz bescheidenen Jahrzehnten zu rechnen haben — daß die überlieferte Formel für diese Aufgabe nicht ausreicht, sondern sehr wesentlicher Ergänzungen bedarf[35]." Diese mangelnde Klärung der Mikrostrukturen gesellschaftlicher Transformation verführt zu einer Anwendung des allgemeinen Schemas auf kurzfristige Wandlungsprozesse, die Bernstein als das blanquistische Element im Marxismus beschrieben hat[36].

(2) Dies ist das ursprüngliche Motiv der Bernsteinschen Marxkritik. In seiner ersten Formulierung, mit der er sich aus einer vollständigen Identifikation mit Marx gelöst hatte, wies er auf diese Problematik hin. Es handelt sich um die Anwendung des Marxismus auf die strategischen Fragen. In seinem Brief an Kautsky vom August 1898 hatte Bernstein sich von der Verpflichtung, alle Marxschen Anwendungen der Theorie verteidigen zu müssen, mit dem Hinweis losgesagt, daß Marx gerade in den Fragen, „die mit dem Fortgang der Entwicklung immer mehr in den Vordergrund treten, so gut wie

33 a. a. O., S. 25.
34 Vgl. z. B. Der Sozialismus einst und jetzt, S. 130 und Voraussetzungen, S. 243.
35 Der Marx-Kultus, S. 258.
36 In neuerer Zeit hat Habermas auf das Spannungsverhältnis zwischen diesen beiden Ebenen in der Marxschen Theorie hingewiesen. Vgl. Erkenntnis und Interesse, Frankfurt 1968, S. 58 ff.

gar keine, mit Bezug auf einzelne sogar irrige Führung gegeben" habe[37]. Damit konstatiert Bernstein ein konzeptionelles Vakuum bei Marx selbst. In diese Lücke hinein entwirft er seine eigene Theorie. Die wenigen Hinweise, die Marx in diesem Bereich gegeben hat, sind Bernstein zufolge teils irrig, teils widerspruchsvoll. Für diesen Bereich konstatiert Bernstein einen „Dualismus" in der Marxschen Theorie. Es finden sich nämlich zwei alternative Transformationsstrategien vorgeprägt. Das eine ist „die Politik der starren sozialrevolutionären Intransigenz", von der Bernstein sagt: „Es würde freilich nicht schwer halten, aus den Schriften von Marx Sätze zu erbringen, welche in diesem Sinne lauten, und Beispiele anzuführen, wo Marx eine politische Haltung einnimmt oder empfiehlt, die solcher Anschauung entspräche[38]." „Aber diesen Sätzen könnten wir andere entgegenstellen als Beispiele, wo Marx für eine evolutionistische Politik eintrat"[39] und er zitierte als Motto seiner „Voraussetzungen" Marx' Äußerungen über die Zehnstundenbill, die als theoretische Formel für reformistische Strategie angesehen werden muß[40]. Bernstein ist fest davon überzeugt, daß den geschichtstheoretischen Einsichten von Marx allein die gradualistische Strategie entsprechen kann, die sich zwar auch bei Marx nachweisen läßt, aber doch eher nur im Hintergrund und beim späten Engels.

Zwei Sätze aus dem Vorwort zum „Kapital" haben für ihn Schlüsselcharakter für jede reflektierte sozialistische Strategie: „Auch wenn eine Gesellschaft dem Naturgesetz ihrer Bewegung auf die Spur gekommen ist ... kann sie naturgemäße Entwicklungsphasen weder überspringen, noch wegdekretieren. Aber sie kann die Geburtswehen abkürzen und mildern." Und: „Die jetzige Gesellschaft (ist) kein fester Kristall, sondern ein umwandlungsfähiger und beständig im Prozeß der Umwandlung begriffener Organismus[41]." Dazu schreibt Bernstein: „Diese zwei Sätze von Marx nun unterschreibt jeder Revisionist. Ja, der Revisionist legt ihnen größere Bedeutung, größere Tragweite bei, als vielleicht, das gebe ich gern zu, Marx selbst[42]." Die größere Tragweite besteht darin, daß Erkenntnisse dieser Art[43] für Bernstein auch transformationsstrategisch verbindlich bleiben, während Marx selbst sie an prominenten Stellen zugunsten jener „sozialen Dialektik" außer Kraft setzt, die Bernstein anhand des Blanquismusbegriffs eingehend kritisiert hatte. Es sei an dieser Stelle nur noch einmal darauf verwiesen, daß Bernstein vor

---

37 Bernstein an Kautsky vom 26. 8. 1897.
38 Das Bleibende, S. 161.
39 a. a. O.
40 Es handelt sich um Marx' These aus der Inauguraladresse der Internationalen Arbeiterassoziation, die Erkämpfung des 10-Stundentages durch die englische Arbeiterklasse sei der Sieg des Prinzips der politischen Ökonomie der Arbeiterklasse über die politische Ökonomie des Kapitalismus gewesen. Vgl. Abschn. 2.2.4.
41 Das Kapital, Band 1, MEW 23, S. 15/16.
42 Der Revisionismus, S. 18.

allem in den Schriften von Marx und Engels aus der Zeit um 1848/1850 jene blanquistische Strategie vorgebildet findet, die für die Errichtung der sozialistischen Gesellschaft alles von der revolutionären Machtergreifung abhängig machen will, ohne dabei „die theoretische Einsicht in die Natur der modernen Ökonomie"[44] mitzuberücksichtigen, die kein anderer als Marx selbst in seinen theoretischen Schriften entfaltet hat. Dieser „schreiende Gegensatz" zwischen einer Theorie der Einsicht in die ökonomischen Zusammenhänge und einer Strategie, die den „proletarischen Terrorismus" als gesellschaftsbildende „Wunderkraft" ansieht[45], hält Bernstein für „das Produkt eines intellektuellen Fehlers" in der Theorie von Marx und Engels[46]. Er gründet darin, daß in den Marxschen Sozialismus zwei Traditionsstränge Eingang gefunden haben, die nicht zur Deckung gebracht werden. Der eine ist durch die Parole gekennzeichnet „Emanzipation durch wirtschaftliche Organisation" und der andere durch „Emanzipation durch politische Expropriation"[47]. Beide Strömungen haben eine lange Ahnenreihe bei den französischen Frühsozialisten. Der historischen Theorie von Marx und seiner Gesellschaftsanalyse entspräche allein die zuerst genannte Strategie. Tatsächlich neigten Marx und Engels aber stärker dem blanquistischen Erbe bei der Beantwortung strategischer Fragen zu. „Der Marxismus hat den Blanquismus erst nach einer Seite hin — hinsichtlich der Methode — überwunden. Was aber die andere, die Überschätzung der schöpferischen Kraft der revolutionären Gewalt für die sozialistische Umgestaltung der modernen Gesellschaft anbetrifft, ist er nie völlig von der blanquistischen Auffassung losgekommen[48]." Damit meint Bernstein also nicht, wie an anderer Stelle demonstriert, die Möglichkeit der politischen Revolution, sondern die Annahme, gesellschaftliche Umwandlungen könnten sich noch in der Gegenwart nach dem Muster „der Revolutionen des siebzehnten und achtzehnten Jahrhunderts" vollziehen[49], wo kurzfristige gesellschaftliche Umwandlungsprozesse über den Hebel der politischen Gewalt zu bewirken waren. *Unter dem Einfluß der Hegelschen Dialektik weicht Marx in strategischer Hinsicht vor allem in zwei Punkten von seiner eigenen Gesellschaftstheorie ab: Er unterschätzt die organisationssoziologischen Konstruktionsprobleme des Sozialismus und er überschätzt die gegebene Handlungskompetenz des Proletariats[50].* Er konstruiert den Übergang zum Sozialismus häufig nach einem Schema, das allenfalls für die Beschreibung sehr großer Zeiträume geeignet ist, so daß ein

---

43 Der erste Satz ist freilich im Lichte der inhaltlichen Konzeption Bernsteins zu sehen.
44 Voraussetzungen, S. 63.
45 a. a. O., S. 64 und 63.
46 a. a. O., S. 64.
47 a. a. O.
48 a. a. O., S. 65.
49 a. a. O., S. 68.
50 Klassenkampfdogma und Klassenkampfwirklichkeit, in: Zur Geschichte, S. 292.

in seiner Mikrostruktur gradueller gesellschaftlicher Wandel nach dem Muster der Makrostruktur konzipiert wird, wo es sich um ein Umschlagen der einen Gesellschaftsformation in eine andere zu handeln scheint. Dies meint Bernstein, wenn er von dem „Dualismus" zwischen dem vorweg fertigen Gerüst der Marxschen Theorie spricht, „vom dialektischen Schema des Werks", und seinen wissenschaftlichen Untersuchungen über die gesellschaftliche Entwicklung, die diesem jeweils angepaßt werden müssen[51].

Sofern Marx den Übergang zum Sozialismus nach diesem Modell konstruiert, wie er es in einer Reihe von Texten getan hat, haftet ihm „in der Anwendung noch ein Rest utopischen Denkens" an, der in der Praxis zu „verhängnisvollen Fehlgriffen" führen muß[52].

Außer den von Marx selbst dargetanen objektiven Entwicklungsvoraussetzungen der Gesellschaft ignoriert eine solche strategische Ausmünzung der Marxschen Theorie noch die ebenfalls von ihr selbst auf theoretischer Ebene belegte Vermitteltheit der Verfassung des Proletariats durch seine Lebensbedingungen im Kapitalismus. Auch in dieser Schlüsselfrage mündet die Marxsche Theorie in einen unaufgelösten Dualismus ein: „Wir stoßen in seinen Publikationen auf Stellen, wo die Unreife der Arbeiter mit einer Schärfe betont wird, die sich wenig vom Doktrinarismus der ersten Sozialisten unterscheidet, und bald hinterher auf Stellen, nach denen man annehmen sollte, daß alle Kultur, alle Intelligenz, alle Tugend nur in der Arbeiterklasse zu finden sei, Sätze, die es unerfindlich machen, warum die extremsten Sozialrevolutionäre und Gewaltanarchisten nicht recht haben sollen[53]."

Ihm ist es darum zu tun, diesen Dualismus zu überwinden zugunsten einer reflektierten Fassung der ökonomischen Geschichtsauffassung in Verbindung mit der Ausarbeitung einer Strategie des Sozialismus, die dieser Theorie tatsächlich entspricht. Er kann daher beanspruchen, in der Marxschen Tradition zu stehen. Wenn er den Gedanken der ökonomischen Geschichtsauffassung für die wesentliche Errungenschaft der Marxschen Theorie hält, so kann er sogar den Anspruch erheben, *in der besseren Tradition des Marxismus* zu stehen, freilich nicht ohne eine Reihe von Konzepten, die Marx selbst vorgelegt hat, kritisch zu überwinden. Da aber ohnehin der Marxismus keine durchgängige Sinneinheit darstellt, lautet die Frage für Bernstein nicht für oder gegen den ganzen Marx, sondern „mit Marx gegen Marx"[54]. „Man

---

51 Voraussetzungen, S. 245 und 244.
52 Entwicklungsgang, S. 31. Auch in den Voraussetzungen betont Bernstein diesen utopischen Aspekt bei Marx, S. 247.
53 Voraussetzungen, S. 250.
54 Voraussetzungen S. 51, wo Bernstein schreibt: „So können die Irrtümer einer Lehre nur dann als überwunden gelten, wenn sie als solche von den Verfechtern der Lehre anerkannt sind. Solche Anerkennung bedeutet noch nicht den Untergang der Lehre. Es kann sich vielmehr herausstellen, daß nach Ablösung dessen, was für irrig erkannt ist

könnte ohne großes Risiko hinsichtlich der von Sozialisten beobachteten Politik einen Preis aussetzen auf die Beantwortung der Frage, welche davon der echte Marxismus sei, — es wird ihn niemand erwerben[55]." Darum muß es vielmehr auf eine kritische Sichtung des Marxschen Erbes ankommen, in der allein entschieden werden kann, was zu erhalten sich lohnt.

Es ist Bernstein nicht entgangen, daß die Bolschewiki tatsächliche Anknüpfungspunkte insbesondere in den früheren Schriften von Marx gefunden haben. Vor allem das „Manifest der Kommunistischen Partei" bot dazu Gelegenheit[56]. Gerade darum war eine kritische Revision des Marxschen Erbes unvermeidlich[57]. Denn aus dem Dualismus im Marxschen Werk resultierte nicht nur die Gefahr einer Führungslosigkeit in der Praxis, sondern unter Umständen auch die Gefahr des Verrats an seinen eigenen grundlegenden Prinzipien und Hoffnungen. Dies hat Bernstein noch im Sommer 1929 in einem Gespräch mit dem bekannten amerikanischen Marxforscher Sidney Hook klar gesehen: „Die Bolschewiki berufen sich nicht ohne Rechtfertigung auf Marx. Wissen Sie? Marx hatte eine starke bolschewistische Ader[58]." In seiner Broschüre, „Was ist der Marxismus? Eine Antwort auf eine Hetze" von 1924 bestreitet Bernstein dem Bolschewismus jedes Recht, sich auf Marx zu berufen, aber er tut dies in dieser gegen den Mißbrauch des Marxismus agitierenden Schrift mit dem einschränkenden Hinweis darauf, daß nicht die Methoden des Klassenkampfes, sondern die „Wissenschaftlichkeit der sozialen Entwicklungslehre" „das bestimmende und wesentliche im Lehrgebäude des Marxismus" sei[58a]. Das von den Bolschewiki systematisch ausgenutzte blanquistische Element bei Marx stellt er dabei nicht gänzlich in Abrede, vielmehr versucht er dessen relative Rechtfertigung für die Zeit, als Marx es entwickelte, mit einer Absage an seine aktuelle Berechtigung zu verbinden.

Es war Bernstein klar, daß sich in dualistischer Koexistenz mit dieser kritisierten Komponente bei Marx auch Ansätze fanden, die in einem konsequenteren Verhältnis zu dessen Geschichtstheorie stehen. Dabei handelt es sich um einen Gradualismus, der sich nach Bernsteins Auffassung mit dem Ver-

---

— man erlaube mir die Benützung eines Lassalleschen Bildes —, es schließlich doch Marx ist, der gegen Marx recht behält." Nur in diesem eingeschränkten und präzisierten Sinne könnte Angel's Formulierung zugestimmt werden, Bernstein sei „in gewissem Sinne als der Anti-Marx" anzusehen, vgl. Angel, a. a. O., S. 432.

55 Das Bleibende, S. 161.
56 Der Sozialismus einst und jetzt, S. 117.
57 Der Marx-Kultus, S. 255.
58 In: Sidney Hook, Towards the Understanding of Karl Marx, New York 1933, S. 43. Etwa zur gleichen Zeit schrieb Bernstein wiederum im Hinblick auf das andere Element des Marxismus an Kautsky, er sei immer Anhänger von Marx geblieben. Vgl. Brief an Kautsky vom 16. 12. 1927 IISG K. DV 545. Auch in bezug auf Engels konstatiert Bernstein noch in den zwanziger Jahren, in dessen Briefen finde sich oft „direkter Blanquismus", z. B. Brief an Kautsky vom 8. 1. 1925, IISG K. DV 529.
58a Was ist der Marxismus, in: Bernstein, Texte zum Revisionismus, S. 93.

ständnis der kapitalistischen Gesellschaft als einem ständiger „Umwandlung unterworfenen Organismus" (Marx) allein vereinbart. In diese Richtung weisen Marx' Interpretation der gesetzlichen Begrenzung der Arbeitszeit als einem Sieg des Prinzips der Arbeiterklasse noch innerhalb der kapitalistischen Verhältnisse und dessen Aussage im Kapital, die Fabrikgesetzgebung entspräche in ihrer Wirkung der Einführung des 10-Stundentages. Diese Ansätze nennt er „einen stark reformistischen Einschlag" bei Marx[59].

Bernstein hat den Zwiespalt in der Marxschen Emanzipationstheorie klar erkannt und in seinen Umrissen bloßgelegt, wenn er ihn auch nicht in allen Einzelheiten rekonstruiert hat[60]. Er hat sich auf die nach seiner Auffassung kritischer Erörterung standhaltende Seite dieses Zwiespalts gestellt und eine zu ihr passende Transformationsstrategie ausarbeiten wollen. Er konnte an Vorprägungen bei Marx anknüpfen. Die Revision und Neuformierung der bleibenden Elemente war seine Aufgabe. „Ich bekämpfe weder den Grundgedanken des historischen Materialismus, noch den Klassenkampf, noch den aus ihm sich ergebenden Charakter der Sozialdemokratie als Arbeiterpartei usw. Ich bekämpfe nur bestimmte Auslegungen und Folgerungen als überlebt[61]."

Gewisse Unglätten in Bernsteins Verhältnis zu Marx resultieren daraus, daß er zumeist im Unklaren ließ, ob kritisierte Elemente der Theorie von Marx lediglich nicht länger zeitgemäß sind oder ob sie schon im Ansatz verfehlt waren. Aus Bernsteins Revision des Marxismus ergab sich ein konstruktivistisches Transformationsparadigma, in dem sich viele Elemente befinden, die von Marx herrühren, andere, die er von F. A. Lange oder den Fabiern übernehmen konnte. Für das Resultat ist er selbst verantwortlich. Als Antimarxismus wäre es mißverstanden. Es Revisionismus zu nennen, würde nach Bernsteins tiefster Überzeugung nur die Verpflichtung bedeuten, seine Elemente jederzeit im Lichte neuer Erfahrungen und besserer Einsichten der Revision zu unterziehen.

59 Der Sozialismus einst und jetzt, S. 117.
60 Vgl. Voraussetzungen, S. 243/44.
61 Bernstein an Kautsky vom 27. 10. 1898, IISG K. DV 463.

10. Schlußbemerkung

Es war das Ziel der vorliegenden Untersuchung, deutlich werden zu lassen, daß trotz der wenig systematischen Form ihrer Exposition die Bernsteinschen Gedanken eine in sich zusammenhängende Theorie der sozialistischen Transformation darstellen. Überblickt man die Entwicklung der Theorie des demokratischen Sozialismus seit der Revisionismusdebatte bis in die jüngste Gegenwart, so kann kein Zweifel daran bestehen, daß Bernsteins Ansatz sich durchgesetzt hat[1], nicht in der Form, daß er sich in offensiven theoretischen Auseinandersetzungen schließlich doch behauptet hätte, sondern auf dem Wege jeweils weitgehend traditionsloser Neuentdeckung dieser Gedanken in konkreten Lagen. Dies gilt freilich nur für die theoretischen Grundlagen des demokratischen Sozialismus und nicht auch gleichermaßen für die konkreten Programmforderungen und für die Konsequenz, mit der die gesellschaftliche Veränderung vorangetrieben wurde[2]. In einem gewissen Maße gilt das Urteil von Peter Gay für die gesamte sozialdemokratische Tradition, daß dieser mit Bezugnahme auf Bernsteins damalige Anhängerschaft formulierte: „Keiner

---

1 Unverständlich erscheint Lidtkes Urteil: „Analogien zwischen der Bernsteinschen Auffassung und dem 1959 beschlossenen Godesberger Programm, die in einer Fülle von wenig kritischen Veröffentlichungen gezogen wurden, begegnen berechtigter Kritik sowohl seitens des kommunistischen wie der bürgerlichen Geschichtswissenschaft . . . jedoch kann nicht übersehen werden, daß die revisionistischen Theorien zeitgebunden und auf die gegenwärtige Situation in den westlichen Ländern nicht anzuwenden sind" (a. a. O., S. 689). Die Begründung für ein solches Urteil dürfte schwer fallen. Erstaunlicher aber ist, daß eine solche Sicht der Dinge in der Regel einhergeht mit der Auffassung, der noch ältere Marxismus, der in seinen Hauptzügen formuliert war, bevor die Entwicklungsphase des organisierten Kapitalismus überhaupt einsetzte, sei demgegenüber stets die aktuellere Theorie. Kritik ist nur als umfassendes Prinzip sinnvoll, richtet sie sich nur gegen ausgewählte Objekte, so daß die kritische Erörterung anderer als eo ipso „unkritisch" gilt, dann wird sie zur Kritiklosigkeit. Hier praktiziert — das bezieht sich nicht auf Lidtke — eine kritiklose Marxorthodoxie gern das Spiel vom Wettlauf zwischen Hase und Igel. Wie immer die Kritik ausfallen mag, die verengte Marxinterpretation steht doch immer schon am anderen Ende der Furche mit dem Triumphruf: „Ich bin schon da." Für die Einschätzung, daß sich Bernsteins Theorie durchgesetzt hat und daß sie aktuell ist, vgl. P. Angel, a. a. O., S. 282 und S. 7.

2 In dieser Auffassung folge ich Horst Heimann. Vgl. dessen Einleitung zu: Eduard Bernstein, Texte zum Revisionismus, Bonn-Bad Godesberg 1977.

verstand seinen demokratischen Sozialismus genug, um ihn weiterentwickeln zu können. Sie machten vielmehr ein konservatives Begriffsschema daraus, das unter dem ‚Schritt für Schritt' nur die Mahnung verstand, wenig zu tun und selbst das noch langsam[3]." Das Bernsteinsche Paradigma war aber beides nicht, weder ein konservatives Begriffsschema noch eine Festlegung auf in jedem Falle durchzusetzende konkrete Maßnahmen. Es enthält vielmehr die *Möglichkeit* einer sehr energischen Gesellschaftsveränderung. Nichts wäre daher unangebrachter, als aus dem Hinweis auf unterbliebene sozialistische Gestaltungsmöglichkeiten ein Argument gegen Bernsteins Konzeption zu machen.

Der Bernsteinsche Konstruktive Sozialismus ist weder die theoretische Anpassung an die opportunistische Tagespolitik einer Massenpartei[4], noch die Rationalisierung einer interessebedingten Abkehr vom Revolutionsgedanken[5], noch die Anpassung des Sozialismus an die Interessen des Bürgertums[6], sondern der Versuch, die sozialistische Theorie für die Bedingungen von Gesellschaften hoher Komplexität neu zu formulieren. Insofern ist er der *Übergang zum modernen Sozialismusverständnis*. Diesen Übergang vollzog Bernstein in einer oft vorläufigen und nicht in jedem Falle konsequenten Begrifflichkeit. Das hat dazu geführt, daß der Gehalt dieses Denkens als zusammenhängender Theoriealternative häufig übersehen worden ist. Wenn Bernstein auch die wichtigsten Elemente seines konstruktivistischen Paradigmas von anderer Seite übernehmen konnte, so hat er es doch in seiner ausgearbeiteten Gestalt in die Diskussion in Deutschland eingebracht. Sowohl in der Begründung einer reflektierten Transformationsstrategie, wie in der Ausarbeitung der Grundstruktur einer sozialistischen Programmtheorie ist er wegweisend geworden. Dies gilt auch für den Einbau der Theorie des funktionalen Sozialismus in eine solche Konzeption und für seine Grundlegung einer fundierten Staatstheorie. Seinem eigenen Anspruch nach gehören sein Verständnis des wissenschaftlichen Status von Sollsätzen, seine Charakterisierung der Anforderungen an wissenschaftliche Aussagen und seine Versuche der Weiterentwicklung der Werttheorie nicht zu den Elementen seines Denkens, die verbindliche Geltung in einer sozialistischen Konzeption beanspruchen können. Zu den wesentlichen Errungenschaften seiner Theorie gehört gerade der Nachweis, daß solche Erkenntnisse für eine sozialistische Konzeption weder verbindlich gemacht werden können noch brauchen.

Verschiedene Elemente des Bernsteinschen Paradigmas sind in der Weimarer Republik von anderen Theoretikern des Sozialismus mit größerer theore-

---

3 Gay, a. a. O., S. 371.
4 Dies ist die These von Christian Gneuss, in: Um den Einklang von Theorie und Praxis.
5 Dies ist die These von Gustafsson, in: a. a. O.
6 Dies ist die These von P. Angel, a. a. O., S. 260 und S. 302.

tischer Kompetenz vertieft und ergänzt worden[7]. In seiner Eigenschaft als Paradigma ist es aber bis in die Gegenwart nicht überboten worden. *Der Übergang zu einer bewußt reformistischen Strategie wurde in der deutschen Sozialdemokratie in erheblichem Umfang um den Preis einer Verdrängung der Theorie insgesamt vollzogen, nachdem die Theorie, die eine solche Politik hatte begründen wollen, allzulange auf Parteitagen niedergestimmt worden war.* Dadurch geriet der demokratische Sozialismus sowohl hinsichtlich seiner Perspektive als auch hinsichtlich seiner Legitimation in bleibende Schwierigkeiten. *Die Verdrängung der Theorie selbst als Mechanismus der Verdrängung der Erinnerung, allzulange an einer unzulänglichen Theorie festgehalten zu haben,* ist schon von Bernstein selbst beklagt worden[8]. Es konnte gezeigt werden, daß die Elemente des konstruktivistischen Paradigmas weder von Bernstein erst erfunden worden sind, noch in einem Gegensatz zum ganzen Marxschen Werk stehen. Daher wäre die Fortsetzung der Tradition einer theoretischen Grundlegung des demokratischen Sozialismus wenig sinnvoll, wenn sie unter der Devise für oder gegen Marx bzw. für oder gegen Bernstein geführt würde. In Geltung bleiben kann nur, was den sozialistischen Prinzipien und der kritischen Prüfung standhält, mit welchem Namen auch immer es sich verbinden mag.

---

7 Dabei kommen Theoretiker wie Hermann Heller, Leonard Nelson, Hugo Sinzheimer, Otto Bauer, Karl Renner, Fritz Naphtali, Eduard Heimann, Gustav Radbruch u. a. mehr in Betracht. Überhaupt würde die noch ausstehende Aufarbeitung der einzelnen Fortbildungen der Theorie des demokratischen Sozialismus in der Weimarer Republik deutlich machen, wie sehr den von Bernstein vorgezeichneten Linien in den wesentlichen Fragen gefolgt wurde. Einen Versuch, die Ergebnisse der Weimarer und späterer Diskussionen quellenmäßig zugänglich zu machen, stellen folgende Texteditionen dar: Norbert Konegen, Gerhard Kracht, Sozialismus und Sozialisierung, Kronberg 1974 und Hans Kremendahl, Thomas Meyer, Sozialismus und Staat, 2 Bände, Kronberg 1974.

8 Vgl. z. B. Die Theorie in der Partei, S. 1533. Bernsteins Klage bezieht sich nur auf die Tatsache der schwindenden Bedeutung der Theorie in der Partei.

Anhang

Das Programm der Sozialdemokratischen Partei Deutschlands, Erfurt 1891
[Auszug]

Die ökonomische Entwicklung der bürgerlichen Gesellschaft führt mit Naturnotwendigkeit zum Untergang des Kleinbetriebes, dessen Grundlage das Privateigentum des Arbeiters an seinen Produktionsmitteln bildet. Sie trennt den Arbeiter von seinen Produktionsmitteln und verwandelt ihn in einen besitzlosen Proletarier, indes die Produktionsmittel das Monopol einer verhältnismäßig kleinen Zahl von Kapitalisten und Großgrundbesitzern werden.

Hand in Hand mit dieser Monopolisierung der Produktionsmittel geht die Verdrängung der zersplitterten Kleinbetriebe durch kolossale Großbetriebe, geht die Entwicklung des Werkzeuges zur Maschine, geht ein riesenhaftes Wachstum der Produktivität der menschlichen Arbeit. Aber alle Vorteile dieser Umwandlung werden von den Kapitalisten und Großgrundbesitzern monopolisiert. Für das Proletariat und die versinkenden Mittelschichten — Kleinbürger, Bauern — bedeutet sie wachsende Zunahme der Unsicherheit ihrer Existenz, des Elends, des Drucks, der Knechtung, der Erniedrigung, der Ausbeutung.

Immer größer wird die Zahl der Proletarier, immer massenhafter die Armee der überschüssigen Arbeiter, immer schroffer der Gegensatz zwischen Ausbeutern und Ausgebeuteten, immer erbitterter der Klassenkampf zwischen Bougeoisie und Proletariat, der die moderne Gesellschaft in zwei feindliche Heerlager trennt und das gemeinsame Merkmal aller Industrieländer ist.

Der Abgrund zwischen Besitzenden und Besitzlosen wird noch erweitert durch die im Wesen der kapitalistischen Produktionsweise begründeten Krisen, die immer umfangreicher und verheerender werden, die allgemeine Unsicherheit zum Normalzustand der Gesellschaft erheben und den Beweis liefern, daß die Produktionskräfte der heutigen Gesellschaft über den Kopf gewachsen sind, daß das Privateigentum an Produktionsmitteln unvereinbar geworden ist mit deren zweckentsprechender Anwendung und voller Entwicklung.

Das Privateigentum an Produktionsmitteln, welches ehedem das Mittel war, dem Produzenten das Eigentum an seinem Produkte zu sichern, ist heute zum Mittel geworden, Bauern, Handwerker und Kleinhändler zu expropriieren und die Nichtarbeiter — Kapitalisten, Großgrundbesitzer — in den Besitz des Produkts der Arbeiter zu setzen. Nur die Verwandlung des kapitalistischen Privateigentums an Produktionsmitteln — Grund und Boden, Gruben und Bergwerke, Rohstoffe, Werkzeuge, Maschinen, Verkehrsmittel — in gesellschaftliches Eigentum und die Umwandlung der Warenproduktion in sozialistische, für und durch die Gesellschaft betriebene Produktion kann es bewirken, daß der Großbetrieb und die stets wachsende Ertragsfähigkeit der gesellschaftlichen Arbeit für die bisher ausgebeuteten Klassen aus einer Quelle des Elends und der Unterdrückung zu einer Quelle der höchsten Wohlfahrt und allseitiger, harmonischer Vervollkommnung werde.

Diese gesellschaftliche Umwandlung bedeutet die Befreiung nicht bloß des Proletariats, sondern des gesamten Menschengeschlechts, das unter den heutigen Zuständen leidet. Aber sie kann nur das Werk der Arbeiterklasse sein, weil alle anderen Klassen, trotz der Interessenstreitigkeiten unter sich, auf dem Boden des Privateigentums an Produktionsmitteln stehen und die Erhaltung der Grundlagen der heutigen Gesellschaft zum gemeinsamen Ziel haben.

Der Kampf der Arbeiterklasse gegen die kapitalistische Ausbeutung ist notwendigerweise ein politischer Kampf. Die Arbeiterklasse kann ihre ökonomischen Kämpfe nicht führen und ihre ökonomische Organisation nicht entwickeln ohne politische Rechte. Sie kann den Übergang der Produktionsmittel in den Besitz der Gesamtheit nicht bewirken, ohne in den Besitz der politischen Macht gekommen zu sein.

Diesen Kampf der Arbeiterklasse zu einem bewußten und einheitlichen zu gestalten und ihm sein naturnotwendiges Ziel zu weisen — das ist die Aufgabe der Sozialdemokratischen Partei.

Die Interessen der Arbeiterklasse sind in allen Ländern mit kapitalistischer Produktionsweise die gleichen. Mit der Ausdehnung des Weltverkehrs und der Produktion für den Weltmarkt wird die Lage der Arbeiter eines jeden Landes immer abhängiger von der Lage der Arbeiter in den anderen Ländern. Die Befreiung der Arbeiterklasse ist also ein Werk, an dem die Arbeiter aller Kulturländer gleichmäßig beteiligt sind. In dieser Erkenntnis fühlt und erklärt die Sozialdemokratische Partei Deutschlands sich eins mit den klassenbewußten Arbeitern aller übrigen Länder.

Die Sozialdemokratische Partei Deutschlands kämpft also nicht für neue Klassenprivilegien und Vorrechte, sondern für die Abschaffung der Klassenherrschaft und der Klassen selbst und für gleiche Rechte und gleiche Pflichten aller ohne Unterschied des Geschlechts und der Abstammung. Von diesen Anschauungen ausgehend bekämpft sie in der heutigen Gesellschaft nicht bloß die Ausbeutung und Unterdrückung der Lohnarbeiter, sondern jede Art der Ausbeutung und Unterdrückung, richte sie sich gegen eine Klasse, eine Partei, ein Geschlecht oder eine Rasse.

Zuschrift Bernsteins an den Parteitag der sozialdemokratischen Partei vom 3. bis 8. Oktober 1898 in Stuttgart*

„Die in der Serie ‚Probleme des Sozialismus‘ von mir niedergelegten Ansichten sind neuerdings in sozialistischen Blättern und Versammlungen zur Erörterung gelangt, und es ist die Forderung ausgesprochen worden, daß der Parteitag der deutschen Sozialdemokratie zu ihnen Stellung nehmen solle. Für den Fall, daß dies geschieht und der Parteitag auf die Forderung eingeht, sehe ich mich zu folgender Erklärung veranlaßt.

Das Votum einer Versammlung, und stehe sie noch so hoch, kann mich selbstverständlich in meinen aus der Prüfung der sozialen Erscheinungen gewonnenen Anschauungen nicht irre machen. Was ich in der ‚Neuen Zeit‘ geschrieben habe, ist der Ausdruck meiner Überzeugung, von der ich in keinem wesentlichen Punkte abzugehen mich veranlaßt sehe.

Aber es ist ebenso selbstverständlich, daß ein Votum des Parteitags mir nichts weniger als gleichgültig sein kann. Und darum wird man es begreifen, wenn ich vor allen Dingen das Bedürfnis fühle, mich gegen fälschliche Auslegung meiner Ausführungen und falsche Schlußfolgerungen aus ihnen zu verwahren. Verhindert,

---

* Abgedruckt im Vorwort zur ersten Auflage, von „Die Voraussetzungen des Sozialismus und die Aufgaben der Sozialdemokratie", Stuttgart 1921², S. 5—11.

selbst auf dem Kongreß zu erscheinen, tue ich dies hiermit auf dem Wege schriftlicher Mitteilung.

Es ist von gewisser Seite behauptet worden, die praktische Folgerung aus meinen Aufsätzen sei der Verzicht auf die Eroberung der politischen Macht durch das politisch und wirtschaftlich organisierte Proletariat.

Das ist eine ganz willkürliche Folgerung, deren Richtigkeit ich entschieden bestreite.

Ich bin der Anschauung entgegengetreten, daß wir vor einem in Bälde zu erwartenden Zusammenbruch der bürgerlichen Gesellschaft stehen und daß die Sozialdemokratie *ihre Taktik durch die Aussicht auf eine solche bevorstehende große soziale Katastrophe bestimmen beziehungsweise von ihr abhängig machen soll. Das halte ich in vollem Umfang aufrecht.*

Die Anhänger dieser Katastrophentheorie stützen sich im wesentlichen auf die Ausführungen des ‚Kommunistischen Manifests‘. In jeder Hinsicht mit Unrecht.

Die Prognose, welche das ‚Kommunistische Manifest‘ der Entwicklung der modernen Gesellschaft stellt, war richtig, soweit sie die allgemeinen Tendenzen dieser Entwicklung kennzeichnete. Sie irrte aber in verschiedenen speziellen Folgerungen, vor allem in der Abschätzung der *Zeit,* welche die Entwicklung in Anspruch nehmen würde. Letzteres ist von Friedrich Engels, dem Mitverfasser des ‚Manifests‘, im Vorwort zu den ‚Klassenkämpfen in Frankreich‘ rückhaltlos anerkannt worden. Es liegt aber auf der Hand, daß, indem die wirtschaftliche Entwicklung eine weit größere Spanne Zeit in Anspruch nahm, als vorausgesetzt wurde, sie auch *Formen* annehmen, zu Gestaltungen führen mußte, die im ‚Kommunistischen Manifest‘ nicht vorausgesehen wurden und nicht vorausgesehen werden konnten.

Die Zuspitzung der gesellschaftlichen Verhältnisse hat sich nicht in der Weise vollzogen, wie sie das ‚Manifest‘ schildert. Es ist nicht nur nutzlos, es ist auch die größte Torheit, sich dies zu verheimlichen. Die Zahl der Besitzenden ist nicht kleiner, sondern größer geworden. Die enorme Vermehrung des gesellschaftlichen Reichtums wird nicht von einer zusammenschrumpfenden Zahl von Kapitalmagnaten, sondern von einer wachsenden Zahl von Kapitalisten aller Grade begleitet. Die Mittelschichten ändern ihren Charakter, aber sie verschwinden nicht aus der gesellschaftlichen Stufenleiter.

Die Konzentrierung der Produktion vollzieht sich in der Industrie auch heute noch nicht durchgängig mit gleicher Kraft und Geschwindigkeit. In einer großen Anzahl Produktionszweige rechtfertigt sie zwar alle Vorhersagungen der sozialistischen Kritik, in anderen Zweigen bleibt sie jedoch noch heute hinter ihnen zurück. Noch langsamer geht der Prozeß der Konzentration in der *Landwirtschaft* vor sich. Die Gewerbestatistik weist eine außerordentlich abgestufte Gliederung der Betriebe auf; keine Größenklasse macht Anstalt, aus ihr zu verschwinden. Die bedeutsamen Veränderungen in der inneren Struktur der Betriebe und ihren gegenseitigen Beziehungen kann über diese Tatsache nicht hinwegtäuschen.

Politisch sehen wir das Privilegium der kapitalistischen Bourgeoisie in allen vorgeschrittenen Ländern Schritt für Schritt demokratischen Einrichtungen weichen. Unter dem Einfluß dieser und getrieben von der sich immer kräftiger regenden Arbeiterbewegung hat eine gesellschaftliche Gegenaktion gegen die ausbeuterischen Tendenzen des Kapitals eingesetzt, die zwar heute noch sehr zaghaft und tastend vorgeht, aber doch da ist und immer mehr Gebiete des Wirtschaftslebens ihrem Einfluß unterzieht. Fabrikgesetzgebung, die Demokratisierung der Gemeindeverwaltungen und die Erweiterung ihres Arbeitsgebiets, die Befreiung des Gewerkschafts- und Genos-

senschaftswesens von allen gesetzlichen Hemmungen, Berücksichtigung der Arbeiterorganisationen bei allen von öffentlichen Behörden vergebenden Arbeiten kennzeichnen diese Stufe der Entwicklung. Daß in Deutschland man noch daran denken
kann, die Gewerkschaften zu knebeln, kennzeichnet nicht den Höhegrad, sondern
die *Rückständigkeit* seiner politischen Entwicklung.

Je mehr aber die politischen Einrichtungen der modernen Nationen demokratisiert
werden, um so mehr verringern sich die Notwendigkeiten und Gelegenheiten großer
politischer Katastrophen. Wer an der Theorie der Katastrophen festhält, muß die
hier gezeichnete Entwicklung nach Möglichkeit bekämpfen und zu hemmen suchen,
wie das die konsequenten Verfechter dieser Theorie übrigens früher auch getan
haben. Heißt aber die Eroberung der politischen Macht durch das Proletariat bloß
die Eroberung dieser Macht durch eine politische Katastrophe? Heißt es die ausschließliche Besitzergreifung und Benutzung der Staatsmacht durch das Proletariat
gegen die ganze nichtproletarische Welt?

Wer das bejaht, der sei hier an zweierlei erinnert. 1872 erklärten Marx und
Engels im Vorwort zur Neuauflage des ,Kommunistischen Manifestes', die Pariser
Kommune habe namentlich den Beweis geliefert, daß ,die Arbeiterklasse nicht die
fertige Staatsmaschine einfach in Besitz nehmen und sie für ihre eigene Zwecke in
Bewegung setzen kann'. Und 1895 hat Friedrich Engels im Vorwort zu den ,Klassen-
kämpfen' ausführlich dargelegt, daß die Zeit der politischen Überrumpelungen, der
von ,kleinen bewußten Minoritäten an der Spitze bewußtloser Massen durchgeführ-
ten Revolutionen' heute vorbei sei, daß ein Zusammenstoß auf großem Maßstabe
mit dem Militär das Mittel wäre, das stetige Wachstum der Sozialdemokratie *aufzuhalten* und selbst für eine Weile *zurückzuwerfen*, — kurz, daß die Sozialdemokratie ,*weit besser bei den gesetzlichen Mitteln als bei den ungesetzlichen und dem
Umsturz*' gedeiht. Und er bezeichnet demgemäß als die nächste Aufgabe der Partei,
,das Wachstum ihrer Stimmen ununterbrochen in Gang zu halten' — beziehungsweise ,*langsame Propaganda der parlamentarischen Tätigkeit*'.

So Engels, der, wie seine Zahlenbeispiele zeigen, bei alledem die Schnelligkeit des
Entwicklungsgangs immer noch etwas überschätzte. Wird man ihm nachsagen, er
habe auf die Eroberung der politischen Macht durch die Arbeiterklasse verzichtet,
weil er es vermieden sehen wollte, daß das durch die gesetzliche Propaganda ge-
sicherte stetige Wachstum der Sozialdemokratie durch eine politische Katastrophe
unterbrochen werde?

Wenn nicht, wenn man seine Ausführungen unterschreibt, dann wird man auch
vernünftigerweise daran keinen Anstoß nehmen können, wenn erklärt wird, was
die Sozialdemokratie noch auf lange hinaus zu tun habe, sei, statt auf den großen
Zusammenbruch zu spekulieren, ,die Arbeiterklasse politisch zu organisieren und
zur Demokratie auszubilden, und für alle Reformen im Staate zu kämpfen, welche
geeignet sind, die Arbeiterklasse zu heben und das Staatswesen im Sinne der Demokratie umzugestalten'.

Das ist es, was ich in meinem angefochtenen Artikel gesagt habe und was ich auch
jetzt noch seiner vollen Tragweite nach aufrechterhalte. Für die vorliegende Frage
läuft es auf das gleiche hinaus wie die Engelsschen Sätze, denn die Demokratie heißt
*jedesmal soviel Herrschaft der Arbeiterklasse, als diese nach ihrer intellektuellen
Reife und dem Höhegrad der wirtschaftlichen Entwicklung überhaupt auszuüben
fähig ist.* Übrigens beruft sich Engels an der angeführten Stelle auch noch ausdrücklich darauf, daß schon das ,Kommunistische Manifest' ,die Erkämpfung der Demo-

kratie als eine der ersten und wichtigsten Aufgaben des streitbaren Proletariats proklamiert' habe.

Kurz, Engels ist so sehr von der Überlebtheit der auf die Katastrophen zugespitzten Taktik überzeugt, daß er auch für die romanischen Länder, wo die Tradition ihr viel günstiger ist als in Deutschland, eine *Revision von ihr hinweg* für geboten hält. ‚Haben sich die Bedingungen für den Völkerkrieg geändert, so nicht minder für den Klassenkampf', schreibt er. Hat man das schon vergessen?

Kein Mensch hat die Notwendigkeit der Erkämpfung der Demokratie für die Arbeiterklasse in Frage gestellt. Worüber gestritten wurde, ist die Zusammenbruchstheorie und die Frage, ob bei der gegebenen wirtschaftlichen Entwicklung Deutschlands und dem Reifegrad seiner Arbeiterklasse in Stadt und Land der Sozialdemokratie an einer plötzlichen Katastrophe gelegen sein kann. Ich habe die Frage verneint und verneine sie noch, weil meines Erachtens im stetigen Vormarsch eine größere Gewähr für dauernden Erfolg liegt wie in den Möglichkeiten, die eine Katastrophe bietet.

Und weil ich der festen Überzeugung bin, daß sich wichtige Epochen in der Entwicklung der Völker nicht überspringen lassen, darum lege ich auf die nächsten Aufgaben der Sozialdemokratie, auf den Kampf um das politische Recht der Arbeiter, auf die politische Betätigung der Arbeiter in Stadt und Gemeinde für die Interessen ihrer Klasse, sowie auf das Werk der wirtschaftlichen Organisation der Arbeiter den allergrößten Wert. In diesem Sinne habe ich seinerzeit den Satz niedergeschrieben, daß mir die Bewegung alles, — das, was man gemeinhin Endziel des Sozialismus nenne, nichts sei, und in diesem Sinne unterschreibe ich ihn noch heute. Selbst wenn das Wort ‚gemeinhin' nicht angezeigt hätte, daß der Satz nur bedingt zu verstehen war, lag es ja auf der Hand, daß er nicht Gleichgültigkeit betreffs der endlichen Durchführung sozialistischer Grundsätze ausdrücken *konnte,* sondern nur Gleichgültigkeit oder, vielleicht besser ausgedrückt, Unbesorgtheit über das ‚Wie' der schließlichen Gestaltung der Dinge. Ich habe zu keiner Zeit ein über allgemeine Grundsätze hinausgehendes Interesse an der Zukunft gehabt, noch kein Zukunftsgemälde zu Ende lesen können. Den Aufgaben der Gegenwart und nächsten Zukunft gilt mein Sinnen und Trachten, und nur soweit sie mir die Richtschnur für das zweckmäßigste Handeln in dieser Hinsicht geben, beschäftigen mich die darüber hinausgehenden Perspektiven.

Die Eroberung der politischen Macht durch die Arbeiterklasse, die Expropriation der Kapitalisten sind an sich keine Endziele, sondern nur Mittel zur Durchführung bestimmter Ziele und Bestrebungen. Als solche sind sie Forderungen des Programms der Sozialdemokratie und von niemand bestritten. Über die Umstände ihrer Durchführung läßt sich nichts voraussagen, es läßt sich nur für ihre Verwirklichung kämpfen. Zur Eroberung der politischen Macht aber gehören politische *Rechte,* und die wichtigste Frage der Taktik, welche die deutsche Sozialdemokratie zur Zeit zu lösen hat, scheint mir die nach dem *besten Wege der Erweiterung der politischen* und *gewerblichen Rechte* der deutschen Arbeiter zu sein. Ohne daß auf diese Frage eine befriedigende Antwort gefunden wird, würde die Betonung der anderen schließlich nur Deklamation sein."

An diese Erklärung knüpfte sich eine kurze Polemik zwischen mir und Karl Kautsky, in die auch, in der „Wiener Arbeiterzeitung", Viktor Adler eingriff. Sie veranlaßte mich zu einer zweiten, im „Vorwärts" vom 23. Oktober 1898 abgedruckten Erklärung, aus der hier folgende Stücke Aufnahme finden mögen:

„Von Karl Kautsky und Viktor Adler ist in ihren, vom ‚Vorwärts‘ abgedruckten Antworten auf meinen Artikel ‚Eroberung der politischen Macht‘ die mir von ihnen früher schon brieflich kundgegebene Meinung ausgedrückt worden, daß eine zusammenfassende Darstellung meines in den ‚Problemen des Sozialismus‘ entwickelten Standpunkts in Buchform wünschenswert sei. Ich habe mich bisher gegen den Rat dieser Freunde gesträubt, weil ich der Meinung war (der ich auch jetzt noch bin), daß die Tendenz dieser Artikel durchaus in der allgemeinen Entwicklungslinie der Sozialdemokratie liege. Da sie ihn indes jetzt öffentlich wiederholt haben und auch von verschiedenen anderen Freunden der gleiche Wunsch geäußert worden ist, habe ich mich entschlossen, diesen Anregungen Folge zu geben und meine Auffassung von Ziel und Aufgaben der Sozialdemokratie in einer Schrift systematisch zu entwickeln. . . .

Adler und auch andere haben daran Anstoß genommen, daß ich mit der Entwicklung demokratischer Einrichtungen eine Milderung der Klassenkämpfe in Aussicht stellte, und meinen, da sähe ich die Verhältnisse lediglich durch die englische Brille. Letzteres ist durchaus nicht der Fall. Selbst angenommen, daß der Satz: ‚das entwickeltere Land zeigt dem minder entwickelten das Bild der eigenen Zukunft‘, neuerdings seine Geltung eingebüßt hätte und alle Unterschiede zwischen der festländischen und der englischen Entwicklung, die ja auch mir nicht ganz unbekannt sind, voll berücksichtigt, so stützt meine Ansicht sich auf Erscheinungen auf dem Festlande, die man in der Hitze des Kampfes allenfalls zeitweise übersehen, die man aber nicht dauernd verkennen kann. Überall in vorgeschritteneren Ländern sehen wir den Klassenkampf mildere Formen annehmen, und es wäre ein wenig hoffnungsvoller Ausblick in die Zukunft, wenn es anders wäre. Selbstverständlich schließt der allgemeine Gang der Entwicklung periodische Rückfälle nicht aus, aber wenn man sich vergegenwärtigt, welche Stellung zum Beispiel selbst in Deutschland ein wachsender Teil des bürgerlichen Publikums heute den Streiks gegenüber einnimmt, wie viele Streiks heute auch dort in ganz anderer, verständigerer Weise behandelt werden wie noch vor zehn und zwanzig Jahren, so kann man doch nicht bestreiten, daß hier ein Fortschritt zu verzeichnen ist. Sagt das auch nicht — um mit Marx zu reden —, ‚daß morgen Wunder geschehen werden‘, so zeigt es doch nach meinem Dafürhalten der sozialistischen Bewegung einen hoffnungsvolleren Weg als die Katastrophentheorie, und braucht weder der Begeisterung noch der Energie ihrer Kämpfer Abbruch zu tun. Das wird mir Adler gewiß nicht bestreiten. Es gab eine Zeit, wo die von mir ausgedrückte Auffassung auf keinen Widerspruch in der Partei gestoßen wäre. Wenn das heute anders ist, so sehe ich darin nur eine begreifliche Reaktion gegen gewisse Erscheinungen des Tages, die mit diesen Tageserscheinungen vergehen und der Rückkehr zu der Erkenntnis Platz machen wird, daß mit der Zunahme demokratischer Einrichtungen die humanere Auffassungsweise, die sich in unserem sonstigen sozialen Leben langsam, aber stetig Bahn bricht, auch vor den bedeutsameren Klassenkämpfen nicht haltmachen kann, sondern für sie ebenfalls mildere Formen der Austragung schaffen wird. Wir setzen heute durch Stimmzettel, Demonstration und ähnliche Pressionsmittel Reformen durch, für die es vor hundert Jahren blutiger Revolutionen bedurft hätte.“

London, den 20. Oktober 1898

E. Bernstein
Revisionistische Kritik des Erfurter Programms*

Die Einwände des Revisionismus gegen das Erfurter Programm beziehen sich nicht auf die darin niedergelegten Grundsätze und Forderungen, sondern auf deren in den Einleitungssätzen des Programms entwickelte *theoretische Begründung*. Ein von Vertretern der revisionistischen Anschauungen vereinbartes Gegenprogramm existiert nicht, man hat sich von dieser Seite darauf beschränkt, die abweichenden Anschauungen in bezug auf Theorie und Taktik bei passender Gelegenheit auf Kongressen zu entwickeln oder in Abhandlungen niederzulegen. Eine kurzgefaßte Zusammenstellung solcher theoretischen Einwände hat der Verfasser dieser Schrift im dritten Teil seines Buches „Zur Theorie und Geschichte des Sozialismus" (Berlin, Ferd. Dümmler) gegeben und sie mag mit Auslassung von Nebensächlichem und hier in der kürzeren Formulierung zur Illustrierung des Geistes der revisionistischen Kritik Platz finden:

„Ich habe auf die Frage, welchen der ersten sechs Sätze des Erfurter Programms ich noch unterschreibe, geantwortet: in ihrer heutigen Redaktion keinen mit Ausnahme des sechsten. Und selbst bei ihm würde ich die Worte ‚kann nur' in ‚muß in erster Reihe' abändern. Das heißt, ich würde von der sozialistischen gesellschaftlichen Umwandlung nicht sagen ‚kann nur das Werk der Arbeiterklasse sein', sondern ‚muß in erster Linie das Werk der Arbeiterklasse sein'. —

Die Arbeiterklasse ist die vornehmste *persönliche* Kraft, die am Werk der sozialistischen Umgestaltung wirkt, aber sie ist nicht die einzige und wird nicht die einzige bleiben. Sie erhält in diesem Kampf heute Zufluß aus den verschiedensten Gesellschaftsschichten: aus der Schicht der Kleinhandwerker und Kleinbauern, aus der Schicht der Beamten, der Angehörigen der freieren Berufe und schließlich auch der Besitzenden selbst. Man kann die wenigen Kapitalisten, die sich der sozialistischen Bewegung direkt anschließen, ganz beiseite lassen, weder ihre Zahl noch ihr Einfluß ist groß genug, um deren Charakter zu ändern. Andererseits gehören Kleinhandwerker und Kleinbauern zwar nicht der Arbeiterklasse — dem Proletariat —, aber doch der arbeitenden Klasse an, da sie nicht nur wesentlich von ihrer persönlichen Arbeit leben, sondern auch — was hier sehr ins Gewicht fällt, ähnlich leben wie die Arbeiter. Desgleichen die kleinen Beamten. Von all diesen wird niemand Abschwächung oder grundsätzliche Änderung des Charakters der sozialistischen Arbeiterbewegung gewärtigen. Die Bauern sind dazu zu isoliert, die kleinen Beamten durch ihre Stellung meist zu stiller Parteigängerschaft genötigt, und die Handwerker, die sich heute der sozialistischen Bewegung anschließen, haben mit den reaktionären Tendenzen ihrer Klasse total gebrochen. Bleiben die Angehörigen der freien Berufe: Schriftsteller, Lehrer, Künstler, Ärzte, Techniker und dergleichen. Sie stehen zwischen Bourgeoisie und Arbeiterklasse, streben individuell meist dem Aufstieg in die erstere zu und können, kraft ihres Berufs und ihrer Erziehung, einen starken geistigen Einfluß ausüben. Der Zufluß aus diesen Schichten wäre also die kritischste Ergänzung des von der Arbeiterklasse gestellten Kontingents der sozialistischen Bewegung.

---

* Aus: Von der Sekte zur Partei, Jena 1911, S. 73—76.

Aber — von welcher Seite oder Auffassung aus man die Sache auch betrachtet — im Guten wie im Schlimmen neutralisieren sich diese Elemente auf die Dauer. Sie stellen die phantastischsten, sie stellen aber auch die kenntnisreichsten, sie stellen die vermittelungslustigsten (d. h. kompromißsüchtigsten), sie stellen aber auch die entschiedensten, kampfeslustigsten Kräfte der Bewegung. Sie sind keine einheitliche Klasse mit gleichen Interessen, sondern Überläufer aus anderen Klassen mit sehr verschiedenartigen Interessen. In allen Ländern haben sie gerade in der Jugend der sozialistischen Bewegung einen großen Anteil an der Propaganda genommen, und wenn sie ihr damals nicht den Garaus gemacht haben, so werden sie ihr heute, wo die Arbeiterbewegung mündig geworden, erst recht keinen Schaden tun können. Das Fazit ihrer Teilnahme an der sozialistischen Bewegung ist positiver Gewinn.

Soweit zum Absatz 6. Wende ich mich nun den anderen Absätzen des Programms zu, so tritt mir gleich zu Anfang des ersten Paragraphen der Satz entgegen: ,Die ökonomische Entwicklung der bürgerlichen Gesellschaft führt mit *Naturnotwendigkeit* zum Untergang des Kleinbetriebes, dessen Grundlage das Privateigentum des Arbeiters an seinen Produktionsmitteln bildet.'

Diese ,Naturnotwendigkeit' selbst für die Industrie zugegeben, obwohl sie für die *ganze* Industrie jedenfalls noch nicht gilt, ist für die *Landwirtschaft* wissenschaftlich nicht festzustellen. Da ist von naturnotwendigem Untergang des Kleinbetriebs keine Rede. Ich kann also den Satz, an dessen Richtigkeit ich bei seiner Aufstellung ebenso glaubte wie sein Verfasser, heute ebensowenig unterschreiben, wie — sein Verfasser. Das Land als Produktionsmittel macht ganz und gar keine Miene, das ,Monopol einer verhältnismäßig kleinen Zahl von Grundbesitzern zu werden', wie es in dem Absatz weiter heißt.

Demgemäß kann ich auch nicht, was im Absatz 2 geschieht, die Bauern als eine ,versinkende' Mittelschicht der Gesellschaft betrachten und von Zunahme ihres Elends und ihrer Knechtung reden.

Zweifelhaft ist meines Erachtens ferner, was im Absatz 3 gesagt wird, daß die Armee der überschüssigen Arbeiter ,immer massenhafter' wird, und unrichtig, daß der Klassenkampf zwischen Bourgeoisie und Proletariat die moderne Gesellschaft in zwei feindliche Heerlager trennt. Dieser Satz hat in übertragenem Sinne eine gewisse Berechtigung, aber er drückt als Theorie das, was er sagen will, falsch aus. Zwischen oder neben Bourgeoisie und Proletariat stehen noch andere Schichten, die dem Kampf jener bald neutral zuschauen, bald für die eine und bald für die andere Partei Stellung nehmen. Außerdem spielt sich der Klassenkampf, der eine unbestrittene Tatsache ist, in allen möglichen Formen ab und ist überhaupt ein viel komplexeres Phänomen, als der Paragraph erkennen läßt. Der Klassenkampf der verschiedenen Klassen der Besitzenden untereinander, der ein sehr wichtiger Faktor der Entwicklung und für die kämpfende Arbeiterschaft von größter Bedeutung, das Geheimnis vieler ihrer Siege ist und bleiben wird, wird dabei ganz ignoriert.

Daß die Krisen — Absatz 4 — ,immer umfangreicher und verheerender werden', ist nicht unmöglich, ist aber aus verschiedenen Gründen fraglich geworden.

Und schließlich sagt Absatz 5 wiederum, daß das Privateigentum an den Produktionsmitteln heute u. a. zum Mittel geworden ist, Bauern zu expropriieren, worauf das zur Kritik von Absatz 1 Gesagte zutrifft.

Ich führe all das nicht aus, um an dem Programm zu ,mäkeln', sondern nur um darzulegen, warum und inwiefern ich diese Paragraphen in ihrer heutigen apodiktischen Fassung nicht unterschreiben kann. Ich sage in ihrer heutigen Fassung, weil ich — die Landfrage ausgenommen — trozdem ihre *bedingte* Richtigkeit anerkenne. Und was die Landfrage anbetrifft, so ist da das letzte Wort noch nicht gesprochen. Der Bauer kann noch an anderen Dingen zugrunde gehen, als an der Konkurrenz der Großgrundbesitzer, oder — wie durch Wegzug oder wachsendes Selbstbewußtsein der Landarbeiter und andere wirtschaftliche Einflüsse — zu immer stärkerem Übergang zur Genossenschaftlichkeit genötigt werden. Das ist bekanntlich teilweise schon heute der Fall, und so ist die Landfrage kein Hindernis eines sozialistischen Programms[1].

Ich kann also, um es kurz zusammenzufassen, die Sätze gerade soweit nicht unterschreiben, als sie den Sozialismus als das notwendige Resultat aus rein ökonomischen Vorgängen, als den Ausweg aus einem ökonomischen Zusammenbruch und die Alternative oder das Resultat eines gewaltigen Zusammenstoßes erscheinen lassen. Ich sehe in der modernen Gesellschaft sehr starke Tendenzen in dieser Richtung am Werke, ich sehe aber auch Gegenkräfte diesen Tendenzen in steigendem Maße entgegenwirken: die wirtschaftliche und politische Aktion der Arbeiterklasse, das Genossenschaftswesen, die Gesetzgebung der immer sorgsamer den Prozeß verfolgenden herrschenden Klassen, der wachsende Einfluß der bürgerlichen Ideologie und der den modernen Schöpfungen angehörenden demokratischen Bureaukratie (Krankenkassen, Gewerbegerichte usw.). So sieht das faktische Resultat jedesmal ganz anders aus, als wie es nach der angegebenen ‚Tendenz' sein sollte. Und das Schlußresultat ist meines Erachtens, daß der Sozialismus kommt oder im Kommen ist, — nicht als Resultat einer großen politischen Entscheidungsschlacht, sondern als Ergebnis einer ganzen Reihe von wirtschaftlichen und politischen Siegen der Arbeiterbewegung auf den verschiedenen Gebieten ihres Wirkens, nicht als Folge immer größerer Steigerung des Druckes, des Elends, der Erniedrigung der Arbeiter, sondern als die Folge ihres wachsenden sozialen Einflusses und der von ihnen erkämpften relativen Verbesserungen wirtschaftlicher, politischer und allgemein sozialer (ethischer) Natur. Nicht aus dem Chaos sehe ich die sozialistische Gesellschaft hervorgehen, sondern aus der Verbindung der organisatorischen Schöpfungen der Arbeiter im Gebiet der freien Wirtschaft mit den Schöpfungen und Errungenschaften der kämpfenden Demokratie in Staat und Gemeinde. Durch alle Zuckungen und das Umsichschlagen der reaktionären Mächte hindurch sehe ich doch den Klassenkampf selbst immer zivilisiertere Formen annehmen, und gerade in dieser Zivilisierung der politischen und wirtschaftlichen Kämpfe erblicke ich die beste Gewähr für die Verwirklichung des Sozialismus."

---

1 Aber die „Leutenot" auf dem Lande zeigt, daß auch die Lehre von der „industriellen Reserve-Armee" noch der Nachprüfung bedarf, bzw. auch nur eine Teilwahrheit ausdrückt.

E. Bernstein
Leitsätze für den theoretischen Teil eines sozialdemokratischen Parteiprogramms*

Da der Vortrag sich an ein allgemeines Publikum wendete und ich ihm keine, die Hörer ermüdende Länge geben wollte, konnte er auch nur die Grundfragen des sozialistischen Revisionismus behandeln und nur einige aus ihnen für die sozialistische Praxis sich ergebende Folgerungen beleuchten. Andere Folgerungen mußten dagegen unerledigt bleiben. Zu ihnen gehört z. B. die Frage des Verhaltens der Sozialdemokratie zu den bürgerlichen Parteien und den politischen Zwischenbildungen, sowie die damit in Verbindung stehende Frage, ob die Sozialdemokratie wesentlich Klassenpartei der Arbeiter bleiben oder danach streben soll, sozialistische Volkspartei zu werden. Zum Teil werden diese Fragen durch die scharfe Betonung des Entwicklungsgedankens von seiten der Revisionisten präjudiziert: Revisionismus, ein Wort, das im Grunde nur für theoretische Fragen Sinn hat, heißt in's Politische übersetzt: *Reformismus*, Politik der systematischen Reformarbeit im Gegensatz zur Politik, der eine revolutionäre Katastrophe als gewolltes oder für unvermeidlich erkanntes Stadium der Bewegung vor Augen schwebt. Die letztere Politik wird die nichtsozialistischen Parteien höchstens aus opportunistischen Nützlichkeitsgründen differenzieren, sich aber in der Bekämpfung auch der Nachbarparteien um so schroffer und abstoßender verhalten je näher die Katastrophe gedacht wird. Der Reformismus wird schon durch die Abweisung der Katastrophentheorie dahin geführt, wiederkehrende Anlässe und Notwendigkeiten der Kooperation mit nichtsozialistischen Parteien vorauszusehen und im Kampf mit diesen seine Sprache danach einrichten. Insofern heißt Reformismus auch *Mäßigung*. Es ist aber ein nicht schroff genug zu bekämpfender Aberglaube, daß solche Mäßigung Verzicht auf energische Kampfmittel, eine Politik schwächlichen Nachgebens und der Vertuschung der Gegensätze bedeute. „Wie kannst du als Revisionist oder Reformist für politischen Streik, Eroberung der Straße und dergleichen sein?" Auf diese Frage habe ich unzählige Male erwidert: „Ich bin dafür, *weil* ich für eine konsequente Reformpolitik bin. Denn je deutlicher der Gedanke dieser in den Vordergrund gestellt wird, um so wirksamer werden diese Mittel sein." Eine konsequente Betonung des Reformgedankes macht ferner jede Verwischung des Charakters der Sozialdemokratie als Partei der Arbeiterklasse entbehrlich.

Ich bin durchaus der Ansicht, daß die Sozialdemokratie diesen Charakter festhalten muß. Das Bewußtsein, daß sie die Partei derjenigen Klasse der Gesellschaft ist, die mit allen Fasern ihrer Daseins- und Entwicklungsbedingungen am wirtschaftlichen Fortschritt als Grundlage des sozialen und kulturellen Fortschritts hängt, verbürgt ihr allein jene Einheit des *Wollens*, die der sicherste Faktor der Einheit im Handeln bildet. Es ist der unentbehrliche *Kompaß* für die komplizierten Fragen der Politik, zu denen die Sozialdemokratie Stellung zu nehmen hat, wie die Agrarpolitik, die auswärtige Politik, die Handelspolitik, die Kolonialpolitik usw. Politik der Arbeiterklasse heißt hier nicht absoluter Gegensatz gegen die Interessen aller andern Klassen, aber es heißt Freiheit von den spezifischen Sonderinteressen aller anderen Klassen. Die Sozialdemokratie kann z. B. eine Agrarpolitik treiben, die auch den Bauern Vorteile darbietet, aber sie kann keine Agrarpolitik treiben, die

---

* Aus: Der Revisionismus in der Sozialdemokratie, Amsterdam 1909, S. 42—48.

Klassenpolitik der Bauern heißen würde. So kann sie denn auch nur in dem Sinne und Umfange „Volkspartei" werden, als die Arbeiter selbst das maßgebende Element im Volk werden, um das sich andre Volksschichten als im wesentlichen zu ihm gehörig gruppieren. Daß sie aber auf dem besten Wege dazu ist, zeigt die Berufs- und Gewerbezählung.

Sie zeigt uns die Klassen der Lohnarbeiter und Angestellten als die am schnellsten wachsenden Klassen der Bevölkerung. Wenn sich die kleinen Betriebe in Industrie und Handel ebenfalls noch schneller vermehren, als der Durchschnitt der Bevölkerung — in Preußen stiegen die Betriebe von 2 bis 5 Personen zwischen 1895 und 1907 von 593 884 auf 767 200 d. h. um 29,2 Prozent, während der Bevölkerungszuwachs 19 Prozent war — so darf man nicht vergessen, daß eine erhebliche Zahl dieser Betriebe Teile von größeren Unternehmungen sind, und ein wesentlicher Prozentsatz von Kleingewerbtreibenden sich heute um so mehr mit den Arbeitern identifiziert, als zwar ihre Klasse sich erhält, die Einzelexistenzen innerhalb ihrer aber zu einem großen Teil auf sehr unsicherer Basis stehen, ein starkes Kommen und Gehen in ihr herrscht. Kann das von den Bauern weniger gesagt werden, so geht aus der auf S. 28 mitgeteilten Statistik doch hervor, daß selbst die sich am günstigsten entwickelnde Schicht der bäuerlichen Betriebe in ihrer Zahl immer mehr hinter dem Wachstum der Bevölkerung zurückbleibt. Während diese um 19 Prozent wuchs, vermehrten sich die bäuerlichen Mittelbetriebe nur um 10,29 Prozent und nahmen die Kleinbetriebe sogar ab. Die Bauern versinken nicht vor dem agrarischen Großbetrieb, aber sie sinken im Rang als Gesellschaftsklasse.

Dies sind die Gesichtspunkte, nach denen die sozialdemokratischen Programme revidiert werden müssen, die nach dem Muster des Erfurter Programms der Deutschen Sozialdemokratie die gesellschaftliche Entwicklung eingehender zu kennzeichnen versuchen. Ich würde es für zweckmäßiger halten, im Parteiprogramm auf jedes solche Eingehen zu verzichten und nach einigen allgemein gefaßten einleitenden Sätzen, wie Marx sie so meisterhaft für das Mindestprogramm der französischen Arbeiterpartei verfaßt hat, im Programm nur Grundsätze und Forderungen niederzulegen, die theoretische Begründung dagegen in Manifesten zu geben, die eine genauere Behandlung ermöglichen, als Programme, die doch kurz gefaßt werden müssen. Will man aber das Schema des Erfurter Programms beibehalten, dann müssen die theoretischen Sätze so gefaßt werden, daß dem rhetorischen Effekt nicht die wissenschaftliche Genauigkeit aufgeopfert wird. Daß dies sehr wohl möglich ist, sollen die Leitsätze veranschaulichen, die ich für den im Vorwort erwähnten Charlottenburger Vortrag verfaßt hatte. Ich lasse sie nunmehr folgen, indem ich noch betone, daß es sich mir bei ihnen nur um Skizzierung des *gedanklichen Inhalts,* aber nicht um einen, auch die Form berücksichtigenden Entwurf gehandelt hat:

1. In den Kulturländern der Gegenwart beherrscht das kapitalistische Wirtschaftsystem die Produktion und den Austausch der Güter. Die mit großen Mitteln ausgestattete Unternehmung drängt insbesondere in Handel und Gewerbe *die kleinen Betriebe vollständig in den Hintergrund.* Die Schicht der selbständigen kleinen Unternehmer, der Kleinbauern, der Kleinhandwerksmeister, der Kleinhändler und sonstigen Kleingewerbetreibenden bildet einen immer geringeren Bruchteil der Bevölkerung. Dagegen wächst in steigendem Grade die Klasse der in kapitalistischen Unternehmungen beschäftigten *Lohnarbeiter und gegen Gehalt tätigen Angestellten.* Mehr als dreiviertel des Bevölkerungszuwachses sind zu dauernder wirtschaftlicher Abhängigkeit verurteilt.

2. Für die Masse der Beschäftigten und ganz besonders für die Lohnarbeiter bedeutet der Kapitalismus mit der *Abhängigkeit* zugleich *zunehmende Unsicherheit der Existenz.* Technische Umwälzungen, die menschliche Arbeitskräfte ersparen, werfen immer wieder ausgebildete Arbeiter aus ihrer Sphäre heraus, und ferner bedeutet das durch den spekulativen Charakter der kapitalistischen Wirtschaft erzeugte Wechselspiel von Hochkonjunktur und Geschäftsstillstand für die große Masse der Arbeiter und der Angestellten immer wieder von neuem *Wechsel von Überspannung der Kräfte und Arbeitslosigkeit.* Je mehr aber die Arbeiterklasse anwächst, um so mehr wirkt die Arbeitslosigkeit lähmend auf das ganze Wirtschaftsleben zurück und wirft Tausende von Gewerbetreibenden dem Ruin in die Arme.

3. Wohl suchen die modernen Kapitalverbände, die *Syndikate und Kartelle,* die Produktion einer gewissen Regelung zu unterziehen. Aber sie tun das nicht im Interesse und zum Wohl der gesamten Volkswirtschaft, sondern im Interesse der *Hochhaltung der Preise,* der Sicherstellung möglichst hoher *Profite* in ihren speziellen Industrien. Infolgedessen können sie das Übel der periodisch eintretenden Geschäftsstockungen nicht beseitigen, sondern *nur die Äußerungsformen ändern,* während die künstliche Hochhaltung der Preise vielmehr die Wirkungen der Stockungen für die große arbeitende Allgemeinheit *noch verschlimmert.*

4. Die kapitalistische Produktion hat zu einer *gewaltigen Steigerung des gesellschaftlichen Reichtums* geführt. Aber dieser wachsende Reichtum der Gesellschaft fließt nur zum geringsten Teil den arbeitenden Klassen zu. In den verschiedenen Formen des *Profits* und der *Bodenrente* ziehen die *Grundeigentümer* und die *kapitalbesitzenden Klassen* immer größere Mengen von Mehrarbeit an sich. Es wächst immer mehr die Zahl derer, die auf Grund von Besitztiteln *arbeitsloses Einkommen* genießen, und in noch höherem Grade als ihre Zahl wächst ihr Kapitalreichtum. Riesenvermögen, wie keine frühere Zeit sie gekannt, häufen sich in Einzelhänden an, ins Ungeheure wächst *der Abstand zwischen dem Einkommen der breiten Masse* der um Lohn oder ein dem Lohn ähnliches Gehalt sich Mühenden *und dem Einkommen der Kapitalistenaristokratie,* deren Luxus ins Ungemessene wächst und das öffentliche Leben korrumpiert.

5. Während die *Produktion* und der *Austausch* mit dem Wachstum der Unternehmungen immer mehr *gesellschaftlichen* Charakter annehmen, wird durch die Entwicklung von Kollektivformen des Besitzes — Aktien- usw. Gesellschaften — *das Verhältnis der Eigentümer* der Unternehmungen zu ihrem Betrieb zunehmend *veräußerlicht.* Ein immer größerer Teil des Gesamtkapitals der Gesellschaft wird Eigentum von *Aktionären,* die zu den Unternehmungen *keinerlei funktionelle Beziehung haben,* die nur am Profit, den es abwerfen soll, interessiert sind, ihm aber sonst teilnahmslos und unverantwortlich gegenüberstehen. Hinter den großen monopolartigen Unternehmungen läuft ein ganzes Heer von Aktionären, die deren soziale Macht verstärken, als Verzehrer arbeitslosen Einkommens aber für die Volkswirtschaft Parasitenexistenz führen.

6. Gegen dieses *Überwuchern des Parasitismus,* gegen den nach zwei Seiten hin, auf Lohn und Preis, geübten Monopoldruck des Kapitals wären die Arbeiter und Angestellten als Einzelne ohnmächtig. Nur durch die *politische, gewerkschaftliche* und *genossenschaftliche Koalition* vermögen sie seinen niederdrückenden Tendenzen Widerstand zu leisten. Koalitionsfreiheit und gleiches demokratisches Wahlrecht aller sind die notwendigen Vorbedingungen der Befreiung der Arbeiter in der kapitalistischen Gesellschaft.

7. Von allen der Kapitalmacht gegenüberstehenden Klassen der Gesellschaft ist *die Arbeiterklasse allein eine umwälzende Macht im Sinne des gesellschaftlichen Fortschritts.* Die anderen antikapitalistischen Klassen oder Schichten sind entweder direkt reaktionär, wollen das Rad der Geschichte aufhalten oder womöglich zurückdrehen, oder sie bewegen sich, weil sie selbst Zwischenbildungen sind, in Widersprüchen und Halbheiten. Einzig die *Arbeiter* haben *als Klasse* dem Kapitalismus gegenüber *ausschließlich fortschrittliche Interessen zu vertreten.* Als Klasse haben die Arbeiter das größte Interesse an der Vermehrung des gesellschaftlichen Reichtums durch Vervollkommnung der Technik und Einspannung der Naturkräfte in den Dienst der Produktion; als Klasse haben sie das größte Interesse an der Beseitigung der parasitären Unternehmungsformen und der Expropriation der parasitären Gesellschaftselemente.

8. Ihr Klasseninteresse verlangt die *Überführung der wirtschaftlichen Monopole in den Besitz der Gesellschaft* und deren Betrieb zum Vorteil der Gesellschaft, in ihrem Klasseninteresse liegt die Ausdehnung der *gesellschaftlichen Kontrolle* auf alle Zweige der Produktion, die Einbeziehung der zurückgebliebenen Betriebe in die gesellschaftlich geregelte Produktion. Die Organisation der Arbeiter als Klasse aber heißt ihre Organisation zu einer besonderen politischen Partei und die politische Partei der Arbeiter ist die *Sozialdemokratie.*

9. Die Sozialdemokratie kämpft für die Durchführung der *Demokratie in Staat, Provinz, Gemeinde* als Mittel der Verwirklichung der politischen Gleichheit aller und als Hebel für die Vergesellschaftung des Bodens und der kapitalistischen Betriebe. Sie ist *nicht* Partei der Arbeiter in dem Sinne, daß sie *nur Arbeiter* in ihre Reihen aufnimmt, wer ihre Grundsätze annimmt und vertritt, das heißt, wer zu den Fragen des Wirtschaftslebens im Sinne des Kampfes der schaffenden Arbeit gegen den ausbeuterischen Besitz Stellung nimmt, gehört in ihre Reihen. Aber sie wendet sich hauptsächlich an die Arbeiter; denn *die Befreiung der Arbeiter muß in erster Linie das Werk der Arbeiter selbst sein.* Die Arbeiter mit diesem Gedanken zu erfüllen und sie für den Kampf wirtschaftlich und politisch zu organisieren ist die Hauptaufgabe der Sozialdemokratie.

10. Der Kampf der Sozialdemokratie ist nicht auf ein einzelnes Land beschränkt, sondern umfaßt *alle Länder, in denen die moderne Entwicklung ihren Einzug gehalten hat.* Von der Erkenntnis durchdrungen, daß die Entwicklung des modernen Verkehrswesens eine zunehmende Solidarität der Arbeiter aller dieser Länder schafft, und daß die nationalen Gegensätze von denen heute noch gesprochen wird, in Herrschafts- und Ausbeutungsbeziehungen wurzeln, für deren Beseitigung die Arbeiterklasse kämpft, vertritt die Sozialdemokratie im Wirtschaftskampf und in der politischen Aktion *den Grundsatz der Internationalität,* der zum Ziel hat den *freien Bund der Völker* auf der Grundlage des Rechtes der nationalen Selbstbestimmung im Rahmen der Solidarität der Kulturmenschheit.

Sozialstatistischer Anhang
Vorbemerkung

Die hier präsentierten Daten dienen vornehmlich Zwecken der Illustration der in Kapitel 4 entfalteten Argumente und in begrenztem Umfang auch für deren Beurteilung. Sie beruhen nicht auf eigenen Untersuchungen des Verfassers, sondern stellen einige sonst zerstreute Arbeitsergebnisse verschiedener Autoren zusammen[1].

Im ersten Teil werden die wichtigsten derjenigen Tabellen und Graphiken wiedergegeben, die Bernstein selbst benutzt hatte. Die Zahlen hatte Bernstein der amtlichen Statistik des Kaiserreiches und der Länder entnommen. Hier werden nur die Fundorte bei Bernstein ausgewiesen.

Im zweiten Teil werden Daten dargestellt, die sich auf den von Bernstein überblickten Zeitraum beschränken (von einzelnen Ausnahmen abgesehen) und die in der neueren sozialstatistischen Literatur als anerkannt gelten. Es werden nur solche Bereiche herangezogen, zu denen auch Bernstein selbst empirische Daten angeboten hat.

---

1 Basisdaten. Zahlen zur sozioökonomischen Entwicklung der Bundesrepublik Deutschland. Bearbeitet von Roland Ermrich, Bonn-Bad Godesberg 1974

Gerhard Bry, Wages in Germany 1871—1945, A Study by the National Bureau of Economic Research, New York, Michigan 1967

Ashok V. Desai, Real Wages in Germany 1871—1913, Oxford 1968

Friedrich-Wilhelm Henning, Die Industrialisierung in Deutschland 1800 bis 1914, Paderborn 1973

Jürgen Kuczynski, Die Geschichte der Lage der Arbeiter unter dem Kapitalismus, Berlin (Ost), Band 2 (1962) und Band 3 (1962)

Gerd Hohorst, Jürgen Kocka und Gerhard A. Ritter, Sozialgeschichtliches Arbeitsbuch. Materialien zur Statistik des Kaiserreichs 1870—1914, München 1975

Wilhelm Treue, Gesellschaft, Wirtschaft und Technik Deutschlands im 19. Jahrhundert. Handbuch der deutschen Geschichte, Band 17 (1970), dtv, München 1975

I. Von Bernstein benutzte sozialstatistische Daten

1. Betriebsgrößenklassen in der Industrie

Es repräsentierten von den Gehilfen beschäftigenden Betrieben Arbeiter:

	1882	1895	Zunahme in Prozent
Kleinbetriebe (1—5 Personen)	2 457 950	3 056 318	24,3
Kleine Mittelbetriebe (6—10 Personen)	500 097	833 409	66,6
Größere Mittelbetriebe (11—50 Personen)	891 623	1 620 848	81,8*

Die Bevölkerung aber vermehrte sich in der gleichen Periode nur um 13,5 Prozent.

* *Zusatznote.* Mit Hinzurechnung der Alleinbetriebe hatte sich von 1882 bis 1907 die Zahl der in Betrieben mit 1 bis 5 beschäftigten Personen von 4 335 322 auf 5 353 570 Personen, das heißt um 23,5 Prozent, in solchen mit 6 bis 50 Personen von 1 391 740 auf 3 644 415 Personen, das heißt um 161,14 Prozent vermehrt, bei einer Zunahme der Gesamtbevölkerung um rund 36,5 Prozent[1].

In den 25 Jahren zwischen der ersten und der letzten allgemeinen deutschen Berufs- und Gewerbezählung, von 1882 auf 1907, hatte das Personal der Betriebe nach Größenklassen dieser wie folgt zugenommen[2]:

	1882	1907	Zunahme in Prozent
In Kleinbetrieben von 1 bis 5 Personen	4 335 822	5 383 235	24,16
In Betrieben von 6 bis 10 Personen	500 097	1 104 597	120,9
In Betrieben von 11 bis 50 Personen	891 623	2 584 575	189,9
In Betrieben von 51 bis 200 Personen	742 688	2 418 150	225,6
In Betrieben von 201 bis 1000 Personen	657 399	1 991 056	202,9
In Betrieben von über 1000 Personen	213 160	954 645	347,8

Die Gesamtbevölkerung Deutschlands vermehrte sich in der gleichen Zeit um 36,5 Prozent[2].

	1882		1895	
	Zahl der Betriebe	Prozent der Betriebe	Zahl der Betriebe	Prozent der Betriebe
Alleinbetriebe	755 176	61,8	674 042	57,5
Kleinbetriebe (1—5 Gehilfen)	412 424	33,7	409 332	34,9
Mittelbetriebe (6—50 Gehilfen)	49 010	4,0	78 627	6,7
Großbetriebe (51 und mehr Gehilfen)	5 529	0,5	10 139	0,9
	1 222 139	100,0	1 172 140	100,0

---

1 Aus: Die Voraussetzungen, S. 100 (Die Zahlen entstammen der Gewerbestatistik des deutschen Reiches)
2 Aus: aaO. S. 96

Nach Zahl der beschäftigten Personen[2a]:

	1882	Prozent	1895	Prozent
Alleinbetriebe	755 176	22,3	674 042	14,78
Kleinbetriebe	1 031 141	30,4	1 078 396	23,66
Mittelbetriebe	641 594	18,9	1 070 427	23,48
Großbetriebe	962 382	28,4	1 734 884	38,06
	3 390 293	100,0	4 557 749	100,00

2. Betriebsgrößenklassen

a) in Handel und Verkehr (in Preußen)[1]

Es waren in Preußen im Handel und Verkehr (ohne Eisenbahnen und Post) Personen tätig:

	1885	1895	Zunahme
In Betrieben mit 2 u. weniger Gehilfen	411 509	467 656	13,6 Prozent
In Betrieben mit 3—5 Gehilfen	176 867	342 112	93,4 Prozent
In Betrieben mit 6—50 Gehilfen	157 328	303 078	92,6 Prozent
In Betrieben mit 51 und mehr Gehilfen	25 619	62 056	142,2 Prozent
	771 323	1 174 902	52,3 Prozent

b) in der Landwirtschaft (im Reich)[2]

Art der Betriebe in Hektar	Zahl der Betriebe		Landwirtschaftl. benutzte Fläche	Gesamt-fläche
	1882[3]	1895		
Zwergbetriebe (bis 2)	3 061 831	3 236 367	1 808 444	2 415 414
Kleinbäuerliche (2 bis 5)	981 407	1 016 318	3 285 984	4 142 071
Mittelbäuerliche (5 bis 20)	926 605	998 804	9 721 875	12 537 660
Großbäuerliche (20 bis 100)	281 510	281 767	9 869 837	13 157 201.
Großbetriebe (100 und darüber)	24 991	25 061	7 831 801	11 031 896

2a Aus: Zusammenbruchstheorie und Kolonialpolitik (1898) in: Zur Geschichte und Theorie, S. 224
1 Aus: Voraussetzungen, S. 102
2 Aus: aaO., S. 103
3 Diese Spalte wurde zum Vergleich ergänzt nach: Zusammenbruchstheorie und Kolonialpolitik, in: Zur Geschichte und Theorie, S. 226

3. Einkommens- und Besitzverhältnisse

a) in Sachsen[1]
(Es) betrug im Königreich Sachsen die Zahl der eingeschätzten physischen Personen:

mit einem Einkommen	1879	1894	Zunahme absolut in %				
bis zu 800 M.	828 686	972 257	143 571	17,3	Proletarischen Censiten	um	33,8 %
800— 1600 M.	165 362	357 974	192 612	116,4			
1600— 3300 M.	61 810	106 136	44 326	71,6	Bestbezahlten Arbeitern u. Kleinbürgern	um	71,6 %
3300— 9600 M.	24 072	41 890	17 818	74,0	Mittelbürgern	um	74,0 %
9600—54000 M.	4 683	10 518	5 835	154,4	Großbürgern	um	154,4 %
über 54000 M.	238	886	648	272,0	Kapitalmagnaten	um	272,0 %
Zusammen	1 084 851	489 661	Durchschn. 37,3		Durchschnitt d. Zunahme	um	37,3 %

b) in Preußen[2]
Einkommensklassen

	1892	1907	Zunahme in %
Mäßig Mittelbürgerlich: 6000—9500 Mark	63 112	90 145	42,8
Gut Mittelbürgerlich: 9500—30 500 Mark	40 618	79 630	96,1
Großbürgerlich: 30 500—100 000 Mark	6 655	17 109	156,7
Reiche: über 100 000 Mark	1 780	3 561	100
	112 175	190 445	69,5

Die Vermögensteuer („Ergänzungssteuer") zeigte zwischen 1895, wo sie zuerst erhoben wurde, bis 1908 in den Schichten, die man als *Besitzende* bezeichnen kann, eine ähnliche Entwicklung:

	1895	1908	Zunahme in %
Mäßig bürgerlicher Besitz: 32 000—52 000 Mark	162 262	203 818	25,6
Gut bürgerlicher Besitz: 52 000—200 000 Mark	179 862	240 391	33,7
Großbürgerlicher Besitz 200 000—500 000 Mark	29 373	43 336	47,5
Reichtum: über 500 000 Mark	13 631	21 002	54,1
	385 128	508 547	32,0

In allen Gruppen übertraf die Zunahme das Verhältnis des Zuwachses der Bevölkerung, der sich auf wenig über 20 Prozent belief.

---

1 Aus: Abwehr wider Kautskys Schrift: Bernstein und das sozialdemokratische Programm, in: Zur Geschichte und Theorie, S. 408/409
2 Aus: Der Revisionismus in der Sozialdemokratie, S. 31

c) Ein Beispiel für die Streuung von Aktienbesitz (englische Brauereien)[3]:

Brauereien	Zahl der Aktionäre Stammaktien	Prioritätsaktien
Artur Guinneß, Son & Co.	5450	3768
Baß, Ratcliff & Gretton	17	1368
Threlfall's	577	872
Combe & Co.	10	1040
Samuel Alsopp & Co.	1313	2189
	7367	9237

d) Bernstein zufolge beinhaltete das Erfurter Programm eine Aussage über die Einkommensentwicklung, die er wie folgt veranschaulichte:

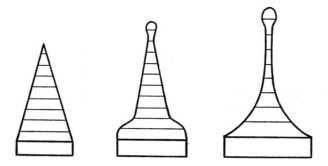

Hingegen verlief die tatsächliche Entwicklung nach Bernsteins Einschätzung so[1]:

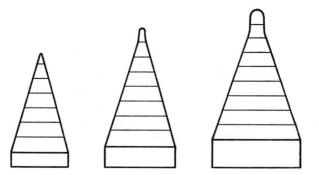

---

3 Aus: Die Voraussetzungen, S. 20
1 Aus: Der Revisionismus, S. 32. Vergl. hierzu die Lorenzkurve in Teil III, Graphik 7

4. Der Krisentrend[1]

a) Bernstein zufolge beinhaltete das Erfurter Programm eine Krisentrendprognose, die er so veranschaulichte:

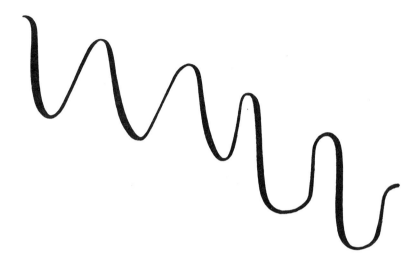

b) Der tatsächliche Krisentrend verlief nach Bernsteins Berechnungen aber wie folgt:

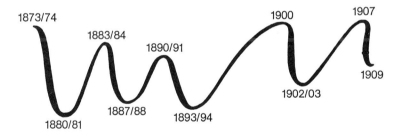

---

1 Aus: Der Revisionismus, S. 35 u. 36. Vergl. hierzu Teil III, Graphik 4 (Bernstein gibt nicht an, welche Bezugsgrößen er dieser Kurve zugrundegelegt hat).

II. Neuere sozialstatistische Daten zu einigen Streitfragen der Revisionismusdebatte

1. Betriebsgrößenklassen in der Industrie[1]

Zahl der Betriebe und der Beschäftigten nach Größenklassen, 1882, 1895 und 1907

Jahr	Betriebe mit			
	1 bis 5 Arbeitern	6 bis 50 Arbeitern	51 bis 1000 Arbeitern	mehr als 1000 Arbeitern
1882				
Betriebe	2 882 768	112 715	9 847	127
Arbeiter	4 335 822	1 391 720	1 400 087	213 160
1895				
Betriebe	2 934 723	191 301	18 701	252
Arbeiter	4 770 669	2 454 333	2 595 536	448 731
1907				
Betriebe	3 124 198	267 410	31 501	506
Arbeiter	5 353 576	3 644 415	4 395 380	954 645

---

1 Aus: Kuczynski, aaO., Band 3, S. 253. (Die Zahlen sind der amtlichen Betriebszählung aus der Statistik des deutschen Reiches entnommen. Bei Kuczynski keine Quellenangabe.)

2. Betriebsgrößenklassen in der Landwirtschaft[2]

Größenklassen	Zahl der Betriebe			Landwirtschaftlich benutzte Fläche ha			Gesamtfläche ha		
	1882	1895	1907	1882	1895	1907	1882	1895	1907
unter 2 ha	3 061 831	3 236 367	3 378 509	1 825 938	1 808 444	1 731 311	2 159 358	2 415 914	2 492 002
2 bis 5 ha	981 407	1 016 318	1 006 277	3 190 203	3 285 984	3 304 878	3 832 902	4 142 071	4 306 421
5 bis 20 ha	926 605	998 804	1 065 539	9 158 398	9 721 875	10 421 564	11 492 017	12 537 660	13 768 521
20 bis 100 ha	281 510	281 767	262 191	9 908 170	9 869 837	9 322 103	12 415 463	13 157 201	12 623 011
über 100 ha	24 991	25 061	23 566	7 786 263	7 831 801	7 055 018	10 278 941	11 031 896	9 916 531
Summe	5 276 344	5 558 317	5 736 082	31 868 972	32 517 941	31 834 874	40 178 681	43 284 742	43 106 486

Größenklassen	Von 100 Betrieben			landwirtschaftlich benutzter Fläche Von 100 ha			Gesamtfläche		
	1882	1895	1907	1882	1895	1907	1882	1895	1907
unter 2 ha	58,03	58,23	58,90	5,73	5,56	5,44	5,37	5,58	5,76
2 bis 5 ha	18,60	18,28	17,54	10,01	10,11	10,38	9,54	9,57	9,99
5 bis 20 ha	17,56	17,97	18,58	28,74	29,90	32,74	28,60	28,96	31,95
20 bis 100 ha	5,34	5,07	4,57	31,09	30,35	29,28	30,90	30,40	29,28
über 100 ha	0,47	0,45	0,41	24,43	24,08	22,16	25,59	25,49	23,01

2 Aus: G. Hohorst, u. a. aaO., S. 75. Es handelt sich um eine von den Herausgebern überarbeitete Fassung der Statistik des Deutschen Reiches, B. 112 (1898), S. 11; Bd. 212, 1 (1909), S. 247
Beide Tabellen zählen lediglich die Betriebseinheiten ohne Berücksichtigung der Besitzverhältnisse

3. *Zum Vergleich einige aktuelle Zahlen über die quantitative Struktur der Volkswirtschaft in der Bundesrepublik*[1]

Anzahl der Unternehmen in sämtlichen Wirtschaftsbereichen 1970:

Betriebsgrößenklassen (nach Beschäftigten):	Zahl der Betriebe
1 — 2	992 397
3 — 9	695 576
10 — 49	176 627
50 — 99	21 725
100 — 199	11 229
200 — 499	6 908
500 — 999	2 039
1000 — 4999	1 350
5000 und mehr	209
	1 908 060

	Zahl der Beschäftigten
1 — 2	1 444 209
3 — 9	3 243 235
10 — 49	3 387 404
50 — 99	1 500 351
100 — 199	1 553 204
200 — 499	2 101 066
500 — 999	1 399 158
1000 — 4999	2 600 202
5000 und mehr	4 035 577
	21 264 406

1 Aus Basisdaten, aaO., S. 154. Die Zahlen beruhen auf den Veröffentlichungen des statistischen Bundesamtes. Zugrunde liegt die Arbeitsstättenzählung vom 27. Mai 1970.

Anmerkungen zu 4.:

1 Die Bezugszahlen für die Pro-Kopf-Produktion wurden entnommen aus: Gerhard Bry, aaO., Tabelle A -13

2 Die Bezugszahlen für die kräftigere Kurve wurden entnommen aus Bry, aaO., Tabelle A -8. Die Bezugszahlen für die dünnere Kurve wurden entnommen aus: G. Hohorst, u. a., aaO., S. 107 und 108. Diese Berechnungen basieren auf Arbeiten von Ashok V. Desai, Real Wages in Germany 1871—1913, Oxford 1968, S. 112, 117 und 125. Sie sind genauer als die Zahlen von Bry. Vergl. aaO., S. 108. Die Kurve nach Bry wurde dennoch wiedergegeben, um den Vergleich mit den zwanziger und dreißiger Jahren zu erhalten.

3 Die Bezugszahlen sind entnommen aus Bry, aaO., Tabelle A -1

4 Das Schema wurde entnommen aus Bry, aaO., Tabelle B -1

4. *Die Entwicklung des Krisenzyklus, der Pro-Kopf-Produktion, der Reallöhne und der Arbeitslosenquote*

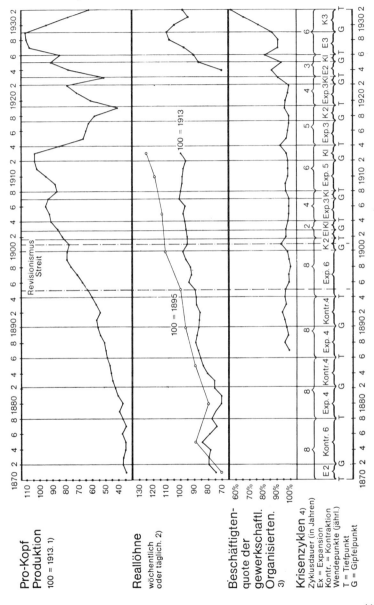

5. *Tägliche Arbeitszeit nach Wirtschaftszyklen 1850 bis 1900* für Bergbau und Industrie[1]

1850 — 1859	14 Stunden
1860 — 1866	13 Stunden
1867 — 1875	12 Stunden
1876 — 1886	11,5 Stunden
1887 — 1893	11 Stunden
1893 — 1902	10,5 Stunden

---

1 Die Zahlen beruhen auf Schätzungen von Kuczynski, aaO., S. 361

6. *Einkommensentwicklung* (für Preußen)[1]

Einkommensstufen Jahreseinkommen in Mark	Zensiten[2]						Vom Tausend aller Zensiten entfallen auf die einzelnen Einkommensstufen			
	ausschl. der Angehörigen			einschl. der Angehörigen			ausschl. der Angehörigen		einschl. der Angehörigen	
	1896	1912	Zunahme %	1896	1912	Zunahme %	1896	1912	1896	1912
unter 900	8 613 994	8 158 925	— 5	21 066 453	16 004 537	— 24	750,78	519,66	671,99	397,76
900 bis 3000	2 528 333	6 757 812	+ 167	9 144 476	21 682 497	+ 137	220,36	430,42	291,70	538,87
3000 bis 6000	215 283	547 648	+ 154	745 425	1 798 648	+ 141	18,76	34,88	23,78	44,70
6000 bis 9500	57 536	111 747	+ 94	196 849	370 132	+ 88	5,02	7,12	6,28	9,20
9500 bis 30 500	47 308	99 026	+ 109	158 840	303 990	+ 91	4,12	6,30	5,07	7,56
30 500 bis 100 000	9 265	20 999	+ 126	31 490	63 676	+ 103	0,81	1,34	1,00	1,58
über 100 000	1 699	4 456	+ 162	5 750	13 350	+ 132	0,15	0,28	0,18	0,33
Zusammen	11 473 418	15 700 613	+ 37	31 349 283	40 236 830	+ 28	1000,00	1000,00	1000,00	1000,00

1 Aus G. Hohorst, aaO., S. 106, dort folgende Anmerkungen: Quelle: Helfferich, Karl, Deutschlands Volkswohlstand 1888—1913. 5. Aufl. Berlin 1915, S. 129.

2 Zensit ist der Steuerpflichtige oder das Steuersubjekt, d. h. derjenige, der rechtlich zur Zahlung der Steuer verpflichtet ist. Vgl. Wagner, Adolph, Finanzwissenschaft. Zweiter Teil. 2. Aufl. Leipzig 1890, S. 228.

7. Einkommensverteilung

Zur Illustration der Entwicklung der Einkommensverteilung wird an dieser Stelle eine Lorenzkurve[1] wiedergegeben, für deren Anfertigung ich Herrn Gerhard Kracht, Bergneustadt, danke. Sie bezieht sich auf die in der Tabelle 3. a) von Bernstein für 1879 und 1894 angegebenen Zahlen für Sachsen.

% aller Einkommen

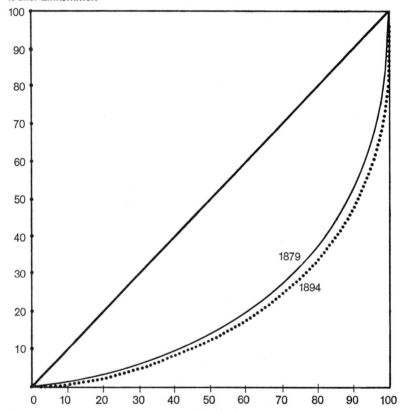

---

1 Die sog. Lorenzkurve ist eine statistische Darstellung, die aussagt, wieviel 0/0 der Einkommensbezieher wieviel 0/0 der Gesamteinkommen erhalten. Das bedeutet, je näher die Konzentrationskurve an der Gleichverteilungsgeraden verläuft, desto geringer ist der Konzentrationsgrad; umgekehrt ist die Konzentration um so größer, je mehr die Kurve von der Diagonalen abweicht (Gerhard Kracht).

8. *Tendenz zur Organisierung des Kapitalismus 1836–1900*[1]

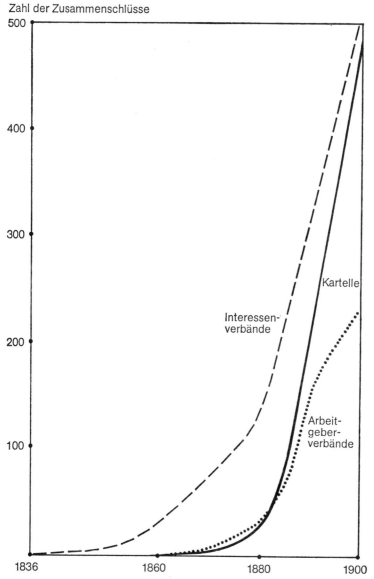

Zahl der Zusammenschlüsse

Die Zahl der in Deutschland bestehenden Verbände in der Zeit von 1836 bis 1900

1 Aus: F.-W. Henning, aaO., S. 216

9. *Anteil der Gruppen der Erwerbspersonen an der Wohnbevölkerung 1882–1971*[1]

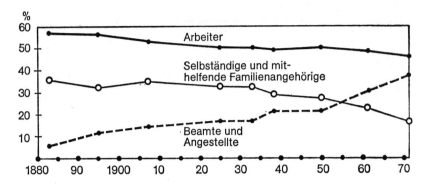

1 Aus: Basisdaten, aaO., S. 47 (Die Zahlen stammen aus den Veröffentlichungen des statistischen Bundesamtes)

Verzeichnis der Schriften Eduard Bernsteins

Eine Bernsteinbibliographie liegt leider noch nicht vor. Bernstein war Mitarbeiter einer ganzen Reihe von Zeitschriften, die heute zum Teil schwer zugänglich sind. Es ist zur Zeit *noch kein genauer Überblick über die Aufsatzpublikationen Bernsteins* möglich.

Im folgenden werden die Bücher und Broschüren Bernsteins möglichst vollständig angeführt. Hinsichtlich der Aufsätze, Vor- und Nachwörter sowie Rezensionen wurde so verfahren, daß aus der vorrevisionistischen Phase nur die besonders wichtigen Arbeiten angeführt werden. Aus der revisionistischen Phase werden alle Texte genannt, die für diese Arbeit verwendet worden sind.

Es wurde der gesamte Bernstein-Nachlaß im Internationalen Institut für Sozialgeschichte Amsterdam benutzt. Angeführt werden hier diejenigen unveröffentlichten Manuskripte, die direkt in die vorliegende Arbeit Eingang gefunden haben.

Die Aufsätze aus der Reihe „Probleme des Sozialismus", die Vorwärtsartikel gegen Kautsky und andere Erwiderungen Bernsteins aus der Revisionismusdebatte, die im Sammelband: „Zur Geschichte und Theorie des Sozialismus" enthalten sind, werden nicht noch einmal gesondert angeführt.

Reden und Diskussionsbeiträge Bernsteins auf den Parteitagen der Sozialdemokratischen Partei Deutschlands sind nicht gesondert ausgewiesen.

Broschüren und Bücher Bernsteins

Bernstein, Eduard, Gesellschaftliches und Privateigentum. Ein Beitrag zur Erläuterung des sozialistischen Programms, Berlin 1891.

ders., Sozialismus und Demokratie in der großen englischen Revolution (1895 unter anderem Titel als Teil der mit Kautsky gemeinsam hrsg. „Vorläufer des neueren Sozialismus"), Bonn-Bad Godesberg 1974[6].

ders., Die Voraussetzungen des Sozialismus und die Aufgaben der Sozialdemokratie (1899), Bonn-Bad Godesberg 1973[5].

ders., Zur Frage: Sozialliberalismus oder Kollektivismus, Berlin 1900.

ders., Zur Geschichte und Theorie des Sozialismus, Berlin, Bern 1901.

ders., Wie ist wissenschaftlicher Sozialismus möglich?, Berlin 1901 (enthalten in: Helmut Hirsch, Ein revisionistisches Sozialismusbild, Hannover 1966).

ders., Die heutige Einkommensbewegung und die Aufgabe der Volkswirtschaft, Berlin 1902.

ders., Die Leiden des armenischen Volkes und die Pflichten Europas, Berlin 1902.

ders., Ferdinand Lassalle und seine Bedeutung für die Arbeiterklasse, Berlin 1904.

ders., Die verschiedenen Formen des Wirtschaftslebens, Berlin 1904.

ders., Zur Theorie und Geschichte des Sozialismus, Berlin 1904[4].

ders., Der politische Massenstreik und die politische Lage der Sozialdemokratie in Deutschland. Vortrag gehalten im Sozialdemokratischen Verein Breslaus mit einem Anhang: Zwölf Leitsätze über den politischen Massenstreik, Breslau 1905.

ders., Die heutige Sozialdemokratie in Theorie und Praxis. Eine Antwort auf eine Artikelserie der „Kölnischen Zeitung": Die heutige Sozialdemokratie, München o. J. (1905).

ders., Der Streik. Sein Wesen und sein Wirken. Band 4 Die Gesellschaft, hrsg. v. Martin Buber (1905), Frankfurt 1920².

ders., Die Grundbedingungen des Wirtschaftslebens, Berlin 1906.

ders., Parlamentarismus und Sozialdemokratie, Berlin 1906.

ders., Die neuen Reichssteuern, wie sie wurden und was sie bedeuten, Berlin 1906.

ders., Geschichte der Berliner Arbeiterbewegung, 3 Bände, Berlin 1907 und 1910.

ders., Ignaz Auer. Eine Gedenkschrift, Berlin 1907.

ders., Der Geschlechtstrieb, Heft 18 der von Dr. med. Zadek herausgegebenen Arbeiter-Gesundheitsbibliothek, Berlin 1908.

ders., Der Revisionismus in der Sozialdemokratie. Amsterdam 1909, mit einem Anhang: Leitsätze für ein sozialdemokratisches Programm (abgedruckt in H. Hirsch, a. a. O.).

ders., Die verschiedenen Formen des Wirtschaftslebens. Ein Vortrag gehalten vor Berliner Arbeitern, Berlin 1909.

ders., Die Natur und die Wirkungen der kapitalistischen Wirtschaftsordnung, Berlin 1909.

ders., Die Arbeiterbewegung, Bände 35 und 36 Die Gesellschaft. Hrsg. v. Martin Buber, Frankfurt 1910.

ders., Von der Sekte zur Partei. Die deutsche Sozialdemokratie einst und jetzt, Jena 1911.

ders., Die englische Gefahr und das deutsche Volk, Berlin 1911.

ders., Geschichte der deutschen Schneiderbewegung. Ihre Organisationen und Kämpfe, Berlin 1913.

ders., Die Steuerpolitik der Sozialdemokratie, Berlin 1914.

ders., Wesen und Aussichten des bürgerlichen Radikalismus, München und Leipzig 1915.

ders., Die Internationale der Arbeiterklasse und der europäische Krieg, Tübingen 1916.

ders., Sozialdemokratische Völkerpolitik. Die Sozialdemokratie und die Frage Europa, Leipzig 1917.

ders., Von den Aufgaben der Juden im Weltkrieg, Berlin 1917.

ders., Aus den Jahren meines Exils. Erinnerungen eines Sozialisten, Berlin (1917), 1918³.

ders., Was ist Sozialismus? (1918), in: H. Hirsch, a. a. O.

ders., Völkerbund oder Staatenbund? Eine Untersuchung, Berlin 1918.

ders., Die Sozialisierung der Betriebe. Leitgedanken für eine Theorie des Sozialisierens, Basel 1919.

ders., Völkerrecht und Völkerpolitik. Wesen, Fragen und Zukunft des Völkerrechts, Berlin 1919.

ders., Die Wahrheit über die Einkreisung Deutschlands, Berlin 1919.

ders., Der Völkerbund. Vortrag, gehalten auf Einladung der Baseler Studentenschaft, Basel 1919.

ders., Wirtschaftswesen und Wirtschaftswerden, Berlin 1920 (enthält die zuvor genannten Schriften: „Die verschiedenen Formen des Wirtschaftslebens", „Die Grundbedingungen des Wirtschaftslebens" und „Die Natur und die Wirkungen der kapitalistischen Wirtschaftsordnung").

ders., Was die Sozialdemokratie will. Die Ziele, die Grundsätze und die Politik der Sozialdemokratie, o. O., o. J. (1920).

ders., Wie eine Revolution zugrunde ging. Eine Schilderung und eine Nutzanwendung, Stuttgart 1921.

ders., Die deutsche Revolution. Ihr Ursprung, ihr Verlauf und ihr Werk — 1. Band: Geschichte der Entstehung und ersten Arbeitsperiode der deutschen Republik, Berlin 1921.

ders., Der Sozialismus einst und jetzt (1921), Bonn-Bad Godesberg 1975³.

ders., Das Görlitzer Programm der Sozialdemokratischen Partei Deutschlands, Berlin 1922.

ders., Was ist der Marxismus? Eine Antwort auf eine Hetze. Berlin o. J. (1924).

ders., Entwicklungsgang eines Sozialisten. Sonderausgabe aus: Die Volkswirtschaftslehre der Gegenwart in Selbstdarstellungen. Hrsg.v. Dr. oec. publ. F. Meiner, I. Band Leipzig 1924, Leipzig 1930.

ders., Von 1850 bis 1872. Kindheit und Jugendjahre, Berlin 1926.

ders., Sozialdemokratische Lehrjahre, Berlin 1928.

Manuskripte und Fragmente aus dem Nachlaß Eduard Bernsteins im Internationalen Institut für Sozialgeschichte Amsterdam, die direkt für diese Arbeit verwendet wurden:

Bernstein, Eduard, Blanquismus und Sozialdemokratie, A 17.

ders., Zur Geschichte des Revisionismus, A 43.

ders., Entwurf einer Einleitung des neuen Programms der sozialdemokratischen Partei, A 30.

ders., Gewalt und Revolution. Eine Erinnerung, A 45.

ders., Idee und Interesse, A 53.

ders., Zu meiner Programmschrift, A 89.

ders., Der Revisionismus und das Parteiprogramm, A 93.

ders., Rezension zu: Betrand Russell, German Social Democracy, A 102.

ders., Werttheorien. Vorwort zum Buch A 141 (gemeint: Leo von Buch, Intensität der Arbeit, Wert und Preis der Waren, Leipzig 1896)

ders., Was ist Sozialismus, A 111.

ders., Hat der Liberalismus eine Zukunft in Deutschland, E 112.

ders., Die Möglichkeiten und Formen des Sozialismus, E 122.

ders., Möglichkeiten der Verwirklichung des Sozialismus, E 123.

ders., Evolutionary Socialism. Interview with Herr Eduard Bernstein, in: The Jewish Chonicle, Nov 24., 1899.

ders., Sozialdemokratie und Liberalismus. Eine Unterredung mit Eduard Bernstein, in: Pester Lloyd 1907, Nr. 76.

ders., Vorwort zu einem Buch über Eigentum und Erbrecht, D 135.

ders., Das Wesen des Sozialismus, E 206.

ders., Das Wesen der Gesellschaft des vorgeschrittenen Kapitalismus, E 204.

Aufsätze aus der Zeit bis 1895

Bernstein, Eduard, Über „prinzipielle Fragen" in: Der Sozialdemokrat, 1886, Nr. 6; 5.2.

ders., (anonym) Ein Schüler Darwins als Verteidiger des Sozialismus, in: Die Neue Zeit, 9. Jahrgang, 1. Band (1890), S. 171—177.

ders., Vom neuen Kathedersozialismus, in: NZ 10/1 (1891), S. 147—152.

ders., Rundherum, in: NZ 10/1 (1891), S. 299—306.

ders., Die soziale Doktrin des Anarchismus, in: NZ 10/1 (1891), S. 358—365 und S. 421—428.

ders., Zur Würdigung Friedrich Albert Langes, in: NZ 10/2 (1892), S. 68—78, 101—109, 132—141.

ders., Nieuwenhuis über die deutsche Sozialdemokratie, in: NZ 10/2 (1892), S. 673—677.

ders., Zum zehnjährigen Bestand der „Neuen Zeit", in: NZ 11/1 (1893), S. 1—10.

ders., Der neueste Vernichter des Sozialismus, in: NZ 11/1 (1893), S. 502—508 und 534—539.

ders., Technisch-ökonomischer und sozial-ökonomischer Fortschritt, in: NZ 11/1 (1893), S. 782—790, 819—829 und 850—862.

ders., Volapük. Ein Beitrag zum bevorstehenden internationalen sozialistischen Arbeiterkongreß, in: NZ 11/2 (1893), S. 527—534.

ders., Eine artige Brentaniade, in: NZ 11/2 (1893), S. 741—747.

ders., Die preußischen Landtagswahlen und die Sozialdemokratie, in: NZ 11/2 (1893), S. 772—778.

ders., Moralische und unmoralische Spaziergänge, in: NZ 12/1 (1893), S. 4—9, 357—361 und 396—402.

ders., Mein Vorschlag und das Resultat der Diskussion darüber, in: NZ 12/1 (1893), S. 72—80.

ders., Der Strike als politisches Kampfmittel, in: NZ 12/1 (1894), S. 689—695.

ders., Naturwissenschaft wider Gesellschaftswissenschaft, in: NZ 12/2 (1894), S. 68 bis 79.

ders., Eine neue Geschichte der Trade-Union-Bewegung in England, in: NZ 12/2 (1894), S. 268—275.

ders., Briefe aus England, in: NZ 12/2 (1894), S. 435—441.

ders., Eine neue „Arbeiterfrage", in: NZ 12/2 (1894), S. 583—591.

ders., Am Gedenktag der „Internationale", in: NZ 12/2 (1894), S. 806—812.

ders., Zur dritten Auflage von Fr. Engels' „Herrn Eugen Dühring's Umwälzung der Wissenschaft", in: NZ 13/1 (1894), S. 101—111, 142—147 und 172—176.

ders., Der dritte Band des „Kapital", in: NZ 13/1 (1894/95), S. 333—338, 364 bis 371, 388—398, 426—432, 485—492, 516—524, 624—632.

ders., Naturwissenschaftliche Nationalökonomie, in: NZ 13/1 (1895), S. 772—780.

ders., Drachentötung in fünf Briefen, in: NZ 13/2 (1895), S. 115—118.

ders., Rezension von: Dr. Ernst Fr. Wyneken, Der sozialistische Zukunftsstaat oder die Verstaatlichung der Produktionsmittel, in: NZ 13/2 (1895), S. 248—250.

ders., Zwei Abhandlungen über die Entwicklung des Eigentums, in: NZ 13/2 (1895), S. 395—401.

ders., Die Arbeiter und der Wahlkampf in England, in: NZ 13/2, (1895), S. 522 bis 527 und 565—572.

ders., Der Trade-Unions-Kongreß von Cardiff und seine Bedeutung, in: NZ 13/2 (1895), S. 783—791.

Bernstein, Eduard, Nachwort in: Beatrice und Sidney Webb, Geschichte der englischen Gewerkschaftsbewegung, Stuttgart 1895.

ders., Rezension: Prof. Antonio Labriola, Saggi itorno alla Concezione Materialistica, in: NZ 14/1 (1896), S. 727—729.

ders., Nachtrag in: Geschichte der Französischen Revolution von 1848 und der Zweiten Republik in volkstümlicher Darstellung von Louis Héritier. Hrsg. und erweitert von W. Eichhoff und Ed. Bernstein. Mit einem Nachtrag: Vom zweiten Kaiserreich bis zur dritten Republik, Stuttgart o. J.

ders., Marx und der „wahre" Sozialismus, in: NZ 14/2 (1896), S. 216—220.

ders., Agrarisches aus England, in: NZ 14/2 (1896), S. 332—341.

ders., Kritisches zum Internationalen Londoner Sozialisten- und Gewerkschaftskongreß, in: NZ 14/2 (1896), S. 646—652.

ders., Ein Brief von Karl Marx an J. B. v. Schweitzer über Lassalleanismus und Gewerkschaftskampf, in: NZ 15/1 (1896), S. 5—10.

ders., Das demokratische Prinzip und seine Anwendung. Zum Gothaer Parteitag, in: NZ 15/1 (1896), S. 19—25.

ders., Sozialistische Ökonomie in England, in: NZ 15/1 (1896), S. 46—54.

ders., Die deutsche Sozialdemokratie in englischer Beleuchtung, in: NZ 15/1 (1896), S. 431—436.

ders., Zur Vorgeschichte des Gothaer Programms, in: NZ 15/1 (1896), S. 466—472.

ders., Klassenkampf und Kompromiß. Eine Antwort auf Giovanni Lerdas Artikel über die Taktik der sozialdemokratischen Partei, in: NZ 15/1 (1897), S. 516 bis 524.

ders., Zwei politische Programm-Symphonien, in: NZ 15/2 (1897), S. 331—339 und S. 367—374.

ders., Was die Sozialdemokratie in Preußen bei der Landtagswahl ausrichten kann, in: NZ 15/2 (1897), S. 385—395.

ders., Politische Parteien und wirtschaftliche Interessen, in: NZ 15/2 (1897), S. 426 bis 432.

ders., Der Kampf der Sozialdemokratie und die Revolution der Gesellschaft, in: NZ 16/1 (1898), S. 484—497, 548—557.

ders., Kritisches Zwischenspiel, in: NZ 16/1 (1898), S. 740—751.

ders., In eigener Sache: NZ 17/1 (1898), S. 219—220.

ders., Die Notwendigkeit in Natur und Geschichte. Antwort an K. Kautsky, in: NZ 17/2 (1899), S. 260—269.

ders., Dialektik und Entwicklung. Antwort auf Kautskys Artikel „Bernstein und die Dialektik", in: NZ 17/2 (1899), S. 327—335, 353—363.

ders., Arbeitswert oder Nutzwert. Antwort an Karl Kautsky, in: NZ 17/2 (1899), S. 548—554.

ders., Klassenkampf-Dogma und Klassenkampfwirklichkeit. Antwort an K. Kautsky, in: NZ 17/2, S. 577—584, 619—626.

ders., Noch etwas Endziel und Bewegung. Ein Brief an Otto Lang, in: Sozialistische Monatshefte, 5. Jg. (1899), S. 499—506.

ders., Nach zwei Fronten. Eine Antwort an Kadi Lang und Sadi Gunter, in: NZ 17/2 (1899), S. 781—787 und 845—852.

ders., Zur Theorie des Arbeitswerths, in: NZ 18/1 (1899), S. 356—357 und S. 398 bis 404.

ders., I. Kants Kritik der reinen Vernunft. Hrsg. von Karl Vorländer, in: NZ 18/1 (1899), S. 255—256.

ders., Meine Stellung zur Resolution Bebels. Eine Abwehr wider K. Kautsky, in: NZ 18/2 (1900), S. 99—110.

ders., An meine sozialistischen Kritiker, in: SM 6. Jg. (1900), S. 3—14.

ders., Zum Thema Sozialliberalismus und Kollektivismus, in: SM 6. Jg. (1900), S. 173—185.

ders., Sozialdemokratie und Imperialismus, in: SM 6. Jg. (1900), S. 238—251.

ders., Naturprinzipien und Wirtschaftsfragen. Ein methodologischer Exkurs, in: SM 6. Jg. (1900), S. 318—329.

ders., Bemerkungen über Engels' Ursprung der Familie. Vorrede zur Italienischen Ausgabe des Buches, in: SM 6. Jg. (1900), S. 447—457.

ders., Parteidisziplin und Überzeugungstreue, in: SM 7. Jg., 2 (1901), S. 846—853.

ders., Idealismus, Kampftheorie und Wissenschaft, in: SM 7. Jg., 2 (1901), S. 597 bis 608.

ders., Friedenau im Kriegszustand, in: SM 7. Jg., 2 (1901), S. 505—518.

ders., Der Kernpunkt des Streits. Ein Schlußwort zur Frage: Wie ist wissenschaftlicher Sozialismus möglich?, in: SM 7. Jg., 2 (1901), S. 777—785.

ders., Vom deutschen Arbeiter einst und jetzt, in: SM 8. Jg., 1 (1902), S. 174—185.

ders., Der Kampf in Belgien und der politische Massenstreik, in: SM 8. Jg., 1 (1902), S. 413—420.

ders., Die neueste Prognose der sozialen Revolution, in: SM 8. Jg., 2 (1902), S. 584 bis 598.

ders., Parteien und Klassen, in: SM 8. Jg., 2 (1902), S. 850—858.

ders., Über das Verhältnis von Lassalle zu Marx und Engels, in: Dokumente des Sozialismus, Band 1, 1902.

ders., Vorwort zu: David Koigen, Die Kulturanschauung des Sozialismus, Berlin 1903.

ders., Der Marx-Cultus und das Recht der Revision, in: SM 9. Jg., 1 (1903), S. 255 bis 265.

ders., Unsere theoretischen Debatten und der Wahlkampf, in: SM 9. Jg., 1 (1903), S. 331—344.

ders., Ein Vorwort zur Programmrevision, in: SM 10. Jg., 1 (1904), S. 18—26.

ders., Capitalmacht und Gewerkschaftsmacht. Ein Beitrag zur Dynamik des Gewerkschaftskampfes, in: SM 10. Jg., 1 (1904), S. 129—137.

ders., Vom Wert des Parlamentarismus, in: SM 10. Jg., 1 (1904), S. 423—428.

ders., Die Programmrevision und der Bremer Parteitag, in: SM 10. Jg., 2 (1904), S. 698—707.

ders., Rezension: Marx-Studien. Blätter für Theorie und Politik des wissenschaftlichen Sozialismus. Herausgegeben von Dr. Max Adler und Dr. Rudolf Hilferding. Bd. I Wien 1904, in: Dokumente des Sozialismus, Band IV, 1904, S. 153 bis 158.

ders., Von einem Totgesagten, in: SM 11. Jg., 1 (1905), S. 495—503.

ders., Wird die Sozialdemokratie Volkspartei?, in: SM 11 Jg., 2 (1905), S. 663 bis 671.

ders., Klasse und Klassenkampf, in: SM 11. Jg., 2 (1905), S. 857—864.

ders., Gewerkschaftskampf und Klassenkampf, in: SM 11 Jg., 2 (1905), S. 931—938.

ders., Rezension: Hans Deutsch, Qualifizierte Arbeit und Kapitalismus. Werttheorie und Entwicklungstendenzen, in: Dokumente des Sozialismus, Band V, 1905, S. 2—4.

ders., Der theoretische Gehalt der neuesten Marxpublikation, in: Dok. d. Soz., V, S. 28—35.

ders., Die Geschichtswissenschaft als Sozialpsychologie, in: Dok. d. Soz., V, S. 123 bis 131.

ders.. Rezension: Heinrich Freese, Das konstitutionelle System im Fabrikbetriebe, in: Dok. d. Soz., V, S. 155—156.

ders., Allerhand Werttheoretisches, in: Dok. d. Soz., V, S. 221—224, 270—274, 367 bis 372, 463—468, 555—559.

ders., Rezension: Wilhelm Stiel, Die Gewinnbeteiligung der Arbeit, ihre soziale Bedeutung und Durchführbarkeit, in: Dok. d. Soz., V, S. 303—304.

ders., Rezension: Henriette Roland-Holst, Generalstreik und Sozialdemokratie, in: Dok. d. Soz., V, S. 393—395.

ders., Tugan-Baranowskys Marx-Kritik, in: Dok. d. Soz., V, S. 418—421.

ders., Rezension: J. Ramsay Macdonald, Socialism and Society, in: Dok. d. Soz., V, S. 442—444.

ders. Rezension: Paul Helbeck, Die Lehren des Marxismus und die revisionistischen Strömungen in der Sozialdemokratie, in: Dok. d. Soz., V, S. 489—490.

ders., Politischer Massenstreik und Revolutionsromantik, in: SM 12. Jg., 1 (1906), S. 12—20.

ders., Einige Randbemerkungen, in: SM 12. Jg., 1 (1906), S. 128—136.

ders., Das Vergesellschaftungsideal und die Gewerkschaften, in: SM 12. Jg., 2 (1906), S. 924—932.

ders., Ludwig Woltmanns Beziehungen zur Sozialdemokratie, in: Politisch-Anthropologische Revue. Monatsschrift für das soziale und geistige Leben der Völker, 6. Jg. (1907/08), S. 45—53.

ders., Vorwort zu ders., (Hrsg.), Was will die Zeit? Der soziale Gedanke. Leitsätze aus den Schriften der Begründer des Sozialismus. Für die heutige Zeit gesammelt von Dr. jur. Curt Barday und Dr. phil. Erich Max, Berlin—Dresden—Leipzig 1908.

ders., Die Demokratie in der Sozialdemokratie, in: SM 14. Jg., 3 (1908), S. 1106 bis 1114.

ders., Parteischule und Wissenschaft, in: SM 14. Jg., 3 (1908), S. 1263—1270.

ders., Grobe Fälschung, in: NZ 27/1 (1908), S. 333—334.

ders., Grundlinien des sozialdemokratischen Reformismus, in: SM 14. Jg., 3 (1908), S. 1511—1519.

ders., Zum Reformismus, in: SM 14. Jg., 3 (1908), S. 1398—1405.

ders., Modernität im Kampf, in: SM 14. Jg., 3 (1908), S. 1643—1649.

ders., Kautskys Logik, in: NZ 27/1 (1908), S. 402—405.

ders., Deutschlands soziale Gliederung, in: SM 15. Jg., 1 (1909), S. 285—292.

ders., Gewerkschaftsdemokratie, in: SM 15. Jg., 1 (1909), S. 82—90.

ders., Revisionismus und Programmrevision, in: SM 15. Jg., 1 (1909), S. 403—411.

ders., Die Theorie in der Partei, in: SM 15. Jg., 3 (1909), S. 1531—1537.

ders., Kautskys Kapitalbegriff, in: NZ 27/1 (1909), S. 520.

ders., Straße und Parlament im Wahlrechtskampf, in: SM 16. Jg., 1 (1910), S. 283 bis 288.

ders., Die Potenz politischer Massenstreiks, in: SM 16. Jg., 1 (1910), S. 482—488.

ders., Gibt es Grenzen der Lohnsteigerung, in: SM 17. Jg., 1 (1911), S. 165—174.

ders., Der Klassenkampf und der Fortschritt der Kultur, in: SM 17. Jg., 3 (1911), S. 1164—1169.

ders., Vom Parlament und vom Parlamentarismus, in: SM 18. Jg., 2 (1912), S. 650 bis 656.

ders., Diskussionsbeitrag, in: Verhandlungen des Zweiten Deutschen Soziologentages vom 20.—22. Oktober 1912 in Berlin, Tübingen 1913, S. 52.

ders., Wissenschaft, Werturteile und Partei, in: SM 18. Jg., 3 (1912), S. 1407—1415.

ders., Vorwörter in Ferdinand Lassalle, Gesammelte Reden und Schriften. Herausgegeben und eingeleitet von Eduard Bernstein, Berlin 1919/20, 12 Bände.

ders., Zur Frage eines neuen Parteiprogramms der Sozialdemokratischen Partei Deutschlands, in: Das Programm der Sozialdemokratie. Vorschläge für seine Erneuerung, Berlin 1920, S. 24—33.

ders., Vorwort in: August Bebel, Die Frau und der Sozialismus, Jubiläumsausgabe von 1929, Berlin.

Textauszüge aus den Schriften Bernsteins enthält:

ders., Texte zum Revisionismus. Ausgewählt, eingeleitet und kommentiert von Horst Heimann, Bonn-Bad Godesberg 1977.

Veröffentlichte und zur Veröffentlichung vorbereitete Briefe Bernsteins:

Eduard Bernsteins Briefwechsel mit Friedrich Engels, hrsg. von Helmut Hirsch, Assen 1970.

(Briefe Bernsteins an Victor Adler und August Bebel:)

Adler, Victor, Briefwechsel mit August Bebel und Karl Kautsky, sowie Briefe von und an Ignaz Auer, Eduard Bernstein, Adolf Braun, Heinrich Dietz, Friedrich Ebert, Wilhelm Liebknecht, Hermann Müller und Paul Singer. Gesammelt und erläutert von Friedrich Adler, Wien 1954.

(Der gesamte Briefwechsel Bernsteins mit Kautsky aus den Nachlässen dieser beiden im Internationalen Institut für Sozialgeschichte in Amsterdam, in Vorbereitung:), Hrsg. Peter Harstick, Götz Langkau, Hans-Josef Steinberg und Susanne Thurn.

Auswahlverzeichnis der benutzten Literatur

Abendroth, Wolfgang, Aufstieg und Krise der deutschen Sozialdemokratie. Das Problem der Zweckentfremdung einer politischen Partei durch die Anpassungstendenz von Institutionen an vorgegebene Machtverhältnisse, Frankfurt 1964.

ders., Sozialgeschichte der europäischen Arbeiterbewegung, Frankfurt 1973[9].

ders., u. a., Sozialdemokratie und Sozialismus. August Bebel und die Sozialdemokratie, Köln 1974.

Adler, Max, Kant und der Sozialismus, in: Marxismus und Ethik. Hrsg. v. Hans J. Sandkühler und Rafael de la Vega, Frankfurt 1970.

ders., Kausalität und Teleologie im Streit um die Wissenschaft, Wien 1904.

ders., Marx und Engels als Denker, Frankfurt 1972.

ders., Marx und die Dialektik, in: Austromarxismus. Texte zu „Ideologie und Klassenkampf" von Otto Bauer, Max Adler, Karl Renner, Sigmund Kunfi, Bèla Fogarasi, hrsg. v. Hans J. Sandkühler und Rafael de la Vega, Frankfurt 1970.

ders., Der Klassenkampfgedanke bei Marx, in: a. a. O.

ders., Die Beziehungen des Marxismus zur klassischen deutschen Philosophie, in: a. a. O.

ders., Gesellschaftsordnung und Zwangsordnung, in: a. a. O.

ders., Linkssozialismus. Notwendige Betrachtungen über Reformismus und revolutionären Sozialismus, in: a. a. O.

ders., Wegweiser. Studien zur Geistesgeschichte des Sozialismus, Stuttgart 1914.

ders., Die Idee der Befreiung bei Marx, in: Marxismus-Archiv, Frankfurt 1971, Band 1.

ders., Die Staatsauffassung des Marxismus, in: Marxstudien, Vierter Band, 2. Hälfte, Wien 1922.

ders., Marxistische Probleme, Beiträge zur Theorie der materialistischen Geschichtsauffassung, Stuttgart, Berlin 1922.

Adler, Victor, Briefwechsel mit August Bebel und Karl Kautsky, gesammelt und erläutert von Friedrich Adler, Wien 1954.

Adler-Karlsson, Gunnar, Funktionaler Sozialismus. Ein schwedisches Glaubensbekenntnis zur modernen Demokratie, Düsseldorf 1973.

Adorno, Theodor W., Drei Studien zu Hegel, Frankfurt 1963.

ders., Negative Dialektik, Frankfurt 1966.

ders., (Hrsg.), Der Positivismusstreit in der deutschen Soziologie, Neuwied und Berlin 1969.

Albert, Hans, Traktat über kritische Vernunft, Tübingen 1969.

ders., Theorie und Prognose in der Sozialwissenschaft, in: E. Topitsch (Hrsg.), Logik der Sozialwissenschaften, Köln, Berlin 1968.

ders., Wertfreiheit als methodisches Prinzip. Zur Frage der Notwendigkeit einer normativen Sozialwissenschaft, in: E. Topitsch (Hrsg.), a. a. O.

ders., Konstruktion und Kritik, Aufsätze zur Philosophie des kritischen Rationalismus, Hamburg 1972.

Althusser, Louis, Für Marx, Frankfurt 1968.

ders., und Etienne Balibar, Das Kapital lesen, 2 Bände, Reinbek 1972.

Angel, Pierre, Eduard Bernstein et l'Evolution du Socialisme Allemand, Paris 1961.

Anweiler, Oskar, Die Rätebewegung in Rußland 1905—1921, Leiden 1958.

Apel, K. O., Szientistik, Hermeneutik, Ideologiekritik: Entwurf einer Wissenschaftslehre in erkenntnisanthropologischer Sicht, in: Wiener Jahrbuch für Philosophie, Band 1 (1968), S. 15—45.

Autorenkollektiv, Wissenschaftlicher Kommunismus, Berlin (Ost) 1976.

Avineri, Shlomo, The Social and Political Thought of Karl Marx, Cambridge 1968.

Bakunin, Michael, Die Reaktion in Deutschland, in: Philosophie der Tat. Hrsg. v. Lambert Schneider und Peter Bachem, Köln 1968.

Balser, Frolinde, Sozial-Demokratie 1848/49—1863. Die erste deutsche Arbeiterorganisation „Allgemeine deutsche Arbeiterverbrüderung" nach der Revolution, 2 Bände, Stuttgart 1962.

Barion, Jakob, Was ist Ideologie? Studie zu Begriff und Problematik, Bonn 1964.

ders., Ideologie, Wissenschaft, Philosophie, Bonn 1966.

Bartel, Horst, Zur Auseinandersetzung zwischen Marxismus und Revisionismus in der deutschen Arbeiterbewegung am Ende des 19. Jahrhunderts, in: Beiträge zur Geschichte der Arbeiterbewegung, 19. Jg., 1977, Heft 2, S. 199—218.

ders., Wolfgang Schröder, Gustav Seeber, Heinz Wolter, Der Sozialdemokrat 1879 bis 1890. Ein Beitrag zur Rolle des Zentralorgans im Kampf der revolutionären Arbeiterbewegung gegen das Sozialistengesetz, Berlin (Ost) 1975.

Barth, Hans, Wahrheit und Ideologie, Zürich 1945.

Bauer, Otto, Marxismus und Ethik, in: Die Neue Zeit, 24. Jg., 2 (1906), S. 485 bis 499.

ders., Bolschewismus oder Sozialdemokratie, Wien 1920.

ders., Die österreichische Revolution, Wien 1923.

Bebel, August, Die Frau und der Sozialismus (1879), Berlin (Ost) 1974.

ders., Unsere Ziele. Eine Streitschrift gegen die Demokratische Korrespondenz (1870), Berlin 1919[14].

ders., Charles Fourier. Sein Leben und seine Theorien (1907), Bonn-Bad Godesberg 1973[5].

ders., Aus meinem Leben (1910—1914), Berlin 1930[9].

ders., Sein Leben in Dokumenten, Reden und Schriften. Hrsg. von Helmut Hirsch, Köln, Berlin 1968.

ders., Politik als Theorie und Praxis, hrsg. v. Lambert Schneider und Peter Bachem, Köln 1967.

Beck, Lewis White, Neo — Kantianism, in: The Encyclopedia of Philosophie. Hrsg. v. Paul Edwards, New York, London 1967.

Becker, Werner, Idealistische und materialistische Dialektik. Das Verhältnis von „Herrschaft und Knechtschaft" bei Hegel und Marx, Stuttgart 1970.

ders., Kritik der Marxschen Wertlehre. Die methodische Irrationalität der ökonomischen Basistheorien des „Kapital", Hamburg 1972.

ders., Die Achillesferse des Marxismus. Der Widerspruch von Kapital und Arbeit, Hamburg 1974.

Beer, Max, Allgemeine Geschichte des Sozialismus und der sozialen Kämpfe, Berlin 1931.

Belfort-Bax, Ernest, Der Sozialismus eines gewöhnlichen Menschenkindes gegenüber dem Sozialismus des Herrn Bernstein, in: Die Neue Zeit, 16. Jg., 1 (1898), S. 824—829.

ders., Kolonialpolitik und Chauvinismus, in: a. a. O. (S. 420—427).

Berdiajeff, B. N., F. A. Lange und die kritische Philosophie in ihren Beziehungen zum Sozialismus, in: Die Neue Zeit, 18. Jg., 2 (1900), S. 132—140, 164—174 und 196—207.

Berlin, Isaiah, Two Concepts of Liberty, Oxford 1958.

Bermbach, Udo und Franz Nuscheler (Hrsg.), Sozialistischer Pluralismus, Hamburg 1973.

Bielka, Frank, Der Revisionismus — ein kritischer Sozialismus, in: Materialien zur Theorie und Praxis des Sozialdemokratischen Reformismus. Hrsg. von den Leitern der Jungsozialisten — Arbeitsgemeinschaften der Abteilungen 11, 13 und 14 a in der SPD — Kreis Neukölln, Berlin 1974.

Birnbacher, Dieter und Hoerster, Norbert, Texte zur Ethik, München 1976.

Blanke, Thomas, u. a. Kollektives Arbeitsrecht. Quellentexte zur Geschichte des Arbeitsrechts in Deutschland, 2 Bände, Reinbek 1975.

Blumenberg, Werner, Kämpfer für die Freiheit, Berlin, Bonn-Bad Godesberg 1974².

Böhler, Dieter, Metakritik der Marxschen Ideologiekritik, Frankfurt 1971.

Böhm-Bawerk, Eugen v., Zum Abschluß des Marxschen Systems, in: Friedrich Eberle (Hrsg.), Aspekte der Marxschen Theorie, 1., Frankfurt 1973.

Böhme, Helmut, Prolegomena zu einer Sozial- und Wirtschaftsgeschichte Deutschlands im 19. und 20. Jahrhundert, Frankfurt 1968².

Botigelli, Èmile, Die Entstehung von Marx' „Kapital". Schriften aus dem Karl-Marx-Haus, Heft 1, Trier 1969.

Braunthal, Julius, Geschichte der Internationale, Band 1, Berlin—Bonn-Bad Godesberg 1974².

Breitenbürger, G. und G. Schnitzler, Marx und Marxismus heute, Hamburg 1974.

Bry, Gerhard, Wages in Germany 1871—1945, Michigan 1967.

Bütow, Hellmuth G., Was ist demokratischer Sozialismus, Schriftenreihe der Akademie Sankelmark, Neue Folge — Heft 17, 1973.

Buhr, Manfred, u. a., Theoretische Quellen des wissenschaftlichen Sozialismus, Frankfurt 1975.

Cafiero, Carlo, Einführung in das „Kapital" von Marx (1878), Kronberg 1974.

Calvez, Jean-Yves, Karl Marx. Darstellung und Kritik seines Denkens, Freiburg 1964.

Cieszkowski, August von, Prolegomena zur Historiosophie, Berlin 1838.

Cohen, Hermann, Kant in: Marxismus und Ethik, hrsg. von H.-J. Sandkühler und R. de la Vega, Frankfurt 1970.

Coletti, Lucio, Bernstein und der Marxismus der Zweiten Internationale, Frankfurt 1971.

Comte, August, Rede über den Geist des Positivismus. Übers. und hrsg. von I. Fetscher, Hamburg 1964.

Conert, Hansgeorg, Die politischen Grundrichtungen innerhalb der deutschen Sozialdemokratie vor dem ersten Weltkrieg, Offenbach 1975³.

Cornu, August, Karl Marx und Friedrich Engels. Leben und Werk, Berlin (Ost) und Weimar 1954 bis 1968, 3 Bände.

Dahl, Robert A., After the Revolution? Authority in a Good Society, New Haven and London 1970.

Dahm, Helmut, Demokratischer Sozialismus. Das tschechoslowakische Modell, Opladen 1971.

Dahrendorf, Ralf, Die Idee des Gerechten im Denken von Karl Marx, Hannover 1971².

ders., Homo Sociologicus, Köln und Opladen 1970.

David, Eduard, Rede auf dem Sozialdemokratischen Parteitag in Hannover 1899, in: Protokoll, S. 127—144.

ders., Warum konnten die „Bernsteinianer" für die Resolution Bebel stimmen, in: Sozialistische Monatshefte, 5. Jg. (1899), S. 549—558.

Deutsche Sozialgeschichte, Band 1, Hrsg. Werner Pöls, Band 2, Hrsg. Gerhard A. Ritter und Jürgen Kocka, München 1973 und 1974.

Deist, Heinrich, Wirtschaft von morgen. Hrsg. Gerhard Stümpfig, Bonn-Bad Godesberg 1973².

ders., Wirtschaftliche Macht und Rechtsstaat, Düsseldorf o. J. (1961).

Dicke, Gerd, Der Identitätsgedanke bei Feuerbach und Marx. Wissenschaftliche Abhandlungen der Arbeitsgemeinschaft für Forschung des Landes Nordrhein-Westfalen, Band 15, Köln und Opladen 1960.

Diederich, Werner (Hrsg.), Theorien der Wissenschaftsgeschichte. Beiträge zur diachronischen Wissenschaftstheorie, Frankfurt 1974.

Dowe, Dieter und Kurt Klotzbach, Programmatische Dokumente der deutschen Sozialdemokratie, Bonn-Bad Godesberg 1973.

Dühring, Eugen, Cursus der National- und Sozialökonomie, Leipzig 1925⁴.

ders., Kritische Geschichte der Nationalökonomie und des Sozialismus, Leipzig 1900⁴.

Eberle, Friedrich (Hrsg.), Aspekte der Marxschen Theorie. Zur methodischen Bedeutung des 3. Bandes des „Kapital", Frankfurt 1973.

Eichler, Willi, 100 Jahre Sozialdemokratie, Bonn o. J.

ders., Weltanschauung und Politik. Reden und Aufsätze, Herausgegeben und eingeleitet von Gerhard Weisser, unter Mitwirkung von Susanne Miller, Bruno Friedrich, Klaus Helfer, Franklin Schultheiß, Frankfurt 1967.

ders., Grundwerte und Grundforderungen im Godesberger Grundsatzprogramm der SPD. Beitrag zu einem Kommentar, Bonn o. J. (1962).

ders., Individuum und Gesellschaft. Die Grundfragen der menschlichen Existenz im Zeitalter der Technisierung. Herausgegeben von der Friedrich-Ebert-Stiftung, Bonn-Bad Godesberg 1971.

ders., Zur Einführung in den demokratischen Sozialismus, Bonn-Bad Godesberg 1972.

Engels, Friedrich, Karl Marx und Friedrich Engels, Werke, Berlin (Ost) 1964.

Engels, Friedrich, 1820—1970. Referate, Diskussionen, Dokumente, Redaktion: Hans Pelger, Internationale wissenschaftliche Konferenz in Wuppertal vom 25.—29. Mai 1970, Hannover 1971.

Enzensberger, Hans Magnus, u. a. (Hrsg.), Klassenbuch. Ein Lesebuch zu den Klassenkämpfen in Deutschland, 3 Bände, Darmstadt und Neuwied 1972.

ders., (Hrsg.), Gespräche mit Marx und Engels, 2 Bände, Frankfurt 1973.

Erkenbrecht, Ulrich, Marx' materialistische Sprachtheorie. Mit einem selektiven Sachregister zu den Marx-Engels-Werken, Kronberg 1973.

Etzioni, Amitai, Soziologie der Organisation, München 1969².

Eynern, Gert von (Hrsg.), Wörterbuch zur politischen Ökonomie, Opladen 1973.

Fabian Essays, Georg Bernard Shaw, Sidney Webb, Graham Wallas, The Lord Olivier, William Clarke, Annie Besant, Hubert Bland. With a New Introduction by Asa Briggs, London 1962⁶.

Fabian Tract, No. 13, What Socialism is.

Fabian Tract, No. 15, English Progress Towards Social Democracy (Sidney Webb), London 1890.

Fabian Tract, No. 41, The Fabian Society; Its Early History, by G. Bernard Shaw, London 1892.

Fabian Tract, No. 51, Socialism: True and False, by Sidney Webb, London 1899.

Faul, Erwin, Kreuzwege radikaler Ziel- und Strategiediskussion in den Anfängen der deutschen Arbeiterbewegung, in: Politische Vierteljahresschrift, 17. Jg., 1976, Heft 3, S. 297—316.

Ferber, Christian von, Der Werturteilsstreit 1909/1959. Versuch einer wissenschaftlichen Interpretation, in: E. Topitsch (Hrsg.), Logik der Sozialwissenschaften, Köln, Berlin 1968.

Fetscher, Iring, Karl Marx und der Marxismus. Von der Philosophie des Proletariats zur proletarischen Weltanschauung, München 1967.

ders., Der Marxismus. Seine Geschichte in Dokumenten. Philosophie. Ideologie. Ökonomie. Soziologie. Politik. München 1973².

ders., Marxistische Porträts, Band I: Politiker, Band II: Intellektuelle, Stuttgart—Bad Canstatt 1975.

ders., Demokratie zwischen Sozialdemokratie und Sozialismus, Stuttgart, Berlin, Köln, Mainz 1973.

Feuer, Lewis S., From Ideology to Philosophy: Sidney Hook's Writings on Marxism, in: Paul Kurtz, Sidney Hook and the Contemporary World, New York 1968.

Feuerbach, Ludwig, Sämtliche Werke, Leipzig 1846.

ders., Anthropologischer Materialismus, Ausgewählte Schriften, 2 Bände, herausgegeben und eingeleitet von Alfred Schmidt, Frankfurt 1967.

Feyerabend, Paul, Wie wird man ein braver Empirist? — Ein Aufruf zur Toleranz in der Erkenntnistheorie, in: Lorenz Krüger (Hrsg.), Erkenntnisprobleme der Naturwissenschaften. Texte zur Einführung in die Philosophie der Wissenschaft, Köln, Berlin 1970.

ders., Wider den Methodenzwang. Skizze einer anarchistischen Erkenntnistheorie, Frankfurt 1976.

Fichte, Johann Gottlieb, Ausgewählte Werke, Darmstadt 1962.

Fijalkowski, Jürgen, Bemerkungen zu Sinn und Grenzen der Rätediskussion, in: Probleme der Demokratie heute. Sonderheft 2 der Politischen Vierteljahresschrift, 11. Jg. 1970.

Fischer, Wolfram, Wirtschaft und Gesellschaft im Zeitalter der Industrialisierung, Göttingen 1972.

Fleischer, Helmut, Marxismus und Geschichte, Frankfurt 1969.

Flohr, Heiner, Parteiprogramme in der Demokratie, Göttingen 1968.

Frerichs, Johann und Gerhard Kraiker, Konstitutionsbedingungen des bürgerlichen Staates und der sozialen Revolution bei Marx und Engels, Frankfurt 1975.

Freyberg, Jutta v., u. a., Geschichte der deutschen Sozialdemokratie 1863—1975. Mit einem Vorwort von Wolfgang Abendroth, Köln 1975.

Fricke, Dieter, Die deutsche Arbeiterbewegung 1869—1890. Ihre Organisation und Tätigkeit, Leipzig 1964.

ders., Eine Musterzeitschrift des Opportunismus. Die „Sozialistischen Monatshefte am Ende der relativ friedlichen Entwicklung des Kapitalismus in Deutschland

(1909), in: Zeitschrift für Geschichtswissenschaft, XXI. Jg. 1973, Heft 10, S. 1209 ff.

ders., Zu einigen Fragen des Wechselverhältnisses von Partei und Klasse in der deutschen Arbeiterbewegung vor dem ersten Weltkrieg, in: Wissenschaftliche Zeitschrift der Friedrich-Schiller-Universität. Beiträge zur marxistisch-leninistischen Geschichtswissenschaft. Jena—Minsk, 23. Jg. Heft 6, 1974, S. 753 ff.

ders., Die Gründung der revisionistischen Zeitschrift „Die Neue Gesellschaft" 1900 bis 1905, in: Beiträge zur Geschichte der Arbeiterbewegung 1974, Heft 6, S. 1052 ff.

ders., Die Organisationsfrage in der internationalen Arbeiterbewegung am Anfang des 19. Jahrhunderts, in: Zeitschrift für Geschichtswissenschaft, XXII. Jg. 1974, Heft 10, S. 1060 ff.

ders., Zur Rückkehr Eduard Bernsteins in das Deutsche Reich 1901, in: Zeitschrift für Geschichtswissenschaft, XXII. Jg. 1974, Heft 12, S. 1341 ff.

ders., Zum Bruch Eduard Bernsteins mit den „Sozialistischen Monatsheften" im Herbst 1914, in: Beiträge zu Geschichte der Arbeiterbewegung, 1975, Heft 3, S. 474 ff.

ders., Zur Rolle der revisionistischen Zeitschrift „Die Neue Gesellschaft" in der deutschen Arbeiterbewegung 1905 bis 1907, in: Beiträge zur Geschichte der Arbeiterbewegung, 1975, Heft 4, S. 696 ff.

ders., Bürgerliche Sozialreformer und deutsche Sozialdemokratie. Zu Briefen Werner Sombarts von 1899, in: Zeitschrift für Geschichtswissenschaft, XXIII. Jg. 1975, Heft 8, S. 929 ff.

ders., Bürgerliche Sozialreformer und die Zersplitterung der antisozialistischen Arbeiterorganisationen vor 1914, in: Zeitschrift für Geschichtswissenschaft, XXIII. Jg. 1975, Heft 10, S. 1177 ff.

Friedrich, Manfred, Philosophie und Ökonomie beim jungen Marx, Frankfurt 1960.

Fromm, Erich, Das Menschenbild beim jungen Marx, Frankfurt 1963.

Fülbert, Georg, Zur Genese des Revisionismus in der deutschen Sozialdemokratie vor 1914, in: Das Argument, 13. Jg. März 1971, Heft 1/2, S. 1—21.

ders., und Jürgen Harrer, Die deutsche Sozialdemokratie 1890—1933, Darmstadt und Neuwied 1974.

Gadamer, Hans-Georg, Wahrheit und Methode, Tübingen 1965².

Gay, Peter, Das Dilemma des demokratischen Sozialismus, Eduard Bernsteins Auseinandersetzung mit Marx, Nürnberg 1954.

Geschichte der deutschen Arbeiterbewegung, Hrsg. Institut für Marxismus-Leninismus beim Zentralkomitee der SED, 8 Bände, Berlin (Ost) 1966.

Gneuss, Christian, Um den Einklang von Theorie und Praxis. Eduard Bernstein und der Revisionismus, in: Marxismus-Studien, Zweite Folge, Tübingen 1957, S. 198—226.

ders., Was ist Revisionismus? Ein Essay. Manuskript der Sendung im 3. Programm des Norddeutschen Rundfunks „Bibliothek des 3. Programms" vom 22. 4. 1977.

Gottschalch, Wilfried, Ideengeschichte des Sozialismus in Deutschland, in: Grebing, Helga (Hrsg.), Geschichte der sozialen Ideen in Deutschland, München 1969.

Grebing, Helga, Geschichte der deutschen Arbeiterbewegung, München 1972³.

dies., (Hrsg.), Geschichte der sozialen Ideen in Deutschland, München 1969.

Groh, Dieter, Marx, Engels und Darwin: Naturgesetzliche Entwicklung oder Revolution? in: Politische Vierteljahresschrift, 8. Jg. 1967, Heft 4, S. 544—559.

ders., Negative Integration und revolutionärer Attentismus. Die deutsche Sozialdemokratie am Vorabend des Ersten Weltkrieges, Frankfurt, Berlin, Wien 1973.

ders., Die Sozialdemokratie im Verfassungssystem des 2. Reiches, in: Haus Mommsen (Hrsg.), Sozialdemokratie zwischen Klassenbewegung und Volkspartei, Frankfurt 1974.

Grunenberg, Antonia (Hrsg.), Die Massenstreikdebatte, Frankfurt 1970.

Gustafsson, Bo, Marxismus und Revisionismus. Eduard Bernsteins Kritik des Marxismus und ihre ideengeschichtlichen Voraussetzungen, 2 Bände, Frankfurt 1972.

Haag, Karl-Heinz, Kritik der neueren Ontologie, Stuttgart 1960.

ders., Philosophischer Idealismus. Untersuchungen zur Hegelschen Dialektik mit Beispielen aus der Wissenschaft der Logik, Frankfurt 1967.

Habermas, Jürgen, Theorie und Praxis. Sozialphilosophische Studien, Neuwied und Berlin 1963.

ders., Strukturwandel der Öffentlichkeit, Untersuchungen zu einer Kategorie der bürgerlichen Gesellschaft, Neuwied und Berlin 1965[2].

ders., Erkenntnis und Interesse, Frankfurt 1968.

ders., Zur Logik der Sozialwissenschaften, Frankfurt 1970.

ders. und Niklas Luhmann, Theorie der Gesellschaft oder Sozialtechnologie — Was leistet die Systemforschung?, Frankfurt 1971.

Hare, R. M. The Language of Morals, London, Oxford, New York, 1970.

Harrington, Michael, Sozialismus. Geschichte und Zukunft einer Idee, Stuttgart, Zürich 1973.

Hegel, G. W. F., Phänomenologie des Geistes, (1807), Hamburg o. J.

ders., Wissenschaft der Logik (1812), Leipzig o. J., 3 Bände.

ders., Die Vernunft in der Geschichte (1830), Hamburg 1955[5].

ders., Enzyklopädie der philosophischen Wissenschaft im Grundrisse (1830), Hamburg 1959[6].

ders., Grundlinien der Philosophie des Rechts. Mit Hegels eigenhändigen Randbemerkungen in seinem Handexemplar der Rechtsphilosophie, Hrsg. v. Johannes Hoffmeister, Hamburg 1955[4].

ders., Philosophie der Geschichte (1837), Stuttgart 1961.

Heimann, Eduard, Soziale Theorie des Kapitalismus. Theorie der Sozialpolitik, Tübingen 1929.

ders., Die sittliche Idee des Klassenkampfes, Hamburg 1947.

ders., Sozialistische Wirtschafts- und Arbeitsordnung, Offenbach 1948.

ders., Wirtschaftssysteme und Gesellschaftssysteme, Tübingen 1954.

ders., Sozialismus im Wandel der modernen Gesellschaft, Aufsätze zur Theorie und Praxis des Sozialismus, Bonn-Bad Godesberg 1975.

Heimann, Horst, Theoriediskussion in der SPD, Frankfurt, Köln 1975.

ders., Einleitung zu: Eduard Bernstein, Texte zum Revisionismus, Bonn-Bad Godesberg 1977.

Heller, Hermann, Gesammelte Schriften, 3 Bände, Leiden 1971.

Hempel, Carl G., Typologische Methoden in der Sozialwissenschaft, in: E. Topitsch (Hrsg.), Logik der Sozialwissenschaften, Köln, Berlin 1968.

ders., Erklärung in Naturwissenschaft und Geschichte, in: L. Krüger (Hrsg.), Erkenntnisprobleme der Naturwissenschaften, Köln, Berlin 1970.

Hess, Moses, Ausgewählte Schriften, Ausgewählt und eingeleitet von Horst Lademacher, Köln 1962.

Hilferding, Rudolf, Böhm-Bawerks Marx-Kritik (1904), in: Fr. Eberle (Hrsg.), a. a. O.

ders., Das Finanzkapital (1910), Berlin (Ost) 1947.

ders., Die Aufgaben der Sozialdemokratie in der Republik, in: Protokoll der Verhandlungen des sozialdemokratischen Parteitages 1927 in Kiel, Berlin 1927, S. 165—184.

ders., Das historische Problem, in: Zeitschrift für Politik. 1. Jg. (NF), Heft 4, Dez. 1954.

Hillmann, Günther, Zum Verständnis des Textes, in: E. Bernstein, Die Voraussetzungen des Sozialismus und die Aufgaben der Sozialdemokratie, Hrsg. Günter Hillmann, Reinbek 1969.

Himmelmann, Gerhard, Arbeitswert, Mehrwert und Verteilung. Zur Problematik von Theorie und Praxis in der Marxschen Lehre, Opladen 1974.

Hirsch, Helmut. Einleitung in: Ein revisionistisches Sozialismusbild. Drei Vorträge von Eduard Bernstein, Hannover 1966.

Hofmann, Werner, Ideengeschichte der sozialen Bewegung des 19. und 20. Jahrhunderts, Berlin 1962.

Hohorst, Gerd; Kocka, Jürgen und Ritter, Gerhard A., Sozialgeschichtliches Arbeitsbuch. Materialien zur Statistik des Kaiserreichs 1870—1914, München 1975.

Holzheuer, Walter, Karl Kautskys Werk als Weltanschauung. Beitrag zur Ideologie der Sozialdemokratie vor dem Ersten Weltkrieg, München 1972.

Hook, Sidney, Towards the Understanding of Karl Marx, New York 1933.

ders., From Hegel to Marx, Michigan 1962.

ders., Reason, Social Myths and Democracy, New York 1950.

ders., The Enlightenment and Marxism, in: Journal of the History of Ideas, Vol. XXIX, No. 1, January—March 1968.

ders., Einführung zu: Karl Kautsky, Über Sozialdemokratie und Kommunismus, hrsg. von David Shub und Joseph Shaplen, München 1948.

ders., Shaw: The Man and His Ideas, in: The New Leader, 1957, Sept. 23, S. 25 bis 27.

Horkheimer, Max, Kritische Theorie. Eine Dokumentation, hrsg. v. Alfred Schmidt, Frankfurt 1968, 2 Bände.

Jakubowski, Franz, Der ideologische Überbau in der materialistischen Geschichtsauffassung, Frankfurt 1968.

Jaroslawski, Jan, Theorie der sozialistischen Revolution. Von Marx bis Lenin, Hamburg 1973.

Jaurès, Jean, Sozialistische Studien (1902), Berlin—Bonn-Bad Godesberg 1974².

ders., Die idealistische Geschichtsauffassung. Diskussion zwischen Jean Jaurès und Paul Lafargue, gehalten im Quartier Latin in einer öffentlichen, von der Gruppe kollektivistischer Pariser Studenten einberufenen Versammlung, in: Die Neue Zeit, 13. Jg., 2. Band, (1894—95), S. 545—557, S. 624—631.

Johanssen, Harro, Der Revisionismus in der deutschen Sozialdemokratie 1890 bis 1914, Hamburg, Phil. Diss. 1954.

Kambartel, Friedrich (Hrsg.), Praktische Philosophie und konstruktive Wissenschaftstheorie, Frankfurt 1974.

Kamenka, Eugen, The Ethical Foundations of Marxism, London 1962.

Kampffmeyer, Paul, Eduard Bernstein und der sozialistische Aufbau, Berlin 1930.

ders., Wandlungen in der sozialistischen Theorie, in: Der sozialistische Akademiker, 2. Jg. (1896), S. 11—18.

ders., Ein Wort über den Zusammenhang von Theorie und Praxis in der sozialen Frage, in: Sozialistische Monatshefte, 2. Jg. (1897), S. 1—9.

ders., Die Lebensarbeit Eduard Bernsteins, in: Sozialistische Monatshefte, 36. Jg., 1 (1930), S. 3—8.

Kant, Immanuel, Werke in zehn Bänden, hrsg. von Wilhelm Weischedel, Darmstadt 1968.

Kautsky, John H., Introduction, in: Karl Kautsky, The Dictatorship of the Proletariat, Michigan 1964.

Kautsky, Karl, Karl Marx' ökonomische Lehren (1887), Stuttgart 1908[12].

Kautsky, Karl, Der Entwurf des neuen Parteiprogramms, in: Die neue Zeit, 9. Jg., Band 2, (1891), S. 723—730, 749—758 und 780—791.

ders., Das Erfurter Programm in seinem grundsätzlichen Teil erläutert (1892), Bonn-Bad Godesberg 1974 (Nachdruck der 17. Aufl. von 1922).

ders., Ein sozialdemokratischer Katechismus, in: NZ 12, 1 (1893), S. 361—369 und 402—410.

ders., Unser neuestes Programm, in: NZ 13, 2 (1895), S. 557—565, 586—594 und S. 610—624.

ders., Noch einige Bemerkungen zum Agrarprogramm, in: NZ 13, 2 (1895), S. 806 bis 814.

ders., Die materialistische Geschichtsauffassung und der psychologische Antrieb, in: NZ 14, 2 (1896), S. 652—659.

ders., Bernstein und das sozialdemokratische Programm. Eine Antikritik (1899), Berlin—Bonn-Bad Godeserg 1976[2].

ders., Bernstein und die Bebelsche Resolution, in: NZ 18, 1 (1900), S. 682—692.

ders., Problematischer gegen wissenschaftlicher Sozialismus, in: NZ 19, 2 (1901), S. 355—364.

ders., Bernsteins alte Artikel und neue Schmerzen, in: NZ 19, 2 (1901), S. 274—278.

ders., Die soziale Revolution, I. Sozialreform und soziale Evolution, II. Am Tage nach der Revolution (1902), Berlin 1907[2].

ders., Ethik und materialistische Geschichtsauffassung. Ein Versuch, (1906), Bonn-Bad Godesberg 1973 (Nachdruck des 1922 erschienenen dreizehnten bis vierzehnten Tausends).

ders., Die historische Leistung von Karl Marx. Zum 25. Todestag des Meisters, Berlin 1908.

ders., Der Weg zur Macht (1909), Anhang: Kautskys Kontroverse mit dem Parteivorstand, hrsg. und eingeleitet von Georg Fülberth, Frankfurt 1972.

ders., Parlamentarismus und Demokratie, Stuttgart 1911.

ders., Taktische Strömungen in der deutschen Sozialdemokratie, Berlin 1911.

ders., Der politische Massenstreik. Beitrag zur Geschichte der Massenstreikdiskussion innerhalb der deutschen Sozialdemokratie, Berlin 1914.

ders., Die Diktatur des Proletariats, Wien 1918.

ders., Terrorismus und Kommunismus. Ein Beitrag zur Naturgeschichte der Revolution, Berlin 1919.

ders., Von der Demokratie zur Staatssklaverei. Eine Auseinandersetzung mit Trotzki, Berlin 1921.

ders., Eduard Bernstein zu seinem fünfundsiebzigsten Geburtstag, in: Die Gesellschaft, II (1925), S. 1—22.

ders., Die materialistische Geschichtsauffassung, 2 Bände, Berlin 1927.

Kelsen, Hans, Sozialismus und Staat, Leipzig 1920.

Klink, Dieter, Vom Antikapitalismus zur sozialistischen Marktwirtschaft, Hannover 1965.

Kocka, Jürgen, Organisierter Kapitalismus oder Staatsmonopolistischer Kapitalismus? in: Heinrich August Winkler (Hrsg.), Organisierter Kapitalismus, Göttingen 1974.

ders., Unternehmer in der deutschen Industrialisierung, Göttingen 1975.

König, Erika, Vom Revisionismus zum „Demokratischen Sozialismus". Zur Kritik des ökonomischen Revisionismus in Deutschland, Berlin (Ost) 1964.

Köser, Helmut, Die Grundsatzdebatte in der SPD von 1945/46 bis 1958/59. Freiburg i. Br. 1971. Mit einer Dokumentation, 2 Bände, Phil. Diss.

Kofler, Marxistischer oder ethischer Sozialismus?, Bovenden 1955.

Kolakowski, Leszek, Der Mensch ohne Alternative, München 1964.

ders., Traktat über die Sterblichkeit der Vernunft. Philosophische Essays, München 1967.

Kool, Frits und Werner Krause (Hrsg.), Die frühen Sozialisten. Dokumente zur Weltrevolution, Band I, Frankfurt—Zürich 1968.

Korsch, Karl, Die Materialistische Geschichtsauffassung und andere Schriften, Frankfurt 1974².

ders., Karl Marx, Frankfurt 1967.

ders., Kernpunkte der materialistischen Geschichtsauffassung, o. J. und o. O.

Kosta, Jiri, Sozialistische Planwirtschaft. Theorie und Praxis, Opladen 1974.

Kraft, Victor, Geschichtsforschung als strenge Wissenschaft, in: E. Topitsch (Hrsg.), Logik der Sozialwissenschaften, Köln, Berlin 1968.

Krahl, Hans-Jürgen, Konstitution und Klassenkampf. Zur historischen Dialektik von bürgerlicher Emanzipation und proletarischer Revolution, Frankfurt 1971.

Kramer, Dieter, Reform und Revolution bei Marx und Engels, Köln 1971.

Kremendahl, Hans, Pluralismustheorie in Deutschland, Leverkusen 1977.

ders. und Meyer, Thomas, (Hrsg.), Sozialismus und Staat, 2 Bände, Kronberg 1974.

dies., Sozialismus und Grundgesetz, Kronberg 1974.

Kroner, Alice, Eduard Bernstein und der theoretische Sozialismus, Freiburg 1923.

Kuczynski, Jürgen, Die Geschichte der Lage der Arbeiter unter dem Kapitalismus, Bände 2—4, Berlin (Ost) 1962 bis 1967.

Kuruma Samezo (Hrsg.), Marx-Lexikon zur politischen Ökonomie, 3 Bände, Berlin und Glashütten i. T. 1973.

Kutschera, Franz v., Einführung in die Logik der Normen, Werte und Entscheidungen, München 1973.

Labedz, Leopold (Hrsg.), Der Revisionismus, Köln—Berlin 1966².

Labriola, Antonio, Über den historischen Materialismus, herausgegeben von Anneheide Ascheri-Osterlow und Claudio Pozzoli, Frankfurt 1974.

Lakatos, Imre und Musgrave, Alan (Hrsg.), Criticism an the Growth of Knowledge, Cambridge 1970.

ders., History of Science and Its Rational Reconstructions, in: Roger C. Buck und Robert S. Cohen (Hrsg.), Boston Studies in the Philosophy of Science, Vol. III, Dordrecht-Holland 1971, S. 91—136 (deutsch auch in W. Diederich, a. a. O.).

Landauer, Carl, u. a., European Socialism: A History of Ideas and Movement, Berkeley 1960.

ders., Die Sozialdemokratie. Geschichtsabriß und Standortbestimmung, Hamburg 1972.

Lange, Friedrich Albert, Die Arbeiterfrage. Ihre Bedeutung für Gegenwart und Zukunft, Winterthur 1879[4].

ders., Geschichte des Materialismus (1866), Frankfurt 1974, 2 Bände.

Laski, Harold, Karl Marx. An Essay, New York 1953.

ders., Einführung in das kommunistische Manifest, Hamburg 1949.

Lassalle, Ferdinand, Gesammelte Reden und Schriften, Herausgegeben und eingeleitet von Eduard Bernstein, Berlin 1919/20.

ders., Reden und Schriften. Mit einer Lassalle-Chronik, hrsg. von Friedrich Jenaczek, München 1970.

Lenk, Kurt, Theorien der Revolution, München 1973.

Lenin, W. I., Werke, Berlin 1974[7].

ders., Gegen den Revisionismus, Berlin (Ost) 1959.

Lenski, Gerhard, Macht und Privileg. Eine Theorie der sozialen Schichtung, Frankfurt 1973.

Leser, Norbert, Die Odyssee des Marxismus. Auf dem Weg zum Sozialismus, Wien—München—Zürich 1971.

ders., Sozialismus zwischen Relativismus und Dogmatismus. Aufsätze im Spannungsfeld von Marx und Kelsen, Freiburg 1974.

Lichtheim, George, The Origins of Socialism, New York, Washington 1969.

ders., From Marx to Hegel, London 1971.

ders., Kurze Geschichte des Sozialismus, Köln 1972.

ders., Imperialismus, München 1972.

Lidtke, Vernon L., Revisionismus, in: Sowjetsystem und demokratische Gesellschaft, Freiburg 1972, Band V, S. 666—692.

ders., The Outlawed Party. Social Democracy in Germany 1878—1890, Princeton, New Jersey 1966.

Löwenthal, Richard, Sozialismus und aktive Demokratie, Essays zu ihren Voraussetzungen in Deutschland, Frankfurt 1974.

Löwith, Karl, Von Hegel zu Nietzsche, Stuttgart 1950.

ders., Weltgeschichte und Heilsgeschehen, Stuttgart 1953.

Lombardo-Radice, Lucio, Pluralismus in einer sozialistischen Gesellschaft, in: Udo Bermbach, Franz Nuscheler (Hrsg.), Sozialistischer Pluralismus, Hamburg 1973.

Lorenzen, Paul, Methodisches Denken, Frankfurt 1968.

ders., Normative Logic and Ethics, Mannheim, 1969.

Lukacs, Georg, Geschichte und Klassenbewußtsein. Studien über marxistische Dialektik, Amsterdam 1967.

ders., Zur philosophischen Entwicklung des jungen Marx, in: Deutsche Zeitschrift für Philosophie, 2. Jg. 1954, Heft 2.

Lübbe, Hermann, Politische Philosophie in Deutschland, München 1974.

ders., Die politische Theorie des Neukantianismus und der Marxismus, in: Archiv für Recht und Sozialphilosophie, Band 44, Berlin 1958, S. 333—350.

Lührs, Georg, Thilo Sarrazin, Frithjof Spreer und Manfred Tietzel (Hrsg.), Kritischer Rationalismus und Sozialdemokratie, 2 Bände, Bonn-Bad Godesberg 1975 und 1976.

Luhmann, Niklas, Soziologische Aufklärung. Aufsätze zur Theorie sozialer Systeme, Frankfurt 1972³.

ders., Zweckbegriff und Systemrationalität. Über die Funktion von Zwecken in sozialen Systemen, Frankfurt 1973.

Luxemburg, Rosa, Gesammelte Werke, Berlin (Ost, 1972), 1974³.

Mader, Johann, Zwischen Hegel und Marx. Zur Verwirklichung der Philosophie, Wien, München 1975.

Magnis, Franz von, Normative Voraussetzungen im Denken des jungen Marx, Freiburg, München 1975.

Marck, Siegfried, Philosophie des Revisionismus, in: Grundsätzliches zum Tageskampf. Festgabe für Eduard Bernstein, Breslau 1925.

Marcuse, Herbert, Vernunft und Revolution, Neuwied 1962.

Marx, Karl, Werke, Schriften, Briefe, 6 Bände, hrsg. v. H.-J. Lieber und P. Furth, Stuttgart 1962 ff.

Marx, Karl und Engels, Friedrich, Werke, Berlin (Ost) 1964.

diess., Marx Engels Studienausgabe, 4 Bände, Frankfurt 1966.

Marx, Karl, Chronik seines Lebens in Einzeldaten. Hrsg. von V. Adoratskij, Frankfurt 1971 (Nachdruck).

Marxismus-Kollektiv (Hrsg.), Karl Marx und die Revolution, Frankfurt 1970.

Masaryk, Thomas G., Die philosophischen und soziologischen Grundlagen des Marxismus, Wien 1899.

Matthias, Erich, Kautsky und der Kautskyanismus. Die Funktion der Ideologie in der deutschen Sozialdemokratie vor dem ersten Weltkrieg, in: Marxismus-Studien, 2, (1957), S. 151—197.

Mauke, Michael, Die Klassentheorie von Marx und Engels, Frankfurt 1970.

Mayer, Gustav, Friedrich Engels. Eine Biographie, 2 Bände, Köln o. J.².

ders., Arbeiterbewegung und Obrigkeitsstaat, hrsg. von Hans-Ulrich Wehler, Bonn-Bad Godesberg 1972.

ders., Radikalismus, Sozialismus und bürgerliche Demokratie, hrsg. und mit einem Nachwort versehen von H.-U. Wehler, Frankfurt 1969.

McLellan, David, Die Junghegelianer, München 1974.

Mehring, Franz, Geschichte der deutschen Sozialdemokratie, 2 Bände, Stuttgart 1921¹¹.

ders., Karl Marx, Geschichte seines Lebens, Frankfurt o. J.

ders., Kant und der Sozialismus, in: Marxismus und Ethik, hrsg. v. H. J. Sandkühler und R. de la Vega, Frankfurt 1970.

ders., Die Neukantianer, in: a. a. O.

Mehringer, Hartmut und Gottfried Mergner, Debatte um Engels, 2 Bände, Reinbek 1973.

Meyer, Alfred G., Marxism. The Unity of Theory an Practice, Cambridge Mass. 1954.

ders., Leninism, Cambridge Mass. 1957.

Meyer, Thomas, Einleitung in: W. I. Lenin, Hefte zu Hegels Dialektik, München 1969.

ders., O nekim aspektima Lenjinove spoznanje teorije (Über einige Aspekte der Leninschen Erkenntnistheorie), in: Lenjin izvan mitova, Band I, Hrsg. Fakultet političkih nauka Sveučilišta u Zagrebu, Zagreb 1970.

ders., W. I. Lenin — ein Philosoph?, in: Geist und Tat, 26. Jg. (1971), Heft 2, S. 83 bis 94.

ders., Između filosofije i stroge znanosti: Jürgen Habermas (Zwischen Philosophie und strenger Wissenschaft: Jürgen Habermas), in: Praxis, 8. Jg., 2, März—April 1971.

ders., Zwischen Spekulation und Erfahrung. Einige Bemerkungen zur Wissenschaftstheorie von Jürgen Habermas, Frankfurt 1972.

ders., Einleitung in: Max Adler, Marx und Engels als Denker, Frankfurt 1972.

ders., Der Zwiespalt in der Marxschen Emanzipationstheorie. Studie zur Rolle des proletarischen Subjekts, Kronberg 1973.

ders., zs. mit Hans Kremendahl (Hrsg.), Sozialismus und Staat, 2 Bände, Kronberg 1974.

ders., zs. mit Hans Kremendahl (Hrsg.), Sozialismus und Grundgesetz, Kronberg 1974.

ders., Marxismus und demokratischer Sozialismus, in: Forum DS, 1. Jg., Heft 1, 1976.

ders., Die Grundwerte des demokratischen Sozialismus, in: Forum DS, 2. Jg., Heft 3 1977 und Heft 4 1977 (erscheint im Herbst 1977).

ders., Wissenschaft und Grundwerte im demokratischen Sozialismus, Bonn-Bad Godesberg 1977.

Mill, John Stuart, Utilitarianism, Liberty and Representative Government, London 1968.

Miller, Susanne, Das Problem der Freiheit im Sozialismus. Freiheit, Staat und Revolution in der Programmatik der Sozialdemokratie bis zum Revisionismusstreit, Frankfurt 1964.

dies., Zur Rezeption des Marxismus in der deutschen Sozialdemokratie, in: Freiheitlicher Sozialismus. Beiträge zu seinem heutigen Selbstverständnis, hrsg. von H. Flohr, K. Lompe, L. F. Neumann, Bonn-Bad Godesberg 1973.

Mommsen, Hans, Die Sozialdemokratie in der Defensive, Der Immobilismus der SPD und der Aufstieg des Nationalsozialismus, in: ders., (Hrsg.), Sozialdemokratie zwischen Klassenbewegung und Volkspartei, Frankfurt 1974.

ders., (Hrsg.), Sozialdemokratie zwischen Klassenbewegung und Volkspartei, Frankfurt 1974.

Na'aman, Shlomo, Lassalle, Hannover 1970.

ders., Von der Arbeiterbewegung zur Arbeiterpartei, Berlin 1976.

Naphtali, Fritz, Wirtschaftsdemokratie. Ihr Wesen, Weg und Ziel, Frankfurt 1969[5].

Negt, Oskar, (Hrsg.) Kontroversen über dialektischen und mechanischen Materialismus, Frankfurt 1969.

Nemitz, Kurt, Sozialistische Marktwirtschaft, die wirtschaftsordnungspolitische Konzeption der deutschen Sozialdemokratie, Frankfurt 1960.

Nettl, J. Peter, Rosa Luxemburg, Köln, Berlin 1968[2].

Nink, Caspar, Philosophische Gotteslehre, München und Kempten 1948.

ders., Ontologie. Versuch einer Grundlegung, Freiburg 1952.

Nelson, Leonard, Gesammelte Schriften in neun Bänden, hrsg. von Paul Bernays u. a., Hamburg 1970 ff.

ders., Ausgewählte Schriften. Studienausgabe. Herausgegeben und eingeleitet von Heinz-J. Heydorn, Frankfurt 1974.

Örtzen, Peter von, Die Aufgabe der Partei. Reden und Aufsätze aus den letzten vier Jahren zur Arbeit der SPD und zur Entwicklung ihrer programmatischen Grundlagen, Bonn-Bad Godesberg 1974.

Olson, Mancur Jr., Die Logik des kollektiven Handelns, Kollektivgüter und die Theorie der Gruppen, Tübingen 1968.

Osterroth, Franz, Biographisches Lexikon des Sozialismus, Band I, Hannover 1960.

ders., und Dieter Schuster, Chronik der deutschen Sozialdemokratie, 3 Bände, Bonn-Bad Godesberg 1975 ff.

Pannekoek, Anton, Die taktischen Differenzen in der Arbeiterbewegung, Hamburg 1909.

Parsons, Talcott, Societies. Evolutionary and Comparative Perspectives, Englewood Cliffs, New Jersey 1966.

Parvus (Helphand, Alexander), Soziale Revolution und Kolonialpolitik, in: Sächsische Arbeiterzeitung, 27. Jan. 1898.

ders., E. Bernsteins Umwälzung des Sozialismus, in: a. a. O., 28. Jan., 6., 8., 12., 18., 22. und 24. Febr., 1. und 6. März 1898.

ders., Erwiderung, in: a. a. O., 11. Febr. 1898.

ders., E. Bernstein als „armer Toms", in: a. a. O., 11., 24. und 26. März 1898.

Patzig, Günther, Ethik ohne Metaphysik, Göttingen 1971.

Paterson, William E. and Campbell, Jan, Social Democracy in Postwar Europe, London and Basingstoke, 1974.

Petry, Franz, Der soziale Gehalt der marxschen Werttheorie, Jena 1916.

Plechanow, G. W., Beiträge zur Geschichte des Materialismus (1896), Leipzig o. J.

ders., Bernstein und der Materialismus, in: NZ 16, 2 (1898), S. 545—555.

ders., Konrad Schmidt gegen Karl Marx und Friedrich Engels, in: NZ, 17/1 (1898), S. 133—145.

ders., Materialismus oder Kantianismus, in: NZ 17/1 (1899), S. 589—596 und S. 626 bis 632.

ders., Grundprobleme des Marxismus (1908), Berlin (Ost) 1958.

Pease, Edward R., The History of the Fabian Society, London 1925[2].

Polanyi, Michael, The Magic of Marxism, in: Encounter, Bd. VII, Nr. 6, Dec. 1956.

Popitz, Heinrich, Der entfremdete Mensch. Zeitkritik und Geschichtsphilosophie des jungen Marx, Frankfurt 1968.

Popper, Karl R., Logik der Forschung, Tübingen 1969[3].

ders., The Open Society and its Enimies, London 1966, 2 Bände.

ders., Das Elend des Historizismus, Tübingen 1969.

ders., Conjectures and Refutations, London 1969.

ders., Of Clouds and Clocks, Washington 1966.

ders., Objektive Erkenntnis. Ein evolutionärer Entwurf, Hamburg 1973.

Potthoff, Heinrich, Die Sozialdemokratie von den Anfängen bis 1945. Kleine Geschichte der SPD, Band 1, Bonn-Bad Godesberg 1974.

Prager, Eugen, Geschichte der USPD, (1922), Glashütten i. T. 1970[2].

Preisser, Erich, Nationalökonomie heute, Eine Einführung in die Volkswirtschafts-lehre, München, 1969[8].

ders., Politische Ökonomie im 20. Jahrhundert. Probleme und Gestalten, München 1970.

Programmatische Dokumente der deutschen Sozialdemokratie. Hrsg. und eingeleitet von Dieter Dowe und Kurt Klotzbach, Bonn-Bad Godesberg 1973.

Protokolle über die Verhandlungen der Parteitage der Sozialdemokratischen Partei Deutschlands 1890 bis 1927.

Quark, Max, Die erste deutsche Arbeiterbewegung. Geschichte der Arbeiterverbrü-derung 1848/9. Ein Beitrag zur Theorie und Praxis des Marxismus, Leipzig 1924.

Quine, Willard Van Orman, From a Logical Point of View, New York 1961[2].

Rabehl, Bernd, Geschichte und Klassenkampf. Einführung in die marxistische Ge-schichtsbetrachtung der Arbeiterbewegung, Berlin 1974.

Raddatz, Fritz J., Karl Marx. Eine politische Biographie, Hamburg 1975.

Radnitzky, Gerard, Contemporary Schools of Metascience, 2 Bände, New York 1970[2].

Reichel, Der Sozialismus der Fabier. Ein Beitrag zur Ideengeschichte des modernen Sozialismus in England, Heidelberg 1947.

Reichelt, Helmut, Zur logischen Struktur des Kapitalbegriffs bei Karl Marx, Frank-furt 1970.

Renner, Karl, Wege der Verwirklichung (1929), Offenbach 1947.

Rikli, Erika, Der Revisionismus. Ein Revisionsversuch der deutschen marxistischen Theorie (1890—1914), Zürich 1936.

Ritter, Gerhard A., Die Arbeiterbewegung im Wilhelminischen Reich, Berlin 1963[2].

Rohrmoser, Günter, Emanzipation und Freiheit, München 1970.

Rosdolsky, Roman, Zur Entstehungsgeschichte des Marxschen Kapital. Der Roh-entwurf des Kapital 1857—1858, 2 Bände, Frankfurt 1968.

Rosenberg, Arthur, Entstehung und Geschichte der Weimarer Republik, Frankfurt 1955.

Rosenberg, Hans, Große Depression und Bismarckzeit, Wirtschaftsablauf, Gesell-schaft und Politik in Mitteleuropa, Frankfurt, Berlin, Wien 1976.

Rousseau, Jean Jaques, Der Gesellschaftsvertrag (1762), Stuttgart 1971.

ders., Frühe Schriften, Leipzig 1970.

Rubel, Maximilien, Marx-Chronik, Daten zu Leben und Werk, München 1968.

Rudas, L., Der historische Beruf des Proletariats, in: Kommunismus, 1921, Band 1, S. 757—780.

Sandkühler, Hans J. und Rafael de la Vega (Hrsg.), Marxismus und Ethik. Texte zum neukantianischen Sozialismus, Frankfurt 1970.

dies., Austromarxismus. Texte zu „Ideologie und Klassenkampf" von Otto Bauer, Max Adler, Karl Renner, Sigmund Kunfi, Bela Fogarasi, Frankfurt 1970.

Sartre, Jean-Paul, Marxismus und Existentialismus, Reinbek 1968[4].

ders., Materialismus und Revolution, in: ders., Situationen, Reinbek 1965.

Scharpf, Fritz, W., Demokratietheorie zwischen Utopie und Anpassung, Kronberg 1975[2].

Schmidt, Alfred, Der Begriff der Natur in der Lehre von Marx, Frankfurt 1962.

Schmidt, Conrad, Die Durchschnittsprofitrate und das Marxsche Wertgesetz, in: Die Neue Zeit, 11. Jg., 1 (1892/93), S. 68—75 und S. 112—124.

ders., Rezension: Dr. M. Kronenberg: Kant sein Leben und seine Lehre, in: 3. Beilage des „Vorwärts" v. 17. 10. 1897.

ders., Einige Bemerkungen über Plechanows letzten Artikel in der „Neuen Zeit", in: Die Neue Zeit, 17. Jg., 1, S. 324—334.

ders., Sozialismus und Ethik, in: Sandkühler und de la Verga (Hrsg.), Marxismus und Ethik, a. a. O.

ders., Nochmals die Moral, in: a. a. O.

Schitlowsky, Zur Geschichte und Kritik des Marxismus, in: Deutsche Worte. Monatshefte. Herausgegeben von Engelbert Pernerstorfer, XV. Jg. 1895, Heft 4, S. 193 bis 211.

Schnädelbach, Herbert, Erfahrung, Begründung und Reflexion. Versuch über den Positivismus, Frankfurt 1971.

Schorske, Carl E., German Social Democracy 1905—1917, The Developement of The Great Schism, New York, Evanston, San Francisco, London 1972.

Schröder, Hans-Christoph, Sozialismus und Imperialismus. Die Auseinandersetzung der deutschen Sozialdemokratie mit dem Imperialismusproblem und der „Weltpolitik" vor 1914, Bonn-Bad Godesberg 1975².

ders., Sozialistische Imperialismusdeutung. Studien zu ihrer Geschichte, Göttingen 1973.

Schumpeter, Joseph A., Kapitalismus, Sozialismus und Demokratie, Bern 1950.

Schwan, Alexander und Gesine Schwan, Sozialdemokratie und Marxismus. Zum Spannungsverhältnis von Godesberger Programm und marxistischer Theorie, Hamburg 1974.

Schwan, Gesine, Die Gesellschaftskritik von Karl Marx. Politökonomische und philosophische Voraussetzungen, Stuttgart, Berlin, Köln, Mainz 1974.

Schwemmer, Oswald, Philosophie der Praxis. Versuch zur Grundlegung einer Lehre vom moralischen Argumentieren in Verbindung mit einer Interpretation der praktischen Philosophie Kants, Frankfurt 1971.

ders., Theorie der rationalen Erklärung. Zu den methodischen Grundlagen der Kulturwissenschaften, München 1976.

Seiffert, Helmut, Marxismus und bürgerliche Wissenschaft, München 1971.

ders., Einführung in die Wissenschaftstheorie, 2 Bände, München 1971⁴.

Selucky, Radoslav, Modell des sozialistischen Pluralismus, in: Udo Bermbach und Franz Nuscheler, a. a. O.

Shaw, Georg Bernard, Who is the Thief? in: Bernard Shaw and Karl Marx. A Symposium 1884—1889, New York 1930.

ders., The Jevonian Criticism of Marx, in: a. a. O.

ders., Karl Marx and „Das Kapital", in: a. a. O.

ders., Bluffing the Value Theory, in: a. a. O.

ders., On the History of Fabian Economics, in: Edward R. Pease, The History of The Fabian Society, London 1925.

ders., On Guild Socialism, in: a. a. O.

ders., Die englischen Fabier und die deutsche Sozialdemokratie, in: Deutsche Worte, 24. Jg. (1904).

ders., (Antwort auf die Umfrage der sozialistischen Monatshefte über den Parteitag der Sozialdemokratischen Partei in Hannover 1899), in: Sozialistische Monatshefte, 5. Jg. (1899), S. 615.

ders., Der Sozialismus und die Natur des Menschen, Frankfurt 1973.

ders., siehe unter Fabian Essays und unter Fabian Tracts.

Sinzheimer, Hugo, Ein Arbeitstarifgesetz. Die Idee der sozialen Selbstbestimmung im Recht, München und Leipzig 1916.

Skrzypczak, Henryk, Grundfragen der Geschichte der Arbeiterbewegung im Wilhelminischen Reich, in: „Grundriß der Geschichte der deutschen Arbeiterbewegung". Kritik einer Legende. Sonderdruck aus dem: Jahrbuch für die Geschichte Mittel- und Ostdeutschlands, Band 13 (1964), Berlin o. J.

Slama, Jiri, Die Entdeckung des sozialistischen Pluralismus, in: Udo Bermbach, Franz Nuscheler, a. a. O.

Sombart, Werner, Das Lebenswerk von Karl Marx, Jena 1909.

ders., Der proletarische Sozialismus („Marxismus"). Darstellung und Kritik, Berlin 1935.

Spinner, Helmut, Pluralismus als Erkenntnismodell, Frankfurt 1974.

Staudinger, Franz, Sozialismus und Ethik, in: Sandkühler und de la Vega (Hrsg.), Marxismus und Ethik, a. a. O.

ders., Kant und der Sozialismus. Ein Gedenkwort zu Kants Todestag, in: a. a. O.

Stegmüller, Wolfgang, Probleme und Resultate der Wissenschaftstheorie und Analytischen Philosophie, Band I: Wissenschaftliche Erklärung und Begründung, Berlin, Heidelberg, New York 1969.

ders., Metaphysik, Skepsis, Wissenschaft, Berlin, Heidelberg, New York 1969[2].

Stein, Lorenz, Der Socialismus und Communismus des heutigen Frankreichs, Leipzig 1842.

ders., Geschichte der sozialen Bewegung in Frankreich, Band 2: die industrielle Gesellschaft, der Sozialismus und Kommunismus Frankreichs von 1830 bis 1848, Darmstadt 1959.

ders., Proletariat und Gesellschaft. Herausgegeben, eingeleitet und kommentiert von Manfred Hahn, München 1971.

Steinberg, Hans-Josef, Sozialismus und deutsche Sozialdemokratie. Zur Ideologie der Partei vor dem ersten Weltkrieg, Bonn-Bad Godesberg 1976[4].

ders., Die deutsche Sozialdemokratie nach dem Fall des Sozialistengesetzes. Ideologie und Taktik der sozialistischen Massenpartei im Wilhelminischen Reich, in: Hans Mommsen (Hrsg.), Sozialdemokratie zwischen Klassenbewegung und Volkspartei, Frankfurt 1974.

ders., Einführung in: Karl Kautsky, Bernstein und das Sozialdemokratische Programm. Eine Antikritik, Berlin—Bonn-Bad Godesberg 1976.

Stoianovic, Svetozar, Kritik und Zukunft des Sozialismus, München 1970[2].

Strasser, Johano, Was ist demokratischer Sozialismus?, in: Forum DS. Zeitschrift für Theorie und Praxis des demokratischen Sozialismus, Heft 1 (1976), S. 13 bis 35.

Stuke, Horst, Philosophie der Tat, Stuttgart 1963.

Sultan, Herbert, Gesellschaft und Staat bei Karl Marx und Friedrich Engels (1922). Nachdruck, s'Gravenhage 1973.

Thier, Erich, Das Menschenbild des jungen Marx, Göttingen 1971.

Thomas von Aquin, Über das Sein und das Wesen. Deutsch-lateinische Ausgabe, Darmstadt 1965.

Tillich, Paul, Die sozialistische Entscheidung, Potsdam 1933.

Topitsch, Ernst, Sozialphilosophie zwischen Philosophie und Wissenschaft, Neuwied 1966.

ders., (Hrsg.). Logik der Sozialwissenschaften, Köln, Berlin 1968⁵.

ders., Das Verhältnis zwischen Sozial- und Naturwissenschaften. Eine methodologisch-ideologiekritische Untersuchung, in: ders., (Hrsg.) a. a. O.

ders., Sprachlogische Probleme der sozialwissenschaftlichen Theoriebildung, in: ders., (Hrsg.) a. a. O.

Toulmin, Stephen E., The Uses of Argument, Cambridge 1958.

Treue, Wilhelm, Gesellschaft, Wirtschaft und Technik Deutschlands im 19. Jahrhundert. Band 17: Gebhardt, Handbuch der deutschen Geschichte, München 1975.

Tucker, Robert C., Karl Marx. Die Entwicklung seines Denkens von der Philosophie zum Mythos, München 1973.

Turetzki, W. A., Die Entwicklung der Anschauungen von Marx und Engels über den Staat, Berlin (Ost) 1956.

Umsturz und Sozialdemokratie, 3 Bände. Verhandlungen des deutschen Reichstags am 17. Dez. 1894, 8. bis 12. Januar 1895, 8. bis 11. Mai 1895. Schriftenreihe Demokratie und Sozialismus, Heft 13, Offenbach 1947.

Venable, Vernon, Human Nature: The Marxian View, New York 1945.

Vilmar, Fritz, Strategien der Demokratisierung, 2 Bände, Darmstadt und Neuwied 1973.

ders., Systemveränderung auf dem Boden des Grundgesetzes, in: Aus Politik und Zeitgeschehen, B 18/14, 4. 5. 1974.

Vollmar, Georg von, Reden und Schriften zur Reformpolitik. Ausgewählt und eingeleitet von Willy Albrecht, Bonn-Bad Godesberg 1977.

Vorländer, Kant und der Sozialismus, unter besonderer Berücksichtigung der neuesten theoretischen Bewegung innerhalb des Marxismus, Berlin 1900.

ders., Die neukantianische Bewegung im Sozialismus, Berlin 1902.

ders., Kant und Marx, Tübingen 1911.

Wachenheim, Hedwig, Die deutsche Arbeiterbewegung 1844 bis 1914, Frankfurt, Wien, Zürich 1971.

Webb, Sidney, siehe unter Fabian Essays und Fabian Tracts.

Webb, Beatrice u. Sidney, Geschichte der englischen Gewerkschaftsbewegung, Stuttgart 1895.

Weber, Hermann, Das Prinzip Links. Eine Dokumentation. Beiträge zur Diskussion des demokratischen Sozialismus in Deutschland 1847—1973, o. O. (Hannover) 1973.

Weber, Max, Methodologische Schriften, Frankfurt 1968.

ders., Die protestantische Ethik. Eine Aufsatzsammlung, München und Hamburg 1965.

Wehler, Hans-Ulrich, Sozialdemokratie und Nationalstaat, Göttingen 1971².

ders., (Hrsg.), Moderne deutsche Sozialgeschichte, Köln 1975⁵.

ders., Bismarck und der Imperialismus, München 1976⁴.

ders., Der Aufstieg des organisierten Kapitalismus in Deutschland, in: Heinrich August Winkler (Hrsg.), Organisierter Kapitalismus, Göttingen 1974.

Weisser, Gerhard, Die politische Bedeutung der Wissenschaftslehre, Göttingen 1970.

ders., Freiheit durch Sozialismus, Göttingen 1973.

Wellmer, Albrecht, Kritische Gesellschaftstheorie und Positivismus, Frankfurt 1969.

Wetter, Gustav A., Die Umkehrung Hegels, Köln 1963.

Willms, Bernhard, Revolution und Protest, Mainz 1969.

ders., Entwicklung und Revolution, Frankfurt 1972.

Winkler, Heinrich August, Organisierter Kapitalismus. Voraussetzungen und Anfänge, Göttingen 1974.

ders., Einleitende Bemerkungen zu Hilferdings Theorie des Organisierten Kapitalismus, in: ders. (Hrsg.), a. a. O.

Woltmann, Ludwig, Selbstanzeige. Der historische Materialismus. Darstellung und Kritik der marxistischen Weltanschauung, in: Die Neue Zeit, 17. Jg., 2 (1899), S. 790—794.

ders., Der historische Materialismus. Darstellung und Kritik der marxistischen Weltanschauung, Düsseldorf 1900.

ders., Die Begründung der Moral, in: Sandkühler und de la Vega, (Hrsg.) a. a. O.

Wygodski, W. S., Die Geschichte einer großen Entdeckung. Über die Entstehung des Werkes „Das Kapital" von Karl Marx, Berlin (Ost) 1967.

anonym (Dreisterneartikel), Rückblicke auf die sozialistische Bewegung in Deutschland. Kritische Aphorismen, in: Jahrbuch für Sozialwissenschaft und Socialpolitik. Herausgegeben von Dr. Ludwig Richter (d. i. Karl Höchberg), Erster Jahrgang, Erste Hälfte, Zürich 1879, S. 75—96.

Internationale  Bibliothek

Helmut Hirsch
Der „Fabier" Eduard Bernstein
Zur Entwicklungsgeschichte des evolutionären Sozialismus
(Internationale Bibliothek, Band 104) 159 S. Brosch. 15,– DM

Helmut Hirsch, Historiker an der Gesamthochschule Duisburg, hat enge Verbindungen zwischen der jungen deutschen Arbeiterbewegung und den britischen „Fabiern" aufgedeckt. Vor allem Bernstein hat den Reformismus der Fabier in Deutschland bekanntgemacht. (Die Fabian Society, eine 1884 in Großbritannien gegründete Organisation, der u. a. George Bernhard Shaw angehörte, wandte sich gleichermaßen gegen den Liberalismus wie gegen radikale Strömungen des Sozialismus, deren Klassenkampfdenken sie ablehnte.) Hirsch erläutert, warum der reformerische Ansatz in der deutschen Arbeiterbewegung nicht so populär werden konnte wie in der britischen. Detailliert schildert er die Beziehungen Bernsteins zu Beatrice Potter, Sidney Webb, William Morris, George Bernhard Shaw, David Lloyd George, J. R. MacDonald und J. K. Hardie. Im Anhang Dokumente, die zum Teil erstmals in deutscher Sprache veröffentlicht werden.

Verlag J.H.W. Dietz Nachf. GmbH
Kölner Straße 143
D-5300 Bonn-Bad Godesberg 1